Christian Winkler
Christina Winkler

MIT DEM WOHNMOBIL NACH ANDALUSIEN

Die Anleitung für einen Erlebnisurlaub

DER WOHNMOBIL-VERLAG
D-36452 Kaltennordheim
OT Mittelsdorf

Die Deutsche Bibliothek – CIP-Einheitsaufnahme

Bibliografische Information der Deutschen Bibliothek

Die Deutsche Bibliothek verzeichnet diese Publikation in der Deutschen Nationalbibliografie.
Detaillierte bibliografische Daten sind im Internet über <http://dnb.ddb.de> abrufbar.

Titelbild: Alhambra - Granada (Tour 13)
Innenumschlag: Nerja (Tour 10)
Seite 6: Zahara de la Sierra (Tour 8)

5. vollständig neu bearbeitete und erweiterte Auflage 2020

Druck:
Beltz Grafische Betriebe GmbH, 99941 Bad Langensalza

Vertrieb:
GeoCenter, 70794 Filderstadt

Herausgeber:
WOMO-Verlag, OT Mittelsdorf, 36452 Kaltennordheim
GPS: N 50° 36' 38.2" E 10° 07' 55.6"

Fon: 0049 (0) 36946-20691
Fax: 0049 (0) 36946-20692
eMail: verlag@womo.de
Internet: www.womo.de

FSC
www.fsc.org
MIX
Papier | Fördert gute Waldnutzung
FSC® C089473

Autoren-eMail: winkler@womo.de

ISBN 978-3-86903-475-1

Jede Tour und jeder Stellplatz sind von uns meist mehrfach überprüft worden, wir können jedoch inhaltliche Fehler nie ganz ausschließen. Bitte achten Sie selbst auf Hochwasser, Brandgefahr, Steinschlag und Erdrutsch!
Verlag und Autoren übernehmen keine Verantwortung für die Legalität der veröffentlichten Stellplätze und aller anderen Angaben. Unsere Haftung ist, soweit ein Schaden nicht an Leben, Körper oder Gesundheit eingetreten ist, ausgeschlossen, es sei denn, unsere Verantwortung beruht auf Vorsatz oder grober Fahrlässigkeit.

EINLADUNG

Ganz im Süden der Iberischen Halbinsel, dort, wo Atlantik und Mittelmeer aufeinander treffen und wo Europa fast den afrikanischen Kontinent berührt, liegt Andalusien. Diese spanische Region ist seit Jahrtausenden Treffpunkt zahlreicher Kulturen, die ihre Spuren hinterlassen und das Land geprägt haben.

Auf einer Fläche von über 87.000 Quadratmetern, und damit einem Gebiet, das größer ist als die Schweiz oder Österreich, erleben Sie noch heute die lebendigen Einflüsse von Phöniziern, Römern und natürlich den Mauren, die rund 700 Jahre über weite Teile von „El-Andalus" herrschten.

Doch nicht nur die Kultur, auch die Landschaft ist so vielseitig wie kaum woanders in Europa. Sie reicht von den trockenen Ebenen des Guadalquivirs zu den feuchten Berglagen der Sierra Grazalema, von schroffen Felsküsten zu sanften Sandstränden und von der Tabernaswüste bis zu den schneebedeckten Gipfeln der Sierra Nevada.
Gerade einmal vierzig Kilometer trennen die ganzjährig milden Ufer der Costa Tropical von den Alpinzonen des 3.479 Meter hoch aufragenden Mulhacén, dem höchstem Berg des spanischen Festlandes. Dazwischen liegen überall die für Andalusien so typischen weißen Dörfer in der Landschaft verstreut. Diese charmanten kleinen Orte bilden gemeinsam mit der Natur, den monumentalen Städten, wie Granada, Córdoba, Sevilla oder Málaga und einer fast immer währenden Schönwettergarantie an den herrlichen, mediterranen Küsten ein ideales Reiseziel.

Die zugegebenermaßen lange Anfahrt lässt sich wettmachen, indem Sie einfach länger bleiben, denn Andalusien ist ein noch besseres Wohnmobilziel für vier statt zwei Wochen – wie sonst wollen Sie sich auch entscheiden…
… zwischen Tradition und Moderne, Flamenco und Tapas, weißen Pferden und schwarzen Stieren, Sandstränden und Wanderrouten, Alhambra und Alcazar, Sherry und Cerveza? Wahrscheinlich werden Sie am Ende einfach öfter wiederkommen müssen!

Hasta pronto en Andalucía,

Christian Winkler

1: Córdoba *(Tour 1)*

Entdecken Sie die Mezquita, streifen Sie durch arabisch anmutende Viertel und erkunden Sie kleine Läden, Cafés und die wunderschön mit Blumen geschmückten Patios der Stadt.

2: Sevilla *(Tour 2)*

Andalusiens Hauptstadt hat neben hochkarätigen Sehenswürdigkeiten auch ein spannendes Nachtleben zu bieten: machen Sie es wie die Einheimischen und ziehen Sie auf einer Tapear von Bar zu Bar.

3: Sherryprobe *(Tour 5)*

Ob in Jérez, Sanlúcar oder Porto María – das Sherrydreieck lebt für und mit dem Wein. Auf einer Bodegatour samt Verkostung entdecken Sie die Geheimnisse von Fino, Manzanilla und Co.

4: Flamencoabend

Der Flamenco gehört zu Andalusien wie die Butter zum Brot. Lassen Sie sich eine der zahlreichen Vorführungen nicht entgehen. Zum Beispiel in Jerez de la Frontera oder den Peñas von Granada.

5: Weiße Dörfer

Malerisch gelegene, weiß getünchte Orte sind typisch für Andalusien. Zum Ausspannen oder für Fototouren eignen sich zum Beispiel Vejer de la Frontera, Casares oder Mojácar sehr gut.

6: Tarifa *(Tour 6)*

Nirgends sonst ist Andalusien so cool, wie um das Surfermekka Tarifa. Lassen Sie sich vom Laissez faire anstecken – beim Schlendern durch die Gassen, Chillen in Cafés, Baden oder Wassersport.

7: Ronda *(Tour 7)*

Versteckt zwischen den Bergketten des Binnenlandes thront die sehenswerte Kleinstadt hoch oben auf zwei großen Felsterrassen, die durch waghalsige Brückenkonstruktionen verbunden sind.

8: Caminito del Rey *(Tour 8)*

Der spektakulär in die Felswand getriebene Bretterweg ist wirklich einmalig. Wenn Sie damit leben können, nicht allein unterwegs zu sein eine tolle Wanderung, auch ohne große Bergerfahrung.

9: Cabo de Gata *(Tour 11)*

Der wüstenähnliche Naturpark im Westen Andalusiens bietet einige der schönsten Strandbuchten, viel Freiraum und kaum Hotelburgen. Bestimmt finden auch Sie dort Ihren Lieblingsstrand.

10: Granada *(Tour 13)*

Die Alhambra ist für sich schon eine Reise wert. Für das Erkunden des arabisch anmutenden Albaicín-Viertels und des restlichen Zentrums am Fuße der Sierra Nevada reicht ein Tag kaum aus.

Inhaltsverzeichnis

Ein paar Infos zu Ihrem Reisegebiet vorab

Völlig zu Recht ist Andalusien ein so beliebtes Reiseziel. Städte, Dörfer, Strände, Natur und Lebensart sind tatsächlich so schön und lebendig, wie es Ihnen Tourismusämter, Reiseführer und auch wir in diesem Buch versprechen. Bei einem Tellerchen mit Tapas und einem Glas Wein kommt garantiert Urlaubsstimmung auf. Nicht Wenige verspüren dann den Wunsch, bald wiederzukommen oder gleich ganz zu bleiben.
Genau das sorgt aber vor allem während der Hauptreisezeit auch für Probleme. Denn nicht nur Spanier, sondern auch Gäste aus ganz Europa und von Übersee wollen dann gemeinsam mit Ihnen die Sehenswürdigkeiten erkunden, an den Stränden entspannen und auf den Camping- und Wohnmobilstellplätzen übernachten. Mit anderen Worten: Es wird voll! Bei bis zu 40 Grad im Schatten, die während der Monate Juli und August öfter erreicht werden, kocht das Blut womöglich schnell mal über und Andalusien fühlt sich für Sie gar nicht mehr so schön und idyllisch an. Vielleicht merken Sie bereits, worauf wir hinauswollen: Überlassen Sie die heißen und hochfrequentierten Hauptreisemonate nach Möglichkeit den Pauschaltouristen und besuchen Sie, der / die Sie unabhängig von Charterflügen und vielleicht sogar von Ferienterminen sind, diese schöne Gegend in der übrigen Zeit des Jahres. Mild genug, um Land und Leute zu entdecken, ist es, zumindest an den Küsten, das ganze Jahr über, und selbst ein Badeurlaub ist in den Monaten Mai / Juni und September / Oktober problemlos möglich.

Für die ganz großen Sehenswürdigkeiten sollten Sie sich davon abgesehen das ganze Jahr über schon frühzeitig Tickets besorgen, am besten online, noch von zu Hause aus. Hochkaräter wie der Alcazar in Sevilla, die Alhambra in Granada oder der Caminito del Rey sind sonst an Ihrem Besuchstag möglicherweise schon ausgebucht oder Sie müssen lange Schlangen in Kauf nehmen.

Bedenken Sie außerdem, dass Andalusien wirklich groß ist und Sie für Landstraßen und Bergetappen am Ende mehr Zeit benötigen werden, als Sie vielleicht einkalkuliert haben. Nehmen Sie sich daher nicht zu viel vor und picken Sie sich lieber einzelne, für Sie besonders interessant klingende Landesteile heraus. Besser, Sie kommen noch einmal wieder, als alles auf einmal sehen zu wollen und vor lauter Fahrzeit den eigentlichen Urlaub zu vergessen. Selbst mit einem extrem zügigen Reisetempo raten wir für alle Touren dieses Buches am Stück zu gut acht Wochen. Da Andalusien recht gut auf Wohnmobiltourismus eingestellt ist, gibt es fast überall ausreichend Stell- und Campingplätze. Etwas schwieriger wird es aber, wenn Sie stadtnah parken wollen oder sich ein Dorf genauer ansehen möchten. Wir haben eine große Zahl solcher Tagesparkplätze angegeben, die mehr oder minder womotauglich sind, natürlich immer ohne Gewähr, dass Sie diese am Tag Ihres Besuchs genauso vorfinden werden, wie das bei uns der Fall war. Versuchen Sie auch nicht, noch ein Stück weiter in Orte hineinzufahren und kehren Sie besser um, wenn Ihnen unwohl wird, denn viele Dorfgassen und manche Nebenstraßen sind alles andere als für fahrende Ein- bis Zweizimmerwohnungen gebaut. Im wahrsten Sinne des Wortes stecken zu bleiben oder sich durch mühsames Rangieren aus solch einer misslichen Lage wieder befreien zu müssen, gehört zu den Urlaubserlebnissen, auf die Sie sicher gerne verzichten. Wir haben alle Touren in einem sieben Meter langen und über drei Meter hohen Alkovenmobil getestet, und wenn Sie nicht gerade in einem Fahrzeug im LKW-Format unterwegs sind, werden Sie die genannten Plätze ebenso ansteuern können wie wir. Wo es kritisch werden könnte, ist im Text vermerkt.

Typisch Andalusien: Gasse in Priego

Wichtig für einen gelungenen Urlaub ist es auch, sich den landestypischen Eigenarten etwas anzupassen. So ist es in Südspanien bis heute in den meisten Fällen und unabhängig von Stadt und Land üblich, während der wärmsten Tageszeit eine lange Siesta zu machen. Von Mittag an bis in den späten Nachmittag sind dann nicht nur Geschäfte und manche Gaststätten geschlossen, sondern auch viele Sehenswürdigkeiten. Das Beste, was Sie tun können, ist also, auch einen Gang herunterzuschalten und sich auszuruhen. Dafür halten Sie dann am Abend länger durch – Abendessen nicht vor 21 Uhr und geöffnete Museen bis 22 Uhr sind in Andalusien keine Ausnahme. Achten Sie beim Besuch religiöser Stätten auch auf angemesse-

ne Kleidung. Gerade bei älteren Spaniern und Spanierinnen ist Religiosität tief verwurzelt und Hot Pants, Strandshorts oder Bikinioberteile sind einfach nicht angemessen in Kirchen oder beim Besuch anderer Andachtsstätten. Versuchen Sie sich auch in ein paar Worten Spanisch. Außerhalb von Touristenzentren, wo Ihnen die Bedienung möglicherweise auf Ihre spanisch gestellte Frage nach der Rechnung auf Deutsch antwortet, brechen ein paar Worte oft das Eis, gerade in kleineren Dörfern und abseits der Küsten dürfen Sie sowieso nicht überall mit Fremdsprachkenntnissen rechnen.

Bei all der Freude und der guten Zeit, die Sie zweifelsohne auf Ihrer Andalusienreise haben werden, wollen wir an dieser Stelle auch noch ein Thema anschneiden, das leider in ganz Südeuropa wichtig ist. Es kommt regelmäßig und allerorts vor, dass Fahrzeuge aufgebrochen werden und alles mitgenommen wird, was nicht fest verankert oder offensichtlich völlig wertlos ist. Wohnmobile versprechen da natürlich fette Beute – zumindest dann, wenn die Diebe keine große Angst haben müssen, von Ihnen überrascht zu werden. Die größte Gefahr besteht daher an Strand- und Wanderparkplätzen. Einen hundertprozentigen Schutz vor Einbrüchen wird es zwar nie geben, aber Sie können schon etwas tun, um kein leichtes Ziel zu sein. Eine auch von außen erkennbare Alarmanlage, eine große Parkkralle, die die Vordertüren schützt (z.B. der Womo-Knackerschreck im Onlineshop des Verlags erhältlich), Zusatzschlösser an Türen, Heckgarage und vielleicht auch Fenstern zeigen dem potentiellen Eindringling, dass es bei Ihnen nicht mal schnell und einfach etwas zu holen gibt. Auch zu suggerieren, Jemand sei an Bord geblieben, mag helfen. Und für den Fall, dass es doch einmal zum Einbruch kommt: Lassen Sie keine unverzichtbaren Wertsachen im Fahrzeug oder sperren Sie diese in einen wirklich sicher verankerten Tresor. Verlassen Sie sich ansonsten auf Ihren gesunden Menschenverstand: Wenn Sie ein ungutes Gefühl haben oder sich beobachtet fühlen, fahren Sie besser einfach einen Strand weiter, Auswahl gibt es schließlich genug.

Aufbau der Touren und Tourenkarten

Die Touren in diesem Buch sind alle nach dem gleichen Prinzip aufgebaut. Links finden Sie jeweils die Übersichtskarte mit der rot eingezeichneten Tourenstrecke. Darin sind Stellplätze und Sehenswürdigkeiten vermerkt. Offizielle und privat errichtete (kommerzielle) Übernachtungsplätze sind auf den Karten mit WOMO-Icons gekennzeichnet, andere inoffizielle Plätze mit Ovalen. Alle besitzen fortlaufende Nummern und Icons für die wichtigsten Ausstattungsdetails. Diese und alle weiteren verwendeten Symbole sind als Legende auf der Rückseitenklappe des Buches erklärt.

Rechts daneben finden Sie im Tourenkopf einen Namen und eine Kilometerangabe zur jeweiligen Tour sowie die wichtigsten Orte, nach denen die Tour mit Zwischenüberschriften gegliedert ist.

Der farbige Kasten darunter gewährt Ihnen eine schnelle Übersicht zu Stellplätzen, Sehenswürdigkeiten sowie den beschriebenen Bade- und Wandermöglichkeiten.

Im nun folgenden Text des Tourenkapitels folgt auf eine kurze Einleitung die ausführliche Beschreibung mit vielen relevanten Informationen zur Fahrtstrecke, zu Städten, Sehenswürdigkeiten, Badeplätzen und allem anderen, was aus unserer Sicht für Sie von Belang sein könnte.

Diese Texte werden an den jeweiligen Stellen von Stellplatzkästen unterbrochen. Dort werden mögliche Übernachtungsplätze beschrieben (siehe nächste Überschrift).

Außerdem gibt es hellgelb hinterlegte Kästen mit etwas kleiner gedruckter Schrift im Buch, die Hintergrundinformationen zu wichtigen Persönlichkeiten, lokalen Spezialitäten oder landestypischen Themen enthalten. In anderen dieser Kästen finden Sie Beschreibungen von Stadtrundgängen, die, teils durch eine zusätzliche Karte unterstützt, einen Rundgang ermöglichen, den sie sich nicht selbst zusammenstückeln müssen.

Ähnlich aufgebaute hellgrüne Kästen beschreiben verschiedene Wanderungen entlang der Route.

Am Ende jedes Textabschnitts oder, falls didaktisch sinnvoll, an Zwischenabsätzen, haben wir Ihnen, durch eine kleinere Schrift vom Haupttext abgesetzt, Zusatzinformationen angefügt. Dabei handelt es sich um Adressen von Tourismusbüros, Wochenmärkten und Termine zu interessanten, lokalen Festen. Auch wichtige Informationen zu den beschriebenen Sehenswürdigkeiten, wie Adressen, Öffnungszeiten und kodierte Preise, finden Sie an dieser Stelle. Der Preisschlüssel bedeutet in diesem Fall:

€	bis ca. 6 EUR
€€	bis ca. 12 EUR
€€€	bis ca. 24 EUR
€€€€	über 24 EUR

Am Ende vieler Abschnitte finden Sie in grüngelb umrandeten Kästen korrespondierende Gastrotipps. Trifft eine solche Empfehlung einmal nicht Ihren Geschmack oder hat möglicherweise zwischenzeitlich der Koch gewechselt, bitten wir dies zu entschuldigen... Hinter den aufgeführten Restaurants finden Sie kleine Sterne. Diese haben folgende Bedeutung

*	solide Lokalität mit unterdurchschnittlichen Preisen
**	gutes Restaurant mit durchschnittlicher Preisstruktur
***	teure Gastronomie mit entsprechender Qualität

Stellplätze

Natürlich sind eine große Anzahl und Auswahl an Stellplätzen ein besonders wichtiger Teil eines Wohnmobilreiseführers. Dabei erheben wir nicht den Anspruch, alle nur möglichen und unmöglichen Stell- und Campingplätze aufzuführen. Dies tun Campingführer, Stellplatz-Apps und -Internetseiten inzwischen zur Genüge. Die in diesem Buch genannten Plätze sind geprüft, haben sich meist über einen längeren Zeitraum bewährt und liegen direkt oder nah an der beschriebenen Route, ohne, dass Sie sich selbst Wege und Plätze zusammensuchen müssen. Zudem genießen Sie den unschlagbaren Vorteil, auch dann ans Ziel zu kommen, wenn die Technik / das Internet einmal versagt...

Damit Sie die Übernachtungsplätze schnell und mit allen relevanten Daten gut erfassen können, haben wir diese im Text durch farbige Kästen hervorgehoben und, analog zu den Übersichtskarten, fortlaufend durchnummeriert. Alle sind gleichartig aufgebaut. Neben dem Namen des Platzes und der Ortschaft ist ersichtlich, ob es sich um einen offiziellen oder inoffiziellen Stellplatz handelt. Des Weiteren unterscheiden wir namentlich als auch durch die Kastenfarbe gekennzeichnet zwischen den Arten der Stellplätze.

- Auf einfache **Stellplätze** weist die Farbe Gelb hin (z.B. in Städten).
- Übernachtungsplätze mit **Bademöglichkeit** sind mit hellblauer Farbe unterlegt.
- **Wanderparkplätze** sind grün gekennzeichnet.
- **Picknickplätze** erkennen Sie an der violetten Farbe.
- **Winzer- / Bauernhof- / Gaststättenparkplätze** sind mit einem gelbgrünen Kasten gekennzeichnet.
- **Campingplätze** besitzen ein olivgrünes Kästchen.

Darunter folgen die exakten GPS-Koordinaten im Format

Grad / Minuten / Sekunden (bitte passen Sie ihr Navigationsgerät gegebenenfalls an) und die Straßenangabe, soweit benennbar.

In den nächsten Zeilen finden Sie Angaben zu der Kontakttelefonnummer und der Internetadresse sowie den Öffnungszeiten, falls der Platz nicht durchgängig zugänglich ist.

„Max. WOMOs" soll andeuten, wie viele WOMOs dieser Platz maximal verträgt und nicht, wie viele auf ihn theoretisch passen würden (schließlich gibt es auch Anwohner und andere Urlauber). Bei Campingplätzen entfällt diese Angabe.

Typisch Andalusien: Bitterorangenbäume

„Ausstattung" benennt alle relevanten Informationen zu Ver- und Entsorgungseinrichtungen, Stromanschlüssen, ob Duschen / Toiletten verfügbar sind, ob es Mülleimer, WLAN und Sat-Empfang gibt oder was sonst noch für Sie wichtig sein könnte. Bei Campingplätzen dürfen Sie, falls nicht anders vermerkt, dagegen immer von Ver- und Entsorgungsmöglichkeiten, Strom sowie Duschen und Toiletten ausgehen. Alles darüber hinaus Relevante finden Sie ebenfalls in dieser Rubrik.

Unter „Beschreibung" geben wir Ihnen ein paar mehr Informationen zur Optik und Umgebung der Plätze mit auf die Reise. Beachten Sie, dass an freien Stellplätzen Campingverhalten in der Regel untersagt ist. Stellt es aus unserer Sicht dagegen kein Problem dar, sich etwas auszubreiten, ist dies mit dem Ausdruck „klappstuhlgeeignet" vermerkt.

Nur, wenn ein Platz kostenpflichtig ist, taucht die Zeile „Preis" auf. Diese ist für Stell- und Campingplätze wie folgt kodiert:

€	bis 8 EUR
€€	bis 16 EUR
€€€	bis 25 EUR
€€€€	bis 40 EUR
€€€€€	über 40 EUR

Als Referenz wird dabei immer mit zwei Erwachsenen und einem Wohnmobil von sechs bis acht Metern kalkuliert. Sollte ein Platz saisonal oder ausstattungsbedingt unterschiedliche Preise verlangen, finden Sie Preisangaben wie z.B. „€-€€". Der günstigste Preis bezieht sich dann immer auf die Nebensaison und einfache Parzellen ohne Stromanschluss, der teuerste Preis auf die Hauptsaison mit Strom und, falls erhältlich, Premiumparzellen.

Zu guter Letzt folgt die Anfahrtsbeschreibung, die Ihnen dann ergänzend weiterhilft, wenn Ihr Navi mal nicht mitspielt. Ist hier ein „Achtung!" vermerkt, sollten Sie sich in jedem Fall an die Beschreibung halten, da sonst Gefahr besteht, an falscher Stelle oder in sehr engen Gassen zu stranden...

Zusätzlich zu den Kästen können einfache Stellplätze am Wegesrand oder nicht näher bekannte Campingplätze, statt so umfangreich wie eben beschrieben, in einigen Fällen auch nur als GPS-Koordinaten mit wenigen Zusatzinfos direkt in den Text integriert sein. Dann erhalten diese einen farbigen Hintergrund der jeweiligen, zuvor beschriebenen Kategorie.

Solche Felder, die nur einen Rahmen besitzen, aber keinen farbigen Hintergrund, zeigen reine Tagespark- / Tagesbade- / Tageswander- / Tagespicknickplätze an, ohne Möglichkeit oder Empfehlung dort zu übernachten.

Tipps von A-Z und Abspann

Das Ende des Buches bildet eine große Anzahl weiterführender Tipps zu Andalusien, die über Land, Leute, Geschichte und alle möglichen reiserelevanten Dinge aufklären. Wir empfehlen Ihnen, diese bereits vor der Reise und auch vor der Nutzung der Tourenkapitel einmal durchzublättern. Nicht alles wird für Sie relevant sein, aber mit Sicherheit Vieles interessant, Einiges sogar unverzichtbar.

Ganz zum Schluss folgen dann noch das Stichwortverzeichnis sowie die Übersichtskarte aller Touren im rückwärtigen Umschlag.

Unsere Bitte an Sie:

Wie bei allen Reiseführern werden, trotz aller Sorgfalt, am Ende Fehler vorkommen. Auch ändern sich Angaben wie Öffnungszeiten und Preise. Stellplätze schließen oder werden in kurzer Zeit heruntergewirtschaftet, Restaurants wechseln Namen und Besitzer. Wenn Sie solche oder ähnliche Entdeckungen machen, helfen Sie uns und allen anderen Lesern / -innen sehr, indem Sie sich an uns wenden und davon berichten. Auch über Neuentdeckungen aller Art (idealerweise mit Koordinatenangaben) freuen wir uns immer. Selbst, wenn Sie einfach „nur" zufrieden waren oder mitteilen können, dass sich an besuchten Stellen nichts verändert hat, unterstützen Sie unsere Arbeit.

Wir bitten Sie, uns solche Angaben direkt per Email zukommen zu lassen:

winkler@womo.de

Alternativ können Sie das auf der letzten Seite angehängte Infoblatt (oder einen Text in Freiform) an den Verlag senden. Bitte beachten Sie auch das Womo-Forum (**www.forum.womoverlag.de**). Dort werden wir zwischen den Auflagen mindestens einmal jährlich unter der Rubrik „Korrekturen" besonders relevante Änderungen des Buchs veröffentlichen, die Sie für noch mehr Aktualität gegebenenfalls ausdrucken und mitnehmen können.

Zusätzliches Bild- und Infomaterial zum Buch, das hier keinen Platz mehr fand, sowie eine Linksammlung können Sie zukünftig auch über unsere Homepage **www.tourlustmag.de** abrufen.

Eine zweite Bitte in eigener Sache betrifft unser aller Verhalten als Wohnmobilreisende. Immer wieder müssen wir unterwegs feststellen, dass einstmals schöne Übernachtungsplätze schließen und Parkplätze mit Höhenbarrieren oder Verboten versehen werden. In vielen Fällen liegt das nicht (nur) an der Willkür der Gemeinden, sondern am Fehlverhalten einiger Weniger. Achten Sie bitte darauf, nicht dazu beitragen, Wohnmobilurlauber in ein schlechtes Licht zu rücken. Dafür ist es allein schon hilfreich, die Maximalangaben für freie Stellplätze zu beachten und nicht sämtlichen Platz für andere Fahrzeuge zu blockieren oder wild zu campen, also, Tische und Stühle an Stellen aufzubauen, die dafür nicht vorgesehen sind. Mit dem wilden Entsorgen von Müll, dem Leeren von Fäkalientanks im benachbarten Gebüsch oder dem Reinigen ebendieser an der nächsten Stranddusche wollen wir gar nicht anfangen, haben aber all das leider bereits mehrfach erlebt… Im Zweifelsfall klären Sie, wenn denn möglich, freundlich, aber bestimmt auf. Am Ende kommt das Ihnen und uns allen zu Gute. Herzlichen Dank!

Typisch Andalusien: Traumstrände, wie hier bei Cádiz

ANREISE
100 km
N
Mit dem Wohnmobil
nach / ins / in die / an die
Band 02: Nord-Spanien
Band 06: Elsass
Band 10: Bretagne
Band 11: Auvergne
Band 14: Burgund
Band 20: Pyrenäen
Band 22: Languedoc-R.
Band 23: Portugal
Band 26: Ost-Spanien
Band 30: Süd Tirol
Band 37: Cote d´Azur W.
Band 38: Cote d´Azur O.
Band 39: Normandie
Band 42: Trentino
Band 45: Belgien
Band 50: Schweiz W.
Band 51: Schweiz O.
Band 56: Slowenien
Band 59: Österreich O.
Band 60: Österreich W.
Band 64: Loire
Band 67: Marokko
Band 72: Piemont
Band 73: Ligurien
Band 76: Venetien
Band 78: Nord-Frankr.
Band 90: Franz. Jura
Band 91: Franz. Alpen
Band 92: Lothringen
GB
DK
NL
B
D
F
PL
CZ
CH
A
H
SLO
HR
I
S
P
MAR
Hamburg
Berlin
Paris
Bordeaux
Genf
München
Wien
Genua
Madrid
Barcelona
Sevilla
Córdoba
Granada
Tanger
A1
A2
A3
A4
A5
A6
A7
A8
A9
A10
A11
A12
A13
A14
A15
A16
A17
A18
A19
A20
A21
A22
A23
A24
A25
A26
A27
A28
A29
A30
A31
A32
A33
A34
A35
A36
A37
A38
Band 10
Band 78
Band 39
Band 26
Band 64
Band 45
Band 92
Band 17
Band 14
Band 27
Band 02
Band 23
Band 11
Band 90
Band 51
Band 60
Band 50
Band 91
Band 73
Band 74
Band 30
Band 59
Band 20
Band 22
Band 37
Band 38
Band 28
Band 42
Band 76
Band 56
Band 67

Anreise

Wenn Sie sich für Andalusien als Reiseziel entschieden haben, steht, wie so oft, vor dem Urlaub die Anreise. Je nachdem, in welchem Land und welcher Region Sie starten, liegen zunächst zwischen 1.700 km (aus dem Raum Bern) und rund 2.800 km (aus dem Raum Stralsund) vor Ihnen – sofern Sie den direkten Weg wählen. Die gute Nachricht: Sie können durchgängig Autobahnen oder Schnellstraßen nutzen und so ordentlich Boden gutmachen. Gerade in Frankreich sind diese allerdings nicht gerade günstig. Je höher und schwerer Ihr Fahrzeug ist, desto mehr Maut fällt an.

Gerade, wenn Sie etwas Zeit haben, sind Landstraßen da keine schlechte Alternative, die Sie schon unterwegs durch viele interessante Orte bringen und somit die An- und Abreise zu einem Teil des Urlaubs machen können.

Eine weitere Möglichkeit ist es, nur bis Genua in Italien zu fahren und von dort eine Fähre nach Spanien zu besteigen. Das spart in vielen Fällen Hunderte an Fahrtkilometern und kommt am Ende gar nicht so viel teurer. Welche Variante Sie letztendlich wählen, müssen Sie selbst entscheiden. Ein paar Vorschläge, samt Mautinformationen und unkomplizierten Übernachtungsplätzen an den Autobahnrouten geben wir Ihnen gerne mit auf den Weg. Sie finden diese Routen mit den vorgeschlagenen Stellplätzen auch in die Anreisekarte eingezeichnet.

Mautregelungen und Umweltzonen *(Stand 11/19)*

Maut in Spanien:

Die spanischen Autobahnen sind teilweise privatisiert und werden von verschiedenen Gesellschaften betrieben. Daher können einige Abschnitte mautpflichtig und andere kostenlos sein. Die Höhe der jeweiligen Maut bemisst sich nach der gefahrenen Strecke, der Bereifung (Zwillingsbereifung wird mehr als 50% höher berechnet), der Tageszeit und dem Wochentag. An manchen Abschnitten zahlen Sie auch einen Pauschalbetrag. Meist, aber nicht immer, lässt sich an der Nummer erkennen, ob eine Autobahn mautpflichtig ist. Autovías (A) sind es nicht, Autopistas (AP) meist schon. Einen Mautrechner für spanische Autobahnen bietet beispielsweise der ADAC.

Umweltzonen: Auch in Spanien wurden inzwischen erste Umweltzonen eingerichtet, weitere sind in Planung. Aktuell betroffen sind Barcelona und Madrid, dort gilt die „Distintivo Ambiental“ bislang nur temporär (Ausnahme: Madrids inners-

Mautstation in Spanien

tes Zentrum, dort gilt sie immer). Wenn Sie in eine dieser Großstädte möchten, müssen Sie die Plakette bei den zuständigen Stadtverwaltungen beantragen oder auf einen externen Dienstleister wie green-zones.eu zurückgreifen, der zusätzliche Gebühren verlangt.

Maut in Frankreich:
Ihre Anreise wird abgesehen von der vorgeschlagenen Fährroute in jedem Fall über Frankreich verlaufen. Beachten Sie, dass die meisten Autobahnen mautpflichtig sind. Die Abrechnung erfolgt nach gefahrenen Kilometern; es sind Zahlstationen eingerichtet. Die meisten Wohnmobile fallen in die Kategorie 2 *(bis 3,5 t und 3 m Höhe)* oder 3 *(über 3,5 t und/ oder mehr als 3 m Höhe)*, was einen deutlichen Preisunterschied ausmacht. Allgemein sind die französischen Autobahngebühren recht hoch. Mehr unter www.autoroutes.fr.
Umweltzonen: Inzwischen ist in vielen Regionen Frankreichs die Umweltplakette „Crit`Air" Pflicht. Noch sind die meisten Autobahnen davon ausgenommen, doch schon, wenn Sie diese kurz verlassen, kann es sein, dass Sie umgehend eine solche benötigen. Daher ist es in jedem Fall sinnvoll, sich im Vorfeld eine solche Plakette zu besorgen, die aktuell knapp 5 € kostet. Dies funktioniert unter www.certificat-air.gouv.fr/de direkt online.

Maut in der Schweiz:
In der Schweiz benötigen Fahrzeuge bis 3,5 t eine Vignette (40 CHF). Fahrer von Wohnmobilen mit mehr Gewicht müssen bei der Einreise am Zollamt eine Schwerverkehrsabgabe entrichten, die auf allen Straßen im Land fällig ist. Als günstigste Variante kann diese für 10 frei wählbare Einzeltage entrichtet werden (Preis 32,50 CHF). Mehr unter www.autobahnen.ch. Zusätzliche Gebühren werden gegebenenfalls für einige Straßentunnel fällig, die aber normalerweise nicht auf Ihrer Route liegen.
Umweltzonen: In der Schweiz wurden bislang keine Umweltzonen eingerichtet.

Maut in Italien:
In Italien wird praktisch flächendeckend eine streckenabhängige Autobahngebühr erhoben, nur sehr wenige Abschnitte sind davon ausgenommen. Vom Grenzübergang bei Villach bis San

Remo werden beispielsweise rund 70 € fällig, vom Brenner bis Genua etwa 40 €.

Umweltzonen: In vielen italienischen Innenstädten gilt eine „Zona traffico limitado". Dort dürfen Touristen ohne Sondergenehmigung grundsätzlich nicht einfahren. Strengere Regeln gelten in Mailand. Dort sind Fahrzeuge bis Euro 4-Norm komplett vom Verkehr ausgeschlossen worden. Autobahnen sind davon bislang nicht betroffen.

Maut in Österreich:
In Österreich ist die Autobahn-Vignette seit Jahren Pflicht. Es gibt Sie als Aufkleber für die Frontscheibe für 10 Tage, 2 Monate oder ein Jahr (Preise ca. zwischen 9 bis 90 €). Alternativ können Sie online auch eine kennzeichengebundene, elektronische Vignette erwerben, bei der das Aufkleben und Abkratzen wegfällt (mehr unter www.asfinag.at). Wohnmobile über 3,5 t müssen eine Go-Box vorweisen. Die Gebühren pro Kilometer belaufen sich, je nach Emissionsklasse, Tageszeit und Achsen auf ca. 18 bis 32 ct., mehr unter www.go-maut.at. Die Brennerautobahn schlägt zusätzlich mit 9,50 € zu Buche, der Tauerntunnel mit 11,50 €.

Umweltzonen: Auch in Österreich entstehen inzwischen in fast allen Landesteilen Umweltzonen. Bislang gelten diese nur für den Lastkraftverkehr. Eine Ausweitung ist jedoch zu erwarten, vor allem für Wohnmobile über 3,5 t. Informieren Sie sich gegebenenfalls rechtzeitig vor Reiseantritt.

Anreise aus Norddeutschland

(ab und nördlich einer Linie von Köln nach Hannover und Berlin)

Die kürzeste Autobahnverbindung: Sie fahren ab der Grenze an der A44 bei Aachen über Belgien *(A3 und A15 über Lüttich und Mons)* nach Frankreich *(A2 / A1 / A10 / A63 über Paris, Orléans, Bordeaux und Biarritz)* und gelangen ganz im Norden

Schöner Stopp zwischendurch: an der Garonne bei Bordeaux

bei San Sebastián nach Spanien *(AP8 / A1 / A4 über Burgos und Madrid)*, von wo aus Sie Andalusien im Nordosten zwischen Jaén und Córdoba erreichen. Auf dieser Route müssen Sie im Wohnmobil mit rund 145 € Mautkosten rechnen.

Die alternative, sparsamere „Bummelroute“: Sie fahren ab der Grenze an der A44 bei Aachen zunächst auf die mautfreie belgische Autobahn *(A3 und A15 über Lüttich)* und wechseln dann bei Charleroi auf die N5, die bei Gué-d´Hossus die Grenze nach Frankreich passiert. Über Charleville-Mézières, Reims, Sens, Vierzon und Châteauroux halten Sie sich immer südlich, dann über Angouleme stärker westlich bis Bordeaux. Entlang der A63 erreichen Sie dann die Grenze zu Spanien an gleicher Stelle bei San Sebastián. Falls Sie auch in Spanien die zumindest auf der zuvor beschriebenen Strecke mautfreien Autobahnen weitestgehend vermeiden wollen, geht Ihre Fahrt über Pamplona in Richtung Tudela und weiter über Guadalajara, östlich vorbei an Madrid und über Ciudad Real nach Andalusien, das Sie nordöstlich von Córdoba erreichen.

Anreise aus Süddeutschland

(ab und nördlich einer Linie von Freiburg nach Stuttgart und Nürnberg)

Lohnendes Zwischenziel: Sagrada Familia in Barcelona

Die kürzeste Autobahnverbindung: Sie fahren ab der Grenze südlich von Freiburg von der A5 direkt nach Frankreich *(A36 / A39 / A40 / A42 / A7 / A9 über Mülhausen, Besançon, Lyon, Valence, Orange, Nîmes, Montpellier, Narbonne und Perpignan)* und kommen dann bei Le Perthus in Spanien an. Über die AP7 touchieren Sie Figueres, Girona, Barcelona, Tarragona und Valencia. Dort biegen Sie auf A3, A43 und A4 (über Requena, Tomelloso und Manzanares) ins Landesinnere ab und erreichen Andalusien im Nordosten zwischen Jaén und Córdoba. Auf dieser Route müssen Sie im Wohnmobil mit rund 165 € Mautkosten rechnen.

Die alternative, sparsamere „Bummelroute“: Sie fahren ab der Grenze südlich von Freiburg von der A5 zunächst auf die mautfreie A36 bis kurz nach Mülhausen. Dort wechseln Sie auf die Landstraße und folgen der ungefähren Route über die Orte Belfort, Lure, Vesoul, Dole, Chalon-sur-Saône, Montluçon. Das letzte Stück ist mit der Route aus Norddeutschland identisch und Sie gelangen über Angouleme und Bordeaux nach Spanien. Den letzten Teil der Wegbeschreibung entnehmen Sie dem Text zuvor.

Anreise aus Südbayern, der Schweiz und Westösterreich

(ab und nördlich einer Linie von der Schweiz über Innsbruck und Linz)

Die kürzeste Autobahnverbindung: Wenn Sie aus dem südlichsten deutschsprachigen Raum starten, wählen Sie meist den Weg über die Bodenseeregion. Dort wechseln Sie gegebenenfalls in die Schweiz und halten sich Richtung Zürich. Über die A1 und die A9 geht es dann über Bern, Lausanne und Genf nach Frankreich. Ihre weitere Route verläuft entlang der A41 / A43 / A48 und A49 bis Valence. Dort treffen Sie auf die A7 und fahren nun auf identischer Route, wie zuvor bei der Fahrt über Süddeutschland beschrieben weiter nach Andalusien. Auf dieser Route müssen Sie im Wohnmobil mit rund 140 € Mautkosten rechnen, zuzüglich gegebenenfalls Vignettenkosten für Österreich und die Schweiz.

Die alternative, sparsamere „Bummelroute“: Die vorgeschlagene Bummelroute ist identisch mit der aus Süddeutschland und führt über Bordeaux und Nordspanien nach Andalusien.

Denkbar ist auch die Variante, wie Sie für Ostösterreich angegeben ist. In Österreich und am Brenner müssen Sie dann aber auf Mautstraßen bleiben, da dort, zumindest während der Hauptreisezeiten, ein Umfahren verboten ist.

Anreise aus Ostösterreich

(aus den Regionen Wien, Graz und südlich davon)

Die kürzeste Autobahnverbindung: Wenn Sie aus dem östlichen Österreich starten, wählen Sie die Route über Italien. Sie überqueren die Grenze bei Villach und halten sich dann über Udine, Venedig, Padua, Verona und Cremona in Richtung Genua, bis Sie kurz nach San Remo nach Frankreich gelangen (A23 / A4 / A21 / A7 / A26 / A10). Über die A8, A7 und A54 kommen Sie dort, an Nizza, Cannes und Aix-en-Provence vorbei, nach

Nîmes, wo Sie auf die A9 wechseln. Von da an fahren Sie auf identischer Route, wie zuvor bei der Fahrt über Süddeutschland beschrieben weiter nach Andalusien. Auf dieser Route müssen Sie im Wohnmobil mit rund 205 € Mautkosten rechnen, zuzüglich gegebenenfalls Vignettenkosten für Österreich.

Die alternative, sparsamere „Bummelroute":
Auch in diesem Fall wechseln Sie an der Grenze bei Villach nach Österreich. Dann folgen Sie teilweise den die Autobahnen begleitenden Landstraßen über Pordenone, Vicenza, Verona, Brescia, Mailand und Turin zur französischen Grenze. Am Übergang bei Claviere wechseln Sie nach Briançon. Von dort an fahren Sie über Gap, Orange, Montpellier, Narbonne und Perpignan immer nahe der Autobahn bis Spanien, welches Sie am Übergang Le Perthus erreichen. Bis Figueres bleiben Sie auf einer parallelen Strecke. Dann biegt diese Variante über Besalú, Vic und Manresa zunächst ins Landesinnere ab, folgt zwischen Tarragona und Valencia dem Küstenverlauf und bringt Sie ab der mautfreien A3 auf gleichem Weg wie die Autobahnroute nach Andalusien.

TIPP: Mit der Fähre nach Spanien

Keine Frage, die lange Fahrt bis nach Andalusien ist zeitraubend, kräftezehrend und nicht ganz billig. Von vielen Standorten aus kann eine Fährfahrt eine gute Alternative sein. Sie besteigen in Genua oder Savona das Schiff und sparen sich die Fahrt durch Frankreich bis Barcelona. Die Anreise erfolgt dann über die Schweiz, oder, ein paar Kilometer weiter, dafür durchgehend auf Autobahnen, über Österreich, den Brennerpass und Italien. Durch die eingesparten Sprit- und Mautkosten hält sich der Mehrpreis in Grenzen. Außerdem haben Sie zwischen den Fahrtetappen Zeit, sich an Bord zu entspannen. Die

Anlegen im Hafen von Barcelona

Genug Platz, auch für Womos: GNV Fähre am MIttelmeer

jeweils eingesparten Fahrtkilometer und den sich ergebenden Preisunterschied entnehmen Sie der folgenden Liste. Im Beispiel ist eine Fährfahrt ab Genua mit **GNV Ferries** in der einfachsten Kategorie berechnet. Wenn Sie eine Außenkabine oder eine Vollpension an Bord wünschen, werden Zuschläge berechnet, die sich aber in Grenzen halten *(Stand 11/19, zwei Personen mit Innenkabine, 7m-Wohnmobil bei frühzeitiger Buchung)*:

- ***ab Hamburg****: Fahrtstrecke 2410 km, alternativ mit Fähre: 1980 km, Kilometerersparnis: 430 km, Fährmehrkosten Hin/Rück ges.: 200€*
- ***ab Berlin****: Fahrtstrecke 2570 km, alternativ mit Fähre: 1900 km, Kilometerersparnis: 670 km, Fährmehrkosten Hin/ Rück ges.: 130 €*
- ***ab Dresden****: Fahrtstrecke 2450 km, alternativ mit Fähre: 1780 km, Kilometerersparnis: 670 km, Fährmehrkosten Hin/ Rück ges.: 150 €*
- ***ab Köln****: Fahrtstrecke 2000 km, alternativ mit Fähre: 1690 km, Kilometerersparnis: 310 km, Fährmehrkosten Hin/ Rück ges.: 230 €*
- ***ab München****: Fahrtstrecke 2080 km, alternativ mit Fähre: 1360 km, Kilometerersparnis: 720 km, Fährmehrkosten Hin/ Rück ges.: 180 €*
- ***ab Zürich****: Fahrtstrecke 1780 km, alternativ mit Fähre: 1150 km, Kilometerersparnis: 630 km, Fährmehrkosten Hin/ Rück ges.: 130 €*
- ***ab Wien****: Fahrtstrecke 2540 km, alternativ mit Fähre: 1730 km, Kilometerersparnis: 810 km, Fährmehrkosten Hin/Rück ges.: 80 €*

Extratipp: Wenn Sie abenteuerlustig sind und sich für einen zusätzlichen Aufenthalt in Marokko erwärmen können, besteht auch die Möglichkeit, mit der Fähre direkt bis Tanger Med zu reisen. Dies wird mehrmals wöchentlich angeboten. Von dort ist es dann nur eine kurze Überfahrt nach Algeciras oder Tarifa, direkt ins Zielgebiet. Als Fahrtstrecke bleiben lediglich die Kilometer von Ihrem Wohnort nach Oberitalien.

• Von Genua nach Barcelona:
Ca. 3 Mal wöchentlich mit **GNV Ferries** ab ca. 490 €
(hin und zurück inkl. Kabine),
Fahrtdauer ca. 20 Stunden, mehr unter www.gnv.it/de

• **Von Genua nach Tanger:**
Ca. 3 Mal wöchentlich mit **GNV Ferries** ab ca. 790 € (hin und zurück inkl. Kabine),
Fahrtdauer ca. 54 Stunden, mehr unter www.gnv.it/de

Ferner verkehrt einmal wöchentlich eine Fähre der Reederei **Grimaldi** ab Savona nach Barcelona und Tanger. Die Fahrzeit ist dann geringfügig kürzer, die Überfahrten sind jedoch in der Regel ein ganzes Stück teurer (mehr unter www.grimaldi-lines.com)

• **Von Tanger nach Algeciras oder Tarifa**
Mehrmals täglich, verschiedene Fähranbieter, ab ca. 180 € (hin und zurück inkl. Sitzplatz),
Fahrtdauer ca. 2 Stunden, mehr unter www.transmediterranea.es / www.frs.es / www.balearia.com

Stellplätze am Weg nach Spanien

Die 40 angegebenen, meist kostenlosen Transitplätze für Ihre Anreiseroute sind durchnummeriert und in der Anreisekarte vermerkt, sodass Sie diese schnell Ihrer bevorzugten Route zuordnen und auffinden können.

A1: Belgien, Blegny

GPS: N 50°41'10" E 5°43'26", Rue Lambert Marlet. **Max WOMOs**: 8.
Öffnungszeiten: März bis November
Ausstattung: Ver-/ Entsorgung, Strom, Mülleimer, WC, teils Sat-Empfang
Beschreibung: Großer Parkplatz an der Blegny-Mine. Nachts ist das Tor geschlossen. Asphalt, eben, teils Schatten, nachts ruhig.

A2: Frankreich, Crespin

GPS: N 50°25'11" E 3°39'46", Rue du Vivier. **Max WOMOs**: 2-3
Ausstattung: Ver-/ Entsorgung, Strom (gegen Gebühr), Sat-Empfang.
Beschreibung: Kleiner Parkplatz neben dem Friedhof. Asphalt, eben, kein Schatten, recht ruhig.

A3: Frankreich, Péronne

GPS: N 49°55'34" E 2°55'36", Boulevard du Fort Carabit. **Max WOMOs**: 5.
Ausstattung: Ver-/ Entsorgung, Strom (gegen Gebühr), Mülleimer, Toiletten.
Beschreibung: Mittelgroßer Parkplatz neben einem See. Schotter, fast eben, schattig, ruhig, max. 3,5 t.

A4: Frankreich, Meung-sur-Loire

GPS: N 47°49'24" E 1°41'53", Chemin des Gréves. **Max WOMOs**: 25.
Ausstattung: Ver-/ Entsorgung, Mülleimer, Toiletten, teils Sat-Empfang.
Beschreibung: Querparker entlang einer Straße am Ortsrand neben dem Freibad. Auf Schotter, fast eben, meist schattig, nicht ganz ruhig.

A5: Frankreich, Saint Genouph

GPS: N 47°22'37" E 0°36'06", Rue de l`Auberdière. **Max WOMOs**: 10.

Austattung: Ver-/ Entsorgung, Mülleimer, Picknickbänke, Sat-Empfang.
Beschreibung: Kleiner Parkplatz an einer Seitenstraße in ländlicher Umgebung. Auf Schotter, eben, kein Schatten, ruhig.

A6: Frankreich, Prahecq

GPS: N 46°15'46" W 0°20'48", Rue du Château de la Voûte.
Max WOMOs: 8-9.
Ausstattung: Ver-/ Entsorgung, Mülleimer, Strom (in Vorbereitung), Toilette in der Nähe, teils Sat-Empfang.
Beschreibung: V/E-Station mit Parkmöglichkeiten beidseits der Zufahrt in Ortsrandlage. Asphalt, parken auf Rasen, nicht ganz eben, kaum Schatten, recht ruhig.

A7: Frankreich, Saint-Romain-la-Virvée

GPS: N 44°57'50" W 0°24'07", Rue du Milonis. **Max WOMOs**: 12-14
Ausstattung: Ver-/ Entsorgung, Mülleimer, teils Sat-Empfang.
Beschreibung: Mittelgroßer Parkplatz am Ortsrand neben einem Tennisplatz und Restaurant gelegen. Auf Asphalt, nicht ganz eben, teils schattig, relativ ruhig.

A8: Spanien, Listoretta

GPS: N 43°16'03" W 1°54'03", Aldura Gunea Aldea. **Max WOMOs**: 6-8.
Ausstattung: Ver-/ Entsorgung, Sat-Empfang.
Beschreibung: Teils markierte Querparker in einer Nebenstraße an einem Park mitten im Grünen. Auf Asphalt, fast eben, schattig, ruhig.

A9: Spanien, Briviesca

GPS: N 42°33'05" W 3°19'45", Calle la Senda. **Max WOMOs**: Ca. 20.
Ausstattung: Ver-/ Entsorgung, Sat-Empfang.
Beschreibung: Großer Parkplatz hinter der Stierkampfarena in Ortsrandlage. Auf Asphalt, eben, kein Schatten, meist ruhig.

A10: Spanien, Aranda de Duero

GPS: N 41°40'13" W 3°41'37", Calle Valladolid. **Max WOMOs**: 11.
Ausstattung: Ver-/ Entsorgung, Mülleimer, Picknickbänke und Toiletten in der Nähe.
Beschreibung: Großer gemischter Parkplatz mit eingezeichneten Buchten, Ortsrandlage neben dem Busbahnhof an einer Hauptstraße. Auf Asphalt, eben, kein Schatten, nicht ganz ruhig.

Loirebrücke bei Meung-Sur-Loire (Platz A4)

A11: Spanien, Puerto Lápice

GPS: N 39°19'35" W 3°29'01", Calle Sierrecilla. **Max WOMOs**: Ca. 12.
Ausstattung: Ver-/ Entsorgung, Strom (gegen Gebühr), Mülleimer, Sat-Empfang.
Beschreibung: Mittelgroßer Parkplatz nur für Womos am Rand eines Dorfes neben Feldern. Auf Beton, eben, kaum Schatten, ruhig.

A12: Frankreich, Belfort

GPS: N 47°38'31" E 6°51'57", Avenue de la Miotte. **Max WOMOs**: Ca. 15.
Ausstattung: Ver-/ Entsorgung, teils Strom, Mülleimer, teils Sat-Empfang.
Beschreibung: Großer Parkplatz hinter einer Mauer neben der Hautstraße nahe dem Zentrum. Auf Asphalt, eben, teils Schatten, nicht ganz ruhig.

A13: Frankreich, Dole

GPS: N 47°04'24" E 5°29'12", Allée des Prés Buffard. **Max WOMOs**: 8-10.
Ausstattung: Ver-/ Entsorgung, Sat-Empfang.
Beschreibung: Großer gemischter Parkplatz des Freibades in Ortsrandlage neben dem Fluss Doubs. Auf Asphalt, recht eben, kein Schatten, nachts meist ruhig.

A14: Frankreich, Jons

GPS: N 45°48'06" E 5°04'48", Chemin de Mûre. **Max WOMOs**: Ca. 15.
Ausstattung: Wasser, Strom, Toiletten, Mülleimer, teils Sat-Empfang, Videoüberwachung.
Beschreibung: Mittelgroßer Parkplatz nur für Wohnmobile neben einer Sportanlage am Ortsrand. Auf Schotter, nicht ganz eben, teils Schatten, nicht ganz ruhig.

A15: Frankreich, Montélimar

GPS: N 44°33'55" E 4°45'25", Résidence le Bois de Laud.
Max WOMOs: Ca. 15.
Ausstattung: Ver-/ Entsorgung, teils Sat-Empfang.
Beschreibung: Größerer Parkplatz nur für Wohnmobile neben einem Supermarkt mitten im Ort nördlich des Zentrums. Schotter-/ Erdboden, nicht ganz eben, teils Schatten, nicht ganz ruhig.

A16: Frankreich, Sommiéres

GPS: N 43°47'13" E 4°05'13", Chemin de la Princesse. **Max WOMOs**: 8-10.
Ausstattung: Ver-/ Entsorgung, Toiletten, Mülleimer, teils Sat-Empfang.
Beschreibung: Parkplatz mit V/E-Anlage für die Durchreise neben einem Campingplatz am Fluss Vidourle. Etwas schmalere Anfahrt. Auf Schotter, fast eben, teils Schatten, recht ruhig.

A17: Frankreich, Coursan

GPS: N 43°14'01" E 3°04'22", Avenue Jean Jaurés. **Max WOMOs**: 8-10.
Ausstattung: Ver-/ Entsorgung, Mülleimer, teils Sat-Empfang.
Beschreibung: Einfache Wiese an einer Dorfrand neben der Hauptstraße. Bei Regen schlecht zu befahren. Nicht ganz eben, teils Schatten, relativ ruhig.

A18: Spanien, Peralada

GPS: N 42°18'22" E 3°00'30", C252. **Max WOMOs**: 6.
Ausstattung: Ver-/ Entsorgung, Mülleimer, Sat-Empfang, mit Videoüberwachung.
Beschreibung: Großer gemischter Parkplatz neben einem Kreisverkehr an der Hauptstraße am Ortsrand. Auf Asphalt, eben, kein Schatten, belebt.

Juni-Lichterfest „La Luz de las Velas“ in Utiel (Platz A22)

A19: Spanien, Granollers

GPS: N 41°35'57" E 2°16'44", Passeig Fluvial. **Max WOMOs**: 11.
Ausstattung: Ver-/ Entsorgung, Mülleimer, Sat-Empfang.
Beschreibung: Parkplatz am Fluss Congost neben dem Industriegebiet. Auf Asphalt, eben, etwas Schatten, nicht gerade ruhig.

A20: Spanien, El Catllar

GPS: N 41°10'36" E 1°19'37", Cami de la Foni. **Max WOMOs**: 6.
Ausstattung: Ver-/ Entsorgung, Mülleimer, Picknickbänke, Spielplatz.
Beschreibung: Kleiner Parkplatz am Ortsrand an dem Fluss Gaiá, nahe einem Restaurant. Auf Schotter, nicht ganz eben, schattig, ziemlich ruhig.

A21: Spanien, Onda

GPS: N 39°58'06" W 0°16'18", Calle Fanzara. **Max WOMOs**: 6.
Ausstattung: Ver-/ Entsorgung, Picknickbänke, Sat-Empfang.
Beschreibung: Eigens für Wohnmobile angelegter Platz am Ortsrand neben dem Fußballplatz. Auf Schotter, fast eben, schattig, kein Schatten, meist recht ruhig.

A22: Spanien, Utiel

GPS: N 39°33'59" W 1°12'50", Calle el Milagro. **Max WOMOs**: 10-12.
Ausstattung: Ver-/ Entsorgung, Mülleimer, teils Sat-Empfang.
Beschreibung: Große Parkfläche neben einem Sportplatz am Ortsrand. Auf Schotter, fast eben, teils schattig, bis auf Autobahngeräusche recht ruhig.

A23: Spanien, San Clemente

GPS: N 39°23'50" W 2°26'09", Carretera Clementerio. **Max WOMOs**: Ca. 12.
Ausstattung: Ver-/ Entsorgung, Mülleimer, Sat-Empfang.
Beschreibung: Stellplatz am Feríagelände in Ortsrandlage. Auf Asphalt, nicht ganz eben, kein Schatten, meist ruhig, Mitte/ Ende August gesperrt.

A24: Schweiz, Echallens

GPS: N 46°38'25" E 6°38'29", Route de Moudon. **Max WOMOs**: Ca. 6-8.
Ausstattung: Ver-/ Entsorgung, Strom, Mülleimer, Sat-Empfang.
Beschreibung: Gemischter, funktionaler Parkplatz neben der Hauptstraße und einem Tennisgelände. Auf Asphalt, eben, teils schattig, nicht ganz ruhig.

A25: Frankreich, Sassenage

GPS: N 45°12'50" E 5°40'06", Rue Pierre de Coubertin. **Max WOMOs**: Ca. 15.
Ausstattung: Ver-/ Entsorgung, Strom, Mülleimer, Sat-Empfang.
Beschreibung: Eigener Wohnmobileparkplatz in Ortsrandlage neben einem Tennisgelände, nahe der Isère. Auf Schotter, recht eben, teils schattig, ruhig.

A26: Italien, Gemona

GPS: N 46°16'34" E 13°08'14", Via Pierino Celetto. **Max WOMOs**: Ca. 15.
Ausstattung: Ver-/ Entsorgung, Mülleimer, Sat-Empfang.
Beschreibung: Aussichtsreicher Parkplatz mitten im Ort, etwas steilere Anfahrt. Auf Asphalt, fast eben, kein schattig, relativ ruhig.

A27: Italien, Latisana

GPS: N 45°46'53" E 12°59'36", Via Tempio. **Max WOMOs**: Ca. 6-8.
Ausstattung: Ver-/ Entsorgung (nur Grauwasser), Mülleimer, Sat-Empfang.
Beschreibung: Funktionaler Parkplatz am Ortsrand neben einem Supermarkt und dem Fußballstadion. Auf Asphalt, eben, kein Schatten, nachts relativ ruhig.

A28: Italien, Santa Giustina

GPS: N 45°27'21" E 11°10'19", Via Santa Giustina. **Max WOMOs**: 12.
Ausstattung: Ver-/Entsorgung, Strom (gegen Gebühr), Mülleimer, Sat-Empfang.
Beschreibung: Parkplatz eigens für Wohnmobile in Ortsrandlage zwischen Weinbetrieben. Auf Schotter, fast eben, kaum Schatten, ruhig.

A29: Italien, Monticelli D`Ongina

GPS: N 45°05'26" E 9°56'07", Via Brada. **Max WOMOs**: 18-20.
Ausstattung: Ver-/ Entsorgung (nur Grauwasser), Mülleimer, teils Sat-Empfang.
Beschreibung: Großer gemischter Parkplatz in einer recht ruhigen Straße des kleinen Ortes ohne extra eingezeichnete Buchten für Womos. Auf Asphalt, fast eben, teils schattig, nachts recht ruhig.

A30: Italien, Serravalle

GPS: N 44°44'07" E 8°50'22", SP35bis. **Max WOMOs**: Ca. 30.
Ausstattung: Strom, Mülleimer, Sat-Empfang.
Beschreibung: Riesiger Parkplatz an einem Outletcenter mit extra für Wohnmobile markiertem Bereich. Auf Asphalt, eben, kein Schatten, nachts ruhig.

Shopping-Pause im Serravalle Outletcenter (Platz A30)

A31: Italien, Celle Ligure

GPS: N 44°20'57" E 8°33'25", Via Natta. **Max WOMOs**: Ca. 25.
Ausstattung: Ver-/ Entsorgung, Mülleimer, teils Sat-Empfang.
Beschreibung: Größerer Parkplatz nahe der Autobahn außerhalb des Ortes. Auf Asphalt, teils ziemlich schräg, teils schattig, bis auf Autobahn recht ruhig.

A32: Frankreich, L´Escarene

GPS: N 43°50'09" E 7°21'13", Rue du Château. **Max WOMOs**: 7.
Ausstattung: Ver-/ Entsorgung, Mülleimer, Toiletten benachbart.
Beschreibung: Kleinerer Parkbereich für Wohnmobile etwas versteckt neben einer Überführung gelegen. Auf Asphalt, relativ eben, teils schattig, nicht ganz ruhig.

A33: Frankreich, La Roquebrussanne

GPS: N 43°20'10" E 5°58'46", D64. **Max WOMOs**: 4 bis 5.
Ausstattung: Ver-/ Entsorgung, Strom, Mülltonnen.
Beschreibung: Kleinerer Parkbereich neben einem Kreisverkehr an der Hauptstraße, versteckt unter Bäumen. Auf Schotter, nicht ganz eben, schattig, für die Lage relativ ruhig.

A34: Frankreich, Pélissanne

GPS: N 43°37'42" E 5°09'13", Chemin de la Prouvenque.
Max WOMOs: Ca. 24.
Ausstattung: Ver-/ Entsorgung, Mülltonnen, Sat-Empfang.
Beschreibung: Große Parkfläche direkt im Ort, Supermarkt in der Nähe. Auf Asphalt, fast eben, kein Schatten, nicht ganz ruhig.

A35: Österreich, Kufstein

GPS: N 47°35'14" E 12°10'05", Fischergries. **Max WOMOs**: Ca. 5-6.
Ausstattung: Ver-/ Entsorgung, Mülltonnen, Sat-Empfang.
Beschreibung: Abgetrennter Teil eines Parkplatzes neben der Sportarena. Auf Asphalt, eben, kein Schatten, bei Sportveranstaltungen nicht ganz ruhig, nah zum Zentrum, 5 €.

A36: Österreich, Schwaz

GPS: N 47°20'46" E 11°42'13", Königsfeldweg. **Max WOMOs**: Ca. 10.
Ausstattung: Ver-/ Entsorgung, Sat-Empfang.
Beschreibung: Abgetrennter Teil eines Parkplatzes, Supermarkt benachbart. Auf Asphalt, nicht ganz eben, kein Schatten, recht ruhig, 6 €.

A37: Italien, Brennero

GPS: N 46°59'54" E 11°30'05", Via Statale 12. **Max WOMOs**: Ca. 20.
Ausstattung: Keine Einrichtungen, teils Sat-Empfang.
Beschreibung: Große Asphalt-Transitparkfläche am Ortsrand, keine Kennzeichnung, wird auch von LKWs genutzt, kein Schatten, eben, teils belebt, nachts aber meist recht ruhig.

A38: Italien, Magenta

GPS: N 45°28'41" E 8°53'17", SP 128. **Max WOMOs**: Ca. 13.
Ausstattung: Ver-/ Entsorgung, Mülltonnen, Sat-Empfang.
Beschreibung: Eigener Parkplatz neben einem Campingausstatter. Auf Asphalt, eben, kein Schatten, nicht ganz ruhig gelegen.

TOUR 1
10 km
N
Pozoblanco
Valdepeñas
Santa Cruz d.M.
Viso del Marquéz
KASTILIEN - LA MANCHA
P. N. Sierra d. Cardeña y Montoro
1210 m
P. N. de Despeñaperros
Aldeaquemada
1080 m
La Cimbarra
Santa Elena
La Carolina
E.d.I. Rumbla
Baños d. I. E.
Linares
Bailén
Guadalquivir
Baeza
Úbeda
Tour 14
Andújar
Villa del Río
Montoro
Pedro Abad
Villafranca d.C.
Wasser-park
Córdoba
620 m
P. Los Villares
P. N. Sierra d. Hornachuelos
Medina Azahara
E.d.I. Breña
Almodóvar del Rio
La Carlota

Tour 1: Auf dem Weg nach Córdoba (ca. 350 km)

P.N. de Despeñaperros – Linares
Baños de la Encina – Guadalquivir-Becken
Córdoba – Parque Los Villares – Medina Azahara
Almodóvar del Río

Stellplätze:	Valdepeñas, Viso del Marquéz, P.N. Despeñaperros (2x), Cascada Cimbarra, Santa Elena, Parque Aquisgrana, Baños de la Encina (2x), Villa del Río, Montoro, Pedro Abad, Villafranca de Córdoba, Córdoba (4x), El Higueron, Almodóvar del Río
Campingplätze:	Santa Elena, Villafranca de Córdoba, Córdoba, Parque Los Villares
Besichtigen:	Linares, Burg von Baños de la Encina, Kirche in Andújar, Montoro, Córdoba, Kloster Las Ermitas, Maurenstadt Medina Azahara, Burg von Almodóvar del Río
Wandern:	Valdeazores-Tal, Sendero Cerro Monuera, Cimbarra-Wasserfall, Parque Los Villares
Baden:	Erlebnisbad bei Villafranca de Córdoba

Auf Tour eins erreichen Sie Ihre Zielregion von Nordosten aus. Die eben noch brettflache Landschaft ändert sich schlagartig, wenn Sie zum „Tor von Andalusien" gelangen. Sie können zum Start die Natur dieser abgelegenen, hügeligen Landschaft erkunden oder in verschiedenen kleinen Orten auf Entdeckungsreise gehen, bevor Sie mit Córdoba der erste Höhepunkt Ihrer Reise erwartet. Die berühmte Mezquita und die verwinkelten Gassen der Altstadt sind nur zwei Aspekte von vielen, die einen abwechslungsreichen Aufenthalt garantieren. Westlich des Zentrums erwarten Sie dann noch die Überreste von Medina Azahara, einer maurischen Hauptstadt aus längst vergangenen Tagen.

Parque Natural de Despeñaperros

Noch bevor Sie nach der langen Anfahrt Andalusien erreichen, haben Sie Gelegenheit, in zwei unweit der Autobahn gelegenen Orten eine Übernachtungspause einzulegen. Beide Plätze bieten die Möglichkeit zur Ver- und Entsorgung.

(001) Offizieller WOMO-Stellplatz: Valdepeñas

GPS: N 38°46'40" W 3°23'31", Calle la Bota. **Max. WOMOs**: Ca. 25.
Ausstattung: Ver- / Entsorgung, Mülleimer, teils Sat.-Empfang, Spielplatz, Trinkbrunnen.
Beschreibung: Zwischen Industriegebiet und Tennisclub gelegen, teils schattig durch mehrere Bäume, Stellplätze auf Asphalt, eben, klappstuhl-

geeignet, gepflegt. Fast-Food-, Grill-Restaurant und Discounter nur 200 m entfernt, rund 1,7 km bis zum Ortszentrum.
Zufahrt: Von der A4 kommend die Ausfahrt „Valdepeñas norte" nehmen, dann am Kreisverkehr die dritte Ausfahrt wählen; nach dem nächsten Kreisverkehr an der dritten Gelegenheit rechts abbiegen, der Platz liegt nun an der nächsten Kreuzung schräg links vor Ihnen.
Hinweis: Die Halle schräg gegenüber wird an manchen Wochenendtagen zu einer Disko umfunktioniert. Dann kann es entsprechend laut werden.

(002) Offizieller WOMO-Stellplatz: Viso del Marqués

GPS: N 38°31'37" W 3°33'46", Calle Feria. **Max. WOMOs**: Ca. 25.
Ausstattung: Ver- / Entsorgung, teils Strom, Sat-Empfang.
Beschreibung: Nachts ruhig, kaum Schatten, große asphaltierte, ebene Fläche, Campingverhalten untersagt, Freibad gegenüber, gut 500 m bis zum Ortszentrum.
Zufahrt: Nehmen Sie von der A4 kommend die Ausfahrt „Almuradiel" und folgen Sie dann der Wegweisung nach Viso del Marqués. Bleiben Sie bis zum Kreisverkehr kurz vor dem Ortsende auf der Hauptstraße und nehmen Sie dort die dritte Ausfahrt (Calle Almagro), Platz rechter Hand.
Hinweis: Während der örtlichen Festwoche Mitte / Ende Juli ist der Platz nicht nutzbar.

Dann gelangen Sie am Despenäperros-Pass zum einzigen Durchbruch der von West nach Ost verlaufenden Bergkette Sierra Morena, dem Tor zu Andalusien. Eine tiefe Schlucht windet sich an dieser Stelle durch die schroffe Berglandschaft. Sie können entweder auf der Autobahn bleiben, um durch einen Tunnel auf direktem Weg weiterzufahren, oder bei Venta de Cardenas abfahren, um sich die Gegend etwas genauer anzusehen. Der Naturpark wird von Stein- und Korkeichen geprägt und ist Heimat von Hirschen und Wildschweinen. Selbst Luchse und Wölfe werden ab und zu gesichtet. Bei einem ersten Haltepunkt können Sie eine beschilderte Wanderung ins **Valdeazores-Tal** mit einem Bestand alter Kastanienbäume unternehmen *(knapp 3 Kilometer, parken bei Stellplatz 003)*, ein Stück weiter haben Sie am **Mirador de los Organos** einen guten Blick auf die enge Talschlucht gleich unter Ihnen. Sie war bei der Rückeroberung Spaniens von den Mauren im Jahr 1212 von entscheidender Bedeutung, als König Alfons VIII. hier eindringen und einen ersten Sieg über die Almohaden erringen konnte.

(003) WOMO-Wanderparkplatz: P.N. Despeñaperros (Bar Los jardines de despeñaperros)

GPS: N 38°24'02" W 3°30'13", N-IVa. **Max. WOMOs**: 1-2.
Ausstattung: Wasser, Mülltonnen.
Beschreibung: Recht einsam, unter Bäumen, schattig, teils auf Asphalt,

teils auf Schotter, recht eben, Camping nicht gestattet, Bar-Restaurant direkt benachbart, am besten ganz rechts am westlichsten Ende parken, 200m weiter Wandermöglichkeiten an den „Castañas de Valdeazores“, einem Kastanienhain, vorhanden.
Zufahrt: Von der A4 die Ausfahrt Venta de Cardenas nehmen, dann sofort links unter der Autobahn durchfahren und an der T-Kreuzung rechts halten, am Restaurant La Teja erneut rechts ab, dann nach rund 1,2 km linker Hand.

An einem bald folgenden Kreisverkehr können Sie einen Abstecher ins abgelegene Dorf Aldeaquemada unternehmen. Die paar in die Landschaft gewürfelten Häuser sind wenig interessant, doch die Fahrt dorthin birgt einige interessante Punkte, genau wie die schönen **Cimbarra-Wasserfälle** gleich südlich davon. Zunächst schlängelt sich das schmale Teerband recht verwegen ein ganzes Stück empor, dann wird es deutlich flacher und Sie können am **Informationszentrum Los Organos** einen Halt einlegen. Verschiedene beschilderte Wanderungen beginnen an diesem Punkt und Ihnen werden, sofern gerade geöffnet ist, auch weitere Informationen und Wanderkarten ausgehändigt. Die recht kurze Wegstrecke zur Fledermaushöhle **Cueva de Los Muñecos** bietet unterwegs auch tolle Ausblicke auf die Landschaft ringsum.

(004) WOMO-Wanderparkplatz: Los Organos

GPS: N 38°23'25" W 3°29'39", J-6110 **Max. WOMOs**: 2-3.
Ausstattung: Wasser, Toilette (nicht immer geöffnet).
Beschreibung: Nachts einsam, neben einem Info-Center für Wanderer, kein Schatten, auf Schotter, recht eben, Camping nicht gestattet, Wandermöglichkeiten zu zwei Aussichtspunkten und einer Fledermaushöhle vorhanden.
Zufahrt: Von der A4 die Ausfahrt Aldeaquemada nehmen und der Wegweisung folgen. Nach einer längeren steilen, schmalen Passage ist der Platz linker Hand sichtbar.

Im Wald um den Chortal-Fluss passieren Sie dann einen Naturparkplatz und haben Gelegenheit zu einer Wanderung aufzubrechen, bevor Sie **Aldeaquemada** erreichen und sich dort an der Hauptstraße rechts zu den Wasserfällen „Cascada La Cimbarra“ orientieren.

Sendero Cerro Monuera (8,7 km, ca. 290 Hm)

Auf dem Weg zu den Cimbarra-Wasserfällen befindet sich rechter Hand bei [N 38°23'36" W 3°24'31"] neben der J6110 ein schöner Rundweg durch den mediterranen Wald mit weiter Aussicht auf das Guarriza-Flusstal. Er umrundet den gut 1.000 Meter hohen Monuera-Gipfel und ist in weiten Tei-

Cimbarra Wasserfall

len gut begehbar. Es gibt aber auch einige steile und steinige Abschnitte. Neben der Straße finden Sie ausreichend Platz, um das Womo zu parken. Rund 100 Meter nach dem Beginn des zunächst breiten Weges an der Verkehrsstraße halten Sie sich der Beschilderung folgend links durch den Eichenwald. Schon bald haben Sie eine gute Aussicht auf das Dorf Aldeaquemada links unter Ihnen. In nordöstliche Richtung steigen Sie nun durch einen dichten Pinienwald ab, bis der Weg nach einer Feuerschneise auf halber Höhe dem Cimbarillobach folgt. Wenn von links ein Weg mit Ihrem zusammenläuft, bleiben Sie weiter geradeaus und nehmen etwas später an einer Fünffach-Kreuzung den leicht ansteigenden beschilderten Karrenweg nach rechts. Der Boden ist zunehmend steinig, es wachsen dichte Steinrosenbüsche und Rosmarin. Rechts von Ihnen liegen oberhalb einige Geröllfelder, nach Süden hin bietet sich ein Panoramablick auf das Guarizza-Tal und die abgerundeten Hügel der Sierra Morena. Die Gegend ist sehr tierreich, es gibt Hirsche und Wildschweine, Adler, Füchse und Ginsterkatzen. Nach einem weiteren Wegstück gelangen Sie zu einem alten Wachturm, an dem ein steiler Abstieg auf einem kleinen Pfad nach rechts beginnt. Er endet nach 800 Metern am Tomaderobach. Sie folgen dem Wasserlauf, nun wieder stetig ansteigend, der von schattenspendenden Erlen begleitet wird. Auf halber Höhe passieren Sie eine Quelle, an der Sie sich erfrischen können, bevor das letzte Wegstück ansteht. Ihr Aufstieg endet schließlich am Camino del Lentisco, dem Sie, rechts ab bis zu Ihrem Ausgangspunkt zurück folgen.

Zum **Cimbarra-Wasserfall** *(Koordinaten siehe folgender Parkplatz)* führt ein kurzer, nicht allzu anstrengender, aber sich lohnender Rundweg zu einer steilen Felskante. Dort stürzt der Fluss Guarrizas tosend in die Tiefe. Sie können ihn sowohl von der gegenüberliegenden Felswand in Augenschein nehmen als auch bis zum Wasserbecken unterhalb absteigen.

(005) WOMO-Wanderparkplatz: Cascada La Cimbarra
GPS: N 38°23'28" W 3°22'12", J-6110. **Max. WOMOs:** 2-3.
Ausstattung: Keine Einrichtungen vorhanden.

Beschreibung: Tags belebter, nachts jedoch einsamer Wanderparkplatz auf einer Waldlichtung, am Rand etwas Schatten, auf Schotter, teils recht schräg, Campingverhalten nicht gestattet, Wandermöglichkeiten zu den Cimbarra-Wasserfällen. Im kleinen, zwei Kilometer entfernten Ort gibt es Freibad, Restaurant und einen kleinen Supermarkt.
Zufahrt: Von der A4 die Ausfahrt Aldeaquemada nehmen und der Wegweisung folgen. Am Ende der Straße scharf rechts abbiegen und die letzten gut 2 km zum Parkplatz fahren. Achtung, die Straße ist auf den letzten 1,5 km ungeteert und zeitweise ziemlich schmal.

Zurück an der Autobahn kommen Sie bald schon zum ersten Campingplatz in **Santa Elena**. Auch die Repsol-Tankstelle kurz nach der gleichnamigen Autobahnausfahrt bietet einen Übernachtungsplatz und eine Entsorgungsmöglichkeit an, wenn es schnell gehen muss [**007:** N 38°20'12" W 3°32'40"].

Ein weiterer, schönerer Platz, um frei zu stehen liegt ein paar Kilometer nördlich von La Carolina.

(006) WOMO-Campingplatz: Santa Elena (Camping Despeñaperros)

GPS: N 38°20'36" W 3°32'08", Calle Infanta Elena.
Internet/Tel.: www.campingdespenaperros.com, +34 953 66 41 92.
Öffnungszeiten: ganzjährig.
Ausstattung: WLAN, TV-Anschlüsse, Grillstelle, Spülbecken, Spielplatz, Pool, Waschmaschine/Trockner, Minimarkt, Restaurant, Brötchenservice, Sporteinrichtungen.
Beschreibung: 112 Stellplätze, schattig zwischen Bäumen gelegen, geschotterter, recht ebener Untergrund, deutsch- und englischsprachiges Personal, rund 350 m bis zum kleinen Ortszentrum.
Preis: €€€.
Zufahrt: Von der A4 an der Ausfahrt „Santa Elena" abfahren, dann am ersten Kreisverkehr die erste Ausfahrt nehmen, die Autobahn kreuzen und der Beschilderung zum Platz am nordöstlichen Ortsrand folgen.

(008) WOMO-Picknickplatz: Parque Aquisgrana (Zona De Descanso)

GPS: N 38°17'51" W 3°36'31", Calle Campanas. **Max. WOMOs**: 3-4.
Ausstattung: Wasser, Mülleimer, Sat-Empfang, Picknickbänke, Spielplatz.
Beschreibung: Nachts und in der Nebensaison sehr ruhig und abgelegen, geschotterter Platz, kaum Schatten, klappstuhlgeeignet, Wandermöglichkeiten, rund 1,9 km bis zum nächsten Ort (La Carolina).
Zufahrt: Von der A4 kommend die Ausfahrt „La Carolina" nehmen und dort geradeaus in den Ort einfahren. Bei zweiter Gelegenheit kurz nach einer Ampel rechts abbiegen und der Straße nun immer geradeaus folgen, nach einer Solaranlage links halten. Der schmale Fahrweg windet sich nun für knapp 2 km durch die Landschaft, bis Sie den offiziell angelegten Picknickplatz erreichen. Stellflächen gibt es beidseits der Straße.

Linares

Linares ist kein wirklich aufregendes Ziel, bietet aber erstmals Gelegenheit, eine authentische, von Touristen kaum beachtete andalusische Stadt zu erleben. Falls Sie einen Abstecher machen möchten, finden Sie ausreichend Parkraum um das Fest- und Marktgelände an der Calle Eriazos de la Virgen bei [N 38°06'04" W 3°38'02"] nordöstlich des Zentrums. Die 60.000-Einwohner-Stadt wurde als Industrie- und Bergbaustandort groß und ist die Heimat des auch international bekannten Gitarristen **Andrés Segovia**, dem ein eigenes **Museum** gewidmet wurde. Es gibt außerdem ein **Archäologiemuseum**, das Funde ab der phönizischen bis in die maurische Zeit zeigt, und einige schöne, alte Bauwerke im Zentrum, das sich um die Plaza del Ayuntamiento gruppiert.

***Linares – Tourist-Info**: Iglesia 5, www.turismolinares.es | **Wochenmarkt**: Di und Fr, Calle Eriazps d.l. Virgen | **Andrés Segovia Museum**: Calle C.d.Castillo Ponton 59, €, Mitte Jun – Mitte Sep Di/Do/Sa 10 – 13.30 Uhr, sonst Di/Do auch 16 – 1830 Uhr, www.segoviamuseo.com | **Archäologiemuseum**: Calle G. Echagüe 2, €, Jun – Sep Di – So 9 – 15.30 Uhr, sonst Di – Sa 9 – 19.30 Uhr, So 9 – 15.30 Uhr, www.linaresturismo.es*

Gastrotipps Linares: Portofino**, Calle Santiago 1, **Lagartijo**** Calle de Perez Galdos 27, **Taberna Albero*** Calle Perez Galdos, **Café de Autor** (Café), Menendez Pelayo, **Bar Montes***, Calle Cervantes 8

Baños de la Encina

Hauptanziehungspunkt des weithin sichtbar zwischen den Olivenhainen aufragenden Dorfes ist das am obersten Punkt des Hügels gelegene, von den Mauren erbaute **Castillo de Burgalimar** aus dem 10. Jahrhundert. Es besitzt ganze 14 noch intakte Wehrtürme, einen mächtigen Bergfried und kann besichtigt werden. Die teils schmucken Häuser im Ort zeugen vom einstigen Reichtum durch Bleierzbergbau im 18. Jahrhundert. Während dieser Zeit siedelte sich eine ganze Reihe deutscher Kolonialisten hier an. Mit dem Wohnmobil parken Sie neben der Hauptstraße bei [**009:** N 38°10'17" W 3°46'33", J-5042].

Baños de la Encina

Auch eine Zwischenübernachtung ist dort möglich. Direkt hinter dem Ort liegt der Stausee **Pantalon del Rumblar**, zu dem eine recht holprige, von Schlaglöchern durchzogene Straße führt. Kleine, bewegliche Womos mit ausreichend Bodenfreiheit finden dort weitere, naturnahe Stellplätze, wie zum Beispiel bei [**010a:** N 38°10'44" W 3°47'41"] und [**010b:** N 38°10'37" W 3°47'55"]. Mit großen, schwerfälligen Fahrzeugen sind die am Ende ungeteerten, ruppigen Wege nicht empfehlenswert.

Baños de la Encina – Wochenmarkt: *So, Calle M. de Busianos* | **Castillo de Burgalimar**: *Plaza de Santa María 1, €, nur mit Führung, Mi – Mo zu wechselnden Zeiten (siehe Website), www.bdelaencinaturismo.com*

Guadalquivir-Becken

Die A4 verläuft nun, immer in Schlagweite des Guadalquivirs, Andalusiens größten Flusses, weiter gen Westen. Die recht flache Landschaft ist von Landwirtschaft geprägt. Zu den interessanteren Orten der Gegend gehört **Andújar** mit einem ganz hübschen Hauptplatz, der **Plaza de España**. In der nahen Kirche **Santa Maria de Mayor** ist ein Werk von El Greco zu bestaunen. Ein großer Tagesparkplatz liegt am Paseo Colón, [N 38°02'12" W 4°03'30"].

Bei **Villa del Río** verlassen Sie die Provinz Jaén und gelangen in die Provinz Córdoba. Das Städtchen bietet einen ganz guten Nachtparkplatz.

(011) WOMO-Stellplatz: Villa del Río

GPS: N 37°58'58" W 4°17'33", Carretera Madrid. **Max. WOMOs**: 2-3.
Ausstattung: Mülleimer, beleuchtet, sonst keine Einrichtungen.
Beschreibung: Belebt, zwischen Hauptstraße und Fluss gelegen, etwas Schatten durch einige Bäume, asphaltiert, eben, Campingverhalten untersagt, Ortszentrum nur rund 150m entfernt.
Zufahrt: Von der A4 bei der Ausfahrt „Villa del Río" abfahren, an den folgenden beiden Kreisverkehren die dritte und dann die erste Ausfahrt nehmen und so in den Ort einfahren. Der Platz ist nach gut 1000 m rechter Hand sichtbar.

Auch im etwas größeren **Montoro** können Sie übernachten. Der Parkplatz ist zwar nicht sonderlich schön, aber zentral gelegen, [**012:** N 38°00'59" W 4°23'00", Calle J.A. Cervera]. Sie finden ihn direkt hinter der Stierkampfarena. Von diesen charakteristischen Bauwerken werden Sie auf Ihrer Reise noch einige sehen.

Stierkampf

Lexikalisch ist der Begriff Stiefkampf schnell erklärt: „Die rituelle Tötung eines Kampfstieres mittels Stichwunden zur Erbauung einer dafür zahlenden Zuschauergruppe." Das ist grundsätzlich natürlich korrekt, doch was es mit der Corrida, wie das Spektakel in Spanien genannt wird, und dem Wirbel um die Toreros genannten Stierkämpfer auf sich hat, bedarf einer etwas längeren Ausführung.

Erste Stierkämpfe sind seit dem 13. Jahrhundert belegbar. Damals wurden sie jedoch, weitgehend regelfrei, auf Dorfplätzen oder anderen, teils mit schnell zusammengeschusterten Holzbalustraden versehenen Freiflächen abgehalten. Ab dem beginnenden 18. Jahrhundert wurden erste gemauerte Arenen errichtet und es entstand ein Regelwerk, das bis heute Bestand hat und durch den Torero Francisco Romero festgeschrieben wurde.

Neben den eigens für den Kampf gezüchteten Stieren sind die Toreros die Hauptpersonen. Früher war es vor allem wirtschaftliche Not, die junge Männer in die Arenen trieb, um unter Lebensgefahr ein wenig Geld zu verdienen. Heute durchlaufen angehende Stierkämpfer eine vierjährige Ausbildung und sind wenigstens in Teilen der Bevölkerung hoch angesehen – und inzwischen mit Spitzengagen von bis zu 180.000 Euro pro Kampf auch hoch bezahlt. Jeder angehende Torero beginnt als Novillero, Novize, und schließt mit dem Rang des Matadors ab.

Heute gibt es in Spanien noch über 400 aktiv genutzte Arenen, die eigens für den Stierkampf gebaut und genutzt werden. Die größte befindet sich in Madrid, die Arenen in Sevilla und Córdoba sind die größten in Andalusien. Das Regelwerk gibt dabei feste Standards vor – so müssen die Arenen mit Sand bedeckt sein und dürfen maximal 60 Meter im Durchmesser aufweisen. Barreras als hölzerne Umrandung sind vorgeschrieben, hinter die sich die Toreros im Notfall retten können.

Jeder Kampf läuft in vier Phasen ab.

In der ersten betritt der Stier das Rund und wird vom Matador mit dem „capote" genannten purpurroten Tuch gelockt und immer wieder an ihm vorbei gelenkt. Die Farbe spielt übrigens keine Rolle, denn die Tiere sind rotblind – es ist die Bewegung, die sie aufmerksam macht... Dann reiten ein bis zwei Picadores (Lanzenreiter) ein und versetzen dem Stier meist zwei Lanzenstiche in die Nackenmuskulatur, die erst den späteren, tödlichen Stoß durch den Matador möglich machen, denn die Tiere müssen ab diesem Zeitpunkt ihren Kopf gesenkt halten.

In Phase zwei kommen Banderilleros zum Einsatz. Diese Toreros stoßen dem Stier weitere, mit bunten Bändern geschmückte Spieße in den Rücken, meist sind es vier.

In der letzten Phase verlassen alle bis auf den Matador und den Stier die Arena. Nur mit einem Degen und einem kleineren roten Tuch als zuvor ausgestattet und zur Musik eines Paso Doble reizt der Matador den verletzten Stier nun so lange, bis der mehrfach angegriffen hat und, nachdem er immer wieder ins Leere gelaufen ist, erschöpft ist. Die Bewegungsabläufe ähneln dabei einem nach festen Regeln abgehaltenen Tanz. Falls der Stier den Matador in dieser Phase ernsthaft in Nöte bringt, eilen Helfer herbei, um ihn abzulenken, was meistens, aber nicht immer gelingt... Dauert diese Phase zu lange, mahnt ein Hornsignal den Matador zum tödlichen Stoß. Einmal oder mehrmals wird dabei der Dolch tief in den Nacken des Tieres versenkt. Bricht der Stier dann zusammen, erlöst einer der Banderilleros ihn schließlich mit einem letzten, gezielten Stoß von seinen Qualen. Gelingt das nicht auf Anhieb, folgen laute Buhrufe des Publikums. Nur selten braucht es nach drei Minuten ein zweites Hornsignal, um den Matador zum endgültigen Vollzug zu bewegen. Kommt es dann immer noch nicht dazu, folgt zwei Minuten später ein drittes Signal, auf das hin Matador und Banderilleros augenblicklich die Arena verlassen müssen. Der Stier wird je nach Zustand, wenn noch möglich, zurück in seinen Stall gebracht und hat die Tortur überstanden oder wird vor Ort schnellstmöglich von dritter Seite getötet. Schließlich folgt die Ehrung des Matadors. Nur sehr selten wird ein Stier von Publikum und Matador begnadigt, wenn er sich als besonders schlau, angriffslustig und stark erwiesen hat. Dann wird er zukünftig für die Zucht eingesetzt und verschont.

Jährlich werden in Spaniens Arenen meist nur ein bis zwei Veranstaltungen abgehalten, in wenigen Fällen liegt die Zahl im zweistelligen Bereich. Auch, wenn das erst einmal nicht nach sehr viel klingt, lassen am Ende annähernd 9.000 Stiere pro Jahr bei den Spektakeln ihr Leben – um das Jahr 2000 war die Zahl allerdings noch mehr als dreimal so hoch.

Die Debatte über den Sinn und Unsinn des Stierkampfs wird seit Jahren teils erbittert geführt. Nach letzten Umfragen befürworten nur noch 20% der Spanier den Stierkampf, während rund 55% ihn ablehnen. Die restlichen 25% stehen ihm ambivalent gegenüber. Bislang ist nicht davon auszugehen, dass ihm von staatlicher Seite ein Ende gesetzt wird. Möglicherweise regeln die fallenden Besucherzahlen aber die Sache von selbst, denn es sieht danach aus, als ob die Kampftage weiterhin deutlich ausgedünnt werden. Mehr zum Thema erfahren Sie beispielsweise im Stierkampfmuseum von Córdoba.

Seit 1969 ist das kunsthistorisch bedeutende Zentrum Montoros mit seinen weiß getünchten Häusern, zwei Burgruinen und dem hoch aufragenden Glockenturm als Denkmalensemble geschützt.

Ein offizieller Stellplatz befindet sich dann wieder bei **Pedro Abad**. Nahe **Villafranca de Córdoba** kommen Sie auf einem Picknickplatz unter. Der Ort ist in der gesamten Region für sein großes **Erlebnisbad Aquasierra** bekannt, das mit verschiedenen Becken, Rutschen und einem künstlichen Strand Abkühlung verspricht. Es liegt gut einen Kilometer außerhalb. Der unweit gelegene Campingplatz Córdoba ist ein erster guter Ausgangspunkt für den Besuch der nahen Großstadt.

(013) Offizieller WOMO-Stellplatz: Pedro Abad

GPS: N 37°58'02" W 4°27'41", Recinto Ferial. **Max. WOMOs**: Ca. 30.
Ausstattung: Ver- / Entsorgung, Mülleimer, Toiletten (nicht immer zugänglich), Sat-Empfang.
Beschreibung: Ortsrandlage am Festplatz des Ortes, nur spärlicher Schatten durch einige Bäumen im hinteren Bereich, ebener Erd- / Schotteruntergrund, Campingverhalten untersagt, Bar am Platz, 350 m bis zum Ortszentrum.
Zufahrt: Von der A4 kommend die Ausfahrt „Pedro Abad" nehmen und den Schildern folgen. Nachdem Sie die Autobahn

unterkreuzt haben, halten Sie sich bei erster Gelegenheit scharf links und fahren bis zum Platz.
Hinweis: Der Platz liegt direkt neben der Autobahn und ist dadurch nicht ganz leise. Während des Dorffestes Mitte September ist er nicht nutzbar.

(014) WOMO-Picknickplatz: Villafranca d. C. (Mirador del Guadalquivir)

GPS: N 37°56'51" W 4°32'52", A421. **Max. WOMOs**: 2-3.
Ausstattung: Sat-Empfang, Picknickbänke.
Beschreibung: Meist ruhige Parkfläche auf Schotter-/Erdboden, kein Schatten, nahe am Fluss, eben, klappstuhlgeeignet, etwas verwildert, rund 2 km bis zum Ortszentrum.
Zufahrt: Von der A4 kommend die Ausfahrt „Villafranca de Córdoba" nehmen und rechts halten, am Kreisverkehr die vierte Ausfahrt nehmen und auf dem Fahrweg bis zum Picknickplatz nach 250m links fahren.

(015) WOMO-Campingplatz Villafranca d. C. (Camping Córdoba)

GPS: N 37°57'13" W 4°33'14", Camino de la Vega.
Internet/Tel.: www.campingcordoba.com/de, +34 957 19 08 35.
Öffnungszeiten: Ganzjährig.
Ausstattung: WLAN, Grillstelle, Spülbecken, Pool, Waschmaschine, Minimarkt, Bar/Cafetería, Sporteinrichtungen.
Beschreibung: Kleinerer Platz, schattig durch recht dichten Baumbestand, Stellplätze durch Hecken parzelliert auf Schotter, eben, ca. 1000 m bis zum Ortszentrum, in der Nähe Busverbindung ins Zentrum von Córdoba.
Preis: €€-€€€.
Zufahrt: Von der A4 kommend die Ausfahrt „Villafranca de Córdoba" nehmen und rechts halten, am Kreisverkehr die dritte Ausfahrt nehmen, Autobahn kreuzen und bei zweiter Gelegenheit links beschildert zum Campingplatz abbiegen.

***Andújar – Tourist-Info**: Plaza de Santa María, www.turismodeandujar.com | **Wochenmarkt:** Di, Avenida de Lisboa | **Villa del Río** – **Wochenmarkt**: Do, Avenida d. l. Lirios | **Montoro – Tourist-Info**: Calle Corredera 19, www.montoro.es | **Wochenmarkt**: Di, Calle Domingo de Lara | **Pedro Abad** – **Wochenmarkt**: Fr, Calle M. d. Cervantes | **Villafranca d. C.** – **Wochenmarkt**: Fr, Calle M. d. Cervantes | **Aquasierra**: Carretera CO 3103, €€€, Jun – Aug 11.30 – 20 Uhr, www.aquasierra.es*

Córdoba

Die Provinzhauptstadt Córdoba mit ihren rund 325.000 Einwohnern erlebte ihre Blütezeit vor gut 1000 Jahren, als sie Hauptstadt des westlichsten Kalifats aller Zeiten war. Mit der Moschee-Kathedrale Mezquita und einer Reihe weiterer Bauwerke hat sich diese Epoche in der „Stadt der Wunder", die zum UNESCO Weltkulturerbe zählt, bis heute erhalten. Doch schon 2000 Jahre früher legten die Karthager den Grundstein. Zur Zeitenwende war „Corduba" bereits eine florierende römische Garnisonsstadt. Als ab 756 die Mauren eintrafen, wuchs Córdoba gar zu einer echten Metropole mit mehr als einer Million Einwohnern heran, die sich weit in die Hügel und bis zum benachbarten Palastsitz Medina Azahara ausdehnte. Als im

11. Jahrhundert das Kalifat wieder in viele kleine Teile zerfiel, schwand Córdobas Bedeutung. Auch nach der christlichen Rückeroberung 1236 blieb das so, denn längst hatte Sevilla seinem Nachbarn den Rang abgelaufen.

Heute wirkt es in seiner Mitte vielerorts beinahe dörflich. Die malerische, meist weiß gehaltene Altstadt mit ihren blumengeschmückten Innenhöfen und schmalen Gassen am Guadalquivir zieht das ganze Jahr über Touristen an. Nördlich davon befindet sich die Neustadt mit breiten Boulevards und modernen Geschäften. Für den Besuch stehen Ihnen verschiedene Park- und Übernachtungsoptionen zur Verfügung. Zentral und sicher stehen Sie am offiziellen Stellplatz der Stadt. Wenn Sie etwas mehr Komfort wünschen, ist der Campingplatz eine gute Wahl. Die letzten drei Vorschläge sind Alternativen und eignen als Tagesparkplatz oder für eine kurze Einzelübernachtung.

(016) Offizieller WOMO-Stellplatz: Córdoba (Parking autocaravana)

GPS: N 37°52'29" W 4°47'12", Av. del Corregidor. **Max. WOMOs**: 60.

Ausstattung: Ver- / Entsorgung (gegen Gebühr, hinter der Zufahrtsschranke gelegen), teils Strom, Mülleimer, teils WLAN, teils Sat-Empfang.

Beschreibung: Belebt und sehr zentral, teils schattiger Parkplatz auf Asphalt und Schotter, recht eng, neben einer Parkanlage, Campingverhalten untersagt, nur 100 m bis zum Ortszentrum.

Preis: €€€.

Zufahrt: Von der A4 kommend, die Ausfahrt „Córdoba Sur" nehmen, dann immer geradeaus und am zweiten Kreisverkehr die dritte Ausfahrt wählen; nach der Flussbrücke in die zweite Straße nach links abbiegen. Die Einfahrt befindet sich dort unmittelbar rechter Hand.

(017) WOMO-Campingplatz: Córdoba (Camping El Brillante)

GPS: N 37°54'02" W 4°47'16", Av. del Brillante.

Internet/Tel.: www.campingelbrillante.com, +34 957 27 95 02.

Öffnungszeiten: Ganzjährig.

Ausstattung: WLAN, nur an wenigen Stellen Sat-Empfang, Spülbecken, Pool, Waschmaschine/Trockner, Minimarkt, Restaurant, Brötchenservice.

Beschreibung: 110 teils etwas schmale, parzellierte Stellplätze, eben, meist auf Beton, recht schön bepflanztes Gelände mit vielen Bäumen, schattig, Gaststätte in der Nähe, Supermarkt in der Nähe, neben Freibad, 700 m bis zum Ortszentrum, Busverbindung vorhanden.

Preis: €€€ - €€€€

Zufahrt: Von der A4 kommend, die Ausfahrt „Córdoba Este" nehmen, dann immer geradeaus und nach der Eisenbahnbrücke rechts Richtung „Centro" abbiegen. Nachdem die Fahrspuren sich geteilt haben, rund 500 m weiterfahren, dann an einer großen Kreuzung rechts abbiegen (Av. L. del Pretorio) und nun immer dem Straßenverlauf folgen, bis zum Platz nach rund 1,1 km rechter Hand.

(018) WOMO-Stellplatz: Córdoba 1 (Zoo Córdoba)

GPS: N 37°52'08" W 4°47'12", Calle E.C. Aguayo. **Max. WOMOs**: 6-8.
Ausstattung: Mülleimer.
Beschreibung: Ausweichplatz, falls der offizielle Stellplatz um die Ecke voll sein sollte; tagsüber stark frequentierte, nachts einigermaßen ruhige Schotterparkfläche ohne Schatten zwischen Zoo und Botanischem Garten, Campingverhalten untersagt, rund 250m bis zum Ortszentrum.
Zufahrt: Von der A4 kommend, die Ausfahrt „Córdoba Sur" nehmen, dann immer geradeaus und am zweiten Kreisverkehr die dritte Ausfahrt wählen; nach der Flussbrücke in die erste Straße nach rechts abbiegen und sofort links halten, um so nach links abbiegen zu können. Der Platz wird nach rund 300 Metern rechter Hand sichtbar.

(019) Offizieller WOMO-Stellplatz: Córdoba 3 (Campo de la Verdad)

GPS: N 37°52'28" W 4°46'22", Av. Campo de la Verdad. **Max. WOMOs**: 6-8.
Ausstattung: Keine Einrichtungen.
Beschreibung: Belebter Tagesparkplatz, der auch für eine Zwischenübernachtung geeignet ist, geschottert, kein Schatten, auf Asphalt, sehr zentral, nur 250 m bis zur Puente Romano und zur Altstadt.
Zufahrt: Von der A4 kommend, die Ausfahrt „Centro Histórico" nehmen, dann am ersten Kreisverkehr rechts abbiegen, um links fahren zu können; nach der Flussbrücke linker Hand.

(020) Offizieller WOMO-Stellplatz: Córdoba 2 (Estadio Nuevo Arcángel)

GPS: N 37°52'28" W 4°45'59", Av. Campo de la Verdad. **Max. WOMOs**: 10-12.
Ausstattung: Keine Einrichtungen.
Beschreibung: Große Parkflächen am Stadion, abgesehen vom Verkehrslärm relativ ruhig, teils asphaltiert, teils gepflastert, kein Schatten, recht zentral, nur 550 m bis zur Puente Romano und der Altstadt.
Zufahrt: Von der A4 kommend, die Ausfahrt „Centro Histórico" nehmen, dann am ersten Kreisverkehr rechts abbiegen, um links fahren zu können. Dort befinden sich die Stellplätze beidseits der Straße.

Unterwegs in Córdoba:

Da Córdobas Zentrum mit der Altstadt recht kompakt ist und alle Stellplätze in unmittelbarer Umgebung dazu liegen, benötigen Sie für einen Stadtrundgang nicht unbedingt öffentliche Verkehrsmittel. Falls Sie sich Wege sparen oder sich zunächst einen Überblick verschaffen möchten, ist der **Sightseeing-Bus Córdoba** eine gute Möglichkeit. Er verkehrt auf zwei unterschiedlichen Routen mit 22 Haltestellen, die im Hop-On-/ Hop-Off-Verfahren bedient werden, im gesamten Zentrum. Das Busticket lässt sich auch mit vergünstigten Eintritten zu anderen Sehenswürdigkeiten kombinieren und durch Stadtrundgänge ergänzen *(9.30 – 20 Uhr, €€€, deutscher Audioguide verfügbar, Zustieg „San Basilio" ab Platz 015/017, Av. del Flamenco, Zustieg „Panorámica del Río" ab Platz 018/019, Av. Fray Albino, Zustieg „Palacio de la Merced" ab Platz 016, Plaza de Colón, www.city-sightseeing.com)*.

Für den hier beschriebenen Rundgang starten Sie am westlichen Ende der Altstadt an der **Puerta Sevilla**. Wo Sie dazu stoßen, wenn Sie im Süden oder Norden geparkt haben, ist im Text vermerkt. Folgen Sie der Gasse nach dem Stadttor bis zur dritten Straße links, Calle Emmedio.

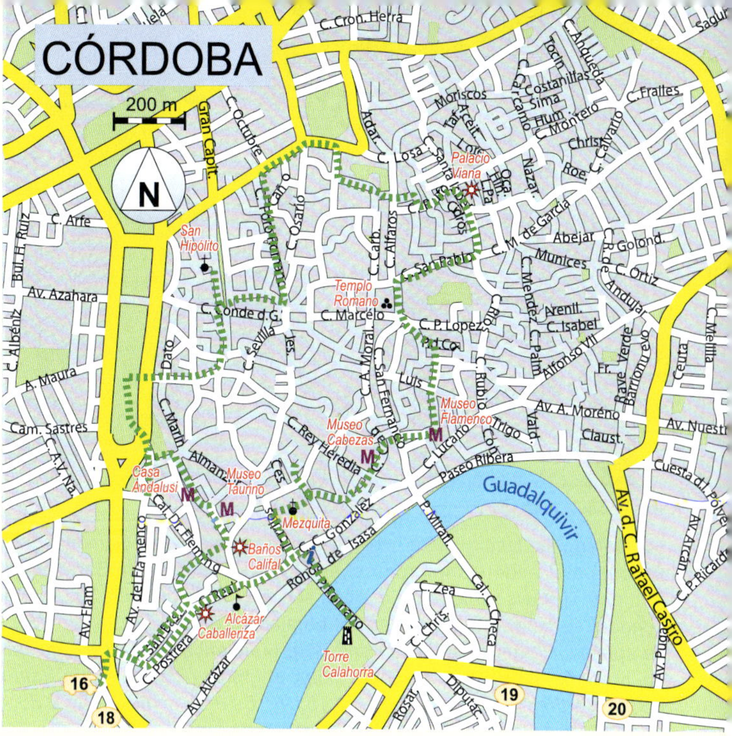

CÓRDOBA

Am Ende müssen Sie sich ganz kurz nach links, dann aber sofort erneut nach rechts orientieren und sich durch das Belén-Tor auf die Calle Caballerizas Reales bewegen. Wenn Sie sich für Pferde und Dressurkunst interessieren, können Sie der **Reitschule Caballeriza Reales** im Marstall rechter Hand einen Besuch abstatten. Allabendlich werden Vorführungen abgehalten *(Calle Caballerizas Reales 1, €€€, www.cordobaecuestre.com)*. Direkt danach öffnet sich die Straße zu einem großen, palmengeschmückten Platz hin, an dem sich im rechten Eck der Eingang zum **Alcázar Reyes Cristianos**, dem Palast der christlichen Könige von Córdoba, befindet. Er wurde auf den Mauern eines älteren, maurischen Palastgebäudes errichtet und diente den „Reconquistadores" Ferdinand und Isabella von Spanien als Sitz, wenn sie in Córdoba weilten. 1486 empfingen sie hier Christoph Kolumbus, sechs Jahre vor seiner legendären Reise nach Amerika. Später diente das im Mudéjar-Stil gehaltene Gebäude als Sitz der Inquisition und ab Mitte des 19. Jahrhunderts

Garten des Alcázars

In der Mezquita

als Gefängnis. Heute ist im Inneren eine archäologische Sammlung zu sehen, unter anderem mit römischen Mosaiken und einem Sarkophag. Von den Türmen genießen Sie einen schönen Blick über die Stadt. Besonders sehenswert ist der opulent bepflanzte Garten mit seinen Wasserspielen, Formschnitthecken und Bitterorangenbäumen, der zum Teil noch an die alte maurische Stadtmauer angrenzt *(Plaza Campo Santo de los Mártires, €, Di – Fr 8.30 – 20.15 Uhr, Sa 8.30 – 16 Uhr, So 8.30 – 14 Uhr, www.alcazardelosreyescristianos.cordoba.es)*.

Schräg gegenüber vom Palast liegen am nördlichen Ende des Plaza Campo Santo de los Mártires die **Baños del Alcázar Califal**. Die recht gut erhaltenen Ausgrabungen der arabischen Bäder stammen aus dem 10. Jahrhundert und wurden sowohl in maurischer Zeit als auch danach noch genutzt *(€, Mitte Jun – Mitte Sep Di – So 8.30 – 14.30 Uhr, sonst Di – Fr 8.30 – 20.15 Uhr, Sa bis 16.30 Uhr, www.banosdelalcazarcalifal.cordoba.es)*.

Zurück am Palast folgen Sie weiter geradeaus in östliche Richtung der Calle Amador de los Ríos. Am Ende erblicken Sie linker Hand bereits die mächtigen Mauern der Mezquita, Córdobas bekanntester Sehenswürdigkeit. Orientieren Sie sich zuvor allerdings noch nach rechts, gen Süden. Nach dem Denkmal für **San Rafael**, den Schutzpatron der Stadt, können Sie durch den **Arc del Triunfo** zum Flussufer zur **Puente Romano** hinab gehen. Links befindet sich eine **Touristeninformationsstelle**. Natürlich stammt das heutige Bauwerk nicht mehr aus der Römerzeit, sondern wurde zuletzt 2007 umgebaut. Der Name soll an eine erste römische Brücke erinnern, die bereits 48 v. Chr. als Teil der Via Augusta den Guadalquivir überspannte.

Blick über Córdoba

Hier stoßen Sie von den südlichen Parkplätzen aus zum Rundgang.
Am südlichen Brückenende steht die Bastion **Torre de la Calahorra** aus dem 14. Jahrhundert. Darin ist das **Museo Vivo de Al-Andalus** untergebracht, das sich mit dem maurischen Erbe und der friedvollen Verschmelzung der Kulturen befasst. Zu sehen ist auf Wunsch zusätzlich eine rund 50-minütige Multivisionsshow *(Puente Romano, €, Mai – Sep 10 – 14 Uhr und 16.30 – 20.30 Uhr, sonst 10 – 18 Uhr, www.torrecalahorra.es)*.
Gehen Sie nun zurück und folgen Sie der Calle Torrijos nach Norden, um dort rechter Hand auf den Vorhof der **Mezquita Catedral de Córdoba** zu gelangen. Praktisch ganzjährig und während der gesamten Öffnungszeiten ist der ehemalige Orangengarten voller Touristen, die für Tickets anstehen, ihren Stadtführern lauschen oder Fotos schießen. Um die langen Schlangen an den Schaltern zu vermeiden, sollten Sie idealerweise schon möglichst früh am Tag hier sein. Neben dem Eintritt zur Kathedrale selbst können Sie ein Kombiticket mit dem **Torre Campanario** erwerben. Das einstige Minarett wurde Ende des 16. Jahrhunderts zum Glockenturm umgebaut und bietet eine einmalige Aussicht auf Mezquita und Stadt. Wenn Sie die einstige Moschee betreten, stehen Sie unmittelbar in einem Wald von 856 Säulen, die durch rot-weiße Bögen gekrönt werden und sich auf einer 134 mal 179 Meter großen Fläche erstrecken. Bis diese Ausmaße erreicht waren, wurde der Komplex dreimal erweitert und war am Ende das größte islamische Gotteshaus seiner Zeit. Schon früher stand an dieser Stelle ein römischer Tempel. Es folgte eine christliche Kirche. Vor der ersten Bauphase teilten sich Moslems und Christen diese sogar als Gebetsraum. 785 begann dann der Bau. Schon Mitte des 9. Jahrhunderts war eine Erweiterung nötig. Nach weiteren 100 Jahren folgte der dritte Bauabschnitt unter Al-Hakam II., bei dem auch die nach Mekka ausgerichtete Rückwand mit der Mihrâb Nuevo, dem Heiligsten der Moschee, entstand. Sie ist als symbolische Himmelspforte gedacht. Davor lag ein dem Adel vorbehaltener Gebetsraum. Kurz vor der Jahrtausendwende erfolgte unter Al-Mansur die letzte Erweiterung zur heutigen Größe. Auch nach der christlichen Rückeroberung blieb die Mezquita für mehr als 300 Jahre unverändert. Erst im 16. Jahrhundert verlangte die katholische Kirche nach einer Kathedrale in Córdoba und veranlasste den Bau inmitten der ehemaligen Moschee. Dafür wurden 63 Säulen geopfert. Karl I. genehmigte den Umbau zwar, soll diese Entscheidung später aber mit den Worten „Ihr habt etwas gebaut, was ihr oder andere überall hätten bauen können, aber dafür etwas weltweit Einmaliges zerstört" bereut haben. An die Mezquita grenzte einst der Kalifensitz an. Er wurde später durch einen **Bischofspalast** ersetzt. Daneben wurde das **Hospital de San Sebastián** errichtet. Beide dienen heute als Ausstellungsflächen für das Diözesan-und das Kunsthandwerksmuseum *(Calle Cardenal Herrero 1, €€, Mär – Okt Mo – Sa 10 – 19 Uhr, So 15 – 19 Uhr, sonst 8.30 – 18 Uhr, So 8.30 – 11.30 Uhr und 15 – 18 Uhr, www.mezquitadecordoba.org)*.
Nach Ihrem Besuch der Mezquita können Sie sich zwei der bekanntesten, vielfach festgehaltenen Gassen Córdobas ansehen. Rechnen Sie allerdings damit, dass Sie auf Fotos vor allem Köpfe anderer Touristen im Bild haben werden. Die **Calleja de la Flores** erreichen Sie, wenn Sie

Palacio de Viana

an der Nordseite des Moscheebaus rechts entlang der Calle Cardenal Herrero bis zur Calle C. Bosco gehen und dort links abbiegen. Die Gasse liegt nun rechter Hand. Die zweite, **Calleja el Pañuelo**, erreichen Sie über den Ostausgang des Moscheevorhofes und von dort weiter geradeaus, bis Sie bei dritter Gelegenheit nach links schwenken. Zurück am Beginn dieser schmalen Sackgasse setzen Sie die Tour gen Osten fort. Halten Sie sich am Ende der Straße rechts und sofort wieder links, passieren so die Plaza de los Abades und gehen durch die Calle Portería de Santa Clara. Es folgt dann eine weitere rechts-links-Kombination, die Sie in die Calle Cabezas mit dem **Museo Casa de las Cabezas** leitet. Das „Haus der Köpfe" hat sich seit dem Mittelalter kaum verändert und bietet einen interessanten Einblick in einen Herrensitz dieser Zeit *(Calle Cabezas 18, €, 10 – 20 Uhr, www.casadelascabezas.com/de)*. Wenn Sie nun weiter geradeaus bis zur Calle Portillo spazieren und diese nach rechts einschlagen, verlassen Sie am gleichnamigen Stadttor vorübergehend die Altstadt und können, erst rechts und bei zweiter Gelegenheit links haltend, die **Plaza del Potro** erreichen. Im 16. Jahrhundert war dies der Marktplatz Córdobas, heute ist sie von einer ganzen Reihe an Museen gesäumt. In der ehemaligen Herberge Posada del Porto ist ein **Flamencomuseum** untergebracht. Im Hospital de la Caridad schräg gegenüber befinden sich das **Museum der Schönen Künste** und das **Museum Julio Romero de Torres**. Der Künstler machte sich durch sinnliche Darstellungen verschiedenster Damen, oft mit Gitana-Hintergrund, einen Namen *(Plaza del Potro, Centro Flamenco: €, Mitte Jun – Mitte Sep Di – Sa 8.30 – 15 Uhr, So 9.30 – 14.30 Uhr, sonst Di – Sa 8.30 – 19.30 Uhr, So 9.30 – 13.30 Uhr, Museo Bellas Artes: €, EU-Bürger frei, Jul/Aug Di – So 9 – 15 Uhr, sonst Di – Sa 9 – 21 Uhr, So 9 – 15 Uhr; Museo J.R. de Torres: €, Mitte Jun – Mitte Sep Mo – Sa 8.30 – 14.30 Uhr, So ab 9.30 Uhr, sonst Di – Fr 8.30 – 19.30 Uhr. Sa 9.30 – 16.30 Uhr, So bis 14.30 Uhr, www.artencordoba.com)*.

Am Nordende des Platzes gehen Sie nun bis zur Calle San Francisco weiter, halten sich dort rechts und folgen dem Verlauf immer geradeaus, bis Sie die große **Plaza de la Corredera** erreichen. Der ringsum von Arkaden eingefasste Platz diente früher als Austragungsort von Stierkämpfen und für Hinrichtungen. Heute ist er von Restaurants und Cafés besetzt, Sie finden dort auch eine Markthalle.

Im nordwestlichen Eck verlassen Sie den Platz schließlich über die Calle R. Marin und knicken bei zweiter Gelegenheit rechts in die verkehrsberuhigte Calle Capitulares ab. Links von Ihnen befindet sich das Rathaus von Córdoba. Davor sind Ausgrabungen eines **Römischen Tempels** aus dem 1. Jahrhundert zu betrachten. Am Ende halten Sie sich rechts und

Abendstimmung in Córdoba

bei zweiter Gelegenheit links in die Calle Hermanos L. Diéguez. Nach gut 200 Metern erreichen Sie den etwas abgelegenen, dafür aber umso lohnenswerteren **Palacio de Viana**, dessen Zugang sich rechts an einem kleinen Platz in der Calle de Santa Isabel befindet. Er gilt als prächtigster Adelspalast der ganzen Stadt. Seine mit Möbeln und anderen Gegenständen ausgestatteten mehr als 100 Räume scheinen in der Zeit um 1900 stehen geblieben zu sein. Besonders hübsch sind die zwölf bepflanzten Patios, die Sie auf einem Rundgang von Innenhof zu Innenhof erkunden können *(Plaza de Don Gome 2, €-€€, Jul/Aug Di – So 9 – 15 Uhr, sonst Di – Fr 10 – 19 Uhr, Sa/So 10 – 15 uhr, www.palaciodeviana.com)*.
Gehen Sie ein kurzes Stück zurück und dann rechts in die Calle Juan Rufo, am Ende der Straße erneut rechts. Dort nehmen Sie linker Hand den breiten Treppenaufgang **Cuesta del Bailio**, der Sie weiter nach rechts zur **Plaza de Capuchinos** leitet. Vor dem Eingangsportal des Kapuzinerklosters steht die Statue **Cristo de los Faroles** mit acht eisernen Laternenarmen ringsum, die in Córdoba (fast) jedes Kind kennt.
Am Ende des Platzes nach rechts öffnet sich die große Plaza de Colón mit der Grünanlage Jardines de la Merced vor Ihnen.
An dieser Stelle stoßen Sie aus nördlicher Richtung vom Campingplatz aus zum Rundgang.
Nach links bleiben Sie zunächst auf der Avenida Ronda de los Tejares, bevor Sie erneut links in die Fußgängerzone Calle J.C. Conde, eine der Haupteinkaufsstraßen Córdobas, abbiegen. Eine Vielzahl an Geschäften fädelt sich nun der Reihe nach auf, bis Sie an der **Plaza de las Tendillas**, im heutigen Herzen der Stadt, stehen. Sie wird von einem mächtigen Reiterdenkmal des Gran Capitáns Gonzalo Fernándes de Córdoba geschmückt. Nach Westen gehen Sie rechts über die Calle Conde de Gondomar weiter bis zur platzartigen Avenida de Gran Capitán rechter Hand. Sie können hier nach rechts einen kurzen Abstecher bis zur **Iglesia de San Hipólito** machen. Sie ist seit 1706 Ruhestätte der Gebeine von Spaniens Königen Ferdinand IV. und Alfons XI.
Nach links folgen Sie ansonsten der Calle San Felipe bis zum vierten Abzweig nach rechts, Calle Tesoro, die an einer der größten innerstädtischen Parkanlagen, den **Jardines de la Victoria**, endet. Die „Gärten" sind allerdings wenig spektakulär, bei Einheimischen ist der **Mercado Victoria** rechter Hand beliebt. Darin befindet sich eine ganze Reihe an

Ständen, die kleine und größere Gerichte auf die Hand anbieten.
Haben Sie kein Interesse daran, bleiben Sie gleich links auf der äußersten Straße, der Puerta de Almodóvar, und knicken leicht nach links ab, wenn nur noch ein Fußweg der Häuserzeile folgt, die an Überresten der Stadtmauer endet. Hinter einem Bassin mit Wasserspielen steht eine Büste des in Córdoba geborenen römischen Philosophen Séneca. Dahinter folgt die schmucke Calle Cairuan der Mauer. Sie gehen jedoch links durch das Almodóvar-Tor, welches der Eingang zur **Judería**, dem dank seiner labyrinthartigen Gassen, kleinen Antiquitätenläden und Cafés am stärksten von Besuchern frequentierten Viertel der Stadt, markiert. Folgen Sie nach rechts der Hauptachse Calle Judios. Rechter Hand passieren Sie das **Casa Andalusi**. Es ist im maurischen Stil eingerichtet und spiegelt ein typisches Stadthaus seiner Zeit wider. Zum Komplex gehören außerdem ein kleines Papiermuseum und eine Münzsammlung *(Calle Judíos 12, €, 10 – 20 Uhr, www.lacasaandalusi.com)*.
Wenige Meter weiter erwartet links das **Casa de Serafad** Besucher, die sich über die kulturelle Geschichte der hier einst lebenden sephardischen Juden informieren möchten *(Calle Judíos, €, 10 – 19 Uhr, www-casadeserafad.es)* Direkt gegenüber liegt der Eingang zur **Sinagoga de Córdoba**. Es ist die einzige noch erhaltene mittelalterliche Synagoge der Stadt und mit zahlreichen hebräischen Schriften und Mundéjar-Verzierungen geschmückt *(€, EU-Bürger frei, Di – Sa 9 – 21 Uhr, So 9 – 15 Uhr)*. Linker Hand grenzt nun das kleine Kunsthandwerkszentrum **El Zoco** an, das einen sehenswerten Innenhof besitzt. Rechts kommen Sie zum Denkmal des Maimonides. Er lebte im 12. Jahrhundert und war einer der bedeutendsten jüdischen Philosophen und Rechtsgelehrten. Dann folgt, erneut linksseitig, das **Museo Taurino**. Es informiert umfassend über die spanische Tradition des Stierkampfes *(Plaza Maimónides 3, €, Jul/Aug Di – Sa 8.30 – 15 Uhr, So bis 14.30 Uhr, sonst Mo – Fr 8.30 – 20.45 Uhr, Sa bis 16.30, So bis 14.30 Uhr, www.museotaurinodecordoba.es)*. Immer geradeaus stoßen sie schließlich wieder auf die arabischen Bäder vom Beginn Ihres Rundgangs und gehen hier nach rechts über die Avenida Dr. Fleming. Ein paar Stufen führen zum Fußweg an einem weiteren Stück freigelegter Stadtmauer entlang. Er führt zum hübschen Denkmal der typischen blumengeschmückten Innenhöfe Córdobas. Besonders schön sind diese im Mai, beim alljährlichen Patiofest (siehe folgender Festkalender), doch auch im restlichen Jahr haben Sie dazu an einigen Orten Gelegenheit. Darüber informiert beispielsweise der **Turismo De Patios** gleich linker Hand an der nächsten Straßenkreuzung. Alternativ können Sie an geführten Touren teilnehmen *(mehr unter www.woow-cordoba.es)*. Nach rechts geht es nun über die Calle San Basilio durch das gleichnamige Viertel zurück und am Ende rechts bis zum Stadttor, durch das Sie das Zentrum betreten hatten.

Córdoba – Tourist-Info: *Plaza del Triunfo, Plaza del las Tendillas, Avenida Ronda de los Tejars 32 |* ***Festkalender: Semana Santa*** *mit vielen Prozessionen durch die ganze Stadt, Karwoche |* ***Cruzes de Mayo*** *mit geschmück-*

*ten Maikreuzen in der gesamten Altstadt, Ende April/Anfang Mai | **Fiesta de los Patios**, Fest der in dieser Zeit öffentlich zugänglichen Innenhöfe, bei dem die schönsten prämiert werden, ca. 10 Tage Anfang Mai | **Feria de Córdoba**, größtes Fest des Jahres mit vielen Buden, Wein Tanz, Gesang und Schaulauf in klassischen Gewändern, Recinto Ferial, Calle de El Infierno, letzte Maiwoche*

Gastrotipps Córdoba: Taberna Puerta Sevilla**, Calle Postrera 51, **Taberna La Alquería****, Calle de Enrique Romero de Torres 3, **Taberna Salinas****, Calle Tundidores 3, **La Tarterie** (Café), Calle Rodriguez Marin 3, **Taberna La Cuarta****, Calle Capitulares 8, **La Mar de Bueno****, Calle de Eduardo Lucena 5, **Cuatromanos****, Calle San Felipe 13, **Taberna Casa Salinas****, Puerta Almodóvar, **Caza Mazal****, Calle Tomas Conde 3, **Restaurante Almudaina*****, Plaza Campo Santo de los Martires 1, **La Posada del Caballo Andaluz****, Calle San Basilio 16, **Mesón San Basilio****, Calle San Basilio 19, **Taberna La Viuda**** Calle San Basilio 52

Parque Los Villares

In den unmittelbar nördlich an Córdoba grenzenden Hügeln liegt das beliebte Naherholungsgebiet **Los Villares** mit vielen Wanderwegen, das auch für Touristen attraktiv ist. Sie erreichen es auf schmalen, gewundenen Straßen und können dort sogar auf einem weitläufigen Campinggelände über Nacht bleiben. Gleich benachbart befinden sich eine große Anzahl an Tagesparkplätzen und ein Informationszentrum.

(021) WOMO-Campingplatz: Parque Los Villares (Camping Los Villares)

GPS: N 37°57'38" W 4°48'42", CO-3408.
Internet/Tel.: www.campinglosvillares.es, +34 857 89 09 02.
Öffnungszeiten: Ganzjährig.
Ausstattung: Entsorgung zuletzt noch im Aufbau, Pool, Bar
Beschreibung: Neu gestalteter Platz mit 31 schattigen Stellplätzen im Pinienwald, Schotter- / Erdboden, viele Wandermöglichkeiten, Infocenter gleich vis-a-vis.
Preis: €€€ - €€€€
Zufahrt: Ab dem Campingplatz El Brillante in Córdoba an der nächsten Kreuzung stadtauswärts rechts beschildert Richtung Parque Forestal Los Villares abbiegen, er kleinen Straße in die Berge folgen, bis Sie linker Hand das beschilderte „Centro de Visitantes" erreichen, dort abbiegen, nach rund 100 m linker Hand.

Südöstlich schlängeln sich Teerbänder weiter zur Einsiedelei **Las Ermitas** durch die Hügel. Schon kurz nach der Zeitenwende sollen hier frühe Christen in Höhlen gelebt und meditiert haben. Um 1700 gründeten Mönche dann auf dem einsamen Felsvorsprung Las Emitas mit 13 Einsiedeleien und einer kleinen Kapelle. Zwei der winzigen Wohnzellen sind zu besichtigen. Am weiteren Weg zur Kapelle steht ein Wegkreuz mit einem Totenschädel, das an die Vergänglichkeit des Seins erinnern soll. Wenn Sie sich nach der Eingangspforte gleich nach

Las Ermitas

rechts orientieren, kommen Sie zum El Balcón del Mundo. Die balkonartige Fläche gewährt einen weiten Blick auf Stadt und Provinz Córdoba. Dahinter ragt eine 1929 errichtete, riesige Christusstatue in den Himmel.

***Las Ermitas** – Parken bei [N 37°55'04" W 4°49'30"], CO-3314, €, Jul/Aug Di – So 10 – 13.30 Uhr, sonst Di – Sa 9 – 19.30 Uhr, So bis 15.30 Uhr, www.amigosdelasermitas.es*

Medina Azahara

Ganz gleich, ob Sie von der Einsiedelei aus weiter bergab fahren oder direkt von Córdoba kommen, gelangen Sie nördlich der nach Westen führenden A431 zu den gut ausgeschilderten Ausgrabungen der Palaststadt Medina Azahara. Sie wurde auf Weisung des ersten Kalifs Ab dar-Rahman II. ab 936 errichtet und nach seiner Lieblingsfrau Azahara, zu Deutsch „Blume", benannt. In knapp 25-jähriger Bauzeit wurden Paläste, Tempel, Wohn- und Funktionsgebäude auf einem 1500 Meter langen und 750 Meter breiten Areal aus dem Boden gestampft und mit extradicken, vermeintlich sicheren Mauern geschützt. Dennoch hielt all der Prunk nur für sehr kurze Zeit. Kaum 50 Jahre nach Vollendung der Stadt schleiften Berber das Areal und es blieb nichts übrig als Trümmer. Wenn Sie die erst teilweise freigelegten Überreste besichtigen möchten, starten Sie am etwas entfernt gelegenen Besucherzentrum mit großem Parkplatz. Das angeschlossene Museum verschafft einen Überblick über das Gelände und zeigt Fundstücke. Busse bringen Sie dann bis zum Grabungsbereich. Die teilrestaurierten, von Pflanzen gesäumten, beeindruckenden Gebäude des höchstgelegenen Palastbezirks sind gut auszumachen und vermitteln einen Eindruck vom einstigen Pomp. Auch die Gärten der mittleren Ebene lassen sich gut erkennen, während der unterste Bereich mit einfachen Wohngebäuden noch auf seine Wiederentdeckung wartet.

Nur rund 1000 Meter von Medina Azahara entfernt befindet sich ein Wohnmobilstellplatz, der auch als Ausgangspunkt für Córdobabesucher eine interessante Alternative darstellt.

Medina Azahara

[N 37°52'51" W 4°51'08"], Ctra. Palma del Río, Zutritt €, EU-Bürger frei, Bustransfer €, Jan – Mär Di – Sa 9 – 17 Uhr, Apr – Jun Di – Sa 9 – 21 Uhr, Jul – Sep Di – Sa 9 – 15 Uhr, Sep – Dez Di – Sa 9 – 18 Uhr, So ganzjährig 9 – 15 Uhr, www.medinaazahara.org

(022) Offizieller WOMO-Stellplatz: El Higueron (Peter Pan)

GPS: N 37°52'16" W 4°51'17", Av. Principal. **Max. WOMOs**: Ca. 15.
Ausstattung: Versorgung (nicht in Trinkwasserqualität), Entsorgung (nicht frei zugänglich), Mülleimer.
Beschreibung: Etwas spröde, sonnige, nur teilbeschattete Asphaltfläche, eben, klappstuhlgeeignet, nicht ganz leise, Medina Azahara 1000 m entfernt.
Preis: €.
Zufahrt: Ab Córdoba die A431 in Richtung Almodóvar del Río nehmen, nach der Abfahrt zur Medina Azahara rechter Hand erste Straße links abbiegen.

Almodóvar del Río

Letzte Station auf Tour 1 ist das auf einem 70 Meter hohen Burghügel thronende **Castillo de Almodóvar**. Es entstand im 8 Jahrhundert zur Sicherung des westlichen Zugangs und damals schiffbaren Guadalquivirs als Vorposten Córdobas und wurde später, im 14. Jahrhundert, von Peter dem Grausamen komplett umgebaut. In dieser mittelalterlichen Form präsentiert es sich bis heute. Bei einem Rundgang können Sie alles auf eigene Faust erkunden und den Ausblick genießen. Der Parkplatz unterhalb der Burg kann vor oder nach der Besichtigung auch zur Übernachtung dienen [**023:** N 37°48'35" W 5°01'30", Calle J.A. Cervera].

Gastrotipps Almodóvar del Río: D´Copete**, Calle Eucaliptos 14, **Asador El Campero****, Al Pie del Castillo, **La Viuda**** Calle Vicente Aleixandre 4

Castillo de Almodóvar

TOUR 2
10 km
P. N. de la Sierra Norte
P. N. Sierra d. Hornachuelos
Centro Visitantes
Hornachuelos
E. d. l. Breña
La Puebla d. I. I.
Almodóvar del Rio
Lora del Rio
Guadalquivir
Palma del Rio
Fuente Palmera
Genil
La Campana
Las Pajanosas
Guillena
Alcalá del Rio
Santi-ponce
Itálica
Sevilla
Castilleja
Tomares
Mairena
Gelves
Carmona
El Viso d. A.
Mairena d.
Alcalá d. G.
Dos Hermanes
Écija
Fuentes de Andalucia

Tour 2: Entlang des Guadalquivirs nach Sevilla (ca. 260 km)

Hornachuelos – Écija – Fuentes de Andalucía (Osuna) – Carmona – Sevilla – Santiponce

Stellplätze:	Hornachuelos, La Puebla de los Infantes, Palma del Río, Écija, Fuentes de Andalucía, Osuna, Alcalá de Guadaira, Carmona, Sevilla (4x), Santiponce, Las Pajanosas (2x)
Besichtigen:	Écija, Osuna, Carmona, Sevilla, Ausgrabungen von Itálica
Wandern:	P.N. Sierra de Hornachuelos, Sendero Las Herrerías

Tour zwei wird von Andalusiens Hauptstadt Sevilla geprägt. Sie steht gleichermaßen für großstädtisch-internationales Flair, bunte Feste, traditionell geprägte Bräuche und eine Vielzahl an einmaligen Sehenswürdigkeiten, die oft auf das maurische Erbe verweisen. Außerdem bietet Tour zwei Gelegenheit, in Naturparks zu wandern, ruhige weiße Städte in der Campiña zu erkunden und die Ausgrabungen der einst größten römischen Stadt auf andalusischer Erde zu entdecken.

Parque Natural Sierra de Hornachuelos

Nordwestlich von Córdoba gilt das hübsche Dorf Hornachuelos als Eingang zum gleichnamigen Naturpark. Wenn Sie den trockenen, sommerheißen Niederungen rund um den Guadalquivir entkommen möchten und Lust auf eine Wanderung haben, lohnt sich dieser Abstecher. Auf gut 60.000 Hektar gedeihen in einer mal schroffen, mal sanft geschwungenen Mittelgebirgslandschaft, die von Flüssen und Tälern durchzogen ist, Eichen, Erlen, Eschen und Pappeln. Vor allem Mönchsgeier fühlen sich in dieser dünn besiedelten Umgebung wohl. Doch auch Gänsegeier, Adler, Wildschweine und Hirsche bevölkern die Umgebung von Hornachuelos. Selbst Luchs und Wolf beginnen zunehmend wieder Fuß zu fassen. Gleich neben der Touristeninformation wurde ein Wohnmobilstellplatz angelegt und einige Fuß- und Radwege beginnen direkt im Ort.

(024) Offizieller WOMO-Stellplatz: Hornachuelos

GPS: N 37°49'56" W 5°14'52", Recinto Ferial. **Max. WOMOs**: 6.
Ausstattung: Ver-/ Entsorgung. Mülleimer, Sat-Empfang.
Beschreibung: Meist ruhig, betonierte Plätze am Rande eines Platzes mit Erd-Lehmboden, kein Schatten, relativ eben, Campingverhalten untersagt, Touristeninformation, Bar mit Freibad und Polizeistation direkt nebenan, Supermarkt in der Nähe, 400 m bis ins Ortszentrum, Wandermöglichkeiten in der Nähe.
Zufahrt: Von der A431 rechts in Richtung Hornachuelos abfahren. Am ersten echten Kreisverkehr im Ort, kurz nach der Tankstelle rechts zur Touristeninformation abfahren, der Stellplatz liegt direkt dahinter.

Hinweis: Neben der Touristeninformation befindet sich ein Sport- und Veranstaltungsgelände. An Tagen, an denen dort etwas los ist, wird es nachts auch mal lauter…

Wenn Sie der A3151 für weitere 1,4 km nach Norden folgen, ist links das **Centro de Visitanes Huerta del Rey** angeschrieben. Sie erhalten Infomaterial zum Park, und gleich mehrere gut beschilderte Wege verschiedener Längen und Schwierigkeitsstufen beginnen dort. Einen kurzen Überblick über Landschaftsformen und Pflanzen erhalten Sie am nur 1,6 Kilometer langen „Sendero Botánico". Er führt durch Korkeichen-, Auen- und Mittelmeerwald sowie Dehesas, regionstypische landwirtschaftlich genutzte Flächen.

Sendero Las Herrerías (5,1 km, knapp 100 Hm)

Der gut beschilderte, teils etwas felsige Rundweg beginnt nahe dem Besucherzentrum Huerta del Rey und verläuft auf weiten Teilen entlang alter Viehzuchtpfade. Unterwegs haben Sie immer wieder schöne Panoramablicke.

Von der Area Recreativa nehmen Sie links den Camino de Torralba und halten sich nach 100 Metern erneut links zum Einstieg in die Runde. Zunächst blicken Sie links noch zurück ins Tal des Guadalquivirs und gehen über ein Plateau mit lockerem Bewuchs. Dann führt der Weg in den Steineichenwald. Ab und zu können Sie hier Wildschweine bei der Suche nach Eicheln sehen. Nach einem 900 Metern langen, leichten Anstieg passieren Sie ein paar Felder. Der Weg fällt dann wieder ab, bis Sie eine Steineiche erreichen, an der er sich gabelt. Halten Sie sich rechts, erneut leicht ansteigend. Sie kommen dann zu einem Zaun, dem Sie parallel folgen, rechter Hand treffen Sie auf alte Kalköfen. Ein Schild erklärt Sprachkundigen die Funktionsweise. Nach einer kleinen Ebene wandern Sie zum Picknickplatz Fuente del Valle hinab, ein guter Punkt für eine Pause. Es gibt dort eine Quelle und die Einsiedelei San Abundio. In nördliche Richtung setzen Sie die Wanderung zwischen zwei Korkeichen fort und treffen schließlich wieder auf den Camino de Torralba. Nach rechts durchqueren Sie das Land einer Hacienda, durchstreifen ein Korkeichenwäldchen und nähern sich begleitet vom Plätschern des Moradillas-Baches wieder dem Ausgangspunkt ihrer Wanderung.

Falls Sie sich länger in der Gegend aufhalten möchten, finden Sie einen weiteren offiziellen Wohnmobilstellplatz samt V/E-Anlage westlich von Hornachuelos in **La Puebla de los Infantes** bei [**025:** N 37°47'17" W 5°23'24", Call Maestro A. R. Alonso].

***Hornachuelos – Tourist-Info**: Recinto Ferial, www.turismohornachuelos.es | **Wochenmarkt**: So, Recinto Ferial | **Centro de Visitantes Huerta del Rey**: A3151, Mai/ Jun, Mi – So 9 – 14 Uhr, Sa/ So auch 18 – 20 Uhr, Jul/ Aug Mi – So 9 – 14 Uhr, Sep – Apr Mi – Fr 9 – 14 Uhr, Sa/So auch 16 – 18 Uhr, www.juntadeandalucia.es*

Écija

Sie fahren nun durch das als Campiña bezeichnete, flache, von Ackerland geprägte Gebiet in der Ebene um den Guadalquivir Richtung Süden. In **Palma del Río** gibt es einen offiziellen Stellplatz. In Écija selbst eignet sich das Parkgelände Las Huertas gut, auf dem Sie, falls nötig, auch über Nacht stehen können. Von dort sind es gut 500 Meter ins Zentrum [**027:** N 37°32'44" W 5°04'30", Call Maestro A. R. Alonso].

(026) Offizieller WOMO-Stellplatz: Palma del Río

GPS: N 37°41'32" W 5°17'02", Ronda Jardin. **Max. WOMOs**: 10-12.
Ausstattung: Ver-/ Entsorgung (für die Toilettenentleerung muss der Gulli aufgeklappt werden), Mülleimer, Sat-Empfang, großer Spielplatz.
Beschreibung: Großer, am Ortsrand gelegener Platz, nur während des benachbarten Schulbetriebs belebt, betonierte, schattenlose Stellplätze, eben, Campingverhalten untersagt. Kiosk-Bar am Platz, weitere Gastronomie und Supermarkt ca. 500m entfernt, Supermarkt in der Nähe, neben Freibad, 900 m bis ins Ortszentrum.
Zufahrt: Von der A431 am Kreisverkehr in Richtung Écija abbiegen und gleich wieder rechts nach Palma del Río fahren. Am nächsten Kreisverkehr die zweite Ausfahrt wählen und der Hauptstraße nun immer weiter folgen, dabei im Zweifelsfall links halten. Nach einem Mercadona-Supermarkt rechts in die Av. Madrid abzweigen und dieser bis zum Platz am Ende folgen.

Die Stadt Écija ist für die Zucht edler Pferde bekannt, trägt aber auch den wenig rühmlichen Beinamen „Bratpfanne Andalusiens", denn nirgends wird es heißer als hier – an extremen Tagen klettert das Thermometer im Sommer auf bis zu 45 Grad.

Sofern Sie an einem etwas weniger herausfordernden Tag ankommen, lohnt ein Zwischenstopp, um die 40.000-Einwohner-Stadt ein wenig zu erkunden. Rund um die zentrale **Plaza España** recken sich ganze elf einheitlich im barocken Stil errichtete Türme in den Himmel. Sie entstanden nach 1755, als ein großes Erdbeben viele frühere Bauwerke zum Einsturz gebracht hatte. Die **Iglesia de San Juan** am gleichnamigen Platz hat das Erdbeben überstanden und gilt heute als Wahrzeichen. An der Fußgängerzone Calle Constitución befindet sich ein **Archäologisches Museum**, das unter anderem erst

2002 bei Grabungen in der Innenstadt gefundene römische Exponate zeigt. Besonders imposant ist die mehr als zwei Meter große Marmorstatue einer Amazone.

Auf dem weiteren Weg können Sie dann in **Fuentes de Andalucía** einen zusätzlichen Stopp auf einem Stellplatz einlegen.

(028) Offizieller WOMO-Stellplatz: Fuentes de Andalucía
GPS: N 37°28'25" W 5°21'02", Campo Fútbol. **Max. WOMOs**: 5.

Ausstattung: Ver-/ Entsorgung, Mülleimer, Sat-Empfang.
Beschreibung: Ruhiger Platz hinter dem Fußballstadion, kein Schatten, auf Asphalt, eben, Campingverhalten untersagt, Tankstelle in der Nähe, Supermarkt in der Nähe, rund 850 m bis ins Ortszentrum.
Zufahrt: Von der A4 beschildert in Richtung Fuentes de Andalucía abbiegen. Am Ortseingang im Kreisverkehr mit der Tankstelle die letzte Ausfahrt nehmen. Sie erreichen den Platz dort nach 100 Metern.

***Ecija – Tourist-Info**: Calle Elvira 1a, www.turismoecija.com | **Wochenmarkt**: Do, Av. de la Alcarrachela | **Museo Histórico**: Plaza de la Constitución, Eintritt frei, Jun - Sep, Di – Fr 10 – 14.30 Uhr, Sa 10 – 14 und 20 – 22 Uhr, So 10 – 15 Uhr, sonst Di – Fr 10 – 13.30 und 16.30 – 18.30 Uhr, Sa 10 – 14 und 17.30 – 20 Uhr, So 10 – 15 Uhr, www.museo.ecija.es*

Gastrotipps Palma del Río: Casa Manolo**, Calle Leon Benitez 21, **Peña Flamenco la Soleá****, Calle Rioseco 68, **Meson La Bodeguita****, (Calle Rioseco 62 | **Ecija: Agora Tapas****, Calle Barquete 38a, **Las Ninfas****, Calle Elvira 1, **Hispaña****, Pasaje Virgen de Sotterrano 3, **Casa Machin****, Calle Galindo 4

Abstecher nach Osuna

Die Stadt Osuna liegt 35 Kilometer südlich von Écija und wird von keiner der Routen im Buch berührt. Wenn Sie sich aber für Barockkunst interessieren, lohnt dieser Abstecher, und sofern Sie bereit sind, Carmona stattdessen auszulassen, können Sie von Osuna aus direkt nach Sevilla weiterfahren.

Benannt ist die Stadt nach einer unerhört reichen Adelsfamilie, die Barockpaläste gleich im Dutzend erreichten ließ und „ihre" Stadt ganz nach dem persönlichen Geschmack gestalten ließ, denn Geld spielte nur eine sehr untergeordnete Rolle. Nach Ihrer Ankunft parken Sie rund 500 Meter vom Zentrum entfernt auf einem offiziellen Womo-Stellplatz samt V/E-Anlage neben einem Supermarkt bei [**029:** N 37°13'56" W 5°05'51", Calle Lechin].

Halten Sie sich für einen Spaziergang links, über Calle Lechin und Calle Capitán bis zur zentralen **Plaza Mayor**. Nach rechts können Sie von dort aus durch die Calle San Antón zur Plaza de la Encarnación gelangen. Rechter Hand steht das **Colegiata de Santa María de la Asunción**. Der Kirchenbau beherbergt neben der Osuna-Familiengruft viele Kunstwerke, die von der Familie gesammelt wurden *(€, Mitte Jun – Mitte Sep Di – So 9.30 – 14.30 Uhr und 19 – 21 Uhr, sonst Di – So 10 –*

14.30 Uhr und 16 – 18 Uhr, teils englischsprachige Führungen möglich). Gleich gegenüber, im **Monasterio de la Encarnación**, können Sie ein Diözesanmuseum und weitere Kunstwerke ansehen *(€, meist nur mit Führung, Zeiten wie Colegiata nebenan).*
Wenn Sie sich vom Hauptplatz aus dagegen nach links halten, finden Sie einige schöne Straßen und Gassen mit alten Villen, vor allem entlang der Calle Sevilla mit dem **Tourismusbüro** samt angeschlossenem Museumsbereich in Haus Nr. 37 und etwas nördlich davon bis zur Calle San Pedro.
Auf der Weiterfahrt nach Sevilla touchieren Sie auf dieser Wegvariante **Alcalá de Guadaira**. Dort befindet sich am Südwestrand die größte **Festung** aus almohadischer Zeit. Es reicht allerdings, sie von außen eingehend zu betrachten, im Inneren gibt es nicht viel zu sehen. Schon am Ortseingang bietet der Campinghandel **Hidalgo** einen ganz guten Zwischenübernachtungsplatz samt V/E und Strom, [**030:** N 37°19'43" W 5°48'20", A92 – Ausfahrt 15, €€].

Carmona

Schon von Weitem zeichnet sich das auf einem Hügel gelegene Städtchen gut sichtbar ab. Bereits von den Römern erwähnt, ist ihm als Posten an der Straße zwischen Córdoba und Sevilla seit jeher eine bedeutende Rolle zugekommen. Neben Adelspalästen und Kirchen besticht der Ort durch sein hübsches Erscheinungsbild und eine bedeutende Römerstätte.

(031) WOMO-Stellplatz: Carmona

GPS: N 37°28'34" W 5°37'57", Puerta de Córdoba. **Max. WOMOs**: 6-8.

Ausstattung: Keine Einrichtungen, Sat-Empfang.

Beschreibung: Ruhiger Platz vor dem östlichen Zugangstor zur Altstadt, kein Schatten, schöner Blick, nicht ganz ebener Erdboden, neben einem kleinen Park, 500 m bis ins Zentrum.

Zufahrt: Von der A4 beschildert nach „Carmona este" abfahren und der Beschilderung folgen. Dann erneut rechts Richtung „Parador" abbiegen. Die Stellfläche folgt rechter Hand kurz vor dem Stadttor.

Unterwegs in Carmona

Beginnen Sie Ihren Rundgang gleich oberhalb des erwähnten Stellplatzes an der **Puerta Córdoba**. Die Fundamente des Tores stammen noch aus römischer Zeit, als die Via Augusta diesem Weg durch die Stadt nahm. Die achteckigen Türme wurden allerdings erst im 17. Jahrhundert errichtet und im 18. Jahrhundert erneut umgestaltet. Das Innere kann besichtigt werden *(€, Do – Di 11 – 15 Uhr)*. Immer geradeaus teilt sich die Straße an einer kleinen Bar. Sie gehen links und stehen nun am **Convento de Santa Clara**. Der Orden existiert noch und an manchen Tagen verkaufen die Schwestern süßes Gebäck. In der Kirche befinden

Plaza de San Fernando

sich verschiedene wertvolle Heiligenbilder, unter anderem des spanischen Malers Francisco de Zurbarán *(€, Do – Mo 11 – 14 Uhr und 16.30 – 18.30 Uhr)*. Weiter geradeaus öffnet sich die Gasse dann zu einem ersten kleinen Platz. Linkerseits steht die Kirche **Santa María**. Sie geht auf ein westgotisches Gotteshaus aus dem 6. Jahrhundert zurück. Nur eine Säule mit den eingemeißelten Namen von Heiligen blieb übrig, als die Mauren eine Moschee an dieser Stelle errichteten, die im 15. Jahrhundert erneut mit den heute bestehenden Mauern überbaut wurde. An die muslimische Zeit erinnert der Orangenhof, „Patio de los Naranjos" *(€, Di/Mi 9.30 – 14 Uhr und 17 – 19 Uhr, Sa 9.30 – 14 Uhr)*.
Nun gelangen Sie zur schönen, mit Palmen geschmückten **Plaza de San Fernando**, dem kreisrunden Hauptplatz Carmonas mit im Mudéjarstil gehaltenen Häusern ringsum. Mit seinen Cafés und Bars ist er noch immer der beliebteste Treffpunkt in der Altstadt. Im linken Eck können Sie einen Blick ins Rathaus werden, das ein kostbares römisches Mosaik in seinem Innenhof verbirgt *(Mo – Fr 8 – 15 Uhr)*.
Weiter geradeaus geht es über die verkehrsberuhigte Calle Madre de Dios nun immer leicht bergab in Richtung Neustadt. Zuvor stoßen Sie noch auf die mächtigen Befestigungsmauern an der **Puerta de Sevilla**, dem zweiten erhaltenen Stadttor. Es war Teil der unteren Burg, Alcázar de Abajo. Einige Räume sind erhalten, der Turm dient als Aussichtpunkt, den Sie besteigen können. Im Sockel ist eine **Touristeninformation** eingerichtet worden *(€, Mo – Sa 10 – 18 Uhr, So 19 – 15 Uhr, www.turismo.carmona.org)*.
Vor dem Stadttor werden die Straßen nun deutlich breiter. Sie folgen der Straße geradeaus und passieren die **Iglesia de San Pedro**. Falls Sie einen Blick hineinwerfen möchten, wird Ihnen die überbordende barocke

Puerta Córdoba

Verzierung auffallen, als besonderes Kleinod gilt die Capilla del Sagrario von 1760. Vorbei am Teatro Cerezo und über die platzähnliche Calle Passeo del Estatuto wandern Sie am Ende geradeaus durch die Calle Emmedio bis zu den Ausgrabungen eines **Amphitheaters** aus dem 1. Jahrhundert v. Chr. rechter Hand. Gegenüber finden Sie den Eingang zur **Römischen Nekropole**. Über 1000 Gräber aus dem 1. bis 4. Jahrhundert wurden hier entdeckt, rund ein Viertel wurde inzwischen freigelegt. In einige Gräber und Mausoleen können Sie sogar hinabsteigen. Zu den beeindruckendsten zählen Tumba del Póstimo, das Ehrengrab eines Herrn samt den Urnen seiner unglücklichen Sklaven beiderseits, sowie Tumba de Servilia mit gut erhaltenen Wandmalereien und der kopflosen Statue einer Frau und Tumba del Elefante mit der Skulptur eines Dickhäuters, deren Bedeutung bis heute Rätsel aufgibt *(€, EU-Bürger frei, Di – Sa 9 – 18 Uhr, So bis 15 Uhr)*.

Puerta Sevilla

Gehen Sie auf gleichem Weg bis zur Puerta de Sevilla zurück, schlagen Sie nun die nach rechts vorne verlaufende Calle San Bartolomé ein. Immer geradeaus folgt rechtsseitig nach kurzer Wegstrecke der Zugang zur umbauten **Plaza de Abastos**, dem vormaligen Marktplatz. Am Ende der Straße und dann bei jeweils erster Gelegenheit rechts, links und wieder rechts stehen Sie in der Calle San Ildefonso vor dem Eingang des Stadtmuseums, **Museo de la Ciudad**, im Palacio del Marqués de las Torres. Gezeigt werden verschiedenste Schaustücke zur lokalen Geschichte *(€, Mo 11 – 14 Uhr, Di – Sa 11 – 19 Uhr)*. Folgen Sie der Straße weiter geradeaus bis zum Ende. Nach rechts können Sie beschildert einen Abstecher zur oberen Burg, dem **Alcázar del Rey Don Pedro**, machen. In dem komplett restaurierten Gebäude ist ein Luxus-Hotel der staatseigenen „Parador"-Kette untergebracht. Ein Teil des Gebäudes steht Besuchern jedoch offen *(€, Do – Di 11 – 15 Uhr Sa/So ab 10 Uhr)*.
Nach links gelangen Sie am Ende zur Calle Dolores Quintanilla, über die Sie rechts nach knapp 100 Metern zurück an Ihrem Ausgangspunkt sind.

***Carmona** – **Wochenmarkt**: Mo, Calle Cristóbal Colón | **Festkalender**: **Semana Santa** mit acht Laienbruderschaften, Karwoche | **Feria de Carmona**, Stadtfest in der dritten Maiwoche | **Romeria de la Virgen de Gracia**, 1. So im September, Wallfahrt zur Ermita an der Straße nach Córdoba*

Gastrotipps Carmona: Casa Curro Montoya**, Calle Santa Maria Garcia 13, **Tabanco****, Calle Hermana Concepción Orellana 2, **Bar Mingalario****, Calle Salvador 1, **Heladeria Arques**, (Eis), Plaza San Fernando 1, **La Cueva****, Calle Barbacana Baja 2, **Molino de la Romera****, Calle Sor Angela de la Cruz 8

Sevilla

Die Stadt Sevilla bietet Besuchern alles. Ob Shopping oder Sightseeing ganz oben auf ihrer Liste stehen, ruhiges Flanieren, Ausspannen in Cafés oder temperamentvolles Nachtleben – hier werden Sie fündig. Möglicherweise dauert es aber etwas, bis sich Ihnen die Faszination Sevillas ganz erschließt, denn Andalusiens Hauptstadt ist weniger schnell fassbar, als es Córdoba, Granada und Málaga sind. Zu echtem Leben erwacht sie vielerorts erst, wenn sich gegen Abend die Touristenströme aus dem Zentrum verabschieden, die Hitze nachlässt und die Sevillaner von Tapasbar zu Tapasbar ziehen.

Der Legende nach gründete Herkules den Ort, belegt ist zumindest eine Siedlung namens Hispalis, die 206 v Chr. schon existierte, als die Römer eintrafen und Sevilla zur Stadt ausbauten. Während der Maurenzeit ab 712 geriet Sevilla gegenüber Córdoba und Granada ein wenig ins Hintertreffen, doch schon Ferdinand III. wählte es 1248 als Residenzstadt. In Sevilla wurde Kolumbus der große Empfang nach seiner vermeintlichen Amerikaentdeckung bereitet und von dort brach Magellan zu seinen Weltumsegelungen auf. Weltoffen hat sich die Stadt also schon immer präsentiert, was sicher auch den Grundstein dafür legte, dass es heute ein anregendes und unkompliziertes Miteinander von Alt und Neu gibt.

Wenn Sie nur wenig Zeit haben und nicht mehr als ein paar Stunden in Sevilla eingeplant haben, finden Sie an folgenden Orten geeignete, zentrale Tagesparkplätze, auf denen Sie auch mit einem Wohnmobil die Chance haben, unterzukommen. Es gibt ebenso verschiedene, recht zentrale Übernachtungsplätze, die für Flexibilität und Ruhe bei den Streifzügen sorgen.

- An der **Avenida de Málaga**, [N 37°22'55" W 5°59'07"], zwischen Alcázar und Plaza de España, kostenpflichtig, 300 m in die Altstadt.
- An der **Avenida de Kansas City** [N 37°23'37" W 5°58'17"], östlich des Zentrums, Höhe Palacio de las Dueñas, nahe Bahnhof „Santa Justa“, kostenpflichtig, 1,4 km in die Altstadt.
- An der **Avenida Alfredo Kraus** [N 37°22'19" W 6°00'20"], südwestlich des Stadtkanals, zwischen Fería-Gelände und dem Los Principes-Park nahe Metro-Halt „Blas Infante“, 1,2 km in die Altstadt.
- **Parking Torre Triana, Puente de la Señorita** [N 37°23'30" W 6°00'51"], westlich des Zentrums am Guadalquivir, Höhe Museo Bellas Artes, ca. 350 m zum Bus, 1000 m in die Altstadt, kostenpflichtig, zur Not auch Übernachtung möglich.

(032) Offizieller WOMO-Stellplatz: Sevilla 1 (Multiparking Sevilla)

GPS: N 37°24'38" W 5°56'25", Calle Aeropuerto de San Pablo.
Internet/Tel.: www.parkingcaravane.com/en, +34 955 95 66 32.
Max. WOMOs: Ca. 80.
Ausstattung: Ver-/ Entsorgung (nicht frei zugänglich), teils Strom, Toilette/

Dusche (gegen Gebühr), Mülleimer, WLAN, teils Sat-Empfang, Videoüberwachung.
Beschreibung: Großes, wenig einladendes Parkgelände gleich an der östlichen Haupteinfallstraße, durch Autos und die benachbarten Gleise nicht ganz leise, am Freigelände kein Schatten, alternativ kann man aber auch in einer großen Halle stehen, Erd-/Schotter- bzw. Betonboden, eben, bedingt klappstuhlgeeignet, Tankstelle, riesiger Supermarkt und Fast-Food-Restaurant gegenüber, Bushaltestelle mit Zentrumsanschluss vor dem Gebäude, rund 5,5 km bis in die Altstadt.
Preis: €€.
Zufahrt: Von der A4 kommend, gleich die erste Ausfahrt „Sevilla este" nehmen, dann sofort wieder links halten Richtung „Brenes". Nun immer parallel zur Autobahn geradeaus, auch den Kreisverkehr einfach die Richtung beibehaltend durchfahren, kurz danach rechts in Richtung „Barriada Aeropuerto Viejo" abbiegen und hier sofort wieder links halten. Nun immer geradeaus bis zur „Lagerhallen-Einfahrt" gleich nach der Bahnüberführung rechter Hand.

(033) Offizieller WOMO-Stellplatz: Sevilla 2 (Area Autocaravanes)

GPS: N 37°21'47" W 5°59'40", Av. García Morato

Internet: www.areas-autocaravanes.com.
Max. WOMOs: Ca. 100.
Ausstattung: Ver-/ Entsorgung (nicht frei zugänglich), teils Strom, Dusche (gegen Gebühr), Mülleimer, WLAN, Sat-Empfang, Waschmaschine, Videoüberwachung.
Beschreibung: Riesiges, wenig einladendes Parkgelände als Teil eines PKW-Lagerplatzes am Stadtkanal, meist relativ ruhig, kein Schatten, asphaltiert, eben, bedingt klappstuhlgeeignet, Discounter und Bushaltestelle rund 650 m entfernt, ca. 1,8 km bis ins Zentrum, Onlinereservierung möglich.
Preis: €€.
Zufahrt: Zunächst immer der A4 folgen, wenn diese rechts nach Cádiz abzweigt, weiter geradeaus auf der A49 in Richtung Huelva bleiben. Nach der großen Brücke über den Kanal rechts zum „Puerto este"/ „Sevilla Centro" abzweigen und an den nächsten beiden Kreisverkehren geradeaus fahren. Nach dem Aldi-Supermarkt links schräg rechts über die Gleise fahren und der Straße über ein Privatgelände für gut 600 Meter bis zum Ende folgen, dort befindet sich der Stellplatz.

(034) Offizieller WOMO-Stellplatz: Sevilla 3 (Parking Las Razas)

GPS: N 37°21'49" W 5°59'21", Calle Paéz de Rivera.
Max. WOMOs: Ca. 30.
Ausstattung: Ver-/ Entsorgung (nicht frei zugänglich), Sat-Empfang.
Beschreibung: Teils recht lauter Großparkplatz mit eigenem Bereich für Wohnmobile, kein Schatten, auf Schotter, eben, Campingverhalten untersagt, Tankstelle und Supermarkt benachbart, ca. 1100 m bis ins Ortszentrum.

Preis: €€.
Zufahrt: Zunächst immer der A4 folgen, wenn diese rechts nach Cádiz abzweigt, weiter geradeaus auf der A49 in Richtung Huelva bleiben. Nach der großen Brücke über den Kanal rechts zum „Puerto este"/ „Sevilla Centro" abzweigen und an den nächsten beiden Kreisverkehren geradeaus fahren. Nach dem Aldi-Supermarkt im dritten Kreisverkehr die erste Ausfahrt nehmen und nach der Brücke in die erste Straße rechts einfahren. Der Parkplatz folgt hier nach rund 400 Metern.

(035) Offizieller WOMO-Stellplatz: Sevilla 4/ Gelves (Puerto Gelves)

GPS: N 37°20'22" W 6°01'27", Calle Alcalde Angel Oliveros.
Internet/Tel.: www.puertogelves.es, +34 955 761 212.

Max. WOMOs: Ca. 25.
Ausstattung: Ver-/ Entsorgung (nicht frei zugänglich), teils Strom, Toilette / Dusche, Mülleimer, WLAN, teils Sat-Empfang, Waschmaschine.
Beschreibung: Parkfläche auf einer Mole zwischen Yachthafenbecken und Guadalquivir, nachts relativ ruhig, kaum Schatten, auf Asphalt, eben, bedingt klappstuhlgeeignet, meist ziemlich eng zum Stehen und Rangieren, Restaurants und Apotheke in fußläufiger Entfernung, zur Bushaltestelle Sevilla 250 m, Ortszentrum ca. 9 km entfernt.
Preis: €€-€€€.
Zufahrt: Zunächst immer der A4 folgen, wenn diese rechts nach Cádiz abzweigt, weiter geradeaus auf der A49 in Richtung Huelva bleiben. Sie queren den Kanal von Sevilla und etwas später den Guadalquivir. Direkt nach dieser Brücke links nach San Juan halten. Nach einem Kreisverkehr und einem Fußballstadion überqueren Sie die Kreuzung und wählen nach knapp 300 m die rechts abführende Spur, um an dieser Stelle im spanischen Stil links abbiegen zu können. Nun fahren Sie sofort wieder links in die parallel zur Hauptstraße verlaufende Nebenspur und nach 50 m schräg rechts zum Einfahrtstor (dort klingeln).

Unterwegs in Sevilla

Sevillas Altstadt ist bei Weitem nicht so kompakt wie Córdoba und alle Sehenswürdigkeiten in nur einen Tag zu packen, praktisch unmöglich. Sie sollten sich daher die für Sie interessantesten Ecken herauspicken – oder mindestens zwei bis drei Tage einkalkulieren. Etwas schneller voran kommen Sie, wenn Sie öffentliche Verkehrsmittel nutzen, etwas die Metro oder die Stadtbusse. Eine recht unkomplizierte Möglichkeit, Sevilla kennenzulernen, ist auch hier der **Sightseeing Bus**. Die engen Straßen des Zentrums fährt er zwar nicht an, doch er hilft dabei, entlang des Stadtkanals zwischen dem Parque de María Luisa im Süden und dem Stadtteil Macarena im Norden schnell zu pendeln. Auch die westlich gelegenen Bezirke werden erschlossen und Sie sparen sich teils weite Märsche. Die Audiokommentare unterwegs sind auch auf Deutsch verfügbar. Für verschiedene Viertel und das Museum der Schönen Künste sind außerdem Stadtführungen im Ticket enthalten, eine Bootsfahrt auf dem Guadalquivir-Kanal ab dem Torre del Oro kann dazugebucht oder einzeln erworben werden (May – Sep 11 – 22 Uhr, sonst 11 – 19 Uhr, *€€€-€€€€, www.city-sightseeing.com)*.

Eine weitere Möglichkeit, schneller voranzukommen, bieten die 2600 Sevici-Leihfahrräder in Sevilla. 250 Stationen finden Sie in der ganzen Stadt verteilt, vor allem rings um das Zentrum. Eine App verhilft dazu, freie Räder in Ihrer Nähe zu finden. Einziger Nachteil: Touristen müssen eine 150 €-Kaution per Kreditkarte hinterlegen. Dafür erhalten Sie einen sieben Tage gültigen Code, mit dem Sie Fahrräder in dieser Zeit entsperren können. Die Nutzungsgebühr für eine Woche beträgt rund 14 € pauschal, Nutzungen unter 30 Minuten sind dann immer frei, für die erste Stunde wird ein Euro fällig, für jede weitere Stunde sind es

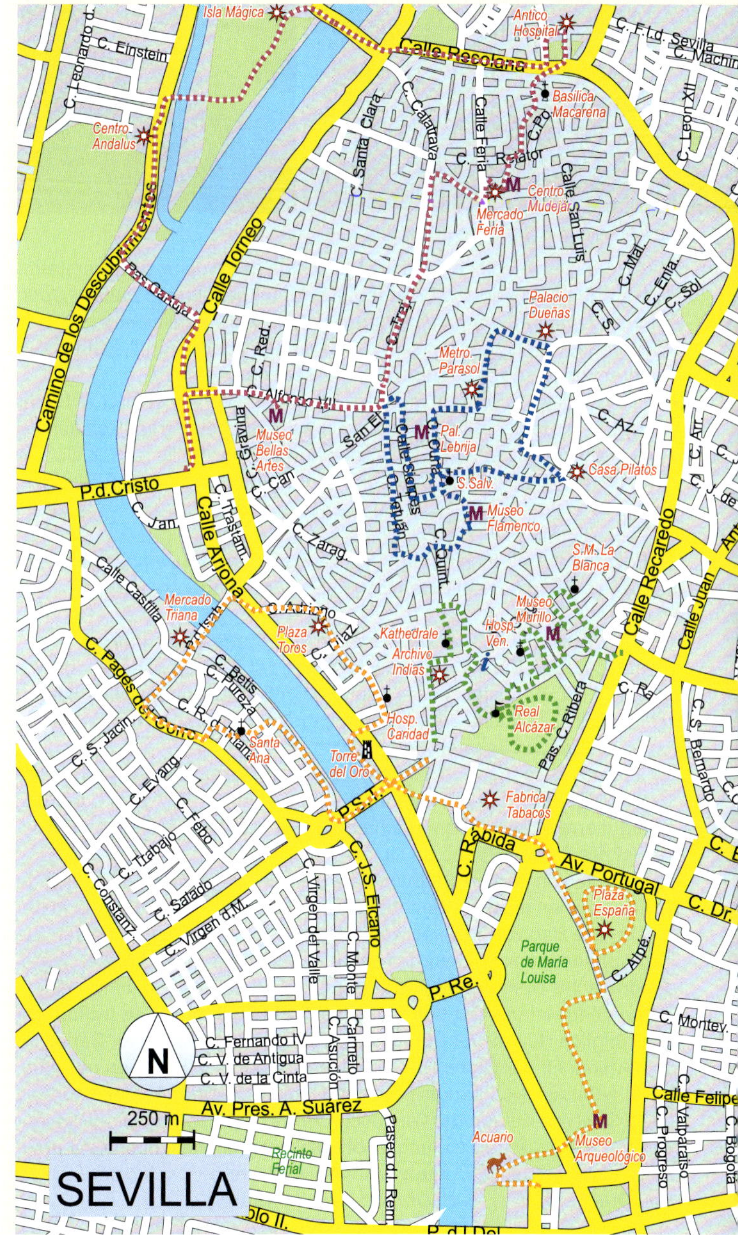

Kathedrale von Sevilla mit Giralda

zwei Euro. Das restliche Geld wird am Ende der Woche zurückerstattet – sofern Sie kein Fahrrad beschädigt oder mitgenommen haben *(Code an jeder Leihstation erhältlich, mehr unter www.en.sevici.es).*
Noch bequemer ist freilich, sich per Taxi oder Uber durch die Stadt kutschieren zu lassen, was gar nicht mal so teuer ist!
Für Sevilla sind außerdem mehrere City-Pässe verschiedener Anbieter verfügbar, die leider immer wieder wechseln. Suchen Sie vor Reiseantritt am besten online danach und vergleichen Sie. Nicht alle lohnen sich, je nach Dauer Ihres Aufenthaltes und Ihren Interessen können Sie aber durchaus Geld sparen.

Im Folgenden haben wir Ihnen vier verschiedene Touren beschrieben, auf denen Sie die wichtigsten Ecken Sevillas kennenlernen.

TOUR 1 (grün): Kathedrale, Alcázar und Santa-Cruz-Viertel
Diese Tour führt Sie ins (touristische) Herz der Stadt. Zwar sind die Wege eher kurz. Angesichts der Fülle und Größe der Sehenswürdigkeiten sollten Sie aber ausreichend Zeit einplanen. Sie können dort problemlos einen ganzen Tag verbringen.
Ein idealer Ausgangspunkt ist die **Puerta de Jerez**, die Sie sowohl per Metro (L1), per Tram (T1) als auch Bus (Linien 5, 21, A2, C3 und C5) sehr gut erreichen können. Nächstgelegener Halt des Sightseeing-Busses ist die Station Paseo de Colón.
Folgen Sie von dort aus dem breiten Fußgänger-Boulevard Avenida de la Constitución mit den Trambahngleisen nach Norden. Auch, wenn der prachtvolle Bau von Sevillas Kathedrale schon zu sehen ist, sollten Sie Ihre Aufmerksamkeit zuvor für einen Moment auf das 56 Meter lange, quadratische Gebäude rechts von Ihnen lenken, das sich hinter einem kleinen begrünten Platz befindet. Das **Archivo General de Indias** war ursprünglich Heimat der Börse, wurde aber schon 1784 unter Carlos III. zum Archiv für sämtliche Dokumente, die Spaniens Kolonien betrafen. Darin befinden sich handschriftliche Notizen, Karten, Aufzeichnungen und Briefe von Kolumbus, Vespucci, Cortés und Pizarro. Nur ein kleiner Teil der wertvollen Sammlung ist öffentlich zugänglich, doch ein kurzer Blick ins Innere ist ganz interessant *(Avenida de la Constitución, Eintritt frei, Di – Sa 9.30 – 16.45 Uhr, So 10 – 13.45 Uhr).*

Nun sollten Sie sich aber schnell zum Besuchereingang der Kathedrale rechts an der Calle Fray Ceferino González aufmachen, denn im Laufe des Tages erreichen die Besuchermassen und -schlangen teils unerhörte Ausmaße. Wohl dem, der sein Ticket bereits vorab online gelöst hat…

„Lasst uns eine Kirche errichten, die so grandios ist, dass alle, welche sie einmal vollendet sehen, uns für von Sinnen halten!" So oder ähnlich sind die Worte der Domherren überliefert, als sie 1402 die Devise für den Bau der „Catedral de Santa María de la Sede" vorgaben, wie die **Kathedrale von Sevilla** mit vollem Namen heißt. Aus heutiger Sicht lässt sich sagen, dass ihr Vorhaben geglückt ist, denn der 14.500 Quadratmeter große Gebäudekomplex ist in seiner Art einmalig und neben Petersdom in Rom und St. Pauls Cathedral in London der größte katholische Kirchenbau weltweit. Seit 1987 gehört die Kathedrale zum UNESCO-Welterbe. Lassen Sie sich Zeit, um alles einigermaßen erfassen zu können! Seit der Grundsteinlegung und bis zum heutigen Tag sind unzählige Bauarbeiter und Künstler mit dem Erhalt des gigantischen Baus beschäftigt, der auf den Resten der großen Moschee von Sevilla errichtet wurde. Erst 1506, nach über 100 Jahren, war die Kirche fertig gestellt, sollte aber nur für fünf Jahre halten. Dann stürzte die Kuppel ein und musste komplett erneuert werden, was weitere acht Jahre in Anspruch nahm. Um sich zwischen all der Kunst und den verschiedenen Bereichen einigermaßen orientieren zu können, liegen am Eingang nach der Puerta del Príncipe Übersichtspläne bereit. Auch Audioguides sind erhältlich. Zu den absoluten Highlights des gotischen Innenraums gehört der riesige Hauptaltar, an dem Dutzende Künstler über 80 Jahre arbeiteten. Gegenüber befindet sich der mittig gesetzte Chor mit zahlreichen kunstvollen Schnitzereien. Imposant ist auch der erst 1904 fertiggestellte Sarkophag mit einem Teil der Gebeine Christoph Kolumbus` (siehe Tour 4), genauso die Capilla Real mit dem Leichnam Ferdinands III. In der Schatzkammer können Sie wertvolle Reliquien ansehen, in der Krypta die Grabstätte von Peter dem Grausamen. Im Kapitelsaal und in den Sakristeien hängen Gemälde namhafter Künstler wie Murillo, Goya und Zurbarán. Kurios ist die Geschichte von Murillos Bildnis „Die Vision des Antonius von Padua": Bereits während der Napoleonischen Kriege zwischen 1807 und 1814 wäre es um ein Haar von französischen Truppen geraubt worden und konnte nur durch einen Tauschhandel in letzter Minute bewahrt werden. 1874 schnitt ein Dieb das Bild des Antonius heraus, um es in den USA zum Kauf anzubieten. Der spanische Botschafter erfuhr allerdings von dem krummen Geschäft und brachte das fehlende Teil schon ein Jahr

Gärten des Real Alcázar

Zisternenbad des Alcázar

später zurück nach Sevilla – bei genauem Hinsehen lässt sich ausmachen, wo genau das Stück wieder eingesetzt wurde... Im nordöstlichen Eck befindet sich der Aufgang zur **Giralda**, dem 97 Meter hohen 1196 fertiggestellten Turm der Kathedrale, gleichzeitig Wahrzeichen Sevillas. Er ist ein Überbleibsel der früheren Moschee und wurde nach deren Abriss nur umgestaltet. Anstelle von Treppenstufen wurde im Inneren eine 2,5 Meter breite Rampe angelegt, über die sogar Reiter die Aussichtsplattform in 70 Metern Höhe erreichen konnten. Ganze 35 Stockwerke müssen Sie bis dorthin überwinden, doch der Blick von oben belohnt Sie am Ende für Ihre Mühen. Nach der Besichtigungstour verlassen Sie die Kathedrale durch den Orangenhof, ein weiteres Bauteil, das seit maurischen Zeiten existiert *(Avenida de la Constitución, €€, Montags frei, Onlinetickets dringend empfohlen, verschiedene Extratouren und Führungen buchbar, Mo 11 – 15.30 Uhr, Di – Sa 11 – 17 Uhr, So 14.30 – 18 Uhr, Jul/Aug Mo 10.30 – 16 Uhr, Di – Sa 10.30 – 18 Uhr, So 14 – 19 Uhr, www.cathedraldesevilla.es)*.

Nachdem Sie die Kathedrale verlassen haben, halten Sie sich rechts herum, bis Sie die imposante **Giralda** von außen auf sich wirken lassen können. Direkt davor liegt die Plaza Virgen de los Reyes mit dem erzbischöflichen Palast.

Weiter geradeaus erreichen Sie die Plaza del Triunfo mit der zentralen **Touristeninformationsstelle** linker Hand, schräg rechts vor Ihnen befindet sich dort der Zugang zum **Real Alcázar**, dem Königspalast von Sevilla. Auch für ihn sollten Sie ausreichend Zeit einplanen, statt hindurchzueilen. Er existiert bereits seit römischen Zeiten, wurde aber immer wieder abgerissen, um- und neu gebaut. Noch heute dient er dem spanischen König als Sitz, wenn er in Sevilla weilt. Der größte Teil des heutigen Bauwerks stammt aus der Zeit Peters des Grausamen, der ihn, mit größtmöglichem Prunk als ständige Residenz für seine Geliebte María de Padilla errichten ließ – während er seine Ehefrau im 130 Kilometer weiter südlich gelegenen Medina Sidonia unter Arrest stellte. Ein weiterer nennenswerter Teil entstand später unter Karl I. von Spanien. Genau wie zuvor bei der Kathedrale reihen sich die Besucher oft in langen Schlangen auf, manche ohne eine Chance, hineinzugelangen, denn das Tageskontingent ist streng begrenzt – auch hier sollten Sie sich nach Möglichkeit schon im Vorfeld Tickets online besorgen. Zunächst werden Sie mit Audioguides versorgt, dann gelangen Sie in den Löwenhof, von dem aus Sie zu allen

Seiten hin weitergehen können. Rechts befand sich die Handelskammer, in der Isabella I. mehrfach Christoph Kolumbus empfing – vor und nach seinen Reisen in die Neue Welt. Berühmt ist das 1536 von Alejo Fernández gemalte Bild „Madonna der Seefahrer“. Weiter geradeaus gelangen Sie in den besonders reich verzierten Palast Peters des Grausamen. Er ist im Nasridischen und Mundéjar-Stil gehalten, denn er verpflichtete vor allem Kunsthandwerker und Architekten aus dem damals noch maurischen Granada. Auffallend ist die verschnörkelte Inschrift „Es gibt keinen Sieger außer Allah“, die niemandem auffiel und mit der sich ein Künstler heimlich verewigte... Im hinteren Teil des Palastes befanden sich die Aufenthaltsräume und Privatgemächer Marías. Der heutige Ostflügel wurde später als Palast Karls I. errichtet und ist deutlich schlichter, in dem zu seiner Zeit bevorzugten gotischen Baustil gehalten. Ruhig und entspannt präsentieren sich die schon seit 500 Jahren weit gerühmten Gärten des Palastes, Jardines del Alcázar, mit Wasserläufen, Pavillons und Ruheplätzen. Orangenbäume, Palmen, Zedern und bunt blühende Rabatten prägen das Bild *(Plaza del Patio de Banderas 6, €€€, Montags frei, Apr – Sep 9.30 – 19 Uhr zzgl. Spezieller Abendöffnungszeiten, Okt – Mär 9.30 – 17 Uhr, www.realalcazarsevilla.sacatuentrada.es)*.
Rechts vom Ausgang des Palastes befindet sich das **Barrio Santa Cruz**. Es gilt als eines der schönsten Viertel der Stadt und besitzt mit seinen schmalen, verwinkelten Gassen, pittoresken, blumengeschmückten Innenhöfen und weiß getünchten Häusern einen besonderen Charme. Erkunden Sie es am besten auf eigene Faust und lassen Sie sich einfach zwischen Palast und Calle Santa María la Blanca treiben, die das Viertel östlich begrenzt. Einst war es Heimat der jüdischen Gemeinschaft, nach deren Vertreibung gegen Ende des 15. Jahrhunderts wurde es zum Sitz vieler wohlhabender Gewürzhändler. Bei Interesse verdient das **Hospital de los Venerables Sacerdotes** einen näheren Blick. Es besitzt einen schönen Patio und eine außergewöhnlich reich verzierte Kapelle mit Werken großer Künstler wie Alonso Cano und Peter Paul Rubens. Im angeschlossenen Centro Velázquez werden Werke des gleichnamigen Malers sowie von Zurbarán, Murillo und Montañés gezeigt *(Plaza Venerables 8, €€, deutsche Audioguides verfügbar, Mär – Jun und Sep – Nov 10 – 20 Uhr, Jul/ Aug 10 – 14 Uhr und 17.30 – 21 Uhr, sonst 10 – 18 Uhr, www.hospitaldelosvenerables.es)*. Interessant sind ferner das **Jüdische Interpretationszentrum** *(Calle Ximénez de Enciso 22)*, das ehemalige **Wohnhaus Murillos** *(Calle Santa Teresa 8)* und die **Iglesia Santa María la Blanca** *(Calle Santa María La Blanca 5)*. Gegen Abend erwacht das Viertel erst so richtig zum Leben, wenn sich langsam die zahlreichen Flamencolokale und Tapasbars füllen. Letzteren können Sie aber auch schon zur Mittagszeit einen Besuch abstatten, um sich hier und da verschiedene Häppchen zu besorgen und zu einer Tapear, einer ausgedehnten Runde durch die verschiedenen Lokalitäten, aufzubrechen.
Am Südende der Calle Sta. María la Blanca können Sie die Busse der Linien 1, 21, A1, A8 und C3 besteigen oder rechts, entlang der Parkanlagen neben der Avenida de Menéndez Pelayo, zur Metro- (L1) und Tramstation (T1) „Prado de San Sebastián“ gelangen. Auch der Sightseeing-Bus stoppt hier (Halt Plaza de España).

Gastrotipps Tour 1: Chic&Ole**, Calle Rodrigo Caro 11, **El Librero Tapas***, Pasaje Anreu 4, **El Pasaje****, Pasaje Vila 8, **Mama Bistro****, Calle Mateos Gago 9b, **Peko Peko Tapas****, Calle Santa María La Blanca 20, **Bolas Helado** (Eis), Calle Puerta de La Carne 3, **Jester** (Café), Puerta de la Carne 7a

Flamencomuseum

TOUR 2 (blau): Shoppen und Sightseeing in Sevillas Altstadt

Auf dieser Tour erkunden Sie das geschäftige, stets quirlige Zentrum Sevillas. Neben einigen Sehenswürdigkeiten liegt der Fokus aber eindeutig auf Bummeln und Shoppen in den zahlreichen Geschäften. Die Wegstrecken sind dabei noch überschaubar. Beginnen Sie an der **Plaza del Duque de la Victoria** (Buslinien 13, 14, 27, 32, A7, C5 und Sightseeing-Bus) und folgen Sie der Calle O`Donnell nach Süden, die bald schon in die **Calle Velázquez**, eine von Sevillas Haupteinkaufsstraßen, übergeht. Vor allem internationale Ketten sind hier angesiedelt. Sie stößt am Ende direkt auf die große **Plaza Nueva** mit dem Reiterstandbild Ferdinands III. und dem **Rathaus** zu ihrer Linken. Es ist hier auf seiner Rückseite klassizistisch geprägt, während es auf der gegenüberliegenden Seite, an der Plaza San Francisco, im Renaissancestil ausgeführt wurde. Mittig von diesem kleineren Platz schlüpfen Sie in die schmale Calle Chicarreros und müssen nun gut aufpassen: Halten Sie sich jeweils bei erster Gelegenheit rechts, zweimal links, rechts und wieder links, um schließlich in der Calle Manuel Rojas Marcos das **Museo del Baile Flamenco** zu erreichen. Im Obergeschoss des Stadthauses werden interaktiv mit Hilfe großer Leinwände, Monitore und Audioinstallationen Flamenco-Tanzstile vorgeführt und verschiedene Musikrichtungen dieses in Andalusien verwurzelten und auf die Gitanos zurückgehenden Gesamtkunstwerks präsentiert. Informationen sind auch auf Deutsch verfügbar. In einem anderen Bereich werden Flamencokleider gezeigt, es gibt eine Fotogalerie und im zweiten Stock sowie in Erdgeschoss und Keller Platz für wechselnde Ausstellungen, ein Café und, selbstredend, eine Flamencobühne *(Calle Manuel Rojas Marcos 3, €€, Shows €€€, auch Kombi- und Onlinetickets verfügbar, Museum 10 – 19 Uhr, Shows meist 17/19/20.45/22.15 Uhr, www.museodelbaileflamenco.com).*

Kurz nach dem Museum nehmen Sie links die Calle San Isidoro und am Ende rechts die Calle Francos,

Iglesia del Divino Salvador

Palacio de las Dueñas

der Sie gleich wieder links durch die Calle Blanca de los Ríos bis zur Plaza del Salvador mit vielen Cafés und der zweitgrößten Kirche Sevillas, **Iglesia del Divino Salvador**, folgen. Sie besitzt eine gewaltige Vierung. In ihrem Innenhof haben sich Reste der ersten Moschee Sevillas aus dem 9. Jahrhundert erhalten, der Glockenturm war einst ein Minarett *(Plaza del Salvador 3, €, Online- und Kombitickets samt Kathedrale erhältlich, Jul/Aug Mo – Sa 10 – 18 Uhr, Do 15 – 19.30 Uhr, sonst Mo – Sa erst ab 11 Uhr, www.iglesiadelsalcador.es)*. Nördlich der Kirche setzen Sie Ihren Weg durch die Calle Córdoba fort und halten sich nun bis zur Plaza de la Alfalfa und darüber hinaus weitgehend geradeaus. Die Geschäfte in dieser Gegend sind weitaus lokaler geprägt als in den Gassen zuvor. Dort, wo die Calle Águilas links spitz mit der Calle Caballerizas zusammenläuft, befindet sich das **Casa de Pilatos**. Es steht dem Palast von Sevilla kaum nach und ist ähnlich aufwendig dekoriert und ausgestattet worden. Der Legende nach sollte es dem Haus des römischen Statthalters Pilatus nachempfunden werden, daher der Name. Tatsächlich wurde es um 1520 für den Marquéz von Tarifa errichtet. Januskopf, Skulpturen, Bildnisse griechisch-römischer Gottheiten und Triumphbögen zeugen eindeutig von der Vorliebe des Bauherrn für den Stil der Antike, doch auch mudejare Muster und Bauelemente sowie Anleihen bei Gotik und Renaissance wurden in den Gebäuden, die sich um einen großen Innenhof gruppieren, eingearbeitet. Dies geschah allerdings erst später während zahlreicher Umbauten, die bis ins 19. Jahrhundert anhielten. Der Palast ist auch heute noch in Privatbesitz, doch weite Teile stehen Besuchern zur Besichtigung offen *(Plaza de Pilatos 1, €€, deutschsprachige Audioguides verfügbar, Apr – Okt 9 – 19 Uhr, sonst bis 18 Uhr, www.fundacionmedinaceli.org)*.

Folgen Sie der am Haus zurück in nordwestliche Richtung führenden Calle Caballerizas bis zur vierten Abzweigung nach rechts, Calle Sales y Ferré, und schlagen Sie diese ein. Durch die Calle Moreria können Sie links zum **Geburtshaus des Malers Velázquez** gelangen *(Calle Padre Mius Maria Llop 1a)*. Ansonsten bleiben Sie über die Plaza Cristo de Burgos hinaus immer geradeaus, bis Sie nach dem Konvent Santa Inés, in dessen Innenhof die Schwestern manchmal selbstgemachte Süßigkei-

ten verkaufen, links die Calle Dueñas betreten. Rechter Hand befindet sich ein weiteres äußerst sehenswertes Gebäude, der **Palacio de las Dueñas**. Er wurde ab dem 15. Jahrhundert in einem gotisch-maurischen Stilmix errichtet und ging nur wenig später in den Besitz des Herzogs von Alba über. Die Adelsfamilie besitzt ihn noch heute und er wurde erst 2016 der Öffentlichkeit teilweise zugänglich gemacht, nachdem er zuvor als Wohnhaus und Repräsentationssitz genutzt worden war. Salons und Gärten sieht man die lange währende, noch immer nachfühlbare private Nutzung positiv an und die Anlage wirkt mit ihren verschiedenen Gärten, Innenhöfen, Salons und der reichen Ausstattung wie eine prachtvolle Oase im Getümmel der Großstadt *(Calle Dueñas 5, €€, Apr – Okt 10 – 20 Uhr, sonst bis 18 Uhr, englischsprachige Audioguides verfügbar, alternativ gibt es eine App zum Download, www.lasduenas.es)*.
Die Straße geht an ihrem Ende in die Calle Gerona über, der Sie noch für ein kurzes Stück folgen, bis Sie links in die belebtere Calle Regina wechseln. So stoßen Sie schon bald auf eine der neuesten und gleichzeitig umstrittensten Sehenswürdigkeiten Sevillas, den **Metropol Parasol**. Er wird allgemein üblich als Setas de Sevilla (Pilze von Sevilla) bezeichnet, und tatsächlich erinnert die organisch wabernde Konstruktion ein wenig daran. Sie wurde 2011 komplett aus Holz errichtet und ist mit ihren 250 Metern Länge und 28 Metern Höhe die zur Zeit größte Holzkonstruktion weltweit. Geschaffen wurde sie von dem deutschen Architekten Jürgen Mayer-Hermann. Im Untergeschoss befinden sich auf 5000 Quadratmetern beim Bau freigelegte Fundamente und archäologische Funde aus der Römer- und Maurenzeit. Im Erdgeschoss gibt es eine Markthalle, darüber eine große Eventfläche. Zum Dach des „Pilzes" fährt Sie ein Aufzug empor. Neben Gastronomie können Sie von verschiedenen Aussichtsterrassen einen Blick auf die gesamte Innenstadt werfen *(Plaza de la Encarnación, €, So – Do 9.30 – 23 Uhr, Fr/Sa bis 23.30 Uhr, setasdesevilla.com)*.
Am südlichen Ende des Parasol halten Sie sich durch die breite Calle Laraña rechts, bis Sie kurz danach links in die Calle Cuña abbiegen. Bevor zum Abschluss nun noch etwas Bummeln angesagt ist, können Sie rechts den **Palacio de Lebrija** besuchen. Die leidenschaftliche Hobbyarchäologin Doña Mergelina ließ ab 1914 nicht nur ihr Haus im römischen Stil umgestalten, sondern kaufte auch zahlreiche Funde aus der nahen Römerstadt Itálica auf, die bis heute im Palast zu sehen sind, unter anderem ein komplettes antikes Fußbodenmosaik *(Calle Cuna 8, €€, 10.30 – 19.30 Uhr, www.palaciodelebrija.com)*. Sie stoßen schließlich auf die Plaza Salvador mit ihren Cafés, die Sie auf dieser Tour schon einmal besucht haben, und wechseln nun rechts durch die Calle Sagasta zur **Calle Sierpes**, in die Sie erneut rechts abbiegen. Die schmale, beidseits von Dutzenden Geschäften gesäumte Gasse ist die bekannteste Ladenzeile Sevillas. Im Hochsommer wird sie durch

Metropol Parasol

eigens aufgehängte Sonnensegel großflächig beschattet und sowohl von Einheimischen als auch Touristen tagtäglich mehr als gut besucht. Am Ende halten Sie sich links und gelangen so nach wenigen Metern zu Ihrem Ausgangspunkt an der Plaza del Duque de la Victoria zurück.

Gastrotipps Tour 2: Miss Tem**, Plaza de San Francisco 9, **Paco Pepe Bar***, Calle Francos 10, **Bolas** (Eis), Calle Cuesta del Rosario 1, **Ofelia** (Café), Calle Huelva 5, **Taberna Del Almirante****, Calle de Huelva 22, **Taberna Aguilas***, Calle Aguilas 10, **Meraki****, Calle de San Felipe 11, **Zalate****, Calle de Doña María Coronel 17

TOUR 3 (orange): Vom Parque de María Louisa entlang des Guadalquivir-Kanals bis ins Triana-Viertel

Beginnend in Sevillas grüner Lunge, dem Park Maria Louisa, spazieren Sie auf Tour 3, dem Guadalquivir-Kanal folgend Richtung Norden und gelangen schließlich in das beliebte Triana-Viertel auf der Westseite des Kanals, das eine eigene Stadt in der Stadt zu bilden scheint und, mehr noch als bei Tagesbesuchern, bei Nachtschwärmern beliebt ist. Falls Sie keine allzu weiten Strecken zu Fuß gehen möchten oder einfach Zeit sparen wollen, lässt sich diese Tour auch gut per Fahrrad absolvieren. Beginnen Sie am **Acuario de Sevilla**, das von den Buslinien 3, 6, 24, A6 (Halt Paseo Las Delicias) und dem Sightseeing-Bus (Stopp Acuario) angefahren wird. 2014 eröffnet, zählt es zu den größten Aquarien Europas und ist thematisch an die Reisen Magellans angelehnt, dessen Routen es durch die Bewohner seiner 31 Großbecken nachzeichnet. Von kleinen Quallen bis zu großen Haien wird kaum etwas ausgelassen, sogar ein Restaurant mit Blick auf all die Fische ringsum ist vorhanden *(Muelle de las Delicias, €€€, Jul/ Aug Mo – Do 11 – 20 Uhr, Fr – So bis 21 Uhr, Sep – Jun Mo – Do 10 – 19 Uhr, Fr – So 10 – 20 Uhr, www.acuariosevilla.es)*.
Vom Aquarium aus spazieren Sie östlich über einen Parkstreifen zum Paseo de las Delicias, halten sich dort kurz links und dann gleich wieder rechts zur prachtvoll angelegten **Plaza de América**. Der Platz ist bereits Teil des **Parque de María Louisa**, der im 19. Jahrhundert durch die Tochter König Ferdinands VII. gestiftet und nach ihr benannt wurde. Als in den Jahren 1929 und 1930 die Ibero-amerikanische Ausstellung hier stattfand, wurde er großflächig umgestaltet und mit vielen verschiedenen Pavillons und anderen Gebäuden ergänzt. Doch noch immer ist er das grüne Herz der Stadt. Der Amerikaplatz wird von drei Pavillons dominiert. Mittig steht der kleinste, durch die Stadtverwaltung genutzte königliche Pavillon, links schließt sich der Mudéjar-Pavillon an, in dem sich heute ein **Volkskundemuseum** befindet. Es zeigt spanisches Kunsthandwerk, Möbel, Haushaltsgegenstände und Textilien. Im Renaissance-Pavillon rechtsseitig ist das **Museo Arqueológico** untergebracht. Highlight ist der im Keller ausgestellte Goldschatz von Carambolo. Er stammt aus dem 8. Jahrhundert v. Chr. und wird mit dem sagenumwobenen Reich des Tartessos in Verbindung gebracht, das vor den Römern in Andalusien bestanden haben soll. Hinzu kommen Stücke aus der gesamten Provinz, aus römischer und maurischer Zeit sowie hellenistische Statuen aus Korinth *(beide Museen: Plaza América, EU-Bürger Eintritt frei, sonst €, Mitte Jun – Mitte Sep 9 – 15.30 Uhr, sonst Di – Sa 9 – 20.30 Uhr So bis 15.30 Uhr www.museodeandalucia.es)*.
Nach dem Volkskundemuseum biegen Sie links auf die Avenida Cortés ab und bleiben, vorbei an Springbrunnen, Beeten und Baumpflanzungen, geradeaus, bis Sie zur breiten Querachse der Avenida Rodriguez de Casso kommen, der Sie nach rechts folgen. Fast unwirklich scheint

Plaza Español

die riesige **Plaza de España** mit ihren venezianisch anmutenden Kanälen, Booten und dem im Halbrund angelegten Platz. Tatsächlich wurde auch sie erst 1929 zur bereits erwähnten Ausstellung von dem Architekten Aníbal Gonzáles errichtet und soll die gesamte Baugeschichte Andalusiens einfangen. Imposant ist sie allemal! Am Sockel des Palacio Central in der Mitte sind alle 52 spanischen Provinzen dargestellt, Arkadengänge ringsum sind frei zugänglich. Im Hauptgebäude befindet sich das Geografische Institut, links ein **Militärmuseum** *(Plaza de España, Eintritt frei, Mo – Fr 9.30 – 14 Uhr, Sa 10 – 14 Uhr)*. Wenn Sie der Avenida Isabel la Católica dann weiter bis zum Ende folgen, überqueren Sie den dortigen Kreisverkehr und gehen dahinter durch die Calle Palos de la Frontera nach links. Rechter Hand steht die riesige ehemalige **Tabakfabrik** von 1757, die bis Mitte des letzten Jahrhunderts in Betrieb war und zu ihren Spitzenzeiten bis zu 12.000 Arbeiterinnen beschäftigte. Sie war eines der prachtvollsten und größten industriellen Gebäude ihrer Zeit. Heute sind Teile der Universität darin untergebracht. Falls Sie einen Blick hineinwerfen wollen: Die Innenhöfe sind öffentlich zugänglich. Dahinter schließt sich rechts das Hotel Alfonso XIII an. Es gehört zur ersten Garde in Spanien. Links steht der Palacio de San Telmo, heute Sitz des andalusischen Präsidenten. Folgen Sie der Straße zwischen beiden Gebäuden hindurch und queren Sie dahinter die Jardines de Cristina bis zum Ufer des Guadalquivir-Kanals. Schlagen Sie nun nach rechts den Weiterweg entlang der Promenade ein. Sie wurde 1992 anlässlich der in Sevilla abgehaltenen Weltausstellung in ihrer heutigen Form gestaltet. Keine 200 Meter sind es bis zum **Torre del Oro**, neben der Giralda zweites Wahrzeichen Sevillas. Der 36 Meter hohe Turm wurde 1220 von den Almohaden errichtet und sicherte den Fluss. Am anderen Ufer stand damals ein zweiter Turm, eine schwere Kette konnte quer nach oben gezogen werden und ließ keine ungebetenen Schiffe hindurch. Später war der Turm ein Gefängnis, heute ist ein **Hafenmuseum** im Inneren zu Hause *(Paseo de Cristóbal Colón, €, Mo – Fr 9.30 – 19 Uhr, Sa/So 10.30 – 19 Uhr, www.fundacionmuseonaval.com)*. Gleich vor dem Turm befindet sich die Ablegestelle der Ausflugsboote, die Sie bei Interesse auf rund einstündigen Touren am Fluss entlangschippern *(€€€, ganztägig, ca. 11 – 21 Uhr alle 30 Minuten, verschiedene Anbieter)*.

Hinter dem Turm nehmen Sie die Calle Postigo del Carbón stadteinwärts und gehen links weiter in die Calle Temprado zum **Hospital de la Caridad** von 1664. Heute ist es ein Seniorenstift, doch die angeschlossene Kapelle lohnt einen Blick. Sie wurde unter anderem von Murillo,

Roldán und Leal ausgestattet und gilt als kunsthistorisches Kleinod *(Calle Temprado 3, €€, Mo – Sa 10.30 – 19.30 Uhr, So 12.30 – 14 Uhr, www.santa-caridad.es)*.

Gleich anschließend passieren Sie links den Zugang zum Teatro de la Maestranza, einem der Musik- und Schauspielhäuser der Stadt. Immer weiter geradeaus stoßen Sie dann auf die bereits 1761 errichtete **Plaza de Toros de la Maestranza**, Sevillas Stierkampfarena. Mit rund 14.000 Sitzplätzen ist sie die größte und bekannteste ganz Andalusiens. Da auch im Mutterland der „Corrida de Toros“ das blutige Spektakel umstrittener geworden ist, finden immer seltener Kämpfe statt. Die Arena mit zugehörigem Museum kann nichtsdestotrotz tagsüber jederzeit besichtigt werden *(Plaza de Cristóbal Colón, €€, Apr – Okt 9.30 – 21 Uhr, sonst bis 19 Uhr, Führungen möglich, www.realmaestranza.com)*.

Die Calle Adrian leitet Sie nun zurück zum Flussufer. Über die Puente de Triana wechseln Sie die Seite und bewegen sich ins **Trianaviertel**. Es war früher die Heimat der kleinen Leute, von Seeleuten, Handwerkern und Gitanos.

Links empfängt Sie an der Plaza del Altozano ein Standbild Juan Belmontes, einem der berühmtesten Torreros aus Triana.

Rechts der Brücke liegt der **Mercado de Triana**, eine beliebte Markthalle mit ansprechender Auswahl. Geradeaus verläuft die Calle San Jacinto als verkehrsberuhigte Haupteinkaufsstraße weiter nach Westen. Geschäfte und Cafés gibt es auch hier und am Ende der Fußgängerzone links entlang der Calle Pagés del Corro genug, nur wirken sie weit weniger herausgeputzt als jene in Sevillas Altstadt. Folgen Sie dem Verlauf, bis Sie links das große weiße Gebäude mit dem Colegio de Educación Infantil passiert haben und gehen Sie danach links durch die Calle Luca de Tena bis zur nächsten Querstraße. Nun halten Sie sich rechts und am schattigen Platz linksseitig spazieren Sie zur **Parroquia de Señorita Santa Ana** hinüber. Sie wurde schon 1280 errichtet und ist damit die älteste noch existierende Kirche der Stadt – da sie allerdings beim Erdbeben von 1755 schwer beschädigt wurde, sind weite Teile des heutigen Baus späteren Ursprungs *(Parroco Don Eugenio 1, Eintritt frei, Sep – Jul Mo – Fr 10.30 – 13.30 Uhr und 16.30 – 19 Uhr, www.santanatriana.org)*.

Sowohl in der Calle Pureza gleich hinter der Kirche als auch in der Calle Beltis direkt am Fluss befinden sich Dutzende Bars, Kneipen und Restaurants, die oft erst am Abend so richtig zum Leben erwachen. Wenn die Uhrzeit passt, suchen Sie sich einfach das für Sie passende Lokal aus und genießen Sie den tollen Blick auf die Altstadt. Am Ende finden Sie am Plaza de Cuba Metro (L1) und Bus (Linie 5, 40, C3 und Sightseeing Bus) oder wechseln über die Puente de San Telmo zurück zum Ostufer, wo Sie rund um die Puerta de Jerez auch Anschluss an die Tram (T1) und weitere Busse finden (Linie 3, 21, 41, A2, C4, C5, EA).

Mercado Triana

Guadalquivirkanal mit bunten Häusern des Trianaviertels

Gastrotipps Tour 3: Petit Comité**, Calle del dos de Mayo 30, **Arco Tapas****, Calle dos de Mayo 8, **Bartolomea****, Calle Pastor y Landero 10, **Los Valencianos** (Eis), Calle Adriano 32, **Manu Jara** (Café), Calle Pureza 5, **Patio San Eloy Las Columnas***, Calle San Jacinto 29, **Freiduria Reina Victoria***, Calle Rodrigo de Triana 51, **Vega 10****, Calle Rosario Vega 10

TOUR 4 (lila): Sevillas Norden – vom Macarena-Viertel zur Isla de Cartuja

Sevillas nördliches Viertel Macarena ist so etwas wie der Bauch von Sevilla – ungekünstelter, rauer und authentischer als die weiter südlich gelegenen Teile des Zentrums. Auf der Isla de Cartuja winkt dann leichte Zerstreuung im stadteigenen Freizeitpark.

Da auch auf dieser Tour die Wege etwas weiter sind, lohnt es sich, Fußwege mit dem Fahrrad abzukürzen, wenn Sie es sich etwas einfacher machen möchten. Startpunkt ist die Plaza de Armas mit dem Busbahnhof. Sie wird von den Linien 3, 6, 43, A2, A7, C3, C4 und dem Sightseeing-Bus sowie, etwas südöstlich versetzt, am Halt Canalejas von den Linien 40, 41 und 43 bedient. Gehen Sie zuerst in nördliche Richtung entlang der Calle Torneo, bis Sie am Ende des Busbahnhofes rechts durch die Calle San Laureano die Plaza del Museo mit einem mächtigen Ficusbaum und dem Denkmal des Malers Murillo erreichen. Rechts steht das **Museo de Bellas Artes**. Es ist in einem ehemaligen Konvent untergebracht und zählt zu den wichtigsten Kunstsammlungen im Land. In 14 Sälen sind natürlich vor allem spanische Meister wie Velázquez, Zurbarán und Murillo zu sehen, doch es gibt auch Werke von Lucas Cranach, Rubens, van Dyck, Veronese und Tizian im Bestand, dazu einige Skulpturen neuerer Zeit *(Plaza del Museo 9, EU-Bürger frei, sonst €, Mitte Jun – Mitte Sep 9 – 15 Uhr, sonst Di – Sa 9 – 20 Uhr, So 9 – 15 Uhr, www.museosdeandalucia.es)*.

Alameda de Hércules

Auf der nördlich am Platz weiterführenden Calle Alfonso XII spazieren Sie über die bereits seit Tour 2 bekannte Plaza del Duque de la Victoria und schlagen die nächste Straße nach links ein,

Basilica Macarena

Calle Santa Maria de Gracia. Schließlich gelangen Sie zu Sevillas größtem Platz, **Alameda de Hércules**. Er entstand nach der Trockenlegung eines Seitenarms des Guadalquivirs und wird an seinem Südende von zwei römischen Säulen geschmückt. Auf einer thront der namensgebende Herkules. Der Platz war mit der Zeit ziemlich heruntergekommen. Erst jüngste Restrukturierungsmaßnahmen haben dafür gesorgt, dass langsam wieder bürgerliches Leben einkehrt, Cafés und Restaurants eröffnen. Folgen Sie dem Verlauf des Platzes bis zum Spielplatz rechterseits und nehmen Sie dort die Calle Peris Mencheta bis zur Kirche de Omnium Sanctorum. Gehen Sie nach links und nun gleich wieder rechts durch den **Mercado de Fería**, in dem sich gut ein Mittagshappen essen lässt. An der Rückseite stoßen Sie auf den Palacio Marqueses de la Algaba mit dem **Centro de Mudéjar**. Der Eintritt ist frei, der Innenhof ein Paradebeispiel für diese maurisch geprägte Stilrichtung, die sich aber erst nach der Reconquista durch Einflüsse beider Kulturen entwickelte. Über 100 weitere Schaustücke sind im Palastgebäude zu entdecken *(Plaza Calderón de la Barca, Mo – Fr 10 – 14 Uhr und 17 – 20 Uhr, Sa nur 10 – 14 Uhr)*.

Die schmale Calle Amargura führt zwischen Markt und Palast weiter nach Norden und mündet dann in die Calle Relator, der Sie nach rechts und gleich wieder links in die Calle Parras folgen. Am Ende gehen Sie erneut nach rechts und bei erster Gelegenheit nach links weiter und landen so an der Ringstraße Calle Resolana. Weiter nach rechts gelangen Sie zum Stadttor **Arco de la Macarena** mit einem großen Stück erhaltener maurischer Stadtmauer. Dahinter steht die **Basilica de la Macarena**, die Hauptkirche des Viertels. Sie ist der Virgen de la Macarena, der Schutzheiligen der Stierkämpfer, geweiht und wird von der angeschlossenen Laienbruderschaft alljährlich während der Semana Santa in einer feierlichen Prozession durch die Innenstadt getragen. Das kleine Museum nebenan zeigt weitere für die Karwoche wichtige Gegenstände *(Plaza de la Esperanza Macarena 1, Eintritt frei, Jun – Mitte Sep Mo – Sa 9 – 14 und 18 – 21 Uhr, So erst ab 9.30 Uhr, sonst 9 – 14 und 17 – 21 Uhr, www.hermandaddelamacarena.es)*.

Nördlich der Stadtmauer liegt das große Gebäude des **Antiguo Hospital de las Cinco Llagas**, heute Sitz des Regionalparlaments. Es kann nur nach Voranmeldung von Mitte September bis Anfang Juni an zwei Tagen pro Woche auf einer rund einstündigen spanischsprachigen Führung besichtigt werden *(Calle San Juan de Ribera, mehr unter www.parlamentodeandalucia.es)*.

Entlang der Calle Resolana wechseln Sie dann über die Puente de la Barqueta die Flussseite zur **Isla de la Cartuja**. Das Gelände wurde für die Expo 1992 entwickelt und großflächig gestaltet. Danach übernahm der Freizeitpark **Isla Mágica** einen Großteil der Fläche. Er besteht aus einem 60 Hektar großen, üppig bepflanzten Garten und einer 40 Hektar großen Wasserfläche. Thematisch ist er an die Entdeckung Amerikas angelehnt, in sechs Themenparks unterteilt und vor allem auf Familien ausgelegt. Es gibt täglich mehrere Shows und eine große Anzahl an spaßorientierten Fahrgeschäften sowie einen angeschlossenen Wasserpark im Sommer

(Pabellón de España, €€€€, Onlinetickets verfügbar, Jun – Mitte Sep ab 11 Uhr, sonst wechselnde Öffnungstage und -zeiten, www.islamagica.es). Südöstlich vom Park spazieren Sie zwischen den Jardines del Guadalquivir und dem ehemaligen Zukunftspavillon in südliche Richtung, bis Sie rechts auf den Camino de los Descubrimientos wechseln können. Rechts passieren Sie den ehemaligen marokkanischen Pavillon, in dem heute ein Zentrum für kulturellen Austausch eingerichtet ist. Besichtigungen sind meist nur als Gruppenführungen möglich (mehr unter www.tresculturas.org). Danach schließt sich im ehemaligen Kloster Santa María de las Cuevas das **Centro Andaluz de Arte Contemporáneo** an. Es zeigt zeitgenössische Kunst des 20. und 21. Jahrhunderts, zum Beispiel von Miró, in einer festen und verschiedenen wechselnden Ausstellungen *(Calle Américo Vespucio 2, €, Di – Sa 11 – 21 Uhr, So und während den spanischen Ferien 10 – 15.30 Uhr, www.caac.es).* Über die Brücke Pasarela de la Cartuja gelangen Sie dann zurück zur Ostseite des Kanals und über die Promenade zu Ihrem Ausgangspunkt.

Gastrotipps Tour 4: Créeme Helado (Eis), Plaza Museo 2, **Casaplata****, Calle Amor de Dios 7, **El Gallinero De Sandra****, Pasaje Esperanza Elena Caro 2, **Al Aljibe****, Plaza Alameda de Hercules 76, **Alcázar Tapas****, Calle Peris Mencheta 22, **La Cantina***, Mercado Calle Fería, **Arte y Solera Torneo****, Avenida Concejal Alberto Jimenez, **Paradas 7*** Calle del Marques de Paradas 7

Sevilla – Tourist-Info: *Plaza del Triunfo 1, Paseo Marquéz de Contadero |* ***Festkalender – Semana Santa****: Karwoche mit Dutzenden Prozessionen im gesamten Zentrum,* ***Fería de Abril****: 2 Wochen nach Ostern, Feríagelände in Los Remedios nahe Stellplatz 032, die ganze Stadt feiert in traditionellen Gewändern,* ***Bienal de Flamenco****: in geraden Jahren im September, Flamencofestival auf vielen Bühnen der Stadt,* ***Virgen de los Reyos****: 15. August, großes religiöses Fest der Stadtpatronin*

Semana Santa

Genau eine Woche vor Ostern, am Palmsonntag, beginnt die Karwoche, die in Spanien „Semana Santa“ genannt wird. Besonders inbrünstig wird sie bis heute in Andalusien gefeiert. Dabei ziehen Laienbrüder auf festgelegten Routen und nach seit Jahrhunderten bestehenden Regeln durch die Straßen der Städte. Allein in Sevilla gibt es alljährlich rund 60 solcher Umzüge. Der von allen bestrittene Hauptweg durch das Zentrum ist stets gleich. Hunderte Büßer, genannt „Nazarenos“, streifen dafür Kutten in den Farben ihrer Hermandad (Bruderschaft) über und machen sich, teils barfuß und mit großen Kerzen in den Händen, auf den Weg. Charakteristisch sind ihre nur mit Augenschlitzen versehenen, spitzen Kopfhauben. Dieser Brauch geht auf das 14. Jahrhundert zurück, als die Kirche Selbstgeißelungen als Buße verbot. Wer es doch tun wollte, musste sein Gesicht verbergen. Zwar sind die Geißelungen inzwischen komplett abgeschafft, die Kostüme sind jedoch geblieben. Meist an den Nachmittagen verlassen die Prozessionszüge ihre Stadtteilkirchen. Hin-

ter einem Kreuzträger folgen in Zweierreihen viele Dutzend Büßer. Dahinter wird eine Bühne, genannt „Paso", mit einer das ganze Jahr über in den Kirchen verehrten, meist mehrere hunderte Kilo schweren Figurengruppe getragen. Diese zeigt oft Szenen des Kreuzwegs, bildet Christus oder Maria ab. Im Inneren der Konstruktion leisten Träger dabei Schwerstarbeit. Um das Gewicht im Gleichschritt stemmen zu können, üben sie oft schon Monate vor der Karwoche dafür. Alle paar Meter muss die Bühne abgesetzt werden und die Träger werden auf der oft viele Kilometer umfassenden Strecke mehrmals gewechselt. Der „Capataz" (Gruppenführer) weist den blind im Dunkeln Agierenden dabei den Weg, sein Signal gibt auch das Anheben und Absenken des Pasos an. Danach folgt ein zweiter Zug mit Büßern, den „Penitentes". Oft werden nun Kreuze oder andere Insignien mitgeführt. Eine weitere Figur folgt in vielen Fällen am Ende.

Während bei einigen als Schweigeprozessionen durchgeführten Zügen absolute Stille herrscht, werden andere von Marsch- und Blaskapellen, Trommlerzügen oder anderen Musikern begleitet. An markanten Punkten sowie ganz am Ende, beim Wiedereinzug in die Heimatkirche, verharrt der Zug und es ertönen oft durch Solistinnen vorgetragene Klagegesänge. In Sevilla stellt die Madrugada genannte Nacht von Gründonnerstag auf Karfreitag den Höhepunkt der Karwoche dar. Dabei ziehen etwa ab Mitternacht bis in den Morgen hinein die bekanntesten Bruderschaften durch die Straßen. Der Tradition nach dürfen auch die Zuschauer erst nach Sonnenaufgang wieder nach Hause gehen, um kein Unglück im kommenden Jahr zu erfahren.

An den Hauptpunkten der Routen sind in den großen Städten oft Tribünen aufgestellt. Diese sind Stammgästen vorbehalten und für Touristen kaum zugänglich. Doch auch abseits gibt es ausreichend Gelegenheit, am Straßenrand den Prozessionen beizuwohnen. In jedem Fall ein sehr eindringliches Erlebnis! Die erst wenige Wochen vor Ostern festgelegten zeitlichen Abläufe und Wege können Sie in den Touristeninformationen erfragen. Auch eigene Internetseiten wie zum Beispiel www.semana-santa.org klären darüber auf. Im Fall von Sevilla gibt es sogar eine eigene App: „Paso a Paso" zeigt Gruppen, Wege und viele andere Informationen an, den Zügen kann man online sogar in Echtzeit folgen. Neben all dem Pathos und der Ernsthaftigkeit geht es rund um die Züge heutzutage auch recht locker zu. Zwar werfen sich zumindest viele Einheimischen noch immer in Schale, wenn sie zu den Prozessionen gehen. Ein paar Gläschen in fröhlicher Runde gehören aber ebenso dazu wie Kinder, die aus dem von den Kerzen tropfenden Wachs große Kugeln formen und sich von manchen Büßern mit Süßigkeiten beschenken lassen.

Itálica

Gut 10 Kilometer nördlich von Sevilla liegt der kleine Ort **Santiponce**. Er ist für die Ausgrabungen von Itálica, der ersten und bedeutendsten Römerstadt auf spanischem Boden, bekannt. Sie entstand gleich, nachdem Publius Cornelius Scipio der Ältere 206 v. Chr. die Karthager bei Alcalá del Río geschlagen und daraufhin den Bau der Siedlung Itálica als römischen Vorposten auf der iberischen Halbinsel befohlen hatte. Die Stadt wuchs und gedieh zu beeindruckenden Ausmaßen und verfügte über alle Annehmlichkeiten der damaligen Zeit, wie Thermen, Amphi- und klassisches Theater. Den Höhepunkt seiner Bedeutung erlangte Itálica zwischen dem 1. und 2. Jahrhundert, als es mit Traian und Hadrian sogar zwei römische Kaiser stellte. Mit dem Untergang des Römischen Reiches schwand auch die Bedeutung der Stadt und sie geriet irgendwann in Vergessenheit. Viel Baumaterial wurde im 17. Jahrhundert nach einer zerstörerischen Flut abgetragen, um das benachbarte Santiponce zu erneuern. Die Fundamente blieben jedoch erhalten. Prunkstück der Ausgrabungen ist zweifellos das gut erhaltene Amphitheater, das zu den größten seiner Zeit gehörte und sich in seinen Ausmaßen gleich hinter dem Colosseum in Rom einreiht. Noch heute können Sie durch die Katakomben gehen, die einst Tierkäfige und Gladiatorenzellen enthielten. Dahinter steigt eine Straße zu den Wohnquartieren der Neustadt an. Einige Bodenmosaike sind erstaunlich gut erhalten. Weiter westlich lagen die Thermenanlagen, die erst zu einem kleinen Teil freigelegt wurden. Viele andere Bereiche Itálicas, so auch der älteste Teil, der unter dem heutigen Santiponce liegen soll, wurden bislang nicht ausgegraben. Allerdings konnte auf einem ungenutzten Grundstück mitten im Ort das Teatro Romano freigelegt und gesichert werden, das sich nun ein ganzes Stück außerhalb des eigentlichen archäologischen Geländes befindet. Auch die „Termas Menores“ befinden sich dadurch mitten im Ort zwischen Wohngebäuden in der Calle Trajano. Am Parkplatz neben dem Theater ist es möglich, mit dem Wohnmobil über Nacht zu bleiben, der Parkplatz der Ausgrabungen befindet sich etwas weiter nördlich bei [N 37°26’43” W 6°02’39”].

Römisches Theater von Itálica

(036) WOMO-Stellplatz: Santiponce

GPS: N 37°26'31" W 6°02'18", Calle la Fería. **Max. WOMOs**: 6-8.
Ausstattung: Mülleimer, teils Sat-Empfang.
Beschreibung: Relativ lauter Parkplatz neben den Ausgrabungen des römischen Amphitheaters, teils schattig, eben, teils Erdboden, teils Asphalt, Campingverhalten untersagt, Zentrum ca. 500 m entfernt.

Zufahrt: Von der A66 kommend, die Ausfahrt Santiponce nehmen, dann links halten. Am Kreisverkehr rechts ab Richtung N-630/ La Algaba und am zweiten Kreisverkehr links abfahren. Der Parkplatz befindet sich hier gleich linker Hand.

***Santiponce – Tourist-Info**: Calle la Fería | **Wochenmarkt**: Mi, Calle Àlvarez de Toledo | **Conjunto Arqueológico de Itálica**: Av. Extremadura, EU-Bürger frei, sonst €, Apr – Jun Di – Sa 9 – 21 Uhr, So 9 – 15 Uhr, Jul – Mitte Sep Di – So 9 – 15 Uhr, sonst Di – Sa 9 – 18 Uhr, So 9 – 15 Uhr, www.museosdeandalucia.es*

Für den Anschluss an Tour 3 fahren Sie auf der A66 weiter nach Norden. An der Ausfahrt „Las Pajanosas" bietet die Repsol-Autobahnraststätte eine V/E-Station, daneben sind ein paar Übernachtungsplätze für Wohnmobile reserviert, als schneller Zwischenstopp durchaus eine Möglichkeit [**037:** N 37°34'17" W 6°06'34"]. Etwas ruhiger stehen Sie am Stellplatz des benachbarten Ortes.

(038) Offizieller WOMO-Stellplatz: Las Pajanosas

GPS: N 37°34'35" W 6°06'20", Plaza de la Fería. **Max. WOMOs**: 12.
Ausstattung: Ver-/ Entsorgung (nicht frei zugänglich, gegen Gebühr), Strom (gegen Gebühr), Mülleimer, WLAN, teils Sat-Empfang.
Beschreibung: Ziemlich ruhiger, kommunaler Stellplatz mit Zugangsschranke, teils schattige Stellplätze in einer offenen Hallenkonstruktion, eben, klappstuhlgeeignet, neben dem Festgelände, Supermarkt und Gastronomie schräg gegenüber.
Preis: €.

Zufahrt: Von der A66 kommend, die Ausfahrt Las Pajanosas nehmen und am Ortseingangskreisel links Richtung Guilena halten, dann aber weiter geradeaus. Die Einfahrt zum Platz befindet sich nach rund 300 m links (klein markiert).

TOUR 3
Band 23: Mit dem Wohnmobil nach Portugal
10 km
N
EXTREMADURA
P. N. de la Sierra de Aracena y Picos de Aroche
P. N. de la Sierra Norte
Navahermosa
Cortegana
Jabugo
Almonaster la Real
Cerro del Castaño
Fuenteheridos
Aracena
Cortecon-cepción
Valdezufre
Higuerra d. l. S.
Zufre
Valdeflores
El Cam-pillo
Zalamea la Real
Minas de Riotinto
Nerva
Río Tinto
Riotinto
El Castillo d.l.G.
Arroyo de la Plata
Berrocal
Valverde d. C.
Puebla de Guzmán
San Bartolomé
Gibraléon
Trigueros
La Palma d. C.
Niebla
San Juan d. P.
Cartaya
Lepe
Ayamonte
Riv. de Chanza
Aználcollar
Las Pajanosas
Santaponce
Alcalá del Río
La Rinconada
La Algaba
Sevilla
Tour 3
665 m
784 m
600 m
596 m
425 m
A 66
A 49
N630
N433
N435
N444
N445
N431
WC

Tour 3: Von der Sierra Aracena zum Atlantik (ca. 310 km)

Sierra Aracena – Aracena – Cortegana
Minas de Ríotinto – Niebla – Ayamonte

Stellplätze: El Castillo de las Guardas, Higuera de la Sierra, Mariamateo, Corteconcepción, Aracena, Navahermosa, Almonaster del Real, Mirador Odiel, Minas de Ríotinto (2x), Valverde del Camino, Embalse del Corumbel Bajo, Niebla, Gibraleón, Cartaya, Ayamonte

Campingplätze: Fuenteheridos, Cortegana

Besichtigen: Aracena und die Gruta de las Maravillas, Fuenteheridos und die Gärten der Villa Onuba, Burg von Cortegana, Museo Minero und Zugfahrt bei Minas de Ríotinto, Niebla, Dolmengrab del Soto, Ayamonte

Wandern: Sierra Aracena, bei Corteconcepción, Sendero Cerro del Castaño, bei Cortegana,

Quer durch den nördlichen Teil der Provinz winden sich die Hügel der Sierra de Aracena. Die dünn besiedelte Region ist selbst unter Spaniern eher unbekannt. Nichtsdestotrotz bietet sie ideale Bedingungen für Wanderer, Feinschmecker und Entdecker. Als Highlights erwarten Sie die großartige „Höhle der Wunder“ und die Mondlandschaft der ehemaligen Bergbauregion am sprichwörtlich roten Fluss, dem Río Tinto, bevor Sie nahe Ayamonte an der Grenze zu Portugal den Atlantik erreichen.

Sierra de Aracena

Bis auf rund 1000 Meter Höhe steigen die bewaldeten Gipfel der Sierra de Aracena an, zwischen denen sich kleine Dörfer und Weiler in die Täler ducken. Es wachsen Mandeln, Feigen und Oliven. Die für diese Region typischen halbwilden schwarzen Schweine leben auf großräumigen Weiden voller Eichen und Kastanienbäumen ein glückliches Leben – bevor sie zum wichtigen Wirtschaftsgut „Jamón Iberico“ verarbeitet werden. Ebenso bedeutsam für die lokale Wirtschaft waren und sind bis heute die vielen Korkeichen. Seit allerdings Schraubverschlüsse selbst bei edlen Weinen auf dem Vormarsch sind, stagniert die Nachfrage etwas… Einen ersten Halt können Sie im Dorf El Castillo einlegen.

(039) Offizieller WOMO-Stellplatz: El Castillo d.l. Guardas
GPS: N 37°41’41” W 6°18’47”, Calle F.G. Lorca,
V/E bei N 37°41’48” W 6°18’48”, Calle A. **Max. WOMOs**: 3.
Ausstattung: Ver-/Entsorgung, Strom, Mülleimer, teils Sat-Empfang, Grillstelle.

Beschreibung: Ruhiger Platz neben einer Anwohnerstraße mit Aussicht, ziemlich steile Anfahrt, dadurch etwas schwierig zu befahren für große Womos, Gaststätten ca. 150 m entfernt, Freibad nach ca. 400 m. V/E Station extra rund 200 m entfernt.
Zufahrt: Von der N433 beschildert zunächst links auf die A476 wechseln, dort dann nach El Castillo de las Guardas abfahren und an der ersten Kreuzung im Ort scharf links abbiegen. Der Stellplatz-Beschilderung folgen. Nach rechts geht es durch eine recht schmale Anwohnerstraße zum Stellplatz, nach dem Fußballfeld links zur V/E-Station.

Kleine Schinkenkunde

Während auch Frankreich und Italien hervorragende Rohschinken aus Regionen wie Parma, San Daniele oder Bayonne produzieren, gilt der aus Spanien stammende Jamón Ibérico international als der hochwertigste. Dabei wird zwischen verschiedenen Qualitätsstufen unterschieden. Der in Mitteleuropa meist in den Handel kommende „Jamón Serrano" bildet die einfachste Kategorie.
Er stammt von gewöhnlichen Hausschweinen. Der „Jamón Ibérico" dagegen muss vom iberischen Schwein oder von Kreuzungen, die mindestens 75% dieser Rasse beinhalten, hervorgebracht werden. Vor allem in der Sierra Aracena werden Sie auf diese charakteristisch schwarzen Schweine treffen, die oft weitgehend frei auf großen Koppeln leben und schon vor langer Zeit aus Kreuzungen von Wild- und Hausschweinrassen entstanden. Neben der Pedroche-Region in der Provinz Córdoba, Teilen der Extremadura, einigen Gemeinden um Salamanca und hinter der nahen, portugiesischen Grenze ist die Sierra Aracena das wichtigste Zuchtgebiet der Iberischen Halbinsel.
Nach der Schlachtung wird die Keule mit dem Eisbein (auch Haxe, österreichisch Stelze und schweizerisch Wädli genannt) samt Klaue zugeschnitten. Diese bleibt als Qualitätsmerkmal am Schinken, denn die meisten schwarzen Schweine haben auch schwarze Klauen, was früher als Herkunftsnachweis diente. Nach einer ersten kurzen Trocknungszeit wird der Schinken mehrfach gesalzen und über Monate in kühlen, gut durchlüfteten Trocknungslagern aufgehängt. Durch die Lage des Reifungsorts (z.B. Jabugo auf Tour 3 oder Trevelez auf Tour 12) und die Trocknungsdauer (meist zwischen 12 und 38 Monaten) wird schließlich die Güteklasse bestimmt.

Unterschieden wird außerdem mit aufsteigender Qualität (und Preisklasse) nach:

- **Jamón Ibérico de Cebo**: zu mindestens 75% iberische Schweine, die mit Getreide gemästet wurden.
- **Jamón Ibérico Cebo de Campo**: zu mindestens 75% iberische Schweine, die während mindestens 30% ihrer Mastzeit mit Eicheln gefüttert wurden und nur am Ende Getreide erhielten.
- **Jamón Ibérico de Bellota**: zu mindestens 75% iberische Schweine, die mindestens 40% ihres Gewichtes freilaufend durch Eichelfutter erreicht haben.

In kleineren, lokalen Läden stoßen Sie außerdem noch auf die Bezeichnung Jamón de Pata Negra. Diese bezieht sich als Synonym für den Jamón Ibérico auf die schwarzen Klauen, stellt aber kein Qualitätsmerkmal dar und ist heute zunehmend unüblich.

In **Higuera de la Sierra** befindet sich linker Hand eine große Parkfläche unterhalb des Hauptstraßenniveaus vor dem Freibad. Eine Übernachtung ist dort möglich, [**040:** N 37°50'10" W 6°27'05", Calle A. Montano]. Noch ein Stück weiter sind Sie bereits mitten in den dichten Wäldern angelangt, die stark gefährdeten Pardelluchsen und dem iberischen Kaiseradler einen Rückzugsort gewähren. An der Abzweigung nach Corteconcepción bietet sich ein schöner, weitläufiger Picknickplatz für eine kürzere oder auch längere Pause an. Noch abgelegener ist der an zweiter Stelle genannte kleinere Platz an einer schmalen Straße mit tollem Blick auf den dahinter gelegenen Stausee Embalse de Aracena. Besonders gut ist die Aussicht, wenn Sie den Wanderweg bis zum schon sichtbaren Kreuz nach oben nehmen. Neben einem Marienschrein wurde auch an eine Rastbank gedacht. Die anderen Karren- und Wanderwege waren zuletzt noch nicht gekennzeichnet. Dies ist aber, wie überall in der Gegend, in Arbeit. Mehr Informationen zu dem stetig größer werdenden Wegenetz und sogar eine deutschsprachige Broschüre mit rund 60 Wanderungen erhalten Sie in der täglich geöffneten Touristeninformation in Aracena.

(041) WOMO-Picknickplatz: Area Recreativa Marimateo

GPS: N 37°52'53" W 6°31'15", HV 3105. **Max. WOMOs**: 4-5.

Ausstattung: Mülleimer, Sat-Empfang, Picknickbänke, Spielplatz.

Beschreibung: Großer, schöner öffentlicher Picknickplatz beidseits der Straße vor einem stillgelegten Campingareal, nachts ruhig, teils schattig, auf Schotter-Erdboden, teils leicht abschüssig, klappstuhlgeeignet, verschiedene Wanderwege vorhanden, ca. 2,5 km bis in den nächsten Ort (Corteconcepción).

Zufahrt: Von der N433 rechts Richtung Corteconcepción abbiegen, dann rund 400 m rechter Hand.

(042) WOMO-Picknickplatz: Corteconcepción (Área Recreativa La Crucecita)

GPS: N 37°54'03" W 6°30'22", HV 3124. **Max. WOMOs**: 2-3.
Ausstattung: Wasser, Mülleimer, Picknickbänke, Spielplatz.
Beschreibung: Kleiner, öffentlicher Picknickplatz an einer schmalen Straße nahe Corteconcepción, einsam, schattig, auf Schotter-Erdboden, teils schräg, klappstuhlgeeignet, Wanderwege vorhanden, ca. 750 m bis ins Ortszentrum.
Zufahrt: Da die kürzere Zufahrt durch Corteconcepción teils sehr schmal ist und durch Fahrzeuge zugeparkt sein kann, nehmen Sie von der N433 rechts die Abfahrt Richtung Corteconcepción, biegen dann aber nicht links in den Ort ab, sondern nehmen die dritte Straße danach, unbeschildert, links ab. Sie ist schmal, aber gut befahrbar. Der Platz folgt nach rund 1,2 km rechtsseitig.

Gastrotipps Higuera de la Sierra: Jacaranda**, Plaza Constitución | **Corteconcepción: Javier****, Avenida Juan Ramon Jimenez 28

Aracena

Nächster Halt ist der namensgebende Hauptort des Naturparks. Sowohl der Parkplatz für den Besuch der Gruta de las Maravillas, der „Höhle der Wunder“, als auch die als Wohnmobilstellplatz seit Langem geduldete Stellfläche am Festgelände befinden sich direkt benachbart, nur wenige hundert Meter südlich der Ortsmitte. Schon die Mauren konnten der im Vergleich zu den heißen Küsten wohl temperierten Berglandschaft etwas abgewinnen und bauten eine Burg samt Moschee auf den Hügel, um den sich Aracena verteilt. Später folgte eine kurze Zeit unter portugiesischer Hoheit, bevor Alfons X. alles an den später verbotenen Templerorden übergab. Die kleine Kirche im **Castillo** stammt noch aus dieser Zeit.

Unterwegs in Aracena

Folgen Sie der Beschilderung zur „Gruta“, gelangen Sie zunächst auf den Stadtplatz. Am südlichen Ende befindet sich eine noch immer funktionstüchtige öffentliche Wäscherei, wie sie früher in vielen spanischen Orten gängig war. Auf der Plaza San Pedro gleich dahinter wurden verschiedene Skulpturen spanischer Künstler installiert, allesamt neueren Ursprungs. Jede steht für ein konkretes Ereignis. Gemeinsam wurden sie vom Initiator, dem Bildhauer Pepe Roja, als Freiluft-Kunstmuseum konzipiert. Dazwischen startet an besser besuchten Tagen des Jahres eine kleine Bummelbahn zur Sightseeing-Rundfahrt. Links, der Calle San Pedro entlang, reihen sich Bars, Gasthäuser und Feinkostgeschäfte, die Wurstwaren und andere hochwertige lokale Erzeugnisse zum Kauf und zur Verkostung anbieten. Nach gut 200 Metern können Sie links zum **Museo del Jamón** gelangen, das viele Informationen rund um den rohen spanischen Schinken liefert *(Gran Via, €, 11 – 14.30 Uhr und 16 – 19.30 Uhr)*.

In Aracena

Wenn Sie sich am Hauptplatz dagegen rechts halten, steigen Sie auf einer von einem Wasserlauf durchzogenen kleinen Fußgängerzone bis zum Eingang der **Gruta de las Maravillas** auf, gleich gegenüber befindet sich die bereits erwähnte **Touristeninformation.**

Die tief im Burgberg verborgene Höhle gehört zweifellos zu den schönsten Tropfsteinhöhlen Europas. Sie ist mehr als zwei Kilometer lang, rund die Hälfte davon ist öffentlich zugänglich. Große Säle wechseln sich mit engen Passagen ab, kristallklare Seen und bizarr geformte Stalagmiten und Stalaktiten bilden eine märchenhafte unterirdische Welt. Eine besondere Stelle der Führung ist der Salón de los Desnudos (Saal der Nackten) – die bauchig, organisch wirkenden Steingebilde schimmern nicht nur in einem hautfarbenen, hellrosa Teint, sondern erinnern noch dazu verdächtig an männliche Geschlechtsteile – das mehrfach angeführte Fotoverbot in der Höhle wird spätestens jetzt von vielen Besuchern verschämt lächelnd übergangen. Vor allem in der Hauptsaison sollten Sie sich möglichst schon im Vorfeld online um Tickets bemühen, denn die reglementierten Tageskontingente können dann schnell ausgeschöpft sein *(Calle Pozo de la Nieve, €€, 10 – 13.30 Uhr und 15 – 18 Uhr nur mit Führung, für alle Sehenswürdigkeiten Aracenas Online- und Kombitickets verfügbar, www.aracena.es).*

Folgen Sie der Straße nach dem Höhleneingang noch weiter und halten sich rechts in der Valle Cruces, erreichen Sie die Plaza Alta. In einem alten Steingebäude am Platz ist eine Informationsstelle des Naturparks samt Ausstellungsbereich untergebracht *(Plaza Alta 15, Feb – Apr und Okt/Nov Mi – So, Jun/Sep/Dez Do – So, Jan/Jul/Aug Fr – So, jeweils 10 – 14 Uhr und 16 – 18 Uhr).*

Festung von Aracena

(043) WOMO-Stellplatz: Aracena

GPS: N 37°53'20" W 6°34'13", Recinto Ferial. **Max. WOMOs**: 10 bis 12.
Ausstattung: Keine Einrichtungen, Sat-Empfang.
Beschreibung: Nacht ruhig, tagsüber zeitweise belebt, große Erd-Schotterfläche, kein Schatten, eben, Campingverhalten untersagt, Freibad und Restaurant benachbart, kleiner Supermarkt und Spielplatz nur 100 m entfernt, bis ins Ortszentrum 350, bis zur Tropfsteinhöhle 500 m.
Zufahrt: Von der N433 am Ortseingangskreisel von Aracena die dritte Ausfahrt nehmen und dann immer dem Straßenverlauf folgen. Kurz, nachdem die weiterführende Hauptstraße, auf der Sie bleiben, nach links unten abknickt, fahren Sie am ersten Kreisverkehr links und am zweiten rechts ab (Alcalde F.R.d. Bosque) und erreichen so den Platz nach rund 400 m linker Hand.
Hinweis: Sollte der Platz wegen Festivitäten oder Bauarbeiten gesperrt sein, können Sie auch die genau gegenüberliegende Parkfläche nutzen. Eine weitere Parkalternative befindet sich an der Zufahrtsstraße linksseitig bei [N 37°53'16" W 6°33'52"].

***Aracena – Tourist-Info**: Calle Pozo de la Nieve, www.aracena.es, **Wochenmarkt**: Sa, Recinta Ferial | **Castillo Aracena**: Cerro del Castillo, €, 11.45 – 13.45 Uhr und 16 – 17.45 Uhr*

Gastrotipps Aracena: Jose Vicente**, Avenida Andalucia 53, **Rabida**** Calle Chopos 3, **Meson El Postigo**`* Calle Duende 5, **Essentia****, Calle de Jose Nogales 17, **Artesanos Juantxo****, Pozo de la Nieve 14

Hinter Aracena kommen Sie bei **Fuenteheridos** zu einem versteckten Campingplatz. Auch ein Picknickgelände nahe der Hauptroute lädt zu einer Rast ein. Der kleine Ort ist nicht uninteressant. Zentrum ist die Plaza del Coso mit einer auffallend gefassten Quelle, Parkplätze gibt es bei [N 37°54'18" W 6°39'37", Calle Puente] – die steile Rampe hinab ist aber eher für kleinere Kastenwägen als ausladende Sieben-Meter-Mobile geeignet. Am Nordende von Fuenteheridos führt der rund einen Kilometer lange Camino de Navahermosa zur **Villa Onuba**. Die heute als Hotel geführte Anlage gehörte einst dem deutschen Eisenbahningenieur Wilhelm Sundheim. Im Garten legten er und sein Nachbesitzer Karl Dötsch einen tropisch anmutenden Garten samt Arboteum an, den Sie auch als Tagesbesucher in Augenschein nehmen können.

Mit **Jabugo** passieren Sie schließlich den Hauptort der Schinkenproduktion. Sonderlich spannend ist die Ortschaft selbst ansonsten nicht. Erwartungsgemäß können Sie aber an verschiedenen Stellen Schinken, auch gleich als komplette Haxe, erstehen. Einen Parkplatz finden Sie nördlich des Zentrums in der Avenida Infanta María Louisa bei [N 37°55'11" W 6°43'35"].

(044) WOMO-Campingplatz: Fuenteheridos (Camping Madroñal)

GPS: N 37°54'12" W 6°40'19", HU-8114.
Internet/Tel.: www.campingelmadronal.com, +34 959 501 201.

Öffnungszeiten: Ca. Mai bis September nur Fr bis So und an Feiertagen. Wochentags campen nur nach vorheriger telefonischer Anfrage möglich.
Ausstattung: WLAN, Grillstelle, Picknickplätze, Spülbecken, Pool, Waschmaschine, Gasthaus.
Beschreibung: Einfacher Platz mit rund 50 Stellplätzen in fünf Bereichen, schattig unter großen Kastanienbäumen, etwas wild und in die Jahre gekommen, teils unebener Untergrund, niedrig hängende Äste, Wanderwege ringsum, knapp 1000 m bis in den Ort.
Preis: €€
Zufahrt: Von der N433 links auf die HU8114 in Richtung Fuenteheridos abzweigen, am Kreisverkehr die zweite Ausfahrt nehmen. Nach rund 1,3 km rechter Hand.
Hinweis: Durch die tiefhängenden Äste ist die Zufahrt für große Wohnmobile äußerst schwierig. Nur für deutlich unter 3 m hohe Fahrzeuge empfehlenswert.

(045) WOMO-Picknickplatz: Navahermosa (Área Recreativa El Talenque)

GPS: N 37°55'49" W 6°40'34", HV 3113. **Max. WOMOs**: 8 bis 10.
Ausstattung: Wasser, Mülleimer, Sat-Empfang, Picknickbänke.
Beschreibung: Ruhig gelegener Parkplatz mit Erdboden neben einem Picknickplatz, kaum Schatten, fast eben, klappstuhlgeeignet, Wanderwege vorhanden, ca. 450 m bis ins nächste Dorf.
Zufahrt: Von der N433 rechts Richtung Valdelarco abzweigen, später aber rechts halten und so immer geradeaus bis zum Platz auf der linken Seite nach rund 1,8 km fahren.

***Fuenteheridos** – **Villa Onuba Jardin Botánicos** Mai – Aug 10.30 – 13.30 und 17.30 – 19.30 Uhr, sonst 10. 30 – 13 Uhr und 16 – 18 Uhr | **Festkalender Fuenteheridos**: **Quema de Judas**, Karsamstag. Auf der Era de la Carrera werden große Judaspuppen verbrannt. | **Jabugo** – **Wochenmarkt**: Sa, Barriada San Miguel*

Gastrotipps Fuenteheridos: Biarritz**, Calle Virgen de la Fuente 24 | **Jabugo: Bodega Cinco Jotas****, Calle Huelva

Sendero Cerro del Castaño (6 km, ca. 100 Hm)

Der Rundweg beginnt und endet in dem kleinen Dorf Castaño del Robledo, welches Sie südlich von Jabugo rechts ab beschildert erreichen. Parkmöglichkeiten finden Sie am besten entlang der ersten 150 Meter neben der Dorfstraße, rechts ab bei [N 37°53'38" W 6°42'29"]. Sie wandern durch Kastanien- und Pinienhaine, über Wiesen mit Schafen, Rindern und schwarzen Schweinen, vorbei an Wasserläufen und über Hohlwege.

Zum Einstieg in die Wanderung folgen Sie der schmaler werdenden Straße bis zum Dorfplatz und gehen dort rechts. Am Ende der Gasse biegen Sie links ab und dann sofort wieder nach rechts. Vorbei an der Kirche und rechts neben der Bar den Hügel hinauf, beginnt der eigentliche Wanderweg rechts an der Kreuzung mit dem Sackgassenschild zwischen den Häusern (beschildert). Schattig und dunkel, flankiert von

Steinmauern verlassen Sie das Dorf zwischen Obstgärten und Schweinekoppeln. Beim Blick zurück auf Castaño del Robledo sticht die große, nie fertig gestellte Iglesia lacabada heraus. Zwischen Kastanienbäumen öffnet sich der Weg dann, weiter oberhalb sind Eichenwälder erkennbar. Langsam umrunden Sie den Hügel zu Ihrer Linken, bis Sie am südlichsten Punkt, dort, wo ein Weg von rechts ankommt, die Richtung wechseln und nach links in nördliche Richtung weitergehen. Nach einem leichten Abstieg gelangen Sie zur El-Nogal-Quelle. Meist sind hier viele Vögel zu sehen und oft ist das charakteristische Klopfen eines Spechtes auszumachen. Nach einer kurzen Rast führt der Weg Sie nach weiteren 1,5 Kilometern zu einer Asphaltstraße, der Sie nun für 300 Meter nach links folgen müssen. Dann können Sie links wieder zu einem Weg abzweigen, der zu Beginn über Stufen an bekannter Stelle zurück in das Dorf führt.

Cortegana

Auf einem kurzen Abstecher erreichen Sie ein Stück westwärts das 5000-Einwohner-Städtchen Cortagana. Neben Aracena ist es die zweitbeste Möglichkeit, zu Wanderungen in die umliegende Natur zu starten, darüber informiert die Touristeninformation am Weg zum Castillo. Es stammt aus dem 13. Jahrhundert, ist recht gut erhalten und Heimat einer Burgenausstellung. Ein Campingplatz mit recht zivilen Preisen befindet sich ein paar hundert Meter außerhalb des Zentrums.

(046) WOMO-Campingplatz: Cortegana (Camping Ribera del Chanza)

GPS: N 37°54'48" W 6°49'41", Avenida las Norias.
Internet/Tel.: www.campingdecortegana.es, +34 959 507 962.
Öffnungszeiten: Ganzjährig.
Ausstattung: Teils Sat-Empfang, Grillstelle, Spülbecken, öffentlicher Pool, Snackbar.
Beschreibung: Einfacher Platz mit und 50 Stellflächen auf Erd- und Grasboden, meist schattig, recht eben, Restaurant und Supermarkt 500 m, Ortszentrum rund 1,1 km entfernt.
Preis: €€
Zufahrt: Der N433 bis Cortegana folgen, dann im Ort in Richtung „Farmacia Optica" links abbiegen und immer geradeaus bis zum Platz am Ende der Straße fahren.

Sierra Aracena am Fluss Odiel

Weiter südöstlich, im kleinen **Almonaster la Real** verstecken sich bauliche Überreste aus römischer und maurischer Zeit, außerdem gibt es eine verhältnismäßig große Anzahl an gastronomischen Betrieben. Eine größere Schotterparkfläche am Ortsende kann als Park- und Übernachtungsplatz dienen. Sie ist zwar nicht sonderlich schön, wird aber immer wieder von Wohnmobilen genutzt [**047:** N 37°52'12" W 6°46'57", HU8105]. Einen weiteren, völlig einsam gelegenen Übernachtungsplatz gibt es dann noch 25 Kilometer weiter südlich, nahe dem Fluss Odiel an der Hauptstraße.

***Cortegana** – **Tourist-Info**: Castillo de Cortegana, **Wochenmarkt**: Fr, Avenida Alcalde Pedro Maestre, **Castillo Cortegana**: €, Mitte Jun – Mitte Sep 11 – 14 Uhr und 17 – 19 Uhr, sonst 11 – 14 und 16 – 18 Uhr, www.castillodecortegana.com | **Festkalender**: Cortegana – Jornadas Medievales, großes Mittelalterfest im August | **Almonaster la Real** – Fiestas de la Cruz, ein Wochenende Ende April/Anfang Mai, tanz- und trachtenreiches Spektakel mit religiösem Hintergrund*

Gastrotipps Almonaster La Real: El Rincon de Curro**, Carretera Almonaster, **Isabel II****, Calle Pino 8

(048) WOMO-Picknickplatz: Mirador Odiel

GPS: N 37°43'32" W 6°41'44", N435.
Max. WOMOs: 3 bis 4.
Ausstattung: Keine Einrichtungen, Sat-Empfang.
Beschreibung: Nachts einsamer, unbeschilderter Picknickplatz, durch einen Hügel von der Straße getrennt, Schotter-Erd-Boden, kein Schatten, unebener Untergrund, tolle Sicht, klappstuhlgeeignet, ca. 8,5 km bis ins nächste Dorf (El Campillo).

Zufahrt: Linker Hand an der N435 bei den angegebenen Koordinaten, rund 600 m nach der Brücke über den Fluss Odiel.

Minas de Ríotinto

Minas de Ríotinto und das benachbarte Nerva sind zwei abgelegene Bergbauorte in den Weiten der nördlichen Region Huelva. Schon seit Römerzeiten wird in der Umgebung nach Kupfer gegraben. Ein regelrechter Boom setzte zwischen 1873 und 1954 ein, als die Río Tinto Mining Company den Abbau professionalisierte. Zwischen heute ungenutzten Stollenanlagen und Tagebaugruben, die aus der Natur eine surreal anmutende Marslandschaft geformt haben, fließt der rote Fluss Ríotinto in Richtung Ozean. Sein farbiges, meist hell- bis tiefrot schimmerndes Wasser ist aber nicht Folge von Umweltzerstörungen, sondern rührt von natürlichen Mineralienvorkommen im Erdreich her, die in dieser Zusammensetzung weltweit wohl einzigartig sind. Selbst die NASA kam schon für Forschun-

Rio Tinto und Museo Minero

gen vorbei, da es Bezüge zur Oberflächenbeschaffenheit auf dem Mars geben soll... Als Besucher haben Sie die Möglichkeit, sich ein umfassendes Bild zu machen, wenn Sie das örtliche Bergbau-Museum zusammen mit seinen verschiedenen Außenposten besuchen. Alles in allem ein beinahe tagesfüllender Ausflug!

Zunächst haben Sie aber im Vorort **El Campillo** an einer kleinen Lukoil-Tankstelle Gelegenheit zur Ver- und Entsorgung, [N 37°41'31" W 6°37'59"]. Falls Sie dann noch einen passenden Parkplatz benötigen, gibt es den bei [**049:** N 37°41'46" W 6°35'50", Av. G.G. Cardoso], eher zweckmäßig als schön.

Im besagten **Museo Minero de Ríotinto** können Sie nun im Baukastensystem verschiedene Programmpunkte buchen. Das Museum selbst zeigt Stücke aus der lokalen Bergbaugeschichte, darunter einen edel ausgestatteten Schmalspurwaggon Königin Victorias, der für Reisen durch Indien gedacht war. Sie selbst hat ihn jedoch nie genutzt. Daher wurde er schlussendlich an König Alfonso XIII. veräußert, der ihn am Ríotinto in Dienst stellte. Noch eindrucksvoller ist der Nachbau einer Bergbaugrube, wie sie zu römischen Zeiten üblich war. Sie können selbst durch die Gänge gehen, in denen damals Sklaven schuften mussten. Unweit vom Museum entfernt befindet sich das Casa 21. Es war das Wohnhaus der britischen Minenbesitzer, ist im Stil der viktorianischen Zeit erhalten und hebt sich deutlich vom übrigen Wohnstil Andalusiens ab. Es ist im Ticketpreis enthalten.

Baustein zwei ist eine geführte Besichtigung der in den 1970er Jahren stillgelegten Mine Peña de Hierro, zu der Sie und alle Interessierten zu festen Uhrzeiten im Konvoi mit eigenem Fahrzeug geleitet werden. Der Stollen selbst ist nicht so sehenswert, dafür aber die Quelle des Ríotinto ganz am Ende. Dritter Baustein der Tour ist eine Ausfahrt mit der Mineneisenbahn, deren Trasse einst unter größter Anstrengung durch die Hügel und Täler gesprengt wurde und meist parallel zum Fluss verläuft. Auf diesem Weg haben sie einen guten Blick auf Landschaft, stillgelegte Abbauhalden und natürlich den roten Fluss. Der Weg zum Parkplatz bei der Zughaltestelle wird ebenfalls im eigenen Fahrzeug bestritten, selbstständig oder ab der Mine gemeinsam mit den anderen Besuchern. Das Übernachten erfolgt dort auf einer ruhigen Schotterfläche bei [**050:** N 37°41'18" W 6°33'37", HV5015].

Peña Mine und Platz 050

Nachdem Sie den Ríotinto dann verlassen haben, kommen Sie noch an einem offiziellen Stellplatz vorbei.

Minas de Ríotinto* – *Wochenmarkt: *Di, Calle Posada* | ***Río Tinto Mining Museum und Park***: *[N 37°41'46" W 6°35'50", Plaza Ernst Lluch], €-€€€, vergünstigte Kombi- und Onlinetickets erhältlich, Museum Mitte Jul bis Mitte Sep 10.30 – 15 und 16 – 20 Uhr, sonst 10.30 – 15 Uhr und 16 – 19 Uhr, Zugfahrt Jul – Sep 13.30 Uhr, Mitte Jul – Mitte Sep auch 17.30 Uhr, sonst meist nur Sa/So 13.30 Uhr, mehr unter www.parquemineroderiotinto.es*

Gastrotipps Minas del Ríotinto: La Fabrica**, Calle Jose Nogales 11

(051) Offizieller WOMO-Stellplatz: Valverde del Camino

GPS: N 37°34'52" W 6°45'06", Carretera Zalamea. **Max. WOMOs**: 9.
Ausstattung: Ver-/ Entsorgung, Mülleimer, Sat-Empfang.
Beschreibung: Kommunaler Platz neben der Hauptstraße, nachts ruhig,

Ausblick vom Minenzug

ein wenig Schatten durch seitlich gepflanzte Bäume, eben, auf Asphalt, Campingverhalten untersagt, Gaststätte in 100 m Entfernung, Supermarkt nach 250 m, Ortszentrum 650 m.
Zufahrt: Von der N435 links in Richtung Valverde del Camino abbiegen. Der Platz folgt nach 800 m links.

Niebla

Etwas abseits der Hauptrouten liegt die Altstadt des 4000-Einwohnerstädtchens Niebla. Es wurde von den Römern gegründet und war später für einige Zeit Hauptstadt eines kleinen Königreichs. Eine Besonderheit ist die drei Kilometer lange, mit 46 Türmen gesicherte und bis heute vollständig erhaltene Stadtmauer. Sie stammt noch aus der Zeit der Almohaden und ist über 800 Jahre alt. Im Inneren der Wehranlagen gibt es zwar keine einmaligen Sehenswürdigkeiten zu bestaunen, doch Sie finden zwei hübsche, mit Orangenbäumen und Palmen gesäumte Plätze, interessante Kirchen und im Norden das **Castillo de Niebla**. Noch bis vor wenigen Jahren wurde es bewohnt, heute enthält es mehrere Themenräume und eine Ausstellung von Folterinstrumenten.

Parken und übernachten können Sie direkt vor der Stadtmauer. Einen noch ruhigeren Platz finden Sie schon einige Kilometer vor Niebla an einem Stausee.

(052) WOMO-Picknickplatz:
Merendero Municipal Embalse del Corumbel Bajo

GPS: N 37°26'02" W 6°33'35", N435. **Max. WOMOs**: 4-5.
Ausstattung: Mülleimer, Sat-Empfang, Picknickbänke, Grillstelle, Spielplatz.
Beschreibung: Tags belebter, nachts ruhiger Picknickplatz an einem Stausee, teils schattig, auf Schotter, ziemlich eben, Baden möglich, klappstuhlgeeignet, ca. 5 km bis ins nächste Dorf (La Palma del Condado).
Zufahrt: Bei Valverde auf die A493 in Richtung La Palma del Condado wechseln. Dort links nach Villaalba fahren und nach 500 m erneut links nach Berrocal abzweigen. Am Stausee knickt die Straße nach rechts ab, der Platz folgt dort nach knapp 500 m linker Hand.
Hinweis: Im Sommer gibt es zeitweise sehr viele Mücken.

(053) WOMO-Stellplatz: Niebla

GPS: N 37°21'34" W 6°41'00", Avenida Palos de la Frontera.
Max. WOMOs: 3 bis 4.

Ausstattung: Mülleimer, sonst keine Einrichtungen.
Beschreibung: Neben der Hauptstraße, dennoch nachts relativ ruhig, teils schattig, auf Beton, eben, Campingverhalten untersagt, direkt vor der Stadtmauer, Restaurant schräg gegenüber, 500 m bis ins Ortszentrum.
Zufahrt: Bei Valverde auf die A493 in Richtung La Palma del Condado wechseln. Dann rechts nach Niebla abbiegen und am Ende der Straße rechts abbiegen bis zum Stellplatz linkerseits nach gut 400 m.

***Niebla – Wochenmarkt**: Di und Fr, Plaza de la Fería, **Castillo de Niebla**: €, 10 – 15 Uhr, www.turismoniebla.com,*

Auf der Weiterfahrt lohnt sich ein Abstecher zum **Dolmengrab del Soto**. Es ist auf die Zeit zwischen 3000 und 2500 v. Chr. datiert, samt Einfassungsring rund 80 Meter groß und außergewöhnlich gut erhalten. In Andalusien ist es nur mit den Dolmen bei Antequera (Tour 7) vergleichbar. Der Besuch der unterirdischen Gänge ist etwas abenteuerlich, genau wie die holprige, schmale Anfahrt. Sie ist ab der A472 rechts ab angeschrieben. Für ausführlichere Informationen wurde ein Informationszentrum vor Ort errichtet.

***Dolmen del Soto**: [N 37°21'07" W 6°45'08"], Eintritt frei, Mitte Jun – Mitte Okt Mo – Fr 9 – 14 Uhr, Sa/So 10 – 14 Uhr, Do – So auch 18 – 21 Uhr, sonst vormittags gleich, Do – So 16 – 18 Uhr, www.dolmendesoto.org | **Gibraleón – Wochenmarkt**: Di, Avenida Santísimo Cristo de la Sangre*

Nicht sonderlich schön, aber aufgrund der guten Lage direkt an der N431 beziehungsweise an der Autobahn A49 erwähnenswert ist der offizielle Stellplatz von **Gibraleón**. Sonderlich viel geboten wird in dem Ort zwar nicht, es gibt jedoch einige Einkaufsmöglichkeiten.

(054) Offizieller WOMO-Stellplatz: Gibraleón

GPS: N 37°22'19" W 6°57'45", Calle Real Escuela Andaluza d.A.E..
Max. WOMOs: 12.
Ausstattung: Ver-/ Entsorgung. Mülleimer, Sat-Empfang.

Beschreibung: Nachts ruhiger, mit einem Metallzaun eingefasster, aber frei zugänglicher Stellplatz, kein Schatten, eben auf Asphalt, Campingverhalten untersagt, Bar und Supermarkt rund 300 m entfernt, gut 600 m ins Ortszentrum, Polizeistation benachbart.
Zufahrt: Von der A49 rechts nach Gibraléon abzweigen und an der

Kreuzung nach der Repsol-Tankstelle mit „unechtem Kreisverkehr" rechts fahren, um links abbiegen zu können. Immer geradeaus, bis Sie über eine kleine Flussbrücke fahren, direkt danach an der Polizeistation rechts über den Hof zum Stellplatz fahren.

Ayamonte

Bevor Sie schließlich südlich von Ayamonte den Atlantik erreichen, haben Sie Gelegenheit, zu einem hübschen Picknickplatz abzuzweigen.

(055) WOMO-Picknickplatz: Cartaya (Area Recreativa Las Palomas)

GPS: N 37°21'04" W 7°09'27", H9012.
Max. WOMOs: 5 bis 6.
Ausstattung: Picknickbänke, Mülleimer, Grillstellen.
Beschreibung: Schöner, unter der Woche ruhiger, am Wochenende sehr belebter Picknickplatz im Wald, beidseits der Straße, schattig, Erdboden, relativ eben, klappstuhlgeeignet, ca. 8 km bis nach Cartaya.
Zufahrt: Von der A49 rechts nach Cartaya abzweigen, dann rechts Richtung Tariquejo halten und nach ca. 1,5 km links die Abzweigung zur beschilderten „Area Recreativa" wählen.

Ein Stück weiter folgen Sie der Beschilderung in den gefälligen Fischerort am Fluss Guadiana, der die Grenze zu Portugal bildet und sich für eine Stippvisite anbietet. Falls Sie nur einen Tagesparkplatz benötigen, finden Sie einen solchen an der Calle Extremadura, [N 37°12'40" W 7°24'16"]. Der im Folgenden beschriebene offizielle Stellplatz liegt im abgesperrten Hafengelände gleich dahinter. Für einen Besuch des Ortszentrums umrunden Sie in beiden Fällen das Hafenbecken, kommen unterwegs an der **Touristeninformation** vorbei und erreichen linksseitig bald die palmengesäumte Plaza de la Coronación mit einer Fußgängerzone direkt im Anschluss. Bis Anfang der 1990er Jahre war die Fähre in Ayamonte die einzige Möglichkeit in der Umgebung, den Fluss zu überqueren und den Nachbarstaat zu erreichen. Entsprechend lebhaft und verkehrsreich ging es zu. Seit weiter nördlich die Autobahnbrücke fertiggestellt wurde, ist es deutlich ruhiger geworden, obwohl die Fährverbindung nach wie vor existiert. Vor allem portugiesische Ausflügler kommen noch

Hauptplatz von Ayamonte

Abendstimmung am Hafen

immer gerne zum Shoppen und Bummeln vorbei. Da alles recht überschaubar ist, werden Sie sich kaum verlaufen und früher oder später die Plaza de la Laguna mit Cafés und Restaurants erreichen. Rund 100 Meter westlich befindet sich das Flussufer, an dem Sie dann nach links zurück zum Hafen gelangen.

(056) Offizieller WOMO-Stellplatz: Ayamonte

GPS: N 37°12'37" W 7°24'24", Dársena Deportiva.
Internet: www.puertosdeandalucia.es. **Max. WOMOs**: 26.
Ausstattung: Ver-/ Entsorgung (nicht frei zugänglich, gegen Gebühr), Strom (gegen Gebühr), Toilette und Dusche im Hafengebäude (Zugang mit Chipkarte, über den Hafenmeister erhältlich), Mülleimer, Sat-Empfang, beleuchtet und videoüberwacht.

Beschreibung: Schön gelegener Platz direkt am Hafen, gegenüber dem Zentrum, nachts ruhig, kein Schatten, eben auf Asphalt, Campingverhalten untersagt, Zentrum mit Gaststätten, Läden und Waschsalon 400 m entfernt.
Preis: €€.
Zufahrt: Kurz vor der portugiesischen Grenze nach Ayamonte abzweigen und der Beschilderung folgen. Am zweiten Kreisverkehr Richtung Zentrum halten. Der Straße bis zum Ende folgen, dort rechts fahren. Am zweiten Kreisel in dieser Straße links abknicken, und bei erster Gelegenheit rechts bis zur Einfahrtsschranke zum Hafengelände fahren. Dort müssen Sie den grünen Knopf drücken oder sonst klingeln und gegebenenfalls Bescheid geben, dass Sie zum Womo-Stellplatz wollen, und es wird Ihnen geöffnet. Der Platz folgt beschildert rechter Hand. Dort befindet sich erneut eine Schranke.
Hinweis: Nur mit Bankkarte vorab am Automat zahlbar, Vorsicht, nicht vor der Einfahrt zu Fuß die Lichtschranke auslösen!

***Ayamonte – Tourist-Info**: Plaza de España 1, www.ayamonte.es | **Wochenmarkt**: Sa, Salinas del Pintado*

Gastrotipps Ayamonte: Bistro Vintage**, Paseo Ribera 1, **Restaurante A3****, Calle Enrique Villegas 2, **Merkajamon****, Avenida Villa Real de San Antonio 9, **El Paladar***, Plaza la Lota 3, **Anyma****, Calle de Antonio Concepción Reboura 12

TOUR 4
Sevilla
Dos Her-ma-nas
Gines
Espartinas
Tomares
Sanlúcar
Bollullos
Almensilla
La Puebla del Río
Aznalcásar
Cañada de los Pajaros
Dehesa de Abajo
Hinojos
Bollullos P.d.C.
Almonte
La Palme d.C.
Niebla
Riotinto
San Bartolomé
Gibraléon
Odiel
Moguer
Huelva
Palos d.I.F.
La Rábida
Cartaya
Aljaraque
Lepe
Aquopolos
El Rompido
El Portil
Terrón
Punta Umbria
Playa Umbría Nueva
Islantilla
Isla Cristina
Isla del Moral
Isla Caneta
Mazagón
Entorno de Doñana
El Rócio
P.N. de Doñana
Matalascañas
Guadalquivir
Costa de la Luz
Tour 2
Tour 3
Tour 5
10 km
N

Tour 4: Costa de la Luz Norte (ca. 280 km)

Isla Canela – Isla Cristina – El Rompido
Punta Umbria – Huelva – La Rábida
Palos de la Frontera –Mázagon – Matalascañas
P. N. Doñana – El Rocío

Stellplätze: Isla Canela (3x), Isla Cristina (2x), El Terrón, Cartaya, Playa San Miguel, El Portil (2x), Punta Umbría, Huelva, La Rábida, Mazagón (2x), Matalascañas, Aznalcázar, Dehesa de Abajo, Almensilla, Dos Hermanas

Campingplätze: Isla Cristina, Punta Umbría, Lucena del Puerto, El Rocío

Besichtigen: Huelva, Kloster und Gärten von La Rábida, Kolumbuspier Muelle de la Carabelas, Pinzónmuseum in Palos, Besucherzentren im und Touren durch den Nationalparkbereich Doñana, El Rocío, Vogelschutzgebiet Cañada de los Pájaros

Wandern: Marismas del Odiel, Naturpark Doñana, Dehesa de Abajo

Baden: Auf der Isla Canela, Strände in und südlich von Isla Cristina, Playa Nueva Umbría, Wasserpark bei Cartaya, Strände nach El Rompido, El Portil, Punta Umbría, Mazagón, Naturpark Doñana, Matalascañas

Der nördliche Teil der Costa de la Luz ist von flachen, weiten Sandstränden, Lagunen und Marschland geprägt. Wer Trubel und Unterhaltung sucht, ist hier falsch, denn die kleinen Badeorte entwickeln sich viel langsamer als ihre weiter südlich gelegenen Pendants an der Costa del Sol. Wenn Sie es dagegen ruhiger und ursprünglicher mögen, werden Sie sich wohl fühlen. Nahe der Provinzhauptstadt Huelva können Sie auf den Spuren Christoph Kolumbus` wandeln und den für seine Artenvielfalt bekannten Nationalpark Doñana besuchen.

Isla Canela

Durch breite Flüsse vom restlichen Festland getrennt, liegt der Strand von Isla Canela mit seiner gleichnamigen Feriensiedlung und dem Fischerdorf **Isla del Moral** im südwestlichsten Eck des Landes. Nur eine einzige, inzwischen gut ausgebaute Straße führt über Ayamonte dorthin. In den Sommermonaten kehrt etwas Leben ein, wenn die noch überschaubare Anzahl an Hotels ihre Gäste begrüßt. Die restliche Zeit des Jahres geht es sehr ruhig zu. Während am östlichen Ende des Strandes der Pauschaltourismus dominiert, haben Sie im Westen die Möglichkeit, mit dem Wohnmobil unterzukommen. Sei es, um im Sommer zu baden, um entlang der Sandbänke im Mündungsgebiet des Río Guadiana Kitesurfer zu beobachten oder um Strandspaziergänge zu unternehmen. In der Urbanización Los Mirlos parken regelmäßig Wohnmobile auf einem leeren Grundstück zwischen Apartmenthäusern, bislang unbehelligt. Der Strand heißt hier **Playa Bruno** und ist sowohl bei Hundebesitzern als auch FKK-Fans beliebt, da es keine entsprechenden Verbote gibt.

Im Strandabschnitt „**Paradise Beach**" samt Chiringuito befindet sich rechts ein großer Parkplatz, auf dem Wohnmobile bislang stehen können [**058:** N 37°10'31" W 7°21'49", Calle de los Mochuelos]. Dieser Bereich wird gerne von Familien angesteuert.

An der **Playa de Los Haraganes** ist sogar ein für Wohnmobile und Wohnwagen eigens markierter Parkplatz vorzufinden, direkt am Strand und mitten im Nichts – allerdings wohl nur noch so lange, bis die Hotelbebauung weiter vorgedrungen ist und ihn vereinnahmt, [**059:** N 37°10'38" W 7°21'26", Calle de los Pelicanos]. Je weiter Sie von dort aus zwischen den Dünen nach Osten wandern, desto belebter und erschlossener ist die Küste.

(057) WOMO-Badeplatz: Playa Isla Canela

GPS: N 37°10'24" W 7°22'52", Calle de los Charranes. **Max. WOMOs**: 8 bis 10.
Ausstattung: Keine Einrichtungen, kalte Dusche am Strand, Sat-Empfang.
Beschreibung: Ruhiger, gern von Wohnmobilen frequentierter Parkplatz zwischen zwei Häusern, kein Schatten, nicht ganz eben, Schotter-Erdboden, Campingverhalten untersagt, 30 m zum Strand, ca. 350 m zu verschiedenen Gaststätten.

Playa San Bruno auf der Isla Canela

Zufahrt: Von Ayamonte in Richtung Canela und später weiter nach „Playa Isla Canela“ fahren. An der Strandpromenade rechts halten und nach einer Rechtskurve der Straße rechts folgen. Dort nach 50 m auf der rechten Seite.
Hinweis: Ca. 150 m weiter westlich befindet sich ganz am Ende der Straße ein kleiner Strandparkplatz. Auch hier stehen Wohnmobile in der Nebensaison über Nacht.

Isla Cristina

Isla Cristina liegt zwar direkt gegenüber von Isla Canela am Ostufer des Río Carreras, mit dem Auto sind es aber über 20 Kilometer, da das einst durch Aufschüttungen entstandene Fluss-Schwemmland der Marismas de Isla Cristina umfahren werden muss. Am westlichen Rand dieser von Kanälen, alten Salinen und sumpfigen Bereichen durchzogenen Fläche können Sie, noch in der Nähe von Ayamonte, zum kleinen **Ecomuseo Molino Mareal El Pintado** abfahren, [N 37°12'41" W 7°23'25"]. Es informiert über die örtliche Geschichte, Flora und Fauna. Am Ostrand ist dagegen ein Wohnmobilstellplatz entstanden.

(060) Offizieller WOMO-Stellplatz: Isla Cristina (Camper Park Playas de Luz)

GPS: N 37°13'18" W 7°19'24". **Max. WOMOs**: 50.
Ausstattung: Ver- / Entsorgung (nicht frei zugänglich), Strom (gegen Gebühr), Toilette, Dusche, Mülleimer, WLAN, Sat-Empfang, Picknickbänke, Grillstelle, Waschmaschine, Fahrradverleih.
Beschreibung: Recht neuer, privat geführter Wohnmobilstellplatz, kein Schatten, Stellflächen auf Schotter, eben, klappstuhlgeeignet, direkt neben einem Naturschutzgebiet mit Vogelbeobachtungsstellen, Fuß-/Fahrradwege nach Isla Cristina und Ayamonte, ca. 1,6 km ins Zentrum.
Preis: €€.
Zufahrt: Von Ayamonte kommend den Schildern Richtung N431 / Huelva folgen. Dann rechts nach Isla Cristina abzweigen und nach ca. 3 km den Stellplatzschildern nach rechts folgen.

Isla Cristina selbst entstand erst im 18. Jahrhundert als weitgehend geometrisch geordneter Fischereihafen. Noch heute gelten Krabben und Garnelen, die hier gefangen werden, als besondere Delikatesse. Abgesehen von den touristisch geprägten Ostausläufern verfügt die Stadt über einen eher rauen Charme und wirkt, selbst entlang der bunt bemalten, baumbestandenen und größtenteils als Fußgängerzone ausgeführten Hauptachse zwischen Plaza de las

Fußgängerzone in Isla Cristina

Stellplatz 61

Flores und Plaza de las Palmeras etwas abweisend. Wenn Sie sich umsehen möchten, eignet sich der Parkplatz an der Muelle Martínez Catena ganz gut, [N 37°12'13" W 7°19'44"].

Um zum ortseigenen Strand, der **Playa Central**, zu kommen, müssen Sie das Zentrum verlassen und sich in südöstliche Richtung orientieren. Entlang der Avenida de los Marineros und später, entlang der Avenida de la Playa, gibt es Parkgelegenheiten. Zwei bis drei Fahrzeuge können an der Calle Eucaliptico im Pinienstreifen auch über Nacht stehen, **[061:** N 37°11'46" W 7°18'35"]. Größter Vorteil des hiesigen Strandes ist die gute Ausstattung mit Duschen, Toiletten, Restaurants und auf Wunsch auch Liegen und Schirmen.

Direkt an den Ort schließt sich dann ein kilometerlanger Strandgürtel mit dichtem Baumbewuchs und kaum vorhandener Bebauung an. Sie können dort der Reihe nach vier Campingplätze ansteuern, die sich in Preis und Ausstattung nicht erheblich voneinander unterscheiden, bis Sie durch den Lauf des Río Piedras erneut gezwungen werden, die Uferlinie zu verlassen. Gleichzeitig strand- und ortsnah gelegen ist gleich der erste Platz.

(062) WOMO-Campingplatz: Isla Cristina (Camping Giralda)

GPS: N 37°11'59" W 7°18'04", A 5074.
Internet/Tel.: www.campinggiralda.com, +34 959 343 318.
Öffnungszeiten: Ganzjährig.
Ausstattung: WLAN, teils Sat-Empfang, Grillstelle, Spülbecken, Spielplatz, Pool (nicht in der Nebensaison), Waschmaschine/ Trockner, Minimarkt, Restaurant.
Beschreibung: Großer Platz mit Schotterplätzen unter Bäumen, meist schattig und recht eben, verschiedene Sport- und Freizeitangebote, 250 m bis zum Strand, 2 km ins Ortszentrum, Rad- und Wanderwege in der Umgebung.
Preis: €€-€€€€.
Zufahrt: Nach der Ortsausfahrt Isla Cristina in Richtung La Antilla gleich links.

Strand von Isla Cristina

Stellplatz 63b

Zwischen den Pinien folgen immer wieder Abfahrten rechter Hand zu schattigen Parkplätzen, fast immer dort, wo sich auch Chiringuitos befinden. Feinen Sand und ausreichend Platz gibt es überall, und selbst in der absoluten Hochsaison treten die Sonnenhungrigen einander nicht auf die Füße. In regelmäßigen Abständen gibt es Duschen und das seichte Wasser ist gut für Kinder geeignet. An vielen dieser Stellen besteht kein ausgeschildertes Nachtparkverbot, sodass eine einmalige Zwischenübernachtung möglich wäre. Zumindest in der Nebensaison ist dies meist problemlos und wird auch praktiziert. Nur, wenn zu viele Fahrzeuge an einem Ort stehen oder Campingverhalten gezeigt wird, greift die Polizei durch. Auch für größere Fahrzeuge geeignet sind die Abfahrten

- an der **Playa de Isla Cristina**, [**063a:** N 37°12'01" W 7°17'49"],
- an der **Playa Casita Azul**, [**063b:** N 37°12'07" W 7°17'24"],
- an der **Playa Icona Pesmar**, [**063c:** N 37°12'10" W 7°16'33"],
- an der **Playa de Islantilla**, [**063d:** N 37°12'15" W 7°15'37"].

Unterbrochen wird die Weite von der ehemaligen Fischersiedlung **La Antilla**, die heute mit dem Urlaubsort **Islantilla** verwachsen ist.

Letzter Ort ist das kleine **El Terrón** mit vorgelagertem Flusshafen. Am dortigen Parkplatz können Sie über Nacht parken. Rund 100 Meter zuvor zweigt eine holprige Fahrpiste ab, die, wenn überhaupt, nur für kleine Vans geeignet erscheint und sonst eher etwas für Fußgänger oder Fahrradfahrer ist. Sie erschließt die **Playa Nueva Umbría**. Der helle feine Sandstrand ist völlig naturbelassen und bietet Freiheit pur – es gibt kein Hundeverbot und FKK ist eher die Regel als die Ausnahme. Achtung: In diesem Bereich werden immer wieder Fahrzeuge aufgebrochen! Eine Alternative, um zur Playa Nueva Umbría zu gelangen, stellt die Fußgängerfähre ein Stück weiter bei El Rompido dar.

(064) WOMO-Stellplatz: Puerto del Terrón

GPS: N 37°13'28" W 7°10'35", A5055. **Max. WOMOs**: 3 bis 4.
Ausstattung: Mülleimer, Sat-Empfang, sonst keine Einrichtungen.
Beschreibung: Nachts meist ruhiger, großer Parkplatz am Hafen von El Terrón, Höhenbarriere vorhanden (3,30 m), zuletzt nicht mehr in Benutzung, auf Asphalt, eben, Campingverhalten untersagt, Restaurant und Bar am

Platz, ca. 4 km bis ins Ortszentrum von Lepe, Fahr-/ Fußweg zum Naturstand Playa Umbria gleich benachbart (ca. 2,5 km). **Zufahrt**: Der A5054 und später A5055 immer geradeaus, parallel zur Küste folgen. Direkt am Ende der Straße rechter Hand.

Isla Cristina – Tourist-Info: *Calle San Francisco 12, www.wp.islacristina.org,* ***Wochenmarkt***: *So, Avenida Parque 21h |* ***Islantilla – Tourist-Info***: *Avenida de Islantilla, www.islantilla.es*

Gastrotipps Ilsa Cristina: Doña Lola**, Plaza de la Ribera, **Bar Abuelo Mañas****, Avenida del Padre Mirabent 33, **Contramarea Gastrobar****, Calle del Barco 2, **Meson El Gato****, Calle Faneca 51, **Casa Rufino*****, Avenida de la Playa | **Islantilla: Heladería La Caprichosa** (Eis), Avenida Islantilla Primera Planta, **El Mirador de Puerto Antilla*****, Avenida Islantilla, **Meson la Montanera****, Avenida Islantilla, **Pavarotti****, Avenida San Francisco Javier 11 | **El Terrón: Barlovento****, Avenida de Virazan

El Rompido und El Portil

Über die größeren, etwas ins Landesinnere zurückversetzten Orte **Lepe** und **Cartaya** setzen Sie Ihre Fahrt entlang der Küste fort. Sonderlich sehenswert sind beide nicht, doch es gibt vom Discounter bis zum Megamarkt zahlreiche Einkaufsmöglichkeiten. Nördlich von Cartaya befindet sich an der HU3402 außerdem eine Lukoil-Tankstelle mit V/E-Anlage bei [N 37°18'09" W 7°08'57"].

Der **Wasserpark Aquopolos** folgt dann am Weg nach El Rompido rechter Hand, gegenüber besteht eine Rastgelegenheit.

(065) WOMO-Picknickplatz: Cartaya (Área recreativa Ermita de San Isidro)

GPS: N 37°15'52" W 7°07'55", A5053. **Max. WOMOs**: 3 bis 4.
Ausstattung: Mülleimer, Picknickbänke, sonst keine Einrichtungen.

Beschreibung: Nachts relativ ruhig, aber an einer Hauptstraße gelegen, schattig zwischen Bäumen, teils uneben, Campingverhalten untersagt, neben einer kleinen Kirche, Bar vorhanden, Kartbahn und Wasserpark Aquopolos schräg gegenüber, 2,8 km ins Zentrum von Cartaya.
Zufahrt: Von Cartaya über die A5053 in Richtung La Barranca fahren. Nach gut 2 km linkerseits.

Obwohl **El Rompido** nicht direkt am Meer, sondern nur im Mündungsbereich des Río Pedras liegt, regen Hafenbetrieb verzeichnet und beides nicht gerade optimale Wasserqualität

garantiert, ist es bei Urlaubern recht beliebt. Etwas außerhalb gelegen ist die **Playa San Miguel** mit Wohnmobilen besser zu erreichen als der Ortsstrand selbst und bietet für alle etwas: Familien, Wassersportler und Naturisten sonnen sich in friedlicher Koexistenz. Von hier aus legt auch die Personenfähre ab, die Sie auf Wunsch zur vorgelagerten Landzunge mit der schönen, einsamen Playa Nueva Umbría bringt.

(066) WOMO-Badeplatz: Playa San Miguel

GPS: N 37°13'00" W 7°05'37". **Max. WOMOs**: 4 bis 5.
Ausstattung: Keine Einrichtungen.
Beschreibung: Nachts ruhig, tagsüber sehr belebt, Parkplätze zwischen Bäumen, schattig, Erd-/ Sandboden, vorab prüfen, da an manchen Stellen zu weich zum Befahren/ Parken, Campingverhalten untersagt, in der Hauptsaison nicht empfehlenswert, da es dann sehr voll ist und recht schmutzig.
Zufahrt: Linker Hand an der A5052 auf halbem Weg zwischen El Rompido und El Portil an der Fähre zur Nueva-Umbría-Halbinsel.
Hinweis: Fahrzeuge bis 2,50 m Höhe können auch rechts der Straße direkt oberhalb des Strandes parken.

Noch immer im Bereich der Flussmündung gelegen gelangen Sie nach **El Portil**. Zwischen der Wohn- und Urlaubsbebauung hat sich ein Fleckchen als Parkplatz für Wohnmobile herausgebildet. Viel Trubel herrscht nicht, doch es gibt mehr Bars und Strandduschen in der Nähe als zuvor.

(067) WOMO-Badeplatz: El Portil

GPS: N 37°12'41" W 7°03'31", Urbanización Ca-C1. **Max. WOMOs**: 4 bis 5.
Ausstattung: Sat-Empfang, keine Einrichtungen. Am Strand unterhalb Mülleimer, Strand-Duschen und Toiletten.
Beschreibung: Meist ruhig, in der Hochsaison belebt, Erd-/ Sandboden, zwischen zwei Grundstücken, kein Schatten, Campingverhalten untersagt.
Zufahrt: Auf der A5052 nach El Portil einfahren, 300 m nach dem zweiten Kreisverkehr an einem kleinen Platz rechts abbiegen zum Stellplatz.

Es folgen nun, wieder wilder und einsamer, die Strände **La Bota** und **Los Enebrales**. Vorschriften werden Sie dort keine finden, und so baden und verhalten sich alle so frei, wie sie es gerade möchten und die Besucherfrequenz es zulässt... Der Abschnitt ist ansonsten mit dem kurz nach Isla Cristina vergleichbar. An den Dunas de „El Portil" parken Wohnmobile auch über Nacht, [**068:** N 37°12'26" W 7°02'04", A5052], kurz danach folgt ein Campingplatz.

(069) WOMO-Campingplatz: Punta Umbría (Camping Playa La Bota)

GPS: N 37°12'17" W 7°01'39", Contrada Huelva.
Internet/Tel.: www.campingplayalabota.es, +34 959 314 537.
Öffnungszeiten: Ganzjährig.
Ausstattung: WLAN, teils Sat-Empfang, Spülbecken, Spielplatz, Pool (gegen Gebühr), Waschmaschine/ Trockner, Minimarkt, Restaurant, Bar, verschiedene Sporteinrichtungen.
Beschreibung: Großer Platz mit mehr als 200 Stellplätzen, teils beschattet, teils unter Bäumen, Erd-/ Sandboden, fast eben, Gaststätte in der Nähe, 4 km bis ins Ortszentrum.
Preis: €€-€€€€
Zufahrt: Linker Hand zwischen El Portil und Punta Umbría an der A5052.

***El Portil – Wochenmarkt**: Mi, nur Mitte Jun – Mitte Sep, Calle Laguna Seca 48*

Gastrotipps El Rompido: Aguamarina**, Calle de la Virgen del Carmen 28, **Taberna La Botánica****, Calle Candilejas 6, **La Casa del Marisco****, Calle Cuartel 13 | **El Portil: Surf Bar****, Avenida Playas de Cartaya, **La Choza del Abuelo Ico****, Calle Sabina 7

Punta Umbría

Punta Umbría ist nicht nur der letzte, sondern auch der meistbesuchte Ort der nördlichen Costa de la Luz. Dafür sorgen zahlreiche Badegäste aus dem nahen Huelva, die hier an ihrem Hausstrand gerne tagsüber entspannen und nachts feiern. Wenn Sie sich das selbst ansehen möchten, fahren Sie ans äußerste östliche Ende von Punta Umbría. Dort befindet sich ein großer, kostenpflichtiger Parkplatz auf dem bislang auch Wohnmobile ohne Einschränkungen unterkommen [**070:** N 37°10'21" W 6°57'03", Calla Canaleta]. Einen zwingenden Grund, bis nach Punta Umbría zu fahren, gibt es ansonsten aber nicht. Falls Sie lieber direkt in Richtung Doñana Nationalpark weiterfahren, können Sie alternativ an einem Picknickplatz neben der Hauptstraße rasten.

(071) WOMO-Picknickplatz: Punta Umbría (Área recreativa Ermita de Santa Cruz)

GPS: N 37°13'30" W 7°02'08", A5058. **Max. WOMOs**: 2 bis 3.
Ausstattung: Mülleimer, Picknickbänke, Grillplätze, Spielplatz.
Beschreibung: Picknickplatz an einem Kreisverkehr, gegenüber einer klei-

nen Kapelle, teils etwas laut, da neben der Hauptstraße, nachts relativ ruhig, schattig, teils etwas uneben, Campingverhalten untersagt, ca. 5 km bis in den nächsten Ort.
Zufahrt: Von Cartaya über die A5053 in Richtung La Barranca fahren. Nach gut 2 km linkerseits.

Kurz bevor Sie die große Brücke über den Odiel nach Huelva queren, führt rechter Hand eine Abfahrt zu den **Marismas del Odiel**. Zwar ist das Mündungsschwemmland durch nahe Industriestandorte und Schadstoffe im Flusswasser nicht gerade unbelastet, dennoch ist es ein beliebtes Refugium für mehrere tausend Flamingos und andere Vogelarten. Über die teils genehmigungspflichtigen Wanderrouten, Beobachtungspunkte und Exkursionen informiert das **Besucherzentrum Anastasio Senra** am Beginn der Marschen linker Hand.

Punta Umbria* – *Tourist-Info: *Avenida Ciudad de Huelva 1, www.puntaumbria.es* | ***Wochenmarkt***: *Mo, Avenida de la Marina 28* | ***Marismas del Odiel* – *Besucherzentrum Senra***: *Diseminado Isla Bacuta 1, Mo – Sa 9 – 15 Uhr, juntadeandalucia.es*

Gastrotipps Punta Umbria: El Pescador**, Avenida Idel Oceano 37, **Taberna El Peniscon****, Calle Coquina 1 | **Meson Diego****, Avenida Pintor Jose Caballero 7

Huelva

Nicht ganz zu unrecht gilt Huelva mit seinen 145.000 Einwohnern ein wenig als das hässliche Entlein unter Andalusiens Großstädten. Von der rund 3.000-jährigen Geschichte sind kaum mehr Spuren vorhanden. Nach dem Erdbeben von 1755 wurde die komplett zerstörte Stadt neu errichtet. Bausubstanz von damals wechselt sich heute mit modernen Gebäuden ab. Deutlichstes Zeichen für eine teils rücksichtslose Nutzung als Industriestandort sind die riesigen petrochemischen Fabrikanlagen an der Küste.

Falls Sie aber in einem weitgehend touristenfreien Umfeld shoppen möchten, mag Huelva durchaus einen Halt wert sein. Die großen Einkaufsstraßen liegen rund um die Plaza de la Monjas, teils bewachte Parkflächen finden Sie südlich davon an der Calle Duque de la Victoria, [N 37°15’21” W 6°57’16”]. Weiter nördlich gibt es zwar einen privat betriebenen Stellplatz, allerdings war er zuletzt in einem ziemlich desolaten Zustand. Falls Sie ihn dennoch versuchen wollen oder sehr dringend die recht rudimentäre V/E-Anlage benötigen, finden Sie ihn in der Carretera Sevilla 11, [**072:** N 37°16’26” W 6°54’33”].

Huelva – Tourist Info: *Calle Fernando el Católic, www.turismohuelva.org* | ***Wochenmarkt***: *Fr, Recinto Columbino*

Gastrotipps Huelva: Acanthum***, Calle San Salvador 17, **PuraVida** (Eis), Calle Berdigon 35, **Noviembre Tapas y Vino****, Plaza Isabel La Catolica 4 | **Azabache****, Calle Vazquez Lopez 22, **Taperia Entre Amigos***, Calle Vazquez Lopez 21, **Azfaran Vinos y Tapas****, Calle Rabida 11

La Rábida

Am Südende Huelvas stoßen Sie auf einen alten Bekannten. Der rotgefärbte Río Tinto mündet hier zunächst in den Odiel und kurz darauf in den Atlantik. Unmittelbar vor der Brücke hinüber können Sie einen kurzen Stopp am **Monumento de Colón** einlegen, das zu Ehren Christoph Kolumbus' und seiner Entdeckungsreisen erbaut wurde – denn von der Küste südlich Huelvas aus stach er 1492 in See. Es ist 34 Meter hoch und wurde 1930 als Geschenk der Vereinigten Staaten von Amerika errichtet, [N 37°12'48" W 6°56'26"].

Damit beginnt die offizielle Kolumbusroute aber erst, denn wenn Sie sich bald darauf links in Richtung Palos de la Frontera und gleich wieder links Richtung **La Rábida** halten, können Sie viele der Schritte Kolumbus` auf anschauliche Weise aufbereitet nachvollziehen. Im Kloster **Santa María La Rábida** rechter Hand verbrachte Kolumbus ganze zwei Jahre, um seine Reise während und nach der Genehmigung durch die spanische Krone zu planen. Schon vorher kam er regelmäßig an diesen Ort, nicht nur, um seinen Sohn Diego in der Obhut der Mönche zu lassen, während er sich seit Mitte der 1480er Jahre um Mittel für sein Vorhaben bemühte. Als es schließlich soweit war, verewigte Kolumbus das Kloster durch den Namen seines Flaggschiffs: Die Santa María wurde der Schutzheiligen des Klosters La Rábida geweiht und in der Klosterkirche trafen sich die Seeleute am Abend vor dem Aufbruch zu einem letzten Gebet. Der Bau liegt heute etwas erhöht in einer Parkanlage. Davor erstreckt sich der **Botanische Garten José Celestino Mutis**, in dem Pflanzen aus Spanien und der Neuen Welt Seite an Seite gedeihen.

Direkt hinter dem Kloster und der Open-Air-Veranstaltungsbühne Foro Iberoamericano befindet sich die **Muelle de la Carabelas**. An dem Pier wurde ein Informations- und Ausstellungszentrum zu Kolumbus` Reisen erbaut. Dazu gehört unter anderem

Nachbau der Kolumbusschiffe in der Muelle de la Carabelas

ein Kino, in dem die Ereignisse von damals in Kurzfassung als gut 20-minütige Audiovisionsschau dargestellt werden, abwechselnd auf Spanisch und Englisch. Im Freibereich wurde versucht, ein karibisches Dorf zur Zeit der Expeditionslandung zu rekonstruieren. Am interessantesten sind jedoch die anlässlich der Expo 1992 originalgetreu nachgebauten und hier dauerhaft verankerten drei Karavellen „Santa María", „Pinta" und „Niña", mit denen die Crew damals ins Ungewisse segelte. Aus heutiger Sicht ist es beinahe unvorstellbar, welch kleine und einfach ausgestattete Nussschalen dafür zum Einsatz kamen! Alle drei Schiffe sind voll begehbar, somit können Sie sich selbst ein Bild machen. An den Parkplätzen nahe der drei Sehenswürdigkeiten ist es möglich, über Nacht zu parken.

(073) WOMO-Stellplatz: La Rábida (Muelle de las Carabelas)

GPS: N 37°12'38" W 6°55'32", Marismas de Santa. **Max. WOMOs**: 10 bis 12.
Ausstattung: Keine Einrichtungen.
Beschreibung: Große Schotterparkfläche am Ende der Straße zwischen Foro Iberoamericano und Muelle de las Carabelas, kein Schatten, eben, Campingverhalten untersagt, Bar 400 m entfernt, Ortszentrum 4,5 km entfernt.
Zufahrt: Auf der N442 von Huelva in Richtung Matalascañas fahren, dann links nach Palos de la Frontera abzweigen und am Kreisverkehr links nach La Rábida fahren. Der Parkplatz befindet sich am Ende der Straße.
Hinweis: Weitere Parkplätze gibt es vor dem Botanischen Garten Celestino Mutis. Auch dort ist eine Übernachtung möglich, [N 37°12'09" W 6°55'28"].

La Rábida – Botanischer Garten: *Parken bei [N 37°12'09" W 6°55'27"], Paraje de la Rábida, Eintritt frei, Mitte Jun – Mitte Sep Di – So 10 – 21 Uhr, sonst 9.30 – 19.30 Uhr, www.diphuelva.es |* ***Kloster La Rábida****: Parken bei [N 37°12'27" W 6°55'26"], Diseminado de la Rábida, €, Di – So 10 – 18 Uhr, www.monasteriodelarabida.es |* ***Muelle de la Carabelas****: Parken bei [N 37°12'36" W 6°55'36"], Paraje de la Rábida, €, Mitte Jun – Mitte Sep Di – So 10 – 21 Uhr, sonst 9.30 – 19.30 Uhr, www.diphuelva.es*

Palos de la Frontera

Die rund sieben Kilometer weiter landeinwärts gelegene Stadt war zu Zeiten Kolumbus das Zentrum der Schiffsbauer, Seeleute und Ausrüster. Einige der Crewmitglieder sowie die beiden Co-Kapitäne Kolumbus', die Brüder Pinzón, stammten von hier, und zwei der Expeditionsschiffe wurden in Palos gefertigt. Der heute völlig verlandete und nicht mehr erkennbare Hafen war der eigentliche Aufbruchsort in die Neue Welt. Allzu viel gibt es nicht zu entdecken. Lediglich das Geburtshaus der Pinzóns, denen eine etwas zweischneidige Rolle während der Entdeckungen zukam, steht Besuchern offen.

***Palos de la Frontera – Wochenmarkt**: Sa, Explanada Plaza de Toros* | ***Casa Pinzón**: Calle Cristóbal Colón 21, €, Mo – Fr 10 – 14 Uhr, wwwpalosfrontera.com*

Christoph Kolumbus

Nicht nur an den andalusischen Westküsten, sondern im ganzen Land scheint der Name Cristóbal Colón fast allgegenwärtig zu sein. Straßen und Denkmäler wurden nach dem berühmten Entdecker benannt, Denkmäler zu Dutzenden aufgestellt.

Dabei muss seine Rolle im Lauf der Geschichte aus heutiger Sicht durchaus kontrovers betrachtet werden, doch der Reihe nach…

Kolumbus Herkunft gibt echte Rätsel auf. Dass er als Sohn eines Wollwebers um 1451 im italienischen Genau geboren wurde, galt lange Zeit als gesetzt. Neuere Studien, DNS-Analysen und Kolumbus' Unwille Zeit seines Lebens, nähere Auskunft über seine Abstammung zu erteilen, sorgen jedoch für Irritationen. Andere Theorien verorten ihn in Mallorca, Portugal oder verweisen auf verheimlichte Wurzeln schottischer Abstammung oder im Judentum.

Fakt ist, dass er eine recht gute Ausbildung genossen haben muss, in seiner Jugend für längere Zeit zur See gefahren ist und Mitte der 1470er Jahre in Lissabon auftauchte.

Dort heiratete er die aus einer adeligen Familie stammende Filipa de Perestrelo e Moniz und stieg so in höhere Kreise auf. Mit ihr zeugte er seinen ersten Sohn Diego. Die Familie lebte vermutlich für einige Jahre auf Porto Santo bei Madeira, wo Kolumbus viel Zeit mit dem Studium von Kartenmaterial und Reiseberichten zubrachte. Seine Idee, einen Seeweg nach Indien zu finden, die sich auf Theorien verschiedener Gelehrter und Abenteurer stützte, gewann an Bedeutung und er stellte auf der Suche nach der notwendigen finanziellen Unterstützung seine Pläne erstmals im Jahr 1484 dem portugiesischen König Johann II. vor. Die von ihm zu Hilfe gerufenen Experten lehnten die Pläne jedoch ab, denn sie gingen richtigerweise von einer Fehlberechnung der Entfernungen aus. Zwar hatte sich zu dieser Zeit die Idee der Erde als eine Kugel statt einer Scheibe bereits weitläufig durchgesetzt, die genaue Größe war aber noch ein Geheimnis.

In den Folgejahren trat er mit Hilfe einiger prominenter Unterstützer an den spanischen Hof heran. Durch seinen Bruder bat er in England und Frankreich um Gehör und versuchte es ein zweites Mal in Portugal – jedes Mal ohne Erfolg. Erst, als Anfang 1492 Granada im Kampf gegen die Mauren fiel und das spanische Königspaar für neue Ziele offen war, wagte er einen letzten Versuch. Ermutigt hatte ihn dazu der Mönch Juan

Pérez vom Kloster La Rábida, der sowohl Kolumbus' als auch Königin Isabellas Beichtvater war.
Tatsächlich konnte er die Monarchen diesmal überzeugen. Selbst seine exorbitanten Forderungen, als Vizekönig der neuen Ländereien anerkannt zu werden, einen Titel als Admiral der Weltmeere zu führen und ein Zehntel der zu erwartenden Einnahmen behalten zu dürfen, wurden nach einigem Hin und Her erfüllt.
Im August 1492 brach er mit den drei Schiffen Santa María, Niña und Pinta auf. Nach einem längeren Aufenthalt auf den Kanaren segelte die Mannschaft wochenlang westwärts, zunächst erfolglos, was beinahe zur Meuterei geführt hätte. Dann kam jedoch Land in Sicht und Kolumbus war sicher, Indien, zu dem man damals auch China und Japan zählte, gefunden zu haben. In Wahrheit war er auf den heutigen Bahamas gelandet. Auf dieser Reise entdeckte er außerdem Kuba, die Antillen und die Insel Hispañola, vor der die Santa María auf Grund lief. Aus den Resten errichtete er eine erste Siedlung, ließ einige Männer zurück und verblieb mit der bis dahin wohlgesonnenen indigenen Bevölkerung in gutem Kontakt. Nach seiner Rückkehr wurde er gefeiert und all die von ihm gewünschten Titel wurden bestätigt. Doch schon mit der nächsten seiner insgesamt vier Reisen wendete sich das Blatt. Die versprochenen Goldfunde blieben aus, die gesuchten indischen Handelsstädte wurden nicht gefunden, die ersten Siedler waren unzufrieden mit Kolumbus' Entscheidungen als Gouverneur und nach ersten Kämpfen kam es zu Massakern und zur Versklavung der Einheimischen, was bis dahin nicht im Sinne der spanischen Krone geschah.
Gegen seinen Willen brachte man Kolumbus und seinen Bruder nach der dritten Reise in Ketten zurück nach Spanien und er verlor all seine Titel. Es gelang ihm dennoch, den Monarchen eine letzte, vierte Reise abzuringen und er setzte im heutigen Honduras erstmals einen Fuß auf den Boden des amerikanischen Festlandes. Nach knapp zwei Jahren kehrte er 1504 nach Spanien zurück, wo seine Unterstützerin, Königin Isabella, inzwischen verstorben war. In Ungnade gefallen, verbrachte Kolumbus seine letzten Jahre zwar recht wohlhabend, aber weitgehend unbeachtet, bis er 1506 in aller Stille in Valladolid verstarb.
Bis zu seinem Tod glaubte er, Indien gefunden zu haben. Erst Amerigo Vespucci, nach dem der neue Kontinent Amerika schließlich auch benannt wurde, erkannte, um welches Gebiet es sich tatsächlich handelte. Heute weiß man außerdem, dass Kolumbus mitnichten der Entdecker Amerikas war, sondern Wikinger um den Isländer Leif Eriksson ihm in Wahrheit fast 500 Jahre zuvorgekommen waren. Es bleibt die erste europäische Besiedlung der Neuen Welt, die er für sich verbuchen kann. Dass diese mit dem durch Massaker, Seuchen und Versklavung millionenfachen Tod von Indios einherging, mag nicht Kolumbus selbst anzulasten sein. Dass er all dem den Weg bereitete und es, belegt durch seine Aufzeichnungen, auf der Jagd nach Bodenschätzen und Reichtum zumindest billigend in Kauf nahm, lässt ihn in einem anderen Licht erscheinen.
Trotz seiner fremden Wurzeln haben ihn die Andalusier aber bis heute „adoptiert“ und lassen sein Andenken hochleben. Sein Platz in der Weltgeschichte bleibt bei all dem ja auch tatsächlich unbestritten.

Mazagón

Mehr als 12 Kilometer feinster Strand, Dünen, Sandsteinklippen und Pinienwäldchen sind das Kapital des Badeorts Mazagón. Viel los ist dort nur während der spanischen Sommerferien, an den weiten, nach Südosten verlaufenden Küstenabschnitten wird es nie richtig voll. Einen ersten Stellplatz gibt es gleich nach dem kleinen Bootshafen.

(074) WOMO-Badeplatz: Mazagón

GPS: N 37°07'53" W 6°49'31", Avenida Conquistadores.

Max. WOMOs: 10-12.
Ausstattung: Sat-Empfang, sonst keine Einrichtungen, Stranddusche in der Nähe.
Beschreibung: Belebter Erd-/ Schotterparkplatz direkt am Strand, der bislang geduldet hauptsächlich von Wohnmobilen genutzt wird, kein Schatten, Campingverhalten untersagt, Strandbar benachbart, Restaurant und Apotheke 100 m entfernt, ca. 600 m bis ins Ortszentrum.
Zufahrt: Der N442 bis Mazagón folgen, dann am Ortseingangskreisel die erste Straße rechts ins Zentrum nehmen und dieses komplett durchfahren. An der Uferpromenade links halten, dort kommt der Platz nach 100 m rechter Hand.

Bald darauf beginnt die geschützte Zone rund um den Doñana-Nationalpark, Campen oder Übernachten ist an den verschiedenen Strandabfahrten nicht erlaubt. Eine letzte Möglichkeit befindet sich direkt hinter Mazagón an der **Playa de la Fontanilla** mit Strandbar bei [**075:** N 37°07'13" W 6°47'25", Arroyo Julianejo]. Prüfen Sie aber den Zustand des rund 600 Meter langen Anfahrtsweges, da er, jahreszeitlich wechselnd, sehr versandet sein kann. Noch ein Stück weiter folgt ein Campingplatz.

(076) WOMO-Campingplatz: Lucena del Puerto (Camping Doñana)

GPS: N 37°05'59" W 6°43'33", Contrada San Juan del Puerto.
Internet/Tel.: www.campingdonana.com, +34 959 536 281.
Öffnungszeiten: Februar bis Mitte Dezember.
Ausstattung: WLAN, Spülbecken, Spielplatz, Pool und Sporteinrichtungen (gegen Gebühr), Waschmaschine/ Trockner, Minimarkt, Restaurant, Bar.
Beschreibung: Großer Platz mit vier Campingzonen und meist schattigen Stellplätzen unter Bäumen, mitten im Naturschutzgebiet direkt an der schönen Playa Torre del Loro, zwischen Bäumen, Plätze auf Schotter-/ Erdboden, eben, rund 8 km bis Mazagón.
Preis: €€-€€€€
Zufahrt: Von Mazagón kommend der A494 in Richtung Matalascañas folgen. Der Platz ist nach ca. 8 km rechts angeschrieben.

Strand bei Matalascañas

Bei [N 37°04'49" W 6°41'11"] befindet sich rechts ein großer, im Sommer bewachter Parkplatz von dem aus ein rund 1200 Meter langer Holzbohlenweg bis zur **Playa Cuesta Maneli** verläuft. Im Sommer öffnet eine kleine Strandbar, ansonsten bietet der tolle Strand vor allem viel Ruhe und ideale Badebedingungen. In den etwas weiter vom Zugang entfernten Bereichen wird hauptsächlich nackt gebadet, ein Muss ist das aber nicht. Einschränkungen in Bezug auf Hunde gibt es keine. Ein weiterer, etwas längerer Weg zum Wasser folgt an der **Laguna del Jaral** bei [N 37°03'07" W 6°37'21"]. Dort ist es noch einsamer und es gibt nur eingeschränkte Parkmöglichkeiten.

Mazagón – Tourist Info: *Calle Santa Clara 2 |* ***Wochenmarkt****: Do, Avenida del Parador*

Gastrotipps Mazagón: Cilantro**, Calle Ancla 5, **Heladería Jijona** (Eis), Avenida Fuentepiña 1, **La Cocina De Mi Madre****, Avenida Fuentepiña 32| **El Refugio****, Avenida de Santa Clara 43 |

Matalascañas

Nach kilometerlanger Fahrt durch weitgehend unberührte Natur gelangen Sie unmittelbar am Rand der besonders streng geschützten Nationalparkzone in den Badeort Matalascañas. Er besteht aus mehreren Blocks und Einheiten voller meist nur während der Hauptsaison besuchter Ferienhäuser und Hotels. Entsprechend ausgestorben wirkt das alles in der Nebensaison. Da kann die Suche nach einem geöffneten Restaurant oder Supermarkt schon mal schwierig werden. Von Interesse ist, wenn überhaupt, nur die erste große Abfahrt, Sector I, an der Sie einen Großparkplatz mit der dahinter gelegenen **Touristeninformation** erreichen. Im benachbarten Parque Dunar werden Ausritte am Strand und im Nationalpark angeboten, sowohl mit

Pferden als auch mit Kamelen (siehe Nationalpark Doñana).

Ganz am Ortsende können Sie dann von der Hauptstraße zu einem Parkplatz vor einem Chiringuito fahren, an dem das Übernachten im Womo bislang geduldet wird. Der wunderschöne Strand **Playa del Coto** ist von dort aus nur einen Katzensprung entfernt. Nach Süden ist er wild, frei und ruhig, nach Norden hin belebt und mit Gastronomie, Toiletten und Strandduschen ausreichend bestückt.

(077) WOMO-Badeplatz: Matalascañas

GPS: N 36°59'02" W 6°31'45", Sector C Segunda Fase. **Max. WOMOs**: 7-8.
Ausstattung: Sat-Empfang, sonst keine Einrichtungen.
Beschreibung: Tagsüber belebt, nachts ruhig. Strandparkplatz am Rande von Matalascañas hinter einem Chiringuito. Sandboden, kein Schatten, meist eben, 700 m bis zum nächsten Supermarkt.
Preis: € (nur während der Hauptsaison).

Zufahrt: Der A494 fast bis zum Ende folgen. Am vorletzten Kreisverkehr (mit einem Mauerstück und Fässern) rechts abbiegen, am Straßenende links halten. Bei erster Gelegenheit nun rechts und erneut am Ende der Straße links fahren. Der Platz folgt nach 250 m rechts.
Hinweis: Falls der Platz bereits besetzt sein sollte, können Sie es auch auf dem Parkplatz [N 36°59'23" W 6°31'20"] ganz am Ende der Hauptstraße versuchen.

Matalascañas – Tourist Info: *Sector A a21760, www.almonte.es* | ***Wochenmarkt****: Do, nur von Mitte Jun bis Mitte Sep, Parque Dunar*

Matalascañas: Rinconato**, Sector Anadae Real 31, **Pedro José****, Paseo Maritimo, Ed. Sancho Panza 1, **Alberto`s****, Paseo Maritimo, Sector N, **Zahara****, Paseo Maritimo de Cano Guerrero 5m

Nationalpark Doñana

Einst war das Mündungsgebiet des Guadalquivir von mehreren schiffbaren Flussarmen durchzogen. Heute, rund 2000 Jahre später, ist das Gebiet verlandet, besteht aus Sanddünen

und kargem Marsch-, Busch- und Steppenland. Es gibt nur mehr einen Flussarm, der südlich des heutigen Nationalparks in den Atlantik fließt. Seit jeher lebten nur wenige Menschen im Delta, denn die Bedingungen auf dem bis ins 20. Jahrhundert malariaverseuchten, sumpfig-feuchten Land waren äußerst hart. Tiere fühlten sich dort schon wohler, und so beanspruchte es die spanische Krone als Jagdgebiet ab dem 13. Jahrhundert für sich. Rund 350 Jahre später ließ der Herzog von Medina-Sidonia mitten im Revier einen Palast für seine Ehefrau Doña Ana bauen. Mit der Zeit wurde daraus der noch heute bestehende Name Doñana. Als der Adel 1897 das Gebiet an einen englischen Sherryproduzenten veräußerte, begannen die wirtschaftliche Nutzung und die damit einhergehende Trockenlegung weiter Teile. Erst 1957 wurden britische Wissenschaftler auf die ökologische Bedeutung der Doñana aufmerksam und gründeten eigens zur Bewahrung der verbliebenen einmaligen Naturlandschaft den heute weltweit agierenden World Wildlife Fund. Es gelang ihnen, mit Hilfe von Spenden rund 7000 Hektar Land zu erwerben und zu schützen. Bis 1969 kamen weitere 30.000 Hektar dazu und die Doñana wurde zum Nationalpark erklärt. Bis heute wurde der ursprüngliche Nationalpark immer wieder erweitert und durch Übergangszonen ergänzt, sodass der aktuelle Umfang bei rund 80.000 Hektar liegt. 1994 wurde durch die UNESCO der Welterbestatus verliehen und das Kerngebiet zum Biosphärenreservat erhoben. Nur noch eine Handvoll Familien lebt und wirtschaftet im Nationalpark, was ihnen aufgrund ihrer langen Verwurzelung unter strengen Auflagen auch weiterhin gestattet werden soll.

Nationalparktouren in der Doñana

Ansonsten sind die Vögel heute die unbestrittenen Herren über die weiten Ebenen. Man schätzt beispielsweise, dass rund 80 % der westeuropäischen Entenvögel auf ihrem Zug nach und von Afrika alljährlich Rast in der Doñana machen. Kaum anderswo lassen sich ähnlich gut tausendfach auftretende Gänse, Kraniche, Flamingos, Reiher, Löffler und Störche beobachten. Auch Falken, Milane und der seltene Iberische Kaiseradler ziehen ihre Kreise. Zum Wappentier wurde aber ein anderer Bewohner erkoren. Es ist der extrem seltene Pardelluchs, der hier seinen letzten sicheren Rückzugsort gefunden hat und nirgends anders mehr in größeren Populati-

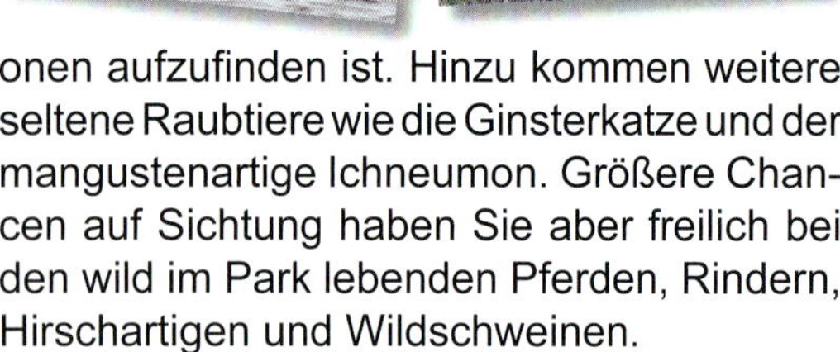

onen aufzufinden ist. Hinzu kommen weitere seltene Raubtiere wie die Ginsterkatze und der mangustenartige Ichneumon. Größere Chancen auf Sichtung haben Sie aber freilich bei den wild im Park lebenden Pferden, Rindern, Hirschartigen und Wildschweinen.

Da der Kernbereich des Parks streng geschützt ist, ist der Zugang zu wenigen Bereichen nur auf geführten und reglementierten Touren gestattet – als Wanderung, per Pferd und Kamel oder in geländegängigen Jeeps und Kleinbussen ab Matalascañas, El Rocío und den dazwischen gelegenen Besucherzentren. Ausflüge per Boot werden eher von der Südostseite des Parks ab Sanlúcar de Barrameda angeboten (siehe Tour 5). Bei der Auswahl der für Sie geeigneten Tour lohnt es sich, mit ein wenig Fingerspitzengefühl vorzugehen, denn trotz notwendiger Zertifizierungen gehen nicht alle Anbieter gleichermaßen sorgsam mit ihrer natürlichen, aber leicht aus dem Gleichgewicht zu bringenden Ressource Doñana um. Die größte Bedrohung stellt allerdings nicht der Tourismus dar, sondern vielmehr weit verbreiteter illegaler Brunnenbau in den Randzonen, um intensive Landwirtschaft zu ermöglichen. Der Doñana wird dadurch das dringend benötigte Grundwasser entzogen. Ebenso verheerend wirken sich Umweltverschmutzungen und Vandalismus aus. Erst 1998 wären um ein Haar weite Teile des Schutzgebietes nach einem Dammbruch mit giftiger Schlacke aus einer Bergwerksmine wohl unwiderruflich vernichtet worden, 2017 bedrohte ein absichtlich gelegtes Feuer den Nationalpark.

Für weitere Informationen zu Touren in der Kernzone oder zu den frei zugänglichen Wanderwegen und Aussichtsposten besuchen Sie eines der vier Besucherzentren.

Vögel, Wild und Pardelluchse –Tierwelt in der Doñana

Besucherzentren im Nationalpark Doñana

Egal, ob Sie die Doñana zu Fuß, auf dem Rücken eines Pferdes oder Kamels oder in einem 4x4-Fahrzeug erkunden wollen, die richtigen Anlaufstellen sind die Besucherzentren am Rande des Nationalparks. Vor allem für Vogelbeobachtungen sind die früheren Morgenstunden zwischen Ende März und Anfang Mai sowie zwischen Ende September und Anfang November ideal, wenn besonders viele Zugvögel unterwegs sind. Wie viele Tiere Sie am Ende tatsächlich sehen werden, ist allerdings trotz der wirklich guten Chancen nie kalkulierbar. Während dem einen Besucher auf einer Wanderung im Randbereich sogar ein Luchs über den Weg laufen mag, sieht ein anderer selbst auf einer Tagestour am Ende nur ein paar Dutzend Vögel aus der Ferne. Der Park ist eben kein Zoo…

- **Centro de Visitantes El Acebuche** [N 37°02'42" W 6°34'00", Carretera Carril del Abalari], über die Abzweigung von der A483 zwischen Matalascañas und El Rocío erreichbar, Apr 8 – 15 Uhr und 16 – 20 Uhr, Mai – Mitte Sep Mo – Sa 8 – 15 Uhr und 16 – 20 Uhr, So meist nur 8 – 15 Uhr, Mitte Sep – Mär meist 8 – 15 Uhr und 16 – 19 Uhr: Startpunkt vieler Exkursionen, audiovisuelle Vorführungen, Cafeteria und Souvenirshop, Wanderwege durch Busch, Pinienwald und zu kleinen Seen.
- **Centro de Visitantes Palacio del Acebrón** [N 37°08'31" W 6°32'44", Carretera Carril del Acebrón], über die Abzweigung von der A483 zwischen Matalascañas und El Rocío erreichbar, Mitte Mai – Mitte Sep meist 10 – 15 Uhr und 16 – 20 Uhr, sonst 9 – 19 Uhr: ehemaliges, neoklassizistisches Jagdschloss mit Aussichtsterrasse, Jagdausstellung und etwas verwilderter Parkanlage ringsum, Wanderweg durch den Eichen- und Pinienwald.

Observatorium in Nationalpark

- **Centro de Visitantes La Rocina** [N 37°07'24" W 6°29'49", H9023], über die Abzweigung von der A483 zwischen Matalascañas und El Rocío erreichbar, Mitte Mai – Mitte Sep meist 10 – 15 Uhr und 16 – 18 Uhr, sonst 9 – 19 Uhr: ehemalige Hacienda, Ausstellung zur Wallfahrt von El Rocío im strohgedeckten Gebäude daneben, audiovisuelle Vorführung, Schilfwanderweg.
- **Centro de Visitantes José Antonio Valverde** [N 37°04'28" W 6°22'39"], Mitte Mai – Mitte Sep meist 10 – 20 Uhr, sonst 10 – 18 Uhr: abgelegenes Besucherzentrum in den wasserreichen Marismas, das nur auf einer rund 30 km langen, teils ungeteerten und teils schlechten Piste von Norden her oder über eine gebuchte Tour durch das Schutzgebiet erreichbar ist. Sehr guter Ort für Vogelbeobachtungen, es gibt eine kleine Ausstellung mit audiovisueller Vorführung und eine kleine Bar mit Shop.

Weitere Anlaufstellen sind die Touristeninformationen in Matalascañas und El Rocío.
Zur Vorabinformation können Sie sich zu verschiedenen Touren, den Zeiten und Preisen beispielsweise unter folgenden Internetadressen informieren:

- www.donanavisitas.es – Anbieter von teils auch kombinierten Wander-, Reit- und 4x4-Touren sowie Rundflügen im südlichen und zentralen Nationalparkbereich
- www.donanareservas.com – Anbieter von teils auch kombinierten Wander- und 4x4-Touren sowie Vogelbeobachtungsexkursionen im nördlichen Nationalparkbereich
- www.airesafricanos.com – Anbieter von Wandertouren und Kamelausritten durch den südlichen Nationalparkbereich
- www.donana-rutas-caballo.com – Anbieter von Pferdeausritten durch verschiedene Teile des Nationalparks

El Rocío

Ein bisschen wie im Wilden Westen werden Sie sich fühlen, wenn Sie den Wallfahrtsort El Rocío erreichen. Er befindet sich im Westen des Doñana-Schutzgebietes und besteht größtenteils aus staubigen Sandstraßen. Gerade einmal ein paar hundert Menschen leben hier dauerhaft, und entsprechend

beschaulich geht es die meiste Zeit des Jahres über zu. Nur zu Pfingsten fallen bis zu eine Million Menschen zur Romería ein. Die Wallfahrt zu Ehren der „Jungfrau vom Morgentau“ ist die bedeutendste in ganz Andalusien. Sie geht auf eine hölzerne Marienfigur zurück, die ein Jäger im 13. Jahrhundert in einem hohlen Baumstamm gefunden haben will. Aus einer durch Alfonso X. gestifteten Kapelle entwickelte sich mit der Zeit das heutige **Santuario de la Virgen** mit angeschlossenem Wallfahrtsmuseum. Es zieht alljährlich Ströme von Pilgern an, die teils mit PKW und Bussen, oft aber auch zu Fuß oder Pferd auf extra freigegebenen Routen durch den Nationalpark anreisen. Überhaupt sind Pferde in El Rocío, „ganz westernlike“, ein bis heute äußerst gängiges Verkehrsmittel...

Wenn Sie ankommen, parken Sie am besten gleich im Süden des Ortes am Mirador de la Marisma. Parkwächter werden Sie einweisen und eine kleine Gebühr verlangen, in der Nebensaison wird manchmal das Nachtparken gestattet, verlassen sollten Sie sich darauf aber nicht, [N 37°07’51” W 6°29’09”]. Alternativ gibt es ein Stück weiter nördlich einen Campingplatz.

Direkt südlich des Parkplatzes schließt sich der See Charco de la Boca an, der direkt aus dem Ort heraus die Sichtung vieler Wasservögel ermöglicht. In Richtung Westen steuern Sie direkt auf die Klosterkirche mit der verehrten Marienstatue als größtem Schatz zu. Ein paar kleine Souvenirläden und einige Restaurants – viel mehr gibt es an sich nicht zu sehen. Allerdings ist El Rocío neben Matalascañas die beste Basis für Touren in den Nationalpark.

Oben und unten: Wallfahrtsort El Rocio

(078) WOMO-Campingplatz: El Rocio (Camping La Aldea)

GPS: N 37°08'30" W 6°29'28", Carretera El Rocio.
Internet/Tel.: www.campinglaaldea.com, +34 959 442 677.
Öffnungszeiten: Ganzjährig.
Ausstattung: WLAN, teils Sat-Empfang, Spülbecken, Spielplatz, Pool, Waschmaschine/ Trockner, Minimarkt, Restaurant, Sportbereich, Organisation von Reit-, Wander- und Busausflügen in den Nationalpark.
Beschreibung: Rund 250 parzellierte Stellplätze auf Gras und Erdboden, etwas Schatten durch kleinere Bäume, eben, 1,2 km bis ins Ortszentrum.
Preis: €€€
Zufahrt: Der A483 bis zum Ende von El Rocio folgen, dort im Kreisverkehr rechts beschildert zum Campingplatz abbiegen.

El Rocío – Wochenmarkt: So, Plaza del Acebrón | ***Santuario de la Virgen***: Calle Ermita, meist 9 – 15 Uhr und 17 – 21.30 Uhr, www.hermandad-matrizrocio.org | ***Festkalender – Romería de la Virgen***: Riesiges, religiöses Fest mit Umzügen und viel Pathos, eine Woche um Pfingsten

Gastrotipps El Rocío: Punte de Encuentro**, Plaza Comercio 2, **Aires de Doñana****, Avenida Canaliega 1, **Toruno****, Plaza Acebuchal 16|, **Albero 36****, Calle Sanlucar 36, **La Malvasía****, Calle Sanlucar 38

Da es keine Brücken oder andere durchgehenden Verbindungen vom unteren Guadalquivirlauf in Richtung Südosten gibt, müssen Sie, um Anschluss an Tour 5 zu finden, nun bis Sevilla zurückfahren. Am schnellsten geht das über die A483 und dann, nördlich von **Bollullos Par del Condado**, entlang der Autobahnen A49 und A4.

Wenn Sie es gemütlicher angehen lassen und sich noch etwas in den Randzonen der Doñana aufhalten möchten, können Sie hinter El Rocío, spätestens bei **Almonte**, ostwärts fahren. Südlich von **Aznalcázar** liegen ein Picknick- und ein Campingplatz gleich benachbart. Ein Stück weiter können Sie die einmalige Artenvielfalt nochmals in vollen Zügen genießen.

(079) WOMO-Picknickplatz: Aznalcázar (Los Pinnares de Aznalcázar)

GPS: N 37°16'26" W 6°13'53", SE667. **Max. WOMOs**: 5 bis 6.
Ausstattung: Picknickbänke, Grillplätze Mülleimer.
Beschreibung: Wochentags ruhiger, am Wochenende belebter, großer Picknickplatz unter Bäumen, schattig, nicht ganz eben, an einigen Stellen tiefhängende Bäume, Erd-/ Sandboden, Campingverhalten untersagt, Wandermöglichkeiten in der Nähe, ca. 3,5 km bis in den Ort.
Zufahrt: Nach El Rocio rechts Richtung Villamanrique abzweigen, dann über Pilas bis Aznalcázar fahren. Dort auf die SE667 nach Isla Mayor fahren. Der Platz folgt hier auf der linken Seite.
Hinweis: Fast benachbart befindet sich ein kleiner Campingplatz (Camping Dehesa Nueva) samt Pool. Für längere Aufenthalte oder wenn Sie mehr Komfort wünschen, ist dieser besser geeignet.

Das Naturschutzgebiet **Dehesa de Abajo** bietet vieles von dem, was es im benachbarten Nationalpark zu sehen gibt, im Kleinformat. Wander- und Radwege führen Sie durch das 617 Hektar große Gelände mit Lagunen, Kanälen, Wäldern und Reisfeldern. Sowohl Pardelluchse als auch Dachse, Füchse und Ginsterkatzen leben im Reservat, dazu ähnlich viele Vogelarten. Die größte Weißstorch-Brutkolonie Spaniens ist hier ebenfalls zu Hause. Zur Beobachtung dienen zwei Observatorien. Mit dem Wohnmobil dürfen Sie am Parkplatz neben dem Restaurant auch über Nacht bleiben, sofern Sie vorher um Erlaubnis fragen, es wird eine kleine Parkgebühr berechnet, [**080:** N 37°12'12" W 6°10'09"].

Eine weitere Gelegenheit für schöne Naturerlebnisse bietet ferner das keine zehn Kilometer weiter nördlich gelegene private Schutzgebiet **Cañada de los Pájaros.** Es entstand aus einer renaturierten Kiesgrube und zeichnet heute für verschiedene Artenschutzprogramme verantwortlich. Die Chancen, verschiedene Vogelarten wie Löffler, Flamingos, Störche und Entenvögel ganz nah zu sehen, sind aufgrund der überschaubaren Dimensionen besonders gut, dafür fallen die Gebühren aber auch höher aus...

***Dehesa de Abajo**: [N 37°12'12" W 6°10'09", SE3302, La Puebla del Río], €, meist 8.30 – 20.30 Uhr, www.dehesadeabajo.es | **Cañada de los Pájaros**: [N 37°14'16" W 6°07'39", Plaza del Acebrón, Vistasol], €€, Extra-Fotogebühr mit Spiegelreflexkameras €€, 10 Uhr bis Einbruch der Dunkelheit, www.canadadelospajaros.com*

Auf der Weiterfahrt finden Sie ferner bei **Almensilla** eine V/E-Anlage neben einer freien Tankstelle. Es ist möglich, dort die Nacht zu verbringen, [**081:** N 37°18'50" W 6°05'36"]. Südöstlich von Sevilla besteht dann erneut die Möglichkeit zu einer Übernachtung an einem sehr ruhig gelegenen, privat geführten Platz nahe **Dos Hermanas**.

(082) Offizieller WOMO-Stellplatz: Dos Hermanas (Parking Autocaravanas La Jábega)

GPS: N 37°12'44" W 5°57'49", SE9024. **Max. WOMOs**: 7.
Ausstattung: Ver-/ Entsorgung (nicht frei zugänglich), Strom (gegen Gebühr), Toilette, Dusche, Mülleimer, WLAN, Sat-Empfang.
Beschreibung: Sehr ruhig und abseits gelegener, privater Stellplatz neben einem Lagerplatz für Wohnmobile, kein Schatten, Gras-/ Erdboden, eben, klappstuhlgeeignet, schmale Zufahrt über eine Brücke, ca. 8 km bis in den nächsten Ort (Los Palacios y Villafranca).
Preis: €€.
Zufahrt: Von der A4 Richtung „Dos Hermanas (Centro)" abfahren und am Kreisverkehr die Ausfahrt „La Isla" wählen. Am nächsten Kreisverkehr links, nach Isla Menor, weiterfahren und am dritten nach Los Palacios abzweigen. Der Straße nun für knapp 6 km folgen, bis nach links ein Wohnmobilsymbol den Weg zum Stellplatz nach 400 m anzeigt.

Sevilla
Almensilla
Dos Hermanas
El Rocio
R.N. Concertada Dehesa
Tour 4
Matalascañas
Los Palacios y Villafranca
P.N. de Doñana
Guadalquivir
Guadalema d.I.Q.
Las Cabezas d.S.J.
Lebrija
Sanlucar d.B.
Bodega
Chipiona
Arriates
Espera
Bornos
Arcos d.I.F.
El Santiscal
Rota
Jérez d.I.F.
El Puerto d.I. Santa Maria
Guadalete
Cádiz
Puerto Real
San Fernando
Paterna d.R.
Chiclana d.I.F.
Medina S.
La Barrosa
Novo Santi Petri
Roche
Alcala d.I.G.
P.N. Los Alcornocales
Conil d.I.F.
El Palmar d.V.
Vejer d.I.F.
Zahora
Los Caños de Meca
Barbate
Zahara d.I.A.
Tour 6
10 km
TOUR 5

Tour 5: Andalusiens Sherrydreick (ca. 310 km)

**Bornos – Arcos de la Frontera – Jerez de la Frontera
Sanlúcar de Barrameda – Chipiona – Rota
El Puerto de Santa María – Cádiz
Chicliana de la Frontera – Conil de la Frontera
Los Caños de Meca**

Stellplätze: Guadalema de los Quinteros, Bornos, El Santiscal, Arcos de la Frontera (2x), Jerez de la Frontera (2x), Sanlúcar de Barrameda (2x), Chipiona (2x), Arriates (2x), Rota, El Puerto de Santa María (2x), Valdegrana, Barriada Río San Pedro, Cádiz (2x), Sendero Salina Tres Amigos, Playa Camposato, Sancto Petri, Playa de la Barrosa, Playa del Puerco, Conil de la Frontera, El Palmar, Zahora, Los Caños de Meca

Campingplätze: Rota, El Puerto de Santa María, Conil de la Frontera, Los Caños de Meca

Besichtigen: Bornos, Arcos de la Frontera, Jerez de la Frontera mit Reitschule und Bodegas, Gestüt und Rennbahn in der Nähe von Jerez, Burg mit Bodega und Doñanatouren in Sanlúcar de Barramenda, Chipiona, El Puerto de Santa María mit Bodegas, Cádiz

Wandern: Sendero Salina Tres Amigos, am Cabo Trafalgar

Baden: Chipiona, Arriates, Rota, Strände um Cádiz, Playa Camposato, Playa de la Barrosa, Playa del Puerco und Buchten südlich davon, Aceitebucht und Conil de la Frontera, El Palmar, zwischen Zuheros und Los Caños de Meca

Unterhalb des Guadalquivirs setzt sich auf Tour 5 die Costa de la Luz nach Süden hin fort. Sie erkunden das Sherrydreieck zwischen Jerez de la Frontera, Sanlúcar de Barrameda und El Puerto de Santa María, begeben sich an lange, feinsandige Strände, die hier meist etwas belebter sind als ihre Pendants weiter nördlich und erkunden das als Vorposten mitten im Atlantik liegende Cádiz – die älteste Stadt Europas. Wenn nicht bereits in Sevilla geschehen, empfiehlt sich nun der Besuch einer Flamenco-Show, denn Jerez gilt als eine der Hochburgen des andalusischen Ausdruckstanzes und seiner Musik.

Bornos

Auf dem Weg nach Süden kommen Sie zunächst an **Guadalema de los Quinteros** vorbei. Dort parken regelmäßig über Nacht Wohnmobile auf der Durchreise auf dem kleinen Platz vor dem Freibad, bisher ohne Probleme. Eine Ecke weiter befinden sich die Dorfbar und eine Apotheke **[083:** N 37°03'23"

W 5°49'50", Calle Quinita Flores].

Wenig später lohnt sich ein Stopp in **Bornos** am gleichnamigen Stausee. Es gehört bereits zu den bekannten weißen Dörfern, die sich von hier an quer durch die sich östlich anschließende Sierra de Grazalema und südlich bis an die Costa del Sol ziehen. Eingerahmt von Wein- und Olivenölplantagen und sogar einigen Baumwollfeldern gehören das aus maurischer Zeit stammende **Castillo Fontanar** und das mächtige **Corpus Christi Kloster** zu den auffälligsten Bauwerken der Stadt. Nur wenige Touristen kommen nach Bornos, und es geht daher viel beschaulicher, aber auch weniger herausgeputzt als beispielsweise im nachfolgenden Arcos zu. Die Straßen sind äußerst schmal und für Wohnmobile somit nur bedingt bis gar nicht geeignet. Für eine Stippvisite nehmen Sie daher am besten gleich die Parkflächen neben und kurz vor dem Ortseingangskreisel bei [N 36°49'22" W 5°44'33", CA402]. Neben dem stillgelegten Campingplatz direkt am Seeufer dürfen Sie ganz offiziell über Nacht bleiben. Achten Sie allerdings unbedingt auf die Zufahrtsbeschreibung, um das enge Zentrum zu umgehen.

(084) Offizieller WOMO-Stellplatz: Bornos

GPS: N 36°48'34" W 5°44'25", Avenida de la Diputación. **Max. WOMOs**: 4-5.
Ausstattung: Sat-Empfang, Mülltonnen, sonst keine Einrichtungen.
Beschreibung: Ruhige Parkplätze direkt am Stauseeufer unterhalb des Ortes Bornos neben dem ehemaligen Campingplatz, offiziell auf der Webseite des Ortes zur Nutzung für Wohnmobile angegeben, nur wenig Schatten, auf Asphalt, fast eben, Campingverhalten untersagt, Strandbar benachbart, rund 600 m ins Ortszentrum.
Zufahrt: ACHTUNG: nur diesen Zufahrtsweg nehmen, da die Anfahrt durch den Ort zumindest für größere Womos mit Aufbau sehr eng ist!

Statt nach Bornos einzufahren, bleiben Sie auf der vorbeiführenden Hauptstraße A384 nach links/in östliche Richtung. Erst an der Beschilderung „Poligono Industrial" fahren Sie zum Kreisverkehr hin ab und nehmen die vierte Abfahrt nach der Tankstelle. Am Ende der Straße rechts halten und der Calle Ordóñez für rund 1,8 km bis zum Ende folgen. Dort links und bei zweiter Gelegenheit erneut links zum Stellplatz nach 150 m fahren.
Hinweis: Die Parkplätze sind sehr kurz und nur als Querparker nutzbar. Sollten sie besetzt sein, gibt es eine weitere kleine Parkfläche einige Meter weiter auf Schotter bei [N 36°48'29" W 5°44'31"].

***Bornos* – *Tourist-Info*:** *Plaza Alcalde José González 2, www.turismodebornos.com |* ***Wochenmarkt*:** *Do, Avenida Carlos de Bornos*

Stausee von Bornos

Arcos de la Frontera

Kleiner und auch als Badeplatz beliebt ist das südlich an den See von Bornos anschließende Staubecken bei der Stadt Arcos de la Frontera. Falls Sie Bedarf nach einer Abkühlung oder Lust auf eine Ruderbootfahrt haben, können Sie zunächst das zum Sandstrand ausgebaute Ufer in **El Santiscal** anfahren. Zumindest wochentags ist es meist ruhig, und Wohnmobile bleiben direkt neben der nicht allzu befahrenen Straße auch über Nacht [**085:** N 36°45'59" W 5°47'03", Avenida Principe de España]. Ganz offiziell kommen Sie alternativ zwischen See und Stadt am Restaurant La Plata unter. Für die Besichtigung von Arcos ideal und ebenso als Nachtplatz möglich sind die großzügigen Parkflächen unterhalb des Altstadtfelsens.

(086) Offizieller WOMO-Stellplatz: Arcos de la Frontera (Hostal Rural La Plata)

GPS: N 36°45'15" W 5°46'55", Carretera a Santiscal.
Internet/ Tel.: www.hostalrural-laplata.es, +34 956 112 150.
Max. WOMOs: 5-6.
Ausstattung: Sehr einfache Ver-/ Entsorgung (nicht frei zugänglich, gegen Gebühr), Strom (gegen Gebühr), Toilette (tagsüber), Dusche (gegen Gebühr), Mülleimer, WLAN, Sat-Empfang.
Beschreibung: Einfacher, betonierter Parkplatz neben einem Hotel-Restaurant. Nachts abgeschlossen, kaum Schatten, ebener Untergrund, ca. 4 km bis ins Zentrum.
Preis: €€.
Zufahrt: Aus Richtung Arcos kommend auf der A372 in Richtung El Bosque fahren, dann am Kreisverkehr links nach El Santiscal abfahren. Die Einfahrt folgt hier nach rund 400 m links.
Hinweis: Die sehr einfachen Installationen sollten zuletzt erneuert werden, sodass ab 2020 hoffentlich eine bessere V/ E zur Verfügung stehen wird...

(087) WOMO-Stellplatz: Arcos de la Frontera

GPS: N 36°45'01" W 5°48'55", Avenida Duque de Arcos.

Max. WOMOs: 10-12.
Ausstattung: Toiletten, Mülleimer, Sat-Empfang.
Beschreibung: Großer, gemischter Parkplatz, belebt und auch nachts nicht ganz leise, dafür sehr zentral, etwas Schatten an der Rückseite, Lehmboden, eben, Campingverhalten untersagt, 600 m in die Altstadt.
Zufahrt: Arcos de la Frontera auf der A382a westlich umfahren, dann am letzten Kreisverkehr mit Burger-King-Filiale die letzte Ausfahrt nehmen, am nächsten Kreisverkehr rechts halten und zum Platz nach 250 m rechts fahren.
Hinweis: Weitere gut geeignete Parkflächen befinden sich gleich ums Eck in der Calle Antonio y Carlos Murciano ungefähr bei [N 36°44'56" W 5°49'00"].

Unterwegs in Arcos de la Frontera

Arcos de la Frontera ist eines der bekanntesten weißen Dörfer überhaupt, wobei der Begriff „Dorf" missverständlich verwendet wird. Mit über 30.000 Einwohnern ist es eine Kleinstadt. Der älteste Teil sitzt auf einem Felsen und besteht aus einem Gewirr enger und verwinkelter Gassen, die ihren arabischen Ursprung nicht leugnen können. Dabei wirken sie einladend und abweisend zugleich, je nachdem, an welcher Ecke Sie sich gerade befinden.

Nordwestlich der Parkplätze machen Sie sich über die Calle Muñoz Vázquez auf, um den Ort stetig bergauf steigend zu erkunden. Rechts lassen Sie eine Parkanlage mit Tiefgarage neben sich und folgen an deren Ende nach schräg vorne links der Calle Cebajo del Corral und der sich anschließenden Calle Corredera weiter aufwärts. Langsam werden die Gassen nun schmaler und die weißen Wände sind an vielen Stellen mit Blumenschmuck verziert. Spätestens, wenn Sie das alte Stadttor durchschreiten, sind Sie im Herzen von Arcos angekommen. Rechts erreichen Sie schließlich die **Basílica Menor de Santa María de la Asunción**. Auffällig ist die fehlende Spitze des Glockenturms. Rechts herum gelangen Sie zum Hauptportal, das an der zentralen Plaza del Cabildo liegt. Im Palazzo linker Hand befindet sich ein Luxushotel der staatlichen Parador-Kette. Geradeaus können Sie vom **Balcón de Arcos** einen Blick auf die Landschaft ringsum werfen.

Die Calle Nueva führt vorbei am in Privatbesitz befindlichen Castillo zurück zum Aufstiegsweg. Wenn Sie dagegen neben dem Hotel weiter ansteigen, können Sie tiefer in das Gewirr der Gassen eintauchen und so manche pittoreske Ecke entdecken.

Gasse in Arcos

***Arcos de la Frontera** – **Tourist-Info**: Calle Cuesta de Belén 5, www.arcosdelafrontera.es | **Wochenmarkt**: Fr, Calle Antonio y Carlos Murciano | **Festkalender**: **Toro Aleluya**, Ostersonntag, Stiertreibjagd durch die Gassen, **Fiesta Virgen de las Nieves**, Anfang August, Flamencofestlauf der Plaza del Cabildo, **Feria San Miguel**, Ende September, religiöses Fest zu Ehren der Schutzpatronin, **Belen Viviente**, die Weihnachtsgeschichte wird von Dutzenden Einheimischen nachgespielt, Sa vor Weihnachten.*

Gastrotipps Arcos de la Frontera: **Aljibe****, Cuesta del Belen 10, **Bar la Carcel****, Calle Dean Espinosa 18, **Bar Alcaravan****, Calle Calle Nueva 1, **El Retablo****, Calle Dean Espinosa 6, **Los Murales****, Calle Marques de Torresoto 1, **Meson Cananeo***, Calle Cadenas Numero 11

Sherry und Co – Wein aus Andalusien

Während Sherry in Andalusien allgegenwärtig ist und bei kaum einen Barbesuch und keiner Tapería fehlen darf, ist der bei uns eher als Aperitif und zur Verfeinerung von Speisen bekannt gewordene, recht spezielle Wein mit den Jahren etwas aus der Mode gekommen. Dabei lässt sich dem Sherry durchaus etwas abgewinnen, wie Sie bei einer fast schon obligatorischen Bodegaführung oder ein paar Copitas in den Bars vielleicht selbst feststellen werden.

International zu Ehren kam der Sherry durch einen Freibeuter. Tatsächlich war es Sir Francis Drake, der im Namen seiner Majestät 1587 an Spaniens Westküste auf Raubzug ging. Zu seiner Beute zählten mehrere tausend Schläuche Wein, die daheim in England schnell zum begehrten Modegetränk avancierten. Dabei waren sie streng genommen gepanscht – um die lange Schiffsfahrt zu überstehen und ein Umkippen zu verhindern, wurde der Wein aufgespritet, also mit zusätzlichem Alkohol auf knapp 20% gebracht.

Und da in Britannien niemand den Namen Jérez aussprechen konnte, wurde kurzerhand der Sherry daraus.

Es dauerte nicht lang, bis erste Kaufleute anlandeten, Weinfelder aufkauften und britische Bodegas auf spanischem Boden gründeten. Namen wie Williams, Harveys oder Osborne existieren noch heute. Auch Sandeman geht auf einen schottischen Einwanderer zurück.

Im als Sherrydreieck bekannten Gebiet zwischen Jerez de la Frontera im Osten, Sanlúcar de Barrameda im Westen und El Puerto de Santa

Bodega Osborne

María im Süden dreht sich bis heute (fast) alles um den Wein, der hauptsächlich aus der Palominotraube gewonnen wird und in Eichenfässern reift.

Am beliebtesten ist der Fino (15 bis 17%). Er hat eine helle, gelbliche Färbung, ist trocken und herb-säuerlich im Geschmack und wird gut gekühlt getrunken. Der Oloroso (18 bis 20%) ist in der Färbung tiefgolden, halbtrocken bis süßlich und von zart nussiger Note. Er schmeckt leicht gekühlt am besten. Am süßesten ist der Cream Sherry (19 bis 21%). Er wird mit einem Süßwein verschnitten, ist schwer, ganz leicht honigartig und wird ungekühlt genossen. Dazwischen gibt es, je nach Bodega, weitere Abstufungen in Qualität und Geschmack.

Noch zwei dem klassischen Sherry ganz ähnliche Weine werden in Andalusien produziert. In Sanlúcar de Barrameda ist das der Manzanilla, ein besonders trockener Fino, der durch seine Lagerung in Seenähe eine ganz leicht salzige Note erhält. Er wird außerdem nicht gespritet.

Der aus dem gleichnamigen Montilla stammende Wein wird hauptsächlich aus der Pedro Ximénez-Traube gewonnen und reift in Tonkaraffen (siehe Tour 14). Zu den üblichen Sorten kommt dort noch eine nach der Traube benannte, sehr süße und sehr dunkle Variante hinzu, die an die 30%-Marke heranreicht. Falls Sie den sherryartigen Weinen gar nichts abgewinnen können, ist trotzdem noch nicht alles verloren – in Andalusien werden auch sehr gute Weine in für den mitteleuropäischen Gaumen üblicheren Geschmacksnoten angebaut. Die Region um Málaga produziert außerdem bekannte gleichnamige Süßweine.

Jerez de la Frontera

Jerez trägt, wie viele andere andalusische Orte, den Beinamen „de la Frontera“. Übersetzt bedeutet das „an der Grenze“ und bezieht sich auf seine Lage, an der einst für längere Zeit Grenzen bestanden und damit einhergehend Gefechte zwischen Mauren und Christen ausgetragen wurden. So kam es, dass Jerez gleich zweimal Schauplatz schwerer kriegerischer Auseinandersetzungen wurde: einmal im siebten Jahrhundert, als die Westgoten den Mauren unterlagen und der Ort als „Sharis“ danach für 600 Jahre unter muslimischer Herrschaft stand, ein weiteres Mal im 13. Jahrhundert, als Alfons X. Jerez für die kastilische Seite eroberte. Heute ist die Stadt mit ihren mehr als 200.000 Einwohnern Andalusiens unangefochtenes Zentrum der Pferdezucht und des Jerez-Weins, der international als Sherry bekannt ist. Außerdem wird Flamenco so intensiv und ursprünglich wie kaum an einem anderen Ort praktiziert und gelebt. Reitschule, Bodegas und Flamencolokale ergeben zusammen mit der hübschen, von vielen Cafés und Gaststätten gesäumten Innenstadt eine äußerst attraktive Mischung und machen Jerez zu einem der besuchenswertesten Orte in Spaniens Süden.

Wenn Sie nur einen Parkplatz in Zentrumsnähe suchen, ist die Fläche in der Calle Marianista Ciriaco Alzola bei [N 36°41'44" W 6°08'16"] eine gute Wahl. Eine Alternative könnte der Parkplatz in der Calle Taxdirt bieten, [N 36°41'24" W 6°08'48"], vor allem dann, wenn Sie die Stadtbesichtigung mit einem Zoobesuch kombinieren wollen. Die beiden privat betriebenen Stellplätze liegen am nördlichen Stadtrand auf Firmengeländen und sind mäßig attraktiv. Dafür stehen Sie dort sicher, es gibt funktionierende Ausstattungen und nahe Busverbindungen in die Innenstadt.

(088) Offizieller WOMO-Stellplatz: Jerez de la Frontera 1 (La Morada del Sur)

GPS: N 36°42'47" W 6°06'35", Avenida Tio Pepe.
Internet/ Tel.: www.lamoradadelsur.es, +34 638 619 787. **Max. WOMOs**: 20+.
Ausstattung: Ver-/ Entsorgung (nicht frei zugänglich), teils Strom möglich, Toilette, Dusche, Mülleimer, WLAN, Sat-Empfang, Waschmaschine/ Trockner, Getränkeautomaten, Videoüberwachung.

Beschreibung: Wohnmobilausstatter und -werkstatt mit Stellplatz auf dem Betriebsgelände neben der Haupteinfallstraße. Auf Asphalt, kaum Schatten, eben, nachts vor allem im hinteren Bereich recht ruhig, abgesperrt und teils beleuchtet. Bushaltestelle direkt vor der Tür, ins Zentrum ca. 3,8 km.
Preis: €€.
Zufahrt: Der A382 aus Richtung Arcos immer geradeaus bis nach Jerez folgen. Nach der Autobahnüberführung am vierten Kreisverkehr rechts in die Avenida F. Portillo abbiegen und dann erneut am vierten Kreisverkehr rechts halten. Sie müssen nun bis zum dritten Kreisel und dort umdrehen, also auf gleicher Straße in entgegengesetzte Richtung zurückfahren, um die mittige Verkehrsinsel zu umgehen. Die Einfahrt zum Platz befindet sich nun nach rund 350m rechts.

(089) Offizieller WOMO-Stellplatz: Jerez de la Frontera 2 (Alquiler Webcaravan)

GPS: N 36°42'39" W 6°07'16", Calle de la Investigación.
Internet/ Tel.: www.areasautocaravanas.com, +34 636 21 72 33.
Max. WOMOs: 20+.
Ausstattung: Ver-/ Entsorgung (nicht frei zugänglich), Toilette, Dusche, Mülleimer, WLAN, Sat-Empfang, Spülgelegenheit.

Beschreibung: Wohnmobilhändler und -werkstatt der Marken Dethleffs, Sunlight, Roller Team, Reimo und Itineo mit Stellplatz auf dem Betriebsgelände im Industriegebiet. Auf Asphalt, kein Schatten, eben, nachts ruhig, abgesperrt und beleuchtet. Bushaltestelle in der Nähe, ins Zentrum ca. 3,4 km.
Preis: €€.
Zufahrt: Der A382 aus Richtung Arcos immer geradeaus bis nach Jerez folgen. Nach der Autobahnüberführung am vierten Kreisverkehr rechts in die Avenida F. Portillo abbiegen und nun immer geradeaus, bis Sie rechter Hand einen VW-und-Audi-Händler passieren. Am nächsten Kreisverkehr rechts in die Calle Agricultura wechseln, ganz am Ende der Straße rechts abbiegen und sofort wieder rechts in die Zielstraße einfahren. Der Platz folgt hier auf der rechten Seite.

Unterwegs in Jerez de la Frontera

Wie in anderen Städten auch besteht in Jerez die Möglichkeit, Wege durch den **City-Sightseeing-Bus** abzukürzen. Er verkehrt auf insgesamt 10 Stationen rund um die Altstadt. Die Erklärungen sind auch auf Deutsch abrufbar *(€€€, Apr – Sep Mo – Sa 10 – 18 Uhr, So 10 – 14 Uhr, sonst nur Mo – Sa 10 – 15.15 Uhr, kostenloser Stadtrundgang inklusive, an Betriebstagen um 13 Uhr, mehr unter www.city-seightseeing.com)*.
Sowohl ein gut erreichbarer Ausgangspunkt für Ihre Stadtbesichtigung als auch Halt dieses Busses ist die Hofreitschule, **Fundación Real Esciela Andaluza del Arte Ecuestre**. Sie wurde in den 1970er Jahren von einem Sherrybaron gegründet und befindet sich heute in staatlichem Besitz. Aufgabe ist einerseits die Zucht der Pferderasse „Andalusier", andererseits die Ausbildung in der Dressurkunst. Interessierte aus aller Welt kommen dafür nach Jerez doch nur wenige werden am Ende als Schüler angenommen. Tagsüber kann man den alten Palast auf dem Gelände, das moderne Museum, die Lederwerkstatt und die Parkanlagen auf eigene Faust besichtigen, beim Pferdetraining im Freibereich und in der Reithalle zusehen oder sich einer Führung durch die Stallungen anschließen. Diese werden auch auch auf Englisch und Deutsch durchgeführt. Mehrmals die Woche lockt außerdem die Show „Wie die andalusischen Pferde tanzen" mehrere hundert Zuschauer an. Karten zu reservieren, lohnt sich bei Interesse für beide Varianten, denn die Plätze sind limitiert. Zur Reitschule gehört ferner das Kutschenmuseum **Museo del Enganche** mit weiteren Stallungen. Es befindet sich mit separatem Eingang wenige hundert Meter südlich *(Avenida Duque de Abrantes 11, Kutschenmuseum Calle Pizarro 17, €€, Mo – Fr 10 – 14 Uhr, Show ab €€€, Termine und mehr unter www.realescuela.org)*.
Gleich gegenüber vom Kutschenmuseum befindet sich die erste Bodega, auf die Sie bei Ihrem Spaziergang

Reitschule und Bodega Sandeman

stoßen. **Sandeman** ist auch in Zentraleuropa ein Begriff und das Logo mit dem Mann in Mantel und Hut wird Ihnen bekannt vorkommen. Mehrmals täglich werden Führungen angeboten. Zwar gilt der produzierte Sherry nicht als absolutes Gourmetprodukt, da es sich eher um Massenware handelt. Um den Herstellungsprozess zu verstehen, ist Sandeman dennoch eine gute Adresse, denn es gibt wochentags immer Führungen auf Deutsch. Zum Rundgang durch die Hallen gehört am Ende natürlich auch eine Verkostung einiger Weine, die Sie in Art und Umfang zu Beginn Ihrem eigenen Interesse entsprechend zubuchen *können (Calle Pizarro 10,* €€-€€€€, Anmeldung empfohlen, *Apr – Okt Mo/ Mi und Fr im Apr – Jul 11 und 14.40 Uhr auf Deutsch, Di/ Do und Fr im Aug – Okt 10.30/ 12/ 14 Uhr auf Deutsch, Nov – Mär Mo/ Mi/ Fr 11 und 13 Uhr auf Deutsch, Di/ Do 10.30/ 12/ 14 Uhr auf Deutsch, www.sandeman.com).*

Gleich hinter dem Kutschenmuseum folgt der Zugang zu einem kleinen Park mit den **Museos de la Atalaya**. Nicht nur ausgesprochene Uhrenliebhaber lassen sich dort von mehr als 300 funktionierenden Zeitmessern der letzten 400 Jahre faszinieren. Unterlegt wird das Ganze mit Musik und akustischen Effekten. Auch eine Ausstellung über Wein, Pferde und Flamenco gehört zum Museumsumfang *(Haupteingang Calle Cervantes 3, Mo – Fr 9.30 – 13.15 Uhr mit Führung, www.museosdelaatalaya.com).*

Verlassen Sie den Museumspark nun westlich an der Calle Cervantes und folgen Sie am Ende der Calle Lealas nach links. Nach gut 400 Metern, zu Beginn der Allee, können Sie rechts einen Abstecher durch die Calle Chancillería zum **Centro Andaluz de Flamenco** im Palacio Permatín machen, wenn Sie sich näher mit der Musikform befassen möch-

ten. Es gibt Filmvorführungen und eine Sammlung an Bildern, Schriftstücken und natürlich Musik *(Plaza San Juan 1, Eintritt frei, Mo – Fr 9 – 14 Uhr, Mi auch 16-30 – 19 Uhr, www.centroandaluzdeflamenco.es)*.
Ohne Flamencozentrum folgen Sie der Allee bis zu einer Kreuzung, an der sich die linke Straße zu einem Platz hin öffnet. Geradeaus, am hinteren Ende, steht dort der imposante Palacio Domecq, rechts daneben das Santo Domingo Kloster. Sie biegen schließlich nach rechts in die Calle Tomería ein, die Sie direkt in die Altstadt führt. Vorbei an kleinen Cafés schlendern Sie durch die verkehrsberuhigten Gassen bis zur Plaza Plateros und wechseln dort am Ende nach rechts auf die Plaza de la Asunción. Auffällig sind das ehemalige Rathaus und die Kirche **San Dionisio**, die beide schon rund 500 Jahre alt sind.
Nach links gewandt, nehmen Sie am Ende die rechts abführende Calle Letrados. Sie vollführt einen Bogen, in dem Sie auf den **Palacio del Laserna** stoßen. Das prachtvoll ausgestattete Gebäude war einst das Zuhause des letzten spanischen Vizekönigs von Peru und kann besichtigt werden *(Calle Pozuelo 8, €€, May – Sep Di – Sa 10 – 14 Uhr und 17 – 20 Uhr, So 11 – 14 Uhr, sonst Di – Sa 10 – 14 Uhr und 16 – 19 Uhr, www.palaciodelvirreylaserna.com)*.
Wenige Schritte weiter stoßen Sie auf die Festung von Jerez, den **Alcázar**. Er wurde zu Beginn des 12. Jahrhunderts von den Almohaden erbaut und ist recht gut erhalten. Im begrünten Innenhof können Sie eine Moschee, die Überreste der arabischen Bäder und einen erst im 17. Jahrhundert mittig in die alten Mauern gebauten Barockpalast anschauen. In seinem Turm wurde eine Camera Obscura eingebaut, die jede halbe Stunde Bilder aus Jerez auf die Leinwände projiziert. Teils gibt es auch deutschsprachige Erklärungen dazu *(Calle Alameda Vieja, €-€€, Jul – Sep Mo – Fr 9.30 – 17.30 Uhr, Sa/ So und restliche Monate nur 9.30 – 14.30 Uhr)*.
Nördlich grenzt an die Festung die **Kathedrale San Salvador**. Sie besteht aus fünf Kirchenschiffen und stammt in ihrer heutigen Form aus dem 18. Jahrhundert, da der Vorgängerbau teilweise eingestürzt war. Als kostbarstes Kunstwerk im Inneren gilt das große Gemälde Marias mit schlafendem Kind von Zurbarán. Der frei stehende Glockenturm war einst vermutlich ein Minarett und kann bis zu seinem Aussichtsbalkon bestiegen werden *(Plaza Encarnación, Kirche frei, Turm €, Apr – Sep*

Kathedrale von Jerez

Mo 10 – 18.30 Uhr, Di – Sa bis 20 Uhr, So 13.30 – 20 Uhr, sonst Mo – Sa 10 – 18.30 Uhr, So 13.30 – 18.30 Uhr, www.catedraldejerez.es).
Südlich der Kathedrale und damit ebenfalls an die Festung angrenzend befindet sich die nächste große **Bodega Tío Pepe**, die zum Weinimperium der Familie Gonzalez Byass gehört. Natürlich werden auch hier Touren durch die Betriebsstätte angeboten, dabei Wein verkostet und auf Wunsch Tapas dazu gereicht *(Calle Puerto 19, €€-€€€, Anmeldung empfohlen, Mo – Sa 12.15/ 14/ 16.15 bzw. Jul – Sep 17.15 Uhr sowie So 12.15 und 14 Uhr Führungen auf Deutsch, www.bodegastiopepe.com).*
Je nach Interessenlage können Sie nun zwischen Bodega und Kathedrale hindurch und stetig weiter in nordwestliche Richtung entweder noch das **Archäologische Museum** oder den **Zoo von Jerez** besuchen. Das Museum informiert über die lange, bis zu den Phöniziern zurückreichende Stadtgeschichte. Der vom WWF ausgezeichnete Zoo gehört zu den besten Spaniens, ist Heimat von über 200 Arten und in einen wirklich sehenswerten botanischen Garten voller tropischer Bäume integriert *(Museum: Plaza del Mercado 11, €, Di – Fr 10 – 14 Uhr, und 16 – 19 Uhr, Sa/ So 10 – 14.45 Uhr; Zoo: Calle Madreselva, €€, Mai – Sep 10 – 19 Uhr, sonst 10 – 18 Uhr www.zoobotanicojerez.com).*
Für den Hauptweg setzen Sie Ihre Tour südöstlich der Festung durch die Calle Conde de Bayona fort und schlüpfen am Ende, hinter dem Kreisverkehr, durch die schmale Calle Santa Cecilia zur **Iglesia de San Miguel** hindurch. Sie wurde Ende des 15. Jahrhunderts erbaut und fällt bis heute durch ihr ungewöhnliches, mit blauweißen Kacheln versehenes Turmdach auf. Der kleine Platz davor ist mit Orangenbäumen geschmückt. Links geht es nun über die Calle San Miguel zur **Plaza del Arenal**, mit der Sie das Herz von Jerez erreicht haben. Die **Touristeninformation** hilft bei der Suche nach weiteren, kleineren Bodegas, die fast alle Führungen anbieten und auch den geübteren Gaumen zufriedenstellen werden. Allerdings sind dort selbst englischsprachige Führungen oft Mangelware. Auch welche Peñas (Flamencokneipen) am Abend geöffnet hat, wird man Ihnen gerne mitteilen. Die rechts von Ihnen weiterführenden Straßen Calle Lancería und Calle Corredera bilden mit dem dazwischen liegenden Dreieck das Haupteinkaufsareal. Die Markthalle finden Sie gleich zu Beginn des Dreiecks über die Verbindungsstraße Plaza Esteve. Wenn Sie schließlich der Calle Lancería nach Norden folgen, gelangen Sie zurück zur Allee an der Calle Porvera, die Sie von einem früheren Zeitpunkt der Tour bereits kennen.

Tipp: Folgen Sie der Calle Corredera stattdessen immer geradeaus, erreichen Sie ´**Tablao Flamenco Puro Arte**. Wie der Name schon sagt, haben Sie dort die Gelegenheit, Flamenco in seiner puren Art zu erleben. Virtuose Gitarrenbegleitung, ein- und mehrstimmiger, mal fröhlich lauter, mal klagend leiser Gesang und professionelle Tanzdarbietungen ausgezeichneter Künstler/ -innen bringen Flamenco in seiner ursprünglichen Form auf die Bühne. Auf Wunsch können Sie abends dazu Tapas oder ein Menü ordern *(Calle Madre de Dios 10, €€€€, Reservierung online oder telefonisch nötig, meist 13.45 Uhr und 20.30 Uhr, www.puroarteflamencojerez.com)*.

Jerez de la Frontera – Tourist-Info*: Plaza del Arenal, www.turismojerez.com |* ***Wochenmarkt****: Mo, Calle Hijuela de las Coles |* ***Festkalender****:* ***Semana Santa****, Ostern, zahlreiche Prozessionen,* ***Fería del Caballo****, Mi – So Mitte Mai, spektakuläres Schaulaufen von Pferden und Menschen am Feríagelände im Norden von Jerez,* ***Fiestas de Otoño,*** *an den letzten beiden Septemberwochenenden, großes Herbstfest zur Weinlese mit Weinstampfen, Markt und Flamenco*

Gastrotipps Jerez de la Frontera: **Albalá****, Calle Divina Pastora, **Parilla de la Pampa****, Calle Guadaleze 24, **Tabankino Tabanco Gourmet****, Calle Idolos 15, **Lu Cocina y Alma*****, Calle de Zaragoza 2, **La Nueva Riva****, Calle de Jose Luis Diez 13, **Albores****, Calle Consistorio 12, **A Mar****, Calle Latorre 8, **Atuvera****, Calle de Ramon de Cala 13, **Tabanco El Pasaje***, Calle Santa Maria 8, **La Carbona****, Calle San Francisco de Paula 2

In der Nähe:

• Wenn Sie sich sehr für die andalusischen Pferde interessieren, können Sie immer samstags das Gestüt **Yeguada de la Catuja** besuchen. Es gibt einen Einführungsfilm. Danach dürfen Sie die Stallungen und andere Bereiche des Hofs inspizieren. Den Abschluss bildet eine Dressurschau ([N 36°37'08" W 6°04'59"], Carretera Medina El Portal, €€€, Reservierung sinnvoll, www.yeguadacartuja.com).

• Zu mehreren Events treffen sich Motorsportbegeisterte alljährlich am **Circuito de Jerez**, an dem vom Formel-1-Rennen bis zum Motorrad-Grand Prix schon viele große Preise ausgefahren wurden. Wenn Sie sich dafür interessieren, finden Sie den Terminkalender online ([N 36°42'49" W 6°02'08"], Carretera de Arcos, www.circuitodejerez.com).

Sanlúcar de Barrameda

Mit seinem rauen Charme und den zur kritischen Flussmündung des Guadalquvirs ausgerichteten Stränden ist Sanlúcar nicht unbedingt die typische Touristenstadt – obwohl es gerade bei Kurzurlaubern aus Sevilla seit Langem einen guten Ruf genießt. Früher war es ein bedeutsamer Hafen. Nicht von ungefähr starteten Kolumbus, Magellan und Cortés von Sanlúcar aus zu einigen ihrer Reisen.

Zumindest in Spanien kennt man die Stadt heute für ihre einmalige Spezialität, den Manzanilla. In dieser Abwandlung des Sherry schwingt dank der meeresnahen Lagerung eine leichte Salznote mit. Möglichkeiten zur Verkostung und zum Kauf gibt es reichlich. Über aktuell geöffnete Bodegas und Führungen informiert im Allgemeinen die Touristeninformation.

Falls Sie den Doñana-Nationalpark bislang noch nicht besucht haben (mehr siehe Tour 4), bietet sich von hier aus die letzte Gelegenheit, per Boot überzusetzen. Parken können Sie am Festplatz des Ortes.

(090) WOMO-Stellplatz: Sanlúcar de Barrameda

GPS: N 36°47'03" W 6°21'33", Calle Pedro Fernández de Lugo.

Max. WOMOs: 10-12.

Ausstattung: Toiletten, Mülleimer, Sat-Empfang.

Beschreibung: Großer, sandiger Patz, einigermaßen eben, kein Schatten, Campingverhalten untersagt, direkt am Strand, Bars und Restaurants in der Nähe, ca. 800 m ins Zentrum.

Zufahrt: Arcos de la Frontera auf der A382a westlich umfahren, dann am letzten Kreisverkehr mit Burger-King-Filiale die letzte Ausfahrt nehmen, am nächsten Kreisverkehr rechts halten und zum Platz nach 250 m rechts fahren.

Hinweis: Nicht nutzbar während des Stadtfestes Ende Mai/ Anfang Juni, alternativ können Sie es am Parkplatz in der Avenida Cabo Noval bei [N 36°47'16" W 6°21'09"] versuchen.

Strand von Sanlúcar de Barrameda

Die 67.000-Einwohner-Stadt teilt sich bei näherer Betrachtung in drei Viertel auf. Am Strand leben und lebten im Bajo de Guía die Fischer. Darauf folgt die Unterstadt, Barrio Bajo, in der sich heute die meisten Geschäfte, Restaurants und Bars befinden. Das Barrio Alto zieht sich schließlich bis in die Hügel hinauf und ist der älteste Teil von Sanlúcar. Falls es Sie dorthin zieht, können Sie den Ruinen des **Castillo de Santiago** einen Besuch abstatten. Es beherbergt ein Kostüm- und Militärmuseum. Die Aussicht reicht bis weit hinaus aufs Meer und in die Doñana hinüber. Gleich benachbart können Sie die bekannteste **Bodega Barbadillo** besichtigen. Sie ist in einen Museumsteil mit Audioführung (zuletzt nicht auf Deutsch) und auf Wunsch einen Gang durch die eigentliche Bodega und eine Verkostung unterteilt.

Für Bootstouren in den Nationalpark müssen Sie sich an das **Centro de Visitantes Fábrica de Hielo** im Strandviertel wenden. Es zeigt eine Ausstellung und koordiniert die Abfahrten, für die eine Reservierung im Vorfeld unbedingt ratsam ist. Zum Baden ist es besser, ein paar Kilometer weiter zu fahren und die westlichen Vororte von Sanlúcar aufzusuchen. Dort befindet sich ein weiterer, diesmal privat geführter Stellplatz.

(091) Offizieller WOMO-Stellplatz: Sanlúcar de Barrameda (Sanlúcar AC Parking)

GPS: N 36°45'41" W 6°23'45", Camino de la Reyerta.
Tel.: +34 656 97 04 09.
Max. WOMOs: Ca. 50.
Ausstattung: Ver-/ Entsorgung (nicht frei zugänglich), Strom, Toilette, Dusche, Mülleimer, WLAN, Sat-Empfang, Grillstelle, Waschmaschine.
Beschreibung: Privater Stellplatz mit recht großzügigen, parzellierten Stellplätzen auf Rasen. Kaum Schatten, fast eben, klappstuhlgeeignet, direkt am Strand, Bars ca. 350 m entfernt, ca. 4,5 km ins Zentrum, Bushaltestelle in der Nähe.
Preis: €€.
Zufahrt: Der ab Sanlúcar hinter dem Strand in südwestliche Richtung führenden Hauptstraße Templo di Lucero und dem Verlauf folgen, bis die Straße an einer T-Kreuzung endet. Dort rechts abbiegen und bis zum Platz rechter Hand fahren.

Sanlúcar de Barrameda* – *Tourist-Info*:** *Avenida Calzada Duquesa Isabel 8, www.sanlucarturismo.com |* ***Wochenmarkt*: Mi, Calle Palmilla |* ***Castillo de Santiago****: Plaza del Castillo Santiago, €€, Mitte Jun – Mitte Sep 10 – 22 Uhr, sonst Mo – Sa 10 – 15 Uhr und 17 – 19 Uhr, So 10 – 15 Uhr, www.castillodesantiago.com |* ***Bodega Barbadillo:*** *Calle Luíz de Eguilaz 11, Museum Eintritt frei, 10 – 15 Uhr, Nov – Mär So Ruhetag, inkl. Verkostung/ Führung €-€€, englischsprachig meist nur um 11 Uhr, www.barbadillo.com |* ***Centro***

***Visitantes Fábrica de Hielo**: Avenida Bajo de Guía, Apr – Sep meist 9 – 20 Uhr, sonst bis 19 Uhr, Jan nur bis 18 Uhr, www.visitasdonana.com | **Festkalender: Feria Manzanilla**, Ende Mai/ Anfang Jun, Weinfest, **Carreras de Caballos**, im August, wilde Pferderennen am Strand, **Exaltación al Río Guadalquivir,** Mitte August, Prozession zu Ehren des Flusses*

Gastrotipps Sanlúcar de Barameda: Casa Bigote**, Avenida Bajo de Guia 10, **Avante Claro Bajo Guía****, Calle Pórtico Bajo de Guía, **Veranillo de Santa Ana****, Calle de Manuel Hermosilla 2, **Taberna Argueso****, Calle Mar 2, **Helado Toni** (Eis), Plaza Cabildo 2, **El Tesorillo Abaceria****, Calle de Carmen Viejo 2

Chipiona

Weißer Strand an der Nord- und Westküste, ein ansehnlicher Yachthafen und eine schöne Promenade bieten zusammen mit der hübschen kleinen Fußgängerzone dahinter gute Bedingungen für einen entspannten Badeaufenthalt. Außer im Juli und August herrscht zudem wenig Rummel – kein schlechter Ort für einen Aufenthalt mit dem Wohnmobil! Am nordwestlichsten Eck finden Sie zudem Spaniens höchsten Leuchtturm mit 69 Metern. Besichtigungen sind möglich, werden aber nur unregelmäßig durchgeführt. Details dazu erhalten Sie in der Touristeninformation.

In und bei Chipiona gibt es verschiedene kommerzielle Stellplätze. Der erstgenannte ist ein ganzes Stück vom Zentrum entfernt, aber ideal über eine Fahrradstrecke mit der Stadt verbunden. Der zweite befindet sich in fußläufiger Entfernung zum Ort. Die beiden letztgenannten erschließen dagegen mehr die südlich von Chipiona gelegenen Strände, falls Sie eher an einem reinen Badeaufenthalt interessiert sind.

Leuchtturm und Strand von Chipiona

(092) Offizieller WOMO-Stellplatz: Chipiona 1 (Niño de Oro)

GPS: N 36°44'59" W 6°24'48", Via Verde. **Max. WOMOs**: Ca. 40.

Öffnungszeiten: Ca. April – September

Ausstattung: Entsorgung (nicht frei zugänglich), Versorgung nur ohne Trinkwasserqualität, Strom, Toilette, Dusche, Mülleimer, WLAN, Sat-Empfang, Waschmaschine.

Beschreibung: Privater Stellplatz inmitten der Obstplantagen. Etwas Schatten, Parkflächen auf Rasen, fast eben, klappstuhlgeeignet, sehr ruhig, Bar ca. 250 m entfernt, ca. 2,8 km ins Zentrum, Fahrradweg in den Ort direkt neben dem Platz.

Preis: €€.

Zufahrt: Ab Sanlúcar über die A480 in Richtung Chipiona fahren. Im Kreisverkehr kurz vor dem Ort rechts nach Montijo abbiegen. Bei der Beschilderung „IFAPA Chipiona" erneut links fahren und unmittelbar nach dem so bezeichneten Gebäude links abbiegen. Sie queren dann einen Fuß- und Radweg, behalten die Richtung bei und gelangen so auf dem schmalen, ungeteerten Güterweg bis zum Stellplatz linker Hand bei den angegebenen Koordinaten nach rund 700 m.

(093) Offizieller WOMO-Stellplatz: Chipiona 2 (Area RV)

GPS: N 36°44'41" W 6°25'38", Puerto Deportivo. **Max. WOMOs**: Ca. 60.

Ausstattung: Ver-/ Entsorgung (gegen Gebühr), teils Strom (gegen Gebühr), Toilette/ Dusche und Waschmaschine im Hafengebäude vorhanden, Mülleimer, Sat-Empfang, beleuchtet, durch Schranke gesichert.

Beschreibung: Stellplatz am Beginn des Hafengeländes von Chipiona mit Zugangsschranke. Etwas karg wirkende, große, ebene Betonfläche, kein Schatten, klappstuhlgeeignet. Nachts ruhig, Strand nur 100 m entfernt, knapp 1000 m bis ins Zentrum.

Preis: €€.

Zufahrt: Ab Sanlúcar über die A480 in Richtung Chipiona fahren. Am ersten Kreisverkehr im Ort rechts halten, am zweiten geradeaus und am dritten rechts abbiegen. Am Ende der Straße im vierten Kreisverkehr rechts halten und am fünften nach links in Richtung Hafen abzweigen. Der Platz befindet sich rechter Hand.

Hinweis: Die Bezahlung war zuletzt nur am Automaten vorab per Kreditkarte möglich. Beim Zurüc gehen zum Fahrzeug nicht durch die Lichtschranke laufen! Zugangskarten für die Duschen gibt es beim Hafenmeister.

Hinweis 2: In der Nebensaison oder tagsüber stehen Wohnmobile auch an der Promenade von Chipiona ohne Einrichtungen bei [N 36°44'40" W 6°25'55"].

(094) WOMO-Badeplatz: Arriates (Playa de las Tres Piedras)

GPS: N 36°42'03" W 6°25'34", Calle Gaviotas. **Max. WOMOs**: 12 bis 15.

Ausstattung: Keine Einrichtungen, Sat-Empfang, Strandtoiletten und -du-

schen in der Nähe.
Beschreibung: Einfache Sand-/ Erdfläche gleich hinter dem Strand, die als Parkplatz genutzt wird, kein Schatten, nicht ganz eben, Campingverhalten untersagt, Restaurants benachbart, ca. 5 km ins Zentrum von Chipiona.
Preis: €, nur tagsüber in der Hauptsaison
Zufahrt: Auf der A491 von Chipiona in Richtung Rota fahren, dann rechts beschildert zur Playa de Las Tres Playas abbiegen und am Ende der Straße links fahren. Sie stoßen dann auf einen kleinen Kanal, an dem es rechts zum Parkplatz geht.

(095) Offizieller WOMO-Stellplatz: Arriates (Area Manuel Andrea)

GPS: N 36°42'29" W 6°24'58", Calle Mataserranos. **Max. WOMOs**: Ca. 40.
Ausstattung: Ver-/ Entsorgung (nicht frei zugänglich), teils Strom, Toilette, Dusche Mülleimer, WLAN, Sat-Empfang, Waschmaschine kleiner Pool, Spielplatz, Kiosk/ Minimarkt.
Beschreibung: Einfache, teils Erd-/ teils Schotterfläche an der Hauptstraße, daher nicht ganz leise, im hinteren Bereich kleines Rasenareal mit Pool. Etwas karg, eben, kein Schatten, klappstuhlgeeignet, Strand 1,3 km entfernt, knapp 3,5 km bis ins Zentrum von Chipiona.
Preis: €€.
Zufahrt: Auf der A491 von Chipiona in Richtung Rota fahren, der Platz folgt linker Hand rund einen Kilometer nach der Abzweigung zum Playa de Las Tres Playas an der Hauptstraße.

***Chipiona – Tourist-Info**: Paseo Cruz del Mar 2, www.turismodechipiona.com | **Wochenmarkt**: Mo, Avenida Félix Rodríguez de la Fuente | **Festkalender: Fiesta del Moscatel**, Ende Jul/ Anfang Aug, Weinlesefest samt Stierhatz und Flamencodarbietungen*

Gastrotipps Chipiona: **Bar La Ola***, Calle Isaac Peral, **Margerita la Fresca** (Eis), Calle Isaac Peral, **Sin Bulli***, Calle Padre Lerchundi 26, **Costa Monterrey****, Avenida Sevilla 58, **Awa Beach Club****, Paseo Costa de la Luz

Rota

Dem Nachbarn Chipiona gar nicht so unähnlich ist der nächste Badeort, Rota. Anstelle eines Leuchtturms bildet das **Castillo de la Luna** mit seinen fünf zinnbesetzten Türmen einen markanten Fixpunkt, die meist weiß getünchten Häuser weisen deutlich auf die maurische Vergangenheit hin und eine kleine Fußgängerzone zieht sich quer durch den Ort.

Die schönsten und stillsten Strände finden Sie nördlich des Zentrums zwischen dem angegebenen Campingplatz und dem

Strand von Rota

städtischen Stellplatz. Wenn Sie nur für einen Ausflug kommen und sich etwas umsehen wollen, bieten sich die großen Parkflächen am Südende in der Nähe des Yachthafens an, den es hier ebenfalls gibt.

Von Rota aus besteht außerdem die Möglichkeit, mit dem Katamaran nach Cádiz überzusetzen. Mehr dazu erfahren Sie unter www.catamaranbahiacadiz.es.

(096) WOMO-Campingplatz: Rota (Camping Playa Aguadulce)

GPS: N 36°40'16" W 6°24'22", Calle Aguadulce.
Internet/ Tel.: www.playaaguadulce.com, +34 956 847 078.
Öffnungszeiten: Ganzjährig.
Ausstattung: WLAN, teils Sat-Empfang, Spülbecken, Spielplatz, Waschmaschine/ Trockner, Minimarkt, Bar.
Beschreibung: Rund 100 teils durch Bäume, teils künstlich beschattete Parzellen auf Gras, an manchen Stellen etwas eng, direkt am Strand, ruhige Lage, Strandrestaurants ca. 500 m entfernt, rund 8 km bis ins Zentrum.
Preis: €€-€€€€ (5-10% Ermäßigung mit ADAC Camping Card).
Zufahrt: Auf der A491 von Chipiona in Richtung Rota fahren. Sie passieren rechter Hand einen Golfplatz, danach am Kreisverkehr die zwete Ausfahrt nehmen und der Beschilderung zum Campingplatz folgen.

(097) Offizieller WOMO-Stellplatz: Rota

GPS: N 36°38'18" W 6°23'29", Avenida Punta Candor 23.

Max. WOMOs: 18-20.
Ausstattung: Ver-/ Entsorgung, Mülleimer, Strand-Toilette/ -dusche in der Nähe, Sat-Empfang, beleuchtet.
Beschreibung: Markierter Parkplatz nur für Wohnmobile auf Asphalt, keine 100 m vom Strand entfernt. Eben, kein Schatten, Campingverhalten untersagt. Tankstelle und Chiringuito benachbart, 300 m zu Restaurants, knapp 3 km ins Zentrum.
Preis: €.
Zufahrt: Auf der A491 von Chipiona in Richtung Rota fahren, dann rechts auf die A2076 Richtung „Rota (norte)" abzweigen. Dem Straßenverlauf bis zum dritten Kreisverkehr folgen. Der Stellplatz liegt dort an der zweiten Ausfahrt.

***Rota – Tourist-Info**: Calle Compás del Convento 12d, www.descubrerota.com | **Wochenmarkt**: Mi, Calle Zoilo Ruíz-Mateos*

Gastrotipps Rota: **Las Tres Calles Restobar****, Avenida Maria Auxiliadora 19, **Utopía Tapas y Copas****, Avenida de San Fernando 8, **Margerita la Fresca** (Eis), Calle Higuereta 52, **La Dolce Vita****, Calle de Perez de Bedoya 13, **La Callejuela****, Calle de San Clemente 2

El Puerto de Santa Maria

Da eine große Militärbasis die Weiterfahrt entlang der Küste unterbindet, müssen Sie hinter Rota zunächst ein Stück landeinwärts fahren, um nach **El Puerto de Santa Maria** zu gelangen.

Stellplätze 98 und 99a

Es gibt gleich mehrere gut geeignete Parkplätze, um tagsüber wie nachts unterzukommen. Einfach zu erreichen, zentrumsnah und bewacht ist das große, kostenpflichtige Areal östlich des Río Guadalate mit Fußgängerbrücke in die Altstadt hinüber, **[098:** N 36°35'53" W 6°13'15", €, neben Avenida de Europa]. Die Stadt hat den Platz ganz offiziell für Womos freigegeben.

Außerdem stehen Wohnmobile regelmäßig und zumindest außerhalb der absoluten Hauptsaison bislang unbehelligt entlang der ortsnahen Strände. Vor allem nahe der Flussmündung an der **Playa De La Puntilla** bei **[099a:** N 36°35'05" W 6°14'12", Aparcamiento de Mercadillo], am **Phi Phi Beach** **[099b:** N 36°35'00" W 6°15'02", Calle Puerto Serrano], an der **Playa De La Muralla** bei **[099c:** N 36°34'54" W 6°15'40"] und an der **Playa De La Calita** **[099d:** N 36°35'01" W 6°16'04", Calle Bergatin]. Am Strand befindet sich auch der örtliche Campingplatz.

(100) WOMO-Campingplatz: Puerto de Santa María (Camping Playa Las Dunas)

GPS: N 36°35'14" W 6°14'27", Passeo Marítimo de la Puntilla.
Internet/ Tel.: www.lasdunascamping.com, +34 956 872 210.
Öffnungszeiten: Ganzjährig.
Ausstattung: WLAN, teils Sat-Empfang, Pool, Spülbecken, Spielplatz, Waschmaschine/ Trockner, Minimarkt, Bar.
Beschreibung: Großer gepflegter Platz mit rund 100 durch Bäume teil- oder ganz beschatteten, meist recht großen Parzellen auf Erd-/ Grasboden, direkt am Strand, recht ruhige Lage, nächstes Strandrestaurant ca. 200 m entfernt, gut 1000 m bis ins Zentrum.
Preis: €€€-€€€€ (Ermäßigung mit ADAC Camping Card).
Zufahrt: Ab Rota der A491 in Richtung El Puerto de Santa María folgen. Dann die Ausfahrt 23 Richtung „centro ciudad" nehmen. Nun immer geradeaus bis zum vierten Kreisverkehr, dort die dritte Ausfahrt, Avenida de Descubrimiento, wählen und bei erster Gelegenheit schon beschildert rechts bis zum Campingplatz linker Hand fahren.

Unterwegs in El Puerto de Santa María

Schon das „El Puerto" im Stadtnamen weist auf die rühmliche Vergangenheit als einer der wichtigsten Häfen für die Verbindungen in die Neue Welt hin. Später verschob sich die Bedeutung hin zum Handelshafen, aus dem vor allem Sherry auf die Reise nach Großbritannien und Resteuropa ging. Neben Jerez ist El Puerto de Santa María die zweite Hochburg der Produktion und Lagerung. Entlang der parallel zum Guadalete verlaufenden Straßen stoßen Sie auf die interessantesten Punkte. Von Norden aus erreichen Sie nach der Fußgängerbrücke am Park-

platz links ab zunächst die Calle Ribera del Marisco mit einer kleinen vorgelagerten Parkanlage und einem PKW-Parkplatz. Der Name verdeutlicht die Vorliebe der Einheimischen für Meeresfrüchte und den guten Ruf der Stadt für ebendiese. Gleich danach stoßen Sie auf die quer zum Fluss verlaufende Calle Luna, die als Fußgängerzone mit vielen Geschäften heute das kommerzielle Zentrum markiert. Am Ende stoßen Sie auf die **Iglesia El Puerto de Santa María** mit einem üppig verzierten Portal, die den Mittelpunkt der Stadt markiert.

Zurück am Fluss folgen Sie der breiten Uferpromenade. Sie endet an einem weiteren Parkplatz. Kurz davor gelangen Sie rechts ab und dann so gut wie möglich die Richtung beibehaltend zur Plaza Alfonso X. el Sabio mit dem schönen **Castillo de San Marcos**. Die Herzöge von Medinaceli ließen eine bereits existierende maurische Burg und Moschee umgestalten und wählten sie als ihren Sitz. Unter anderem begrüßten sie dort Kolumbus als Gast. Danach wirkten sie auch bei der Finanzierung seiner Reisen mit. Heute befindet sich die Burg im Eigentum der Bodega Caballero und kann im Rahmen einer Führung besichtigt werden *(Plaza Alfonso X. el Sabio, Burg mit Bodegaführung €€, englischsprachig Mi – So 11.30 Uhr, Jun – Sep Mo/ Mi/ Do/ Fr/ Sa auch 18 Uhr, www.caballero.es)*. Die **Touristeninformation** liegt direkt daneben. Dort erhalten Sie beispielsweise Informationen zu anderen besuchbaren Bodegas. Nicht lange suchen müssen Sie nach der größten und bekanntesten der Stadt. Wenn Sie nach dem Castillo links abbiegen und die vierte Straße, Calle Moros, nach rechts nehmen, stehen Sie vor dem Eingangsportal zur **Bodega Osborne**. Ihr Markenzeichen, die Silhouette eines Stieres, ist weltbekannt und zu einem Symbol für ganz Andalusien geworden. Überall im Land standen einst meterhohe Stiere als Bildtafeln mit Werbung für die Sherryprodukte. Als dann ein Verbot für derartige öffentliche Werbung einsetzte, waren die Proteste gegen den Abbau der Stiertafeln so groß, dass man sich entschied, nur die Schrift zu entfernen und die Silhouetten kurzerhand zum spanischen Kulturgut erklärte. Sie werden Ihnen sicher hier und da bereits aufgefallen sein…

Der Vorteil einer Sherryführung bei Osborne ist, dass Sie im Gegensatz zu fast allen anderen Bodegas auf regelmäßige deutschsprachige Rundgänge setzen können. Neben der Herstellung wird die Lagerung erklärt und Sie besichtigen die altehrwürdigen Hallen. Es gibt dann noch ein Markenmuseum zu bestaunen und am Abschluss steht, wie fast überall, eine Verkostung. Bei Osborne ist man dabei äußerst großzügig und pro Tisch werden gleich mehrere Flaschen vom herbtrockenen Fino bis zum zuckersüßen Ximenez bereitgestellt.

Wohl bekomms *(Calle Moros, €€ genaue Zeiten deutschsprachiger Führungen auf Anfrage, www.bodegas-osborne.com)*.
Wenn Sie auch Cádiz besuchen möchten, das nur einen Katzensprung entfernt auf einer vorgelagerten Landzunge liegt, ist es eine Überlegung wert, das Wohnmobil stehen zu lassen und stattdessen mit dem Katamaran direkt in die Altstadt überzusetzen. Sie müssen dazu der Calle Moros nur bis zum Flussufer folgen, um zum **Fährterminal** zu gelangen, an dem die Boote von früh bis spät ein- bis zweimal die Stunde ablegen *(Avenida Bajamar, Hin und zurück €, mehr unter www.catamaranbahiacadiz.es)*.

Südlich des Zentrums befindet sich der Vorort **Valdegrana**. Dort finden Sie weitere Strände, private Ferienwohnungen sowie einige Restaurants und Bars. Die beste Parkmöglichkeit liegt am Nordende des Strandes nahe der Guadaletemündung, dort ist das Stehen auch über Nacht möglich **[101:** N 36°34'50" W 6°13'39", Passeo Marítimo].

Auf dem Weg nach Cádiz durchfahren Sie dann noch **Barriada Río San Pedro**. Ein einfacher, aber nicht unattraktiver Parkplatz liegt am Flussstrand Playa de la Ministra bei **[102:** N 36°31'32" W 6°13'19", Calle Paraguay]

***El Puerto de Santa María* – *Tourist-Info*:** *Plaza Alfonso X el Sabio, www.turismoelpuerto.com* | ***Wochenmarkt*:** *Di, Paseo Poeta José Luis Tejada* | ***Festkalender: Feria de Primavera**, Ende Mai, Frühlings- und Weinfest, **Virgen de Los Milagros**, 8. September, religiöses Fest zu Ehren der Schutzheiligen*

Gastrotipps Puerto de Santa María: **Aponiente Ángel León*****, Calle Francisco Cossi Ochoa, **Cantina Puerto Mexico****, Calle Ribera del Río 28, **Heladería Massimo** (Eis), Calle Luna 22, **Bodegas Obregon***, Calle Zarza 53, **Bespoke****, Calle Bejamar 36, **Chema y Punto****, Avenida de Andalucía | **Valdelagrana: Juan Antonio****, Avenida de la Paz 31, **Arroceria Portuense****, Avenida de la Paz 36

Cádiz

Keine andere europäische Stadt kann auf eine so lange ununterbrochene Siedlungsgeschichte zurückblicken wie Cádiz. Es wurde bereits um 1000 v. Chr. unter dem Namen Gadir von den Phöniziern als Vorposten am damals bekannten Ende der Welt gegründet. Bis in die Römerzeit blieb es ein bedeutender Handelsposten, geriet dann während des Mittelalters aber vorübergehend etwas in Vergessenheit. Erst ab dem 16. Jahrhundert begann ein Aufschwung als Dreh- und Ankerpunkt für den Handel mit Lateinamerika. Heute lebt Cádiz zu einem guten Stück von seiner Geschichte, der einmaligen Lage als Vorposten im Atlantik und dem damit einhergehenden Tourismus. Egal, ob Sie mit dem Katamaran herüberkommen oder einen der beiden beschriebenen Stellplätze für Ihren Besuch nutzen, Sie befinden sich fast unmittelbar in der Altstadt und können sofort zu einer Entdeckungstour aufbrechen.

(103) WOMO-Stellplatz: Cádiz 1 (Parking Muelle Reina Sofía)

GPS: N 36°32'16" W 6°17'24", Paseo Almte. Pascual Pery 4.
Max. WOMOs: 30+.
Ausstattung: Toilette, Sat-Empfang, beleuchtet.
Beschreibung: Sehr große, bewachte Asphaltparkfläche im Hafenbereich von Cádiz, nicht ganz ruhig, das Übernachten wird offiziell gestattet, eben, kein Schatten, Campingverhalten untersagt. Nur 350 m bis ins Zentrum.

Preis: €.
Zufahrt: Über die CA35 Richtung Cádiz fahren, nach der Brücke am Kreisverkehr weiter geradeaus und nun immer dem Straßenverlauf Richtung Zentrum entlang der Hauptstraße mit dem Meer rechts von Ihnen folgen. Sie knickt dann an einem Kreisverkehr mit großer Metallskulptur links ab, unmittelbar vor einer 3,5 m hohen Unterführung fahren Sie dann rechts ab zum Eingang des Parkplatzes.
Hinweis 1: Beim Parkwächter erhalten Sie einen speziellen, günstigeren Campertarif für die Übernachtung. Am Automaten war dieser zuletzt nicht verfügbar.
Hinweis 2: Neben dem Gelände befindet sich eine große Diskothek. Zumindest samstagnachts kann es daher recht belebt und lauter zugehen…

(104) WOMO-Stellplatz: Cádiz 2 (Parking Santa Catalina)

GPS: N 36°32'05" W 6°18'25", Calle Campo de la Balas. **Max. WOMOs**: 30+.
Ausstattung: Keine Einrichtungen, Sat-Empfang.
Beschreibung: Große, bewachte Parkfläche auf Erd-/ Schotterboden neben der Festung, nachts relativ ruhig, das Übernachten wird im hinteren Bereich offiziell gestattet, eben, kein Schatten, Campingverhalten untersagt. Nur 250 m bis ins Zentrum.
Preis: €€.
Zufahrt: Über die CA35 Richtung Cádiz fahren, nach der Brücke am Kreisverkehr weiter geradeaus und nun immer dem Straßenverlauf um das Zentrum entlang der Hauptstraße mit dem Meer rechts von Ihnen folgen. ACHTUNG: Unterwegs müssen Sie eine 3,5 m hohe Unterführung passieren. Rechter Hand passieren Sie ein Stück weiter den Parque Genoveses. Danach biegen Sie bei erster Gelegenheit rechts ab. Die Zufahrt kann ab hier durch beidseitig parkende Autos für breite Fahrzeuge ziemlich eng werden. Die Zufahrt zum Platz folgt auf der linken Seite.

Unterwegs in Cádiz

Wie zuvor schon in Jerez können Sie auch in Cádiz einen **City-Sightseeing-Bus** besteigen. Er umkreist die Altstadt und ist dort nur bedingt von Nutzen, um Wege zu sparen. Wenn Sie allerdings auch die weiter südlich gelegene Neustadt mit ihren Stränden erkunden möchten, ist er eine gute Wahl *(Zustieg ab Hafen, „Avenida del Puerto", ab Stellplatz Cádiz 1 „Plaza de la Hispanidad", Zustieg ab Stellplatz Cádiz 2 „Parque Genovés", €€€, inkl. zwei verschiedene Stadtrundgänge, Apr – Okt 10 –*

18 Uhr, Jul/Aug bis 21 Uhr, sonst bis 17 Uhr, www.city-sightseeing.com). Die Beschreibung des Stadtrundgangs startet vom Stellplatz eins aus. Wo Sie vom Hafenanleger und vom Stellplatz zwei aus dazu stoßen, ist im Text vermerkt.

Folgen Sie zunächst der Avenida del Decubrimiento, um am zweiten Kreisverkehr links zum Start der Tour an der **Plaza España** zu gelangen. Der große, begrünte Platz wird von einem massiven Denkmal in Erinnerung an die verfassungsgebende Versammlung von 1812 beherrscht. Es wurden unter anderem die Meinungsfreiheit und die Gewaltenteilung verankert. Diese Dokumente bildeten den Grundstein für ein modernes, freies Europa, so, wie wir es heute kennen.

Verlassen Sie den Platz am südwestlichen Ende und halten Sie sich dann gleich wieder rechts in die Calle Beato Diego de Cádiz. Bei dritter Gelegenheit folgen Sie links der Calle Rosario. Sie stehen dort nach wenigen Metern links vor dem **Oratorio de la Santa Cueva**. Der Ovalbau ist für seine Kuppel bekannt, in der sich maßgeblich de Goya im Jahr 1795 verewigte *(Calle Rosario 10, €, Di – Fr 10.30 – 14 Uhr und 16.30 – 20 Uhr, Sa 10.30 – 14 Uhr, So 10 – 13 Uhr).*

Folgen Sie dann der dritten Querstraße nach links, Calle Rubio y Díaz, um zum beliebten, kleinen Park am Paseo Canalejas zu gelangen, dem Sie nach rechts folgen. Im mittig gelegenen Rundbau und dem Gebäude an der Stirnseite befinden sich Einrichtungen des **Tourismusbüros** von Cádiz. Links von Ihnen liegen die Hafenanlagen, an denen Fähren und Kreuzfahrtschiffe anlanden. Von dort aus stoßen Sie zur Tour, wenn Sie mit dem Katamaran ankommen.

Am Ende des Parks halten Sie sich dann rechts auf der wunderschönen **Plaza de San Juan de Díos**. Sie wird von Palmen und einem Wasserlauf geziert, im Hintergrund erhebt sich das 1799 errichtete Rathaus.

Blick auf Cádiz, unten: Rathausplatz und Kathedrale

Täglich erklingt dort um 10 Uhr ein Glockenspiel nach einer Melodie des Cádizer Komponisten Manuel de Falla. An der Fassade ist außerdem Herkules zu sehen. Er gilt zumindest der Sage nach als Stadtgründer.
Am hinteren linken Ende reicht die Calle San Juan de Díos bis zur anderen Seite der Landzunge hindurch und endet an den Überresten eines **Römischen Theaters** rechter Hand. Es stammt aus dem 1. Jahrhundert v. Chr. und ist bislang erst zum Teil ausgegraben. Während die Sitzreihen betreten werden können, stecken andere Bauteile noch unter Häusern neueren Ursprungs fest *(Calle Mesón, Eintritt frei, Apr – Sep Mo – Sa 11 – 17 Uhr, So 10 – 14 Uhr, sonst 10 – 16.30 Uhr, So 10 – 14 Uhr)*. Rechts herum folgen Sie kurz der Uferstraße und biegen dann gleich wieder rechts ab. Die dortige Iglesia de Santa Cruz wird meist als die „alte Kathedrale" bezeichnet, Teile des Baus stammen noch aus dem 13. Jahrhundert. Der größere Teil wurde aber im 17. Jahrhundert neu errichtet, nachdem ein britischer Angriff 1596 wenig übrig gelassen hatte (Plaza Fray Félix 6).
Linker Hand steht das **Casa Obispo** gleich daneben. Unter dem ehemaligen Bischofspalast wurden uralte Fundamente aus dem 8. Jahrhundert v. Chr. entdeckt und der Öffentlichkeit zugänglich gemacht. Zuletzt war der Eintritt allerdings gesperrt, um weitere archäologische Arbeiten zu ermöglichen.
Rechter Hand neben der Kirche befindet sich das **Casa de la Contraduría** mit dem Kathedralmuseum. Es zeigt den Domschatz, zu dem auch riesige in Gold und Silber gearbeitete, edelsteinbesetzte Monstranzen gehören, die bis heute alljährlich zu Fronleichnam durch die Gassen gewuchtet werden. Außerdem gibt es Werke bekannter spanischer Maler wie Murillo und Zurbarán zu sehen *(Plaza Fray Félix 1d, €, inkl. Kathedrale, Apr – Jun und Sep/ Okt Mo – Sa 10 – 19 Uhr, So 13.30 – 20 Uhr, Jul/ Aug bis 21 Uhr, sonst nur bis 19 Uhr, www.catedraldecadiz.com)*.
Am Ende des Platzes setzen Sie ihren Weg schließlich nach links zur **Kathedrale von Cádiz** fort. Der beeindruckende Bau ist von Meeresseite her weithin sichtbar und hat sich zu einem

Wahrzeichen von Cádiz entwickelt. Er wurde erst 1722 begonnen und nach über 100-jähriger Bauzeit 1838 fertig gestellt. Sie können in die unter dem Meeresspiegel gelegene Krypta hinabsteigen, in der Cádiz` Komponist Manuel de Falla beerdigt liegt, oder den Ostturm besteigen, der ein sehenswertes Panorama verspricht *(Plaza de la Catedral, €, inkl. Domschatz, Mo – Sa 10 – 209 Uhr, So 13 – 19 Uhr, www.catedraldecadiz.com)*.
Vorbei an den Cafés am Domplatz begeben Sie sich nun zur hinteren linken Ecke, um Ihren Weg über die schmale Calle Compañía fortzusetzen. Sie öffnet sich schließlich an der **Plaza de Las Flores** mit ihren vielen Blumenständen und geht links dahinter in die Plaza de la Libertad über, an der sich die große **Markthalle** von Cádiz befindet. Darin finden Sie nicht nur Marktstände für Gemüse, Obst, Fisch und Fleisch, sondern auch eine ganze Reihe kleiner Bars, die landestypische Happen servieren.
Am Ende des Platzes halten Sie sich nun rechts in die Calle Alcalá Galiano und dort dann links zum **Torre Tariva**. Einst soll es mehr als 150 solcher privater Türme gegeben haben, die es den Kaufleuten ermöglichten, schon von Weitem die Ankunft wichtiger Handelsschiffe vorauszusehen. Dieser hier misst 34 Meter und wurde 1704 errichtet. Von oben haben Sie einen tollen Rundumblick auf die Stadt. Eine Etage tiefer wurde eine Camera Obscura eingebaut, die regelmäßig unterhaltsam moderiert bewegte Momentaufnahmen aus der Stadt auf die Leinwand wirft *(Calle Marqués del Real Tesoro, €, Mai – Sep 10 – 20 Uhr, sonst bis 18 Uhr, www.torretavira.com)*.
Folgen Sie der Straße am Turm vorbei und biegen Sie die dritte Querstraße nach rechts ab, dann sofort wieder links in die Calle Santa Inés

zum **Oratorio de San Felipe Neri**. Der Sakralbau ist mit Bildern von Murillo und Roldán ausgemalt. Bekannt ist er aber für die verfassungsgebende Versammlung, die hier 1812 tagte. Das zugehörige Denkmal haben Sie bereits an der Plaza España gesehen. Im benachbarten **Museo Iconografico** werden die zugehörige Geschichte sowie weiterführende Fakten zur Stadt dargestellt *(Calle San José 36, Eintritt frei, Di – Fr 10.30 – 14 Uhr und 16.30 – 20 Uhr, Sa nur 10.30 – 14 Uhr, So 10 – 13 Uhr, Museum: Eintritt frei, Di – Fr 9 – 18 Uhr, Sa/ So 9 – 14 Uhr)*.
Schlendern Sie nun ein wenig durch das **Barrio de la Vina**, das bei den Einheimischen besonders beliebt ist. Dazu biegen Sie nach der Kirche links ab, halten sich am Ende der Straße rechts und bei erster Gelegenheit erneut links, um dann wiederum die dritte Straße nach rechts, Calle Virgen de la Palma, einzuschlagen.
Am Ende stoßen Sie auf den Stadtstrand **Playa La Caleta**. Er wird von einem 1925 errichteten Balneario geziert, in dem heute das Institut für Unterwasserarchäologie untergebracht ist. Konditionsstarke Läufer können am Südende den Weg bis zum vorgelagerten **Castillo de San Sebastian** aus dem 18. Jahrhundert antreten. Es bietet eine besondere Sicht zurück auf die Altstadt. Ansonsten reicht der Blick aus der Ferne aus, denn allzu viel gibt es nicht zu sehen. Am Nordende des Strandes befindet sich das sternförmig gebaute **Castillo de Santa Catallina**. Darin werden wechselnde Ausstellungen gezeigt (Calle Campo de las Balas). An dieser Stelle stoßen Sie vom Parkplatz zwei aus zur Tour.
Immer der Küstenlinie folgend, spazieren Sie nun durch den hübschen **Parque Genovés** mit frei lebenden tropischen Vögeln und Formschnittbäumen. Dort, wo kurz nach seinem Ende die Promenade nach rechts abknickt, befindet sich die **Baluarte de la Candelaría**, das dritte Festungsbollwerk von Cádiz. Es wurde nach dem verheerenden englischen Angriff von 1596 errichtet, um der Stadt besseren Schutz zu gewähren.
Durchwandern Sie nun auch die nächste Grünanlage, die **Jardines de Alameda**, und knicken Sie am Ende im Kreisverkehr rechts ab. Nun nehmen Sie die erste Straße nach links und stoßen so auf die Plaza de Mina. Sie ist ein gediegener Treffpunkt der Einheimischen. Interessant ist das äußerst sehenswerte **Museo de Cádiz**. Die bedeutendsten Stücke der archäologischen Sammlung stellen zwei Steinsarkophage dar, die einem Mann und einer Frau nachgebildet wurden und aus phönizischer Zeit stammen. Eine Analyse der Skelette im Inneren bestätigte die Grablege im 5. Jahrhundert v. Chr. Weitere interessante Funde stammen aus der Römerstadt Baelo Claudia (Tour 6) und aus Unterwasserfunden vor Cádiz` Küste. In weiteren Stockwerken befinden sich eine umfangreiche volkskundliche Sammlung sowie spanische, aber auch flämische Malerei namhafter Meister *(Plaza de Mina, EU-Bürger frei, sonst €, Di – Sa 9 – 21 Uhr, So bis 15 Uhr)*.
Mit dem Museumseingang im Rücken nehmen Sie die Straße links vor-

Strand südlich von Cádiz

ne und an der nächsten Kreuzung die Abzweigung nach links zur **Plaza de San Antonio**. Der Platz rückt vor allem während des Karnevals in den Mittelpunkt, da hier viele Veranstaltungen und Paraden abgehalten werden. Nach links verlässt die Fußgängerzone **Calla Ancha** den Platz, die, von Geschäften gesäumt, quer durch das Zentrum verläuft. Dort, wo sie sich teilt, halten Sie sich links und gelangen an der zweiten Abzweigung, Calle Columela, bis zur Calle Rosario, wo sich links das Oratorio de la Santa Cueva vom Anfang Ihrer Tour befindet. Auf bekanntem Weg erreichen Sie von dort den Ausgangspunkt oder, der Tour an entsprechender Stelle folgend, die nächsten Sehenswürdigkeiten.

Cádiz – Tourist-Info: *Avenida Cuatro de Diciembre de 1977 32d, www.cadizturismo.com* | ***Wochenmarkt***: *Mo, Avenida de la Bahía* |***Festkalender***: ***Carneval de Cádiz***, *ab Donnerstag vor Aschermittwoch, ausgelassene Feierlichkeiten mit Umzügen, Tanz, Musik und Gesang,* ***Semana Sante***, *Ostern, mehrere Prozessionen pro Tag,* ***Cádiz en Danza***, *im Juni, modernes Tanzfestival abseits vom klassischen Flamenco*

Gastrotipps Cádiz: La Chancha y los 20**, Calle Plocia 19, **Salicornia****, Calle Plocia 2, **Garage Bistro****, Calle Posadilla 1, **Narigoni Gelato** (Eis), Plaza Catedral 5, **Taberna Sopresa****, Calle Arboli 4, **Le Poeme** (Café), Calle Alcala Galiano 3, **La Isleta de La Vina***, Calle del Corralon de los Carros 54, **La Punta del Sur***, Calle de San Felix 11; **Taberna La Manzanilla****, Calle Feduchy 19, **La Vaca Atada****, Calle Nueva 1d

Während der Weiterfahrt können Sie am Südende von Cádiz noch zwei Tankstellen ansteuern, die eine Ver- und Entsorgung anbieten. Sowohl an der CLC-Station in der Avenida Alcalde Manuel de la Pinta, [N 36°30'07" W 6°16'14"] als auch in der Calle Algeciras an einer Hemegas-Tankstelle bei [N 36°29'53" W 6°16'03"] geht das.

Der lange, schöne Stadtstrand von Cádiz zieht sich nun auf einer Sandbank weit nach Süden, immer von der Hauptstraße CA33 begleitet. Mehrere Parkgelegenheiten laden zum Anhalten und Verweilen ein. Besonders gut geeignet, sogar zum Übernachten, ist der Badeparkplatz kurz vor dem Südende der langen Geraden an der **Playa de Santibañez** bei **[105: N 36°28'02" W 6°15'18"]**. Vorsicht, die Einfahrt befindet sich direkt an der Schnellstraße!

Badeplatz 105

Einen weiteren Strandzugang nahe **San Fernando** erreichen Sie vom Kreisverkehr nach der Esso-Tankstelle aus rechts ab, beschildert zum **Playa Camposato**. Schon unterwegs passieren Sie einen Parkplatz, der als Basispunkt für eine **Wanderung zur alten Tres**

Amigos Saline entlang der Marschzone dient und auch für Wohnmobile gut geeignet ist [**106:** N 36°26'41" W 6°13'34", Carretera de la Batería de la Ardila]. Am Strand selbst gibt es fast immer ausreichend Parkgelegenheiten an mehreren Stellen. Recht ruhig ist es im hinteren Bereich der Fläche bei [**107:** N 36°25'34" W 6°13'40", Granja Marina de Santa Leocadia], Wochenenden in der Hauptsaison selbstverständlich ausgeklammert!

Auf dem Weg zum Strand passieren Sie außerdem das **Besucherzentrum der Bahía de Cádiz**. Es informiert über die Natur, Bootstouren und Wanderwege im sich südlich anschließenden, 10.000 Hektar großen Schutzgebiet, das bei Zugvögeln sehr beliebt ist (mehr unter www.cvbahiacadiz.com).

Chiclana de la Frontera

Die einige Kilometer von der Küste entfernte Stadt ist keine Touristenhochburg und kein Muss für einen Besuch. Es gibt allerdings reichlich Geschäfte, vielleicht für einen kurzen Shoppingaufenthalt. Größere Parkplätze sind leider Mangelware. Recht zentrale Längsparker gibt es beispielsweise an der Calle Novillero Pepin Jiménez, [N 36°25'03" W 6°09'03"], das Zentrum liegt östlich von dort um die Plaza Mayor.

Einfacher ist es in den vorgelagerten kleinen Orten direkt an der Küste, die einen Großteil der wirklich hübschen Strände erschließen. Recht abgeschieden stehen Sie dagegen am Hafen von **Sancti Petri** bei [**108:** N 36°23'48" W 6°12'22", Poblado Sancti Petri], das lange Zeit eine militärische Sperrzone war. Von hier legen im Sommer Ausflugsboote zu einer kleinen vorgelagerten Insel mit den Überresten einer maurischen Festung ab.

Außerhalb der Saison ist eine Übernachtung auch direkt am Strandparkplatz der sich südlich anschließenden schönen **Playa de la Barrosa** möglich, [**109:** N 36°22'20" W 6°11'07", Calle el Bogavante].

Badeplatz 109

Südlich folgen die künstlich geschaffenen Touristenorte Novo Sancti Petri und Roche. Doch dazwischen ist ein Stück Land am Playa del Puerco noch nicht verbaut und bietet Platz für einen schönen Strandaufenthalt, vielleicht auch eine Übernachtung.

(110) WOMO-Badeplatz: Playa del Puerco

GPS: N 36°19'34" W 6°09'26", Calle de la Barrosa. **Max. WOMOs**: 6 bis 8.
Ausstattung: Mülleimer, Sat-Empfang.
Beschreibung: Etwas holprige Naturpiste zu Parkplätzen oberhalb der Strandklippen. Sand-/ Lehm-/ Grasboden, wenig Schatten, Campingverhalten untersagt. Rund 5 km zu den nächsten Strandorten im Norden oder Süden.

Zufahrt: Entlang der Calle de la Barrosa dem Küstenverlauf folgend von Novo Sancti Petri Richtung Roche fahren. Die Abfahrt folgt ungefähr mittig zwischen beiden Orten rechter Hand.
Hinweis: In der Hauptsaison wird der Platz immer wieder mal von der Guardia Civil geräumt, wenn zu viele Womos dort stehen oder offen gecampt wird. Daher besser nur in der Nebensaison nutzen.

Fünf weitere, wirklich tolle kleine Sandbuchten folgen dann gleich nach Roche. Sie werden von kurzen Fußwegen erschlossen. Ihr Fahrzeug müssen Sie derweil am Parkstreifen ab der CA 4202 stehen lassen, [ab N 36°18'21" W 6°08'48", **Cala El Fraiecilllo** und **Cala del Pato**, N 36°18'13" W 6°08'43", **Cala De Roche** und N 36°17'59" W 6°08'35" **Cala del Tío Medina** und **Cala del Faro**]. Nach einem kleinen Fischereihafen mit Aussichtspunkt am Leuchtturm oberhalb knickt die Küste zur Stadt Conil hin ab.

Chiclana* – *Tourist-Info: *Plaza de la Bodegas, www.turismochiclana.com* | ***Wochenmarkt***: *Di, Avenida de la Diputación* | ***La Barrosa* – *Tourist-Info***: *Paseo Marítima. Primera Pista*

Gastrotipps La Barrosa/ Novo Santi Petri: **Heladeria Italiana Soleluna** (Eis), Carretera de la Barrosa 855, **Vavá Playa****, Playa Novo Sancti Petri, **Alevante*****, Calle Amilcar Barca,

Playa del Puerco

Conil de la Frontera

Sieben Campingplätze befinden sich westlich und nördlich von Conil de la Frontera. Der erste hat die schönste Lage, direkt oberhalb der Cala del Aceite mit toller Sandbucht. Der einzige freie Stellplatz in Conil selbst befindet sich am Nordende der Stadt an der Avenida de la Música auf dem Marktplatz. Donnerstags auf freitags ist deshalb kein Parken oder Übernachten möglich, [**112:** N 36°17'01" W 6°05'04", Calle el Bogavante].

(111) WOMO-Campingplatz: Conil de la Frontera (Camping Del Aceite)

GPS: N 36°18'00" W 6°07'45", CA4202.
Internet/ Tel.: www.caladelaceite.com, +34 956 442 950.
Öffnungszeiten: Ganzjährig.
Ausstattung: WLAN, Pool (nicht ganzjährig), Spülbecken, Spielplatz, Waschmaschine/ Trockner, Minimarkt, Restaurant, Sporteinrichtungen.
Beschreibung: Großer, schattiger Platz mit über 100 Stellplätzen im Pinienwald, recht große Parzellen auf Gras-Schotterboden, ganz nah am Aceite-Strand, ruhige Lage, nächstes Restaurant ca. 400 m entfernt, rund 6 km bis ins Zentrum.
Preis: €€€-€€€€.
Zufahrt: Der CA4202 von Roche kommend in Richtung Conil de la Frontera folgen. Gut 1000 m nach einer deutlichen S-Kurve rechts beschildert zum Platz abbiegen.
Hinweis: Ein abgetrennter Teil des Platzes wird als FKK-Campingplatz geführt.

Der 20.000-Einwohner-Ort vergrößert sich in der Hauptsaison auf das Vierfache und punktet neben der hübschen, wenn auch nicht sonderlich spektakulären Innenstadt voller Gaststätten vor allem mit den schönen Stränden und Buchten in der Umgebung. Auch verhältnismäßig viele deutsche Urlauber finden sich in Conil. Als Womotourist gibt es zwar keinen zwingenden Grund, länger zu verweilen, für einen kurzen Einkehrschwung oder einen Bummel lohnt sich Conil aber allemal.

Strandbucht vor Conil, oben: Stellplatz 112

Im Zentrum von Conil de la Frontera

Gleich im Anschluss folgt **El Palmar**, das bei Surfern beliebt ist. Dort dürfen Wohnmobile nur noch an wenigen Plätzen halten, am zentralen, kostenpflichtigen Parkplatz neben der Surfschule ist es aber möglich, [**113:** N 36°13'23" W 6°03'50", Passeo Marítimo].

***Conil de la Frontera – Tourist-Info**: Calle Carretera 1, www.turismo.conil.org | **Wochenmarkt**: Do, Avenida de la Música |**Festkalender – Fería de la Primavera**: 1. Juniwochenende, Frühlingsfest im Ortsteil El Colorado, **Fiesta de la Virgen del Carmen**: 16. Juli, religiöses Fest für die Schutzheilige der Seeleute, **Fería de la Sennora de las Virtudes**: 5. September, ausgelassenes Weinfest mit Tanz und Gesang*

Gastrotipps Conil de la Frontera: **El Portillo***, Calle Extramuros 4, **Canela e Miel Conil** (Café), Calle General Gabino Aranda, **La Azotea de María****, Calle Cadíz 9, **Mama****, Calle Carril de la Fuente 4, **La Delizia** (Eis), Avenida de la Playa 2, **Malabata****, Calle Almadraba 1, **Mistura****, Calle del Pozuelo

Los Caños de Meca

In den 1970er Jahren entwickelte sich Los Caños zum Eldorado der Aussteiger und Hippies. Diese Zeit ist zwar vorbei, doch noch immer wird die Gegend bevorzugt von Individualisten angesteuert. Zunächst kommen Sie aber durch **Zahora**, in dem es einen Campingplatz und einen einfachen Stellplatz gibt.

(114) Offizieller WOMO-Stellplatz: Zahora (Area Autocaravanes Zahora)

GPS: N 36°11'56" W 6°02'02", A2233. **Max. WOMOs**: Ca. 10.
Ausstattung: Ver-/ Entsorgung (nicht frei zugänglich), Strom (gegen Gebühr), Mülleimer, WLAN, Sat-Empfang, Spülgelegenheit.
Beschreibung: Etwas improvisiert wirkender, einfacher Stellplatz, leicht holpriger Grasboden, nur auf einer Seite eingezeichnete Stellplätze, klappstuhlgeeignet, nah der Hauptstraße aber nachts ruhig, ca. 900 m zum

Strand, ca. 1,8 km ins etwas belebtere Zentrum von Los Caños de Meca.
Preis: €€.
Zufahrt: Auf der A2233 in Richtung Zahora fahren. Am Ortbeginn, kurz nach dem Campingplatz Caños de Meca rechter Hand angeschrieben.

Dann folgt **Los Caños de Meca**. Bekannt ist es für den Leuchtturm Cabo de Trafalgar, der meist windumtost und von Treibsand umgeben am Rande der weiten Sandbucht steht. Schon in römischer Zeit befand sich hier ein Tempel auf einer kleinen Insel, später ein arabischer Turm. Das heutige Gebäude stammt aus dem Jahr 1860. Eine Schautafel direkt davor erinnert an die 1805 ausgetragene Seeschlacht am Kap Trafalgar, in welcher der britische Admiral Nelson die französisch-spanische Flotte zwar vernichtend schlug, selbst aber sein Leben verlor. Inzwischen hat der Treibsand eine Landbrücke geformt. Nur ein kleiner See ist übrig geblieben. Eine Straße führt fast bis zum Leuchtturm, ist aber nicht immer zu erkennen, denn sie muss regelmäßig vom Sand befreit werden – nur, um schon bald darauf wieder in Milliarden kleiner gelber Körner zu versinken.

Während die Bucht in der Hauptsaison gut besucht ist, wirkt sie in der Nebensaison ziemlich ausgestorben. Wohnmobile parken dann sogar direkt hinter dem Strand, auch über

Strand von Caños de Meca mit dem Cabo de Trafalgar, darüber Badeplatz 115

Südstrände nach Los Caños

Nacht [**115:** N 36°11'14" W 6°01'09", Avenida Trafalagar]. Es gibt zwei Campingplätze, wobei der etwas weiter vom Strand entfernte das etwas bessere Angebot vorweist. Am Südende des Ortes liegt der FKK-Abschnitt, über den man bei Ebbe tolle kleine Buchten erreichen kann. Von den grün bewachsenen Felswänden dahinter tropfen kleine Rinnsale an Süßwasser hinab und sorgen für eine paradiesisch-tropische Kulisse.

Der Frieden ist allerdings trügerisch: Wer nicht aufpasst und zu lange wartet, wird hier leicht von der Flut überrascht, was böse enden kann. Passen Sie daher gut auf, falls Sie sich die Ecke selbst ansehen möchten... Diese östlichen Strände sind auch über die Wanderung ab Barbate erreichbar (siehe Tour 6).

(116) WOMO-Campingplatz: Los Caños de Meca (Camping Camaleón)

GPS: N 36°11'17" W 6°00'50", Avenida Trafalgar 121.
Internet/ Tel.: www.campingcamaleon.com, +34 956 437 154.
Öffnungszeiten: Ganzjährig.
Ausstattung: WLAN, teils Sat-Empfang, Spülbecken, Minimarkt, Restaurant.
Beschreibung: Großer, schattiger und sehr naturbelassener Platz ohne Parzellen, Naturboden, nicht immer ganz eben, dennoch gepflegt, schöne ruhige Lage, 250 m bis ins Zentrum, 400 m bis zum Strand. Während der Saison keine Hunde erlaubt.
Preis: €€€€.
Zufahrt: Direkt in der Ortsmitte von Los Caños de Meca ist der Platz von der A2233 nach links vor der Apotheke angeschrieben.

Gastrotipps Zahora: **Casa Reyes****, Playa del Palmar, **El Alferez****, Paseo Marítimo, **La Tertulia****, Camino del Pozo, **La Traiña****, Camino de la Yeguada 234 | **Los Caños de Meca: Ohana****, Pago los Caños de Meca 258, **La Laja****, Avenida Trafalgar 146, **La Pequeña Lulu****, Avenida Trafalgar 2,

TOUR 6
10 km
N
Costa del Sol
Costa de la Luz
Fuente del Gallo
Conil d.I.F.
Tour 5
El Palmar de Vejer
Zahora
Los Caños de Meca
Vejer d.I.F.
Skulpturenpark
Barbate
La Zazuela
Zahara de los Atunes
P.N. de la Breña
Baelo Claudia
Düne
Bolonía
Valdevaqueros
Pedro Valiente
Tarifa
P.N. de los Alcornocales
Sierra del Aljibe
P.N. del Estrecho
634 m
601 m
780 m
657 m
Los Barrios
Algeciras
Gibraltar
La Línea de la Concepción
Nat.Res. Rock of Gibraltar
423 m
GB
San Roque
Castellar d.l.Frontera
Castillo de Castillar
Tour 7
Torre Carbonera
La Alcaidesa
Sotogrande
San Diego
La Chullera
Sabinillas
Manilva
Tour 8
Hedionda
Tour 9
Estepona
Tanger
MAR
Ceuta
Band 67: Mit dem Wohnmobil nach Marokko
A48
396
2228
2230
2226
2233
N340
2227
2231
381
405
2100
383
A7
AP7
117
118
119
120
121
122
123
124
125
126
127
128
129
130
131
132
133
134
135
136
137
138
139
140
WC
M
B

Tour 6: Südliche Costa de la Luz und Gibraltar (ca. 200 km)

**Barbate – Vejer de la Frontera – Zahora de los Atunes
Bolonia – Valdevaqueros – Tarifa – Algeciras
Gibraltar – La Alcaidesa – Sabinillas**

Stellplätze: Barbate (2x), Vejer de la Frontera, Playa Barbate, Zahara de los Atunes (2x), El Lentiscal, Playa Bolonia, Villa Selene, Tarifa, Algeciras (3x), La Linea de la Concepción, La Alcaidesa (2x), Playa Sardina, Aldea Beach

Campingplätze: Zahara de los Atunes, Valdevaqueros, La Linea de la Concepción, La Chullera

Besichtigen: Museo del Atún in Barbate, Vejer de la Frontera, Skulpturenpark Montenmedio, Ausgrabungen von Baelo Claudia, Tarifa, Algeciras, Gibraltar, Römische Therme Hedionda

Wandern: Sendero del Acantilado, von Atlanterra zum Playa del Cañuelo, zur Duna de Bolonia

Baden: Playa de la Hierbabuena, Zahara de los Atunes, Bolonia, Valdevaqueros und Calas Punta Paloma, Tarifa, Algeciras, La Alcaidesa (2x), Playa Sardina, Playa La Chullera

Dünen und lange Sandstrände kennzeichnen den südlichsten Teil von Andalusiens Atlantikküste. Dazwischen verstecken sich römische Ausgrabungen und interessante Städte, wie das traditionelle weiße „Dorf“ Vejer de la Frontera und das lässige Tarifa mit ganz eigenem Flair. Am Übergang zum Mittelmeer erwartet Sie dann das englische Überseegebiet Gibraltar mit seinen Affenfelsen und schrägen Eigenheiten.

Barbate

Von Los Caños de Meca kommend schlängelt sich die A2233 zunächst durch den Naturpark La Breña. Trotz seines geringen Umfangs beinhaltet er fünf unterschiedliche Ökosysteme. Er ist bei Wanderern genauso beliebt wie bei Sonnenhungrigen, denn die schöne **Playa de la Hierbabuena** liegt gleich unterhalb. Parken können Sie bei [N 36°11’26” W 5°56’37”]. Im Sommer ist der Platz gegen ein geringes Entgelt bewacht. Eine Tafel klärt über Wandermöglichkeiten auf. Zum Strand sind es rund 1,2 Kilometer.

Sendero del Acantilado (7,5km, ca. 100 Hm)

Diese wirklich tolle Küstenwanderung durch den Naturpark bei Barbate führt an schönen Badebuchten, schroffen Steilfelsen und einem alten Wachturm vorbei. Sie können direkt am Wohnmobilstellplatz in Barbate starten. Der Nachteil ist, dass Sie am Ende per Bus oder Taxi zurückfahren müssen, wenn Sie nicht die gesamte Strecke zurückwandern

wollen (Linie 302, mehrmals täglich, lokaler Taxiruf +34 626 967 459). Vom Stellplatz aus umgehen Sie zunächst die große Wellenbrechermauer und folgen dann dem Pfad links hinter dem schönen Hierbabuena-Strand oder wandern vorne am Wasser entlang. Kurz vor dem Ende des Strandes sehen Sie rechts einen anfangs rechts steil nach oben führenden Pfad, den Sie nun einschlagen. Bald erreichen Sie dünn mit Kiefern und vor allem Pinien bewaldetes Gebiet. Sie stoßen auf einen breiten Wanderweg, dem Sie nach links folgen. Unter Ihnen verläuft die schroffe, ausgewaschene Küste, die zwischen den Bäumen immer wieder gut erkennbar ist.
Leicht ansteigend öffnet sich dann der Wald und Sie kommen zum Torre del Tajo, einem alten Aussichtsturm, der im 16. Jahrhundert zur Meldung von anstehenden Berberangriffen errichtet wurde. Genießen Sie das tolle Panorama. Deutlich zeichnen sich hier die hohen Felswände mit ihren skurrilen Formen ab und Sie haben von diesem höchsten Punkt der Klippe eine gute Sicht in Richtung der vor Ihnen liegenden Küste. Durch noch jungen, erst in den 1950er und 60er Jahren zum Schutz vor der Versandung gepflanzten Pinienwald wandern Sie weiter. An einer Feuerschutzschneise können Sie links erneut bis zum Klippenrand gelangen und einen Blick auf die Umgebung werfen. Der Weg rückt schließlich näher an die Uferlinie heran und fällt weiter ab, bis Sie die tollen Playas de Los Castillejos kurz vor Caños de Meca erreichen und, falls Sie nicht von hier aus zurück gehen, weiter bis zur Bushaltestelle in der Mitte des Ortes wandern.

Barbate ist ein größtenteils auf dem Reißbrett entworfener, geometrischer Ort, der in weiten Teilen erst in den 1930er Jahren entstand. Bekanntheit erlangte er einst als Anlandepunkt von General Franco und seinen Truppen, als dieser von Marokko aus zur Einnahme Spaniens ansetzte. Tourismus spielt nicht die Hauptrolle. Vielmehr sind noch immer die Fischerei und die Fischverarbeitung die wichtigsten Einnahmequellen vieler Bewohner. Sie finden gute Versorgungsmöglichkeiten, darunter die tolle Markthalle „Mercado Abastos“, in der nicht nur frischer Thunfisch in Spitzenqualität gehandelt wird. Sie befindet sich zwischen der Avenida Andalucía und der Calle Pio XII, gleich südöstlich davon gibt es ausreichend Parkmöglichkeiten bei [N 36°11’21” W 5°55’16”].

Am östlichen Ende der Playa del Carmen können Sie in Barbate parken. Auf dem zwar wenig erbaulichen, dafür aber

Playa Hierbabuena

sehr günstigen Parkplatz ist das Übernachten erlaubt [**118:** N 36°11'07" W 5°54'51", Calle Pez Espada]. Besser und überwacht ist der offizielle Stellplatz am Hafen. Von dort ist es hinter der Kaimauer nicht weit zum Hierbabuena-Strand unterhalb des Naturparks, der von dort aus gut erreichbar ist.

Wenn Sie sich für den Fang und die Verarbeitung von Thunfisch interessieren, können Sie kurz hinter Barbate das **Museo del Atún** besuchen. In mehreren Räumen wird beispielsweise se der Meeresboden audiovisuell simuliert oder ein Chanca, der traditionelle Verarbeitungsraum für Fisch, gezeigt. Gegen Ende können Sie live erleben, wie die riesigen Tiere zerlegt werden und Thunfisch verkosten.

(117) Offizieller WOMO-Badeplatz: Barbate (Area Autocaravanes Puerto de Barbate)

GPS: N 36°11'01" W 5°56'08". **Max. WOMOs**: 36.
Ausstattung: Ver-/ Entsorgung (nicht frei zugänglich), teils Strom (gegen Gebühr), Mülleimer, Sat-Empfang, Waschmaschine im Hafengebäude.
Beschreibung: Durch Schranke und Videoüberwachung gesicherter Stellplatz im Hafen, ebene, eingeteilte Stellplätze auf Asphalt, kein Schatten, 150 m zum nächsten Restaurant, 300 m zum benachbarten Strand und ca. 1,4 km ins Zentrum.
Preis: €€.
Zufahrt: Auf der A2233 bis Barbate bewegen. Direkt am Ortsbeginn rechts ins Hafengelände und zum Platz auf der linken Seite fahren.

***Barbate – Tourist Info**: Puerto Deportivo/ Avenida de la Mar | **Wochenmarkt**: Do., Avenida Nuestra Deñorra del Carmen | **Museo Atún**: Poligono Industrial, €, Mai – Sep Führungen Di – So, genaue Zeiten siehe Website, www.museodelatun.com*

Gastrotipps Barbate: **El Campero*****, Avenida Constitución 5, **Variopinto**** Paseo Maritimo Ed. Espigón 5, **Tres Martinez** (Café), Calle de Pio XII, **Pena del Atun****, Calle Ancha 39,

Vejer de la Frontera

Obwohl Sie bis Vejer de la Frontera ein paar Kilometer Zusatzweg in Kauf nehmen müssen, lohnen sich diese. Die etwas erhöht in den Hügeln gelegene Kleinstadt ist eines der schönsten „weißen Dörfer" Andalusiens. Für eine Besichtigung ideal ist der große Parkplatz an der Calle los Remedios. Es gibt dort Toiletten, und, wenn nötig, können Sie sogar über Nacht bleiben

In Vejer de la Frontera

[**119:** N 36°15'22" W 5°58'03"]. Über eine Treppe steigen Sie zur Calle los Remedios auf, an der Sie sich zunächst am besten links halten, um dann die zweite Straße nach rechts zur Plaza de España zu nehmen. Durch die Puerta de la Villa betreten Sie nun die verwinkelte, maurisch geprägte Altstadt mit unzähligen hübschen Ecken, dem **Castillo de Vejer** in der Mitte, Kirchen, Cafés und kleinen Läden. Hier zählt das Gesamtkunstwerk. Lassen Sie sich einfach treiben und erforschen Sie alles am besten auf eigene Faust.

Falls Sie sich für Kunst interessieren, lohnt es sich vielleicht, den weiteren Weg entlang der N340 zu bestreiten, statt dem Küstenverlauf zu folgen. Dort erwartet Sie der **Skulpturenpark Montenmedio**. Auf rund 30 Hektar wurden mehrere Dutzend Kunstwerke nationaler, aber auch renommierter internationaler Bildhauer verteilt, teils permanent, teils nur temporär. An der Abfahrt Richtung Bolonia stoßen beide Wegvarianten wieder aufeinander.

Wenn Sie der Hauptroute ab Barbate entlang der Küste weiter folgen, passieren Sie am Südstrand nach dem Ort eine weitere Stellplatzgelegenheit, die fast ganz für sich am langen Strand liegt.

(120) Offizieller WOMO-Badeplatz: Playa Barbate Sud (Campo y Mar)

GPS: N 36°10'31" W 5°53'50", A2231.
Internet/Tel.: www.barbatecamping.com, +34 956 437 154.
Max. WOMOs: 8 bis 10.
Ausstattung: Ver-/ Entsorgung (nicht frei zugänglich), Strom möglich (gegen Gebühr), Mülleimer, Sat-Empfang, Toiletten und Duschen waren zuletzt noch in Arbeit.
Beschreibung: Ummauerter, privater Stellplatz, Sandboden, teils Kunstrasen, eben, kein Schatten, familiäre Atmosphäre, nachts ruhig, direkt am Strand, ca. 2 km nach Barbate.
Preis: €€.
Zufahrt: Auf der A2231 in östlich in Richtung Zahara de los Atunes fahren. Der Platz folgt hier auf der linken Seite.

***Vejer d la Frontera – Tourist Info**: Avenida Los Remedios 2 | **Wochenmarkt**: Do., Avenida Juan Carlos I **Festkalender – El Toro Embolao**: Ostersonntag, Straßenstierkampf mit anschließender Feier, **Fiesta de Primavera**: Zwei Wochen nach Ostern, Frühlingsfest mit Pferdeumzug und Folklore*

Gastrotipps Vejer de la Frontera: Corredera 55**, Calle Corredera 55, **Las Delicias Vejer****, Calle Corredera 31, **El Jardin del Califa****, Plaza Espana 16, **Abacería La Oficina****, Calle del Paseo de las Cobijada 1, **4 Estaciones Vejer****, Calle de Juan Relinque Numero 3

Zahara de los Atunes

Schon der Ortsname verweist auf die lange Tradition des Thunfischfangs („atún"), durch den die meisten der rund 1500 Einwohner seit jeher ihr Einkommen bestritten. Inzwischen ist nur noch ein Teil als Fischer tätig. Ihre Hauptsaison liegt in den Monaten Mai und Juni. Danach übernehmen Urlaubsgäste das Kommando an den weiten, feinsandigen Stränden. Da es meist recht beschaulich zugeht, stört sich bislang kaum jemand an ein paar Wohnmobilen. Sie können direkt am Strandparkplatz stehen. Die komfortablere Alternative bietet der etwas außerhalb gelegene Campingplatz.

(121) WOMO-Badeplatz: Zahara de los Atunes

GPS: N 36°08'02" W 5°50'42", Calle Extramuros. **Max. WOMOs**: ca. 20.
Ausstattung: Mülleimer, Sat-Empfang, sonst keine Einrichtungen.
Beschreibung: Großer, nachts ruhiger Strandparkplatz, der vor allem im hinteren Bereich regelmäßig von Wohnmobilen tagsüber wie nachts genutzt wird. ACHTUNG: maximale Einfahrtshöhe 3,5 m! Fast ebener Sandboden, Campingverhalten untersagt, Restaurants ca. 100 m entfernt, Supermarkt 200 m, bis ins Ortszentrum sind es rund 400 m.
Zufahrt: Der A2231 bis Zahara de los Atunes folgen, dann am Kreisel in den Ort einfahren. Nach der Brücke die zweite Straße links fahren und nun in die dritte Straße nach rechts abzweigen. Sie stoßen auf den Paseo del Pradillo, dem Sie nur kurz nach links und dann gleich wieder rechts in die Calle Extramuros bis zum Parkplatzeingang folgen.

(122) WOMO-Campingplatz: Zahara de los Atunes (Camping Bahía de la Plata)

GPS: N 36°07'24" W 5°50'08", Calle Atlanterra.
Internet/Tel.: www.campingbahiadeplata.com, +34 956 439 040.
Öffnungszeiten: Ganzjährig.
Ausstattung: WLAN, teils Sat-Empfang, Waschmaschine/ Trockner, Spülgelegenheit, Minimarkt, Restaurant, Spielplatz, Sporteinrichtungen.
Beschreibung: Recht gepflegter, mittelgroßer, meist schattiger Platz mit Parzellen auf Erd-/ Rasenboden, eben, ruhige Alleinlage direkt am Strand, rund 2 km bis ins Zentrum.

Preis: €€€-€€€€.
Zufahrt: Von Zahara de los Atunes über die CA2216 weiter in Richtung Atlanterra fahren Der Platz folgt dann auf halber Strecke in Alleinlage auf der rechten Seite.

Von Zahara aus müssen Sie für die Weiterfahrt zurück zur Hauptstraße. Vorher könnten Sie noch bis in die **Urbanización Atlanterra** fahren, um dort zum schönen **Faro de Camarinal** zu wandern und der bekannten **Playa del Cañuelo** einen Besuch abzustatten. Die Naturbucht ist nur per pedes auf einem knapp einen Kilometer langen Weg erreichbar. Der nächstgelegene Parkplatz ist nicht gerade riesig, daher lohnt der Abstecher mit Wohnmobilen nur in der Nebensaison. Falls Sie bereits abends ankommen, um die Landschaft morgens möglichst unberührt genießen zu können, ist es bislang möglich, auf der sonst wenig einladenden Fläche über Nacht zu bleiben, [**123:** N 36°05'38" W 5°48'34"].

Zahara de los Atunes – Tourist Info: *Calle Doctores Sánchez Rodríguez,*

Gastrotipps Zahara de los Atunes: **Casa Blas****, Calle El Bullón, **Tin Juana****, Calle de Perez Galdos 13, **El Refugio****, Calle Cerro Curita 10, **21 Restaurante****, Calle Palacio de las Pilas 21, **Arrocería Zokarra****, Calle Ola 12

Bolonia

Bolonia oder die etwas südlicher gelegenen wenigen unter dem Namen El Lentiscal geführten Häuser als richtigen Ort zu bezeichnen, wäre übertrieben. Dank der Lage im Estrecho-Naturpark wird dies wohl auch so bleiben. Gleich zwei Besonderheiten sprechen für die Fahrt an die recht einsame Bucht, die nur während der Saison aus den Nähten zu quellen scheint.

Da ist einmal der hervorragende, wenn auch oft windige Strand mit der bekannten „**Duna de Bolonia**" im Osten. Die berghohe Sanddüne kann bestiegen werden und bietet eine gute Aussicht, an klaren Tagen bis nach Afrika hinüber. Unterhalb tummeln sich je nach Wetterlage Spaziergänger, Wassersportler, Badegäste und Naturisten einträchtig nebeneinander.

Ausgrabungen von Baela Claudia, unten: Duna de Bolonia

Zum anderen liegen hier, direkt oberhalb der Bucht, die Ausgrabungen von **Baelo Claudia**, einer der wichtigsten römischen Siedlungen ihrer Zeit, die Itálica (siehe Tour 2) kaum nachsteht. Sie war einst der bedeutendste römische Fischereihafen der Iberischen Halbinsel und wurde im 2. Jahrhundert v. Chr. gegründet. Nachdem Sie zu Beginn ein Interpretationszentrum passiert haben, in dem viele Fakten und Fundstücke präsentiert werden, leitet ein durch Pfeile markierter Weg durch die übrigen Mauern. Tempel, Thermen und Tavernen sind alle noch recht gut erkennbar. Die markante Trajansstatue ist eine Kopie, das Original befindet sich im Museum von Cádiz (siehe Tour 5). Vermutlich war ein Erdbeben für das Ende Bealo Claudias verantwortlich. Vielleicht warten aber auch noch weitere Geheimnisse und Erkenntnisse unter der Erde, denn bislang ist erst ein Teil der Stadt ausgegraben worden.

Für Ihren Aufenthalt können Sie den offiziellen Stellplatz nutzen. Zumindest außerhalb der Hauptsaison ist es auch an einigen anderen Parkplätzen an der Playa Bolonia für ein paar Euro möglich, zu parken und zu übernachten, zum Beispiel bei [**125a:** N 36°05'14" W 5°45'59"], bei [**125b:** N 36°05'08" W 5°45'50"] und bei [**125c:** N 36°05'02" W 5°45'47"], jeweils mitten im Ort, oder etwas weiter östlich am Ende der allgemein befahrbaren Straße bei [**125d:** N 36°04'50" W 5°45'34"]. Mehr

Stellplätze in El Lentiscal / Bolonia

als einen Acker dürfen Sie aber dann in keinem Fall erwarten, in der Nähe vorhandene Strandduschen und -toiletten können allenfalls tagsüber genutzt werden.

(124) Offizieller WOMO-Badeplatz: El Lentiscal (Area Autocaravanas Bolonia)

GPS: N 36°05'16" W 5°45'57", CA8202.
Internet/Tel.: www.areaautocaravanas.com, +34 619 261 325.
Max. WOMOs: Ca. 40.
Ausstattung: Ver-/ Entsorgung (nicht frei zugänglich), Strom (gegen Gebühr), Duschen, Mülleimer, Sat-Empfang, Videoüberwachung.
Beschreibung: Holpriges Wiesengrundstück ohne Einteilungen an der Zufahrt zum Strand, sehr einfache Sanitäranlagen, kein Schatten, klappstuhlgeeignet, Hühner am Platz und Bauernhof benachbart, wirkt ziemlich karg, Einkaufsmöglichkeiten, nahe Bars und Restaurants, 350 m zum Strand.
Preis: €€.
Zufahrt: Von der N340 kommend nach El Lentiscal/ Bolonia abbiegen und in den Ort einfahren. Dort rechter Hand.

Wenn Sie mit einem Kastenwagen, Campingbus oder ähnlichem Fahrzeug unterwegs sind, können Sie den Rückweg alternativ über den Betishügel mit der Siedlung Villa Selene bestreiten. Dort befindet sich ein schöner, abgelegener, wenn auch etwas schwierig erreichbarer kleiner Wanderparkplatz.

(126) WOMO-Wanderparkplatz: Villa Selene (Parking San Bartolo)

GPS: N 36°05'17" W 5°42'57", Paraje de Betis. **Max. WOMOs**: 1 bis 2.
Ausstattung: Keine Einrichtungen, Sat-Empfang.
Beschreibung: Kleiner Parkplatz auf Schotter-/ Steinboden am Berghang hinter einem kleinen Dorf mit toller Aussicht, unebener Untergrund, ruhig, kein Schatten, Campingverhalten verboten, Restaurant in ca. 1,5 km Entfernung, 5,5 km bis Bolonia.
Zufahrt: Der CA8202 ab Bolonia zur Hauptstraße N340 folgen. Dann rechts auf eine nur mit einem Warnhinweis beschilderte kleine Straße nach Betis abzweigen. Am Ende des verstreuten Weilers Villa Selene rechts auf einer sehr schmalen Betonbiste die letzten 150 m zum Parkplatz fahren. ACHTUNG: Durch die schmale Zuwegung ist der Platz eher für kleine Fahrzeuge wie Vans und Busse geeignet.
Hinweis: Falls Ihnen die Zufahrt am Ende doch zu gewagt erscheint oder der Patz schon besetzt ist, finden Sie notfalls eine Alternative nahe der N340 auf einer Lichtung bei [N 36°05'04" W 5°41'38", Carretera de Betis].

Gastrotipps Bolonia: Otero**, Playa Bolonia 4, **Las Rejas****, Estrada El Lentiscal, **El Albero****, Estrada El Lentiscal,

Garum – Die Würze der Antike

In Baelo Claudia können Sie eine der wenigen heute noch existierenden Herstellungsstätten von Garum besichtigen. Diese, später auch Liquamen genannte, Würzsoße wurde in der Antike und noch bis ins frühe Mittelalter hinein für einen großen Teil herzhafter, aber auch süßer Gerichte verwendet. Entwickelt haben vermutlich die Griechen oder Phönizier das Garum – im großen Stil verwendet wurde es aber vor allem von den Römern.

Bei der Herstellung wurden, je nach Qualitätsstufe, verschiedene Fischarten samt Innereien in Bottichen und Becken zusammen mit Salzlake unter freiem Himmel der Sonnenstrahlung ausgesetzt. Dieser Prozess konnte wochen- oder sogar monatelang andauern. Dabei wurde das Fischeiweiß abgebaut und die sich zersetzende Masse fermentierte. Am Ende wurde alles ausgepresst und gefiltert. Die gewonnene bernsteinfarbene Flüssigkeit war das Garum. Der als Allec bezeichnete Restsatz kam als eigenes Produkt getrennt zur Anwendung. Belegbar sind richtige Handelshäuser, die das begehrte Würzmittel im großen Stil produzierten und in Amphoren mit verschiedenen Qualitätsstufen markiert quer über das Mittelmeer verschifften. Problematisch war die Geruchsbildung im Kontext der Herstellung. Selbst, wenn die Produktionsstätten außerhalb der Ortschaften lagen, kann man sich heute kaum vorstellen, wie erbärmlich es in Baelo Claudia gestunken haben muss, wenn der Wind „richtig“ stand…

Während das Würzen mit solchen Fischderivaten bei uns weitgehend unbekannt ist, kommen sie in anderen Teilen der Welt nach wie vor zum Einsatz. Die in der asiatischen Küche häufig verwendete Fischsauce wird ganz ähnlich hergestellt, und auch in Süditalien sind die „Colatura di Alici und Pissalat als Nachfolgeprodukte noch immer im Einsatz. Sogar die Worcestershiresauce aus England geht in ihrer ursprünglichen Form auf eine Fischsauce zurück.

Valdevaqueros

Lange wurde an der **Playa Valdevaqueros** ziemlich wild geparkt und gecampt. Dem wurde dann ein Riegel vorgeschoben: Der zentrale, kostenpflichtige Parkplatz wird inzwischen zeitweise mittels Zwei-Meter Höhenbarriere für Wohnmobile komplett gesperrt, [N 36°04’11” W 5°41’30”], zu anderen Zeiten ist er wieder frei befahrbar. Alternativ ist manchmal eine weitere, dahinter gelegene Parkfläche geöffnet. Ansonsten bleibt auch für Kurzaufenthalte nur einer der beiden Campingplätze. Der strandferner gelegene Platz bietet besseren Service.

Dünenstraße bei Valdevaqueros

(127) WOMO-Campingplatz: Playa Valdevaqueros (Camping Paloma)

GPS: N 36°04'34" W 5°41'35", A2325.
Internet/Tel.: www.campingpaloma.com, +34 956 684 203.
Öffnungszeiten: März bis Oktober.
Ausstattung: WLAN, teils Sat-Empfang, kleiner Pool (in der Hauptsaison), Grillgelegenheit, Minimarkt, Restaurant, Spielplatz, Sporteinrichtungen.
Beschreibung: Sehr großer, schattiger und in vier Zonen aufgeteilter Campingpatz. Meist Sand-/Erd- oder Grasboden, fast eben, ruhig, knapp 800 m bis zum Strand.
Preis: €€-€€€€.
Zufahrt: Von der N340 rechts Richtung Valdevaqueros abzweigen. Der Platz folgt dort nach 350 m auf der rechten Seite.

Geeignet ist Valdevaqueros vor allem für Wassersportler wie Kitesurfer, die den meist deutlich spürbaren Wind für ihre Kunststücke zu nutzen wissen. Nach Westen hin können Sie der A2325 noch ein Stück weiter, direkt durch eine Sanddüne hindurch, folgen. Achten Sie aber auf die Straßenbeschaffenheit. Trotz eifriger Baggerarbeiten kann es zeitweise äußerst schwierig sein, sie zu passieren. Abgesehen davon ist die kurze Fahrt durch die Sandberge ein tolles Erlebnis. Gleich anschließend lädt ein Wanderparkplatz dazu ein, die Düne auch zu Fuß zu erkunden, [N 36°03'55" W 5°42'16"]. Unterhalb des sich anschließenden Pinienwaldes befinden sich ein paar geschütztere Buchten, die **Calas Punta Paloma**, die über Trampelpfade nach rund 600 Metern erreichbar sind. Viel weiter fahren sollten Sie vom angegebenen Parkplatz aus aber nicht, da das Wenden später schwierig werden kann.

Tarifa

Zwischen Valdevaqueros und Tarifa folgt nun noch eine Handvoll Campingplätze entlang der Hauptstraße, die alle ganz gut ausgestattet sind. Keiner davon sticht aber sonderlich hervor. An mehreren Abfahrten können Sie rechts zum Strand abbiegen, um dort den Tag zu verbringen, z.B. bei [N 36°03'08" W 5°38'45"] mit schattigem Picknickplatz und zwei Strandbars oder kurz danach bei [N 36°02'56" W 5°38'25"] mit weiteren Chiringuitos. Als Alternative zu den Campingplätzen hat sich ein Camp auf der strandabgewandten Straßenseite entwickelt, in dem Aussteiger und Surfer gleich für längere Zeit bleiben. Sie können sich anschließen. Allerdings scheint die Entsorgungsfrage zumindest fragwürdig... Machen Sie sich am besten ihr eigenes Bild bei **[128: N 36°02'46" W 5°38'08"]**.

Stellplatz 128

Straßencafés in Tarifa

Eine sehr gute Ver-/ und Entsorgungsmöglichkeit liegt dabei nicht einmal weit entfernt – sogar einen kleinen Waschsalon bietet die Tarifuel-Tankstelle am Rande von Tarifa bei [N 36°01'35" W 5°36'28"].

Tarifa selbst war lange ein recht unbedeutendes Städtchen und lediglich dafür bekannt, an der vorgelagerten **Isla de Tarifa** den geographischen Übergang vom Atlantik zum Mittelmeer zu bilden. Gerade einmal 14 Kilometer trennen die Kontinente Europa und Afrika dort. Diese Tatsache nutzte schon 710 der namensgebende Tarif Ibn-Malik, als er mit einer ersten, mehrere hundert Mann starken Truppe dem maurischen Vorstoß nach Europa den Weg bereitete. Neben den täglichen, regulären Fähren waren es in den letzten Jahren vor allem Flüchtlinge, die auf kaum seetauglichen Booten die nicht gerade ungefährliche, oft stürmische Überfahrt wagten. Ihre Zahl ist in den letzten Jahren deutlich zurückgegangen. Das liegt allerdings mitnichten an einer geringer gewordenen Problematik, sondern vielmehr an einer konsequenten Überwachung der Meerenge und neuen Routen über das Mittelmeer ...

Kitesurfer in Tarifa

Aktuell gilt die 18.000-Einwohner-Stadt jedenfalls als ein echter Szene-Treffpunkt. Dank einer stetigen, mehr oder minder starken Brise, die vor Tarifas Küste bläst, haben Surfer den Ort für sich

entdeckt. Andere Freigeister, Weltenbummler und Hipster kamen ihnen nach. Ihre Anwesenheit hat dafür gesorgt, dass sich die Altstadt zu einem Ort mit Coolness-Faktor entwickelt hat. Schmale, orientalisch anmutende Gassen treffen auf hippe Bars und Clubs, entspannte Frühstücks-Cafés wechseln sich mit alternativen Schmuck- und Klamottenläden ab. Einige munkeln schon von einem neuen Ibiza. Bisher ist es aber die meiste Zeit des Jahres über noch viel ruhiger als auf der Baleareninsel und dank eines erst vor Kurzem überholten Stellplatzes stehen Sie mit dem Womo mitten im Zentrum.

(129) Offizieller WOMO-Stellplatz: Tarifa

GPS: N 36°01'05" W 5°36'38", Calle Mar de Norte **Max. WOMOs**: ca. 50.
Ausstattung: Ver-/ Entsorgung (nicht frei zugänglich), Mülleimer, Sat-Empfang, bewacht.
Beschreibung: Sand-Erdparkplatz mitten im Zentrum, 2019 erneuerte Sanitäranlagen, kein Schatten, Campingverhalten unerwünscht, sehr zentrale Lage, nur 400 m an den Strand und 600 m in die Altstadt.
Preis: €.
Zufahrt: Von der N340 rechts beschildert bei erster Gelegenheit nach Tarifa abbiegen und der Calle Batalla del Salado immer geradeaus folgen, bis Sie nach ein paar Wohnblocks und direkt vor einer Tankstelle rechts in die Calle Mar del Norte abzweigen können. Der Platz folgt dort nach knapp 200 m rechts.

Schon auf dem Weg zur Puerta de Jerez, die mit ihren angrenzenden Stadtmauerresten den Beginn der Altstadt markiert, wandern Sie entlang der Calle Batalla del Salado an vielen Geschäften und Lokalitäten vorbei. Im nachfolgenden Gewirr kleiner Sträßchen verstecken sich noch viel mehr. Südlich der Altstadt steht an das Hafengelände angrenzend das gut erhaltene **Castillo de Tarifa**. Vor dem Eingang werden Sie von einer Statue, König Sancho IV. und einem Löwen nachempfunden, empfangen.

Die Burg wird auch Castillo de Guzmán el Bueno (Burg von Guzman dem Guten) genannt, in Erinnerung an einen spanischen Kommandanten, der gleich nach der Rückeroberung Tarifas von den Mauren 1292 vor ihrem anrückenden Nachschub in die Burg flüchten musste. Trotz der Drohung, seinen gefangen genommenen Sohn zu ermorden, gab er nicht auf und soll den Mauren sogar noch einen Säbel zugeworfen haben, um seine Entschlossenheit zu unterstreichen. Tatsächlich hielt er die Burg – sein Sohn wurde aber umgehend getötet – eine aus heutiger Sicht recht fragwürdige Entscheidung. Vorbei am Hafengelände können Sie, weiter nach Westen, bis zum Damm, der das Festland mit dem vorgelagerten Inselchen verbindet, gehen. Das Eiland rund um den dortigen Leuchtturm ist militärisches Sperrgebiet. Die Strände unterhalb sowie die kleine Playa Chica südlich vom Damm sowie die lange Playa de Los Lances nördlich sind aber alle frei zugänglich. An eher windstillen Tagen tummeln sich dort Badegäste, sonst können Sie Kitesurfer bei halsbrecherischen Stunts beobachten – Tarifas Winde ziehen viele echte Könner an!

Neben Surfen, Baden und Feiern hat sich Tarifa auch einen Namen als hervorragender Startpunkt für **Beobachtungstouren zu Walen und Delfinen** gemacht. Während verschiedene Arten von Delfinschulen das ganze Jahr über vor der Küste heimisch sind, ziehen je nach Jahreszeit Grindwale, Pottwale und Orcas durch die Meerenge vor Tarifa. Sogar Finnwale mit bis zu 22 Metern Länge, die nach dem Blauwal zweitgrößten Tiere der Welt, werden jedes Jahr an mehreren Tagen gesichtet. Es gibt verschiedene Anbieter solcher Touren. Empfehlenswert, weil ökologisch verträglich und äußerst erfahren, ist beispielsweise die von einer Schweizerin gegründete Organisation **firmm**. Die Boote legen ganz in der Nähe der Fähren nach Marokko ab.

Egal, ob für einen Tagesausflug nach Tanger oder eine Überfahrt samt Wohnmobil – Tarifa ist ideal, um Ihren Andalusienurlaub durch ein Abenteuer in Nordafrika zu erweitern. Verschiedene Anbieter haben vor Ort fertige Pakete im Angebot. Natürlich können Sie die Buchung auch selbst vornehmen.

***Tarifa – Tourist Info**: Paseo de Alameda, www.turismodetarifa.com | **Wochenmarkt**: Di., Calle Joaquin Tena Artigas | **Castillo de Tarifa**: Calle Guzmán el Bueno, €, 10 – 16 Uhr | **firmm**: Infostellen am Hafen und in der Altstadt, €€€€, wetterabhängig bis zu drei Fahrten pro Tag, Buchung telefonisch unter +34 956 627 008 oder online unter www.firmm.org | **Fähren nach Marokko** unter www.frs.es | **Festkalender – Fería Real:** 1. So im Sep, religiös motivierte Reiterprozession, danach einwöchiges Stadtfest*

Gastrotipps Tarifa: **Cafe Azul****, Calle Batalla del Salado 8, **La Favela****, Calle los Silos 3, **Un Lugar****, Calle de Colon 14, **El Lobo****, Calle San Francisco 24, **Mic Moc****, Calle del Alcalde Juan Nuñez 8, **La Palmera****, Calle de Sancho IV el Bravo 34, **El Frances****, Calle de Sancho IV el Bravo 21, **La Casona****, Calle Pedro Cortés 6, **California Tarifa***, Calle de Sancho IV el Bravo 8b, **Pastelería la Tarifena** (Café), Calle Nuestra Señora de la Luz 21, **Raizes****, Calle General Copons 5, **Mandragora****, Calle Independencia 3

Auf dem Weg nach Algericas passieren Sie nun noch zwei bemerkenswerte Aussichtspunkte. Am **Observatorio de Aves**

Planeadoras bei [N 36°01’59” W 5°34’37”] blicken die meisten Besucher ins Landesinnere. Die Station oberhalb der N340 gilt als idealer Punkt zur Beobachtung von Zugvögeln. Ein Stück weiter, am **Mirador del Estrecho** bei [N 36°03’15” W 5°33’02”], richtet sich der Ausguck zur Küste hin. An klaren Tagen sind neben dem marokkanischen Rif-Gebirge mit einem Fernglas sogar einzelne Städte und Dörfer sehr gut erkennbar.

Algeciras

Die Großstadt zwischen Tarifa und Gibraltar ist Spaniens größter Fährhafen zu Nordafrika. Während es in Tarifa noch recht überschaubar zugeht, ist dieser Hafen ungleich geschäftiger und unübersichtlicher. Dafür ist die Zahl der Schnell- und Standardfähren viel größer und Sie können neben Tanger-Med auch in die spanische Exklave Ceuta gelangen. Für dieses zollfreie und dadurch beliebte Einkaufsziel werden Tagesausflüge, meist an einen Besuch des nahen marokkanischen Tétouan gekoppelt, angeboten.

Noch bevor Sie Algeciras erreichen, können Sie links zum **Picknickplatz „El Bujeo“** abfahren. Die Anfahrt ist durch die stark befahrene Straße von Westen her allerdings schwierig. Somit ist gegebenenfalls zuerst ein Richtungswechsel einige hundert Meter weiter nötig. Am Platz gibt es Frischwasser, [**130:** N 36°04’21” W 5°31’00”].

Da es kaum zwingende Gründe gibt, länger zu verweilen, werden Sie wohl nur dann einen Stellplatz in der Stadt benötigen, falls Sie eine Fährüberfahrt für den Folgemorgen gebucht haben. Wenn Sie Strandnähe bevorzugen, können Sie den Parkplatz an der **Playa de Getares** ganz im Südwesten anfahren, [**131:** N 36°05’45” W 5°26’44”]. Mit den Traumständen bei Tarifa kann die Bucht allerdings nicht mithalten, dafür ist sie windgeschützter.

Ein reiner Transitparkplatz ist dagegen das Gelände nordöstlich des Stadtkerns im Industriegebiet von Los Barrios. Hauptvorteile sind die gute Verkehrsanbindung und die zahlreichen Großraumläden ringsum, [**132:** N 36°10’46” W 5°26’20”, Calle Bergantin].

Direkt an der A7 bietet ferner die Repsol-Tankstelle in

Stellplätze 131 und 132

San Roque eine leidlich gute Ver- und Entsorgungsmöglichkeit, sie ist allerdings nur von Osten her ansteuerbar [N 36°12'26" W 5°24'34]. Falls Sie sich selbst ein Bild von **Algeciras** machen möchten und etwas durch die Einkaufsstraßen rund um die Plaza Alta streifen wollen, gibt es ausreichend Parkplätze an der Hafenpromenade, zum Beispiel bei [N 36°08'01" W 5°26'43", Avenida Virgen del Carmen].

***Algeciras – Tourist Info**: Calle Juan de la Cierva, **Wochenmarkt**: Di., Calle la Pulsera | **Fähren nach Marokko/Ceuta** unter www.frs.es, www.transmediterranea.es*

Gastrotipps Algeciras: **El Querido****, Calle de Alfonso XI 2b, **Maridaje****, Calle Buen Aire 9, **Meson Las Duelas****, Calle Sevilla Plaza Neda 2, **Heladería el Gulus** (Eis), Calle de la Pulsera, **Casa Pepe****, Avenida Bruselas 2

Gibraltar

Schon von Weitem sichtbar reckt sich der 426 Meter hohe Felsen „Rock of Gibraltar" aus dem Meer. Zusammen mit der flacheren Landmasse ringsum ergibt das gerade einmal 6,5 Quadratkilometer, auf denen heute rund 35.000 Menschen ziemlich beengt leben. Was Sie bei einem Besuch zu sehen bekommen, ist eine skurrile Mischung aus typisch Britischem unter spanischer Sonne, mehrwertsteuerfreien Einkaufsgelegenheiten, einer guten Brise Geschichte und natürlich Europas einziger frei lebender Affenkolonie…

Britisch ist der Landzipfel schon seit 1704. Damals besetzte eine englisch-niederländische Flotte Gibraltar während des Spanischen Erbfolgekriegs. Neun Jahre später wurde es im Frieden von Utrecht ganz offiziell Großbritannien zugesprochen und 1830 zur britischen Kronkolonie. Mehrmals versuchten Spanier und Franzosen Gibraltar einzunehmen oder durch jahrelange Belagerungen zu zermürben, doch keine Taktik war von Erfolg gekrönt. Von Spannungen ist das Verhältnis aber bis heute geprägt, denn Spanien ist die Fremdherrschaft am Felsen noch immer ein Dorn im Auge. Erst 2002 gab es eine letzte Volksabstimmung, ob man sich nicht doch Spanien anschließen sollte. Überwältigende 99% waren dagegen. Ähnlich hoch fiel übrigens das Votum gegen den Brexit und für einen Verbleib in der EU aus. Doch blieb der Ruf des kleinen Gibraltars in dieser Frage weitgehend ungehört.

Die einstmals unbedeutende Satelliten-Siedlung **La Linea de la Concepción** vor der Grenze auf spanischer Seite ist inzwischen deutlich größer als Gibraltar selbst. Sonderlich sehenswert ist sie aber nicht, dafür als einer der Hauptumschlagsplätze für marokkanisches Haschisch berüchtigt. Da es keinen Sinn macht, mit dem Wohnmobil nach Gibraltar hinüberzufahren, sollten Sie in La Linea zumindest parken. Die besten Gelegenheiten stellen die im Folgenden genannten Stellplätze dar, die Sie auch für die Nacht davor oder danach nutzen können.

(133) Offizieller WOMO-Stellplatz: La Línea de la Concepción (Parking Alcaidesa Marina)

GPS: N 36°09'25" W 5°21'20", Avenida Principe de Asturias.
Max. WOMOs: 60.
Ausstattung: Ver-/ Entsorgung (nicht frei zugänglich), Toilette, Dusche, Mülleimer, WLAN, Sat-Empfang, Waschmaschine, Restaurant, Videoüberwachung.

Beschreibung: Asphaltierter, für Wohnmobile reservierter Parkbereich im Hafen von La Linea, direkt vor der Grenze zu Gibraltar (800 m). Sauber, recht ruhig, bewacht und durch Schranke gesichert, kein Schatten, eben, Campingverhalten unerwünscht.
Preis: €€.
Zufahrt: Von der A7 auf die CA34 in Richtung La Línea de la Concepción abbiegen und der Straße in Richtung Gibraltar folgen. Rechts zum Parkplatz vor Gibraltar und der Marina abfahren und immer rechts bis zur Schranke halten. Der Parkwächter nimmt Sie dort in Empfang.

(134) WOMO-Stellplatz: La Línea de la Concepción (Estadio Municipal)

GPS: N 36°09'29" W 5°20'21", Avenida Principe de Asturias.
Max. WOMOs: Ca. 30 bis 40.

Öffnungszeiten: Zuletzt nur zwischen Oktober und Mai zum Parken freigegeben.
Ausstattung: Keine Einrichtungen, Sat-Empfang.
Beschreibung: Teils asphaltierter, teils geschotterter Parkplatz am Stadion, recht eben, kein Schatten, zweckmäßig, nicht ganz leise, Campingverhalten verboten, direkt am Strand mit Chiringuitos, ca. 1100 m zur Grenze nach Gibraltar, 900 m ins Zentrum.
Preis: €.
Zufahrt: Von der A7 auf die CA34 in Richtung La Línea de la Concepción abbiegen und der Straße in Richtung Gibraltar folgen. Vorbei an den Grenzanlagen immer weiter geradeaus bleiben. Wenn die Straße schließlich nach links abknickt und der Strand rechts von Ihnen auftaucht, folgt die Einfahrt zum Stadionparkplatz nach rund 400 m links.

(135) WOMO-Campingplatz: La Línea de la Concepción (Camping Sureuropa)

GPS: N 36°11'30" W 5°20'05", Traversa Sobrevela 1.
Internet/ Tel.: www.campingsureuropa.es, +34 956 643 587.

Öffnungszeiten: Ganzjährig.
Ausstattung: WLAN, teils Sat-Empfang, Spülbecken, Sporteinrichtungen.
Beschreibung: Gepflegter Platz mit rund 50, meist schattigen, ebenen Parzellen auf Gras, fast eben, dennoch gepflegt, recht ruhig, 150 m zum Strand mit Chiringuito, 800 m zur nächsten Einkaufsgelegenheit, 3,8 km ins Zentrum, gut 5 km bis Gibraltar (Busverbindung vorhanden). Haustiere sind nicht erlaubt.
Preis: €€€.
Zufahrt: Von der A7 an der Ausfahrt 124 „La Línea" abzweigen und im Kreisverkehr weiter diese Richtung beibehalten. Dann nach Santa Margarita abfahren und der Straße immer weiter folgen. Der Platz ist von der Strandpromenade aus dann rechts klein angeschrieben.

Unterwegs in Gibraltar

Von ihrem Parkplatz aus müssen Sie für Ihren Besuch zunächst die Grenze überqueren, am besten zu Fuß. Vergessen Sie keinesfalls Ihre Ausweisdokumente, denn Gibraltar ist, Brexit hin oder her, nicht am Schengen-Abkommen beteiligt und somit wird in jedem Fall penibel kontrolliert! Direkt nach dem Übergang folgt schon die erste Besonderheit: Aufgrund von Platzproblemen verläuft die Start- und Landebahn des Flughafens von Gibraltar quer zur einzigen Zugangsstraße. Das bedeutet, dass sowohl Sie als Fußgänger als auch sämtlicher Verkehr quer über das Rollfeld müssen – kommt ein Flugzeug, wird einfach die Ampel auf Rot geschalten und eine Schranke senkt sich, einem Bahnübergang ähnlich.

Der weitere Weg ins Zentrum ist nicht schwer zu finden, folgen Sie einfach den meist zahlreichen anderen Besuchern. Es gibt aber auch eine Beschilderung, die Sie im Zweifelsfall leitet. Nach einem kleinen Tunnel landen Sie zuerst am **Casemates Square** mit einer Reihe an Cafés und Restaurants. Schon hier darf natürlich der typisch britische Fish & Chips-Laden nicht fehlen! Seien Sie unbesorgt, falls Sie jetzt noch keinen Appetit haben – Sie werden im Laufe Ihres Spaziergangs noch mehr davon finden, sofern Ihnen nach dem typischsten aller britischen Fast Foods ist, versprochen! Daneben gibt es zahlreiche originelle Pubs und allerlei andere Gasthäuser mit Küchen aus aller Welt. Sie können sich nun auch überlegen, ob Sie etwas Geld in die landeseigene Währung, das Gibraltar-Pfund, wechseln wollen. Nötig ist das nicht, der Euro wird überall akzeptiert, wenn auch mit Aufschlag. Achten Sie aber gegebenenfalls darauf, alles am Ende wieder loszuwerden, denn zumindest die Münzen haben außerhalb von Gibraltar nur Erinnerungswert...

Die lange Haupteinkaufsstraße und Fußgängerzone **Main Street** zieht sich nun quer durch die Stadt, von Norden nach Süden. Auffallend ist, wie überall, wo man mehrwertsteuerfrei einkaufen kann, die enorme Dichte an Rauchwaren- und Spirituosengeschäften. Rechts von Ihnen verläuft parallel die zweite Hauptstraße, Irish Town, in der mehr Bars und Lokale als Läden ansässig sind. Noch ein Stück weiter westlich treffen Sie auf den Hafen mit seinen großflächigen Liegeplätzen für Yachten. Dort werden

Casemates Square

Main Street, unten Sky Walk und St. Michael`s Cave

Bootsfahrten zu den Delfinen vor der Küste angeboten *(z.B. Marine Bay Square 9, ab €€€, mehr unter www.dolphin.gi)*.
Entlang der Main Street stoßen Sie auf die **Roman Catholic Church**, die auf den Resten einer Moschee im gotischen Stil neu erbaut wurde. In Höhe der Bomb House Lane können Sie bei Interesse einen Abstecher zum **Gibraltar Museum** unternehmen. Dort wird die Geschichte der Kolonie näher beleuchtet. Interessant ist die Nachbildung eines am Felsen gefundenen Neandertalerschädels. Untersuchungen legen nahe, dass diese Frühmenschenart noch vor 28.000 Jahren hier lebte, möglicherweise länger als irgendwo sonst. Im Untergeschoss können Sie außerdem teilrestaurierte maurische Bäder besichtigen *(€, Mo – Fr 10 – 18 Uhr, Sa 10 – 14 Uhr, Bomb House Lane 18, www.gibmuseum.gi)*.
Weiter geradeaus kommen Sie dann zum **Gouvaneurspalast**. Wie im Mutterland wird hier täglich das „Changing of the Guards" vollzogen, die mit viel Brimborium zelebrierte Wachablösung.
Am Ende gelangen Sie schließlich zu einem größeren Parkplatz, neben dem das **Gibraltar Cable Car** ins **Naturschutzgebiet des Upper Rock** fährt. Wenn Sie Lust haben, es auf eigene Faust zu erwandern, ist dies die beste Möglichkeit, hinauf zu gelangen, ohne den anstrengenden Fußweg antreten zu müssen. Die Seilbahn spuckt Sie an der Top Station mit dem Top Rock Café wieder aus. Vermutlich werden Sie dort auch schon Bekanntschaft mit den heimlichen Stars von Gibraltar machen können, den Berberaffen. Einer Legende nach bleibt Gibraltar solange in britischer Hand, bis die Affen aussterben. Damit das nicht passiert, hat Winston Churchill höchstpersönlich 1942 Affen aus Marokko aussetzen lassen, als die heimische, vermutlich schon seit den Mauren existierende Population einzugehen drohte. Heute kümmert sich ein extra zur Pflege abgestellter Offizier der britischen Streitkräfte federführend um die rund 250 Tiere.

Gleich bei der Ankunft werden Sie mit Warnhinweisen konfrontiert, die allesamt beachtenswert sind. Schon eine Sekunden aus den Augen gelassene Tasche oder ein unachtsam am Rücken getragener Rucksack können ausreichen, um die frechen Tiere zum Angriff zu ermutigen. Egal, ob Chips, Gummibärchen, ein paar Stullen oder Kaugummi – nichts ist vor ihnen sicher und die Wagemutigsten scheinen sich direkt an der Seilbahn zu platzieren, um sofort zuschlagen zu können!
Mit dem Ticket erhalten Sie eine Wegbeschreibung und können sich damit die für Sie interessantesten Punkte herauspicken. Dazu gehören im Süden der offi-

zielle Fütterungspunkt der Affen am **Apes Den**, die Aussichtsbrücke **Skywalk** mit einem Glasboden über dem Abgrund und verschiedene historische Verteidigungsbastionen, zum Beispiel die **O`Haras Battery** samt Ausstellung ganz am Ende des Weges.

Am Hang können Sie dann noch zur großen **St Michael`s Cave** gelangen. Die Tropfsteinhöhle wurde komplett mit wechselnden farbigen Lichtern und Lautsprechern bestückt und teilbestuhlt. Abends finden dort manchmal Konzerte statt. Hartnäckig halten sich Gerüchte, dass es geheime Tunnel von hier aus nach Spanien und sogar bis nach Afrika hinüber geben soll. Nicht Schwindelfreie sollten auf dem weiteren Weg die über eine Schlucht gespannte **Windsor Suspension Bridge**, eine Hängebrücke, besser meiden. Sie führt zur kleinen **Hayne`s Cave Battery**.

Im Norden gelangen Sie zum **Military Heritage Centre**, zum **Great Siege Tunnel** und zum **World War II Tunnel**. Nicht nur die militärische Geschichte und die Bedeutung Gibraltars werden dort erläutert, sondern Sie können selbst in die Tunnel im Felsen vordringen. Der Fels ist wie ein Schweizer Käse durchlöchert, und teilweise mit Puppen ausgestattete Gänge erklären den Bau und die Nutzung sehr anschaulich. Einige der Höhlen sind natürlichen Ursprungs, weitere Gänge kamen während der Belagerungen Gibraltars im 18. Jahrhundert dazu. Im Zuge des Zweiten Weltkriegs wurden sie sogar zu einer unterirdischen Festung für bis zu 15.000 Mann ausgebaut.

Am Weg zurück in die Stadt befindet sich dann noch die kleine **City Under Siege Exhibition**. Sie erklärt die dramatische Belagerung Gibraltars durch die Spanier in den Jahren 1779 bis 1783.

Letzter Punkt ist dann **Moorish Castle**, eine arabische Burg aus dem 8. Jahrhundert, die allerdings später mehrmals beinahe komplett um- und neu aufgebaut wurde. Ihre heutige Form geht auf das 12. Jahrhundert zurück. Bis 2010 diente sie als Gefängnis.

Von dort ist der Fußweg zurück ins Zentrum überschaubar. Die gesamte Wegstrecke umfasst allerdings über zehn Kilometer *(**Cable Car**: Red Sands Road, €€, Ticket inkl. **Upper Rock Nature Reserve** mit allen Attraktionen außer World War II Tunnel ab €€€, 9.30 – 19.15 Uhr, Online-Tickets unter www.buytickets.gi, mehr Infos unter www.visitgibraltar.gi*

Rock of Gibraltar, oben Cable Car zum Rock Reserve

Berberaffen mit „Beute“

| ***World War II Tunnels**, Willis`s Road, €€, Mo – So 9 – 18.15 Uhr).* Eine Alternative für fußmüdere Besucher bieten zahlreiche Tourveranstalter, die mit ihren Minibussen direkt nach der Grenze und vor der Seilbahn am Fuß des Berges auf Kundschaft warten. Sie bieten ein Besichtigungskomplettpaket und fahren Sie bis nach oben und dort von Sehenswürdigkeit zu Sehenswürdigkeit. So sehen Sie die interessantesten Punkte, ohne sich sonderlich anstrengen zu müssen. Nachteil ist, dass Sie nicht verharren können, wann, wo und wie lange sie wollen, sondern sich der Gruppe anpassen müssen. Manche Touren schließen auch die touristischen Hotspots am Südende Gibraltars ein, wie die **Shrine of Our Lady Church** mit einer vor allem von Matrosen hoch verehrten Madonna, die erst 1997 vom saudischen König Fahd gestiftete **Ibrahim Moschee** und den **Europe Point** mit dem **Trinity Light House** an der äußersten Landspitze. Dorthin gelangen Sie ansonsten nur per Bus, was allerdings auch kein allzu großes Problem darstellt. Der öffentliche Nahverkehr bringt Sie auf Wunsch auch noch weiter, an die Ostküste. Nahe dem Dorf **Catalan** befinden sich dort Gibraltars beste Strände, die **Sandy Bay** und die **Catalan Bay** *(Minibustouren ab €€€€, Online-Tickets und mehr unter www.buytickets.gi | Hopper Bus Ticket für alle öffentlichen Busse, €).*

Vor oder nach der Fahrt nach oben mit dem Cable Car können Sie außerdem den **Gibraltar Botanic Garden** besuchen, der sich gleich hinter dem Parkplatz anschließt. Immerhin sechs Hektar umfasst die schöne, mit subtropischen Pflanzen und Bäumen gestaltete Fläche. Ein Teil davon ist als **Alameda Wildlife Park** kostenpflichtig. Zu sehen gibt es dort, teils auch hautnah, vor allem Halbaffen und Vögel *(Red Sands Road, Eintritt frei, Wildlife Park €, 10 – 16.45 Uhr, www.gibraltargardens.gi und www.awcp.gi).* Der Rückweg zu Ihrem Fahrzeug erfolgt dann zwangsläufig auf bekanntem Weg, erneut über die Rollbahn.

***Gibraltar – Tourist Info**: John Mackintosh Square 13 | **Festkalender**: **May Day Celebrations**, 1. Mai, Casemates Square, großes Fest zu Ehren des englischen Erbes, **Calentita Food Festival**, Ende Juni, Casemates Square, Street Food aus der ganzen Welt, **Gibraltar Day**, 10. Sep, ausgelassenes Fest mit Parade | | **La Linea de la Concepción – Tourist Info**: Avenida del Ejército | **Wochenmarkt**: Mi., Avenida Príncipe de Asturias*

Gastrotipps: Gibraltar: Sky Restaurant***, Sunborn Yacht Hotel, **Gauchos****, 1 Fish Market Road, **Casa Brachetto****, Chatham Counterguard Strip 9, **Café Rojo****, Irish Town, **Vinopolis****, John Mackintosh Square 30, **Jury`s Bar****, Main Street 275, **Raj`s Curry House****, Queensway Road Unit R01, **The Lounge Gastro Bar****, Ragged Staff Wharf Unit 17a

Stellplatz 136

La Alcaidesa

Bevor Sie entweder auf Tour 7 die Berglandschaft im Inneren Andalusiens oder die Costa del Sol mit ihren bekannten Urlaubsorten erkunden, können Sie nahe der Wohn- und Urlaubssiedlung nochmals Halt machen. Am Playa del Burgo befinden sich nahe dem Torre Nueva zwei abgelegene asphaltierte Parkflächen ohne jegliche Wohnbebauung ringsum. Dort lässt sich meist gut übernachten. Nur an den Wochenenden wird es am Parkplatz und am Strand laut. Dann ist dieser weite, freie Bereich ein beliebter Treffpunkt von Motocross- und Quadfahrern, vor denen nichts und niemand sicher zu sein scheint, [**136:** N 36°12'27" W 5°19'41", Camino Estepona]. Kleinere und leichte Fahrzeuge können sich vom unteren Parkplatz auch noch weiter zu Naturparkflächen direkt am Sandstrand vorwagen. Prüfen Sie aber vorher immer die Wegbeschaffenheit, um nicht stecken zu bleiben!

Hinter Alcaidesa erwartet Sie dann ein bislang völlig einsamer, unverbauter Strand, der nur über eine Schotterpiste erreichbar ist. Diese ist aber selbst mit großen Wohnmobilen bei angepasster Fahrweise gut zu bewältigen.

(137) WOMO-Badeplatz: La Alcaidesa (Playa Faro de la Alcaidesa)

GPS: N 36°14'47" W 5°17'51", Urbanización Torrecarbonera.
Max. WOMOs: 6-8.
Ausstattung: Keine Einrichtungen, Sat-Empfang.
Beschreibung: Parkflächen auf Erd-Schotterboden direkt am weiten, einsamen Strand, schöne Aussicht auf Gibraltar, sehr ruhig, eher uneben, rund 4,5 km bis Alcaidesa.

Zufahrt: Von der A7 an der Ausfahrt 124 „La Línea" abzweigen und im Kreisverkehr die dritte Ausfahrt Richtung Alcaidesa wählen. Die erste Abzweigung in den Ort ignorieren und erst an der zweiten nach rechts über die Autobahn und durch die beschrankten Zugangsanlagen fahren. Am zweiten Kreisverkehr links halten und im Kreisel am Ende der Straße auf die deutlich schmalere, ältere weiterführende Straße links wechseln. Nach knapp 700 m teilt sich die Straße und Sie nehmen die ab nun ungeteerte Piste nach schräg rechts vorne. Nach gut 2 km erreichen Sie die Parkflächen oberhalb des Strandes.

Sabinillas

Nahe der luxuriösen Golfersiedlung **Sotogrande** überqueren Sie den Fluss Guadiaro und können kurz darauf von der Autobahn AP7 auf die Schnellstraße A7 wechseln, die als parallel zur Uferlinie verlaufende Verkehrsader die gesamte Küstenregion erschließt. Schon nach wenigen hundert Metern erreichen Sie mit der **Playa Sardina** zwischen den Ferienhaussiedlungen Guadiaro und San Diego eine erste kleinere Badebucht. Hier gibt es auch für Wohnmobile Platz und Gastronomie, der Sand ist allerdings eher grobkörnig.

(138) WOMO-Badeplatz: Playa Sardina

GPS: N 36°18'35" W 5°15'35", Avenida Mar del Sur. **Max. WOMOs**: 3-4.
Ausstattung: Tagsüber Stranduschen und -toiletten, Sat-Empfang.
Beschreibung: Schattenloser Schottersand-Parkplatz direkt an einer Strandbucht, nicht ganz uneben, Chiringuitos vorhanden. An der Einfahrt gibt es eine Schranke, die aber nicht geschlossen wird, bis auf Verkehrsgeräusche der nahen Hauptstraße ruhig, Campingverhalten verboten.
Zufahrt: Von der Autobahn an Ausfahrt 133 Richtung Torreguadiaro abbiegen, am ersten Kreisverkehr die erste, am zweiten Kreisverkehr die zweite Ausfahrt Richtung Marbella über die A7 nehmen. Am dritten Kreisverkehr rechts nach Puerto de Sotogrande abfahren und sofort links die Strandbucht neben der Straße ansteuern.

Die **Playa La Chullera** dagegen ist ein weitläufiges Sandband, das sich über mehrere Kilometer erstreckt. So ruhig wie hier geht es fast nirgends sonst auf Tour acht zu. Meist mit ausreichendem Abstand zueinander sonnen sich Familien genauso wie Ruhesuchende und Naturisten an den etwas abgelegeneren Stellen, wie zum Beispiel im Naturschutzgebiet, das sich an den **Aldea Beach** anschließt. Neben dem Chiringuito können Sie gut parken und bei Bedarf übernachten. Nur gut einen Kilometer weiter bietet der Campingplatz Bella Vista mehr Ausstattung, falls gewünscht.

(139) WOMO-Badeplatz: Aldea Beach

GPS: N 36°20'06" W 5°14'18", Calle Aldea. **Max. WOMOs**: 3-4.

Ausstattung: Tagsüber Stranduschen und -toiletten, Sat-Empfang.
Beschreibung: Sandiger Parkplatz neben einem Chiringuito am Strand, linker Hand befindet sich ein Naturschutzgebiet, hinter dem Platz sind einige Wohnhäuser vorhanden. Kein Schatten, nicht ganz eben, ruhig, Campingverhalten unerwünscht.
Zufahrt: An einem Kreisverkehr der A7, knapp 5 km nach dem letzten Stellplatz, stehen links der Straße große Lettern „Aldea Hills". Dort biegen Sie rechts, nur beschildert mit „urbanisación", ab und fahren dann links bis zum Ende der Straße mit dem Parkplatz.

(140) WOMO-Campingplatz: La Chullera (Camping La Bella Vista)

GPS: N 36°20'47" W 5°14'12", A7.
Internet/Tel.: www.campinglabellavista.com, +34 952 890 020.
Öffnungszeiten: Ganzjährig.
Ausstattung: WLAN, Pools, Restaurant, Bar, Minimarkt Spülgelegenheit, Waschmaschine / Trockner, Strandzugang, Spielplatz.
Beschreibung: Gut ausgestatteter Campingplatz direkt am Strand mit rund 120 Stellplätzen, etwas eng, teils beschattet, auf Schotter, eben, etwas Verkehrslärm, sonst recht ruhig, ca. 500 m zu weiteren Restaurants, Supermarkt 200 m entfernt, 1,5 km bis zum nächsten richtigen Ort (Sabinillas).
Preis: €€€€-€€€€€.
Zufahrt: Der A7 bis nach La Chullera / Alcorrín" folgen, dort am Ende direkt von der Schnellstraße rechts zum Eingang des Platzes fahren.

Zentrum dieses Abschnitts ist das ehemalige Fischerdorf **Sabinillas**. Zwar hat auch hier der Tourismus längst Einzug gehalten, doch findet er weit maßvoller statt als weiter nördlich. Im vorgelagerten Puerto de la Duquesa befindet sich ein ganz hübscher Jachthafen.

An Manilva vorbei führt ab hier die A377 in das weiße Dorf Casares und zu Tour 8, die später in diesem Buch beschrieben ist.

Wenn Sie dagegen erst am Ende von Sabinillas, am Kreisverkehr mit dem Lidl-Supermarkt, unbeschildert nach links abbiegen, haben Sie Gelegenheit, zu den **Römischen Thermalbädern de la Hedionda** zu fahren. Dazu folgen Sie der Straße bis zur Autobahnunterführung und wechseln dort nach rechts auf eine Schotterpiste, bis zum rund 300 Meter entfernten Parkplatz. Der weitere, rund 700 Meter lange Weg ist nur zu Fuß machbar. Vorbei an der **Ermita de San Adolfo** gelangen Sie zu den noch im Original aus römischer und teils arabischer Zeit stammenden Überresten von Badehäusern mit Tonnengewölben. Zwar riecht das eisenhaltige Wasser ziemlich faulig nach Schwefel, der heilsamen Wirkung tut das aber keinen Abbruch. Zwei weitere Pools liegen unter freiem Himmel. Spanische Gäste kombinieren den Besuch gerne mit einem Bad im benachbarten Fluss und lassen den dort vorhandenen Schlamm auf der Haut trocknen.

Sabinillas* – *Wochenmarkt: *Fr, Paseo Marítimo de Sabinillas* | ***Baños de la Hedionda***: *Parken bei [N 36°23'29" W 5°15'37"], Zutritt frei, für die eingehausten Badestellen benötigen Sie im Sommer zeitlich abgestimmte Tickets, reservierbar über das Rathaus in Casares oder online unter www.ticketea.com/entradas-actividades-banos-la-hedionda*

Gastrotipps Torreguadiaro: Rio Seco**, Avenida Mar del Sur 46, **Restaurante Mar Sana****, Avenida Mar del Sur 106 | **Puerta de la Duquesa und Sabinillas: Flame Steak & Grill****, Calle San Jose, **Parapiro`s Ristorante****, Calle Cigala, **La Traviata Duquesa****, Calle Camarón, **The Sweet Atelier** (Café), Calle Cristobal Morales, **Heladería Da Vinci** (Eis), Calle Duquesa de Arcos 24

TOUR 7
10 km
N
Algodonales
Zahara d.l.S.
El Bosque
Benamahoma
Grazalema
Benaocaz
Ubrique
Paterna d.R.
Alcalá d.I.G.
Cortez d.I.F.
Jimera d.L.
Benaoján
Cueva de la Pileta
P.N. Sierra de Grazalema
Ronda
Arriate
El Gastor
Olvera
Alcalá d.V.
Campillos
Teba
Fuente d.P.
Laguna de Fuente d.P.
Mollina
Antequera
Ardales
El Chorro
P.N. El Torcal
Villanueva d.I.C.
Casabermeja
P.N. Montes de Málaga
Málaga
La Cala del Moral
Torremolinos
Benalmádena
Fuengirola
Mijas
Alhaurin d.I.T.
Alhaurin e.G.
Cártama
Coín
Guaro
Ojén
La Cala de Mijas
Marbella
Costa del Sol
Estepona
Manilva
Casares
El Burgo
Yunquera
Tolox
P.N. Sierra de las Nieves
Júzcar
Alpandeire
Atajate
Alcatocín
Benarrabá
Gaucín
El Colmenar
Jimena d.I.F.
P.N. Los Alcornocales
Castillo d.C.
Castellar d.I.F.
Taraguilla
Algeciras
141 142 143 144 145 146 147 148 149 150 151 152 153 154 155 156 157
WC

Tour 7: Los Alcornocales über Ronda nach Mijas (ca. 250 km)

Castellar de la Frontera – Jimena de la Frontera
Gaucín –Júzcar – Cueva de la Pileta
Ronda –Sierra de la Nieves – Mijas

Stellplätze:	Castellar de la Frontera (2x), Castillo de Castellar, Benarrabá, Algtocín, Alpandeire, Júzcar, Ronda (2x), El Burgo, Guaro, Coín, Mijas
Campingplätze:	Jimena de la Frontera, Jimera de Libar, Yunquera
Besichtigen:	Castillo de Castellar, Zoo von Castellar de la Frontera, Gaucín mit Burgruine, Cueva de la Pileta und Cueva del Gato, Schlumpfdorf Júzcar, Ronda, Coín, Mijas
Wandern:	P.N. Los Alcornocales, Sendero Río Hozgarganta, Sierra de las Nieves, Sendero El Burgo Puerto de la Mujer

Im weiten Bergland hinter der Costa del Sol geht es deutlich ruhiger zu als in den Touristenhochburgen am Meer. Schroffe Felsen wechseln sich mit sanften Tiefen ab. Dazwischen kleben weiße Dörfer an den Hängen und bohren sich Höhlen mit uralten Felszeichnungen in die Berge. Besonders wohl fühlen Sie sich dort, wenn Sie gerne wandern und längere Fahrten auf kurvigen Straßen nicht scheuen. Mit Ronda erwartet Sie dann östlich des Hauptkamms eine interessante Stadt, die von einer tiefen Schlucht durchschnitten wird und als Wiege des Stierkampfs gilt. An den Schnittpunkten lässt sich diese Tour, ganz nach Interesse und Zeit, gut mit der folgenden Tour acht kombinieren.

Castellar de la Frontera

Am südöstlichen Rand des Alcornocales-Naturparks liegt die kleine Gemeinde Castellar de la Frontera. Der heutige Hauptort gleich neben der A405 wurde erst in den 1970er Jahren gegründet. Damals beschlossen die Bewohner des Bergdorfes Castillo de Castellar im Zuge eines Stauseebaus, weiter talwärts zu siedeln und ihre alten, beschwerlich zu erreichenden Häuser zu verlassen. Zu sehen gibt es in dem neuen Ort nicht viel, allerdings wurde ein Stellplatz für Wohnmobile errichtet.

(141) Offizieller WOMO-Stellplatz:
Castellar de la Frontera

GPS: N 36°17'00" W 5°25'17", Calle de Jaén. **Max. WOMOs**: Ca. 14.
Ausstattung: Ver- / Entsorgung Mülltonnen, Sat-Empfang.
Beschreibung: Asphaltierte, ebene Parkfläche mitten im Ort, kein Schatten, öffentlich zugänglich, speziell für Womos gekennzeichnet, Restau-

rant und Freibad benachbart, Einkaufsgelegenheiten ca. 400 m entfernt. **Zufahrt**: Auf der A405 bis Castellar fahren, dort rechts Richtung „ayuntamiento" abbiegen und nach den Gleisen links halten. Bei einer Wohnsiedlung links beschildert zum „piscina" abzweigen, der Platz folgt nun nach 200 m links.
Hinweis: Rund um das jährliche Stadtfest ist der Platz in etwa von Ende April bis Mitte Mai nicht nutzbar.

Gleich am Beginn des Ortes zweigt eine schmale, kurvige Straße in das alte, burgähnlich mit einer Ringmauer aus arabischer Zeit versehene Dorf **Castillo de Castellar** ab. Vor allem am Ende geht es wirklich steil aufwärts, bis Sie den Besucherparkplatz bei [**142:** N 36°19'04" W 5°27'18", CA512] erreichen. Eine Übernachtung für ein bis zwei Fahrzeuge ist möglich. Von dort ist es nur mehr ein kurzer Fußmarsch bis ins Dorf. Entgegen anderer halb oder ganz verfallener zurückgelassener Bergorte haben hier Künstler und Aussteiger die alten Häuser übernommen und renoviert. Eine nicht unerhebliche Anzahl von Ihnen kommt übrigens aus Deutschland. So können Sie durch frisch getünchte Gassen streifen, viele hübsche, blumengeschmückte Ecken entdecken und teils selbstgemachte Produkte in einigen kleinen Läden erstehen. Natürlich darf auch die obligatorische Bar nicht fehlen. Sogar ein Sternehotel hat sich etabliert. Von der Mauer aus und am Platz direkt davor haben Sie einen schönen Blick auf den nahen Stausee Embalse de Guadarranque. Über Wanderungen dorthin informiert die kleine **Touristeninformationsstelle**.

Zurück im neuen Castellar können Sie am nördlichen Ausgang außerdem den privat betriebenen **Zoo de Castellar** besuchen. Sicher kann man über artgerechte Haltung von Wildtieren vor Ort diskutieren, doch alle Mitarbeiter sind sehr be-

Castillo de Castellar, oben Stellplatz 142

müht und kümmern sich augenscheinlich gut um ihre Schützlinge – trotz der ungewöhnlichen Nähe zu den Gästen. Ganz anders als in gemeinhin bekannten Zoos setzt man in Castellar auf eine besondere Nähe zu den Tieren, und so können Besucher Halbaffen streicheln, Schlangen berühren, Feneks auf den Arm nehmen, Papageien füttern oder Greifvögel halten. Am Zooparkplatz und im dahinter gelegenen Wald- und Wiesengrundstück mit einigen Picknickbänken lässt sich außerdem die Nacht verbringen [**143:** N 36°17'21" W 5°24'41", A2100].

***Castellar – Tourist Info**: Calle Camino Fuente Vieja 1, www.castillodecastellar.es | **Wochenmarkt**: Do., Calle Pepe López | **Zoo de Castellar**: Cerro del Moro, €€€, geöffnet ab 10 Uhr bis zur Dämmerung, Onlinetickets verfügbar unter www.zoodecastellar.es | **Festkalender** – **Festival Flamenco Luna Llena**: Fr und Sa im August, Flamencofestival*

Jimena de la Frontera

Einen nächsten Stopp können Sie in Jimena einlegen. Das weiße Dorf wird von einer großen maurischen Burgruine überragt, die aus dem 14. Jahrhundert stammt, der Dorfkern steht unter Denkmalschutz. Der nahe Campingplatz dient als guter Ausgangspunkt für Wanderungen im Naturpark, so beginnt der „**Sendero Río Hozgarganta**" nur hundert Meter vor der Einfahrt rechts.

Tierische Begegnungen im Zoo von Castellar

(144) WOMO-Campingplatz: Jimena de la Frontera (Camping Alcornocales)

GPS: N 36°26'35" W 5°27'35", Carretera Cruz Blanca.
Internet/Tel.: www.campinglosalcornocales.com, +34 956 640 060.
Öffnungszeiten: Ganzjährig.
Ausstattung: WLAN, teils Sat-Empfang, überdachter Pool (gegen Gebühr, nicht ganzjährig), Waschmaschine/ Trockner, Spülgelegenheit, Restaurant, Sporteinrichtungen.
Beschreibung: Schön gelegener kleinerer Campingplatz im Naturpark am Rande von Jimena, ebene, parzellierte Stellplätze auf Schotter, etwas Schatten, ruhige Alleinlage, rund 900 m bis ins Zentrum, Wanderwege in der Nähe.
Preis: €€€.
Zufahrt: Von der A405 links nach Jimena abbiegen, den Ort komplett durchfahren, der Platz folgt einige hundert Meter nach dem Ende linker Hand.

***Jimena de la Frontera – Wochenmarkt**: Fr., Plaza Diego Prieto Bueno | **Castillo de la Jimena**: Calle Misericordia, €, meist 10 – 20 Uhr, Informationsbüro in der Burg Mo – Fr 9 – 14 Uhr, Sa / So 10 – 14 Uhr*

Gastrotipps Jimena de la Frontera: El Ventorrillero**, Plaza Constitución 2, **Bar Perez***, Calle de Santa Ana 11

Gaucín

Noch schöner und aussichtsreicher als Jimena ist das Dorf Gaucín gelegen. Trotz seiner nicht einmal 2000 Einwohner zählt der Ort gleich ein Dutzend Gasthäuser und Bars. Trotzdem geht es hier sehr ruhig und gemächlich zu. Das größte touristische Interesse geht von der Ruine des **Castillo de Aguila** im Norden aus. Sie ist schon ab dem kleinen Parkplatz bei [N 36°31'17" W 5°18'56"] zu sehen, aber auch ausgeschildert. Zuletzt wurde sie erst im 19. Jahrhundert umgebaut und verstärkt, dafür ist der aktuelle Zustand nur mittelprächtig. Im Dorf gibt es darüber hinaus ein kleines ethnografisches Museum, es ist der **Touristeninformation** angeschlossen. Wundern Sie sich übrigens nicht, wenn Sie auf einem Spaziergang viel Englisch hören: In den letzten 20 Jahren haben sich mehrere hundert britische Bürger in Gaucín niedergelassen.

Algatocin

Ein Stück hinter Gaucín können Sie rechts ins kleine Benarrabá mit gutem Stellplatz abzweigen. Links führt eine Straße als Tour acht tiefer in die Berge hinein. Für den direkten Weg in Richtung Ronda bleiben Sie stattdessen geradeaus. Der zur Panoramastraße ausgebaute Fahrweg verfügt über zahlreiche Aussichtspunkte. Am Mirador del Genal vor Algatocín können Sie über Nacht parken. Statt auf direktem Weg nach Ronda weiterzufahren, besteht außerdem die Möglichkeit, zwei alternative Routenführungen zu nehmen, entweder an zwei Höhlen oder an einem quietschblauen Schlumpfdorf vorbei.

(145) Offizieller WOMO-Stellplatz: Benarrabá

GPS: N 36°32'58" W 5°16'44", MA8303. **Max. WOMOs**: 5.
Ausstattung: Ver-/ Entsorgung, Strom, Mülltonnen, Sat-Empfang.
Beschreibung: Betonierte, ebene Parkfläche am Ortsrand, jeweils mit eigener V/E-Station für jeden Platz, kein Schatten, nur für Womos gekennzeichnet, ruhig, Wandermöglichkeiten in der Umgebung. Rund 400 m bis in den kleinen Ort mit zwei Restaurants.

Zufahrt: Auf der A405 kurz nach Gaucin Richtung Benarrabá abzweigen. Der Platz folgt dann auf der rechten Seite.
Preis: €€, ab zweitem Tag €.
Hinweis: Die Parkgebühr wird laut Aushang entweder eingesammelt oder muss bei der angegebenen Adresse im Ort beglichen werden.

(146) WOMO-Picknickplatz: Algatocín (Mirador del Genal)

GPS: N 36°33'52" W 5°16'58", A369. **Max. WOMOs**: 2-3.

Ausstattung: Mülleimer, Picknickbänke, Sat-Empfang.
Beschreibung: Größerer, von der Straße deutlich getrennter Rast- und Picknickplatz an einem Aussichtspunkt. Ebener Asphaltboden, Picknickplätze wenige Meter entfernt, sehr ruhig, kein Schatten, Campingverhalten untersagt. Rund 1,4 km bis in den Ort.
Zufahrt: Auf der A369 in Richtung Ronda folgt der Platz rund 3,5 km nach der Abzweigung gen Benarrabá.

Gaucín – *Tourist Info und Museum*: *Avenida Ana Toval, Museum Fr/Sa 10 – 14 Uhr* | ***Festkalender – Fiesta Virgen de las Nieves***, *im August, fröhliches Fest mit Tanz und Paraden,* ***Fiesta del Santo Niño***, *8. Sep, religiöse Prozession,* ***El Toro de Cuerda***: *Sonntag um Ostern, Stierhatz durch den Ort*

Gastrotipps Gaucín: Platero & Co**, Calle Bancos 9, **Terral Gaucin****, Calle Bancos 8, **Bar Pajuelo***, Calle San Juan de Dios, **La Fructuosa****, Calle Luis de ARminan 67, **El Atico****, Calle Barrio Alto | **Benarrabá: Kabilas Restaurante**, Sierra Bermeja

Variante 1:
Nach Ronda über die Cueva de la Pileta. Über die MA8307 zweigen Sie links zunächst nach **Jimera de Libar** ab. Hinter dem Dorf liegt ein kleiner Campingplatz ganz hübsch oberhalb des Flusses.

(147) WOMO-Campingplatz: Jimera de Líbar (Camping Jimera de Líbar)

GPS: N 36°39'20" W 5°17'20", Carretera Cortés.
Internet/Tel.: www.rural-jimera.com, +34 952 180 102.
Öffnungszeiten: Ganzjährig.
Ausstattung: WLAN, teils Sat-Empfang, Pool (ca. Mai bis Sep), Spülgelegenheit, Waschmaschine.
Beschreibung: Kleiner Campingplatz am Río Guadiaro, ruhig und teils schattig, einige nicht ganz ebene Stellflächen für Wohnmobile auf Gras-/Schotterboden, Restaurant 500 m entfernt, rund 2 km bis ins Dorf, Wanderwege in der Nähe.
Preis: €€-€€€.
Zufahrt: Der MA8307 an Jimera vorbei folgen, dann an der T-Kreuzung statt rechts Richtung Ronda kurz links halten. Der Platz folgt dort nach 400 m.

Von dort folgen Sie der MA8401 rechts zur **Cueva de la Pileta**. Die Höhle wurde erst Anfang des 20. Jahrhunderts wiederentdeckt und ist nicht für ihre Tropfsteine, sondern für die Spuren frühmenschlicher Besiedlung bekannt. Umfangreiche, mehr als 25.000 Jahre alte Felszeichnungen stellen beispielsweise Hirsche, Pferde und Stiere dar. Um die prähistorischen Zeichnungen bestmöglich zu schützen und zu erhalten, hat man auf durchgehende Beleuchtung verzichtet – dies würde das Wachsen von Moos und anderen Pflanzen begünstigen und die Bilder wohl auf Dauer zerstören. Sie müssen sich daher mit Taschenlampen bewaffnet auf den Weg machen. Eine Besichtigung ist sowieso nur im Rahmen einer Führung möglich.

Auf dem weiteren Weg stoßen Sie nur wenige Kilometer entfernt auf die nächste, als „Katzenhöhle" bekannte **Cueva del Gato**. Da sich ein Flusslauf durch die Höhle zieht, der plötzlich und unvermittelt stark anschwellen kann und schon mehrere Todesopfer gefordert hat, gibt es keine Besichtigungen, und auch eine Begehung auf eigene Faust ist verboten. Die Kulisse mit dem dunklen Schlund im Fels, dem daraus hervor plätschernden Wasserfall und dem klaren Naturbecken unterhalb mutet dafür an schönen Sommertagen beinahe paradiesisch an und ist einen Halt wert. Wer mag, kann hier baden. Das unterirdisch hervortretende Wasser ist allerdings empfindlich kalt! Am et-

Im „Schlumpfdorf“ Juzcar

was unebenen Parkplatz vor der **Cueva del Gato** könnten Sie über Nacht stehen [**148:** N 36°43’36” W 5°14’08”, MA7401].

***Cueva de la Pileta**: [N 36°41’29” W 5°16’00”], MA 8401, €€, Mai – Sep Führungen Mo – Fr 11.30/ 13/ 16.30 Uhr, Sa/ So 11/ 12/ 13/ 16/ 17 Uhr, Mai – Sep täglich zusätzlich um 10 bzw. 10.30 Uhr und um 18 Uhr, um tel. Reservierung unter +34 687 133 338 wird gebeten, www.cuevadelapileta.org*

Gastrotipps Jimera de Libar: **Venta la Oveja Negra****, Piscina Municipal | **Benaoján: Molino del Santo****, **Asdor El Muelle****

Variante 2:
Nach Ronda über das Schlumpfdorf Júzcar

Knapp zehn Kilometer nach Atajate können Sie rechts nach Júzcar abfahren. Vorsicht, die Straße ist stellenweise sehr schmal! Zunächst durchfahren Sie das Bergdorf **Alpandeire**. Dort soll gleich rechts von der Hauptstraße ab nahe dem Café La Ermita ein Stellplatz entstehen, der zuletzt noch in Bau war. Geplant ist, dass er zukünftig mit einer V/E-Anlage ausgestattet wird, [**149:** N 36°37’55” W 5°12’00”, MA7602].

Júzcar war bis vor wenigen Jahren ein völlig unbedeutendes und wenig besuchtes Bergdorf – bis die Macher des US-Animationsfilms „Die Schlümpfe“ es als perfekte Kulisse entdeckten. Mit etwas Geld, Überredungskunst und mehr als 9000 Litern blauer Farbe

Stellplatz 150

gelang es ihnen, die Bewohner davon zu überzeugen, ihre Häuser vorübergehend schlumpfblau anzustreichen. Als daraufhin mehr als 100.000 Besucher kamen und profitable Geschäfte mit Aktionen wie einem regelmäßig stattfindenden Schlumpfmarkt gemacht wurden, entschied sich die Gemeinde, ihr Dorf blau zu belassen. Wirklich viel gibt es zwar nicht zu sehen und erstaunlicherweise haben sich bislang auch nur zwei kleine Bars an der Hauptstraße niedergelassen, doch allein der skurrile, blaue Anblick mag den kleinen Umweg lohnenswert erscheinen lassen, vor allem mit Kindern, die im Dorf mehrere große Schlumpffiguren und einen thematisch gestalteten Spielplatz finden.

Der Parkstreifen am Hang gleich hinter Júzcar ist zwar leicht abfallend, aber eine gute Gelegenheit für eine Zwischenübernachtung [**150:** N 36°37'22" W 5°10'08", Camino de Pujerra].

Wenn Sie schließlich an der A397, statt direkt links Richtung Ronda abzubiegen, erst nach 300 Meter nach rechts fahren, können Tankkunden an der dortigen Station ver- und entsorgen. Etwas improvisiert befinden sich die Einrichtungen neben der Waschanlage, fragen Sie einfach nach [N 36°40'15" W 5°07'06"].

Gastrotipps Alpandeire: **Cueva de la Higuera****, Calle Barranco | **Júzcar: Torricheli***, Calle Ereta 10

Bandoleros – Andalusiens berühmt-berüchtigte Banditen

Es ist gar nicht so lange her, dass Straßenräuber, Bandoleros genannt, in der wilden Bergwelt zwischen Málaga im Süden und Sevilla im Norden ihr Unwesen trieben. Dort, wo Ausflüge zu tiefen Schluchten und in Steineichenwälder heute ein entspannendes Vergnügen bedeuten, fürchteten Reisende noch bis ins 20. Jahrhundert hinein stets um Leib und Leben. Wer nicht genug Bares mitführte, um die Wegelagerer zu besänftigen oder sich weigerte, sein Hab und Gut herauszugeben, musste tatsächlich mit dem Schlimmsten rechnen. Während die Sachlage für die Behörden eindeutig war und sie die Bandoleros als Verbrecher und Mörder jagten, verklärte die meist arme Landbevölkerung sie zu Volkshelden. Sie sah in ihnen spanische Robin Hoods, Rebellen, die es den Reichen zeigten und gegen die sozialen Ungerechtigkeiten kämpften. Um diese Legenden zu schüren, teilten einige Bandoleros tatsächlich Teile ihrer Beute mit der Bevölkerung. Namen wie „El Bizco" oder „El Barbáran" kannte damals jedes Kind. Als König der Bandoleros gilt aber bis heute José María Hinojosa alias „El Tempranillo", der sich zu Beginn des 19. Jahrhunderts einen Namen als König der Räuber machte. Damen stahl er die Ringe stets mit einem Handkuss von den Fingern, verbunden mit einem Kompliment. Herren wurden zwar höflich, aber auch ohne jede Gnade um ihr Hab und Gut gebracht. Von El Tempranillo ist der selbstbewusste Satz „In Spanien herrscht der König, doch im Gebirge regiere ich!" überliefert. Sein bevorzugtes Revier waren die undurchdringlichen Weiten rund um Grazalema. Lange Jahre lebte er unbehelligt mitten im Dorf, und bis heute wird im Oktober eine Fiesta veranstaltet, bei der mit einem Festgelage der Abenteuer des berühmten Straßenräubers gedacht wird.

Als Hauptstadt der Bandoleros galt übrigens Ronda, in dessen Umgebung es besonders häufig zu Überfällen kam. Tragisch ist die Geschichte von „El Tragabuches“, der als angesehener Matador in der Stadt lebte. Als er nach einer Corrida seine Frau mit einem anderen in flagranti erwischte, tötete er beide und musste in die Berge fliehen – wo auch er von da an, als einst gefeierter Held, ein Leben als Gesetzloser fristen musste. Der letzte große Bandolero kam übrigens erst 1934 bei einem Schusswechsel mit der Polizei ums Leben. „El Pasos Largos“ machte bis dahin die Gegend des heutigen Alcornocales-Naturparks und der Sierra de las Nieves unsicher. Die Schauplätze seiner Taten sind zum Teil markiert und fallen bei Wanderungen hin und wieder ins Auge.

Ronda

Die 35.000-Einwohner-Stadt Ronda zählt zu den bekanntesten Sehenswürdigkeiten Andalusiens. Grund dafür ist vor allem die gewaltige, von Brücken überspannte und bis zu 160 Meter tiefe Schlucht El Tajo. Sie entstand aus einem tektonischen Bruch und wurde danach vom Río Guadalevin noch weiter in den Fels gegraben. Wie eine tiefe Narbe spaltet sie die Stadt. Bereits die Iberer und die Phönizier siedelten hier und später bauten die Römer den Ort unter dem Namen Arunda weiter aus. Wie überall in Andalusien folgte dann eine gut 700 Jahre andauernde Herrschaft der Mauren, bis Ronda 1485 nach einem Verrat von Kastilien zurückerobert wurde. Während der französischen Feldzüge Anfang des 19. Jahrhunderts wurde die Stadt schwer in Mitleidenschaft gezogen und die daraus resultierende Armut der Bevölkerung sorgte für regen Schmuggel und weit verbreitetes Räubertum. Einige der damals aktiven Bandidas gelangten zu regelrechtem Ruhm. Doch keine Angst, diese Zeiten sind lange vorbei.

Für Ihre Besichtigung sollten Sie sich einen, besser noch zwei Tage Zeit lassen, denn trotz der überschaubaren Größe

Auf Felsen erbaut: Ronda

gibt es viel zu sehen. Einen sehr zentralen, recht großen Parkplatz mitten in Ronda finden Sie an der Calle Comandante Salvador Carrasco bei [N 36°44'46" W 5°09'56"]. Er ist allerdings nur für Fahrzeuge bis zu einer Maximallänge von sechs Metern freigegeben. Einfacher zu erreichen und auch nicht weiter von den Sehenswürdigkeiten entfernt parken Wohnmobile in der Nähe des Freibades an der Calle Tomilla bei [N 36°44'32" W 5°09'32"]. Für Übernachtungen eignen sich die zwei offiziellen Stellplätzen im Norden und Süden Rondas am besten. Der zweite gehört zu einem benachbarten Campingplatz.

(151) Offizieller WOMO-Stellplatz: Ronda 1 (Parking Autocaravanas Ciudad de Ronda)

GPS: N 36°45'08" W 5°08'53", Calle Torero Francisco Romero. **Internet/Tel.**: www.arearonda.com, +34 951 442 128. **Max. WOMOs**: 60.
Ausstattung: Ver-/ Entsorgung (nicht frei zugänglich), Strom (gegen Gebühr), Mülltonnen, Sat-Empfang, Wohnmobilwaschplatz, Videoüberwachung, Hilfe bei Defekten am Fahrzeug, städtische Informationsstelle am Eingang.
Beschreibung: Geschotterte, ebene Fläche mit eingeteilten Parzellen, kein Schatten, durch Schranke gesichert, nicht ganz ruhige, innerstädtische Lage, sauber. Restaurant nach 150 m, Bushaltestelle rund 300 m entfernt, ins Zentrum ca. 1,6 km.
Zufahrt: Je nachdem, von welcher Seite Sie kommen, fahren Sie auf der A374 bzw. der A397 bis zum großen Kreisverkehr nordöstlich des Zentrums, an dem es auch nach El Burgo, Campillos, Sevilla und Algericas abgeht. Fahren Sie dort Richtung Ronda und nehmen Sie gleich die dritte, kleine Straße nach links. Sie führt direkt zur Einfahrt des Stellplatzes.
Preis: €€.

(152) Offizieller WOMO-Stellplatz Ronda 2: (Area Autocaravanas Ronda)

GPS: N 36°43'19" W 5°10'19", Calle Algeciras.
Internet/Tel.: www.areaautocaravanasronda.com, +34 952 875 939.
Max. WOMOs: 20 (Erweiterung auf 50 Plätze geplant).
Ausstattung: Ver-/ Entsorgung, Strom (gegen Gebühr), Duschen / Toiletten, Mülltonnen, WLAN, teils Sat-Empfang, Videoüberwachung, Informationsstelle, im Sommer Pool gegen Gebühr am benachbarten Campingareal.
Beschreibung: Geschotterte, schön angelegte, teils schattige Stellflächen, eben, durch nachts verriegeltes Tor gesichert, relativ ruhig, sauber. Restaurant nach 800 m, ins Zentrum ca. 1,4 km.
Zufahrt: An der nach Süden von Ronda weg führenden A369 rechter Hand angeschrieben.
Preis: €€
Hinweis: Das Gelände gehört zum Campingplatz El Sur. Er befindet sich direkt nebenan und bietet Gästen zusätzlich verschiedene Sporteinrichtungen, Waschmaschinen, Restaurant und einen Minimarkt, €€-€€€, mehr unter www.campingelsur.com.

Puente Nuevo

Unterwegs in Ronda

Der hier beschriebene Rundweg durch die Stadt startet am städtischen Stellplatz im Norden, ist aber genauso gut vom zweiten genannten Platz neben dem Campinggelände oder den genannten Parkplätzen aus machbar. Dort, wo Sie dazu stoßen, ist dies im Text vermerkt.

Vom Stellplatz 1 aus bewegen Sie sich auf den kleinen Anwohnerstraßen zunächst nach Westen bis zur großen Hauptachse, Avenida Málaga, der Sie nach links folgen. Um den eigentlichen Tourbeginn zu erreichen, müssen Sie nun rund 800 Meter geradeaus bis zum Beginn der Fußgängerzone gehen. Alternativ fahren aber auch Busse.

Ab dem Beginn des autofreien Bereichs heißt die Straße **Carrera Espinel**. Sie markiert Rondas heutiges geschäftliches Zentrum nördlich der El-Tajo-Schlucht im Mercadillo, der Neustadt. Letzterer Begriff ist dabei etwas irreführend, denn so „neu“ ist dieser Teil gar nicht, auch er entstand bereits im 16. Jahrhundert. Vorbei an zahlreichen Geschäften, Eisdielen und Cafés folgen Sie der verkehrsberuhigten Zone für rund 450 Meter bis zur großen, rötlich gepflasterten Plaza del Socorro rechter Hand.

Schon unterwegs stößt von rechts die Calle Naranja auf die Route, von der aus Sie kommen, falls Sie am genannten Innenstadtparkplatz eine Parklücke gefunden haben.

Folgen Sie der Plaza del Socorro und halten Sie sich am Ende links, dann erneut links auf die Calle Padre M. Soubrion.

Vor Ihnen erstreckt sich die von Bäumen beschattete **Parkanlage Alameda del Tajo** aus dem 19. Jahrhundert, die einen schönen Blick von der Felskante auf die Umgebung ermöglicht.

Nach links folgen Sie ihr am Ende entlang des Paseo Blas Infante zur Plaza de Toros mit der **Touristeninformation** und der **Stiefkampfarena Real Maestranza** linker Hand. Sie wurde 1785 eröffnet und ist damit die älteste noch existierende Arena des Landes. Mit ganzen 66 Metern Durchmesser bietet sie Platz für mehr als 5.000 Zuschauer und ähnelt mit ihren mehrgeschossigen Tribünen einem römischen Amphitheater. Sie kann täglich besichtigt werden und umfasst auch ein Stierkampfmuseum. Darin wird unter anderem der Dynastien Romero und Ordoñez gedacht, die einige der berühmtesten Toreros stellten und den Stier-

Alt- und „Neustadt“ südwestlich und nordöstlich der großen Schlucht

kampf zu Fuß und zu Ross perfektionierten. Die „Schule von Ronda“, ein rund 200 Jahre altes Regelwerk von Pedro Romero, hat bis heute Gültigkeit *(Calle Virgen de la Paz 15, €€, Audiogudes sind auch auf Deutsch verfügbar, Mär/ Okt 10 – 19 Uhr, Apr – Sep 10 – 20 Uhr, sonst bis 18 Uhr, www.rmcr.org)*.

Rechter Hand sitzt der **Mirador de Ronda** auf einer Felsnase. Von dort haben Sie einen tollen Blick hinüber in die Altstadt. Folgen Sie nun immer der Felskante nach Süden, um das elegante Parador-Hotel herum. Von dort haben Sie einen ersten guten Blick auf die El-Tajo-Schlucht und die beeindruckende Brücke **Puente Nuevo**. Eine erste Konstruktion an dieser Stelle, aus dem Jahr 1735 stammend, stürzte nach nur sechs Jahren ein und riss zahlreiche Menschen in den Tod. Das heutige, 1793 fertig gestellte Bauwerk hält schon deutlich länger und ist fast 100 Meter hoch. Falls Sie sich für die Baugeschichte interessieren, können Sie das kleine **Brückenmuseum** besuchen, das sich im mittleren Pfeiler befindet *(Puente Nuevo, €, Mo – Fr 10 – 19 Uhr, Sa / So 10 – 15 Uhr)*.

Auf der Südseite der Brücke gelangen Sie nun nach „La Ciudad“, der Altstadt. Gleich links am **Mirador de Aldehuela** bietet sich ein wunderbarer Blick in die Schlucht hinein und auf die förmlich am gegenüberliegenden Hang klebenden Häuser.

Folgen Sie der Altstadt-Hauptachse Calle Armiñán. Links können Sie das private ethnografische **Museo Lara** besuchen. In seinem Palacio hat der Gründer Juan Antonio Lara eine mehr als 3.000 Teile umfassende wilde Mischung zusammengetragen, von Kutschen und besonderen Waffen über Uhren, wissenschaftliche Gerätschaften und Keltereibedarf bis zu Okkultem und archäologischen Stücken im Keller des Hauses *(Calle Armiñan 29, €, Jun – Okt 11 – 20 Uhr, sonst bis 19 Uhr, www.museolara.org)*.

Rund 60 Meter weiter biegen Sie an einem kleinen Platz rechts ab. Geradeaus führt dort die Calle Marqués de Moctezuma zum **Museo Joaquín Peinado** (1899 bis 1975). Es ist dem gleichnamigen, kubistisch orientierten Maler gewidmet, der aus Ronda stammte *(Plaza del Gigante, €, Mo – Fr 10 – 17 Uhr, Sa nur bis 15 Uhr, www.museojoaquinpeinado.com)*. Direkt gegenüber steht das **Casa del Gigante**, ein Stadtpalast aus dem 14. Jahrhundert im nasridischen Stil mit kleinem Heimatmuseum *(Plaza del Gigante, €, zuletzt wegen Umbauarbeiten geschlossen)*. Gehen Sie nun ein kleines Stück zurück und dann links durch die **Calle**

San Juan de Letrán weiter. Sich am Ende erneut nach links bewegend passieren Sie das **Casa Don Bosco**. Während im oberen Stockwerk ein Altenstift untergebracht ist, können Sie das im Adelsstil des frühen 20. Jahrhunderts eingerichtete Erdgeschoss und die Gärten mit grandioser Aussicht besichtigen *(Callle Tenorio 20, €, 9.30 – 17.30 Uhr, www.casadonbosco.es)*. Die Straße öffnet sich nun zur Plaza de Maria Auxiliadora. Von dort führt rechts eine Treppe zu den besten Aussichtspunkten auf die Neue Brücke und in die El-Tajo-Schlucht.

Am Ende des Platzes nach links und dann gleich wieder rechts, am Plaza Mondragón, finden Sie den Eingang zum **Palacio de Mondragón**. Im heutigen, recht umfangreichen Stadtmuseum hielten sowohl die maurischen Herrscher als auch später die katholischen Könige Hof, das Gebäude ist mit Renaissance- und Mudéjar-Elementen geschmückt und besitzt hübsche Innenhöfe *(Plaza Mondragón, €, Mi frei, Apr – Sep Mo – Fr 10 – 19 Uhr, Sa/ So 10 – 15 Uhr, sonst nur Mo – Fr 10 – 18 Uhr, www.museoderonda.es)*.

Am Ende des Platzes nehmen Sie die schmale Gasse geradeaus und dann sofort den Durchgang nach links, der Sie zur **Iglesia de Santa María la Mayor**, Rondas Hauptkirche, führt. Wie so viele andere Kirchen des Landes ging sie aus einer Moschee hervor. Viele der alten Bauelemente, wie kleine Kuppeln und Überreste des Mihrâbs am Eingang, sind noch zu erkennen. Die Umbauarbeiten dauerten ab 1485 ganze 300 Jahre an, da ein Erdbeben 1580 den fast fertigen Bau größtenteils wieder zerstörte *(Plaza Duquzesa de Parcent, €, Audioguides auf Deutsch sind verfügbar, Mär/ Okt 10 – 19 Uhr, Apr – Sep 10 – 20 Uhr, sonst bis 18 Uhr, www.colegiataronda.com)*.

Sie können gleich rechts zur großen Plaza Duquesa de Parcent weiter gehen oder die Kirche nach links einmal umrunden. In dem Fall bietet sich an der schmalen Calle González Campos die Möglichkeit, im **Weinmuseum** der städtischen Kelterei vorbeizuschauen. Eine Verkostung ist im Eintritt inbegriffen *(Calle G. Campos, €, Apr – Sep Mo – Do/ Sa 10.30 – 20 Uhr, Fr 11 – 18.30 Uhr, So 11 – 15.30 Uhr, sonst Mo – Sa 10.30 – 19 Uhr, So 11 – 15.30 Uhr, www.museodelvinoderonda.com)*.

Wenn Sie nun am linken hinteren Ende des Platzes nach dem mit Arkaden verzierten Rathaus die Treppe nach unten nehmen, erreichen Sie wieder die Calle Armiñán.

Hier können Sie sich noch für ein Stück nach rechts halten und dort die abwärts führenden Stufen zur Calle Espiriti Santo nehmen. Sie führt, vorbei an der gleichnamigen Kirche, die zu Ehren der Reconquista errichtet wurde, durch die alte arabische Medina. Das Viertel heißt heute San Francisco und endet an der **Puerta de Almocábar**. Das mächtige Stadttor aus dem 13. Jahrhundert mit seinen zwei massiven Rundtürmen ist ein Überbleibsel der Burg, die hier einst stand, aber fast vollständig zerstört wurde.

Von hier stoßen Sie zur Tour, wenn Sie am Stellplatz 2 südlich von Ronda gestoppt haben.

Zurück am Fuß der Treppe an der Calle Armiñán können Sie über die abwärts führende Calle Golera noch zur alten **Stadtmauer** schauen, die dort auf einem Teilstück begangen werden kann.

Wenn Sie der Hauptstraße dagegen weiter stadteinwärts folgen, stoßen Sie rechts auf das **Museo del Bandolero**. Es widmet sich der Geschichte der Straßenräuberei und ihrer bekanntesten Gesichter, einer Zeit, in der Rondas Umgebung mehr als berüchtigt war *(Calle Armiñán 65, €, Apr – Sep 11 – 20 Uhr, sonst nur bis 19 Uhr, www.museobandolero.com)*.

Ein kleines **faunistisches Museum** zeigt gleich darauf noch ausgestopfte Tiere aus aller Welt, dann halten Sie sich rechts in die Calle Marqués de Salvatierra, die am **Palacio del Marqués de Salvatierra** endet. Er wird von vier nackten Indios geschmückt, die auf die Familiengeschichte der Salvatierras anspielen – sie waren in der Verwaltung spanischer Kolonien in Amerika tätig. Das Gebäude selbst kann nicht besichtigt werden, dafür aber Teile des palastartigen **Casa del Rey Moro**, keine 50 Meter weiter nach links. Am „Haus des Maurenkönigs" sind die Gärten und der Aussichtsturm zugänglich, vor allem beeindruckt aber die **Mina de Agua**. 230 quer durch den Fels gehauene Stufen müssen Sie durch einen dunklen, schmalen Gang überwinden, um am Ende auf einer kleinen Plattform am Flussufer zu landen. Dutzende Male mussten christliche Sklaven unter den Mauren diesen Weg täglich zurücklegen, um mit Wassersäcken die Versorgung Rondas zu gewährleisten *(Calle Cuesta de Santo Domingo 9, €€, Audioguides auf Deutsch sind verfügbar, Mai – Sep 10 – 21.30 Uhr, sonst 10 20 Uhr, www.casadelreymoro.org)*.

Gehen Sie das kurze Stück zum Palacio del Marqués zurück und halten Sie sich dort links. Die in einem Bogen abwärts führende Straße durchquert das Tor **Arco de Felipe V** aus dem 18. Jahrhundert, danach kommen Sie zur **Puente Viejo**, der alten Brücke von Ronda, aus dem 17. Jahrhundert. Direkt davor führen Stufen zur tiefer gelegenen **Puente Arabes**, die in einer früheren Version schon in römischer Zeit bestand. Auch die arabischen Badeanlagen, **Baños Arabes**, befinden sich dort. Sie gelten als die am besten erhaltenen in ganz Spanien und bestehen aus mehreren Badesälen *(Calle Molino de Alarcón, €, Apr – Okt Mo – Fr 10 – 19 Uhr, Sa/ So 10 – 15 Uhr, sonst Mo – Fr nur 10 – 18 Uhr)*.

Auf der gegenüberliegenden Seite der Puente Viejo gelangen Sie zurück in die Neustadt.

Von der Calle Real aus stoßen Sie auf die Tourstrecke, wenn Sie am Parkplatz in der Calle Tomilla geparkt haben.

Nach links nehmen Sie die Stiegen durch die Gartenanlage **Jardines de Cuenca** mit mehreren Aussichtspunkten mit Blick auf die El-Tejo-Schlucht (Eintritt frei, Apr – Okt 9.30 – 21.30 Uhr, sonst 9.30 – 18.30 Uhr). Am Ende der Gärten steigen Sie durch die Calle Escolleras zur Calle Virgen de los Remedios auf und schlagen diese nach links ein. Links und rechts treffen Sie auf zahlreiche Restaurants und Bars, vor allem an der Calle Nueva, bis Sie schließlich erneut die Fußgängerzone Carrere Espinel erreichen. Nach rechts kommen Sie zurück zu Ihrem Ausgangspunkt.

***Ronda – Tourist-Info**: Paseo Blas Infante, www.turismoderonda.es | **Wochenmarkt**: So, Carretera de El Burgo | **Festkalender – Feria de Ronda**: um den 20. Mai, Stadtfest mit Viehmarkt, **Romería de Nuestra Sennora**: 1. So im Juni, Wallfahrt zur Felsenkirche Virgen de la Cabeza, **Fiesta de Pedro Romero**: Anfang September, mehrtägiges Fest mit Stierkämpfen und Flamencoveranstaltungen*

Gastrotipps Ronda: Tropicana**, Avenida Málaga, **Café de Agata***, Calle Sevilla 16, **La Taberna****, Plaza Socorro 8, **Casa Mateos****, Calle Jerez 6, **Panorámico Restaurant*****, Calle Virgen de la Paz 16, **Restaurante Bardal*****, Calle Jose Aparicio 1, **Tabanco Los Arcos****, Calle Arminan 6, **Albacara****, Calle Tenorio 8, **Santa María****, Calle Arminan 40, **Puerta Grande****, Calle Nueva 10

Sierra de las Nieves

Südwestlich von Ronda beginnt der als Naturpark geschützte Teil der Serranía de Ronda, die Sierra de las Nieves. Dünn bosiedelt und von dichten Wäldern überzogen ist diese als Biosphärenreservat UNESCO-geschützte Gegend ein Rückzugsort für Wildtiere wie Iberische Steinböcke, Adler und Geier. Zu den pflanzlichen Raritäten zählen bemerkenswerte Bestände der sehr seltenen Igeltanne und der portugiesischen Eiche. Sowohl **El Burgo** als auch der nächste größere Ort **Yunquera** sind gute Ausgangspunkte für Wanderungen im Park. In beiden finden Sie Übernachtungsplätze. Der private Stellplatz bei **Guaro** ist dagegen etwas abgelegener und nicht direkt am Verlauf der Hauptroute zu finden.

(153) WOMO-Stellplatz: El Burgo

GPS: N 36°47'28" W 4°57'19", A366. **Max. WOMOs**: 1 bis 2.
Ausstattung: Mülleimer, Sat-Empfang.
Beschreibung: Geschotterter Parkplatz direkt neben der Hauptstraße und einer kleinen Parkanlage, nachts ruhig, etwas Schatten, fast eben. Campingverhalten untersagt, 300 m zum nächsten Restaurant, 600 m ins Dorf.
Zufahrt: Der A369 in Richtung Ronda weiter folgen. Der Platz folgt rund 3,5 km nach der Abzweigung Richtung Benarrabá.

Sendero El Burgo Puerto de la Mujer (12 km, 350 Hm)

Diese Wanderung startet am Ende von El Burgo und führt alte Bandoleroswege entlang, an denen neben anderen „El Pasos Largos" einst sein Unwesen trieb. Vom angegebenen Stellplatz aus sind es rund 500 Meter bis zum Beginn, alternativ ist es auch möglich, vor der Straßenbrücke links abzufahren und danach neben der Dorfstraße zu parken, [N 36°47'20" W 4°56'55"]. Der Wegbeginn ist dann, direkt nach der Brücke, rechter Hand, zum Turónfluss hinab beschildert. Schon kurz danach gelangen Sie zu einer Wandertafel und knicken dort links ansteigend ab. Stetig schmaler werdend, führt der Pfad bis zur Los-Lobos-Passhöhe auf 721 Metern. Sie genießen hier eine gute Aussicht zurück auf El Burgo und die Alcaparaín-Bergkette. Der Mujer-Beschilderung folgend biegen Sie nun rechts auf einen schmalen Weg ab, der in den Wald hineinführt. Meist nur moderat an Höhe gewinnend, bieten sich zwischen Aleppokiefern immer wieder tolle Ausblicke. Im Unterholz wachsen duftende Sträucher, wie Thymian und Rosmarin. Pinien und wilde Olivenbäume kommen hinzu, und schließlich erreichen Sie, ohne Gefahr, sich zu verlaufen, die Passhöhe Puerto de la Mujer mit ihrer schönen Aussicht. Im Norden sehen Sie die Sierra Blanqilla und das Lifa-Tal, im Süden den Peñó de Ronda und den Peñón de los Enamorados, den „Felsen der Liebenden". Der Rückweg verläuft auf dem gleichen Pfad zurück.

(154) WOMO-Campingplatz: Yunquera (Camping Sierra de las Nieves)

GPS: N 36°44'08" W 4°55'37", Calle Camino de los Arbolitos.
Internet/Tel.: www.campingsierradelasnieves.com, +34 952 482 754.
Öffnungszeiten: Ganzjährig.
Ausstattung: WLAN, Pool (50 m entfernt, im Preis inkl.), Restaurant, Spülgelegenheit, Sporteinrichtungen.
Beschreibung: Kleinerer Campingplatz mit meist künstlich beschatteten Stellplätzen am Ortsrand, eher ruhig, auf Schotter und eben. Rund 650 m bis ins Dorf, Wanderwege in der Nähe, vom Platz aus werden viele Aktivelemente, von Sport über geführte Wanderungen bis zu Jeepsafaris organisiert und angeboten.
Preis: €€€.
Zufahrt: Am Ortsanfangs-Kreisverkehr rechts halten und zum Platz in gut 400 m Entfernung rechtsseitig fahren.

Aussichtspunkt in der Sierre de la Nieves

In Mijas

(155) Offizieller WOMO-Stellplatz Guaro

GPS: N 36°39'00" W 4°49'37", Monda. **Max. WOMOs**: 3.
Ausstattung: Ver-/ Entsorgung, Strom möglich, Mülltonnen, WLAN, Sat-Empfang.
Beschreibung: Kleiner Stellplatz auf einem Privatgrundstück zwischen Olivenbäumen, geschottert, kein Schatten, nicht ganz eben, sehr ruhig, familiäre Atmosphäre. Rund 1,5 km in den Ort.
Preis: €€.
Zufahrt: Auf der A7100 Guaro durchfahren, anschließend 7000 m nach dem kleinen Kreisverkehr am Ortsausgang sehr scharf klein beschildert nach links abbiegen (evtl. erst ein Stück weiter umdrehen) und der nur zu Beginn noch asphaltierten, schmalen Straße bis zum Grundstück nach rund 600 m folgen. Mit Standard-Wohnmobilen ist das aber noch ganz gut zu schaffen.

Coín gilt als Inbegriff eines weißen Dorfes. Allerdings ist es weit weniger touristisch aufbereitet als das bald folgende Mijas. Vier Kirchen und ein alter Bischofspalast, in Summe sind das auch schon die wichtigsten Punkte. Südlich vom Ort versteckt sich ein Picknickplatz mitten im Wald neben einem Stadion.

(156) WOMO-Picknickplatz: Coín (Estadio Jose Burgos De Quintana)

GPS: N 36°38'00" W 4°44'59", Lugar Partido Valdeperales.
Max. WOMOs: 4-5.
Ausstattung: Mülleimer, Picknickbänke.
Beschreibung: Abgelegener, nur über Schotterstraßen erreichbarer Picknickplatz im Wald, direkt neben dem ins Nichts gebauten Fußballstadium. Schattig, relativ eben, an Nicht-Spieltagen meist ruhig, 300 m zum nächsten Restaurant, 4 km in den Ort.
Zufahrt: Von Coín aus zunächst der Hauptstraße A366 und weiter der A404 in Richtung Málaga folgen, dann nach dem Ort rechts ab Richtung Marbella fahren. Nun nächste Ausfahrt zur MA3303 wählen, links ab Richtung Mijas halten und nach 400 m rechts dem Schild „ciudad deportivo" folgen. Nun geradeaus, bis bald darauf links das Stadion angeschrieben ist. Der Picknickplatz befindet sich südlich davon.

***Yunquera – Tourist Info**: Calle Del Pozo 17, www.sierranieves-deu.com* | ***Coín – Tourist Info**: Plaza de la Alameda 10, www.turismocoin.com* | ***Wochenmarkt**: Sa, Recinto Ferial*

Ganz unblutig Torrero spielen: Arena Mijas

Gastrotipps El Burgo: Casa Pepe**, Carretera Ronda | **Yunquera: La Cocina del Zarcillos****, Avenida Sierra de Las Nieves 30, **Enara****, Avenida Sierra de Las Nieves 9 | **Coín: Casa Paco****, Calle María Mureno 2, **La Parilla de Pepe****, Avenida Sierra Chica 10

Mijas

Während es auch auf Tour 8 direkt an der Küste einen gleichnamigen Strandort Cala de Mijas gibt, ist das nun erwähnte Mijas, oder auch Mijas Pueblo, rund neun Kilometer von der Küste entfernt in den Bergen gelegen das ursprüngliche, weiße Dorf. Als das wird es noch immer vermarktet und an manchen Tagen fallen ganze Busladungen an Touristen aus Málaga, Fuengirola und Benalmadena ein. Ohne Zweifel ist der Ort hübsch herausgeputzt, nur Authentizität dürfen Sie nicht erwarten… Schon seit den 1950er Jahren steigt die Einwohnerzahl auf mittlerweile bald 80.000 Menschen an, viele davon sind englischer, einige deutscher oder französischer Nationalität. Viele Villen am Hang sind nur zeitweise zu Ferienzwecken genutzte Objekte. Die Altstadt von Mijas ist entsprechend dicht mit Restaurants und Souvenirläden bestückt. An sich liegt alles eng beisammen. Dennoch gehört es für viele dazu, eines der für das alte Mijas einst typischen Fortbewegungsmittel zu nutzen: ein Burro-Taxi. Damit sind Esel gemeint, mit denen sich Fußmüde durch den Ort tragen lassen

Hauptplatz von Mijas

können. Ihre Station befindet sich an der zentralen Plaza Virgen de la Peña, zu der Sie vom Womo-Park- und Übernachtungsplatz auf der Avenida de Méjico und dann an der Straßenteilung links herum gelangen. In südwestliche Richtung können Sie dann bis zu einer von Spaniens kleinsten Stiefkampfarenen spazieren. Daneben bietet der Parque La Muralla am Paseo de la Muralla eine schöne Aussicht auf die Küste.

(157) WOMO-Stellplatz: Mijas

GPS: N 36°36'11" W 4°38'03", Urb. Huerta Alta I. **Max. WOMOs**: 8-10.

Ausstattung: Mülleimer, Sat-Empfang.

Beschreibung: Großer Bus- und Womoparkplatz oberhalb von Mijas vor einem Steinbruch, eben, auf Schotter, ruhig, kein Schatten, steile Anfahrt, 900 m bis ins Zentrum. Von Mitte Mai bis Mitte September verkehrt tags ein kostenloser Shuttlebus zum Hauptplatz und zurück!

Zufahrt: Der A387 folgen, die nach Mijas Pueblo führt und oberhalb des Ortes verläuft. Gegen Ende können Sie in einer scharfen Rechtskurve links beschildert zum Parkplatz abbiegen. Die letzten 400 m sind ziemlich steil, aber machbar.

***Mijas – Tourist Info**: Plaza Virgen de la Peña 2, www.turismo.mijas.es | **Festkalender** – **Fería de Mijas**: Anfang Sep, großes, religiös motiviertes Kultur- und Musikfest*

Gastrotipps Mijas: **Chema`s Vinoteca****, Calle Málaga 10, **El Mirlo Blanco****, Calle Cuesta de la Villa 2, **Mayan Monkey** (Café), Plaza Constitución, **Oscars Tapas Bar****, Plaza Constitución, **El Capricho****, Calle Canos 5, **El Balcon de Mijas****, Avenida Virgen de la Peña 3, **Pampa Tablas y Tapas****, Avenida Virgen de la Peña 6, **Heladería Mijhitas** (Eis), Avenida Virgen de la Peña 9

TOUR 8
10 km
Algodonales
Olvera
Zahara d.l.S.
El Gastor
Alcalá d.V.
Campillos
Teba
Fuente d.P.
Laguna de Fuente d.P.
Mollina
Naturparkzentrum und Bot. Garten
El Bosque
Garganta Verde
Benamahoma
Grazalema
Benaocaz
Ubrique
Villaluengo
Benaoján
Paterna d.R.
P.N. Sierra de Grazalema
Ronda
Arriate
Cortez d.l.F.
Jimera d.L.
Atajate
Alpandeire
Alcatocín
Júzcar
El Colmenar
Gaucín
Benarrabá
Alcalá d.l.G.
Jimena d.l.F.
P.N. Los Alcornocales
Casares
Castillo d.C.
Manilva
Castellar d.l.F.
Taraguilla
Algeciras
Estepona
Marbella
Costa del Sol
P.N. Sierra de las Nieves
El Burgo
Yunquera
Tolox
Guaro
Coín
Ojén
Ardales
Cueva de Ardales
Caminito del Rey
El Chorro
Antequera
Dolmen
Lobopark
P.N. El Torcal
Villanueva d.l.C.
Casabermeja
P.N. Montes de Málaga
Cártama
Alhaurín e.G.
Alhaurín d.l.T.
Mijas
Málaga
Torremolinos
Benalmádena
Fuengirola
La Cala de Mijas
La Cala del Moral
Tour 6
Tour 7
Tour 9

Tour 8: Sierra Grazalema, Caminito del Rey und Antequera (ca. 420 km)

Casares – Ubrique – (El Bosque) – Grazalema
Zahara de la Sierra – Olvera
Laguna de Fuente de Piedra – Garganta del Chorro
Antequera – Parque Natural El Torcal

Stellplätze:	Casares, Río Genal, Ubrique (3x), Benaocaz, Villaluenga del Rosario, El Bosque, Grazalema, Zahara de la Sierra (2x), Algodonales, Olvera (2x), Campillos, Ardáles, Embalse del Conde, Bombastro, Álora, Antequera, El Torcal (2x)
Campingplätze:	Fuente de Piedra, Garganta del Chorro
Besichtigen:	Casares mit Burg, Ausgrabungen von Ocuri, Naturparkzentrum und Botanischer Garten in El Bosque, Grazalema, Zahara de la Sierra mit Burg, Olvera mit Kirche und Burg, Laguna Fuente de Piedra, Cueva und Museo Prehistoria in Ardáles, Ruinen von Bobastro, Wolfsschutzgebiet Lobopark, Antequera mit Dolmen
Wandern:	Sierra Grazalema, Sendero Puerto de las Presillas, Sendero Gargante Verde, Laguna Fuente de Piedra, Garganta del Chorro mit Caminito del Rey, P.N. El Torcal

Noch weiter als auf Tour sieben dringen Sie auf Tour acht in die Bergwelt Andalusiens vor. Sie kreuzen durch die schöne Landschaft des Naturparks Sierra de Grazalema, lernen verschiedene weiße Dörfer kennen und beobachten riesige Gänsegeier und Steinadler in freier Wildbahn. Auf dem zweiten Teil der Route treffen Sie an einem Binnensee auf Flamingos und wandern in schwindelerregender Höhe entlang der Felswand am Caminito del Rey, Andalusiens spektakulärstem Höhenweg. Bei Antequera können Sie schließlich mit Wölfen um die Wette heulen, uralte Dolmengräber besichtigen und zwischen den bizarren Felstürmen von El Torcal umherstreifen.

Casares

Der zweite vorgestellte Auffahrtsweg in die wilde Bergwelt des südlichen Andalusiens nimmt kurz nach dem Beginn von Tour 8 seinen Anfang und führt Sie zunächst in das rund zehn Kilometer von der Küste entfernte Casares. Die weißgetünchten Häuser reflektieren das Sonnenlicht, sodass der kleine Ort manchmal fast zu strahlen scheint. Einen guten Blick haben Sie von der **Touristeninfor-**

Gänsegeier über Casares

Blick auf Casares

mationsstelle, die sich ein paar hundert Meter vor dem Ortsschild rechter Hand befindet und über einen Womo-Stellplatz verfügt. Gleich hinter dem Gebäude können Sie zum „Mirador Ornitológico“ aufsteigen, einem Aussichtspunkt für Vogelbeobachtungen. Selbst ohne Fernglas stehen die Chancen gut, dass Sie auf Anhieb Gänsegeier sichten, da eine Brutkolonie direkt am nördlich gelegenen Felsgrat lebt.

(158) Offizieller WOMO-Stellplatz: Casares

GPS: N 36°26'46" W 5°16'42", A7150. **Max. WOMOs**: 5-6.

Ausstattung: Ver-/ Entsorgung (nur Schwarzwasser, Klappe beschildert hinter dem Gebäude), tagsüber Toilette, Mülltonnen, WLAN, Sat-Empfang, kleiner Spielplatz.

Beschreibung: Betonierter, schattenloser Parkplatz mit schöner Aussicht vor Casares, direkt neben der Touristeninformation und einer Vogelbeobachtungsstelle. Ein Fußweg durch die Schlucht führt bis in den Ort, ca. 1000 m.

Zufahrt: Der A7150 nach Casares folgen, kurz vor dem Ort rechts neben der Touristeninformation.

Statt vom Stellplatz aus in den Ort zu laufen, können Sie alternativ dorthin fahren, bei [N 36°26'56" W 5°16'26", Calle Carrera] finden Sie meist ein Plätzchen, bevor Sie ins enge Casares einfahren müssten. Von dort ist es nicht weit bis zum kleinen Hauptplatz Plaza España mit der Fuente de Carlos III. und hinauf zur maurischen Burgruine **Castillo de Casares**. Unterwegs streifen Sie viele hübsche Ecken.

Von Casares aus folgen Sie der A377 weiter nach Norden. Auf dem Weg können Sie rechter Hand eine etwas steile Abfahrt zu einem versteckten Stellplatz am Río Genal nehmen [**159:** N 36°29'36" W 5°18'20"].

Einige Kilometer weiter treffen Sie bei Gaucín auf die A369. Der Ort und der folgende Stellplatz in Benarrabá sind bereits im Kontext von Tour 7 beschrieben worden. Kurz vor Algatocín zweigen Sie nun links auf die A373 ab. Die schmale und auf den nächsten Kilometern streckenweise recht holprige, kurvige Straße führt durch **Cañada del Real Tesoro** und **Cortes de la Frontera** durch eine stille Berglandschaft bis in den größten Ort der Region, Ubrique.

***Casares – Tourist Info**: A7150. www.casares.es | **Wochenmarkt**: Fr., Calle de la Carrera | **Festkalender – Fería de Agosto**: 1. Augustwochenende, bunter Jahrmarkt, **Fería del Cristo**: Mitte Sep, religiös motiviertes Fest mit Tanz und Gesang.*

Ubrique

Richtig städtisch wirkt das in einer Senke gelegene Ubrique. Es besitzt zwar keine großen Sehenswürdigkeiten, und das historische Viertel im Stadtkern ist eher klein, doch eignet sich die Kleinstadt gut als Ausgangs- und Versorgungspunkt für Touren in die Bergwelt ringsum. Sowohl im Süden als auch im Norden von Ubrique befindet sich ein offizieller Stellplatz und die **Touristeninformation** versorgt Sie mit allen nötigen Materialien. Kurz vor der Stadt besteht außerdem die Möglichkeit, auf einem großräumigen Picknickareal zu pausieren.

Rund zwei Kilometer nördlich des Ortes wurde erst vor wenigen Jahren das römische **Ocuri** ausgegraben. Es weist einen sehr guten Erhaltungszustand auf. Bislang wurde es nur teils für den Fremdenverkehr freigegeben. Wenn Sie Interesse daran haben, können Sie sich einer geführten Tour anschließen, auf der Sie in rund 90 Minuten einige Bereiche besichtigen können. Fragen Sie bei der Reservierung nach fremdsprachigen Touren. Zuletzt waren allerdings nur spanischsprachige im Angebot.

(160) WOMO-Picknickplatz: Ubrique (Área Recreativa Garganta de Barrida)

GPS: N 36°38'36" W 5°26'40", Lugar Partido Valdeperales.
Max. WOMOs: 2-3.
Ausstattung: Mülleimer, Picknickbänke, Sat-Empfang.
Beschreibung: Schöner großer Picknickplatz, teils schattig, Naturboden, eher uneben, meist ruhig, durch die schmale, etwas steile Schotterzufahrt eher für kleinere Fahrzeuge geeignet. 3 km zum nächsten Supermarkt, 3,5 km ins Zentrum.
Zufahrt: Der A373 in Richtung Ubrique folgen, der Platz ist dann rund 3 km vor dem Ort links angeschrieben.

(161) Offizieller WOMO-Stellplatz: Ubrique (Area de Autocaravanas Ubrique)

GPS: N 36°40'15" W 5°27'00", Calle Harana. **Max. WOMOs**: 6.
Ausstattung: Ver-/ Entsorgung (nur mit Eimer, kein Bodeneinlass), Müll-

tonnen, Sat-Empfang.
Beschreibung: Sechs markierte Womo-Parkbuchten auf einem asphaltierten Park- und Veranstaltungsplatz im Süden Ubriques. Kaum Schatten, eben, direkt im Ort, nicht ganz leise, ca. 150 m zu einem Restaurant, ca. 650 m ins Zentrum.
Zufahrt: Auf der A373 nach Ubrique einfahren, dann dort links Richtung Ronda halten und im Kreisverkehr die dritte Ausfahrt wählen. Rechts dem Schild „Aparcamientos" folgen. Achtung: Die Kurve und das letzte Stück Straße bis zur Einfahrt nach 50 m links sind recht eng!
Hinweis: Von Montag auf Dienstag ist der Platz wegen des Marktes nicht nutzbar.

(162) Offizieller WOMO-Stellplatz: Ubrique 2 (Estación Repsol)

GPS: N 36°40'58" W 5°27'06", Carretera de Benaocaz. **Max. WOMOs**: 8.
Ausstattung: Ver-/ Entsorgung, Strom, Toiletten, Mülltonnen, WLAN, Sat-Empfang.
Beschreibung: Asphaltierter, ebener Stellplatz hinter einer Tankstelle am nördlichen Ortsrand, kein Schatten, durch ein Tor verschließbar, nicht ganz ruhig, Restaurant benachbart, 600 m zu einem Supermarkt, rund 1000 m bis ins Zentrum.
Preis: €€.
Zufahrt: Auf der A373 Ubrique durchfahren, am Ortsende befindet sich die Tankstelle mit dem Stellplatz direkt an der Abzweigung zur A374 Richtung Grazalema, die Einfahrt zum Platz liegt links davon.

Das nächste Dorf, durch das Sie fahren, heißt **Benaocaz**. Nur wenige hundert Menschen leben in den verwinkelten Gassen,. Die Parkplätze am Feria-Gelände im Nordwesten wurden offiziell für Womos freigegeben. Zuletzt gab es aber noch keine V/ E-Anlage und die vorhandenen Stromkästen waren verschlossen [**163:** N 36°42'12" W 5°25'25"].

Auch im ähnlich kleinen **Villaluenga del Rosario** parken Wohnmobile öfter auf der Stellfläche rechts der Hauptstraße, [**164a:** N 36°41'48" W 5°22'55"]. Noch schöner und ruhiger stehen Sie auf dem Wanderparkplatz an der Calle Albarrada, die direkt am Ende der Parkfläche rechts abzweigt. Die 1,2 Kilometer lange Betonzufahrt ist allerdings schmal und rumpelig, [**164b:** N 36°41'26" W 5°22'20"].

Ubrique

***Ubrique – Tourist Info**: Calle Moreno de Mora 19, www.ayunatmientoubrique.es | **Wochenmarkt**: 1. und 3. Di im Monat, Plaza de las Palmeras, | **Touren nach Ocuri**: [N 36°41'14" W 5°27'05", A374] , €, Jun / Sep Di – Sa 10/ 12/ 18 Uhr, So 12/ 12 Uhr, Jul/ Aug Di – Fr 9/ 11/ 19 Uhr, Sa 9/ 11 Uhr, sonst Di – Sa 10/ 12/ 16 Uhr, Do 10/ 12 Uhr, Ticketreservierung online unter www.yacimientodeocuri.es*

Gastrotipps Ubrique: **La Herradura****, Avenida Diputación 65, **Plaza Ubrique****, Avenida Jesulin de Ubrique, **El Laurel de Miguel****, Avenida Doctor Solis Pascual 51 | **Benaocaz: Posada El Parral****, Calle Laderas del Parral 1, **Meson El Refugio****, Plaza San Anton 5

Alternativroute über El Bosque:

Nur unwesentlich länger ist die alternative Fahrtstrecke bis Grazalema auf der A373 und der A372 über das Dorf El Bosque. Ein Besuch lohnt sich vor allem dann, wenn Sie vorhaben, ausgedehntere Wanderungen in der Sierra de Grazalema zu unternehmen. Einige Gegenden sind so streng geschützt, dass vorher eine Genehmigung eingeholt werden muss. Diese werden den täglichen Besucherzahlen nach limitiert, das ausstellende **Naturparkzentrum** sitzt in **El Bosque**. Natürlich erhalten Sie dort auch anderes Infomaterial zu Wanderungen und Aktivitäten, allerdings oft nur auf Spanisch. Gleich dahinter gibt es außerdem einen offiziellen Womo-Stellplatz für bis zu zehn Fahrzeuge mit V / E-Anlage bei [**165:** N 36°45'28" W 5°30'37", Calle Juan Ramón Jimenez]. Mehr Komfort bietet der kleine Campingplatz La Torrecilla südlich des Ortes, [**166:** N 36°44'59" W 5°30'18", Calle Torrecilla, +34 629 483 913, www.campinglatorecilla.es]. Am Ostrand von El Bosque können Sie außerdem den **Botanischen Garten El Castillejo** besuchen. Dort wurden viele typische Pflanzen der Region, wie die seltene Igeltanne, gepflanzt und Sie erhalten einen schnellen Überblick über die Flora.

***El Bosque** – Tourist Info und Naturparkzentrum: Calle García Lorca 1 | **Wochenmarkt**: Sa, Avenida de la Vega | **Jardin El Castillejo**: [N 36°45'55" W 5°29'55", Camino del Castillejo], Eintritt frei, Mai/ Sep 10 – 14 und 18 bis 20 Uhr, Jun – Aug 9 – 15 Uhr, sonst 10 – 16 Uhr*

Grazalema

Mit seiner Lage auf 820 Metern Seehöhe zwischen den bis zu 1654 Meter hohen umliegenden Bergen gehört Grazalema nicht nur zu den im Winter kältesten Orten, sondern ist mit über 2000 Litern Niederschlag pro Jahr auch die regenreichste Gegend Spaniens. Dafür ist die Kulisse an schönen Sommertagen wirklich grandios. Einen besonders guten Blick auf das Dorf mit dem dahinter liegenden Endrinal Massiv haben Sie vom angegebenen Stellplatz aus.

Hauptplatz in Grazalema

(167) WOMO-Stellplatz: Grazalema

GPS: N 36°45'43" W 5°21'45", A372. **Max. WOMOs**: 10 bis 12.

Ausstattung: Sat-Empfang, sonst keine Einrichtungen.

Beschreibung: Schotterparkfläche neben der Hauptstraße kurz vor Grazalema bei einer Kapelle, etwas Schatten, eben, schöner Blick, nachts meist ruhig, gut 800 m bis ins Zentrum.

Zufahrt: Der A372 nach Grazalema folgen. Kurz vor dem Ort linker Hand gegenüber einer kleinen Kapelle.

Am unteren Weg vom Stellplatz in den Dorfkern passieren Sie eine alte öffentliche Wäscherei und die örtliche Brunnenanlage sowie ein Denkmal für die Stierhatz, die bis heute jährlich um Ostern in Grazalema veranstaltet wird. In der Dorfmitte finden Sie zahlreiche Restaurants rund um die hübsche Plaza de España. An den Stirnseiten wird sie westlich vom Rathaus, östlich von der achteckigen Iglesia de Nuestra Señora begrenzt. Noch mehr Bars, Spezialitätenläden und blumengeschmückte Gassen liegen verstreut ringsum. Einst war das Dorf Zentrum der Wollweberei, und die guten Verdienstmöglichkeiten ließen die Bevölkerungszahl auf rund 10.000 Menschen anwachsen. Inzwischen sind es nur mehr rund 2.000, die zu einem großen Teil vom Tourismus leben.

***Grazalema – Tourist Info**: Plaza Asomaderos 3, www.turismograzalema.com | **Wochenmarkt**: Di, Plaza de los Asomaderos | **Festkalender – Fiestas del Carmen e Lunes de Toro de Cuerda**: Mitte Juli, Dorffest mit traditioneller Stierhatz*

Gastrotipps Grazalema: **Mesón el Simancón****, Plaza Asomaderos 54, **El Torreon****, Calle Agua 44, **Cadíz El Chico****, Plaza España 8, **D`Sabor****, Calle las Piedras 32, **La Maroma***, Calle de Santa Clara

Sendero Puerto de las Presillas (5,9 km, 380 Hm)

Der Rundweg beginnt oberhalb von Grazalema und führt Sie durch die karstige Sierra-Endrinal-Berglandschaft, in der Bergziegen leben, und zu den Ursprüngen des Guadalete-Flusses. Der Beginn befindet sich beim zuletzt geschlossenen Campingplatz gleich oberhalb von Grazalema bei [N 36°45'34" W 5°22'28"], es gibt dort auch Parkplätze.
Zunächst müssen Sie entlang der Asphaltstraße für rund 200 Meter aufwärts gehen. Dort können Sie links nach dem Fußballplatz schräg links vorne auf den Sendero Camino de los Charcones wechseln. Folgen Sie dem gut ausgebauten Wanderweg, der den Guadaletefluss begleitet, bis zu einem weiteren Parkplatz. Dort ist nach links der Sendero Puerto de las Presillas angeschrieben, es gibt auch Picknickbänke. Nach einem Tor geht es zunächst gepflastert und über Stufen aufwärts, durch Eichen-, dann durch Kiefernwald. Neben dem Weg wachsen Weißdorn und Stechginster. Hier entspringt der Fluss, dem Sie eben noch gefolgt sind. Weiter ansteigend wird die Umgebung immer felsiger und zerklüfteter. An manchen Stellen bildet sie wild zerklüftete Zinnen und Türme. Schließlich wird das Gelände flacher und bietet schöne Ausblicke auf die Provinz Cádiz. Sie erreichen die 1.255 Meter hohe Presillas-Passhöhe. Die Wege, auf denen Sie nun absteigen, existieren schon seit der Römerzeit. An einigen Stellen sind noch sogenannte Schneebrunnen auszumachen, in denen früher der Schnee gelagert und zu Eis gepresst wurde. Die Mulden wurden mit Erde und Zweigen bedeckt, damit sich das Eis bis in den Sommer hinein zur Kühlung nutzen ließ. Maultiere brachten die Blöcke dann in die benachbarten Ortschaften.
Nachdem Sie ins Tal abgestiegen sind, überqueren Sie den Angarillabach, der aus einer Karstsenke kommt. Die Ebene ist von einer Trockenmauer umgeben, unterwegs passieren Sie eine Wassertränke mit Brunnen. Dann folgt ein letzter kurzer Aufstieg zum Endrinalpass. Früher war an diesem Wegpunkt ein Polizist stationiert. Links sehen Sie den Peñón Grande, hinter Ihnen drei weitere Gipfel, allesamt zwischen 1.500 und 1.600 Meter hoch. Mit etwas Glück lassen sich Bergziegen oder Geier ausmachen. Durch Kiefernwald steigen Sie schließlich zum Ausgangspunkt hin ab.

Zahara de la Sierra

Zur Weiterfahrt nach Zahara haben Sie nun wieder die Wahl zwischen zwei Routen. Entweder nehmen Sie die Hochgebirgsstraße CA9104, die westlich von Grazalema beginnt. Der kurvige, teils ziemlich schmale Fahrweg führt über den Taubenpass und erschließt die schöne Wanderroute zur Garganta Verde. Diese Variante eignet sich eher für kleinere, wendige Fahrzeuge als für sehr große Wohnmobile.

Sendero Gargante Verde (5 km, 270 Hm)

ACHTUNG: Dieser außergewöhnlich schöne Weg befindet sich in der Kernzone des Naturparks und darf nur mit einer Genehmigung begangen werden. Sie erhalten diese im Naturparkzentrum in El Bosque. Es ist auch möglich, sie vorab per Email (cvelbosque@rervatuvisita.es) oder telefonisch zu erwirken (+34 956 709 733). Zwischen dem 1. Juni und dem 15. Oktober ist es bis auf Weiteres grundsätzlich nur erlaubt, bis zum ersten Aussichtspunkt zu wandern. Ansonsten haben Sie in der

„Grünen Schlucht“ die Möglichkeit, Gänsegeier aus der Nähe zu sehen, denn sie beherbergt die größte Kolonie Europas. Auch die seltene Igeltanne wächst hier. Der Einstieg erfolgt am Parkplatz der schmalen Passstraße bei [N 36°48'29" W 5°23'31"].

Zunächst gehen Sie durch ein Tor und durchqueren ein Gebiet mit mediterranem Gebüsch, Olivenbäumen und Mastixsträchern, das eine reiche Vogelwelt beherbergt. Vor Ihnen tauchen die ersten Klippen der Schlucht auf, dahinter haben Sie einen weiten Blick auf die Sierra del Pinar. Links machen Sie nun einen kurzen Abstecher zu einem Aussichtspunkt, von dem aus Sie die Schlucht in ihrer ganzen Ausdehnung erkennen können. Zurück auf dem Hauptweg beginnen Sie schon bald Ihren Abstieg. Im Zickzack geht es von Stufen und Geländern begleitet hinab. In den zerklüfteten Felswänden können Sie vielleicht schon die Horste der Geier sehen oder die großen Vögel erkennen, wenn diese mit ihren bis zu zweieinhalb Metern Flügelspannweite direkt über Ihnen kreisen. Der Weg ist nun direkt in den Fels gehauen, die Luft wird merklich frischer und es wachsen Lorbeerbüsche und Oleander. Am Flussbett angekommen, folgen sie dem meist ausgetrockneten und dann nur aus Tümpeln bestehenden Wasserlauf zur Ermita de la Gargante Verde, dem schönsten Punkt. Die teilweise eingestürzte Höhle ist von einer ganz besonderen Stimmung und Sie können Reste von Tropfsteinen erkennen. Sammeln Sie sich eine Weile und rasten Sie, denn der steile Aufstieg zurück zum Parkplatz kann schweißtreibend werden…

Landschaftlich ebenso schön, aber einfacher zu bewältigen ist die A2300. Sie umfährt die Berge und folgt dem Ufer des Stausees Embalse de Zahara el Gastor. Dort kommen Sie rechter Hand an einer großen Freizeitfläche mit Tor vorbei. Sie ist meist nur in den Sommermonaten und an einigen Wochenenden geöffnet. Regelmäßig stehen dort dann Wohnmobile und sogar Gespanne über Nacht, [**168a:** N 36°49'07" W 5°22'37", A2300]. Eine weitere, kleinere Parkfläche am See folgt bei [**168b:** N 36°50'16" W 5°23'00"].

Zahara de la Sierra selbst lohnt eine nähere Betrachtung. Zum Parken können Sie die Flächen entlang der Umgehungsstraße bei [**169a:** N 36°50'32" W 5°23'23"] oder am Schotterplatz bei [**169b:** N 36°50'26" W 5°23'34"] nutzen. Keiner der Bereiche wurde für das Nachtparken eingeschränkt.

Stellplatz 169a

Stellplatz 169b

Folgen Sie jeweils den nach oben führenden Straßen und Gassen, erreichen Sie zwangsläufig die Hauptachse mit der Calle Ronda, an der viele hübsche Palacios und einige Bars und Restaurants liegen. Sie endet an der Iglesia de Santa María. Rund 80 Meter weiter beginnt der rund fünfzehnminütige Aufstieg zum **Castillo de Zahara**. Die maurische Burg wurde erstmals im 13. Jahrhundert errichtet und besonders hartnäckig umkämpft. Sie können bis auf den Turm aufsteigen und von dort einen weiten Rundumblick über den Stausee, das Dorf unterhalb und die Berglandschaft genießen.

Weniger spektakulär ist das nur wenige Kilometer entfernte **Algodonales**. Dafür gibt es dort am Festplatz gut ausgestattete Übernachtungsplätze.

(170) Offizieller WOMO-Stellplatz: Algodonales

GPS: N 36°52'26" W 5°24'36", Calle Zahara de la Sierra. **Max. WOMOs**: 30.
Ausstattung: Ver-/ Entsorgung, Strom, Mülleimer, Sat-Empfang.
Beschreibung: Stellflächen am Festgelände südlich der Stadt, auf Schotter-/ Sandboden, fast eben, kein Schatten, meist ruhig, rund 750 m bis ins Zentrum.
Zufahrt: Ab Zahara der A2300 nach Norden folgen, dann beschildert rechts ab Richtung Algodonales. Nach der Brücke über die Schnellstraße in der Rechtskurve geradeaus weiterfahren, der Platz befindet sich dort linker Hand.

Hinweis: An Wochenenden kommt es vor, dass Jugendliche auf dem Platz feiern und trinken... dann kann es laut und ungemütlich werden.

***Festkalender – Corpus Christi**: Fronleichnam, große und bunte Prozession*

Gastrotipps Zahara de la Sierra: **El Cortijo de Zahara****, Paseo de la Fuente 2, **El Gallo***, Calle San Juan 6 | **Algodonales**: **Bar Canijo***, Avenida Constitución 32, **La Bodeguita***, Avenida Constitución 18

Zahara de la Sierra am Stausee

Dom von Olvera

Olvera

Sie verlassen nun die Sierra de Grazalema und fahren durch eine nur mehr leicht hügelige Landschaft in Richtung der Cordilleras Béticas. Unterwegs kommen Sie am 8.000-Einwohner-Städtchen **Olvera** vorbei. Falls Sie anhalten möchten, finden Sie einen gut erreichbaren Parkplatz gleich am nördlichen Stadtrand bei **[171:** N 36°56'15" W 5°16'02", Calle Trasera Matadero]. Der Ort verfügt auch über einen offiziellen Stellplatz. Dieser ist aber etwas weiter außerhalb gelegen, nur über eine schmale und steile Zufahrtsstraße erreichbar und die V/ E-Anlage ist inzwischen seit Jahren defekt. Immerhin gibt es Strom, das kostet dann aber rund 10 Euro. Wenn Sie sich selbst ein Bild davon machen wollen – **[172:** N 36°56'30" W 5°15'04", Calle Estacion].

Stellplatz 171

Zu sehen gibt es in Olvera vor allem die markante und durch ihre erhabene Lage den ganzen Ort dominierende **Iglesia de Nuestra Señora de la Encarnación**. Der klassizistische Bau stammt aus dem 19. Jahrhundert. Gleich nebenan können Sie einen Blick auf den verwinkelten und im spanischen Stil mit vielen Mauern und Grabnischen versehenen Friedhof werfen. Dahinter ragt ein Felsen mit dem **Castillo de Olvera** auf. Sie können es zusammen mit dem angeschlossenen Museum besichtigen. Thematisch wird dort die frühere Grenze zum Maurenstaat El-Andalus näher behandelt.

***Olvera – Touristinfo**: Plaza la Iglesia, www.turismolvera.es | **Wochenmarkt**: Sa., Calle Pico | **Iglesia de la Encarnación:** Plaza la Iglesia, €, Di – Fr 11 – 13 Uhr | **Castillo mit Museum**: Plaza la Iglesia, €, Di – So 10.30 – 14 Uhr und 16 – 19 Uhr, Okt – Mär bis 18 Uhr*

Laguna Fuente de Piedra
In Campillos müssen Sie entscheiden, ob Sie einen Abstecher zur ein Stück weiter nordöstlich gelegenen Laguna Fuente de Piedra mit ihren reichen Beständen an Vögeln machen möchten, anderenfalls können Sie direkt rechts über die A357 Richtung Ardales weiterfahren.

(173) Offizieller WOMO-Stellplatz: Campillos

GPS: N 37°02'36" W 4°51'48", Calle las Lilas. **Max. WOMOs**: 6.
Ausstattung: Ver-/ Entsorgung, Mülleimer, Sat-Empfang.
Beschreibung: Großer, asphaltierter Parkplatz am Ortsrand mit sechs „originell" eingezeichneten Stellflächen nur für Womos. Eben, kein Schatten, für Ortslage nachts ruhig, 150 m zum nächsten Restaurant, 450 m ins Zentrum.
Zufahrt: Von der A384 am Ortseingangskreisel rechts abbiegen. Am nächsten Kreisverkehr erneut rechts halten und die zweite Straße nach links abbiegen. Der Parkplatz schließt sich dort linker Hand an.

Die **Laguna Fuente de Piedra** ist Andalusiens größter natürlicher See. Alle anderen großen Gewässer, auf die Sie unterwegs treffen, sind künstliche Staubecken, entstanden, um die oft langen Trockenperioden besser ausgleichen zu können. Ungewöhnlich für einen Binnensee ist sein hoher Salzgehalt. Das Salz wird vom Regenwasser aus dem Gestein gewaschen und im abflusslosen See in der Senke abgelagert. Dies sorgt dafür, dass Flamingos ihn zu einem der größten europäischen Brutplätze auserkoren haben. Im meist flachen Wasser finden Sie ausreichend Muscheln und Krebse, die ihre Ernährung sichern. Je nach Jahreszeit schwankt der Wasserstand enorm. So kann der See im Winter auf bis zu sieben Kilometer Ausdehnung und eine Tiefe von rund zwei Metern anwachsen, während im Hochsommer oft nur ein flacher Tümpel mit ausufernden Salzkrusten übrig bleibt. Die beste Zeit, Flamingos zu beobachten, ist während der Brutsaison von März bis Mai

Flamingos an der Laguna Fuente de Piedra

und dann, gemeinsam mit den Jungtieren, bis in den September hinein, wenn sich viele der Tiere für die kälteren Monate nach Marokko aufmachen. Ein paar Dutzend Flamingos bleiben aber das ganze Jahr über am See. Dort lassen sich außerdem Störche, Kraniche, Reiher und Stelzenläufer beobachten. Ab und an schauen sogar Seeadler vorbei.

Alle relevanten Informationen zu den Vögeln, Aussichtspunkten und Wanderwegen ringsum stellt das **Besucherzentrum José Antonio Valverde** im Norden nahe dem Ort **Fuente de Piedra** bereit. Dort werden auch Ferngläser und Mountainbikes verliehen, falls Sie den See umrunden möchten.

Während es bis vor Kurzem möglich war, den See teils auf ungeteerten Schotterstraßen mit geringem Abstand komplett zu umfahren und an verschiedenen Aussichtsparkplätzen über Nacht zu parken, wurde dies aus Schutzgründen inzwischen stark eingeschränkt. Einen gut erreichbaren Tagesparkplatz mit Beobachtungsstation finden Sie westlich vom Besucherzentrum, [N 37°07'59" W 4°45'43", MA454, Mirador La Vicaria], oder von Süden aus bei [N 37°05'06" W 4°47'35", A6213, Mirador de las Latas]. Zum Übernachten bietet sich der Campingplatz am Ortsrand von Fuente di Piedra an.

(174) WOMO-Campingplatz: Fuente de Piedra (Camping Rural Fuente de Piedra)

GPS: N 37°07'44" W 4°43'59", Calle Campillos.
Internet/ Tel.: www.campingfuentedepiedra.com, +34 952 735 294.
Öffnungszeiten: Ganzjährig.
Ausstattung: WLAN, Pool (in den Sommermonaten), Sauna, Restaurant (fixe Halb- und Vollpensionsbuchung möglich), Spülgelegenheit.
Beschreibung: Kleinerer Campingplatz mit rund 35 Plätzen auf Erd-/Schotterboden, eben, teils schattig, ruhig, ca. 1,2 km vom See entfernt, ca. 500 m ins Dorf.
Preis: €€-€€€.
Zufahrt: Auf der MA454 Fuente de Piedra durchfahren. In der Ortsmitte in die Calle Campillos abbiegen, der Platz ist dort nur von Westen kommend gut lesbar angeschrieben.

Gargante del Chorro und Caminito del Rey

In südlicher Richtung treffen Sie auf das kleine **Ardáles**. Der Ort bietet Ihnen die letzten besseren Einkaufsmöglichkeiten, falls Sie vorhaben, sich etwas länger zwischen dem Wandergebiet der Gargante del Chorro und dem nördlich davon gelegenen Stausee Embalse del Chorre aufzuhalten.

Am Ortsrand parken Wohnmobile offiziell auf einem wenig attraktiven, großen Schotterplatz neben Bussen und LKWs [**175:** N 36°52'53" W 4°50'44", Camino del Cantínero].

Aufmerksamkeit verdient vor allem die wenige Autominuten entfernte **Cueva de Ardáles**. Sie wurde 1821 entdeckt und 1985 der Öffentlichkeit zugänglich gemacht. Im Inneren befinden sich über 54 Abbildungen von Tieren und Dutzende anderer Symbole, die laut wissenschaftlicher Bestimmung rund 22.000 Jahre alt sind. Als imposanteste Abbildung gilt der „Hirsch von Ardáles". Er wurde in Schwarz gezeichnet, mit einem roten Punkt an der Stelle des Herzens. Viele gefundene Gebrauchsobjekte sind etwas neueren Datums, sie stammen aus dem Neolithikum vor rund 5.000 Jahren. Wenn Sie Interesse haben, sollten Sie sich frühzeitig um eine Reservierung kümmern, denn aus konservatorischen Gründen wird täglich nur eine Führung mit maximal fünfzehn Besuchern durchgeführt. Auch Spanisch-Kenntnisse sind von Vorteil, da die ergänzenden englischen Ausführungen etwas spärlich sind. Falls Sie keine Tickets bekommen können, bietet das **Museo Prehistoria** im Ort Gelegenheit, zumindest einige der wichtigsten Funde aus der Höhle anzusehen. Weitere Informationen und Ausstellungsstücke befassen sich mit der Ortsgeschichte und dem alten maurischen Castillo, das als Ruine nach wie vor über dem Ort steht und aus dem 9. Jahrhundert stammt.

Wanderparkplatz 176d

***Ardáles – Wochenmarkt**: Fr., Plaza San Isidro | **Museo Prehistoria**: Avenida de Málaga 1, €, Di – So 10 – 14.30 Uhr | **Cueva de Ardáles**: [N 36°52'22" W 4°49'44], €€, Di – So einmal täglich zu wechselnden Zeiten, Reservierung und mehr Infos unter www.cuevadeardales.com oderTel. +34 952 458 046 |**Festkalender – Fiesta de la Matanza**: erster So im Feb, Schlachtfest, bei dem 1000 kg Schwein verteilt werden, danach Feier mit Tanz und Musik*

Entlang des südlichen Stauseeufers des **Embalse del Conde de Guadalhorce** fahren Sie dann zum größten touristischen Anziehungspunkt in der Gegend weiter, dem Königsweg, **Caminito del Rey**. Doch auch Kletterer schätzen die Steilwände der Garganta del Chorro, durch die der Weg verläuft, sehr. Verschiedene Routen wurden markiert.

Während der Anfahrt können Sie mehrmals zu kleinen Parkplätzen am See abzweigen. In der Nebensaison wird das dortige Halten im Allgemeinen toleriert, zum Beispiel bei **[176a:** N 36°54'04" W 4°49'25"], bei **[176b:** N 36°54'21" W 4°49'10"] oder bei **[176c:** N 36°54'55" W 4°48'22"]. Ideal ist der bei **[176d:** N 36°55'57" W 4°48'11"], er ist sogar asphaltiert. Allerdings passen dort maximal zwei Fahrzeuge mit höchstens sieben Metern neben den Buswendeplatz. Ein Stück abseits finden Sie die abgelegensten, aber auch ruhigsten Seeparkstellen, ungefähr bei [**176e:** N 36°56'48" W 4°47'31"]. Offiziell kommen Sie auf dem Campingplatz unter.

(177) WOMO-Campingplatz: Gargante del Chorro (Camping Parque Ardales)

GPS: N 36°55'11" W 4°48'09", MA5403.
Internet/ Tel.: www.parqueardales.com, +34 951 264 924.
Öffnungszeiten: Ganzjährig.
Ausstattung: Bar, Minimarkt, Spülgelegenheit, Grillstelle, Badestelle.
Beschreibung: Wald-Campingplatz direkt am Stausee mit Badestelle, für große Wohnmobile sind nur wenige Plätze geeignet. Erd-/ Schotterboden, nicht ganz eben, schattig, nachts ruhig, ca. 1 km vom Einstieg des Camino del Rey entfernt.
Preis: €€-€€€.
Zufahrt: Der MA5403 entlang des Stausees folgen. Die Zufahrt zum Platz folgt dann beschildert linker Hand.

Wandern am Caminito del Rey (ca. 7 km)

Der Weg wurde 1905 zur Erschließung der bis zu 400 Meter tiefen Schluchten Defiladero de los Gaitans (Hohlweg der Bartgeier) und der Gargante del Chorro erbaut, ursprünglich, um Bau- und Wartungsmaterial zum dort neu entstandenen Wasserkraftwerk transportieren zu können. Seinen Namen, Königsweg, verdankt er der Einweihung einer neuen Brücke über die Schlucht durch König Alfonso XIII. im Jahr 1921. Seitdem nutzten ihn auch die wenigen Anwohner der Schlucht für den Schulweg oder um zum Arbeitsplatz und zum Einkaufen zu gelangen. Er verlief schon damals in bis zu 100 Metern Höhe auf am nackten Fels befestigten Planken, manchmal ungesichert, und verfiel mit den Jahren immer mehr. Vor allem bei widrigen Wetterbedingungen war er zunehmend unberechenbar. Als der inzwischen als „gefährlichster Wanderweg der Welt" verrufene Pfad immer mehr Abenteuerlustige anzog, die selbst weggebrochene, nur mehr durch Stahlseile und rostige Anker dürftig gesicherte Abschnitte nicht scheuten und es um die Jahrtausendwende zu mehreren tödlichen Unfällen kam, zog die Regierung die Notbremse und sperrte den Königsweg. Erst 2006 entschied man sich, ihn zu restaurieren, 2015 war das Projekt abgeschlossen. Heute ist der **Caminito del Rey** gefahrlos und durchgehend bestens gesichert für alle zu bewältigen, eine zumindest mittelmäßige Kondition und etwas Schwindelfreiheit vorausgesetzt. Am wirklich spektakulären Verlauf hat sich aber nichts geändert, und so zieht der Weg inzwischen jährlich viele tausend Besucher an. Ein Zugangsticket sollten Sie sich daher schon sehr frühzeitig online besorgen, da sonst kein freier Platz am Tag Ihrer Wahl gewährleistet werden kann. Es gibt freie Tickets und Gruppentickets. Sie werden gemeinsam mit rund 20 anderen Wanderern über den Weg geführt. Von Vorteil ist, dass Sie viel Wissenswertes zur Natur der Garganta del Chorro und zur Entstehung des Caminito er-

fahren. Alleine unterwegs werden Sie so oder so nicht sein.
Da der Weg nur in eine Richtung begangen werden darf, starten Sie in jedem Fall auf der Nordseite der Schlucht nahe des Stausees. Das erst Ende 2019 neu eröffnete **Besucherzentrum** mit großen Parkplätzen ist dabei erste Wahl. Es informiert ausführlich über Schlucht und Weg. Auch zu anderen Wanderungen in der Nähe gibt es Kartenmaterial und mehr, [N 36°54'52" W 4°48'26"]. Zu Fuß oder mit dem Bus gelangen Sie von dort oder dem nicht weit entfernten, beschriebenen Campingplatz zu den beiden Startpunkten des Weges nahe den Restaurants El Mirador Ardáles mit Parkplatz bei [N 36°55'44" W 4°48'05"] und El Kiosko bei [N 36°55'54" W 4°48'08"] Der Wegbeginn ist beschildert, vorerst handelt es sich aber nur um einen Zugangspfad, den Sie auf eigene Faust absolvieren. Die südliche Variante führt gerade durch einen Tunnel (rund 1,5 Kilometer), die nördliche ist ein Stück länger (rund 2,7 Kilometer). Beide enden am mit Kontrollhäuschen versehenen eigentlichen Beginn des Caminito del Rey. Denken Sie daran, unbedingt rechtzeitig loszugehen, denn die auf Ihrem Ticket angegebene Zeit ist die, zu der Sie bereits am Kontrollhäuschen sein müssen!

Dort werden an alle Wanderer Schutzhelme ausgeteilt und Sie gegebenenfalls ihrer Gruppe zugewiesen. Starten dürfen Sie erst zu der auf Ihrem Ticket ausgewiesenen Zeit. Nach einem Plankenweg folgt ein längeres normales Wanderstück am Hang. Hier sind oft Bartgeier zu sehen. Dann schließt sich der spektakulärste Abschnitt hoch in der Felswand und über eine Brücke quer durch die Schlucht an. Schließlich wandern Sie zurück in das Dorf El Chorro, wo Sie ihre Helme abgeben. Vom Zugangspunkt bis ins Dorf sind es rund 5 Kilometer. Am Ende des Weges steigen Sie in Busse, die Sie zum Ausgangspunkt zurückbringen. Das Ticket dafür sollten Sie schon mit der Eintrittskarte gemeinsam lösen *(€€-€€€, Zugang täglich möglich, Reservierung und aktuelle Infos zum Weg und dem Procedere unter www.caminitodelrey.info).*

Für die Weiterfahrt in Richtung Antequera können Sie nun einmal mehr zwischen zwei Varianten wählen. Entweder nehmen Sie die kürzere Nordroute – Sie folgt dem Stausee auf einer landschaftlich schönen, inzwischen durchgängig geteerten, aber schmalen Straße mit mehreren möglichen Stellplätzen und endet an der A343, die Sie bis in die Stadt führt.

Oder Sie wählen die längere, aber besser ausgebaute Südroute. In diesem Fall kommen Sie auf halbem Weg nach El Chorro rechts an einer Abfahrt zu den **Ruinen von Bobastro** vorbei. Die kleine Siedlung mit Kirche unterhalb eines Bergkastells wurde im 9. Jahrhundert durch den Rebellenführer Umar Ibn Hafsun erbaut. Den Aufzeichnungen nach stammte er aus einem westgotischen Adelsgeschlecht, das später zum Islam übergetreten war. Umar nahm allerdings erneut den christlichen Glauben an und versuchte sich an einer ersten Rückeroberung Andalusiens – sogar recht erfolgreich. Weite Teile der heutigen Provinzen Málaga und Granada fielen ihm zu. Erst beim Versuch, auch Córdoba einzunehmen, scheiterte er, und seine Landgewinne brachen in der Folge weg. Nach seinem Tod im Jahr 917 konnte sich sein Sohn nur noch bis 928 in Bobastro behaupten. Dann wurde die Familie ins Exil vertrieben und die Stadt geschleift. Vor allem die in den Felsen gehauene Kirche beeindruckt noch heute. Am Ende der Straße gelangen Sie dann noch zum **Mirador Tajo Encantada** mit gutem Blick nach Süden. Nur wenige Meter entfernt liegen die spärlichen Reste der einstigen Burg von Bobastro, von der nicht mehr allzu viel übrig ist. Achtung: Hier kann es im Sommer eng und schwierig mit dem Wenden werden. Dann ist es besser, schon am unteren Aussichtsparkplatz nahe dem großen Wasserspeicher zu parken. Er kann auch als Nachtlager dienen [**178:** N 36°53'54" W 4°46'29"].

Bei El Chorro führt die MA5403 auf schnellstem Weg nach Antequera. Besser ausgebaut ist aber die Route entlang der NA447 und A343. Hier passieren Sie einen privat geführten Stellplatz an einer Pension.

(179) Offizieller WOMO-Stellplatz: Álora (B&B Dos Alamos)

GPS: N 36°51'50" W 4°41'05", A343.
Internet/ Tel.: www.dos-alamos.com, +34 667 265 885. **Max. WOMOs**: 5-6.
Ausstattung: Entsorgung (gegen Gebühr), Versorgung (kein Trinkwasser), Strom (gegen Gebühr), Toiletten/ Duschen, Mülleimer, WLAN, Sat-Empfang, Pool (gegen Gebühr).
Beschreibung: Geschotterter Parkplatz neben einem Bed & Breakfast, kein Schatten, nicht ganz eben, ruhig, klappstuhlgeeignet, familiäre Atmosphäre.
Preis: €€.
Zufahrt: Von El Chorro kommend bis Barriada Estación fahren, dort auf die A343 Richtung Antequera abbiegen. Die Pension folgt dann rechter Hand nach gut 5 km.

Antequera

Das gut 41.000 Einwohner zählende Antequera liegt an einer seit Jahrhunderten strategisch wichtigen Handelsroute, einem Kreuzweg zwischen Málaga im Süden und Córdoba im Norden, zwischen Granada im Osten und Ronda im Westen. Vor allem nach der Reconquista 1410 brach für die Stadt ein goldenes Zeitalter an. Adelige, Händler und der Klerus bauten Kirchen und Paläste. Doch schon viel früher siedelten Menschen gerne an dieser Stelle. Davon zeugen die uralten Dolmengräber nördlich des Zentrums.

Ganz nah dran: Wölfe im Lobopark

Bevor Sie Antequera über die A343 erreichen, lohnt es sich, schon einige Kilometer zuvor einen Stopp einzulegen, um dem **Lobopark** einen Besuch abzustatten. Auf einem 40 Hektar großen Gelände schufen die beiden Deutschen Daniel Weigend und Alexandra Stieber ein Gelände mit riesigen Gehegen für Wölfe, um deren Verhalten zu studieren. Seit 2004 ist der Park für Besucher zugänglich. Dort leben neben mehr als zwei Dutzend Tiere in Rudeln, darunter der Iberische Wolf, der größere Europäische Wolf und der stark bedrohte Tundra-Wolf, der sonst in Alaska heimisch ist. Einige der ersten Tiere wurden per Hand aufgezogen, ihre Nachkommen werden aber so wild wie möglich belassen, um ihnen ein naturnahes Leben zu ermöglichen. Auf Touren durch das Gelände können Sie unter fachkundiger Führung den Tieren fast täglich ganz nahe kommen und lernen, dass die Mär vom bösen und gefährlichen Wolf nicht stimmt. Ein besonderes Highlight sind außerdem die Touren in den Vollmondnächten, auf denen Sie sprichwörtlich mit den Wölfen um die Wette heulen können. Zum Park gehören auch eine Caféteria und eine Auffangstation für andere Arten. Die Führungen werden in der Regel auf Spanisch und Englisch abgehalten, ab und zu gibt es auf Anfrage deutschsprachige Touren. Über das gesamte Programm des Wolfparks informiert die Website.

***Lobopark**, [N 36°59'08" W 4°37'16", A343], €€, Do – Di 11/ 13/ 15/ 16.30 Uhr, Sonderführungen wie Vollmond- und VIP-Touren nur mit Reservierung, www.lobopark.com*

Ebenfalls außerhalb liegen die von der UNESCO geschützten **Dolmen von Antequera**, nordöstlich der Stadt nahe dem Industriegebiet. Sie gelten als die wichtigsten Überreste der Megalithkultur in Spanien. Zunächst sollten Sie die beiden Ganggrabanlagen **Cueva de Menga** und **Cueva Viera** anfahren. Sie befinden sich direkt nebeneinander und sind vom Parkplatz aus über ein Informationszentrum zugänglich. Dort wird zur Einführung ein Film gezeigt, Schautafeln informieren weitergehend. Die Anlagen entstanden im 3. Jahrtausend vor Christus und wurden aus riesigen Steinen errichtet, von denen einer bis zu 180 Tonnen wiegt. Die so entstandenen, bis zu 25 Meter langen und drei Meter hohen Räume wurden dann mit Erde bedeckt und stabilisiert.

Der dritte Dolmen, **Tholos de El Romeral**, liegt etwas abseits auf einem separaten Areal. Er ist gut 1.000 Jahre jünger als die ersten beiden und zeugt von einer fortschrittlicheren Bautechnik. Die Steine sind mit Lehm verbunden und bilden zwei runde Kammern. In der hinteren befindet sich ein Opferaltar.

***Conjunto Arqueológico, Dolmen Menge und Vlera**, [N 37°01'27" W 4°32'44", Carretera de Málaga 5], Eintritt frei, Apr – Jun Mo – Sa 8 – 21 Uhr, So 9 – 15 Uhr, Jul – Mitte Sep 9 – 15 Uhr, sonst nur So 9 – 15 Uhr, www.museosdeandalucia.es | **Tholos de El Romeral**, [N 37°02'03" W 4°32'05", Cerro Romeral], Eintritt frei, Öffnungszeiten wie die anderen Dolmen*

Für einen Besuch im Zentrum empfiehlt sich der städtische Stellplatz, vor allem, wenn Sie übernachten möchten. Von dort aus ist es nicht allzu weit bis zur Ortsmitte. Noch etwas näher liegen einige Parkplätze für Tagesbesucher an der Calle Virgen del Carmen bei [N 37°01'01" W 4°33'17"] und der Callejón de Urbina bei [N 37°01'05" W 4°33'13"]. Von ihnen aus gelangen Sie am Karmeliterinnenkloster in die Innenstadt. In Antequera besteht außerdem die Möglichkeit, mit einer Bummelbahn das Stadtzentrum zu erkunden. Zuletzt war sie allerdings aufgrund technischer Probleme außer Betrieb. Informationen zur Wiederinbetriebnahme und zu den Haltepunkten finden Sie unter www.city-ss.es.

(180) Offizieller WOMO-Stellplatz: Antequera (Area Autocaravanas Antequera)

GPS: N 37°01'17" W 4°34'19", Avenida Miguel de Cervantes.
Max. WOMOs: 16.
Ausstattung: Ver-/ Entsorgung, Mülleimer, Sat-Empfang.
Beschreibung: Asphaltierte, speziell für Wohnmobile markierte Parkfläche auf einem vom Verkehr abgetrennten Parkplatzbereich vor dem Fußballstadion, zentrale Lage, nicht ganz leise, eben, Campingverhalten untersagt, rund 1000 m in die Altstadt.

Zufahrt: Auf der A343 bis nach Antequera fahren. Dem Straßenverlauf folgen, bis links ein Carrefour-Supermarkt angeschrieben ist. Dem Schild nach, dann immer geradeaus, bis Sie den Parkplatz linker Hand erreichen.

Unterwegs in Antequera

Folgen Sie vom Wohnmobil-Stellplatz aus zunächst der Avenida Miguel de Cervantes stadteinwärts. Am Ende halten Sie sich links in die Avenida de la Legión und kommen so, erneut am Ende, rechts zur Alameda de Andalucía. Diese wird schon bald zur Calle Infante Don Fernando, der Hauptgeschäftsstraße von Antequera. Linker Hand passieren Sie die **Iglesia de Nuestra Señora de los Remedios** mit sehenswertem Altar. Ihr Vorhof ist in die Häuserfronten integriert, auf dem Tor thront eine Madonnenstatue. Daran grenzt das Rathaus an, ein ehemaliges Kloster mit einem Kreuzgang im Innenhof. Manchmal finden sich dort in einem eigens geschaffenen Raum wechselnde Ausstelllungen. Folgen Sie der Straße vorbei an zahlreichen Läden bis zur zentralen **Plaza San Sebastián** mit Brunnen und der gleichnamigen Kirche links. Sie stammt größtenteils aus dem 16. Jahrhundert. Gleich daneben befindet sich das **Tourismusbüro**. Gehen Sie daran vorbei durch die Calle Encarnación und dann rechts auf die schöne, mit dem Reiterstandbild Ferdinands I. und Palmen geschmückte Plaza Coso Viejo. Rechter Hand können Sie dort das **Stadtmuseum** im turmbewährten Palacio Nájera besuchen. Eines der wichtigsten Schaustücke ist der marmorne „Venuskopf von Antequera". Auch die von Pedro de Mena geschaffene Statue des Heiligen Franz von Assisi gehört zu den besonderen Schätzen *(Plaza Coso Viejo, €, Di – Sa 10 – 14 Uhr und 16.30 – 18.30 Uhr, So nur vormittags bei freiem Eintritt, Mitte Jul – Sep nur vormittags).*

Stadtmuseum an der Plaza Coso Viejo

Am Ende des Platzes biegen Sie links ab und dann wieder rechts in die Calle Barbacana, die über eine große Treppenanlage zur Burgmauer hinaufführt. Vom **Mirador de la Almenillas** haben Sie nun eine schöne Sicht auf die Stadt unter Ihnen und den markanten Felsen La Peña im Hintergrund. Er erinnert an das Profil eines liegenden Indianerkopfes. Durch das große Portal **Arco de los Gigantes** von 1585 betreten Sie den Burgvorhof, rechts liegt der Zugang zur inneren **Alcazaba**. Da nur noch die aus maurischer Zeit stammenden Außenmauern übrig waren, wurde im Inneren eine Gartenanlage angelegt. Der besterhaltene der drei verbliebenen Türme ist der Torre Bianca.

Wenn Sie den Burghof verlassen, wenden Sie sich nach rechts. Dort treffen Sie auf die schöne große Renaissancekirche **Santa María la Mayor**, in der heute Konzerte und Ausstellungen stattfinden. Mit dem Portal im Rücken können Sie nun rechts einen Blick auf die Ausgrabungen einer römischen Therme werfen, bevor Sie die Treppe zur Calle del Colegio hinab nehmen. Dort gehen Sie nach rechts weiter und dann spitz links in die Calle Niña Antequera.

Diese endet an einem Platz mit Mauerresten linker Hand, Sie halten sich aber rechts in die Cuesta de los Rojas und stoßen so auf die Plaza de las Descalzas mit dem Karmelitinnenkloster. Im zugehörigen **Museum Conventual de las Descalzas** wird Sakralkunst gezeigt, unter anderem von Roldán und Giordano *(Plaza de las Descalzas 3, €, Di – Fr 10 – 13.30 Uhr und 17 – 19 Uhr, Sa 9 – 12 Uhr und 17 – 18.30 Uhr So nur 9 – 12 Uhr, www.muesoconventualantequra.com)*.

Geradeaus durch die Calle Calzada spazieren Sie bis zur **Plaza San Francisco** weiter, an der sich die Markthalle von Antequera befindet. Schräg nach links führt am Beginn des Platzes dann die Calle Diego Ponce zurück zur Alameda de Andalucía. Oder Sie bummeln, schon vorher links ab in die verkehrsberuhigte Calle Luena, noch etwas durch das Zentrum.

***Antequera – Tourist Info**: Calle Encarnación 4a | **Wochenmarkt**: Di., Paseo de los Colegiales | **Festkalender – Real Fería de Agosto**: Mitte August, Stadtfest mit Stierkämpfen und Kirmes*

Gastrotipps Antequera: **Mesón La Bombonera****, Calle Bombeo 11, **Las Hazuelas****, Calle Encarnación 5, **Arte de Cozina****, Calle Calzada 29, **Cafetería El Marcado****, Plaza San Francisco, **Mesón Adarve****, Calle Merecillas 12, **Casa Diego****, Calle Merecillas 14, **Plaza de Toros****, Paseo de María Christina, **Stracciatella Antequera** (Eis), Plaza San Francisco 19

Naturpark El Torcal

El Torcal

Rund zehn Kilometer südlich von Antequera treffen Sie auf die Zufahrt zum El Torcal Naturpark. Über Jahrtausende haben Erosion, Wind und Regen den weichen, porösen Kalkstein auf dem Hochplateau bearbeitet und eine bizarre, rund 2.000 Hektar große Landschaft voller hoch aufragender Felsen geschaffen. Zwischen den Steinriesen wachsen Bäume, Sträucher und sogar Orchideen. Besucher können ab dem Informationszentrum mit Parkplatz auf zwei ausgewiesenen und gut beschilderten festen Routen dieses äußerst sehenswerte Wandergebiet durchstreifen. Die grüne, kürzere Route ist etwas 1,5 Kilometer lang, die längere gelbe knapp 3 Kilometer. Das Abweichen von den Wegen ist streng verboten.

Schon während der Auffahrt lohnt es sich, an zwei beschilderten kleinen Parkbuchten einen Stopp einzulegen, um einen Blick auf die Aussichtspunkte und die dortigen Steinriesen zu werfen.Da es mit voranschreitender Saison auch in El Torcal voller wird, kann es passieren, dass Sie mit dem Wohnmobil oben angekommen keinen Parkplatz finden. In dem Fall besteht die Möglichkeit, schon am Beginn der Zufahrtsstraße rechter Hand zu parken und den von dort verkehrenden Shuttlebus nach oben zu nutzen. Außerhalb der Hochfrequenztage fährt er allerdings nicht, dann parkt dort auch niemand – außer vielleicht Ihnen, wenn Sie einen Übernachtungsplatz suchen [**181:** N 36°57'45" W 4°30'51"]. Eine Alternative befindet sich unweit entfernt rechts der A7075 auf einem offiziellen Picknickareal. Für den Anschluss an Tour neun und zehn folgen Sie dann der Beschilderung in Richtung Málaga.

(182) WOMO-Picnickplatz: Area Naturaleza El Torcal

GPS: N 36°56'56" W 4°31'58", A7075. **Max. WOMOs**: 3-4.
Ausstattung: Picknickbänke, Grillstellen, teils Sat-Empfang.
Beschreibung: Picknickplatz neben der Hauptstraße, unebener Gras-/Schotterboden, etwas Schatten, nachts relativ ruhig, direkt unterhalb des El Torcal Naturparks, wochentags wenig los, am Wochenende kann es aber voll werden, klappstuhlgeeignet, rund 2,5 km in den nächsten Ort (Villanueva de la Concepción.
Zufahrt: Der A7075 in südliche Richtung folgen. Rund 2,5 km nach der El Torcal-Abfahrt rechts.

TOUR 9
10 km
N
Costa del Sol
Estepona
Tour 6
Sabinillas
Benarraba
Selwopark
Benahavís
San Pedro
Istán
P.N. Sierra de las Nieves
Porto Banús
Marbella
Ojén
Coín
Cártama
Alhaurin e.G.
Alhaurin d.l.T.
Mijas
Tour 7
Biopark
La Cala de Mijas
Fuengirola
Vergnügungs- und Wasserparks
Benalmádena
Torremolinos
Málaga
Tour 8
P.N. Montes de Málaga
Botanischer Garten
La Cala de la Moral
Rincón
Torre d.B.
Benajarafe
Almayate
Vélez-Málaga
Torre d.M.
Tour 10
183
184
185
186
187
188
189
190
191
192
193
194
195
196
197
198
199
200
201
202
203
204
205
206
S
WC
A 7
AP7
N340
A 45
AP46
7075
7058
7054
7056
7050
7000
7053
387
368
355
366
397
7176
369

Tour 9: Costa del Sol (ca. 140 km)

Estepona – San Pedro – Marbella
Cala de Mija – Fuengirola – Benalmádena
Torremolinos – Málaga
Rincón de la Victoria bis Almayate

Stellplätze:	Playa del Padrón, Playa de Guadalmansa, San Pedro de Alcántara, Marbella (2x), Cabopino, Cala de Mijas, Fuengirola (2x), Benalmádena, Torremolinos (2x), Málaga (6x), Rincón de la Victoria, Torre de Benagalbón, Almayate
Campingplätze:	Estepona, Marbella, Benajarafe
Besichtigen:	Estepona, Parque Selwo Aventura, Puerto Banús mit Museo Ralli, Marbella, Castillo Sohail und Bioparc in Fuengirola, Benalmádena, Crocodile Park und Botanischer Garten in Torremolinos, Málaga, Cueva del Tesoro
Wandern:	Duñas de Artola
Baden:	Estepona, Playa del Padrón, Playa de Guadalmansa, San Pedro de Alcántara, Marbella, Playa las Mimosas, Cabopino Beach, Cala de Mijas, Fuengirola, Benalmádena, Torremolinos, Málaga, Rincón de la Victoria, Playa Almayate

Die „klassische Costa del Sol“ ist geprägt von bekannten Orten wie Marbella, Torremolinos und Málaga. Hier wurde einst der Pauschal- und Massentourismus erfunden, die Küste in den 1960er und 70er Jahren mit Hunderten gesichtslosen Betonbunkern verschandelt und eine Urlaubsmaschinerie erschaffen – zunächst glanzvoll, später ein Synonym für Billigreisen in den Süden. Während Estepona und Marbella sich stets ihre schönen Altstädte bewahrten und es ihnen gelang, über all die Jahre hinweg den Jetset anzuziehen, der seinen Glanz versprühte, hatten es andere Orte schwerer. Nur langsam lässt sich das ramponierte Image abstreifen, doch Stück für Stück erfinden sich Fuengirola, Benalmádena und auch Torremolinos neu. Hochhäuser werden renoviert und Parkanlagen geschaffen. Die Hauptstadt der Region, Málaga, erfreut sich ungebrochener Beliebtheit und

begeistert als Kunst- und Museumsmetropole mit arabischer Burg und breiten Fußgängerboulevards. Für Wohnmobile ist die Costa del Sol ein eher schwieriges Pflaster, abseits von Campingplätzen ist kaum entsprechende Infrastruktur vorhanden. Und doch lassen sich auch hier einige Ecken finden, die nicht mit Verboten gepflastert sind und etwas Raum für Individualreisende lassen.

Estepona

Obwohl die heute rund 67.000 Einwohner zählende Stadt einst eine der Triebfedern der Entdeckung des modernen Tourismus war, setzte nie ein derartiger Bauboom wie weiter östlich ein. Estepona bewahrte dadurch in großen Teilen sein ursprüngliches Gesicht und lohnt daher näher erkundet zu werden. Bis vor Kurzem diente eine große Sandfläche am südwestlichen Ortsrand als Wohnmobil-Parkplatz. Inzwischen wurde sie gesperrt, tagsüber ist am offiziellen Parkplatz gleich daneben das Parken aber noch möglich, [N 36°24'53" W 5°09'37", Avenida Louis Braille]. Dies ist auch einer der Treffpunkte des mobilen Gasflaschenfüllservices *(siehe Tipps am Buchende)*. Busse fahren 400 Meter entfernt ab der Hauptstraße ins Zentrum (Haltestelle Puerto). Eine Parkplatzalternative gibt es ganz im Osten von Estepona am Kongresszentrum, sofern dort keine Veranstaltungen stattfinden [N 36°25'52" W 5°07'44"]. Die Bushaltestelle ist dort direkt östlich der Halle an der Avenida Litoral gelegen (Terminal Estepona).

In der Nähe gibt es auch eine privat betriebene V/E-Anlage am Gartenmarkt Viveros El Padrón. Sie liegt zwar abseits, ist kostenpflichtig und nur während der Öffnungszeiten zugänglich. Da es an diesem Küstenabschnitt aber kaum Alternativen außerhalb von Campingplätzen gibt, ist sie die Erwähnung wert *([N 36°26'38" W 5°07'11", Camino de Montesol] Mo – Fr 9 – 20 Uhr, Sa bis 14 Uhr, Winterhalbjahr nur bis 19 Uhr)*.

Unterwegs in Estepona

Egal, ob Sie von Westen oder Osten mit dem Bus oder eigenständig ins Zentrum gelangen, ist der Paseo Marítimo am langen Sandstrand von Estepona ihr erstes Anlaufziel. Die parallel verlaufende Fußgängerpromenade wurde erst vor Kurzem renoviert und umgestaltet. Als breite, teils mit tropischen Pflanzen geschmückte Flaniermeile erschließt sie nun beinahe die gesamte Südseite der Stadt. Die Altstadt wird westlich durch eine breite, am Kreisverkehr mit Springbrunnen abgehende Verkehrsader mit Parkplatz, die Avenida Juan Carlos I., begrenzt, im Osten reicht sie beinahe bis zum nächsten Kreisverkehr an der Avenida Andalucía. Ein guter Ausgangspunkt für Ihren Spaziergang im Häusermeer ist die vom Ufer abführende Calle Terraza. Keine 30 Meter weiter zweigt von dort links die Fußgängerzone **Calle**

Orchidarium von Estepona

Real ab, direkt danach gelangen Sie, ebenfalls nach links auf der Calle Carmen Sevilla zu der **Plaza de las Flores**, dem Herz der Altstadt. Dort befindet sich auch die **Touristeninformation**. Nach links spazieren Sie, der Calle Castillo folgend, zu den spärlichen Überresten der **maurischen Burg**. Nur wenige Mauern und Wachtürme sind übrig geblieben. Direkt danach, rechts ab, befindet sich an der Plaza Casa Cañada die **Markthalle**.

Nach der Halle orientieren Sie sich erneut nach rechts, passieren Sie Reste eines römischen Mausoleums, und gehen die Stufen zur großen **Plaza del Reloj** hinauf. Nördlich erstrecken sich viele kleine Gassen mit hübschen Ecken und versteckten Tapasbars, die Sie besser auf eigene Faust erkunden. Wenn es Sie auf einer etwas größeren Runde zu dem neuen Wahrzeichen Esteponas, dem modernen **Orchidarium** zieht, nehmen Sie nach den Treppen die nächste Straße, Calle Santa Anna, nach links und dann im Anschluss an die Plaza Manuel Alcantara die Calle Blas Ortega rechts ab. Rechts haben Sie vom hinteren Ende der Plaza San Francisco vor der markanten Kirche **Nuestra Señora de Los Remedios** einen schönen Blick auf die tiefer gelegenen Viertel. Folgen Sie der Straße weiter bis zum Kreisverkehr und schlagen Sie dort den zweiten Weg, Calle Cardenal H. Oria, ein. Er endet an der Parkanlage mit dem glaskuppelgekrönten Gewächshaus. Es ist zwar von außen fast spektakulärer als von innen, doch zumindest Orchideenfreunde werden ihre helle Freude an den rund 5.000 Pflanzen haben *(Calle Terraza 86, €, Di – Sa 10 – 19 Uhr, So 10 – 14 Uhr, www.orchidariumestepona.com)*. Die daran vorbei führende Calle Terraza bringt Sie schließlich zurück in Richtung Uferstraße.

***Estepona – Tourist Info**: Plaza de las Flores, www.turismo.estepona.es | **Wochenmarkt**: Mi, Calle Eslovaquia | **Festkalender – Fiesta Mayor**: Anfang Juli, großes Stadtfest samt Feuerwerk, **Fiesta Virgen del Carmen**: 16. Juli, Land- und Wasserprozession für die Schutzheiligen der Fischer*

Gastrotipps Estepona: Arrocería El Hatillo**, Calle Manuel Navarro Mollor 8, **La Pampa****, Calle Sevilla 70, **Robbies****, Calle Jubrique 11E, **La Casa del Rey****, Calle Raphael 7, **Granier Estepona** (Café), Calle Terreza 14, **Casa Doña Jeronima****, Calle Gloria Fuertes 19, **MaduBar Fusion****, Plaza Doctor Arce 23, **La Galería****, Calle Caridad 48, **Taberna Miguel****, Calle Caridad 30

Wenn es Sie statt in die Stadt mehr zum Baden zieht, finden Sie wenige Kilometer weiter die Möglichkeit, dort mit dem Wohnmobil zu parken. An der **Playa del Padrón** gibt es hinter und neben dem Chiringuito Cruisoes reichlich Platz, Tankstelle und Aldi Supermarkt liegen gleich benachbart. In der Nebensaison können Sie über Nacht bleiben. Einziger Nachteil ist die Nähe zur Schnellstraße, [**183:** N 36°26'23" W 5°06'07"].

Groß angeschrieben ist wenig später der **Parque Selwo Aventura**. Auf einer großzügig bemessenen, mit Wildfreigehegen versehenen Fläche können Sie Tiere von fünf Kontinenten erleben, darunter auch Elefanten und Raubkatzen. Viele Bereiche sind in Form eines Safariparks gestaltet und werden per Jeep erkundet. Es gibt eine riesige Freiflugvoliere, als Botanischer Garten gestaltete Parkteile und verschiedene Aktivitäten, die dem Zoo ein wenig Freizeitparkatmosphäre verleihen. An der Zufahrtsstraße befindet sich außerdem ein Campingplatz. **Parque Tropical** ist nur leider nicht optimal gelegen. Die Schnellstraße führt direkt daran vorbei, und zum Strand auf der anderen Seite sind es über 250 Meter, [**184:** N 36°27'15" W 5°04'51", Avenida Parque Selwo, www.campingparquetropical.com].

Playa de Guadalmansa

Parque Selwo Aventura: *[N 36°27'43" W 5°05'11", Avenida Parque Selwo], €€-€€€, Mitte Apr – Mitte Okt 10–18 Uhr, in der Hauptsaison bis 19 oder 20 Uhr, sonst meist nur Fr – So, vergünstigte Onlinetickets unter www.selwo.es*

Einen zumindest in der Nebensaison recht einsamen Stell- und Badeplatz finden Sie dann noch an der Guadalmansa-Mündung. Auf den danach folgenden Kilometern gestaltet sich der Zugang zum Meer eher schwierig.

(185) WOMO-Badeplatz: Playa de Guadalmansa

GPS: N 36°27'09" W 5°03'24". **Max. WOMOs**: 2 bis 3.
Ausstattung: Mülltonnen, sonst keine Einrichtungen.
Beschreibung: Recht abgelegener, schattiger Parkplatz direkt am Strand neben der Mündung des Río Guadalmansa. Ruhig, nicht ganz eben, im Sommer gibt es eine Kitesurf-Schule mit Bar am Platz. Etwas holprige Zufahrt.

Zufahrt: Von der A7 die Ausfahrt Cancelada nehmen und dann bei erster Gelegenheit scharf rechts halten. Dieser Straße bis zum Ende folgen.

San Pedro de Alcántara

Die Gemeinde San Pedro gehört bereits zum Verwaltungsgebiet von Marbella. Das Zentrum liegt gut einen Kilometer von der Küste entfernt, nur wenige Touristen verirren sich dorthin. Es gibt eine kleine, verkehrsberuhigte Zone mit Läden und eine **Touristeninformationsstelle**. Interessanter ist der von einem breiten Fußgängerboulevard begleitete schöne Strand. An mehreren Stellen wird er von Palmenhainen aufgelockert, in einem steht eine lebensgroße Elefantenfigur. Die Versorgung mit allem, was Sie für einen Strandtag benötigen, übernehmen ein paar Chiringuitos und fliegende Händler. Direkt entlang der begleitenden Uferstraße ist das Übernachten zwar nicht mehr gestattet, doch bildet sich regelmäßig ein kleiner Womo-Fuhrpark an der dahinter gelegenen, bislang unverbauten Querstraße zwischen der Avenida Salamanca und der Avenida de Barcelona, **[186:**

Playa San Pedro

N 36°28'38" W 4°58'57"]. Von dort sind es keine hundert Meter zum Strand.

***San Pedro de Alcántara* – *Tourist Info*:** *Avenida Marqués del Duero 69*

Gastrotipps San Pedro de Alcántara: Trattoria L`Impronta**, Avenida Salamanca 14, **Albert & Simon*****, Edificio Mirador Bloque 4b, **Savor****, Avenida de Andalucía 6, **Bodega Cantinero****, Calle Andalucía Num 10

Marbella

Ob der Ortsname tatsächlich auf Königin Isabella zurückgeht, die beim Anblick der hiesigen Meeresküste „Que mar bella!" („Was für ein schönes Meer!") gerufen haben soll, dürfen Sie selbst entscheiden. Die zugegebenermaßen viel weniger inspirierte Alternative beruft sich schlicht auf den arabischen Vorgängernamen Marbiliya. Bis in die 1950er Jahre war es ein eher verschlafener kleiner Fleck. Dann entdeckte Prinz Alfonso die Schönheit der Umgebung, kaufte Land und gründete den Marbella Club, der die Schönen und Reichen anlockte. Ihren Höhepunkt fand die Entwicklung in den 1980er und 90er Jahren, als Adelige, Großindustrielle und arabische Scheichs um die besten Grundstücke buhlten, die Immobilienpreise in schwindelerregende Höhen schossen und Marbella in einem undurchsichtigen Sumpf aus Spekulationen, Korruption und Geldwäsche versank. Erst nach dem Tod des schillernden Bauunternehmers und späteren Bürgermeisters der Stadt, Jesús Gil y Gil, zahlreichen Gerichtsverfahren und einer geplatzten Immobilienblase beruhigte sich die Lage wieder. Inzwischen sind die meisten Superreichen zwar weitergezogen, doch viele äußerst gut situierte Sommergäste geben ihre Multimillionen noch immer gerne in Marbella aus. Hinzu kommen Stars und Sternchen sowie die übliche Entourage im Gefolge. Am mondänsten ist Marbella heute im westlichsten Hafen, der ein Stück vom Zentrum ent-

Strand von Marbella

fernt liegt, **Puerto Banús**. Yachten aller Größen, Luxuskarossen und braungebrannte Herren mittleren Alters mit jungen oder völlig alters- und mimiklosen Damen am Arm machen einen Ausflug an vielen Tagen zu einem echten Erlebnis der anderen Art, selbst dann, wenn die Boutiquen und Juweliere in der Einkaufsstraße hinter dem Kai nicht ganz Ihre Preisklasse sein sollten. Immerhin gibt es gleich anschließend auch ein Einkaufscenter, das eher für normal bestückte Geldbeutel gedacht ist… mit dem Wohnmobil sind Sie hier natürlich ein Außenseiter, und einen Parkplatz zu finden, ist eine Kunst. Mit viel Glück gelingt es vielleicht an der Avenida de las Naciones Unidas, [N 36°30'31" W 4°51'44"], ansonsten nehmen Sie besser den angegebenen Parkplatz im Osten von Marbella und fahren per Bus oder Fahrrad die neun Kilometer hinüber. Einen lohnenden Zwischenstopp stellt auf dem Weg ins Zentrum von Marbella noch das **Museo Ralli** dar. Bei freiem Eintritt zeigt es eine große Sammlung lateinamerikanischer Kunst sowie Gemälde von Henry Moore und Salvatore Dalí. Parkplätze sind allerdings, wie zuvor, auch hier Mangelware…

***Puerto Banús – Tourist Info**: Plaza de Antonio Banderas | **Wochenmarkt**: Sa, Avenida Pilar Calvo | **Museum Ralli:** [N 36°29'53" W 4°56'27"], Avenida Ricardo Soriano, Di – Sa 10 – 15 Uhr, www.museoralli.es*

Gastrotipps Puerto Banús: La Bocana**, Paseo Benabola 1, **Intimable****, Calle Muelle Ribera 7, **Meksian****, Avenida Julio Iglesias

(187) WOMO-Badeplatz: Marbella

GPS: N 36°30'31" W 4°51'44". **Max. WOMOs**: 15 bis 20.
Ausstattung: Sat-Empfang, sonst keine Einrichtungen. Dusche / Toilette am Strand.

Beschreibung: Einfacher Parkplatz mit Erd-/Schotterboden, kein Schatten, uneben, nachts relativ ruhig, Campingverhalten verboten. Oberhalb des Bounty Beachs am östlichen Stadtrand gelegen, ungefähr 300 m zum nächsten Restaurant, 1,5 km in die Altstadt, Busverbindung an der Hauptstraße.
Preis: €, nur im Sommer
Zufahrt: Marbella auf der A7 komplett durchfahren, am Ende des Ortes direkt nach dem Marbella-Torbogen im Kreisverkehr rechts zum Parkplatz abfahren.

Unterwegs in Marbella

Solange Sie im Hinterkopf haben, dass die Preise in Marbella einfach ein bisschen über dem Durchschnitt an der Coste del Sol liegen, werden Sie auch abseits von Puerto Banús eine gute Zeit haben. Denn die gut besuchten Strände sind wirklich schön und die herausgeputzte Altstadt ist ganz entzückend.

Gasse in Marbella, unten Kirche Nuestra Señora

Den Strand haben Sie vom angegebenen Platz aus zwar direkt in Fußreichweite, bis ins Zentrum ist es aber ein rund 1,2 Kilometer langer Marsch – oder Sie fahren fünf Stationen mit dem Bus (Halt Edificio Berocal). Folgen Sie ab der Bushaltestelle der Hauptstraße Avenida Ramón y Cajal für ein paar Meter nach Westen und biegen Sie dann rechts in die Calle Einrique del Castillo. Dort beginnt bereits die verkehrsberuhigte Zone. Bei einem Bodenmosaik mit stilisierter Blume halten Sie sich rechts und bei erster Gelegenheit wieder links, auf die Plaza de la Iglesia mit der Kirche **Nuestra Señora de la Encarnación** zu *(Plaza de la Iglesia, 8 – 22 Uhr, www.encarnacionmarbella.es)*. Rechts können Sie durch die Calle Trinidad zum **Museo del Grabado** gelangen, das dort nach rechts angeschrieben steht. Es zeigt Lithografien und Radierungen bekannter Künstler des 20. Jahrhunderts, darunter Dalí, Miró und Pablo Picasso *(Calle Hospital Bazán, €, Di – Fr 9 – 19 Uhr, Sa / Mo 9 – 14 Uhr, www.mgec.es)*.

Wenn Sie sich statt rechts zum Museum nach links in Richtung Calle Salinas halten, kommen Sie zu den **Murallas del Castillo**, verbliebenen Schutzmauern der maurischen Burg aus dem 9. und 10. Jahrhundert. Da außer ihnen nichts erhalten ist, befindet sich heute eine Schule im Inneren. Am Ende der Mauer geht es nun nach links durch die Calle Portada und die anschließende Calle Chorrón weiter, bis Sie links an der Plaza Puente Ronda durch die anschließende schmale Calle Cruz wieder in den Fußgängerbereich wechseln können. Nehmen Sie am Ende die Calle Caballeros nach links und dann die Calle Panadería nach rechts, die zur zentralen **Plaza de los Naranjos** führt. Auf dem hübschen Platz stehen

Plaza de los Naranjos

zahlreiche Tische der umliegenden Cafés und Restaurants, im Norden wird sie vom Rathaus begrenzt, im Süden schließt die kleinere Plaza Fernando Alcalá mit einem Brunnen an. Daneben steht die älteste Kirche Marbellas, **Ermita de Santiago**. Um noch möglichst viel des schönen Flairs der Altstadt mitzunehmen, spazieren Sie durch die sich anschließende schmale Calle Caldés nach Süden, gehen am Ende rechts bis zur Plaza África und dort erneut rechts in die Calle Buitrago, der Sie am Ende links zur Plaza de la Victoria folgen. Erneut nach links bringt Sie die Calle Pedraza bis zur Hauptstraße, an der Sie nur wenige Meter weiter östlich gestartet sind. Statt Ihren Rundgang zu beenden, sollten Sie ihn noch zur Strandpromenade hin fortsetzen. Dazu durchqueren Sie die Parkanlage la Alameda vor Ihnen und schreiten dann den breiten Boulevard **Avenida del Mar** ab. Die beidseits platzierten Bronzestatuen stammen von Salvatore Dalí. Ob Sie nun selbst an der **Playa de la Fontanilla** direkt vor Ihnen einen Sprung ins Wasser wagen oder nur langsam nach links zum Stellplatz zurück bummeln, ist Ihre Entscheidung. Unterwegs passieren Sie noch weitere Strände und den Yachthafen Marina La Bajadilla, der mit arabischem Geld in den nächsten Jahren groß ausgebaut werden soll. Wenn es Ihnen zu weit wird, können Sie jederzeit auch nach links schwenken und die nächste Bushaltestelle an der Hauptstraße aufsuchen.

Während es an der villenbestückten Goldküste westlich von Marbella kaum Möglichkeiten gab, zum Ufer vorzudringen oder gar einen Stellplatz zu finden, haben Sie im etwas profaneren Osten mit weniger großzügigen Apartmentgebäuden und Hotels unterhalb der Luxusklasse bessere Chancen. Eine Baulücke mit einem ziemlich naturbelassenen Parkplatz hinter dem Strand finden Sie an der recht schönen **Playa Las Mimosas**. In dieser Gegend gibt es auch verschiedene Campingplätze, die leider meist nördlich der stark befahrenen A7 und damit ein Stück vom Meer entfernt liegen. Eine Ausnahme ist der Platz Camping Marbella Playa.

(188) WOMO-Badeplatz: Urb. Coto Chico (Playa Las Mimosas)

GPS: N 36°29'54" W 4°47'26", A7. **Max. WOMOs**: 6-7.
Ausstattung: Mülltonnen, teils Sat-Empfang.
Beschreibung: Einfacher Parkplatz mit Erd-/ Grasboden zwischen Bäumen, uneben, teils schattig, nachts teils recht belebt. Strand mit Chiringuito direkt davor, zumindest in der Nebensaison wird das Übernachten geduldet, Campingverhalten untersagt.
Preis: €, nur im Sommer.
Zufahrt: Von der A7 rund 7 km nach Marbella, unmittelbar nach einem Lidl-Supermarkt auf der linken Seite rechts durch eine schmale Einfahrt auf den Parkplatz fahren.

(189) WOMO-Campingplatz: Marbella-Elviria (Camping Marbella Playa)

GPS: N 36°29'29" W 4°45'48", Calle Cuesta Correa.
Internet/Tel.: www.campingmarbella.com, +34 952 833 998.
Öffnungszeiten: Ganzjährig.
Ausstattung: WLAN, Pools, Restaurant, Supermarkt Spülgelegenheit, Waschmaschine / Trockner, Spielplatz, Sporteinrichtungen und Animation light, in der Nebensaison vergünstigte Tarife für Senioren.
Beschreibung: Größerer Platz mit ca. 140 bis zu 70 qm großen Stellplätzen, meist schattig unter Bäumen, Erd-/ Schotterboden, ruhig, eben, 200 m zum Strand, Tankstelle ganz in der Nähe, nach Marbella rund 9 km, Bus vorhanden.
Preis: €€€-€€€€€.
Zufahrt: Rund 8 km nach Marbella fahren Sie an der Ausfahrt Elviria vorbei, dann kurz nach der Tankstelle rechts in Richtung Campingplatz halten.

Dort, wo die dichte Küstenbebauung für einen Moment endet, führen Holzbretterwege durch das nicht einmal einen Kilometer breite Naturschutzgebiet der **Duñas de Artola**. Auf den kargen Sandböden wachsen typische Pflanzen der Regi-

Duñas de Artola

on. Im Osten wird der Abschnitt vom entspannten **Cabopino Beach** unterhalb des **Torre Ladrones**, eines fünfzehn Meter hohen, ehemaligen Verteidigungsturms, begrenzt. Die freien Sandstrände vor der Dünenlandschaft sind als FKK-Zone freigegeben. Auf dem Parkplatz dahinter war in der Nebensaison zuletzt das Parken über Nacht geduldet.

(190) WOMO-Badeplatz: Playa Cabopino

GPS: N 36°29'13" W 4°44'34", Calle Tramo de Unión. **Max. WOMOs**: 6-7.

Ausstattung: Teils Sat-Empfang, sonst keine Einrichtungen.

Beschreibung: Großer Schotter-/ Erdparkplatz hinter den Dünen, schöner Strand an einem Naturschutzgebiet (teils FKK), etwas Schatten, relativ ruhig, eben, zumindest in der Nebensaison wird das Übernachten geduldet. Restaurants in ca. 350 m Entfernung, Campingverhalten untersagt.

Preis: €, nur in den Sommermonaten als „Spende" für einen privaten Aufpasser...

Zufahrt: Von der A7 aus die Ausfahrt Cabopino nehmen, dann im Kreisverkehr die erste Ausfahrt wählen. Der Parkplatz folgt dann gleich rechts.

Hinweis: Sollte der Platz aus irgendeinem Grund nicht nutzbar sein, können Sie es abends auch auf dem kleineren Parkplatz neben dem Torre Ladrones probieren, [N 36°29'07" W 4°44'33"]. Eine weitere Alternative wäre der Campingplatz direkt auf der anderen Seite der Hauptstraße.

***Marbella – Tourist-Info**: Avenida Fontanilla, www.marbella.es | **Wochenmarkt**: Mo, Calle José Manuel Vallés | **Festkalender – Feria de San Bernabé**: 2. Juniwoche, größtes Stadtfest von Marbella*

Gastrotipps Marbella: **Chiringuito Dolce Vita****, Playa Del Cable, **Tempora****, Calle Tetuan 9, **Casa Eladio****, Calle Virgen de los Dolores 6, **El Patio Mariscal****, Calle Virgen de los Dolores 3, **El Cortijo****, Calle Remedios 5, **La Famieke****, Calle Cruz**, **Bar Estrecho***, Calle San Lazaro 12, **Giolatto** (Café), Avenida de Miguel Cano, **Mamma Angela****, Calle Virgen del Pilar 17, **El Salon Marbella****, Calle Virgen del Pilar 6, **La Bodega del Mar****, Avenida del Duque de Ahumada 13

Cala de Mijas

Nachdem Sie auf Tour 7 bereits Mijas Pueblo, einen schönen, wenn auch sehr touristischen Bergort, kennengelernt haben, queren Sie nun seinen Trabanten an der Küste, Cala de Mijas. Erwähnenswert ist er vor allem deshalb, weil es dort den ersten offiziellen Stellplatz seit Langem gibt. Er gewinnt zwar nicht unbedingt einen Schönheitspreis, die guten Einkaufsmöglichkeiten direkt nebenan und der nur ein paar Schritte entfernte Strand machen ihn jedoch zu einem echten Anziehungspunkt. Das haben natürlich auch schon zahlreiche andere „Mobilisten" aus ganz Europa mitbekommen…

(191) Offizieller WOMO-Badeplatz: Cala de Mijas

GPS: N 36°30'18" W 4°41'01", Calle de la Noria. **Max. WOMOs**: 30-40.

Ausstattung: Versorgung (im Eck bei der kleinen Brücke), Entsorgung (über Gulli vor dem Toilettengebäude, Toilette, Mülltonnen, Sat-Empfang.

Beschreibung: Sehr große Schotterfläche zwischen Hauptstraße und Golfplatz, eben, kaum Schatten, einigermaßen ruhig. 250 m zum Strand und ins Zentrum, verschiedene Supermärkte gleich benachbart, Campingverhalten untersagt. Manchmal wird eine Registrierung verlangt.

Zufahrt: Der A7 bis zur Ausfahrt Cala de Mijas folgen, dort abzweigen und geradeaus bis zum zweiten Kreisverkehr fahren. Links halten und die A7 im großen Kreisverkehr unterqueren Auf der gegenüberliegenden Seite in der Calle de la Noria bei erster Gelegenheit einen U-Turn machen und danach rechts auf den Parkplatz fahren.

***Cala de Mijas – Wochenmarkt**: Mi und Sa, Recinto Ferial*

Gastrotipps Cala de Mijas: Bogart`s Tapas**, Avenida de España, **El Chancho**,** Centro Comercial El Zoco 56, **El Oceano*****, Carretera de Cadiz, **IndiMex Grill****, Calle Acuario de Riviera 11

Fuengirola

Die Zeiten der römischen Siedlung Suel und des arabischen Ortsvorgängers sind in Fuengirola lange vorbei. Ab hier bestimmen Hotelburgen das Bild der Costa del Sol. Die Gäste

Bioparc Fuengirola

kommen vorwiegend aus Spanien, Großbritannien und Skandinavien und sind oft recht feierfreudig. So verwundert es nicht, dass neben den weitläufigen Stränden vor allem Bars und Clubs das Bild prägen – Abendunterhaltung ist hier mindestens so wichtig wie feiner Sand.

Fast schon fremdartig wirkt da das **Castillo Sohail** im Süden Fuengirolas. Die einstmals maurische Burg wurde unter Karl I. im 16. Jahrhundert erneuert und umgebaut, um die Küste besser vor Piratenangriffen zu schützen. Im Inneren sind hauptsächlich Ruinen der einstmaligen Baukörper zu besichtigen. Die Kanonen stammen aus der Zeit Napoleons. Als er abmarschierte, vergrub seine Armee die als zu schwer für den Abtransport erachteten Ungetüme im Sand. Erst einige Zeit später wurden sie wieder ausgegraben und hier aufgestellt.

Ein anderer touristischer Anziehungspunkt ist der **Bioparc Fuengirola**. Der Zoo ist zwar von überschaubarer Größe und nimmt, mitten im Ort gelegen, nicht sehr viel Raum ein, dieser ist aber optimal genutzt und sehr schön angelegt. Für die Nachhaltigkeit sprechen die mehr als 30 Programme zur Erhaltung stark gefährdeter Arten, an denen der Bioparc beteiligt ist. Einen echten Stellplatz finden Sie südwestlich des Zentrums. Wenn es auch ein einfacher Parkplatz tut, stehen Sie an Tagen ohne Veranstaltungen ebenfalls ganz zentral am Feriagelände bei [**193a:** N 36°32'55" W 4°37'10", Avenida Nuestro Padre Jesús Cautivo]. Der Parkplatz des Castillo Sohail ist eine weitere Alternative, [**193b:** N 36°31'23" W 4°37'47"].

(192) Offizieller WOMO-Badeplatz: Fuengirola (Mesón El Rengo)

GPS: N 36°31'56" W 4°38'19", Calle Tramo de Unión. **Max. WOMOs**: 15-20.

Ausstattung: Einfache Ver-/ Entsorgung (nicht öffentlich zugänglich), einige Stromanschlüsse (gegen Gebühr), Dusche, Toilette, WLAN, Mülleimer Sat-Empfang.

Beschreibung: Schotterparkplatz und zusätzlich große Wiese neben einem Restaurant, alles etwas improvisiert, teils uneben, kein Schatten, klappstuhlgeeignet, meist ruhig, außer bei Veranstaltungen im Lokal, 500 m bis zum nächsten Supermarkt, 1,2 km bis ins Zentrum.

Der Weg ins Zentrum führt am Fluss entlang über einen Feldweg und dann links über zwei Fußgängerbrücken.

Preis: €-€€.

Zufahrt: Der A7 bis zur Ausfahrt „Fuengirola – Cambio de Sentido“ folgen, am Kreisverkehr die vierte Ausfahrt Calle Virgen del Rosario über den Fluss nehmen und am Einkaufszentrum vorbei bis zum nächsten Kreisverkehr fahren. Dort die Ausfahrt, beschildert mit „parque cementerio“, wählen und wenig später rechts beschildert zum „Mesón El Rengo“ mit dem Stellplatz abfahren.

***Fuengirola** – **Tourist Info**: Paseo Jesús Santos Rein 6, www.turismo.fuengirola.es | **Wochenmarkt**: Di, Recinto Ferial | **Castillo Sohail**: Parken bei [N 36°31'23" W 4°37'47", Calle Tartesios], Eintritt frei, Di – So 10 – 14 Uhr, Sa / So auch 15.30 – 18 Uhr | **Bioparc Fuengirola**: [N 36°32'15" W 4°37'37", Calle Cailo José Cela], www.bioparcfuengirola.es |**Festkalender** – **Fería Internacional**: Ende Apr / Anfang Mai, großes Fest mit Musik, Tanz und Essen aus vielen verschiedenen Ländern, **Fiesta de la Virgen Del Carmen**: Mitte Juli, Prozession auf dem Meer, **Mercado Medieval:** Aug, mehrtägiger Mittelaltermarkt im Castillo Sohail*

Gastrotipps Fuengirola: Palangreros**, Calle Palangreros 22, **Casa Roberto****, Calle España 10, **Freiduría Armando***, Calle de Jacinto Benavente 18, **Waterfront Bar****, Puerto Deportivo 21, **Heladería Moka** (Eis), Calle Lamo de Espinosa 3, **El Candil****, Calle Hernan Cortes 3, **El Rancho de Salva****, Calle Juan Sebastian Elcano 3

Benalmádena

Etwas mehr auf die Optik wurde beim Bau der Hotel- und Urlaubsanlagen im direkt angrenzenden Benalmádena geachtet. Dadurch wirkt der weitläufige Ort etwas gefälliger und gewachsener, obwohl das ein Trugschluss ist: Er ist in dieser Form erst Mitte des 20. Jahrhunderts entstanden. Wenn Sie nicht zwingend auf Kultur aus sind, können Sie aber durchaus einen abwechslungsreichen Tag verbringen. An Möglichkeiten zur Zerstreuung mangelt es nicht. Wenn Sie einen Parkplatz suchen, können Sie es an der recht zentral gelegenen Paraje del Águila bei [N 36°35'13" W 4°32'03"] versuchen. Ist nicht gerade ein Stadtfest in Vorbereitung oder im Gang und ist auch kein Markttag, ist es möglich, dort notfalls sogar zu übernachten, [**194:** N 36°35'41" W 4°31'58", Calle Alborea]. Um dann von einem Punkt zum anderen zu gelangen, ist sogar ein **Sightseeing-Bus** durch die Stadt nutzbar. Er bedient immerhin elf Stationen und verkürzt die Fußwege, wenn Sie möchten. Neben dem Strand zählt zu den Highlights der Meerestierpark **Selwo Marina** mit Fischen, Delphinen, Vögeln und Schlangen. Unerwarteterweise gibt es sogar Pinguine zu sehen... Im großen, angrenzenden **Parque de La Paloma** leben weitere Tiere, wie Vögel und Ziegen. Er ist für seine schöne Bepflanzung bekannt, darunter mannshohe Kakteen.

Direkt am Hafen gelegen ist das **Sea Life Benálmadena**, Teil einer international agierenden Aquarienkette. In entgegengesetzter Richtung, landeinwärts, gelangen Sie dagegen zum Vergnügungspark **Tivoli World** mit seinen zahlreichen Fahr-

Stupa und Castillo Colomares in Benalmádena

geschäften. Wenn Sie dem Trubel etwas entfliehen wollen, können Sie sich dann noch ganz in der Nähe mit der Seilbahn **Teleférico Benalmádena** auf den 769 Meter hohen Monte Calamorra bringen lassen. Von oben haben Sie eine schöne Sicht und es gibt ein Netz eher einfacher Wanderwege. Nicht vom Sightseeing-Bus erschlossen werden zwei weitere Anziehungspunkte am nordwestlichen Ende der Stadt. Das im Zuckerbäckerstil errichtete **Castillo de Colomares** sieht nur alt aus. In Wahrheit ist es ein Denkmal zu Ehren Christoph Kolumbus`, das auf Privatinitiative unter Leitung Dr. Esteban Martíns nach siebenjähriger Bauzeit erst 1994 fertig gestellt wurde. Unweit davon entfernt können Sie an der buddhistischen **Stupa** von Benalmádena den Ausblick genießen, ab und an steht der Tempel auch Besuchern offen. Daneben liegt der Schmetterlingspark **Mariposario**.

Benalmadena – Tourist Info: *Avenida Antonio Machado 10, www.disfrutabenalmadena.com |* ***Wochenmarkt***: *Fr, Parque de la Paloma (Recinto Ferial) |* ***Sightseeing Bus***: *Zustieg südlich des Parkplatzes bei Station 5, „Selwo Marina", €€€, 10 – 19 Uhr, mehr Infos und Onlinetickets unter www.city-sightseeing.es |* ***Selwo Marina:*** *[N 36°35'34" W 4°31'55", Avenida de Rocío Jurado], €€€, Apr – Nov 10 – 18 Uhr, in den Sommermonaten auch länger, teils bis 21 Uhr, Dez – Mär meist nur Fr – So 10 – 18 Uhr, vergünstigte Onlinetickets unter www.selwomarina.es |* ***Parque de La Paloma:*** *[N 36°35'39" W 4°31'40", Avenida Frederico G. Lorca], frei zugänglich |* ***Sea Life:*** *[N 36°35'48" W 4°30'55", Puerto Deportivo], €€€, 10 – 17.30 Uhr, vergünstigte Onlinetickets unter www.visitsealife.com/benalmadena |* ***Tivoli World:*** *Parken bei [N 36°36'00" W 4°32'23", Avenida del Tivoli], €€, Mär / Apr / Okt / Nov Sa / So 12 – 19 Uhr, Mai / ab Mitte Sep Fr – So 12 – 20.30*

Küste bei Benalmádena

Uhr, Jun 17 – = Uhr, Jul – Mitte Sep 17.30 – 1.30 Uhr, www.tivoli.es | ***Teleférico:*** *Parken bei [N 36°36'00" W 4°32'23", Avenida del Tivoli], €€, je nach Jahreszeit 11 – 17 / 18 / 19 Uhr, ca. Jul / Aug 10 – 0 Uhr, vergünstigte Onlinetickets unter www.telefericobenalmadena.com |* ***Castillo de Colomares:*** *Parken bei [N 36°35'24" W 4°34'23", Contrada Costa del Sol], €, 10 – 18 Uhr, Apr – Jun 10 – 19 Uhr, Jul – Sep 10 – 14 Uhr und 17 – 21 Uhr,, vergünstigte Onlinetickets unter www.castillomonumentocolomares.com |* ***Stupa:*** *Parken bei [N 36°35'18" W 4°34'54", Avenida Retamar], meist Di – So 10 – 14 Uhr und 15.30 – 19 Uhr, vergünstigte Onlinetickets unter www.stupabenalmadena.org |* ***Mariposario****: Parken bei [N 36°35'20" W 4°34'53", Calle Muerdago], €€, 10 – 18.30 Uhr, vergünstigte Onlinetickets unter www.mariposariodebenalmadena.com*

Gastrotipps Benalmadena: Casa Emilio**, Avenida de la Constitución, **La Alternativa**,** Avenida de la Constitución, **Casa Rafael Papa Erig****, Calle de Andalucía 46, **Vinoteca Moncloa****, Piazza Nueva Bonanza, **Taperia de Bodeguita***, Avenida Antonio Machado 1a, **La Sirena****, Playa de Santa Ana, **Meeting Point** (Café), Avenida Palmeras 17

Torremolinos

Einst als Paradebeispiel des fortschrittlichen Tourismus gepriesen, ist Torremolinos heute die Beton- und Bettenburg unter Andalusiens Badeorten. Nirgends stehen mehr Hochhäuser dicht an dicht beieinander. Nichtsdestotrotz ziehen Strände und eine perfekt getaktete Urlaubsmaschinerie auch heute noch in den Sommermonaten durchgehend über 50.000 Touristen in die Stadt, die dann auf beinahe doppelte Größe anschwillt. Für Sie als Womo-Reisende ist das eng bebaute Gebiet nicht das richtige Pflaster, obgleich es im Norden von Torremolinos sogar einen Campingplatz gibt. Einen Halt lohnen, wenn überhaupt die drei nahe beieinander liegenden Attraktionen im äußersten Nordwesten. Der verhältnismäßig teure **Crocodile Park** ist Europas einzige Krokodilfarm. Der große, ebenso teure Wasserpark „**Aqualand**" grenzt unmittelbar an. Am Ende der Straße wurde die Museumsmühle **Molino del Inca** in den Botanischen Garten integriert, es gibt Wasserspiele und ein Baumlabyrinth. Die erwähnten Picknickplätze befinden sich gleich vis-a-vis der drei Sehenswürdigkeiten.

(195) WOMO-Picknickplatz: Torremolinos (Pinar de los Manantiales)

GPS: N 36°37'43" W 4°30'37", Camino de los Pinares. **Max. WOMOs**: 2-3.
Ausstattung: In der Nähe gibt es Picknickbänke, Wasser, Mülleimer und Toiletten.
Beschreibung: Teils schattige Parkplätze am Rand eines Pinienwäldchens mit Picknickplätzen. Durch die nahe Autobahn nicht ganz ruhig, fast eben, Schotterboden, Campingverhalten unerwünscht, Aqualand und Krokodilpark schräg gegenüber. An den Wochenenden und im Hochsommer teils sehr voll und dann entsprechend laut.
Zufahrt: Von der A7 / N340 kommend am großen Kreisverkehr in Torremolinos kurz nach einem Lidl-Supermarkt die zweite Ausfahrt nach links neh-

men. Nun immer geradeaus bis zur Ausfahrt „centro / cambio de sentido" und dort rechts fahren, um links abbiegen zu können. Dann sofort wieder rechts halten und an der Verzweigung die linke Straße wählen, die direkt zum Platz linksseitig führt.
Hinweis: Einen weiteren, kleineren Parkplatz gibt es südlich des Pinienwäldchens in der Nähe des Tierheims bei [N 36°37'28" W 4°30'49"].

Stellplatz 196

Am westlichsten Strand von Torremolinos haben Sie ein Stück weiter die besten Möglichkeiten, in Strandnähe zu parken. Entlang des Paseo Marítimo gibt es reichlich Stellflächen, die auch von Wohnmobilen gerne angefahren werden. Es ist zwar verboten, zu campen, das bloße Parken über Nacht scheint allerdings, selbst bei den Dutzenden Fahrzeugen, die hier oft stehen, bislang geduldet zu werden. Alle 100 Meter gibt es ein Chiringuito, meist mit WC und Stranddusche. Etwas störend ist tagsüber allerdings der Lärm des nahen Flughafens von Málaga, **[196: N** 36°38'53" W 4°28'30"].

Torremolinos – Tourist Info*: Paseo Marítimo 25R, www.turismotorremolinos.es |* ***Wochenmarkt****: Do, Avenida del Real |* ***Crocodile Park****: Parken bei [N 36°37'33" W 4°30'29", Calle Cuba 14], €€, 11 – 17 Uhr, im Hochsommer auch länger, www.cocodrilospark.com |* ***Aqualand****: [N 36°37'33" W 4°30'29", Calle Cuba 10], €€€€, Mai / Jun / Sep 11 – 18 Uhr, Jul / Aug bis 19 Uhr, im Hochsommer auch länger, www.aqualand.es |* ***Jardin Botanico Molino del Inca****: [N 36°37'51" W 4°30'37", Camino de los Pinares], €, 9 – 18 Uhr, im Hochsommer auch länger |* ***Festkalender – Feria Virgen del Carmen****: 16. Juli Meeresprozession,* ***Fería de San Miguel****: 29. Sep, großes Stadtfest*

Gastrotipps Torremolinos: Restaurante José Cerdán**, Paseo Marítimo 13, **La Vaca Glotona****, Avenida Benyamina 14, **El Gato Lounge****, Paseo Marítimo 1, **Meatina Steakhouse****, Decano Higueras Del Castillo 65, **Secretos Ibericos****, Calle de San Gines 12

Málaga

Mit rund 570.000 Einwohnern ist Málaga die zweitgrößte Stadt Andalusiens und eine der ältesten dazu. Der Name geht vermutlich auf die Phönizier zurück, die hier einen Fischereistützpunkt betrieben. Der Fang wurde zum Weitertransport eingesalzen, „malac", was zu dem Namen „Malaca" führte. Im 8. Jahrhundert v. Chr. folgten die Griechen, nach ihnen Karthager, Byzantiner, Westgoten und Mauren, bevor die Stadt 1487 wieder spanischer Herrschaft untergeordnet wurde. Durch ihren großen Verkehrsflughafen bildet sie heute das wichtigste Drehkreuz für Besucher der Costa del Sol, auch Kreuzfahrtschiffe legen beinahe täglich im Hafen an. Während die Innenstadt früher etwas heruntergekommen wirkte und nicht unbedingt zu den großen touristischen Anziehungspunkten zählte, hat sich ihr Bild inzwischen stark verändert. Zahlreiche hochkarätige Museen sorgen dafür, dass die Heimat Pablo Picassos sich Stück für Stück zur Kulturmetropole mausert. Die alten Burgen und die Kathedrale wurden verschönert, die Strandpromenade und der Fährhafen umfassend renoviert, aufwändig bepflanzte Gärten angelegt und die Fußgängerzonen herausgeputzt. Inzwischen ist Málaga eines der Top-Ziele in Andalusien, das Sie nicht verpassen sollten. Auch in Sachen Stellplätze haben Sie gleich ein halbes Dutzend zur Auswahl. Zwei nahe beieinander gelegene privat betriebene Plätze finden Sie im Nordwesten, drei weitere, freie Gelegenheiten im Südwesten, teils direkt am Strand. Der letzte, fast campingplatzähnlich ausgebaute Stellplatz ist, ganz am östlichen Ende von Málaga gelegen, am weitesten vom Zentrum entfernt, dafür gut an öffentliche Verkehrsmittellinien angeschlossen.

(197) Offizieller WOMO-Stellplatz: Málaga 1 (Autocaravanas Seyla)

GPS: N 36°42'34" W 4°31'25", A7054.
Internet/Tel.: www.acseyla.com, +34 952 230 866. **Max. WOMOs**: 25.
Ausstattung: Ver- / Entsorgung (nicht öffentlich zugänglich), teils Strom möglich, Toiletten, Mülleimer, teils Sat-Empfang.
Beschreibung: Teils asphaltierte, teils geschotterte Parkflächen bei einem Wohnmobilhändler mit Werkstatt, klappstuhlgeeignet. Kein Schatten, eben, relativ ruhig, Bushaltestelle rund 300 m entfernt.
Preis: €€
Zufahrt: Von der A7 kommend die Ausfahrt A357 Málaga-Cártama nehmen und weiter in Richtung Cártama fahren. Dann gleich wieder abfahren, beschildert mit „Centro de Transportes", und in diesem Kreisverkehr die letzte Ausfahrt wählen, die zum nächsten Kreisel leitet. Dort fahren Sie Richtung Algeciras. Nun geradeaus, dann bei der Abfahrt „Campanillas" rechts halten und der Wegweisung folgen, bis linksseitig die Zufahrt zum Händler Seyla folgt.

(198) Offizieller WOMO-Stellplatz: Málaga 2 (Carcampa)

GPS: N 36°42'57" W 4°31'48", A7054.
Internet/Tel.: www.carcampa.com, +34 625 634 995. **Max. WOMOs**: 20.
Ausstattung: Ver- / Entsorgung (nicht öffentlich zugänglich), Strom, Toiletten, teils Sat-Empfang.
Beschreibung: Asphaltierte, teils überdachte Parkflächen bei einem Wohnmobillangzeitparkplatz, Campingverhalten unerwünscht, eigentlich nur als Zwischenübernachtungsplatz gedacht, nicht, um mehrere Tage während

der Stadtbesichtigung zu bleiben. Zufahrt bis 20 Uhr und ab 9 Uhr, Bushaltestelle vor der Einfahrt.
Preis: €€
Zufahrt: Von der A7 kommend die Ausfahrt A357 Málaga-Cártama nehmen und weiter in Richtung Cártama fahren. Dann gleich wieder abfahren, beschildert mit „Centro de Transportes", und in diesem Kreisverkehr die letzte Ausfahrt wählen, die zum nächsten Kreisel leitet. Dort fahren Sie Richtung Algeciras. Nun geradeaus, dann bei der Abfahrt „Campanillas" rechts halten und der Wegweisung folgen, bis rechtsseitig die Zufahrt zu Carcampa folgt.

(199) WOMO-Stellplatz: Málaga 3 (Palacio de Deportes)

GPS: N 36°41'07" W 4°27'38", Calle Lexicógrafa María Moliner.
Max. WOMOs: 15-20.
Ausstattung: Sat-Empfang, sonst keine Einrichtungen.
Beschreibung: Große Asphaltparkfläche am südwestlichen Stadtrand, Metrostation und Einkaufsmöglichkeiten direkt benachbart, rund 4,5 km bis in die Altstadt. Kein Schatten, eben, Campingverhalten untersagt, für die Stadtlage nachts recht ruhig.
Zufahrt: Von der A7 kommend auf AP7 / MA 20 wechseln, dann die Ausfahrt „MA 21 / Avenida Valázquez" nehmen, vor der McDonald`s-Filiale scharf rechts abbiegen und am Rande des Parkplatzes immer geradeaus fahren, bis die Einfahrt zum großen Stellplatz nach einer Linkskurve rechter Hand folgt.

(200) WOMO-Badeplatz: Málaga 4 (Playa de Sacaba)

GPS: N 36°40'57" W 4°26'49", Calle Pacífico. **Max. WOMOs**: 10-15.
Ausstattung: Sat-Empfang, Strandduschen, Mülleimer.
Beschreibung: Große Sandfläche am äußersten Ende des Strandes von Málaga, einigermaßen eben, Campingverhalten untersagt, kein Schatten. Wenn in der Nähe Veranstaltungen stattfinden, eher laut, sonst nachts relativ ruhig. Vorsicht beim Befahren, erst den Untergrund prüfen und die Fahrwege nutzen, da an manchen Stellen viel weicher Sand liegt. Bushaltestelle gleich an der Hauptstraße.
Zufahrt: Von der A7 kommend auf AP7 / MA 20 wechseln, dann die Ausfahrt „MA 22 / Puerto" nehmen und im folgenden Kreisel die zweite Ausfahrt wählen. Dann immer geradeaus, rund 200 m nach dem nächsten Kreisverkehr rechts am Zebrastreifen auf die Sand-Parkfläche wechseln.
Hinweis: Weitere strandnahe Parkgelegenheiten, an denen ein Übernachten möglich ist, finden Sie entlang der Uferstraße auch bei [N 36°41'16" W 4°26'38"] und bei [N 36°41'50" W 4°26'21"].

(201) WOMO-Picknickplatz: Málaga 5 (Parking Peñon del Cuervo)

GPS: N 36°42'48" W 4°20'22", Calle Almería. **Max. WOMOs**: 8-9.
Ausstattung: Teils Sat-Empfang, Mülltonnen, Picknickplätze und Grillstellen in der Nähe.
Beschreibung: Großer asphaltierter Strandparkplatz am äußersten östlichen Ende von Málaga. Teils schattig, Campingverhalten untersagt,

nachts relativ ruhig trotz der nahen Hauptverkehrsstraße, Strand und Picknickgelände direkt benachbart, ca. 5 km ins Zentrum..
Zufahrt: Auf der N340 Málaga durchfahren, am Ende des Ortes befindet sich der Parkplatz rechts, direkt am Meer.
Hinweis: Manchmal werden 1 bis 2 Euro Parkgebühr verlangt, offiziell ist das nicht. Ob sie dem nachkommen wollen, liegt in Ihrem Ermessen…

(202) Offizieller WOMO-Badeplatz: Málaga 6 (Area Málaga Beach)

GPS: N 36°42'52" W 4°18'58", MA24.
Internet/Tel.: www.areamalagabeach.com, +34 951 904 391.
Max. WOMOs: Über 100.
Ausstattung: Ver- / Entsorgung (nicht öffentlich zugänglich), Strom (gegen Gebühr), Toiletten, Duschen, Sat-Empfang, WLAN, Mülltonnen, Spülgelegenheiten, kleiner Laden und Bar, Brötchenservice, Massagen, Fahrradverleih.

Beschreibung: Sehr großer, campingplatzähnlicher Schotter- / Erdparkplatz nur für Wohnmobile, Campingverhalten gestattet, direkt an der Cala del Moral mit eigenem Strandzugang. Eben, kaum Schatten, relativ ruhig und gut ausgestattet, sehr sauber. Busverbindung ins Zentrum.
Preis: €€.
Zufahrt: Auf der N340 Málaga durchfahren, dann am Ende der Hauptstraße dem Ufer bis zu einer großen Linkskurve folgen. Dort liegt der Platz gleich rechter Hand.

Unterwegs in Málaga

Da die Sehenswürdigkeiten in Málagas Innenstadt etwas verstreut liegen, ist es durchaus eine Überlegung wert, sich nicht allein auf Ihre Füße zu verlassen. Eine Möglichkeit ist die Nutzung des roten **Sightseeing-Busses**. Er verkehrt auf zwei unterschiedlichen Routen und erschließt so auch weiter entfernte Ziele, wie den außerhalb gelegenen Botanischen Garten und das Automobilmuseum. Sie erhalten außerdem einen Überblick über die Stadt per deutschsprachigem Audioguide und können an den insgesamt 18 Haltestellen jederzeit ein- und aussteigen *(Zustieg z.B. ab dem Hafen oder dem Busterminal möglich, €€€, 9.30 – 19 Uhr, Stadtrundgang, Bootstour, Flamencoshow und verschiedene Museumseintritte zubuchbar, mehr unter www.city-sightseeing.com)*. Weitere Möglichkeiten, schneller und bequemer voranzukommen, bieten die zahlreichen Mietfahrräder oder Miet-E-Scooter, die in ganz Málaga verfügbar sind. Dazu müssen Sie einfach die an den Fahrzeugen angegebene App auf Ihr Mobiltelefon herunterladen und sich online registrieren. Schon können Sie losdüsen.
Tipp: Vor allem, wenn Sie kulturinteressiert sind und in Málaga einige der zahlreichen, wirklich sehenswerten Museen besuchen möchten, lohnt sich der **Málaga Pass**. Er ist für einen oder auch mehrere Tage erhältlich

und bietet einen gehörigen Preisvorteil gegenüber den Einzeleintritten. So gut wie alle Museen der Stadt sind enthalten, auch der Botanische Garten und das Riesenrad am Hafen. Außerdem erhalten Sie Rabatte in verschiedenen Restaurants, Läden und für Aktivitäten wie den Sightseeing-Bus oder einen Hamambesuch. Den Pass können Sie schon im Voraus online erwerben und dann ausgedruckt oder über die Smartphone-App bei der ersten Nutzung aktivieren, ein interaktiver Stadtführer ist inklusive *(mehr Infos, auch auf Deutsch, unter www.malagapass.com)*.

Ein guter Ausgangspunkt für den beschriebenen Stadtrundgang ist die **Plaza de la Marina**. Sie liegt genau zwischen dem Hafen und der Altstadt und ist mit dem öffentlichen Nahverkehr von allen angegebenen Stellplätzen aus erreichbar. Auch die **Touristeninformation** hat hier einen Sitz. Folgen Sie zunächst der breiten, mittig mit Bäumen bepflanzten Alameda Principal für 250 Meter nach Westen und nehmen Sie dann, rechts ab, die Calle Torregorda, um möglichst früh am Tag den **Mercado Ventral Atarazanas** zu erreichen, wenn dort noch etwas los ist. Anstelle der einstigen arabischen Schiffswerft sind vor allem Lebensmittel vorzufinden, aber auch Blumen und Waren des täglichen Bedarfs werden in der großen Halle gehandelt, die nicht zu unrecht als der Bauch Málagas bezeichnet wird *(Calle Atarazanas 10, Mo – Sa 8 – 15 Uhr)*.
Wenn Sie einen Umweg von insgesamt rund 800 Metern nicht scheuen und sich für zeitgenössische Kunst interessieren, folgen Sie der Calle Atarazanas nun weiter in westliche Richtung bis zum Guadalmedina-Kanal und biegen zuvor links ab. Am Ufer gehen Sie direkt auf das **Centro de**

Kathedrale

Arte Contemporáneo, kurz CAC genannt, zu. In der einstigen Großmarkthalle finden Wechselausstellungen internationalen Ranges statt, die jeweils aktuellen Programme entnehmen Sie der Website *(Calle Alemania, Eintritt meist frei, Jul / Aug Di – So 10 – 14 Uhr und 17 21 Uhr, sonst 10 – 20 Uhr, www.cacmalaga.eu)*.

Ohne das CAC halten Sie sich mit dem Markteingang im Rücken links und erreichen nach rund 250 Metern die zentrale Einkaufsstraße und Fußgängerzone **Calle Marqués de Larios**. Lassen Sie sich einfach etwas treiben und beziehen Sie auch ruhig die benachbarten quirligen Gassen mit in Ihre Erkundungen ein, bis Sie die Plaza de la Constitución mit dem Génova Springbrunnen linker Hand erreichen. Dort folgen Sie am hinteren Ende links an der Kirche vorbei der Calle Compañia zum **Museo Carmen Thyssen**. Die 2002 verstorbene Kunstmäzenin aus der bekannten Stahldynastie trug eine weltbedeutende Kollektion zusammen. Im restaurierten Stadtpalais werden über 200 der Werke gezeigt. Der Schwerpunkt liegt auf andalusischen Malern ab dem 19. Jahrhundert, aber auch alten Meistern wie Francesco de Zurbarán. Im obersten Stockwerk finden zusätzlich Wechselausstellungen statt *(Calle Campañia 10, €€, im Málaga-Pass enthalten, Di – So 10 – 20 Uhr, www.carmenthyssenmalaga.com)*.

Folgen Sie der Calle Campañia weiter, vorbei an der imposanten Kirchenfassade Sagrado Corazón de Jesús, bis Sie kurz danach rechts in die Calle Pozos Dilces abzweigen können. Am Ende halten Sie sich links und bei erster Gelegenheit dann erneut links, um die für den Verkehr freigegebene Calle Carretería zu erreichen. Rechts ab schlüpfen Sie nach wenigen Metern in die Calle Biedmas, wo Sie das **Museo del Vino Málaga** erwartet. Es ist dem über die Grenzen Spaniens hinaus bekannten Dessertwein „Málaga" gewidmet, über dessen Anbau, Herstellung und Verpackung Sie Einiges erfahren können. Natürlich gehört auch eine Verkostung zum Rundgang *(Plaza de los Viñeros 1, €, im Málaga-Pass*

Blick von der Alcazaba

enthalten, Mo – Fr 10 – 17 Uhr, Sa 10 – 14 Uhr, www.museovinomalaga.com). Zurück an der Verkehrsstraße gehen Sie diesmal nach links und sofort wieder nach rechts durch die Calle Andrés Pérez weiter. Nach einem längeren Wegstück stoßen Sie am Ende auf die Calle Granada, die links zur Plaza Carbón und weiter auf die Plaza del Siglo führt. Rechts ab stehen Sie nach weniger als 100 Metern vor der gewaltigen **Kathedrale von Málaga**. Das 1528 an Stelle einer ehemaligen Moschee begonnene Bauwerk gehört zu den wichtigsten Vertretern der Renaissance in Andalusien. Ein Kuriosum stellt der rechte, nie fertig gestellte zweite Turm dar. Geldmangel brachte die Arbeiten 1783 zum Erliegen, sie wurden nie mehr aufgenommen. Die Einheimischen nennen die Kathedrale daher auch „La Manquita", die Einarmige. Im Inneren gelten die Kunstwerke in der Capilla de Nuestra Señora de los Reyes als am bedeutendsten. Es sind kniende Figuren katholischer Könige der Reconquista. Sie stammen von Pedro de Mena. Die kleine Marienstatue soll schon damals auf Kreuzzügen mitgeführt worden sein. An die Kirche angeschlossen ist ein Museum für religiöse Kunst im Kapitelsaal. Weitere sakrale Ausstellungen sind im **Diözesanmuseum** gleich gegenüber im ehemaligen Bischofspalast untergebracht *(Calle Molina Lario 9, € inkl. Audioguide, abweichende Preise für Dächertour und Nachtbesichtigungen, Apr – Okt, Mo – Fr 10 – 20 Uhr, Sa 10 – 18 Uhr, So 14 – 18.30 Uhr, Jul – Sep Mo – Fr auch bis 21 Uhr, sonst Mo – Sa 10 – 18.30 Uhr, So 14 – 18.30 Uhr, Diözesanmuseum: Plaza del Obispo 6, €, Mo – Sa 10 – 21 Uhr, www.palacioepiscopal.es).* Vom Hauptportal der Kirche aus gehen Sie nun ein paar Meter zurück und dann rechts durch die Calle Santa María. Ganz am Ende stoßen Sie auf den großen, quaderförmigen Bau des ehemaligen Zollamtes mit dem **Museo Málaga**. Es besteht aus zwei Abteilungen, sowohl die archäologische Sammlung mit über 15.000 Funden aus phönizischer bis maurischer Zeit als auch die Gemäldegalerie mit mehr als 2 000 Werken spanischer Meister sind sehenswert *(Plaza de la Aduana, €, EU-Bürger*

Rathaus von Málaga

Alcazaba

frei, im Málaga-Pass enthalten, Mitte Jun – Mitte Sep Di – So 9 – 15 Uhr, sonst Di – Sa 9 – 20 Uhr, So 9 – 15 Uhr, www.museosdeandalucia.es).

Gleich links davon beginnt der breite Fußgängerboulevard Calle Alcazabilla. Ein paar unscheinbare Stufen rechts führen zum Eingang der **Alcazaba** von Málaga. Die maurische Festung entstand zwischen dem 11. und 14. Jahrhundert und besteht aus mehreren, sich nach oben fortsetzenden Mauerringen. Durch den Arco del Cristo gelangen Sie zunächst in den Waffenhof, ein weiteres Tor rechter Hand gewährt Zugang zu den ehemaligen Palast- und Wohnquartieren. Über die während zwei großer Renovierungsphasen im 20. Jahrhundert rekonstruierten Nasridischen Paläste steigen Sie bis zum höchsten Punkt mit dem Torre del Homenaje auf. In die Anlage ist außerdem eine archäologische Sammlung mit Fundstücken aus der Alcazaba integriert. Von verschiedenen Punkten haben Sie jeweils tolle Blicke auf Altstadt und Hafenfront *(Calla Alcazabilla 2, €, im Málaga-Pass enthalten, Mitte Jun – Mitte Sep 9 – 20 Uhr, sonst 9 – 18 Uhr).*

Ein Stück weiter der Fußgängerzone nach passieren Sie rechts die Ausgrabungen des **Teatro Romano** am Fuße der Burg. Es stammt aus der Zeit Kaiser Augustus‘ und wurde erst in den 1950er Jahren wiederentdeckt. Manchmal dient es inzwischen wieder für Aufführungen, im angeschlossenen Interpretationszentrum erfahren Sie Näheres *(Calle Alcazabilla, Eintritt frei, Di – Sa 10 – 18 Uhr, So bis 16 Uhr)*. Gleich gegenüber verlassen Sie die breite Fußgängerzone durch die Calle Zegrí und über die versteckte Plaza de la Judería zur Calle Granada hin. Links und dann erneut links erreichen Sie das **Museo Picasso**. Im Palast Buenavista ist dort eine der weltweit bedeutendsten Kollektionen des berühmten Malers zu sehen. Gezeigt werden rund 150 Gemälde und Skulpturen aus der Sammlung seines Enkels, Bernard Ruíz-Picasso. Hinzu kommen weitere, im Wechsel präsentierte Werke *(Calle San Augustín 8, €€ inkl. Audioguide, im Málaga-Pass enthalten, Mär – Jun und Sep / Okt 10 – 19 Uhr, Jul / Aug 10 – 20 Uhr, sonst bis 18 Uhr, www.museopicassomalaga.org)*.

Mit dem Museumseingang hinter Ihnen gehen Sie nun nach rechts weiter und folgen nach der Kreuzung der abknickenden Calle Beatas geradeaus, die Sie bis zum **Museo Interactivo de la Música** leitet. Das gut gemachte, teils interaktiv gestaltete und zum Mitmachen animierende Museum zeigt Instrumente verschiedenster Epochen, aus Spanien und der ganzen Welt *(Calle Beatas 15, € im Málaga-Pass enthalten, Di – So 10.00 – 19.00 Uhr, Jul / Aug 10.30 – 19.30 Uhr, Mo ganzjährig 10 – 16 Uhr, www.musicaenaccion.com)*.

Wenn Sie dann nach dem Museum rechts und gleich wieder rechts gehen, führt Sie die Calle Alamos bis zur großen **Plaza de la Merced** mit einem Obelisk in der Mitte. Der bei Einheimischen wie Touristen gleichermaßen beliebte Platz ist auch Sitz des **Museo Casa Natal de Picasso**, denn hier steht auf der Westseite das Geburtshaus des großen Künstlers. Er lebte zwar nur bis zu seinem 10. Lebensjahr in Málaga, doch entstanden damals bereits erste noch erhaltene Bilder. Heute können Sie in der ehemaligen Mietswohnung Arbeitsutensilien, ein paar Zeichnungen und andere Memorabilien sehen, die gleich benachbarte Fundación Picasso zeigt Wechselausstellungen *(Plaza de la Merced, €-€€, im Málaga-Pass enthalten, 9.30 – 20 Uhr, www.fundacionpicasso.malaga.eu)*.

Centre Pompidou

Verlassen Sie den Platz am hinteren rechten Ende, orientieren Sie sich nach rechts und nehmen Sie dort die für den Durchgangsverkehr gesperrte, aufwärts führende Rampe linker Hand. Folgen Sie ihr immer geradeaus, bis Sie einen kleinen Tunnel durchqueren. Rechts von Ihnen liegt die schon bekannte Alcazaba, links führt eine Stiege hinauf zu der zweiten bedeutenden Festung Málagas, dem **Castillo de Gibralfaro**. Es wurde als zusätzliche Befestigungsanlage im 14. Jahrhundert errichtet, um sich der zunehmenden, christlichen Angriffe besser erwehren zu können. Im ehemaligen Magazin ist ein Besucherzentrum eingerichtet, sonst begeistern die alten Mauern vor allem durch ihre weite Rundumsicht. Falls Sie sich den doch recht schweißtreibenden Aufstieg nicht antun möchten, können Sie auch schon am ersten „Mirador Gibralfaro" auf halber Strecke stoppen, die Sicht ist von dort aus ähnlich schön. Der Abstieg erfolgt schließlich auf dem gleichen *Weg (Camino Gibralfaro 11, €, im Málaga-Pass enthalten, Mitte Jun – Mitte Sep 9 – 20 Uhr, sonst bis 18 Uhr)*.

Am Fuß der Treppe zur Bergfestung nehmen Sie dann die nächstgelegenen Stiegen und Rampen bergab. So landen Sie schließlich an den Jardines de Pedro Luis Alonso mit Rosengarten und dem Rathaus rechts von Ihnen. Wenn Sie sich weiter nach links orientieren, stoßen Sie direkt auf das **Museo del Patrimonio Municipal**, kurz MUPAM. Es fungiert als Stadtmuseum und zeigt eine umfangreiche Sammlung zur urbanen Geschichte *(Paseo Reding 1, €, EU-Bürger frei, im Málaga-Pass enthalten, Di – So 10 – 20 Uhr)*.

Noch ein paar Meter weiter treffen Sie auf die **Plaza de Toros de La Malagueta**, Málagas Stierkampfarena, die Sie sicher schon von oben gesehen haben. Sie stammt aus der Mitte des 19. Jahrhunderts, bietet Platz für rund 14.000 Zuschauer und kann samt dem angeschlossenen Museum voller Exponate zur „Corrida" abseits von Veranstaltungstagen besichtigt werden (Paseo Reding, €, 10 – 14 Uhr und 18 – 21 Uhr).

Wenn Sie von den Gärten aus dagegen gleich den Paseo del Parque überqueren, schlendern Sie durch den hübsch angelegten, mit tropischen Pflanzen bestückten **Parque de Málaga** zur Hafenmole hinüber. Am Paseo del Muelle Uno legen heut die Kreuzfahrtschiffe an, es gibt Cafés, Restaurants und breite Fußgängerwege. Das ganze Areal wurde erst vor wenigen Jahren neu gestaltet. Am linken Ende können Sie hier das in einem futuristischen Glaswürfel untergebrachte **Centre Pompidou Málaga** besichtigen. Als Ableger des gleichnamigen großen Bruders in Paris hat es sich moderner Kunst vom Gemälde bis zur Installation verschrieben, teils fest untergebracht, teils als wechselnde Ausstellung initiiert. Aktuell läuft der Vertrag nur bis 2020, von einer Verlängerung ist jedoch auszugehen *(Pasaje Doctor Carrillo Casaux, €€, im Málaga-Pass enthalten, 9 – 20 Uhr, www.centrepompidou-malaga.eu)*. Vielleicht haben Sie nun noch Lust ein Stück entlang der neu gestalteten Hafenmole entlang zu schlendern. Wenn Sie sich stattdessen nach Westen bewegen, können Sie zu guter Letzt eine Runde mit dem Riesenrad drehen *(zuletzt bis auf Weiteres außer Betrieb, €€, im Málaga-Pass enthalten)* oder das nicht schlecht gemachte

Mirador im Botanischen Garten

Meeresmuseum im Hafengebäude besuchen *(Palmeral de las Sorpresas Muelle 2, €€, im Málaga-Pass enthalten, Jul – Sep 11 – 14 Uhr und 17 – 20 Uhr, sonst 10.30 – 14 Uhr, Do – So auch 16.30 – 18.30 Uhr, www.auladelmar.info)*. Am Ende der Promenade rechts erreichen Sie dann wieder Ihren Ausgangspunkt.

Falls Sie noch mehr Zeit in Málaga verbringen und auch ein paar weiter entfernte Ziele ansteuern wollen, empfiehlt sich neben einem Besuch der schönen Strände der **Tabacalera**-Museumskomplex weiter südwestlich der Altstadt nahe der Strandpromenade. Gleich beieinander sind dort in und um die ehemalige Tabakfabrik ein Automobilmuseum mit vielen sehenswerten Liebhaberstücken aller früheren Epochen, ein Ableger des russischen Museums Sankt Petersburg mit Ikonen und Sowjetkunst sowie eine freie Ausstellungsfläche für wechselnde Sammlungen eingerichtet *(Avenida de Sor Teresa Prat 15, im Málaga-Pass enthalten; Automuseum: €€, 10 – 19 Uhr, www.museoautomovilmalaga.com; Russisches Museum: €€, 9.30 – 20 Uhr, www.coleccionmuseoruso.es)*. Wirklich sehenswert ist auch der große **Botanische Garten** von Málaga, der im äußersten nördlichen Winkel der Stadt versteckt ist. Dschungelgleiche Areale mit Bambuswäldern, Palmenkollektionen und Pflanzrabatten wechseln sich mit verwunschenen Wasserläufen rund um das ehemalige Wohnhaus des Grafen Jorge Loring ab. Bewaffnet mit einem Gartenplan können Sie dort problemlos einen halben Tag verbringen. Spektakulär ist die Aussicht vom Mirador Histórico auf die gesamte darunter liegende Stadt *(Parken bei [N 36°45'35" W 4°25'35"], Camino del Jardín Botánico, €, im Málaga-Pass enthalten, Apr – Sep 9.30 – 19.30 Uhr, sonst 9.30 – 16.30 Uhr, www.laconcepcion.malaga.eu)*.

***Málaga – Tourist Info**: Plaza de la Constitución 7, Plaza de la Judería, Plaza de la Marina 9, Plaza de la Aduana, www.malagaturismo.com | **Festkalender – Semana Santa**: Karwoche, Umzüge mit den größten Figurenbühnen Spaniens, **Noche de San Juan**: 23. Juni, Johannisnacht mit Strandfeuern, **Fería Málaga**: 7 Tage ab dem 2. Augustsamstag, Stadtfest mit Umzügen, Jahrmarkt und Stierkampf,*

Gastrotipps Málaga: Restaurante Al-Yamal**, Calle Blasco de Garay 7, **La Tranca***, Calle Carretería 92, **Heladería Freskitto** (Eis), Calle Granada 55, **Araboka****, Calle de Pedro de Toledo 4, **Ocho****, Calle de Pedro de Toledo 2, **El Descorche Sorbos & Mordiscos****, Calle de Juan de Padilla 4, **La Casa del Perro****, Calle Hernan Ruíz Numero 7, **La Recova***, Pasaje Nuestra Señora de los Dolores de San Juan 5, **Beluga*****, Plaza Las Flores 3, **L`Expérience****, Plaza Obispo 4, **Giolatto** (Café), Calle Strachan 14, **Nacalu Tapas****, Calle Bolsa 11, **Antigua Casa de Guardia***, Alameda Pricipal 18

Pablo Picasso

Obwohl der als einer der berühmtesten Maler aller Zeiten geltende Picasso seine Heimat schon früh verließ, wird er als Sohn Andalusiens bis heute geschätzt und verehrt – vor allem natürlich in Málaga, wo er am 25. Oktober 1881 als Pablo Ruiz Picasso das Licht der Welt erblickte. Da

sein Vater freischaffender Maler, Zeichenlehrer und Konservator eines Museums war, hatte der kleine Pablo schon sehr früh Zugang zur Kunst. Mit ungefähr sieben Jahren malte er erste, erhalten gebliebene Bilder.
1891 verließ die Familie dann Málaga und zog nach La Coruña, wo weitere, noch durch Realitätsnähe geprägte Werke entstanden. Als seine Schwester an Diphterie starb, gingen die Picassos nach Barcelona. Schon mit 14 Jahren wurde er dort an der Kunsthochschule aufgenommen. In den Folgejahren pendelte er immer wieder zwischen Barcelona und Madrid. Kaum 20-jährig reiste er dann regelmäßig nach Paris, um dort Anschluss an die ansässige Künstlerszene zu finden. Die kommenden Jahre seines Schaffens gingen später als die blaue, rosa und schwarze Phase in die Annalen ein. 1904 zog Picasso schließlich ganz nach Paris und lernte den Maler Georges Braques kennen, mit dem er sich anfreundete. Gemeinsam begründeten sie eine ganz neue Kunstrichtung, den Kubismus. Dabei werden die dargestellten Elemente vereinfacht ausgedrückt zu Kuben aufgesplittert und von verschiedenen Seiten gleichzeitig betrachtbar gemacht. Aus dieser Zeit stammt sein wohl bekanntestes Werk, „Les Demoiselles d`Avignon". Diesem Stil blieb er bis 1920 treu. In all den Jahren führte er ein recht unstetes Bohémeleben. Erst, als er 1918 die russische Tänzerin Olga Chochlowa heiratete, mit der er seinen Sohn Paulo zeugte, änderte er dies und wurde sesshaft. Leisten konnte er sich das inzwischen problemlos, denn er wurde bereits seit Jahren von Kunsthändlern protegiert und verkaufte gut.
Danach folgten Schaffensphasen, die den Surrealismus in den Fokus rückten. Stierkampf und der heraufziehende Zweite Weltkrieg wurden Themen seiner Bilder. Privat entfremdete er sich immer mehr von seiner Frau und hatte verschiedene Affären, unter anderem mit der anfangs noch minderjährigen Marie-Thérèse Walter, die ihm seine Tochter Maya gebar. Dadurch scheiterte seine Ehe endgültig.
1937 entstand sein Monumentalwerk „Guernica" als Sinnbild gegen den Spanischen Bürgerkrieg und für den Frieden. Dafür steht auch die 1949 für den Weltfriedenskongress in Paris entworfene und bis heute verwendete Taube. Als Franco in Spanien 1939 die Macht übernahm, schwor Picasso, nicht in seine Heimat zurückzukehren, bis dieser abgesetzt war. Erleben sollte er dies jedoch nicht mehr. Er selbst wurde als moderner Künstler im besetzten Frankreich zunehmenden Repressalien ausgesetzt und konnte nur noch eingeschränkt arbeiten.
Nach dem Krieg reiste er immer häufiger nach Südfrankreich und stand in regem Austausch mit dem Maler Henri Matisse. Mit der Malerin Françoise Gilot, die er 1943 in Paris kennengelernt hatte, bekam er zwei weitere Kinder, Claude und Paloma, die Beziehung scheiterte jedoch und er lernte 1953 die 46 Jahre jüngere Keramikverkäuferin Jacqueline Roque kennen, die er 1961 heiratete.
Zusammen mit ihr zog er sich Mitte der 1950er Jahre nach Südfrankreich zurück und kaufte dort das Schloss Vauvenargues. Es diente ihm aber mehr als Lager seiner vielen Werke denn als Wohnsitz. Den wählte das Paar in einem Herrenhaus nördlich von Cannes. Picasso beschäftigte sich zunehmend mit Bildhauerei, Keramik und dem eigenen Alterungsprozess, der für ihn im krassen Kontrast zur Schönheit seiner viel jüngeren Frau stand. In seiner produktivsten Phase vollendete er beinahe täglich ein neues Gemälde, Jacqueline war dabei oft seine Muse, sodass sie mit rund 400 Bildnissen zum am häufigsten dargestellten Objekt seines gesamten Schaffens avancierte. Insgesamt fertigte Picasso unglaubliche 50.000 Werke. Am 8. April 1973 starb er 91-jährig in Mougins. Er wurde in seinem Schloss Vauvenargues in der Provence beigesetzt.

Rincón de la Victoria bis Almayate

Östlich von Málaga schließen sich eine Reihe kleinerer Badeorte an, die vor allem bei spanischen Urlaubern und Tagesgästen aus Málaga beliebt sind. In Rincón können Sie die **Cueva del Tesoro** besuchen. Europas einzige besuchbare Unterwasserhöhle hat sich wohl in der Jurazeit gebildet und während der folgenden Jahrtausende langsam immer weiter gehoben. Der Sage nach liegt bis heute ein im 12. Jahrhundert versteckter Schatz in der Höhle. Doch selbst die akribische und manchmal rigorose Arbeit eines Schweizer Forschers, der im 19. Jahrhundert verschüttete Gänge und Hohlräume einfach frei sprengte, endete nur mit dessen Tod bei einer fehlgeleiteten Zündung – der Schatz blieb verborgen. Zehn unterirdische Hallen können heute besucht werden, in einigen sind uralte Höhlenmalereien zu sehen sowie ein Opferaltar der Göttin Noctiluca. Am nahen Parkplatz der Höhle parken Womos ganz offiziell. Für mehr als eine Zwischenübernachtung eignet sich aber der privat betriebene Stellplatz ein Stück weiter besser. Der nahe, langgezogene Sand-Kies-Strand **Playa de los Rubios** ist nur selten stark besucht.

(203) Offizieller WOMO-Stellplatz: Rincón de la Victoria

GPS: N 36°43'08" W 4°17'54", Avenida de Picasso.

Max. WOMOs: 3 bis 4.
Ausstattung: Mülltonnen, Sat-Empfang.
Beschreibung: Für Wohnmobile reservierte Parkplätze nahe der Cueve del Tesoro. Asphaltiert, teils schattig, Campingverhalten untersagt, schräg (Keile nötig), relativ ruhig, Supermarkt 600 m entfernt.
Zufahrt: Von der N340a in La Cala del Moral an einer Ampel links Richtung „Radio Municipal“ abbiegen. Der Avenida de Picasse für 550 m bis zum Platz linkerseits folgen.

(204) Offizieller WOMO-Badeplatz: Torre de Benagalbón (Camper Area MH El Rincón)

GPS: N 36°43'00" W 4°14'17", Calle Casilla de los Rubios.
Internet/Tel.: www.camperarearincon.wixsite.com/areaelrincon, +34 951 767 125. **Max. WOMOs**: 35.
Ausstattung: Ver- / Entsorgung (nicht öffentlich zugänglich), Strom (gegen Gebühr), Toiletten, Duschen, Sat-Empfang, WLAN, Mülltonnen, Spülgelegenheiten, Waschmaschine / Trockner, Cafeteria, Minimarkt, Brötchenservice.
Beschreibung: Kleinerer, privat geführter Stellplatz, Schotter, eben, kein Schatten, sauber, Campingverhalten gestattet, etwas verwinkelte Zufahrt, rund 600 m bis zum Strand und zu Restaurants.
Preis: €€.

Zufahrt: Auf der N340 im Ortsteil Torre de Benagalbón den Kreisverkehr mit Brunnen durchfahren. Von da an auf die Beschilderung nach links achten. Durch fortwährende Bauarbeiten mit sich ändernden Sackgassen und Einbahnstraßen ist keine sinnvolle Beschreibung bis zum Ziel möglich.

Zwischen Benajarafe und Almayate finden Sie dann zwei weitere Übernachtungsgelegenheiten. Die angenehmen Strände **Playa de Benajarafe** und **Playa Almayate** sind wenig überlaufene, mit Duschen und Chiringuitos ausgestattete, grobe Sandstrände. Nicht unbedingt die Highlights in Andalusien, aber vielleicht gerade recht, wenn Sie nach dem Trubel der Costa del Sol ein wenig Ruhe suchen.

(205) WOMO-Campingplatz: Benajarafe (Camping Valleinza Playa)

GPS: N 36°43'11" W 4°09'53", N340.
Internet/Tel.: www.campingvalleniza.es, +34 952 513 181.
Öffnungszeiten: Ganzjährig.
Ausstattung: WLAN, Pool (in den Sommermonaten), Cafeteria, Fitnessraum und Sporteinrichtungen, Spielplatz, Grillstellen, Fahrradverleih.
Beschreibung: Kleiner Campingplatz, nur durch die Hauptstraße vom Strand getrennt, Parzellen teils künstlich beschattet auf Rasen / Erdboden, eben. Restaurant 250 m entfernt, ca. 2 km bis in den Ort.
Preis: €€€-€€€€.
Zufahrt: Direkt linker Hand an der N340 am Ende von Benajarafe.
Hinweis: Auf den folgenden zwei Kilometern folgen noch mehr Campingplätze. Ganz gut und etwas größer ist Camping Almayate Costa rechter Hand.

(206) Offizieller WOMO-Badeplatz: Almayate (AMG Parking Caravana)

GPS: N 36°43'26" W 4°08'24", N340. **Max. WOMOs**: 25.
Ausstattung: Ver- / Entsorgung (nicht öffentlich zugänglich), Strom, Sat-Empfang, WLAN, Mülltonnen.
Beschreibung: Privater Platz auf Schotter, parzelliert, eben, teils etwas Schatten durch ein paar kleine Palmen, Teil eines Wohnmobillangzeitparkplatzes, klappstuhlgeeignet, recht sauber, aber etwas nüchtern, ca. 150 m zum Strand auf der gegenüberliegenden Straßenseite, relativ ruhig.
Preis: €€.
Zufahrt: Direkt linker Hand etwas erhöht an der N340 nahe Almayate.

Rincón de la Victoria – Tourist Info*: Avenida del Mediterráneo 140, www.rincondelavictoria.es |* ***Cueva del Tesoro****: Parken bei [N 36°43'08" W 4°17'54", Avenida de Picasso], €, Audioführer inklusive, Mitte Jun – Mitte Sep 10.30 – 13 Uhr und 16.30 – 19 Uhr, sonst 10 – 13 Uhr und 15 – 17 Uhr |* ***Benajarafe – Wochenmarkt****: Sa, Junto a la Iglesia de Benajarafe*

Gastrotipps Rincón de la Victoria: La Vina de Antonio**, Calle de Cordoba 2, **Nonna Helado Artesanal (Eis)**, Avenida de Mediterraneo 114, **Lo de Vito****, Paseo Marítimo

TOUR 10
10 km
N
Costa Tropical
Costa de Almería
Almería
Tour 11
Aguadulce
Aquarium und Wasserpark
Roquetas d.M.
El Ejido
Almerimar
Los Baños d.G.V.
Balerma
Balanegra
Berja
Adra
La Rabita
Ugijar
Tour 13
Parque Nacional Sierra Nevada
Lanjarón
Orgiva
Castell de Ferro
Calahonda
Motril
Torrenueva
Salobreña
Almuñecar
La Herradura
Maro
Cuevas de Nerja
Nerja
Frigiliana
P.N. de las Sierras de Tejeda
Torrox
Torrox-Costa
El Morche
Lagos
Caleta Torre del Mar
Vélez-Málaga
Almayate
Benajarafe
Tour 9
Alhama d.G.
A 7
A 44
N340
N323a
207
208
209
210
211
212
213
214
215
216
217
218
219
220
221
222
223
224
225
226
227
228
229
230
231
232
233
234

Tour 10: Costa Tropical (ca. 230 km)

Torre del Mar – Torrox Costa – Nerja – Frigiliana
Almuñécar – Salobreña – Motril – Calahonda
Castell Ferro – Adra – Almerimar – Roquetas de Mar

Stellplätze: Torre del Mar, Caleta de Vélez, El Morche, Torrox-Costa, Nerja (3x), Maro, Playa de Las Alberquilas, Salobreña, Playa Motril, Calahonda, Castell de Ferro, Adra, Los Baños de Guardias Viejas, Almerimar (2x), Roquetas de Mar (3x), Aguadulce

Campingplätze: Nerja, La Herradura, Almuñécar, Carachuna, Castell de Ferro, La Curva, Balerma, Roquetas de Mar

Besichtigen: Velez-Málaga, Frigiliana, Nerja mit Cuevas, Almuñécar, Motril mit Museo Caña de Azúcar

Wandern: La Ruta del Río Chillar

Baden: Torre del Mar, Torrox Costa, Playa de Vilches, Nerja, Maro, Playa de Las Alberquilas und folgende Buchten, La Herradura, Almuñécar, Salobreña, Playa Motril, Castell de Ferro, Almerimar, Roquetas de Mar, Aguadulce

Zwar ist der Massentourismus längst auch im östlichsten Teil der Costa del Sol und an der angrenzenden Costa Tropical angekommen, doch spielt er, von wenigen Ausnahmen abgesehen, eine viel kleinere Rolle als in den Hochburgen auf Tour neun. Von schroffen Landzungen unterbrochen finden Sie eine große Zahl schöner Strände, begleitet von meist kleinen Orten, die nur im Hochsommer von Urlaubern wimmeln. Nicht versäumen dürfen Sie dabei das quirlige Nerja und das hübsche weiße Dorf Frigiliana. Vor allem, wenn Sie Erholung suchen und baden möchten, statt allzu viel Sightseeing zu betreiben, werden Sie sich auf dieser Tour wohl fühlen.

Torre del Mar

Die Bezeichnung dieses rund 20.000 Einwohner zählenden Küstenortes geht auf eine einst mächtige Festung zurück, die über einen weitbekannten Aussichtsturm verfügte. Dieser ist heute nicht mehr vorhanden, allein der Name blieb. Der kilometerlange Strand punktet mit familiärem Ambiente. Chiringuitos und Bars sind genauso vorhanden wie Liegen- und Schirmverleih und vielfältige Wassersportmöglichkeiten. Der Ort selbst bietet ein ordentliches Angebot an Restaurants, Einkaufsmöglichkeiten und Unterhaltung sowie den **Wasserrutschenpark Aquavelis** und gegenüber ein großes **Einkaufszentrum** nahe der Autobahnauffahrt. Das natürlicher gewachsene und vor al-

Strand bei Torre del Mar

lem ältere Ortszentrum hat das nördlich anschließende **Velez-Málaga** zu bieten. Mit über 80.000 Einwohnern ist es größer, als man vermuten mag. Touristische Anziehungspunkte sind die **Alcazaba** und die auf einem Hügel errichtete Kirche **Ermita de Nuestra Señora de los Remedios**. Da das Rangieren in den engen Gassen wenig Freude bereitet und Parkgelegenheiten rar sind, sollten Sie den Bus ab Torre del Mar nehmen, falls Sie einen Besuch planen. Eine zentral gelegene **Touristeninformation** an der Plaza de las Carmelitas bietet weitere Auskünfte über den Ort.

Am problemlos erreichbaren Südende von Vélez-Málaga gibt es im Industriegebiet eine freie Tankstelle mit kostenpflichtiger V/E-Anlage, für Kunden ist sie umsonst. Sogar ein kleines Wasch- und Trockencenter gehört zum Angebot, [N 36°45'47" W 4°05'42", Poligono Instustrial la Pañoleta]. Zur Übernachtung dienen Campingplätze am westlichen Ortsende und der offizielle Stellplatz im benachbarten Yachthafen.

(207) WOMO-Campingplatz: Torre del Mar (Camping Laguna Playa)

GPS: N 36°43'46" W 4°06'09", Prolongación Paseo Marítimo.
Internet/Tel.: www.lagunaplaya.com, +34 952 540 631.
Öffnungszeiten: Ganzjährig.
Ausstattung: WLAN, Pools, Restaurant / Bar, Minimarkt, Spülgelegenheit, Waschmaschine / Trockner, Strandzugang, Spielplatz und Kinderanimation, teils Sat-Epfang.
Beschreibung: Gut ausgestatteter Platz direkt am Strand, schattige, ebene Schotterflächen, meist unter Bäumen, ruhig am Ortsrand gelegen, rund 1000 m ins Zentrum.
Preis: €€€-€€€€€.
Zufahrt: Von der N340 am Ortsbeginn von Torre del Mar an einer Bushaltestelle und gegenüber von einem Autohändler rechts in die Avenida G. Brenan abbiegen. In der Linkskurve rechts zum Campingplatz abbiegen.
Hinweis: Ein weiterer Campingplatz, „Torre del Mar“, liegt gleich in der Nähe.

(208) Offizieller WOMO-Badeplatz: Caleta de Vélez (Area Autocaravanas Puerto de Caleta de Vélez)

GPS: N 36°44'55" W 4°03'56", Calle Miguel Ariza. **Max. WOMOs**: 32.
Ausstattung: Ver-/ Entsorgung (nicht öffentlich zugänglich), einige Stromanschlüsse (gegen Gebühr), Mülleimer, Sat-Empfang, Dusche / Toilette im Hafengebäude, Videoüberwachung.
Beschreibung: Asphaltierter, umzäunter und mit einer Schranke gesicherter Stellplatz im Hafengelände. Eben, kein Schatten, relativ ruhig, Campingverhalten unerwünscht. Einlass nach Kartenzahlung am Automaten, Vorsicht: nicht durch die Lichtschranke vor der Einfahrt gehen, um sie nicht zu früh auszulösen. Restaurants und Geschäfte direkt ringsum.
Preis: €€.
Zufahrt: Der N340 / Calle Andalucía bis nach Caleta de Vélez folgen. In der Ortsmitte ist der Stellplatz nach rechts beschildert. Dann nach 150 m rechter Hand.

***Torre del Mar – Tourist-Info**: Calle Poniente 2, **Wochenmarkt**: Do, Plaza de la Paz | **Velez-Málaga – Tourist-Info**: Plaza Carmelitas 12, www.turismo.velezmalaga.es | **Wochenmarkt**: Do, Calle Adolfo Kraus | **Aquavelis**: [N 36°45'08" W 4°05'48"], Calle Ruta del Pomelo, €€€€, Jun / Sep 11 – 18 Uhr, Jul / Aug 11 – 19 Uhr, www.aquavelis.es*

Gastrotipps Torre del Mar: Zeus Heladería (Eis), Avenida Tore Tore, **Taberna Tipica El Pozo****, Paseo Marítimo Poniente 27, **Tabule****, Calle las Gaviotas 2, **Restaurante Eclipse****, Avenida Andalucía 189 | **Velez-Málaga: De Mangoa****, Plaza San Francisco 1, **Montera 24****, Calle Pancho Lopez 24, **De Las Monjas****, Junto a la Tribuna de los Pobres 4

Torrox-Costa

Die Region um Torrox rühmt sich dafür, das beste Klima Europas vorweisen zu können, was zweifelsohne etwas dick aufgetragen sein dürfte. Tatsächlich sind die Winter aber besonders mild, was dafür sorgt, dass den Hoteliers und Ferienhausbesitzern das ganze Jahr über zahlreiche Gäste beschert sind. Das hat sich auch unter Campern herumgesprochen. Sowohl tagsüber wie teils auch nachts gibt es entlang der 1,5 Kilometer langen Strandzone bislang unbeschränkte Parkplätze im Vorort **El Morche** linker Hand gleich neben der N340 bei [**209a**: N 36°44'23" W 3°59'41"], im Zentrum am Río de Torrox mit Zufahrt bei [**209b**: N 36°43'45" W 3°57'27"] und kurz nach der Kanalbrücke bei [**209c**: N 36°43'47" W 3°57'05"]. Ein offizieller Stellplatz befindet sich kurz danach linksseitig.

(210) Offizieller WOMO-Stellplatz: Torrox-Costa (MiluCar Camper Area)

GPS: N 36°43'57" W 3°56'35", El Peñoncillo.
Internet/Tel.: www.milucar.es, +34 689 515 461. **Max. WOMOs**: Ca. 30.
Ausstattung: Ver-/ Entsorgung (nicht öffentlich zugänglich), Strom (gegen Gebühr), Duschen, Toiletten, WLAN, Mülleimer, Sat-Empfang.
Beschreibung: Geschotterter, erhöht gelegener Platz mit recht großen Stellflächen, kein Schatten, eben, trotz der nahen Hauptstraße recht ruhig, klappstuhlgeeignet, etwas nüchtern, nur durch die Fahrbahn vom Strand

getrennt. Bars und Restaurants ca. 200 m entfernt.
Preis: €€-€€€.
Zufahrt: Der N340 folgen, bis links der Campingplatz El Pino angeschrieben ist. Dort abbiegen, dann direkt linker Hand.
Hinweis: Der Campingplatz „El Pino" liegt alternativ nur wenige hundert Meter entfernt landeinwärts.

Eine besonders schöne Kulisse bietet trotz der direkt oberhalb vorbeiführenden N340 die sichelförmige, kleine Bucht **Playa de Vilches**. Im Hintergrund liegt ein Hügel, es gibt ein Strandrestaurant und nur an den Wochenenden etwas mehr Rummel. Parkplätze finden Sie bei [N 36°44'34" W 3°54'44"].

***Torrox-Costa – Tourist-Info**: Avenida García Peñalver 79, www.turismo-torrox.es* | ***Wochenmarkt**: Mo, Avenida del Mediterráneo*

Frigiliana

Kaum ein anderes weißes Bergdorf in dieser Region hat sich sein altes Ortsbild so sehr bewahrt wie das hoch über Nerja am Felsen klebende Frigiliana. Die arabischen Einflüsse sind in den vielen engen, oft blumengeschmückten Gassen noch stark sichtbar. Kein Wunder, denn entgegen des Rests des Landes lebten Mauren noch bis ins späte 16. Jahrhundert in Frigiliana. Zu Morisken zwangskonvertiert, hatten sich viele nach dem Niedergang des Kalifats von Granada hierhin zurückgezogen, um in der Bergwelt vor weiteren Repressalien der Christen geschützt zu sein. Die Spannungen fanden schließlich 1569 ihren Höhepunkt, als ein Aufstand der Einwohner am Hügel über dem Dorf 1568 ein blutiges Ende nahm. Keramische Tafeln an einigen Häusern zeugen noch heute von den Geschehnissen. Die meisten Gäste kommen als Tagesbesucher, um durch die Gassen zu streifen, lokale Produkte wie Süßwein, Olivenöl oder den in der eigenen Fabrik produzierten Zuckerrohrhonig (Miel de Caña) zu erstehen und in eines der Cafés und Restaurants einzukehren.

Wenn Sie Lust auf diesen Ausflug haben, sollten Sie am großen Platz an der Hauptstraße wenden und direkt an der Zufahrtsstraße parken, [N 36°47'19" W

3°53'46", MA5105]. In den Ort hinauf geht es dann zu Fuß. Auch Wanderer kommen auf ihre Kosten. Die Gemeinde hat in der letzten Zeit zahlreiche Wege ausbauen und beschildern lassen. Kartenmaterial hält die **Touristeninformation** bereit.

***Frigiliana – Tourist-Info**: Calle Cuesta del Apero, www.turismofrigiliana.es | **Wochenmarkt**: Do, Plaza de las Tres Culturas | **Festkalender – Semana Santa:** Karfreitag, Nachtprozession, **Cruces de Mayo:** 3. Mai, religiöses Fest mit geschmückten Kreuzen im ganzen Ort, **Fiesta San Antonio:** Mitte Juni, Patronatsfest mit Buden und Wallfahrt*

Gastrotipps Frigiliana: Levi Angelo (Café), Plaza de las Tres Culturas, **The Garden Restaurant****, Calle Santo Christo, **Oshun****, Calle Amargura 15, **La Taberna del Sacristan****, Plaza de la Iglesia 5

Nerja

Ein attraktives Ortsbild, traumhaft schöne Badebuchten, Wandermöglichkeiten im Hinterland und eine der bekanntesten Höhlen Spaniens – damit bietet Nerja alles, was es für einen gelungenen Urlaub braucht. Und auch mit dem Wohnmobil haben Sie ausreichend Gelegenheit, hier ein paar Tage Station zu machen. Die erste Möglichkeit gibt es noch vor dem Ort selbst, an der langgezogenen **Playa El Playazo** am Campingplatz San Miguel.

(211) WOMO-Campingplatz: Nerja (Aula de Naturaleza Cortijió San Miguel)

GPS: N 36°44'48" W 3°53'54", N340 / Contrada Almería.
Tel.: +34 635 274 762.
Öffnungszeiten: Ganzjährig.
Ausstattung: WLAN, Spülgelegenheit, Waschmaschine / Trockner, Brötchenservice.
Beschreibung: Einfacher, aber sehr schöner ökologischer Campingpatz mit ca. 25 Stellplätzen zwischen tropischen Obstbäumen, einzelne Parzellen auf Schotter, eben, ruhig, 250 m bis zum Strand und zu Restaurants, ca. 2,5 km ins Zentrum.
Preis: €€-€€€.
Zufahrt: Der N340 Richtung Nerja folgen. Kurz vor der Stadt befindet sich der Platz beschildert linker Hand.
Hinweis: An der Playa El Playazo können Sie in der Nebensaison auch

frei auf einem Parkplatz am Meer stehen. Dazu biegen Sie rund 600 m nach dem Campingplatz auf eine schmale, unbeschilderte Straße nach rechts ab und folgen ihr bis zum Strand. Dort rechts halten, z.B. bis [N 36°44'37" W 3°53'44"].

Etwas ab vom Schuss, dafür ideal für einen kurzen Einkaufs-Zwischenstopp sind die sechs extra für Wohnmobile gekennzeichneten Stellflächen am Lidl-Supermarkt im Nordwesten Nerjas. Weitere Installationen sind aber nicht vorhanden, **[212: N 36°45'15" W 3°53'05"**, Calle Colmenar]. Deutlich näher am Zentrum gelegen ist die inoffizielle Fläche an der Calle Puente del Miso. Bei Bedarf gibt es zwei Alternativen.

(213) WOMO-Stellplatz: Nerja 2

GPS: N 36°45'29" W 3°52'20", Calle Puente del Miso. **Max. WOMOs**: 5-6.

Ausstattung: Keine Einrichtungen.
Beschreibung: Schotterfläche nördlich des Zentrums neben dem Fußballstadion zwischen zwei Straßen. Nicht ganz eben, schattig durch mehrere Bäume, Campingverhalten untersagt. Achtung: teils tiefhängende Äste, für die Lage recht ruhig.
Zufahrt: Der N340 bis nach Nerja folgen. Am dritten Kreisel links abbiegen und sofort wieder rechts halten, der Platz folgt hier nach 100 m.
Hinweis: Nicht weit entfernt gibt es einen weiteren Parkplatz, der oft von Wohnmobilen genutzt wird. Er ist eher zweckmäßig und schattenlos, [N 36°45'01" W 3°52'46", Paraje San Miguel]. Als zweite Alternative können Sie am zentralen, kostenpflichtigen Ortsparkplatz von Nerja stehen. Dort kann es allerdings sehr voll werden und es ist auch nachts recht belebt, [N 36°44'51" W 3°52'22", Calle P.H. de Carabeo].

Wenn Sie sich in Nerja immer in Richtung Meer halten, werden Sie fast zwangsläufig an der Plaza Balcón de Europa landen. Auf diesen gestreckten, ins Meer auskragenden Platz ist die ganze Innenstadt hin ausgerichtet. In den langen, zulaufenden Fußgängerzonen lässt sich wunderbar bummeln, vor allem auf der Calle Pintada und der im Sommer mit Sonnensegeln beschatteten Calle A. Ferrándiz. Von der Spitze des Platzes, dem **Balcón de Europa**, haben Sie dann eine schöne Sicht auf die Küste und Nerjas von dicht bewachsenen Felsen unterteilte Strandbuchten – vergessen Sie ihre Badesachen also nicht!

Balcón de Europa

Gleich nebenan liegt die pittoreske **Playa de la Calahonda**, hundert Meter weiter westlich die etwas größere **Playa de Salón** und die **Playa de la Torrecilla**. Zweihundert Meter weiter östlich finden Sie die kleine **Playa del Carabeo**. Hauptstrand ist die rund 700 Meter lange **Playa Carabello**, die von dort aus noch ein paar Meter weiter im Osten liegt.

Eines der beliebtesten Ausflugsziele in der Gegend sind die Höhlen, **Cuevas de Nerja**, nordöstlich des Zentrums. Um dorthin zu gelangen, folgen Sie entweder der Ausschilderung über die N340. Dabei passieren Sie das markante, vierzig Meter hohe Acueducto del Águila. Wenngleich es wie aus römischer Zeit stammend wirken mag, entstand es erst im 19. Jahrhundert zur Wasserversorgung der Mühlen einer nahen Zuckerfabrik. Am Parkplatz der Höhlen gibt es außerhalb von Hochfrequenztagen meist ausreichend Stellflächen, auch für Wohnmobile, [N 36°45'42" W 3°50'49", Calle Carretera a la Cueva]. Eine Alternative ist die Fahrt mit Nerjas Touristenbahn, die ganztags im Stadtgebiet fährt und auf manchen Touren auch die Höhlen einschließt.

Die Cuevas de Nerja wurden erst 1959 von spielenden Kindern wiederentdeckt. Bis zu ihrer Erforschung vergingen dann noch mehrere Jahre. Heute weiß man um die Bedeutung und die Höhlen werden auch als „Kathedrale der Vorzeit" bezeich-

Playa de la Calahonda, Nerja

Tropsteinhöhle Cueva de Nerja

net. In den riesigen, beinahe sakral wirkenden Räumen haben sich an vielen Stellen Künstler aus grauer Vorzeit verewigt. Die Felsmalereien stammen aus einer Zeit zwischen 30.000 und 2.000 v. Chr., als sie als Wohnstätte dienten. Davon zeugen auch die zahlreichen aufgefundenen Werkzeuge, Knochen und Keramikteile. Zwischen riesigen Tropfsteinen, die mal schlank, mal bizarr miteinander verschmolzen die Blicke auf sich ziehen, sind die Zeichnungen von Glasscheiben geschützt zu sehen. Meist handelt es sich um Abbildungen von Tieren, wie Hirschen, und kultische Symbole. Ein weiterer Höhepunkt ist die zentrale Stele im Sala del Cataclismo – mit über 30 Metern Höhe und 10 Metern Umfang gilt sie als größter Tropfstein der Welt. Nur ein Teil des bisher entdeckten, fast fünf Kilometer langen Systems ist frei zugänglich, da noch immer in weiten Teilen geforscht wird. Ab und an sind einzelne Bereiche für erhaltende Arbeiten gesperrt, zu sehen gibt es aber auch dann mehr als genug. Zu Beginn nehmen Sie an einer Einführung per audiovisueller Schau teil. Die Tour bestreiten Sie dann auf eigene Faust, unterstützt von einem deutschsprachigen Audioguide. Ergänzt wird das Erlebnis durch ein kleines Museum. Zugänglich sind die Höhlen das ganze Jahr über, Einschränkungen gibt es nur an einigen Tagen im August und an anderen Abenden, wenn in einem Teil der Höhle Konzerte stattfinden – auch die Akustik kann sich hören lassen. Zumindest in der Hauptsaison empfiehlt sich eine Reservierung, um Wartezeiten zu vermeiden, da die Tickets zeitgesteuert vergeben werden.

***Nerja – Tourist-Info**: Calle Carmen 1, www.nerja.es | **Wochenmarkt**: Di, Calle del Mírto | **Cuevas de Nerja:** Contrada de Maro, Ende Jun – Anfang Sep 9.30 – 19 Uhr, sonst bis 16.30 Uhr, €€-€€€, vergünstigte Onlinetickets und Spezialtouren sind über die Website erhältlich, www.cuevadenerja.es*

Gastrotipps Nerja: Oliva***, Calle Pintda 7, **La Fuente****, Plaza Balcon de Europa 9, **34*****, Calle Hernando de Carabeo 34, **Rey Alfonso****, Paseo Balcon de Europa, **El Refugio****, Calle Diputación Provincial 12, **Tapería La Rienda***, Calle Chaparil 18, **Gelatería Da Piero** (Eis), Calle Castilla Perez 64

La Ruta del Río Chillar (16 km, Kurzvariante ca. 9 km)

Bei dieser abenteuerlichen Wasserwanderung folgen Sie dem Río Chillar immer flussaufwärts, oft knietief im Wasser watend, daher ist diese Tour vor allem an sommerwarmen Tagen ideal. Sie sollten aber unbedingt Wander- oder Trekkingschuhe tragen, die nass werden können (Flip Flops sind ungeeignet), ein Gehstock ist für rutschige Stellen empfehlenswert. Sie können an zwei Parkplätzen starten, entweder bei [N 36°45'52" W 3°52'20", Calle Mirto], von dem aus Sie sich westlich halten, oder bei [N 36°45'44" W 3°52'26"], von wo aus Sie nach Norden starten. An der Kurve der Calle Mirto nehmen Sie die nach vorne beziehungsweise links abführende, schmalere Asphaltstraße und folgen ihr unter der großen Autobahnbrücke in 250 Metern Entfernung hindurch. Bleiben Sie immer geradeaus, vorbei an einem Betonwerk, bis Sie in einer Linkskurve geradeaus dem Fluss folgend auf Schotter wechseln. Bis hierhin sind es etwa 1,5 Kilometer. Folgen Sie nun einfach immer dem Fluss stromaufwärts. Die Landschaft wird schilfig und grüner. An einer Rampe passieren Sie ein Wasserkraftwerk. Es gibt einen kleinen Pool, der sich gut für eine erste Erfrischung eignet. Bald kommen die ersten Stellen, an denen Sie den Fluss queren oder, je nach Wasserstand, ein kurzes Stück in ihm waten müssen. Vorsicht, es kann rutschig sein! Dann wird das Tal breiter. Nach rund vier Kilometern gelangen Sie zu den Cahorros, drei Engstellen im Fels, die Sie nun, beidseitig abgestützt, durchqueren müssen. Nach der zweiten Engstelle folgt ein flacher Pool – ein guter Ort für eine Pause. Für die Kurzvariante kehren Sie nun um. Wenn Sie die ganze Tour angehen wollen, folgen Sie dem Fluss weiter aufwärts. Der Weg wird noch etwas felsiger und ausgesetzter, er verläuft mal neben und mal im Wasser, auch kleine Kletterpartien können nötig sein. Nach insgesamt acht Kilometern erreichen Sie „El Vado de los Patos“, den „großen Pool“ an einem kleinen Wasserfall – ein schöner Ort zum Rasten und Baden. Der Rückweg verläuft dann auf bekannter Route.

An Nerja grenzt das kleine Dorf **Maro** an. Es ist für seine isoliert gelegenen hübschen, wenn auch etwas steinigen Badebuchten bekannt. Dazwischen stürzt ein Wasserfall von einer Klippe ins Meer. Mit dem Fahrzeug ist nur die größte und östlichste Bucht, **Playa Maro**, erreichbar. Zumindest für größere Wohnmobile gibt es aber keine Parkgelegenheiten. Daher sollten Sie in jedem Fall am Ortsparkplatz bleiben, **[214:** N 36°45'26" W 3°50'32", Carretera de Bajada a Playa de Maro]. Bis zur Hauptbucht sind es zu Fuß rund 700 Meter. Zur Erkundung des Wasserfalls und der schönen Küste mit kleinen Badestellen werden Kajaks vermietet.

Die westlicher gelegene Badebucht **La Caleta de Maro** (teils FKK) erreichen Sie, vom Hauptweg beschildert rechts ab, nach rund 600 Metern. Zur **Cala Barranco de Maro** gelangen Sie am einfachsten per Boot über das Wasser.

Badeparkplatz 215b

Auf der Weiterfahrt kommen Sie nun durch einen der schönsten Teile der andalusischen Mittelmeerküste. Immer wieder wechseln sich mit alten Piratenwachtürmen bebaute Felsen und kleine Sand-Kies-Buchten ab. Wilde Ziegen klettern darauf herum und an den Stränden werden ab und an seltene Karettschildkröten gesichtet. Auch Schnorchler kommen auf ihre Kosten, denn auf dem steinigen Untergrund wachsen oftmals Korallen, zwischen denen kleinere Fische Unterschlupf suchen. Da die Region als Naturpark geschützt ist, bleibt dieses Idyll bis auf Weiteres unverbaut. Um zu den tollen Buchten unterhalb der Hauptstraße zu gelangen, müssen Sie auf teils schmalen, manchmal auch steilen Wanderwegen absteigen. Den Anfang macht die **Playa de Las Alberquilas**. Der Parkplatz dazu befindet sich bei [**215a:** N 36°45'03" W 3°48'34", N340], das Parken ist bislang auch über Nacht möglich, solange keinerlei Campingverhalten gezeigt wird. Die Guardia Civil kontrolliert das regelmäßig. Der beste Abstiegsweg folgt ab der Straße nach weiteren rund 150 Metern.

Vom zweiten Parkplatz bei [**215b:** N 36°44'58" W 3°48'21", N340] können Sie zusätzlich zur **Playa del Pino** gelangen. Zwei weitere, ungeteerte Abfahrten, die direkt folgen, sind dann eher etwas für kleine, am besten geländegängige Fahrzeuge. Zur dritten Bucht, der **Cala Torre del Pino**, kommen Sie vom Parkstreifen bei [N 36°44'52" W 3°47'55", N340], dieser ist nicht übernachtungsgeeignet.

Doch damit noch nicht genug – nur ein paar Kurven entfernt erwarten Sie weitere Reisekatalog-Strände. Die **Cala de Cañuelo** erreichen Sie ab dem Parkplatz bei [**215c:** N 36°44'57" W 3°47'02"], den reinen FKK-Strand **Playa de Cantarriján** ab [**215d:** N 36°44'53" W 3°46'37"]. Letztere Bucht kann die meiste Zeit auch über eine schmale, teils ungeteerte und stel-

Playa de las Alberquilas

lenweise recht steile Straße direkt angefahren werden. Das ist mit einem Standard-Wohnmobil zwar machbar, ob Sie es sich zumuten, müssen Sie aber selbst entscheiden. Die Zufahrt befindet sich bei [N 36°44'46" W 3°46'31"].

Almuñécar

Mit rund 27.000 Einwohnern ist Almuñécar der Hauptort der Costa Tropical. Er geht auf eine phönizische Gründung vor über 3.000 Jahren zurück, die als „Sexi" bekannt war... Zunächst passieren Sie aber noch La Herradura, einen angrenzenden, kleineren Ferienort, der gern von Wassersportlern als Basis gewählt wird. Der ganz hübsche, grobsandige Strand ist auch zum Baden gut geeignet – eine Alternative, falls Sie den Abstieg zu den vorab genannten Buchten scheuen. Bars, Restaurants und Campingplätze sind direkt dahinter zu finden.

(216) WOMO-Campingplatz: La Herradura (Nuevo Camping La Herradura)

GPS: N 36°44'23" W 3°45'12", Calle Las Palomas.
Internet/Tel.: www.nuevocamping.es, +34 958 640 634.
Öffnungszeiten: Ganzjährig.
Ausstattung: WLAN in Teilbereichen, Waschmaschine, teils Sat-Empfang.
Beschreibung: Einfacher, aber gemütlicher Campingpatz mit schöner Bepflanzung unweit vom Strand entfernt. Stellplätze auf Rasen und Schotter, eben, ruhig am Ortsrand gelegen, Restaurants und Einkaufsgelegenheiten in unmittelbarer Nähe, für das Angebot etwas teuer.
Preis: €€€-€€€€€.
Zufahrt: Der N340 bis zur Abfahrt „La Herradura" folgen, dort rechts abzweigen und bis zur Strandpromenade fahren. Hier rechts halten und kurz vor dem Ende der Straße bei letzter Gelegenheit rechts zum Platz halten.
Hinweis: Etwas weiter vorne gibt es im Ort einen zweiten Platz, „Camping La Herradura". In der Nebensaison wurde zuletzt auch eine einmalige Zwischenübernachtung direkt an der Strandpromenade geduldet.

Wenn Sie kurz darauf den Hauptort **Almuñécar** erreichen, parken Sie, sofern nicht gerade Markt ist, an der Calle Mariana Pineda bei [N 36°44'11" W 3°41'12"]. Übernachten können Sie am nahe gelegenen Campingplatz.

(217) WOMO-Campingplatz: Almuñécar (Camping Tropical)

GPS: N 36°44'17" W 3°40'40", N340.
Internet/Tel.: www.campingtropical.es, +34 644 227 536.
Öffnungszeiten: Ganzjährig.
Ausstattung: WLAN, Spülgelegenheit, Waschmaschine, Spielplatz.
Beschreibung: Einfacher, kleiner, aber angenehmer, sauberer Platz unter deutscher Leitung in Ortsrandlage. Viele Pflanzen, schattige Parzellen mit Schotterboden, eben, etwas enge Zufahrt. Ca. 1,4 km in die Altstadt, 1000 m zum Strand.
Preis: €€-€€€.
Zufahrt: Der NA340 bis Almuñécar folgen, den Ort durchfahren, am Ende nach dem Kreisverkehr linker Hand.

Unterwegs in Almuñécar

Für einen kleinen Rundgang durch den ansprechenden Ort halten Sie sich zunächst nach Westen bis zum Ende des Parkplatzes mit einem kleinen Bogentor und von dort aus noch weiter geradeaus, durch die Sackgasse, bis Sie an der nächsten Straße links zu den Ausgrabungen der **Römischen Thermen** und eines Aquädukts abbiegen können, die nur von außen zu besichtigen sind. Am Kreisverkehr mit dem Springbrunnen halten Sie Sich rechts, die breite Calle Carrera de la Concepción entlang, die kurz darauf in die schmalere Avenida de Cala übergeht. Sie führt zur städtischen **Markthalle** rechter Hand, die vormittags eine kurze Stippvisite lohnt *(Mo – Sa 8 – 15 Uhr)*. Genau auf der Rückseite des Gebäudes stoßen Sie an der Avenida Europa auf das sehenswerte **Acuario de Almuñécar**. Es vermittelt einen Eindruck von der heimischen Unterwasserfauna. Am eindrucksvollsten ist der 17 Meter lange Glastunnel, durch den Sie Haie, Wasserschildkröten, große Rochen und verschiedene andere Fische beobachten können *(Plaza Kuwait, €€, Jun – Aug 10 – 14 Uhr und 18 – 22 Uhr, Mai / Sep Mi – Mo 10 – 14 Uhr und 17 – 21 Uhr, sonst Mi – Mo 10 – 14 und 16 – 20 Uhr, www.acuariodealmunecar.almunecar.es)*.
Folgen Sie der Avenida Europa für weitere 400 Meter, bis Sie links den **Parque Botánico Arqueológico El Majuelo** betreten können. Neben tropischen Pflanzen aus der ganzen Welt sehen Sie dort die Überreste einer römischen Fabrik mit Pökelgruben, in der ab dem 2. Jahrhundert v. Chr. für fast 600 Jahre Garum, die damals hochbegehrte Würzsoße aus Fisch, hergestellt wurde *(Avenida Europa, Eintritt frei, 8 – 22 Uhr)*. Wenn Sie den Park dann wieder an der Avenida Europa verlassen und sich links halten, passieren Sie die **Touristeninformation** im Orangenhof und gelangen danach an den Weststrand. Links ab ragt der grüne Hügel **Peñón del Santo** ins Meer. Sie können ihn über einen Fußweg besteigen, um zu einer großen Aussichtsterrasse zu gelangen. Die Statue unterhalb zeigt den Maurenherrscher, nach dem der Platz dahinter, die Plaza de Abderraman I, benannt ist. Später ernannte er sich selbst zum Kalif von Cordoba.
Am hinteren Ende des Platzes liegt zwischen schattenspendenden Bäumen der hübsche kleine Vogel- und Kleintierpark „**Parque Loro Sexi**" *(Plaza Abderramán, €, Di – So 10.30 – 14 Uhr, Apr – Jun und Sep auch 17 – 20 Uhr, Jul / Aug auch 18 – 21 Uhr, sonst auch 16 – 18 Uhr, www.parquelorosexi.almunecar.es)*.
Flanieren Sie nun ein Stück am Mittelstrand, der **Playa de la Caletilla**, entlang. Sie endet an einem großen Wasserpark. Doch schon vorher setzen Sie Ihre Tour vom Paseo del Altillo nach links fort, um bei erster Gelegenheit durch die Calle del Cántaro in das Gewirr der Altstadtgassen abzutauchen. Mit der für den Durchgangsverkehr gesperrten Abzweigung links vor Ihnen wählen Sie nun immer die erste Abzweigung links, bis Sie das Eingangsportal des **Castillo de San Miguel** erreichen. Die umfassend renovierte Festung stammt aus maurischer Zeit, wurde aber erst unter den Christen zu ihrer heutigen Größe und Form ausgebaut. Ganze elf Türme wachen über Burg und Stadt. Im Inneren können Sie verschiedene mehr oder minder gut erhaltene Räume, vom Palast bis zu den Kerkern, besichtigen *(Calle Explanada San Miguel, €, Apr – Okt Di – Sa 10 – 13.30 Uhr und 17 – 19.30 Uhr, So 10 – 13 Uhr, sonst nachmittags eine Stunde früher)*.
Mit der Burg im Rücken folgen Sie der Explanada nun nach rechts, halten sich am Ende links und knicken schließlich rechts in die Calle An-

tigua ein. Sie stößt nach rund 60 Metern rechts auf die Calle San Joaquín, die zum **Mueso Arqueológico Cueva de Siete Palacios** führt. In einem aus römischer Zeit stammenden Gewölbe werden Fundstücke dieser Epoche gezeigt, darunter auch Amphoren, die für Garum aus der zuvor gesehenen Fabrik genutzt wurden *(Calle San Joaquín, €, Apr – Okt Di – Sa 10 – 13.30 Uhr und 17 – 19.30 Uhr, So 10 – 13 Uhr, sonst nachmittags eine Stunde früher)*. Über die nordöstlich vom kleinen Museumsplatz weg führende Calle Cuesta del Castillo treffen Sie auf die zentrale Plaza de la Constitución. In der nach beiden Seiten verlaufenden, verkehrsberuhigten Gasse gibt es zahlreiche Geschäfte.
Erst nach rechts und dann über die nächste links abführende Calle Derrumbadero streifen Sie den **Japanischen Garten**, der allerdings nur von der anderen Seite aus zugänglich ist. Dort ist auch eine **Bonsai-Schau** mit Museum eingerichtet *(Calle Andréas Müller 2, €, Di – Sa 10-30 – 14 Uhr und 18 – 21 Uhr, So 10.30 – 14 Uhr)*.
Nach Norden hin, über die Avenidas Andalucía und Fenicia, kommen Sie schließlich zum Ausgangspunkt zurück.

***La Herradura – Wochenmarkt**: Plaza Nueva | **Almuñécar – Tourist Info**: Avenida Europa, Paseo del Altillo 5, www.turismoalmunecar.es | **Wochenmarkt**: Fr, Paseo Blas Infante*

Gastrotipps La Herradura: MarDela**, Paseo de Andres Segovia 66, **Bola Marina****, Acera de Pilar 13 | **Almuñécar**: **Bodega Francisco I**., Calle Real 11, **Firmum*****, Plaza Damasco 2, **Los Geraneos****, Plaza Rosa 4, Meson **Francisco II**., Calle Alta del Mar 12

Salobreña

Oberhalb der in diesem Abschnitt meist felsigen, steilen Küste halten Sie nun auf das weiße Dorf Salobreña zu. Der Zugang zu dem eng auf einem Felsen gebauten Ort mit seinen verschachtelten Häusern gelingt am besten von der Küste aus. Dazu wählen Sie die mit „La Caleta“ beschilderte Abfahrt rechts an einem kleinen Seitenkreisverkehr, bis Sie unterhalb des Burgfelsens auf eine neue Straße mit an sich guten Parkmöglichkeiten treffen – leider wurde sie zumindest in Teilen bereits umgehend mit Verbotsschildern für Wohnmobile versehen. Ob das bald alle Parkbuchten betreffen wird, bleibt abzuwarten...

Eine ziemlich schmale Stichstraße führt kurz zuvor aber zu einem Parkplatz am Meer, der bislang tags wie nachts genutzt

Salobreña

Badeplatz 218

werden kann **[218**: N 36°44'30" W 3°35'47"]. Einen Versuch wert sind, von Sommerwochenenden abgesehen, auch die Parkstreifen an der vorgelagerten Playa Salobreña, ab [N 36°44'14" W 3°35'23"].

Sofern Sie irgendwo untergekommen sind und sich von den Stränden losreißen können, ist das am obersten Ende des Felsens gelegene nasridische **Castillo de Salobreña** Ziel eines Aufstiegs. Der Legende nach wurde es einst von einem Emir errichtet, der seine drei Töchter vor der Außenwelt abzuschotten beabsichtigte, bis er sie irgendwann verheiraten wollte. Zu sehen gibt es, neben einem weiten Blick, nicht allzu viel. Doch der Aufstieg an sich mit seinen labyrinthartigen Gassen, die unvermittelt enden, nur um zwei Ecken weiter doch fortzuführen, lohnt sich, wenn Sie schöne Fotomotive suchen oder die beinahe sportliche Herausforderung Sie reizt. Solange Sie sich immer nach oben halten, werden Sie jedenfalls nicht verloren gehen und garantiert an der Burg ankommen.

Salobreña – Tourist Info*: Plaza de Goya, www.turismosalobrena.com |* ***Wochenmarkt****: Di und Fr, Plaza del Mercado |* ***Castillo:*** *Calle Andrés Segovia 6, €, Apr – Mitte Jun 10 – 14 Uhr und 17.30 – 20.30 Uhr, Mitte Jun – Aug 10 – 13.30 Uhr und 17.30 – 21 Uhr, sonst meist 10 – 14 Uhr und 16 – 18 Uhr*

Motril

Rund 60.000 Einwohner zählt das ein Stück ins Landesinnere versetzte Motril. Weniger der Tourismus als vielmehr Industrie, Handel und bis heute betriebener Zuckerrohranbau sind die wirtschaftlichen Motoren der Gemeinde. An der vorgelagerten **Playa Motril** steht dagegen Badevergnügen im Vordergrund.

(219) WOMO-Badeplatz: Playa Motril

GPS: N 36°43'03" W 3°33'32". **Max. WOMOs**: Ca. 10.
Ausstattung: Keine Einrichtungen. Toilette und Dusche tagsüber am Strand.
Beschreibung: Große, teils von Palmen beschattete Parkfläche, teils asphaltiert, teils auf Schotter, relativ ruhig, an Wochenenden aber sehr belebt, Campingverhalten untersagt. Chiringuitos in direkter Nähe.

Preis: €€.
Zufahrt: Von der N340 rechts nach Playa Granada abbiegen und dann gleich wieder rechts halten. Am Ende der Straße im Kreisverkehr links abbiegen und über den nächsten Kreisel rechts zum Parkplatz fahren.
Hinweis: Falls der Platz voll sein sollte, können Sie es auch ein Stück weiter östlich probieren, [N 36°42'58" W 3°33'14", Calle Rector M. L. Cuevas]. Danach folgt ein Campingplatz.

Falls Sie auch den dahinter gelegen Hauptort erkunden möchten, sollten Sie unbedingt bereits am Beginn parken, statt weiter hinein zu fahren, zum Beispiel rund um die Calle Río Duero, [N 36°44'30" W 3°31'31"]. Mit zusätzlichen Auskünften versorgt Sie die **Touristeninformation**. Nicht versäumen sollten Sie das **Museo Preindustrial de la Caña de Azúcar**, welches sich mit dem in der Region lange verwurzelten Zuckerrohranbau beschäftigt und damit einzigartig in Europa ist.

Über **Torrenueva** und **La Chuca** setzen Sie Ihre Tour dann nach Osten fort. Zwischen ersten großflächigen Gewächshausplantagen, die Sie von nun an immer wieder begleiten werden, versteckt sich dort ein ganz hübscher Campingplatz.

(220) WOMO-Campingplatz: Carachuna (Camping Don Cactus)

GPS: N 36°41'45" W 3°26'33", Playa de Carchuna.
Internet/Tel.: www.doncactus.com, +34 958 623 109.
Öffnungszeiten: Ganzjährig.
Ausstattung: WLAN, Pools, Restaurant, Cafeteria, Minimarkt Spülgelegenheit, Waschmaschine / Trockner, Spielplatz, Sporteinrichtungen, Animation.
Beschreibung: Recht schön bepflanzter, großer Platz mit ausreichend großen Parzellen auf Schotter- / Rasenboden, eben, oft schattig, ruhig, aber etwas isoliert zwischen vielen Gewächshäusern, direkt am Strand gelegen, eher teuer.
Preis: €€€€-€€€€€.
Zufahrt: Auf der N340 bis Carachuna fahren, dort beschildert nach rechts zwischen den Gewächshäusern zum Platz abbiegen.
Hinweis: Wenn Sie nur einen ruhigen Strandtag verbringen möchten, können Sie schon vorher in La Chuca bei [N 36°41'48" W 3°27'21", Calle Jayugo] parken, außerhalb der Saison ist das sogar über Nacht möglich. Noch ruhiger geht es meist am Strand-Castillo Carchuna bei [N 36°41'45" W 3°26'07"] mit ein paar Picknicktischen zu.

***Motril – Tourist-Info**: [N 36°44'36" W 3°31'04" Plaza de la Comunidades], www.motrilturismo.com, **Wochenmarkt**: Di und Fr, Avenida Rambla de los Álamos | **Museo Preindustrial de la Caña de Azúcar**: [N 36°44'44" W 3°31'33" Calle Zafra 6], €, Mitte Jun – Mitte Sep Di – Sa 10 – 14 Uhr und 18 – 20 Uhr, So 10 – 14 Uhr, sonst Di – Sa 10 – 14 Uhr und 16 – 19 Uhr, So 10 – 13.30 Uhr*

Gastrotipps an der Küste: La Ballena Azul**, Playa de Poniente, **Cuca****, Paseo Barlovento 1, **Heladería Perandrés** (Eis), Avenida Salobreña 35

Calahonda
Kaum haben Sie die erste größere Gewächshausansammlung nach gut einem Kilometer passiert, gelangen Sie in den vor allem von Spaniern frequentierten Badeort Calahonda, der, eingezwängt zwischen steilen Felsen, etwas beengt liegt und kaum wachsen kann. Wirklich Betrieb herrscht nur während der Schulferienwochen. Die Kulisse ist recht ansprechend, der grobe Strand mittelmäßig. Gleich dahinter parken Sie bei [**221a**: N 36°42'01" W 3°24'57", Traversía R. León] oder [**221b**: N 36°42'13" W 3°24'43", Calle Rincón]. Die Plätze sind aber endlich, sodass es an schönen Tagen schon mal schwierig werden kann, mit dem Wohnmobil unterzukommen. Nachdem Sie den Ort hinter sich gelassen haben, beginnt eine aussichtsreiche Höhenstraße. Nach kurzer Fahrt stoßen Sie auf einen ersten Aussichtspunkt. Am Mirador de Calahonda haben Sie einen besonders schönen Blick zurück. Viele weitere solcher teils mit Picknickbänken bestückter Aussichtsstellen folgen. Einen lohnenden Badestopp können Sie unterwegs an der tollen **Playa La Rijana** einlegen. Vom Parkplatz links der Straße bei [N 36°42'36" W 3°23'34"] führt ein einfacher Weg durch einen Tunnel hinab.

Gastrotipps Calahonda: La Trattoria**, Avenida de los Geraneos 28, **La Quintana****, Fregata Cervantes 4

Castell de Ferro
Auch Castell de Ferro ist durch Hügel und angrenzende großflächige Obst- und Gemüseplantagen in seiner Ausdehnung

Playa La Rijana, oben: Bucht von Calahonda

eingeschränkt. Es geht äußerst geruhsam zu, nur ein paar Gasthäuser und Cafés buhlen um Kundschaft. Die besteht nicht selten aus Campern, denn im Ort gibt es gleich zwei Campingplätze und einen privaten Stellplatz.

(222) Offizieller WOMO-Badeplatz: Castell de Ferro (Área Tropic Autocaravanas)

GPS: N 36°43'11" W 3°21'51", Carretera Málaga.
Tel.: +34 675 216 464. **Max. WOMOs**: Ca. 60.
Ausstattung: Ver-/Entsorgung (nicht öffentlich zugänglich), Strom, Dusche, Toilette, WLAN in Teilbereichen, Mülleimer, teils Sat-Empfang.
Beschreibung: Größerer, geschotterter, campingähnlicher Stellplatz, eben, recht ruhig in Ortsrandlage, meist schattig, Campingverhalten gestattet, direkter Strandzugang. Tankstelle benachbart, 250 m zum Supermarkt, 350 m zum nächsten Restaurant.

Preis: €€.
Zufahrt: Der N340 bis Castell de Ferro folgen, dort die erste Ausfahrt nehmen und sofort rechts zum Platz hin abbiegen.

(223) WOMO-Campingplatz: Castell de Ferro (Camping Huerta Romero)

GPS: N 36°43'15" W 3°21'41", Calle Rambla Hileros.
Internet/Tel.: www.campinghuerta romero.com, +34 958 656 001.
Öffnungszeiten: Ganzjährig.
Ausstattung: WLAN, Waschmaschine.
Beschreibung: Kleinerer Campingplatz direkt im Ort, 50 m zum Strand, ebene, schattige Erd-/ Schotterparzellen, ruhig.
Preis: €€€-€€€€.
Zufahrt: Der N340 bis Castell de Ferro folgen, dort die erste Ausfahrt nehmen, am Día-Supermarkt rechts halten und sofort wieder rechts zum Platz auf der linken Seite abbiegen.
Hinweis: Der nächste Campingplatz, „White Gonzalez", befindet sich nur eine Straße entfernt.

Adra

Während Sie zunächst nur durch einzelne mit Plastikplanen eingedeckte Anbauflächen gefahren sind, nehmen diese spätestens ab Adra den Großteil der Landfläche ein. Nirgends sonst auf der Erde gibt es eine derart geschlossene Anhäufung von überdachten Obst- und Gemüseplantagen wie hier. Kilometerweit reicht der Blick über die Planenstädte, so groß, dass sie sogar vom Weltall aus eindeutig auszumachen sind. Die guten klimatischen Bedingungen haben dafür gesorgt, dass sich der wenig ansehnliche „Nutzgarten Europas" immer weiter ins Land und bis ganz an die Küste heran gefressen hat. Einerseits ist das ein wirtschaftlicher Motor, der dem Landstrich viel Geld einbringt, andererseits gehen auch große Probleme damit einher, allen voran der fortschreitende Wassermangel. Der große Bedarf kann in der regenarmen Region nur durch das oft illegale Bohren immer tieferer Brunnen gedeckt werden. Auch neue, in der Planung befindliche Staudammprojekte scheinen da allein nicht zu reichen. Eine wirkliche Lösung ist bislang nicht in Sicht. Für die kleinen Urlaubsorte südlich der Hauptsiedlung El Ejido wird der Platz immer enger. Hinzu kommt die wenig attraktive Optik des verhüllten Landes. Das immerhin 25.000 Einwohner zählende **Adra** ist somit nie über den Geheimtipp-Status als Badeort hinausgekommen. Die von breiten, palmengesäumten Promenaden begleiteten Strände **Playa de la Sirena Loca** westlich des Yachthafens und **Playa de San Nicolás** östlich davon sind typische Stadtstrände, die anderswo gut besucht sind, hier aber die meiste Zeit über nur wenige Gäste anlocken. Parken und Übernachten sind an der Hafenmole möglich. Das ist nicht sonderlich attraktiv, dafür stehen Sie dort unbehelligt in Schlagweite zum Zentrum, [**224a**: N 36°44'39" W 3°01'23", Calle Marismas]. Außerhalb der Saison geht es auch, etwas schöner, auf der angelegten Parkfläche am Westende bei [**224b**: N 36°44'42" W 3°00'47", Calle Ideal].

***Adra – Tourist-Info**: Carrera de Natalio Rivas 125, www.adraturismo.com | **Wochenmarkt**: 1. und 3. Sa im Monat, Calle del Puerto*

Adra Gastrotipps: **La Granja****, Calle Jumilla Bajo 4, **Meson Bonillo****, Calle Guadix 11

Wie es sich anfühlt, von Gewächshäusern eingeschlossen auf einer verbliebenen kleinen Landinsel zu leben, können Sie südlich von **La Curva** erleben. Dort liegen drei kleine Campingplätze völlig isoliert zwischen Tomaten, Gurken und Paprikafeldern.

(225) WOMO-Campingplatz: La Curva (Camping Las Vegas)

GPS: N 36°44'35" W 2°57'54", Camino La Habana.
Internet/Tel.: www.campinglasvegas.jimdo.com, +34 950 162 228.
Öffnungszeiten: Ganzjährig.
Ausstattung: WLAN, Cafeteria, Minimarkt, Waschmaschine, Brötchenservice.
Beschreibung: Kleiner Platz mit meist geschotterten, schattigen Parzellen in Strandnähe, ruhig, eben, etwas isolierte Lage zwischen Gewächshausplantagen, knapp 4 km bis in den Ort.
Preis: €€-€€€.
Zufahrt: Der N340 bis La Curva folgen. Dort gleich am Ortsbeginn scharf nach rechts abbiegen und der Straße bis zum Meer folgen. Die Campingplätze sind nach rechts angeschrieben.
Hinweis: Gleich drei kleine Campingplätze liegen hier direkt nebeneinander, alternativ können Sie sich auch „Camping Habana" und „Camping Adra" ansehen.

Badeparkplätze bei 227

Um weiter der Küste folgen zu können, müssen Sie einen Ort weiter, in **Balanegra**, rechts ab der Beschilderung nach Balerma folgen. Dort sieht es an der Promenade ganz ähnlich wie in Adra aus, nur ist alles eine Nummer kleiner. Parken können Sie strandnah am Ortsende bei [N 36°43'36" W 2°53'00"]. Ein Campingplatz folgt kurz danach.

(226) WOMO-Campingplatz: Balerma (Camping Mar Azul)

GPS: N 36°43'19" W 2°52'42", Carretera de Guardias Viejas.
Internet/Tel.: www.campingbalerma.com, +34 950 937 637.
Öffnungszeiten: Ganzjährig.
Ausstattung: WLAN, Pools, Restaurant, Bar, Minimarkt Spülgelegenheit, Waschmaschine / Trockner, Spielplatz.
Beschreibung: Großer, künstlich beschatteter Campingplatz am etwas groben Strand zwischen Gewächshausplantagen, Schotteruntergrund, ruhig, eben, Animation in der Hauptsaison, ca. 600 m bis in den Ort.
Preis: €€€€.
Zufahrt: Der N340 bis Balanegra folgen, dort am Ende rechts auf die ALP102 abzweigen und bis zum Platz kurz nach Balerma linkerseits fahren.

Dass es noch eine Spur kleiner geht, erleben Sie schließlich in **Los Baños de Guardias Viejas**. An der Punta de Baños-Bucht hat sich in den letzten Jahren ein richtiges kleines Strand-Camp etabliert. Leider gehen nicht alle Anwesenden so sorgsam mit der Natur um, wie es wünschenswert wäre, und daher kommt es vor, dass es rund um einige Plätze der Dauercamper ganz schön vermüllt aussieht – sie selbst scheinen sich daran nicht zu stören.

Am besten machen Sie sich ein eigenes Bild vom aktuellen Zustand, wenn Sie vorbeikommen, [**227**: N 36°41'57" W 2°50'30", Calle la Rasal]. Immerhin Frisch- und Grauwasser lässt sich bei einer nahen Tankstelle etwas weiter landeinwärts ver- und entsorgen, [N 36°42'59" W 2°50'32", AL4301], für Tankkunden gratis, sonst gegen ein kleines Entgelt.

Almerimar

Erst um den großen Yachthafen Almerimar nimmt der Tourismus schließlich wieder Fahrt auf und kann sich gegen die Plastikplanenlandwirtschaft behaupten. Die breiten Strände sind zunächst noch steinig, später gepflegter und zunehmend feinsandig. Über 1.000 Liegeplätze sind von luxuriösen Ferienappartements umgeben, auch ein 18-Loch-Golfplatz darf da natürlich nicht fehlen. Während anderswo in solchen Urbanisationen Wohnmobile eher ungern gesehen werden, wurde in Almerimar an Platz für alle gedacht. An der langen Zufahrtsstraße, wo rechter Hand ein Strandparkplatz dem anderen folgt, können Sie links an einem privat betriebenen Platz fest machen. Auch im Hafen selbst wird eine größere Zahl an Stellplätzen bereitgehalten, die der Hafenmeister höchstpersönlich überwacht.

(228) Offizieller WOMO-Badeplatz: El Ejido (Pedro`s Parking)

GPS: N 36°42'28" W 2°48'33", Avenida del Mar Azul.

Internet/Tel.: www.parkingalmerimar.com, +34 642 994 877.
Max. WOMOs: 40+.
Ausstattung: Ver-/ Entsorgung (nicht öffentlich zugänglich), einige Stromanschlüsse (gegen Gebühr), WLAN, Mülleimer Sat-Empfang.
Beschreibung: Recht große, einfache Schotter-/ Sandfläche in Strandnähe, sehr nüchtern, Zugangstor und Zaun, kein Schatten, eben, ruhig. Manchmal geschlossen trotz anders lautender Aushänge. Strand und Chiringuitos 200 m entfernt, rund 2 km bis Almerimar.
Preis: €-€€.
Zufahrt: Der AL4151 in Richtung Almerimar folgen. An einem der vielen Kreisverkehre kurz vor dem Ort befindet sich der Platz direkt linker Hand.
Hinweis: Zuletzt war der Platz im Winter geschlossen, obwohl er offiziell ganzjährig geführt wird. Ob das so bleiben wird, ist aktuell unbekannt.

(229) Offizieller WOMO-Badeplatz: Almerimar (Área Autocaravanas Marina Almerimar)

GPS: N 36°41'48" W 2°47'39", Calle del Faro. **Max. WOMOs**: Ca. 20.
Ausstattung: Ver-/ Entsorgung (nicht öffentlich zugänglich), einige Stromanschlüsse (gegen Gebühr), Mülleimer, Sat-Empfang.

Beschreibung: Asphaltparkfläche an der Hafenmole von Almerimar.
Gute Lage direkt am Wasser zwischen den Yachten und kurzer Weg ins Ortszentrum, kein Schatten, eben, relativ ruhig, Campingverhalten untersagt. Anmelden und zahlen beim Hafenmeister im Gebäude neben dem Turm.
Preis: €€.
Zufahrt: Der Hauptstraße bis Almerimar folgen. Dort am Kreisverkehr rechts Richtung „Puerto Deportivo" abfahren und immer geradeaus. Achtung: zur Ausfahrt aus dem Hafen zunächst den Salida-Schildern folgen und dann bei erster Gelegenheit links halten, sonst müssen Sie viel zu lange um die teils engen Hafenbecken herum fahren.
Hinweis: Wenn der Platz voll ist, wird ab und zu ein zweiter Bereich auf der gegenüberliegenden Mole geöffnet.

***Almerimar – Tourist-Info**: Calle Arquitecti Julián Laguna 65, www.turismo.elejido.es*

Gastrotipps Amerimar: Que Rico**, Paseo Marítimo 18, **Peccatp Gelatería** (Eis) Calle del Faro 40, **La Plaza****, Plaza Batel 10, **Almadraba****, Darsena 3a

Roquetas de Mar

Das Ende der „Costa Plastico“ markiert die Großgemeinde Roquetas del Mar, die sich in mehrere Bereiche aufteilt: im Süden eine Trabantenstadt aus Hotels und aus Ferienwohnungen, in der Mitte der Hauptort und im Norden die aus einem einst separat gelegenen Fischerdorf entstandene Feriensiedlung Aguadulce. Zunächst werden die Treibhäuser durch ein kleines Naturschutzgebiet vom Meeresufer zurückgedrängt, dann knickt die Straße rechts zum Ort hin ab. Golfplätze und gepflegte, aber etwas gesichtslose Apartmentkomplexe, bestimmten das Bild. Der mehr als 100 Meter breite Sandstrand gehört zu den besten der Gegend. Da Wohnmobile in der Vergangenheit teils heuschreckenartig Roquetas heimsuchten und manche in der Nebensaison als vermeintliche „Klimaflüchtlinge“ dem heimischen Winter entfliehend gleich wochenlang auf Parkplätzen hausten, wird seit 2018 versucht, die Ströme besser zu kanalisieren. Einige Plätze wurden offiziell freigegeben, alle anderen zu Verbotszonen erklärt und die maximale Aufenthaltsdauer wurde auf drei Tage pro Platz begrenzt. Auch eine V/E-Anlage ist in Arbeit, bislang aber noch nicht fertig gestellt. Den ersten dieser Womo-Parkplätze haben Sie schon am südlichen Ortsbeginn erreicht.

(230) Offizieller WOMO-Badeplatz: Roquetas de Mar / Urbanización Playa Serena

GPS: N 36°42'57" W 2°38'09", Calle Fosforito. **Max. WOMOs**: 12.
Ausstattung: Mülltonnen, Sat-Empfang.
Beschreibung: Asphaltierte Parkfläche am Ende einer Stichstraße ganz im Südwesten der Stadt. Direkter Strandzugang, eben, ruhig, nur wenig Schatten durch ein paar Palmen. Die Wohnmobilstellplätze sind eingezeichnet, etwas eng. Restaurant 600 m entfernt, das Zentrum ungefähr 7 km.
Zufahrt: Der AL3300 immer weiter folgen, bis vor einem Kreisverkehr die Urbanización Playa Serena nach rechts angeschrieben steht. Bei der ersten Kreuzung rechts fahren und dieser Straße für gut 1,6 km folgen, bis Sie schließlich rechts in eine Sackgasse zum Parkplatz abbiegen können.
Hinweis: Die Gemeinde Roquetas hat angekündigt, in absehbarer Zeit auch eine oder mehrere V/E-Anlagen schaffen zu wollen. Diese sollen dann an den Stellplätzen vermerkt werden.

Wenn Sie den Yachthafen passiert haben und im ältesten Teil der Siedlung, der sich nördlich des imposanten **Castillo de Santa Ana** erstreckt, ankommen, können Sie dort nahe der Stierkampfarena auf einem weiteren Parkplatz Station machen.

(231) Offizieller WOMO-Badeplatz: Roquetas de Mar (El Rompizo / Playa de La Romanilla)

GPS: N 36°46'13" W 2°36'13", Avenida de la Aduana. **Max. WOMOs**: 15.
Ausstattung: Mülltonnen, Sat-Empfang.
Beschreibung: Asphaltierte Parkfläche am Ende einer Stichstraße in recht zentraler, städtischer Lage. Direkter Strandzugang, eben, nicht ganz ruhig, kein Schatten. Die Wohnmobilstellplätze sind eingezeichnet, etwas eng. Bars und Restaurants im direkten Umkreis, Supermarkt 800 m, Zentrum ca. 1 km entfernt.
Zufahrt: Der AL3300 immer weiter bis nach Roquetas folgen. Dort geht die Hauptstraße in die A391 über. An einem Kreisverkehr im Ort ist rechts der Plaza de Toros angeschrieben. Dort abbiegen, dann bei zweiter Gelegenheit links in die Avenida Juan Carlos II wechseln, bis sie kurz vor dem Strand einen Linksknick macht (ab hier Calle Olimpiada), diesem folgen. Am Ende rechts zum Parkplatz fahren.
Hinweis: Die Gemeinde Roquetas hat angekündigt, in absehbarer Zeit auch eine oder mehrere V/E-Anlagen schaffen zu wollen. Diese sollen dann an den Stellplätzen vermerkt werden.

Die dritte, bislang nicht durch Schilder reglementierte Zone liegt am nördlichen Ortsende. Entlang einer bislang unverbauten Strandpromenade zwischen Strand und einer aufgelassenen Saline gibt es noch reichlich Platz. Das **Aquarium Costa de Almería** und der **Wasserpark Mariopark** befinden sich nur 500 Meter landeinwärts dahinter, ein wunderbarer Strand ist nur eine Armlänge entfernt. Wie lange das so bleiben wird, hängt nicht zuletzt vom Verhalten Unseresgleichen ab... Rund 300 Meter landeinwärts folgt dann kurz vor dem letzten Ortsteil der örtliche Campingplatz mit einem recht umfangreichen Angebot.

(232) WOMO-Badeplatz: Roquetas (Playa Las Salinas)

GPS: N 36°46'48" W 2°35'51", Calle S. Moret. **Max. WOMOs**: 20+.
Ausstattung: Mülltonnen, tagsüber teils Strandtoiletten und Duschen, Sat-Empfang.
Beschreibung: Lange, von Bäumen gesäumte Promenade, bislang ohne Bebauung und weitere Infrastruktur. Parken direkt neben der Straße, ruhig, eben, kaum Schatten. Schöner Sandstrand direkt davor, rund 2,5 km bis in den Ort.

Zufahrt: Von der A391 kommend am Ende von Roquetas im Industriegebiet direkt vor einem „Cash Sur"-Markt rechts abbiegen (Paraje las Salinas) und bis zum Ende der Straße fahren, dort rechter Hand.
Hinweis: Wenn Sie am Ende der Zufahrtsstraße noch ein Stück geradeaus fahren, können Sie auf einer holprigen Naturpiste bis Aguadulce steuern, auch dort gibt es an mehreren Stellen Gelegenheit, zu parken und zu baden.

(233) WOMO-Campingplatz: Roquetas de Mar (Camping Roquetas)

GPS: N 36°47'52" W 2°35'28", Camino de los Parrales 90.
Internet/Tel.: www.campingroquetas.com, +34 950 349 085.
Öffnungszeiten: Ganzjährig.

Ausstattung: WLAN, Pool, Restaurant, Bar, Minimarkt Spülgelegenheit, Waschmaschine / Trockner, Spielplatz, Sporteinrichtungen.
Beschreibung: Großer, aufgeräumter Campingplatz mit geschotterten Parzellen und Bäumen, meist künstlich beschattet, zwischen Roquetas und Aguadulce gelegen. Recht ruhig, eben, 300 m zum Strand, rund 4,5 km bis Roquetas bzw. 3,5 km bis Aguadulce.
Preis: €€€-€€€€.
Zufahrt: Auf der A391 von Roquetas kommend bis El Parado de las Hortichuelas fahren, dort am Kreisverkehr mit dem Brunnen rechts halten und der Straße, später beschildert, bis zum Platz folgen.

In Aguadulce wurde die letzte kleine offiziell freigegebene Womo-Fläche am Südende des Ortes geschaffen. Ob und wo Sie sich am wohlsten fühlen, hängt schlussendlich von Ihrem persönlichen Gusto ab, Auswahl gibt es jedenfalls genug.

(234) Offizieller WOMO-Badeplatz: Aguadulce (El Pocico / Playa Los Bajos)

GPS: N 36°48'01" W 2°34'50", Calle Escocia. **Max. WOMOs**: 4.
Ausstattung: Mülltonnen, Sat-Empfang.
Beschreibung: Asphaltierte Parkfläche im Süden von Aguadulce. Direkter Strandzugang, nicht ganz eben (Keile empfohlen), nicht immer ganz ruhig, kein Schatten. Die Wohnmobilstellplätze sind schräg eingezeichnet, etwas kurz.
Zufahrt: Von der A391 kommend in El Parador de la Hortichuelas rechts im Kreisverkehr auf die N340a Richtung Almería wechseln. Nach der Kanalbrücke am zweiten Kreisverkehr rechts fahren und der Calle de Don Juan de Aústria immer geradeaus folgen. Kurz vor dem Strand macht sie dann einen Linksknick und führt nach rund 200 weitere Metern zum Stellplatz.
Hinweis: Die Gemeinde Aguadulce / Roquetas hat angekündigt, in absehbarer Zeit auch eine oder mehrere V/E-Anlagen schaffen zu wollen. Diese sollen dann an den Stellplätzen vermerkt werden.

***Roquetas de Mar – Tourist-Info**: Avenida Mediterráneo 2, www.aytoroquetas.org, **Wochenmarkt**: Do, Avenida Unión Europea | **Aquarium**: Avenida Reino de España, €€, Jun – Sep 10 – 21 Uhr, sonst Mo – Fr 10 – 18 Uhr, Sa / So 10 – 19 Uhr, www.aquariumcostadealmeria.com | **Wasserpark:** Paraje las Salinas, €€, Mitte Jun – Anfang Sep 11.30 – 19.30 Uhr, www.mariopark.com | **Aguadulce – Wochenmarkt**: Sa, Plaza Ramón y Cajal*

Gastrotipps Roquetas del Mar: El Rincon Secreto*, Plaza Golf Center 3, **Chiringuito El Ancla****, Paseo Marítima 20, **La Vita****, Colegio Playa Serena 8, **Raku****, Pasaje Jazmines 16, **Meson Casa Blas****, Calle Antonio Machado 69 | **Aguadulce: Bacus****, Camino de los Parrales 330,

Strand von Roquetas de Mar

MURCIA
Aguilas
Pulpí
San Juan d.I.T.
Huércal-Overa
Cuevas d.A.
Palomares
Playas de Vera
Vera
Arboleas
Garrucha
Mojácar
Turre
Mojacar Playa
Carboneras
Agua Amarga
Las Negras
Las Hortichuelas
Bot. Garten und Infocenter
Rodalquilar
La Isleta del Moro
Los Escullos
P.N. Cabo de Gata
San José
Nijar
P.N. Sierra Alhamilla
Retamar
Ruescas
El Toyo
Naturpark Infocenter
El Cabo de Gata
La Fabriquilla
Huércal de A.
Almería
Costa Cálida
Costa de Almería
Tour 12
10 km
TOUR 11

Tour 11: Costa Almería (ca. 210 km)

Almería – Retamar – P.N. Cabo de Gata
Agua Amarga – Carboneras – La Parata – Mojácar
Garrucha – San Juan de los Terreros

Stellplätze:	Almería (2x), Playa del Perdigal, El Toyo, Cabo de Gata, La Fabriquilla, Los Albaricoques, Isleta de Moro, Rodalquilar, Las Negras, Agua Amarga, Playa El Corral, Carboneras, Playa Macenas, Mojácar, Garrucha, Vera Costa (2x), San Juan de los Terreros, Aguilas
Campingplätze:	Almería, San José, Los Escullos, Las Negras, Aqura de Emedio, Mojácar
Besichtigen:	Almería, Informationszentrum Las Amoladeras, Botanischer Garten und Goldminenruinen von Rodalquilar, Mojácar
Wandern:	P.N. Cabo de Gata, La Fabriquilla, Sendero de La Molata
Baden:	Playa del Perdigal, Playa de La Fabriquilla, Cala Rajá, Playa de Los Genoveses und benachbarte Buchten, Los Escullos, Playa del Peñón, Playa el Playazo, Las Negras, Agua Amarga, Cala de los Muertos, Carboneras, Playa Castillo Macenas, Playa Mojácar, Playas de Vera, Buchten vor und in San Juan de los Terreros, Buchten bei Aguilas

Karg, rau und in weiten Teilen völlig unbebaut empfängt Sie der östlichste Küstenabschnitt Andalusiens an der Costa de Almería. Die namensgebende Großstadt mit einer beeindruckenden Burganlage ist Ihr erstes Ziel, danach lädt der bekannte Naturpark Cabo de Gata zum Baden, Wandern und Relaxen ein. Über ein paar kleinere Badeorte, Buchten und das weiße Dorf Mojácar erreichen Sie an der Grenze zur Provinz Murcia schließlich den südöstlichsten Punkt der Andalusienrundfahrt.

Almería

„Spiegel des Meeres“ lautet die Übersetzung von Al-Mariyya, dem ursprünglichen, aus dem Arabischen stammenden Namen des heutigen Almerías. Die mit rund 195.000 Einwohnern immerhin sechstgrößte Stadt Andalusiens liegt in einer ausgesprochen niederschlagsarmen Ecke, in der an durchschnittlich 320 Tagen im Jahr die Sonne scheint. Während heutzutage der auf Tour zehn weithin sichtbare Obst- und Gemüseanbau wirtschaftlicher Motor der Region ist, waren es vom 19. Jahrhundert bis in die 1980er Jahre hinein im Hinterland abgebaute und über den Hafen verschiffte Erze, die für Wohlstand sorgten.

Schon Phönizier, Griechen und Römer siedelten hier, unter den Mauren stieg Almería ab dem beginnenden 10. Jahrhundert sogar zu einem eigenen, mächtigen Königreich auf. Bestand hatte es aber nur für kurze Zeit, und so kam es, dass die Stadt nach einer verlustreichen Schlacht gegen die Almoraviden ab 1091 erst an Bedeutung verlor und dann für über 200 Jahre zu einem berüchtigten Unterschlupf von Piraten verkam. Ein neuer Aufschwung setzte erst nach 1489 ein, als die Christen Almería zurückeroberten.

Da abgesehen von der Alcazaba die ganz großen Sehenswürdigkeiten fehlen, wird Almería von Touristen oft links liegen gelassen und dient, wenn überhaupt, nur als Basishafen für Ausflüge in den Naturpark Cabo de Gata, die Tabernaswüste *(siehe Tour 12)* das Alpujarras-Hochland und die Stadt Granada *(beides Tour 13)*. Wenn Sie es anders machen möchten und in den lebhaften Gassen auf Erkundungstour gehen wollen, haben Sie die Wahl, den einige Kilometer vor dem Zentrum gelegenen Campingplatz anzusteuern oder einen der angegebenen Stellplätze zu nutzen. Der Parkplatz an der Muellle Levante liegt dabei am zentralsten und ist auch sehr gut für Kurzbesuche und Tagesausflüge geeignet.

(235) WOMO-Campingplatz: Almería (Camping La Garrofa)

GPS: N 36°49'35" W 2°30'59".
Internet/Tel.: www.lagaroffa.com, +34 950 235 770.
Öffnungszeiten: Ganzjährig.
Ausstattung: WLAN, Restaurant, Minimarkt, Spülgelegenheit, Waschmaschine / Trockner, eigener Strand.
Beschreibung: Recht großer, einfacher, aber ganz sympathischer Platz mit rund 90 ebenen Parzellen auf Schotter. Teils durch Bäume, teils künstlich beschattete Plätze, ein paar davon befinden sich direkt am Sand-Kies-Strand. Restaurant 300 m entfernt, ins Zentrum ca. 5 km (Busverbindung).
Preis: €€€-€€€€.
Zufahrt: Der N340a von Aguadulce aus weiter in Richtung Almería folgen. Nach rund 4 km vor einem Tunnel rechts abbiegen (Schild mit Campingsymbol). Die Platzeinfahrt folgt dann nach 500 m auf der linken Seite.

(236) WOMO-Stellplatz: Almería 1 (Parking Muelle Levante)

GPS: N 36°49'58" W 2°27'54", Via Muelle de Levante. **Max. WOMOs**: 15-20.
Ausstattung: Keine Einrichtungen, Sat-Empfang.

Beschreibung: Asphaltierter, durch Schranke gesicherter und bewachter Parkplatz im Hafen von Almería. Eben, kein Schatten, Campingverhalten verboten, durch die Hafengeräuschkulisse nicht so ruhig, nur wenige Schritte bis ins Zentrum.
Preis: €.
Zufahrt: Der N34a0 bis nach Almería folgen, nach rund 1,2 km rechts in die Zufahrtsstraße abbiegen.
Hinweis: Sollten Sie diesen Platz nicht

anfahren können oder wollen, kommt evtl. alternativ eine große Schotterfläche im Süden von Almería in Frage. Eher zweckmäßig als schön, nachts dunkel, hinter einer ehemaligen Bar neben der Hauptstraße, Busverbindung, [N 36°49'02" W 2°26'10", Avenida Cabo de Gata].

(237) WOMO-Stellplatz: Almería 2

GPS: N 36°48'55" W 2°25'28", Avenida Cabo de Gata (AL3302).
Max. WOMOs: 4-5.
Ausstattung: Keine Einrichtungen, Sat-Empfang.
Beschreibung: Größere, asphaltierte und in einiger Entfernung zur Hauptstraße gelegene Parkfläche an der Promenade. Eben, kein Schatten, teils abends belebt, Campingverhalten verboten, Bushaltestelle 400 m entfernt, Fuß-/ Radweg ins Zentrum (ca. 3 km).
Zufahrt: Der N340a und später der AL3302 immer an der Strandpromenade von Almería entlang nach Südosten folgen. Am Ende der Stadt nach einer Kanalbrücke rechter Hand.

Unterwegs in Almería

Direkt am Ausgang des Parkplatzes Muelle Levante beginnt der hier beschriebene Rundgang. Auch, wenn Sie vom Campingplatz oder den weiter östlich gelegenen Parkplätzen per Rad oder Bus ins Zentrum fahren, ein idealer Ausgangspunkt, denn an der Kreuzung von Carretera de Almería und Calle Reine Regente verlaufen die beiden Hauptachsen, an denen Almería ausgerichtet ist (Bus-Halt Rambla Oliveros oder Puerto). Bevor Sie starten, sollten Sie sich zunächst in Richtung Hafen drehen und einen Blick auf die Stahlkonstruktion linksseitig am Ende des Parque de las Almadrabillas werfen. Die rostrote, ins Nichts führende Eisenbahnbrücke ist unter dem Namen **Cable Inglés** bekannt und wurde Anfang

Cable Inglés

des 20. Jahrhunderts zur Verschiffung von Erz errichtet. Die Ware konnte so per Schiene bis auf die anlegenden Schiffe gebracht werden. In den 1970er Jahren wurde der Betrieb zwar eingestellt, ein Rückbau jedoch nicht vorgenommen. Längst hatte die Rampe ihren Status als Wahrzeichen Almerías inne und blieb daher erhalten.

Wenden Sie sich nun der landeinwärts führenden Calle Belén zu, an deren Stelle sich einst ein Flussbett befand. Beim Anblick des Prachtboulevards fühlt man sich ein wenig an große Vorbilder wie die Ramblas in Barcelona erinnert. Möglicherweise hatten die Stadtoberen genau so etwas im Sinn, als sie diese über 50 Meter breite Schneise durch die Stadt erdachten. Doch so richtig belebt ist sie nie geworden. Das Leben spielt sich weiter westlich ab, und so bleibt der großzügige, zwischen den Fahrspuren angelegte Bereich meist verwaist, von Inlineskatern, Radlern und ein paar Damen und Herren älteren Semesters auf den Parkbänken einmal abgesehen.

Folgen Sie ihm dennoch bis zur sechsten Querstraße rechts, der Calle Dr. Gregorio Marañón. Wenn Sie rechts abbiegen und dann die dritte Straße links, Calle Hermanós Pinzón, einschlagen, gelangen Sie zum **Museo de Almería**. Es liegt etwas außerhalb des Zentrums in der Neustadt, ist den Umweg aber wert, wenn Sie sich für Archäologie interessieren. Einen Schwerpunkt setzt die von der Früh- bis zur Maurenzeit reichende Ausstellung der Kupfer- und Bronzezeit. Präsentiert werden Funde aus der nicht weit entfernten Siedlung „Los Millares“ (siehe Tour 12), rund 20 Kilometer nordwestlich in Almería. Zur Veranschaulichung werden die Schaustücke durch moderne Videoprojektionen und interaktive Displays in Szene gesetzt *(Calle Hermanós Pinzón, EU-Bürger Eintritt frei, sonst €, Di – Sa 9 – 21 Uhr, So 9 – 15 Uhr, www.museosdeandalucia.es)*.

Zurück an der Calle Belén folgen Sie nun der direkt gegenüber abführenden Calle Rambla Obispo Orberá. Dort, wo Sie nach gut 150 Metern rechts das kleine Apolo Theater passieren, können Sie gegenüber einen Blick in den **Mercado Central**, die Markthalle von Almería, werfen. Ein Stück weiter kreuzen sich an der Plaza Puerta de Purchena gleich fünf Hauptstraßen. Bis 1855 stand hier das wichtigste Zugangstor zur Stadt, von dem heute nichts mehr zu sehen ist. Trotz des Lärms und der Hektik erfreuen sich die Cafés und Bars am Platz meist regen Zuspruchs.

Schlagen Sie gleich die erste Straße nach links, Paseo de Almería, ein und gehen Sie danach sofort rechts in die kleine, verkehrsfreie Calle Tenor Iribarne. Dort treffen

Plaza de la Constitución

Alcazaba von Almería

Sie kurz vor dem Ende auf die **Fuentes de Los Aljibes Arabes**, arabische Zisternen, die aus dem 11. Jahrhundert erhalten geblieben sind. 630.000 Liter Wasser konnten hier für den Fall von Belagerungen und Dürreperioden gespeichert werden *(Calle Tenor Iribane, Eintritt frei, Jun – Sep Di / Do – So 10.30 – 13.30 Uhr, Jun – Sep auch Fr / Sa 18 – 21 Uhr. Okt – Mai 17 – 20 Uhr).*
Weiter nach links folgen Sie nun der ältesten Einkaufsstraße der Stadt, **Calle de las Tiendas**, gehen am Ende des verkehrsberuhigten Abschnitts rechts und gleich wieder links auf die arkadengesäumte **Plaza de la Constitución** zu. Früher befand sich hier ein Marktplatz, heute stehen sich das Rathaus und die Klosterkirche Las Claras gegenüber. Auch die **Touristeninformation** befindet sich am Platz.
Verlassen Sie den Arkadenhof hinten rechts durch die Unterführung und halten Sie sich auf der Calla Almanzor immer geradeaus. Sie gelangen jetzt in die Medina, das älteste, bis heute arabisch geprägte Wohnviertel Almerías. Rechts von Ihnen erhebt sich der Burgberg. Nach rund 250 Metern kommen Sie rechts zum Eingang der **Alcazaba**. Der Komplex wurde im 10. Jahrhundert vom ersten Kalifen Ab dar-Rahman III. beauftragt, der damit den Grundstein für sein Taifa (kleines Königreich) legen wollte. In ihrer Pracht soll sie damals der Alhambra von Granada kaum nachgestanden haben und umfasst insgesamt unglaubliche 35.000 Quadratmeter. Bis heute ist es das zweitgrößte Bauwerk maurischen Ursprungs in Europa. Auch später, unter den christlichen Herrschern, diente die Burg als Wohn- und Schutzstätte, verfiel aber zusehends. Mitte des 20. Jahrhunderts war nur noch eine Ruine übrig, die erst in jüngster Zeit umfangreich renoviert wurde. Die Arbeiten dauern noch immer an. Über Serpentinen steigen Sie durch die Puerta de la Justicia in den ersten Burgring auf. Er diente bei Angriffen der Bevölkerung als Schutzwall. Heute wird er durch eine mit Wasserläufen durchzogene Gartenanlage geschmückt. Der zweite Burghof ist die älteste noch existierende Anlage und umfasste die Palastbauten, die Moschee und eine Zisterne, die Sie besichtigen können. Zwei rekonstruierte Räume vermitteln ein Bild davon, wie maurische Behausungen damals strukturiert waren. Der oberste Ring mit den drei mächtigen Türmen, Kanonen und einem beachtlichen Echoeffekt ist der jüngste Teil der Festung und wurde erst ab dem 15. Jahrhundert errichtet.

Gasse in der Medina

Sie haben eine schöne Sicht in Richtung Küste, sollten aber schon vorher auch dem Blick nach Norden Aufmerksamkeit schenken. Die trutzige Stadtmauer zieht sich dort quer durch die La-Hoya-Schlucht und am gegenüberliegenden Hügel Cerro de San Cristóbal zu den Überresten einer Tempelritterburg. Die Christusstatue stammt allerdings aus neuerer Zeit und wurde erst 1928 angebracht.
Im Tal fallen Ihnen vielleicht die vielen Gatter mit Tieren auf. Dabei handelt es sich um ein Schutz- und Nachzuchtprojekt für afrikanische Antilopenarten *(Calle Almanzor, Eintritt frei, Apr – Jun Di – Sa 9 – 21 Uhr, Jul – Sep Di – Sa 9 – 15 Uhr und 19 – 22 Uhr, sonst Di – Sa 9 – 18 Uhr, So ganzjährig 9 – 15 Uhr)*.
Am Burgausgang gehen Sie nun für ein kurzes Stück nach rechts und dann gleich links durch die Calle Demosténes in die Medina hinein. Behalten Sie die Richtung bei, bis Sie an der vierten Querstraße links die Calle de la Almedina einschlagen. Sie war einst die Hauptgeschäftsstraße von Almería, bevor sich die Stadt vergrößerte und das Geschäftszentrum immer weiter nach Osten wanderte. Wenn Sie möchten, erkunden Sie noch etwas die umliegenden Gassen, bevor Sie an der Calle de la Reina die Medina wieder verlassen. Rechts und sofort wieder links leitet Sie die Calle Bailén nun bis zur Plaza de la Catedral mit der **Kathedrale von Almería**.
Sie entstand ab 1522, nachdem ein schweres Erdbeben die alte Moschee an diesem Platz zerstört hatte. Auffällig ist ihr wehrhaftes Äußeres mit mehreren zinngekrönten Türmen, die eher an eine Festung als an eine Kirche erinnern. Dies war durchaus beabsichtigt, denn obwohl zur Zeit der Entstehung die schlimmsten Zeiten als Seeräuberhochburg bereits hinter der Stadt lagen, kamen Überfälle noch immer häufig vor und der Kirche fiel eine ganz irdische Schutzfunktion für die Bevölkerung zu. Sogar Kanonen waren damals von den Südtürmen aus in Richtung Meer gerichtet. Als kunstgeschichtlich wichtigstes Inventar gilt das aus Nussbaumholz geschnitzte Chorgestühl. Es stammt von dem lokalen Meister Juan de Orea. Der Turm neben der Kathedrale kann an manchen Tagen

Kathedrale von Almería

bestiegen werden, im dahinter gelegenen Bau ist ein Kirchenmuseum angeschlossen *(Plaza de la Catedral, €, Apr – Sep Mo – Sa 10 – 19 Uhr, So 13.30 – 19 Uhr, sonst Mo – Fr 10 – 18.30 Uhr, Sa 10 – 14 Uhr und 15.30 – 18.30 Uhr, So 13.30 – 18.30 Uhr, www.catedralalmeria.com).*
Verlassen Sie den Kirchenvorplatz links durch die Calle Lope de Vega, gehen Sie dann bei erster Gelegenheit rechts und dort links, die Plaza Careaga entlang, bis Sie auf die Calle Real treffen.
Dort nehmen Sie rechts ab den nächsten Durchgang nach links zur Plaza de San Pedro und weiter die Richtung beibehaltend bis zum großen Paseo de Almería, der heutigen Hauptgeschäftsstraße. Bummeln Sie von dort aus nach rechts zurück zum Ausgangspunkt.

***Almería – Tourist Info**: Plaza de la Constitución. www.turismodealmeria.org | **Wochenmarkt**: Di, Avenida del Mediterráneo | **Festkalender – Fiestas de la Virgen del Mar**: Ende Aug, Stadtfest mit Umzügen und Stierkampf, das tagsüber wie nachts stattfindet*

Gastro-Tipps Almería: Café Cyrano**, Calle Mendez Nuñez 19, **Aljaima****, Calle Jovellanos 12, **Taberna Nuestra Tierra****, Calle Jovellanos 16, **Casco Antiguo****, Calle Real 9, **Café La Chumbera** (Café), Calle Jovellanos 10, **La Mala****, Calle Real 69,

Almería verfügt nur über einen recht schmalen Stadtstrand, der selten überlaufen ist. Richtig ruhig wird es dann schon wenige Kilometer weiter östlich. Südlich des Flughafens liegen die beiden gänzlich unverbauten Strände **Playa de La Cañada** und **Playa del Perdigal**. Nicht schlecht für eine kurze Erholungspause oder eine abgelegene Übernachtung. Wenn Sie nach der Landebahn links abbiegen und in Richtung Autobahn A7 fahren, stoßen Sie am nördlichen Kreisverkehr auf eine Tankstelle mit großem LKW-Parkplatz. Auch für Wohnmobile auf der Durchreise wurden dort ein paar Buchten eingezeichnet. Interessant ist sie aber vor allem wegen der V/E-Station, [N 36°52'34" W 2°20'17", A7 Salida 460].

(238) WOMO-Badeplatz: Playa del Perdigal

GPS: N 36°50'34" W 2°22'04", AL3113. **Max. WOMOs**: 3-4.
Ausstattung: Keine Einrichtungen, Sat-Empfang.
Beschreibung: Ab den angegebenen Koordinaten führen unmittelbar von der Begleitstraße des Flughafens neben dem Rollfeld mehrere Sandstraßen rechts zur unbebauten, ruhigen Playa del Perdigal (abgesehen von Flugzeugen). Dort gibt es diverse Stellflächen entlang des Strandes. Nicht ganz eben, kein Schatten. Vorsicht: An manchen Stellen kann der Sand tief sein! Klappstuhlgeeignet, sonstiges Campingverhalten nicht empfehlenswert. Nachts einsam und dunkel. Strandrestaurant rund 400 m östlich.

Zufahrt: Der Promenadenstraße durch Almería immer weiter folgen, bis diese an einer Wohnsiedlung nach links abknickt, dann am Kreisverkehr links halten und nach rund 1,5 km oder danach rechts eine Naturpiste zum Strand nehmen.

Retamar
Bevor Sie den Naturpark Cabo de Gata erreichen, können Sie im Ort Retamar einen Halt einlegen. Im vorgelagerten Trabanten El Toyo gibt es einen großen Golfplatz, um den sich ein paar Hotels und Apartments verteilen. Am südwestlichen Rand stehen Wohnmobile auf einem sehr großen Parkplatz, auch über Nacht.

(239) WOMO-Badeplatz: Retamar-El Toyo (Playa del Perdigal)

GPS: N 36°50'18" W 2°19'32", Calle de los Juegos de Casablanca.

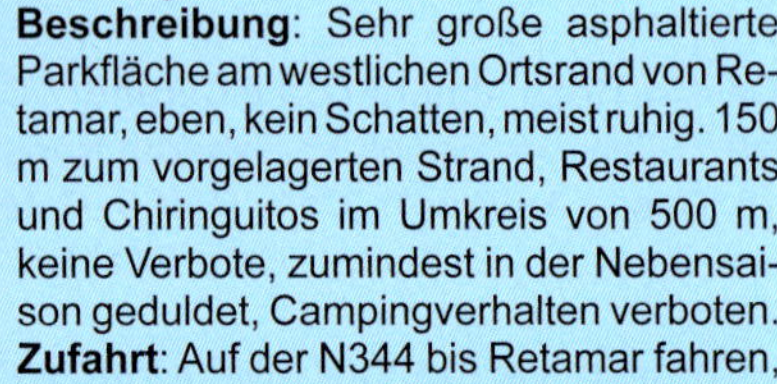

Max. WOMOs: 10 bis 12.
Ausstattung: Keine Einrichtungen, Sat-Empfang.
Beschreibung: Sehr große asphaltierte Parkfläche am westlichen Ortsrand von Retamar, eben, kein Schatten, meist ruhig. 150 m zum vorgelagerten Strand, Restaurants und Chiringuitos im Umkreis von 500 m, keine Verbote, zumindest in der Nebensaison geduldet, Campingverhalten verboten.
Zufahrt: Auf der N344 bis Retamar fahren, dort am ersten Kreisverkehr rechts Richtung „El Toyo" abbiegen. Nun immer geradeaus, der Platz folgt am vierten und letzten Kreisverkehr rechter Hand.

Parque Natural Cabo de Gata
Schon seit 1987 steht der nun folgende, rund 60 Kilometer lange Küstenstreifen unter Schutz. Er darf seitdem nicht mehr bebaut werden, die wenigen Ortschaften genießen Bestandsschutz und können, unter strengen Auflagen nur moderat entwickelt werden. Der Name „Cabo de Gata" bedeutet übersetzt „Kap der Katze", hat aber nichts mit den Tieren zu tun. Es ist vielmehr eine mit der Zeit etablierte Abkürzung des ursprünglichen „Cabo de Agata", was als „Achatkap" schon mehr Sinn ergibt. Die trockene, steppenähnliche Zone hinter der Küste ist vulkanischen Ursprungs, was ihre teils bizarren Felsformationen erklärt. Eruptionen hat es aber seit mehr als acht Millionen Jahren nicht mehr gegeben... Mit gerade einmal 20 Regentagen pro Jahr bleibt die Vegetation auf den sandigen und trockenen Böden ziemlich karg. Es gedeihen meist nur grobe Sträucher wie Ginster, Agaven und Zwergpalmen. Afrika scheint hier näher als Europa zu sein. Nur im Frühling überziehen für kurze Zeit Blumenteppiche das Land.

Für Wohnmobile gilt, dass das freie Übernachten nicht gestattet ist. An wenigen ortsnahen Parkplätzen wird es zumindest geduldet. Ansonsten sind Sie auf die wenigen genehmigten Stell- und Campingplätze angewiesen.

Einen ersten Eindruck vom Naturpark können Sie sich am **Informationszentrum Las Amoladeras** machen. Es ist rechts der AL3115 kurz nach Retamar angeschrieben und führt in die Themen Natur und Kultur ein. Eine audiovisuelle Präsentation unterstützt die Ausstellung. Ringsum ist ein knapp fünf Kilometer langer Rundweg angelegt.

Centro de Visitantes las Amoladeras *[N 36°49'19" W 2°15'23", AL3115], Eintritt frei, ganzjährig Jan / Feb 10 – 14 Uhr, Mär – Mai Fr – So 10 – 15 Uhr, Jun – Mitte Sep 10 – 14 Uhr und 17 – 20 Uhr, Okt – Dez Fr – So 10 – 14 Uhr.*

An der BP-Tankstelle am folgenden Kreisverkehr kurz vor **Ruescas** besteht Gelegenheit gegen Gebühr zu entsorgen, ein Wasseranschluss ist zwar auch vorhanden, sah aber zuletzt wenig einladend aus und verlangt im Fall des Falles nach der Nutzung Ihres eigenen Schlauchs [N 36°48'47" W 2°14'04", Carretera San José]. An diesem Kreisverkehr können Sie einen Abstecher zum Leuchtturm Cabo de Gata unternehmen, müssen den gleichen Weg bis hierhin am Ende aber wieder zurück fahren (einfach rund 14 Kilometer).

Unterwegs passieren Sie die am Rande des Parks gelegene gleichnamige Gemeinde **Cabo de Gata**. Tourismus ist kaum vorhanden, dafür hat sich ein veritabler Womo-Stellplatz entwickelt und es gibt, etwa außerhalb gelegen, einen Campingplatz.

(240) WOMO-Badeplatz: Cabo de Gata

GPS: N 36°46'44" W 2°14'34", AL3115. **Max. WOMOs**: 15 bis 20.
Ausstattung: Wasseranschluss, im Sommer Strandduschen in der Nähe, Sat-Empfang.
Beschreibung: Einfache Schotterparkfläche am östlichen Ortsrand von Cabo de Gata. Das Parken und Übernachten von Wohnmobilen sind hier offiziell geduldet. Campingverhalten unerwünscht. Unmittelbar am Strand, Chiringuitos und Restaurants direkt benachbart, Supermarkt rund 200 m entfernt.
Zufahrt: Auf der N344 bis Retamar fahren, dort am ersten Kreisverkehr rechts Richtung „El Toyo" abbiegen. Nun immer geradeaus, der Platz folgt am vierten und letzten Kreisverkehr rechter Hand.
Hinweis: Schon kurz vor Cabo de Gata finden Sie, etwas abseits gelegen, alternativ auch einen mittelgroßen Campingplatz, „Camping Cabo de Gata", [N 36°48'06" W 2°14'41", Carretera Cabo de Gata, www.campingcabodegata.com].

Entlang der weiterführenden Strandstraße zum Leuchtturm folgen Sie nun stetig dem langen, einsamen Strand. Wenn Sie es mögen, ganz für sich zu sein, finden Sie ausreichend Parkplätze direkt neben der Fahrbahn und genug Raum, an dem Sie fast das ganze Jahr über völlig ungestört sind. Zur Landseite hin befindet sich eine noch immer betriebene Saline. In dem flachen Brackwasser machen Wasservögel gern Station, Flamingos sind keine Seltenheit. Ein Lehrpfad startet am Weiler **La Fabriquilla**. Dort treffen Sie wieder auf etwas mehr Menschen und verlassen das Ufer. Wohnmobile stehen zuvor regelmäßig auf einigen Parkflächen.

(241) WOMO-Badeplatz: La Fabriquilla

GPS: N 36°44'19" W 2°12'28", Calle Carretera Antigua del Faro.

Max. WOMOs: 8-10.

Ausstattung: Mülleimer, Sat-Empfang.

Beschreibung: Einfache, asphaltierte Flache, auf der das Parken über Nacht offiziell geduldet ist. Direkt am Strand, Restaurant unmittelbar daneben, kein Schatten, fast eben, ruhig.

Zufahrt: Auf der N344 bis Retamar fahren, dort am ersten Kreisverkehr rechts Richtung „El Toyo" abbiegen. Nun immer geradeaus, der Platz folgt am vierten und letzten Kreisverkehr rechter Hand.

Hinweis: Camper stehen auch immer wieder, meist unbehelligt, an der Schotterpiste nach dem Ort am Ufer, [N 36°44'10" W 2°12'22"], oder auf dem Schotterparkplatz oberhalb von La Fabriquilla neben der Hauptstraße, [N 36°44'13" W 2°12'18"].

Rund um eine Felsnase und vorbei an einer letzten, winzigen Siedlung rechts unterhalb der Straße stoßen Sie auf einen Parkplatz ganz am Ende der befahrbaren Straße gleich neben dem **Leuchtturm** am Kap. Bis in die 1970er Jahre lebten Mönchsrobben an dem unzugänglichen Küstenabschnitt. Aktuell sollen sie im Rahmen eines Naturprojektes wieder ausgewildert werden – halten Sie Ausschau, vielleicht sind inzwischen schon welche angesiedelt worden. An windigen Tagen spritzt die Gischt von den 50 Meter aus dem Meer ragenden Felsen in beachtliche Höhen, doch auch sonst lädt der Ort dazu

Cabo de Gata, oben rechts: Leuchtturm am Kap

ein, für eine Weile die Aussicht zu genießen und zu verweilen. Der heutige Leuchtturm selbst ist 18 Meter hoch und stammt aus dem Jahr 1863, doch schon seit den Phöniziern war dieser markante Bezugspunkt Seeleuten ein Begriff.

Wenn Sie bereits gut 300 Meter vor dem Leuchtturm links auf eine schmale, recht löchrige Straße abbiegen, können Sie bis zur rund 1,5 Kilometer entfernten, isoliert in der mondähnlichen Landschaft gelegenen Badebucht **Cala Rajá** abfahren. Der Parkplatz dort ist allerdings klein und das letzte Zufahrtsstück extrem holprig. Anzuraten ist der Fahrweg daher nur mit kleinen Campingfahrzeugen. Alternativ besteht die Möglichkeit, vom Leuchtturm aus die Bucht zu erwandern oder das Mountainbike zu nehmen, falls Sie entsprechend ausgerüstet sind. Dann lässt sich die Fahrt über eine durchgängige Piste bis San José fortsetzen.

Gastro-Tipps Cabo de Gata: El Faro**, Carretera del Cabo de Gata, **Restaurante Blanca Brisa****, Calle de La Isla de Santa Elena 1 | **La Fabriquilla: Pena Flamenca El Palmito****, Carretera de Cabo de Gata al Faro, **La Estrella****, Carretera de Cabo de Gata al Faro

Zurück am Kreisverkehr nehmen Sie nun die AL3201 über Ruescas und biegen am Ende rechts in Richtung San José, einer der Hauptgemeinden im Naturpark, ab. Schon vorher haben Sie Gelegenheit, die Nacht zu verbringen.

(242) Offizieller WOMO-Stellplatz: Los Albaricoques (Cabo de Gata Camper)

GPS: N 36°49'00" W 2°08'57", Carretera Cabo de Gata (AL3108).
Internet/Tel.: www.cabogatacamper.com, +34 673 821 888
Max. WOMOs: Ca. 50.
Ausstattung: Ver-/ Entsorgung (nicht öffentlich zugänglich), Strom (gegen Gebühr), Dusche / Toilette, Mülleimer, Waschmaschine / Trockner, Picknickbänke, Grillgelegenheit, Sat-Empfang.
Beschreibung: Sehr gut ausgestatteter, geschotterter Platz direkt neben der Hauptstraße. Eben, kein Schatten, nicht ganz ruhig, etwas nüchtern zwischen Gewächshäusern gelegen, klappstuhlgeeignet.
Preis: €€.

Zufahrt: Von Ruescas kommend am Ende der AL3201 im Kreisverkehr rechts Richtung San José abbiegen. Dort nach 150 m rechts.
Hinweis: Rund 6 km nordöstlich gibt es einen weiteren, ganz ähnlich ausgestatteten, offiziellen Stellplatz etwas abseits der Route, „Camper Park Olivares" neben dem Dorf Los Albaricoques bei [N 36°50'53" W 2°07'07", Cortijo Jurado].

In **San José** angekommen, erwartet Sie eine verhältnismäßig umfangreiche Infrastruktur mit Restaurants, Ferienwohnungen, Geschäften und einem Yachthafen. Der sehr kleine **Campingplatz Tau** liegt am Ostende der Siedlung. Er bietet im Sommer eine kostenlose Entsorgungsmöglichkeit außerhalb des Geländes, für Wasser wird allerdings eine kleine Spende fällig, [**243:** N 36°46'04" W 2°06'20", Calle Cala Higuera, Mitte Apr – Sep, www.campingtau.com]. Die restlichen Parkplätze in San José sind allesamt mit einem Nachparkverbot versehen. Die meisten Tagesbesucher verweilen nicht lange in San José oder am ortseigenen Strand, sondern kommen, um von hier aus zu den weiter westlich gelegenen Stränden **Playa de Los Genoveses**, **Playa de Mónsul** (hauptsächlich FKK), **Playa Media Luna** und ihren Zwischenbuchten zu gelangen *(Parken bei [N 36°44'43" W 2°07'31"] beziehungsweise bei [N 36°43'59" W 2°08'54"])*. Sie gehören sicher zu den schönsten, die Andalusien zu bieten hat, sind aber nur über eine mehrere Kilometer lange, äußerst holprige Naturpiste erreichbar. Das ist zwar auch mit größeren Wohnmobilen möglich. Sie und Ihr gesamtes Inventar werden aber gehörig durchgeschüttelt. Zumindest im Sommer sind die halbstündlich ab dem Ortsbeginn von San José verkehrenden Pendelbusse daher sicher die bessere Alternative (Parken ist zum Beispiel an der Calle Ancla bei [N 36°45'53" W 2°06'35"] möglich).

Eine schöne Alternative ist auch eine Wanderung. Dazu folgen Sie entweder dem Sendero 7 ab der „Molino del Collado" am Beginn der Zufahrtspiste links ab, [N 36°45'21" W 2°06'57"] oder schlagen ab San José die Uferstraße Richtung Südwesten. Achtung: Unterwegs gibt es weder Trinkwasserversorgung noch Schatten!

***San José – Tourist Info**: Avenida de San José, www.visitacabodegata.com*

Playa de Los Genoveses

Playa Los Escullos

Gastrotipps San José: La Gondola*, Calle Correo 11, **Heladería Il Gelato** (Eis), Plaza de Genova, **4Nudos****, Calle del Puerto

Die nächste einfacher zu erreichende Badebucht folgt nach rund sechs Kilometern am Weiler **Los Escullos**. Daneben befinden sich zerklüftete weiße Sandsteinfelsen, Überreste einer versteinerten Düne. Übernachten können Sie kurz zuvor am Campingplatz Los Escullos.

(244) WOMO-Campingplatz: Los Escullos (Camping Los Escullos)

GPS: N 36°48'11" W 2°04'39", Paraje Los Escullos.
Internet/Tel.: www.losesculloscabodegata.com, +34 950 389 811.
Öffnungszeiten: Ganzjährig.
Ausstattung: WLAN, Pool, Restaurant, Café / Snack-Bar, Supermarkt, Spülgelegenheit, Waschmaschine / Trockner, Sportanlagen, Sauna, teils Sat-Empfang.
Beschreibung: Großer, gut ausgestatteter Platz mit über 200 ebenen Parzellen auf Schotter, meist künstlich beschattet. Ruhig, etwas abgelegen, rund 3 km in den nächsten Ort.
Preis: €€€€-€€€€€.
Zufahrt: Der AL4200 durch den Naturpark nach Osten in Richtung La Isleta folgen. Der Platz ist dort rechter Hand angeschrieben.

Noch schöner ist die gut erreichbare **Playa del Peñón Blanco** am Dorf **Isleta de Moro**. Auf den Parkplätzen stehen Wohnmobile, außerhalb der Hauptsaison über Nacht, meist wird dies geduldet [**245:** N 36°48'57" W 2°03'05", Carretera Noria]. Wenn Sie dagegen auf Nummer sicher gehen wollen, fahren Sie ein paar Kilometer weiter bis zur Siedlung **Rodalquilar**. Sie entstand in den 1920er Jahren als Goldgräbersiedlung. Die alten Häuser von damals liegen als Ruinen am Ortsanfang und verfallen seit der Aufgabe Ende der 1960er Jahre langsam. Zum Teil lassen

Badeplatz 245

sich die alten Minenanlagen besichtigen. Die neue Siedlung beherbergt einen **Botanischen Garten** und einen **Infopunkt**. Auf den Parkplatz am Ortsbeginn verweist auch die Guardia Civil, wenn Sie ab und an Parkplätze am Strand räumt.

(246) WOMO-Stellplatz: Rodalquilar

GPS: N 36°50'52" W 2°02'17", Calle Santa Barbara. **Max. WOMOs**: 5-6.

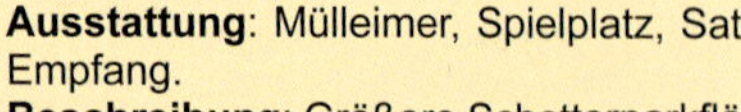

Ausstattung: Mülleimer, Spielplatz, Sat-Empfang.

Beschreibung: Größere Schotterparkfläche am Rand der Künstlerkolonie Rodalquilar, eben, kein Schatten, nachts ruhig. Zuletzt offiziell als Übernachtungsplatz geduldet, Campingverhalten untersagt, Minimarkt und mehrere Restaurants im Umkreis von rund 200 m.

Zufahrt: Auf der AL4200 in Richtung Las Negras fahren, bei Rodalquilar nach einem „falschen Kreisverkehr" links abbiegen, erst die nächste Abzweigung nach links nehmen. Dort stoßen Sie nach 150 m auf den Platz.

Die Zufahrt zu einem weiteren Traumstrand, der es mit den Buchten von San José aufnehmen kann und auf einer besser befahrbaren, wenn auch schmalen Straße erreichbar ist, folgt nur einen Kilometer weiter. An der **Playa el Playazo** ist das Übernachten definitiv verboten, als Tagesziel ist es den kleinen Umweg aber unbedingt wert. Wer schnorcheln möchte, findet gute Spots in den Randgebieten der Bucht, im Sommer öffnet eine mobile Strandbar. Wenn Sie es noch abgeschiedener mögen, können Sie es in der winzigen, nördlich angrenzenden **Calilla del Playazo** unterhalb der **Batería de San Ramón** aus dem 18. Jahrhundert versuchen. Das kleinere Castillo de la Batería am Zufahrtsweg zu den Buchten stammt noch aus maurischer Zeit.

Sendero de La Molata (3 km)

Wenn Sie am Playa Playazo nicht nur baden möchten, können Sie am nördlichen Strandende zu einer schönen, nicht allzu langen Wanderung entlang der Felsküste aufbrechen. Steigen Sie zunächst am hinteren

Playa el Playazo

Ende des Parkplatzes zum rechts weiterführenden Weg an, der auf das Castillo zusteuert. Es wurde unter Karl III. errichtet, um die durch ständige Überfälle entvölkerte Küste besser schützen zu können.
Statt jedoch bis zur Festung zu wandern, nehmen Sie bei erster Gelegenheit den schräg links leicht aufführenden, schmaleren Weg, der hinter der Burg herum führt. Über alte, terrassierte Felder queren Sie schließlich eine kleine Schlucht auf einem Holzsteg, dann nähern Sie sich wieder der Küste. Nach 4.000 Metern bietet ein Aussichtspunkt eine schöne Sicht zurück auf den Playazostrand. Nach einem zweiten, leichten Anstieg erhalten Sie eine gute Sicht auf das Gelände vor Ihnen. Stetig nähern Sie sich nun der Cuervo-Flussmündung, an der es einen weiteren Strand und einen Campingplatz gibt. Wenn es Ihnen gefällt, vielleicht Ihr nächstes Womo-Ziel? Im Zickzack steigen Sie dorthin ab. Vorher können Sie nach rechts unten noch einen vorsichtigen Blick auf die Felsküste mit der Cueva de Las Palomas werfen. Der Rückweg geht auf dem gleichen Pfad zurück.

Kurz darauf stößt die AL4200 auf die AL3106. Links verlässt die Hauptroute langsam den Naturpark, rechts können Sie noch Station im Fischerdorf **Las Negras** machen, das sich in den letzten Jahren stark zu einer Feriensiedlung gewandelt hat. Am Südende besteht die Möglichkeit, zu parken, an der noch 600 Meter weiter südlich gelegenen **Calla del Cuervo** befindet sich ein Campingplatz. Der Ort übt nicht zuletzt auf ein jüngeres, alternativ angehauchtes Publikum eine anziehende Wirkung aus, denn mit Booten oder über einen rund 4 Kilometer langen Wanderweg nördlich des Dorfes ist die abgeschiedene Bucht **Calle San Pedro** erreichbar. Tagesgäste wie Hartgesottene, die sich in ein paar abgeschiedenen, rudimentären Hütten dort für längere Zeit niedergelassen haben, gehen einem Neo-Hippie-Lifestyle nach. Doch auch „Normalos“ kommen im Sommer gerne, solange sie sich an den etwas prekären sanitären Umständen und Marihuanaduft nicht stören.

(247) WOMO-Badeplatz: Las Negras

GPS: N 36°52’41” W 2°00’20”, Camino del Camping. **Max. WOMOs**: Ca. 15.
Ausstattung: Sat-Empfang, sonst keine Einrichtungen.
Beschreibung: Schotterparkplatz oberhalb von Las Negras mit alternativem Flair am südlichen Ortsrand neben einem Sportplatz. Fast eben, kein Schatten, abgesehen von anderen Campern meist ruhig, Strand und Ort mit Restaurants nur 100 m entfernt, Campingverhalten unerwünscht. Etwas steile Einfahrtsrampe, Vorsicht bei langem Überhang!

Zufahrt: Der AL3106 bis nach Las Negras folgen. Am Ortsbeginn rechts beschildert zum Campingplatz abbiegen. Nach gut 200 m linker Hand.
Hinweis: Gleich unterhalb gibt es einen zweiten Parkplatz, auf dem auch ab und an Womos über Nacht stehen, [N 36°52’44” W 2°00’22”, Camino Batiscafo].

(248) WOMO-Campingplatz: Las Negras (Camping La Caleta)

GPS: N 36°52'21" W 2°00'23", Camino del Camping.
Internet/Tel.: www.campinglacaleta.com, +34 950 525 237.
Öffnungszeiten: Ganzjährig.
Ausstattung: WLAN, Pool, Restaurant, Supermarkt, Spülgelegenheit, Waschmaschine / Trockner, Spielplatz, teils Sat-Empfang.
Beschreibung: Angenehmer, größerer Platz mit meist künstlich beschatteten, ebenen Parzellen auf Erd-/ Grasboden. Eigener Zugang zum direkt angrenzenden Sandstrand, sehr ruhig gelegen. Rund 900 m bis in den Ort.
Preis: €€€-€€€€.
Zufahrt: Der AL3106 bis nach Las Negras folgen. Am Ortsbeginn rechts beschildert zum Platz abbiegen.

***Jardin Botanico El Albartinal und Infopoint Rodalquilar**: [N 36°50'56" W 2°02'36", Cale Bocamina], Di – Fr 9 – 14 Uhr, Sa / So auch 16 – 18 Uhr, Jun – Aug 10 – 13 Uhr und 18 – 20.30 Uhr*

Gastrotipps Isleta del Moro: La Ola**, Calle Penon Blanco | **Rodalquilar: Restaurante Lebeche****, Plaza del Tenis, **Oro y Luz****, Paraje los Albacetes | **Las Negras: Restaurante Martín Fierro****, Calle Cantos Rodalos 2, **Il Capriccio****, Centro Cala Brigantin, **La Chumbera***, Calle del Cerro del Aire 13

Agua Amarga

Folgen Sie der AL3106 bis **Fernán Pérez** und nehmen Sie dort rechts ab eine Provinzstraße, die Sie ohne weiten Umweg zur AL5106 befördert, über die Sie Ihre Fahrt entlang der Küste fortsetzen können. Auch, wenn der Naturpark hier endet, ändert sich landschaftlich kaum etwas. Der nächste Ort heißt Agua Amarga, ist ähnlich abgeschieden gelegen, aber ganz hübsch und wartet mit einem ansehnlichen Sandstrand auf. Eine weitere einsame und in südlicher Richtung nur zu Fuß erreichbare Bucht ist die rund 1,8 Kilometer entfernte **Cala de Enmedio**. Wenn Sie etwas bleiben möchten, erwartet Sie ein Womo-Stellplatz.

(249) Offizieller WOMO-Badeplatz: Agua Amarga (Área Autocaravanes Agua Amarga)

GPS: N 36°56'26" W 1°56'13", Calle Depósito.
Tel.: +34 678 626 843 **Max. WOMOs**: Ca. 30.
Ausstattung: Ver-/ Entsorgung (nicht öffentlich zugänglich), Strom (gegen Gebühr), Dusche (gegen Gebühr), Toilette, Mülleimer, Sat-Empfang.

Beschreibung: Große, ebene, schattenlose und umzäunte Schotterfläche am Ortsrand, relativ ruhig, klappstuhlgeeignet, 200 m zum Strand, 300 m in das Ortszentrum.
Preis: €€.
Zufahrt: Entlang der AL5106 bis Agua Amarga fahren. Dort in der scharfen Linkskurve rechts abbiegen. Der Platz liegt gleich rechter Hand.

Gastro-Tipps Agua Amarga: Los Tarahis**, Calle Desaguee 1b, **Bar La Plaza****, Plaza Agua Amarga

Carboneras

An sich ist **Carboneras** ein ganz hübscher, eher ruhiger Badeort, der mit Läden und Gaststätten mehr Infrastruktur bietet als die Weiler zuvor und einen veritablen Strand besitzt. So recht kam der Tourismus aber nie in Schwung. Gut möglich, dass das an den beiden riesigen Industrieanlagen im Süden liegt, einem Zement- und einem Elektrizitätswerk...

Dafür tummeln sich Tagesgäste gerne an der zuvor schon, südlich zwischen die Küstenfelsen gebetteten **Cala de los Muertos**, der letzten Traumbucht rund um den Naturpark.

Auf dem kostenpflichtigen Parkplatz können Sie mit dem Wohnmobil meist über Nacht bleiben, das letzte Wort hat der Parkwächter. Manchmal wird dafür ein kleines Zusatzentgelt berechnet, manchmal nicht [**250a:** N 36°57'09" W 1°54'19", AL5106]. Einen alternativen, freien Stellplatz direkt an der **Playa El Corral**-Bucht finden Sie nur 800 Meter weiter rechter Hand – wenn Sie damit leben können, dass Sie dort das Zementwerk direkt als Nachbarn haben, keine so schlechte Wahl [**250b:** N 36°57'47" W 1°54'01", AL5106]. Carboneras hat zusätzlich kommerzielle Stellplätze im Angebot. Ein paar hundert Meter hinter dem Ort liegen gleich zwei direkt beieinander.

Badeparkplatz 250b

(251) Offizieller WOMO-Stellplatz: Carboneras (Camper Park Carboneras)

GPS: N 37°00'11" W 1°54'34", AL5105.
Tel.: +34 633 375 215. **Max. WOMOs**: 50.
Ausstattung: Ver-/ Entsorgung (nicht öffentlich zugänglich), Strom (gegen Gebühr), Dusche / Toilette, WLAN, Pool, Waschmaschine / Trockner, Mülleimer, Aufenthaltsraum, Sat-Empfang.
Beschreibung: Schön angelegter, geschotterter Wohnmobil-Stellplatz westlich von Carboneras, campingplatzähnlich ausgestattet, kein Schatten, eben, Restaurant benachbart, ca. 2 km in den Ort und zum Strand.
Preis: €€.
Zufahrt: Der Route folgend nach Carboneras einfahren, dann am zentralen Kreisverkehr im Ort beschildert (Womo-Symbol) nach links abbiegen. Nach rund 1,7 km rechter Hand.
Hinweis: Ein zweiter privat betriebener, etwas kleinerer Wohnmobil-Stellplatz befindet sich fast direkt benachbart. Er bietet eine ganz ähnliche Ausstattung (ohne Pool), ist nur etwas älter, Camper Park El Rancho [N 37°00'13" W 1°54'42", Paraje la Hoyca"].

Ein Kuriosum passieren Sie dann auf der Weiterfahrt, rund 1,8 Kilometer nach Carboneras. Seit Jahren rottet dort der riesige, halbfertige Bau des als Luxusresort geplanten El-Algarrobico-Hotels vor sich hin. Nach jahrelangem Rechtsstreit urteilte ein Madrider Gericht 2016 in dritter Instanz, dass der 2003 begonnene Bau illegal sei. Wie es mit dem Koloss weitergeht, bleibt abzuwarten. Um den laut andalusischem Fremdenverkehrsamt „jungfräulichen Zustand“ der davor liegenden Bucht ist es natürlich so oder so geschehen. Wenn Sie sich selbst ein Bild machen wollen, finden Sie eine Abfahrt bei [N 37°01'05" W 1°52'47"], der Komplex selbst ist aber auch gut von der Hauptstraße aus zu sehen.

Die nächste Badebucht, **Playa Castillo Macenas**, folgt, nachdem Sie einen Bergkamm umfahren haben. Es gibt dort in einigen hundert Metern Entfernung zwei einfache Campingplätze, der Parkplatz neben einem einsamen Chiringuito am Strand hat sich zu einem zusätzlichen Campertreffpunkt entwickelt.

(252) WOMO-Campingplatz: Aqura de Emedio (Camping Sopalmo)

GPS: N 37°03'55" W 1°52'07", AL5107.
Internet/Tel.: www.campingsopalmo.com, +34 950 478 413.
Öffnungszeiten: Ganzjährig.
Ausstattung: WLAN, Cafeteria, Spülgelegenheit, Waschmaschine, Spielplatz, Sat-Empfang, Brötchenservice.
Beschreibung: Abgelegener, kleinerer Platz mit Schotter-/ Sandboden, teils schattig durch Bäume, nicht immer ganz eben, sehr ruhig gelegen, gepflegt, 3 km zum Strand und in den nächsten, kleinen Ort.
Preis: €€€-€€€€.
Zufahrt: Von Carboneras kommend der AL5107 nach Norden folgen. Der Platz folgt dann linker Hand der Hauptstraße, rund 3 km bevor Sie an der Macena Bucht wieder das Meer erreichen.
Hinweis: Der Platz bietet auch einen Stopover-Tarif für Wohnmobile, inklusive Service. Er gilt, wenn Sie erst um 20 Uhr ankommen und nur bis 10 Uhr bleiben (Okt – Mai 18 – 10 Uhr), €€-€€€.

Küstenstraße nach Carboneras

(253) WOMO-Badeplatz: Playa Macenas

GPS: N 37°04'39" W 1°51'02", AL5107. **Max. WOMOs**: 8-10.
Ausstattung: Sat-Empfang, sonst keine Einrichtungen.
Beschreibung: Schotterparkplatz direkt am Strand neben einem Chiringuito, fast eben, kein Schatten, sehr ruhig gelegen, ziemlich holprige Zufahrt, vorbei am Castillo Macenas (auch dort stehen ab und an Wohnmobile). Einkehr gern gesehen, klappstuhlgeeignet vor den Fahrzeugen am Strand.

Zufahrt: Der AL5107 am Campingplatz vorbei folgen. Am zweiten Kreisverkehr oberhalb des Strandes die erste Ausfahrt nehmen und am Castillo vorbei die Naturpiste vorsichtig bis zum Parkplatz am Chiringuito befahren.
Hinweis: Wenn Sie der Hauptstraße weiter folgen, schließt sich nach der Bucht ein weiterer Campingplatz, Camping Cueva Negra, an.

***Carboneras – Tourist Info**: Calle del Mar 15, www.turismocarboneras.com,*
***Wochenmarkt:** Do, Calle Castillos*

Gastro-Tipps Carboneras: La Quesería**, Calle Mirasol 18, **El Cabo****, Paseo Marítimo 67, **El Pescador****, Calle Pueblo 37, **Café di Martino** (Eis), Paseo Marítimo 89, **Ajo y Guindilla****, Camino Viejo de Garrucha

Mojácar

Das rund 8.000 Einwohner zählende weiße Dorf liegt malerisch auf einem hohen Felsen gut 1,5 Kilometer hinter der Küste. Doch schon viel früher werden Sie auf die dichte Küstenbebauung der als Feriensiedlung entstandenen und inzwischen weit größeren Kolonie **Playa Mojácar** stoßen. Sie verzeichnet inzwischen den größten Urlauberzustrom im Osten Andalusiens. Einkaufsmöglichkeiten und Gastronomie bieten alles, was sich Badegäste wünschen, die Strände sind breit und gepflegt. Abgesehen von einem ziemlich mittelprächtigen Campingplatz auf halbem Weg bleibt wenig Raum für Wohnmobile. Alle Parkplätze wurden vor einiger Zeit mit Halteverboten ausgestattet, zumindest, was die Nächte angeht. An den vergessenen Plätzen mahnt die Guardia Civil zur Weiterfahrt. Abgesehen von einem Tageskurzbesuch sollten Sie sich daher besser einen anderen Ort suchen.

Mojácar Pueblo selbst ist davon unberührt. Der alte Ort versprüht viel andalusisches Flair, neben Alteingesessenen haben sich seit den 1980er Jahren vor allem viele Briten in den mean-

Playa Mojácar

Gasse in Mojácar

dernden Gassen niedergelassen. So finden sich neben Tapasbars, Souvenirshops und Schmuckläden auch waschechte britische Pubs im Ort. Falls Sie abends dort einkehren und eine nahe, unkomplizierte Übernachtung benötigen, eignet sich die große Parkfläche am westlichen Zugang von Mojácar recht gut. Dass diese leicht schräg ist, fällt dann vielleicht gar nicht mehr sonderlich ins Gewicht [**254:** N 37°08'26" W 1°51'12", Carretera de Subida al Campo de Fútbol]. Schöner geht es aber auch, der nächste Campingplatz, am Fuße des Felsens gelegen, ist nicht weit.

(255) WOMO-Campingplatz: Mojácar (Camping El Quinto)

GPS: N 37°08'28" W 1°51'34", Carretera Mojacar (AL6111).
Internet/Tel.: www.camping-quinto.com, +34 950 478 704.
Öffnungszeiten: Ganzjährig.
Ausstattung: WLAN, Pool, Bar, Minimarkt, Spülgelegenheit, Waschmaschine / Trockner, Spielplatz, Grillstelle und Picknicktische, teils Sat-Empfang.
Beschreibung: Recht schöner kleiner Platz mit rund 40 ebenen Parzellen auf Schotter, unterteilt durch Bäume und Sträucher, sauber, familiär, Wandermöglichkeiten ringsum, rund 1 km bis ins Zentrum von Mojácar, 4,5 km bis an den Strand.
Preis: €€€-€€€€.
Zufahrt: Der AL6111 bis Mojácar und darüber hinaus folgen, Nachdem die Straße den Ort nördlich umfahren hat, folgt der Platz linker Hand. **Hinweis**: Ermäßigung für ADAC-Camping-Mitglieder.

***Mojácar – Tourist Info**: Passeo del Medtiterráneo 30, Mojácar Playa, www.mojacar.es | **Wochenmarkt**: Mi, Plaza Rey Alabez |**Festkalender – Moros y Cristianos**: Am Wochenende nach dem 10. Juni Prozessionen und Tanz zu Ehren der christlichen Rückeroberung im 15. Jahrhundert*

Gastro-Tipps Mojácar: El Rincon del Zahori**, Cuesta del Castillo, **La Candela****, Plaza Nueva, **Calima****, Plaza de Arbollon 2, **El Antler****, Calle de Enmedio

Garrucha und Vera Costa

Zurück an der Küste endet die Playa Mojácar an einem im Sommer trockenen Flussbett. Nördlich davon beginnt die nächste Feriensiedlung. **Garrucha** ist aus einem Fischerort entstanden und wirkt etwas ursprünglicher. Ob es auch schöner ist, müssen Sie selbst entscheiden. Die große Sandparkfläche „Las Escobetas" gleich am Ortsbeginn ist für einen Stopp keine schlechte

Playazo de Villaricos und Platz 258a

Wahl. Bislang stehen Sie dort ohne Einschränkungen, [256: N 37°10'20" W 1°49'24", AL5107]. Tagesüber geht es auch ganz zentral direkt am Yachthafen bei [N 37°11'02" W 1°49'12"].

Baden Sie gerne hüllenlos? In dem Fall sind die **Playas de Vera** vielleicht genau das Richtige für Sie. Auf der gesamten Länge ist eine der größten Naturistensiedlungen Europas entstanden. Wundern Sie sich also nicht, wenn Ihnen Nackte auch abseits vom Strand auf den Straßen entgegenkommen... Vor allem der nördliche Teil von Bucht und Ort ist reines FKK-Gebiet. Am Südende geht es etwas zugeknöpfter zu, FKK ist dort zwar auch erlaubt, aber keine Bedingung.

Ein schöner Stellplatz befindet sich gut eineinhalb Kilometer weiter landeinwärts, ein teilnaturistischer Campingplatz direkt im Ort. Gleich dort, wo Vera Playa endet, parken Wohnmobile tagsüber wie nachts an der Barriada Palomares. Immer dann, wenn es zu viele werden, zu nah am Strand gestoppt wird oder es Beschwerden gibt, räumt die Guardia Civil allerdings den Platz, **[258a:** N 37°13'57" W 1°47'52"]. Im Zweifelsfall fahren Sie knapp zwei Kilometer weiter. Nach der Kanalbrücke rechts ab stehen Sie bislang unbehelligt auf der Freifläche hinter dem Chiringuito „Las Brisas" an der **Playazo de Villaricos**, **[258b:** N 37°14'34" W 1°46'31"].

(257) Offizieller WOMO-Stellplatz: Vera Costa (Oasis al Mar)

GPS: N 37°13'38" W 1°49'41", Avenida el Salar.
Internet/Tel.: www.oasis-al-mar.com, +34 629 456 407.
Öffnungszeiten: November bis April.
Max. WOMOs: Ca. 35.
Ausstattung: Ver-/ Entsorgung (nicht öffentlich zugänglich, chem. Toilettenentsorgung nur mit Ökozusätzen erlaubt), Strom (gegen Gebühr), WLAN, Waschmaschine, Mülleimer, Picknickbänke, Grillgelegenheit, Sat-Empfang, Videoüberwachung.

Beschreibung: Recht schön gestalteter, teils bepflanzter Schotterplatz, eben, kaum Schatten, ruhige Lage, deutsche Betreiber, 900 m zu Minimarkt und Restaurant, 1,8 km zum Strand in Vera Playa.
Preis: €€.
Zufahrt: Der AL7107 bis Vera Playa folgen, dort am großen Kreisverkehr links beschildert Richtung Avenida el Salar abzweigen, dann am zweiten Kreisverkehr links zum Stellplatz fahren.
Hinweis: Alternativ gibt es in Vera Playa noch den mittelgroßen Campingplatz Cuevas Mar mit eigenem FKK-Bereich, [N 37°14'16" W 1°47'57", AL8104, www.campingcuevasmar.com].

***Garrucha – Wochenmarkt**: Fr, Calle Joaquín Escobar | **Vera Costa – Tourist Info**: Calle Desplatación, www.vera.es,*

Gastro-Tipps Garrucha: Heladería Di Martino (Eis), Paseo del Malecon 204, **Marcos***, Paseo Malecon 84, **La Cantina de Floor****, Paseo Malecon 80

San Juan de los Terreros

Der nordöstlichste Badeort Andalusiens, San Juan de los Terreros, zählt gerade einmal rund 1.000 Einwohner, bietet aber ein recht breites Angebot an touristischen Services. Kleine, weitgehend unberührte Buchten ducken sich zwischen karge Fels, große Hotelanlagen existieren nicht. Bis zur nahen Grenze mit der Provinz Murcia finden Sie ein gutes Dutzend Abfahrten zu meist nur wenige Fahrzeuge fassenden Stellflächen oberhalb solcher Naturstrände. Diese sind mal fein-, mal eher grobkörnig und können manchmal durch Pflanzen- und Algenreste verunreinigt sein. **ACHTUNG**: Der Zustand der Parkflächen und der Naturpisten ist nicht immer gleich gut und schwankt von Jahr zu Jahr beträchtlich. Sie sollten in jedem Fall vorab prüfen, ob Ihr Fahrzeug für den jeweiligen Fahrweg und die aktuelle Beschaffenheit geeignet ist. Wenn Sie es gern ruhig und abseits der Zivilisation mögen, sind ansonsten folgende Stellen einen Versuch wert:

- [**259a:** N 37°15'54" W 1°45'30", Cala La Invencible], mit mehreren Parkstellen,
- [**259b:** N 37°16'06" W 1°45'05", Punta de los Ratones], mehrere Parkbuchten, wenn Sie sich nach dem Zuweg links halten,
- [**259c:** N 37°16'19" W 1°44'58", Cala el Mal Paso], eher für kleinere Fahrzeuge geeignet,
- [**259d:** N 37°16'56" W 1°44'03", Cala Peñon Cortado], nur zwei bis drei Parkplätze,
- [**259e:** N 37°18'20" W 1°42'30", Cala Dos Hermanas], eine größere, abgelegene Fläche,
- [**259f:** N 37°19'29" W 1°41'53", Camino Pozo del Esparto], asphaltierte Anfahrt,
- [**259g:** N 37°22'12" W 1°38'47", Las Palmeras], einfache Anfahrt, recht flach neben der Hauptstraße.

Badeparkplätze 259f und 259e

Wenn Sie auch mit dem etwas stärker frequentierten Ortsstrand selbst zufrieden sind, finden Sie große Parkanlagen gleich neben der Avenida Puerta Litoral Andaluz bei [N 37°21'26" W 1°40'20"]. Es gibt Chiringuitos sowie Schirme und Liegen im Verleih.

Unmittelbar an der Provinzgrenze endet Andalusien an vier wirklich tollen Stränden, die als **Cuatro Calas** bekannt sind. Bis vor Kurzem war es möglich, an jedem zu übernachten. Inzwischen ist das leider unter horrender Strafandrohung verboten worden... tagsüber werden Sie aber an der **Cala Las Palmeras**, der **Cala Los Cocedores**, der **Cala Carolina** und der **Cala La Higuerica**, allesamt von der Hauptstraße aus markiert, nach wie vor Ihre Freude haben. Für die Übernachtung müssen Sie nun auf den offiziellen Platz am Rand von **Aguilas** ausweichen.

(260) Offizieller WOMO-Badeplatz: Aguilas (Anibal Camper Área)

GPS: N 37°23'19" W 1°36'53", Calle Depósito.
Internet/Tel.: www.anibalcamperarea.es, +34 968 414 259
Max. WOMOs: Ca. 50.
Ausstattung: Ver-/ Entsorgung, Strom (gegen Gebühr), Dusche / Toilette, WLAN, Mülleimer, Waschmaschine / Trockner, Sat-Empfang.
Beschreibung: Große, umzäunte Schotterfläche neben einer Tankstelle, eben, kein Schatten. Direkt an der Hauptstraße gelegen, trotzdem nachts recht ruhig, 350 m zum Strand (Playa del Matalentisco), 500 m zum nächsten Restaurant, 3,6 km bis in den Ort.
Preis: €-€€.
Zufahrt: Der A332 nach Osten folgen und die Grenze zur Provinz Murcia überfahren. Ab nun heißt die Straße RM333. Nach gut 1,5 km linker Hand.
Hinweis: Kurz nach dem Platz befindet sich alternativ ein kleiner Campingplatz, „Camping Bellavista", [N 37°23'30" W 1°36'34", www.campingbellavista.com].

Cala Los Cocedores

TOUR 12
10 km
N
MURCIA
Vélez-Blanco
Cueva de los Letreros
Vélez-Rubio
2046 m
1664 m
1231 m
Cúllar
Baza
Caniles
Benalúa
Guadix
2157 m
1746 m
P.N. Sierra de Baza
Albox
Huércal-Overa
Pilar
Aguilas
San Juan d.I.T.
Cuevas del Almanzora
Vera
Costa Cálida
La Calahorra
Dólar
2784 m
2741 m
2612 m
Abla
Tour 13
Parque Nacional Sierra Nevada
Ugíjar
P.N. Deserto de Tabernas
Fort Bravo und Western Leone
Plataforma Solar
Tabernas
Oasys MiniHollywood
Los Millares
Sorbas
Cuevas de Sorbas
Los Gallardos
Tour 11

Tour 12: Wüste, Wind und Wohnhöhlen (ca. 190 km)

Cuevas del Almanzora – Vera – Sorbas
Desierto de Tabernas – Guadix
(Huércal Overa – Vélez Rubio – Baza)

Stellplätze:	Pilar, Vera (2x), Sorbas, Tabernas, Fort Bravo, Oasys MiniHollywood, Western Leone, Abla, Guadix, Huércal-Overa, Vélez Rubio, Cúllar, Baza
Campingplätze:	Sorbas, Tabernas, Huércal-Overa, Vélez Blanco
Besichtigen:	Höhlen und Höhlenmuseum in Cuevas del Almanzora, Cuevas de Sorbas, Desierto de Sorbas mit Plataforma Solar und Westernstädten Fort Bravo, Oasys MiniHollywood und Western Leone, prähistorische Ausgrabungen von Los Millares, Guadix mit seinen Wohnhöhlenviertel, Vélez Rubio, Burg von Vélez Blanco, Cueva de los Letreros, Baza
Wandern:	Sendero Los Yesares, Desierto del Almanzora

Auf Ihrem Weg in die Sierra Nevada und nach Granada haben Sie auf Tour zwölf Gelegenheit, eine weniger stark besuchte Region Andalusiens zu erkunden. Im Hinterland der Region Almería erwarten Sie dabei bis heute genutzte Wohnhöhlen, prähistorische Ausgrabungen und Westeuropas einzige Wüste. Falls Sie gerne noch tiefer in das ländliche, unbekannte und ursprüngliche Andalusien eintauchen wollen, können Sie dies auf einer Alternativroute über Vélez-Rubio tun.

Cuevas del Almanzora

Über die A332 fahren Sie vom äußersten Ende Andalusiens nun in Richtung Cuevas del Almanzora. Der Ortsname beinhaltet bereits das Wort „Höhle“ und bezieht sich auf seit 5.000 Jahren existierende Wohngrotten, die seit damals in den lehmigen Fels getrieben wurden. Bis Mitte des 20. Jahrhunderts waren die Höhlen von Cuevas del Almanzora dauerhaft bewohnt. Heute sind sie nur noch als Lager oder Schuppen in Gebrauch. Einige wurden in den letzten Jahren zu Touristenunterkünften umgebaut. Den besten Einblick in eine Höhlenwohnung bietet das ethnografische **Museo Cuevas**, das direkt in und um eine solche Wohnhöhle errichtet wurde. Von der großen, zentralen Werk- und Lagerhöhle gingen verhältnismäßig kleine Seitentrakte zum Wohn-, Schlaf- und Küchenraum ab. Erklärungen liegen auf Spanisch und Englisch vor. Ab und an werden Führungen zu den umliegenden Höhlen angeboten. Einen kleinen Parkplatz gibt es gleich ums Eck an der Calle

Cirera, [N 37°17'47" W 1°53'01"]. Die Zufahrt erfolgt am besten aus südwestlicher Richtung über den Camino Cementerio.

Vom Parkplatz aus schon gut zu sehen ist auch das **Castillo Marquez de los Velez** mit dem Haupteingang auf der gegenüberliegenden Seite an der zentralen Plaza de la Libertad. Im Hof finden im Sommer ab und zu Konzerte und Aufführungen statt, im Inneren sind unter anderem ein archäologisches Museum, die Touristeninformation und eine Ausstellung mit Stichen Francisco de Goyas untergebracht. In Nachbarschaft zur Burg finden Sie auch die Markthalle des Städtchens.

Wenn Sie später noch den größten Komplex alter Höhlen in der Umgebung sehen möchten, können Sie zum **Terrera de Calguerín** fahren. Es ist ausgeschildert, der Zufahrtspunkt liegt bei [N 37°18'22" W 1°52'58"] an der Carretera el Pantano zwei Kilometer nördlich.

Eine Unterkunft in der Umgebung bietet ein privat betriebener Stellplatz einige Kilometer zuvor in Pilar.

(261) Offizieller WOMO-Stellplatz: Pilar (Amigos de Jaravía)

GPS: N 37°23'17" W 1°41'35", Calle Liano.
Max. WOMOs: 10-12.
Öffnungszeiten: September bis Mai.
Ausstattung: Ver-/ Entsorgung (nicht öffentlich zugänglich), Strom (gegen Gebühr), Toilette, Dusche (gegen Gebühr), Mülleimer, Bar, Waschmaschine, Sat-Empfang, Brötchenservice, Videoüberwachung.
Beschreibung: Privater, recht schön angelegter Stellplatz am Ortsrand von Pilar. Plätze auf Schotter, eben, teils Schatten, recht ruhig, klappstuhlgeeignet. Etwas ungewöhnliches Procedere: Erst, wenn man Mitglied des betreibenden Vereins geworden ist, darf man auf dem Platz stehen. Bar in 350 m Entfernung, gut 4 km bis San Juan und ans Meer.
Preis: €-€€.
Zufahrt: Von der A322 aus Richtung Aguilas kommend die Abfahrt Pulpí nehmen. Dann links nach Pilar abbiegen und bei erster Gelegenheit erneut links bis zum Platz nach rund 600 m fahren.

***Cuevas de Almanzora – Tourist-Info**: Plaza la Libertad, www.turismo.cuevasdelalmanzora.es, **Wochenmarkt**: Di und Do, Plaza de la Libertad | **Museo Cuevas**: El Vergel, €, Mitte Jun – Mitte Sep Di – Sa 9 – 14 Uhr, sonst Di – Sa 10 – 13.30 Uhr und 16 – 18.30 Uhr, So 10 – 12 Uhr | **Castillo Marquez**: Mitte Jun – Mitte Sep Di – Fr 9 – 14 Uhr, sonst Di – Sa 10 – 13.30 Uhr und 16 – 18.30 Uhr, So 10 – 13.30 Uhr*

Alte Wohnhöhlen bei Cuevas del Almanzora, rechts oben Castillo im Ort

Gastro-Tipps Cuevas de Almanzora: **Tapería El Castillo****, Plaza del Castillo, **Heladería Nevada** (Eis), Avenida de Barcelona 85

Vera

Das Provinzstädtchen ist als Hauptort der Umgebung ein wichtiger Versorgungs- und Handelspunkt. Entgegen der gleichnamigen Urlaubsenklave am Meer *(siehe Tour 11)* kommen nur wenige Touristen dorthin. Bis auf eine kleine Fußgängerzone und der hübschen Plaza Mayor gibt es nicht allzu viel zu sehen. Allerdings erfreuen sich die beiden Stellplätze einer gewissen Beliebtheit. Vor allem im Winter werden sie als günstige Standbasis gern von Langzeiturlaubern genutzt.

(262) Offizieller WOMO-Stellplatz: Vera 1 (Resort Indalo)

GPS: N 37°15'37" W 1°51'12", Cañada de Lorca.
Tel.: +34 630 630 777. **Max. WOMOs**: Über 100.
Ausstattung: Ver-/ Entsorgung (nicht öffentlich zugänglich), Strom, WLAN, Pool, Restaurant / Bar, Mülleimer, Sat-Empfang, Grillgelegenheit, Fitnessraum, Spielplatz und Sporteinrichtungen.
Beschreibung: Sehr großer, campingplatzähnlicher, abgelegener Platz zwischen Feldern neben einer Tennisanlage, Stellflächen auf Asphalt und grobem Sand, eben, kein Schatten, klappstuhlgeeignet, rund 2,4 km bis Vera, 7,5 km bis Vera Playa.
Preis: €€.
Zufahrt: Von Cuevas de Almanzora der A332 und später der A352 bis Vera folgen. Dort an der T-Kreuzung links Richtung Garrucha halten und gleich wieder rechts nach Vera fahren. Die erste Straße, Calla la Rambla, nach links abbiegen und am Ende links, unter der Schnellstraße hindurch, zur beschilderten Zufahrtsstraße auf der linken Seite fahren. Ab dort noch ca. 1,3 km.

(263) Offizieller WOMO-Stellplatz: Vera 2 (Carpe Diem)

GPS: N 37°14'22" W 1°51'51", Carretera de Ronda.
Tel.: www.lagaroffa.com, +34 644 792 288. **Max. WOMOs**: Mehr als 40.
Ausstattung: Ver-/ Entsorgung (nicht öffentlich zugänglich), Strom (gegen

Gebühr), Toiletten, Duschen (gegen Gebühr), Mülltonnen, WLAN (gegen Gebühr), Waschmaschine / Trockner, Sat-Empfang.
Beschreibung: Erst vor Kurzem angelegter, noch recht karg wirkender Schotterplatz, eben, kein Schatten, klappstuhlgeeignet, nicht ganz ruhig durch die nahe Ausfallstraße, Supermarkt 300 m entfernt, gut 1000 m ins Zentrum. Rund 7,5 km bis ans Meer.
Preis: €€.
Zufahrt: Vera auf der A352 in Richtung Garrucha verlassen, dann am Kreisverkehr am Ortsende in Richtung A7 / Murcia und Almería weiterfahren. Der Platz folgt hier nach gut 600 m rechts.

Eine Kostenpflichtige Wohnmobil-Ver- und -Entsorgung gibt es ein Stück weiter in **Los Gallardos** an der Repsol-Tankstelle bei [N 37°10'05" W 1°55'56"].

***Vera – Tourist-Info**: Calle Mayor 1, www.vera.es, **Wochenmarkt**: Sa, Calle Mayor*

Gastro-Tipps Vera: **Terraza Carmona****, Calle Mar 1, **Restaurante Juan Moreno*****, Carretera Ronda 3

Sendero Los Yesares (8,7 km, ca. 100 Hm)

Diese Wanderung führt durch eine beinahe komplett aus Gips bestehende, ungewöhnliche Landschaft mit der entsprechenden, besonderen Vegetation, Dolinen und unterirdischen Wasserkammern. Am südlichsten Punkt wandern Sie durch ein verlassenes, aus Gips gebautes Geisterdorf. Zunächst zweigen Sie einige Kilometer vor Sorbas links von der Hauptstraße in Richtung La Herrería ab und halten sich dann, direkt vor einem Gipswerk, rechts auf die ungeteerte Fahrspur und stellen Ihr Fahrzeug bei erster Gelegenheit ab, [N 37°07'56" W 2°03'48"]. Diesem Schotterweg folgen Sie nun in südliche Richtung, erst die Abraumhalden entlang, später über offenes Gelände. Von rechts stößt ein schmalerer Weg hinzu, den Sie unbeachtet lassen, Sie kommen auf dem Rückweg von dort. Vorbei an terrassierten, nicht mehr genutzten Feldern senkt sich das Gelände nun stärker. Von hier erkennt man die Wasserscheide des bis nach Mojacar fließenden Aguas-Flusses und den Weiler La Herrería. Nach einer Felsstufe biegt die Fahrspur rechts ab. Sie gelangen so zu den Überresten des Dorfes Marchalico Viñicas. Es wurde aufgrund der harten und unwirtlichen Bedingungen Mitte des 20. Jahrhunderts aufgegeben, die letzte Familie verließ es 1969. Der Weg passiert die zerstörten, aus Gips errichteten Häuser. Sie sind in zwei Stadtteile separiert, das untere und ein Stück weiter das obere Dorf. Im Zentrum befindet sich ein natürliches Wasserloch und daneben sind einige Waschplätze eingerichtet. Der Weg steigt im Oberdorf stärker an, ab und zu treten Sie auf Gipskristalle, die sich am Boden gebildet haben. Nachdem Sie die Kante überwunden haben, kommen Sie in die weite Ebene, die Sie schon vom Beginn des Weges kennen. Es lässt sich noch erkennen, wo hier einst trotz der trockenen Böden Landwirtschaft betrieben wurde. Damals gab es Getreidefelder, Johannisbrot-, Oliven- und Mandelbäume. Auch die Grenzmauern aus Gips lassen sich noch ausmachen. Der karge Pflanzenbewuchs nimmt nun etwas zu, ausschließlich Spezialisten wie Sonnenröschen Sorbas-Thymian, Gipskraut und Pinselgras gedeihen, dazu Flechten und Moose. Überall um Sie herum erheben sich Dolinen und kleine Vertiefungen, durch die Wasser in den Boden eintritt, das durch unterirdische Ebenen und Spalten abfließt. Sie passieren auch einen uralten, teils eingestürzten Grabhügel. Es lassen sich zudem Zugänge zu unterirdischen Wasserreservoirs erkennen, dem Wasserloch im Ort weiter unten ähnlich. Ein Infoschild erläutert die Formationen, sofern Sie Spanisch verstehen. Schließlich vereint sich der Weg wieder mit dem bekannten Hinweg und Sie wandern links zurück zu Ihrem Fahrzeug.

Sorbas

Rechts der Durchgangsstraße thront das kleine Sorbas auf einer Felsklippe. Es ist als Handwerksort bekannt, in dem rote Keramikwaren hergestellt und verkauft werden. Außerdem gibt es ein paar Cafés und Bars. Wenn Sie einen Bummel unternehmen möchten, parken Sie auf jeden Fall am Fuß des Felsens. Versuchen Sie nicht, in den Ort hinauf zu fahren, [N 37°05'37" W 2°06'25", Calle Alcala].

Noch interessanter sind allerdings die **Cuevas de Sorbas** schon ein paar hundert Meter zuvor. Sie haben dort eine der wenigen Gelegenheiten, eine Tropfsteinhöhle auf ursprünglichere Weise zu erkunden, als sonst in Schauhöhlen üblich. Ausgerüstet mit Helmen und Lichtquellen geht es auf Touren unterschiedlicher Schwierigkeitsgrade und Dauer *(Minimum ca. 2 Stunden)* in den Berg hinein, begleitet von einem kundigen Führer. Statt angelegter Stege und LED-Beleuchtung müssen Sie sich selbst, manchmal kletternderweise, durch die natürlich belassenen Korridore und Säle arbeiten. Je nach Bedarf werden die Führungen auch auf Englisch und Deutsch durchgeführt. Informationen und unbedingt empfohlene Reservierungen mindestens 24 Stunden im voraus können Sie telefonisch oder über die Website des Veranstalters Nature Sorbas erhalten. Dort werden auch die verschiedenen Touroptionen beschrieben.

Sorbas

Auf dem Parkplatz der Cuevas de Sorbas dürfen Sie als Besucher auch über Nacht stehen bleiben, [**264**: N 37°05'37" W 2°06'25", A1102]. Ein Stück nördlich des Ortes gibt es auch einen Campingplatz.

(265) WOMO-Campingplatz: Sorbas (Savannah Park Resort)

GPS: N 37°08'28" W 2°09'03", AL4101.
Internet/Tel.: www.savannahparkresort.com, +34 950 387 823.
Öffnungszeiten: Ganzjährig.
Ausstattung: WLAN, Pool, Bar, Spülgelegenheit, Waschmaschine/Trockner, Sat-Empfang.
Beschreibung: Schön angelegter, großer Platz der obersten Kategorie mit Camping- und Mobilheimteil, zuletzt in einigen Bereichen noch im Bau befindlich. Englische Leitung, keine Kinder, keine Hunde erlaubt, ebene, parzellierte Plätze auf Schotter, bislang kein Schatten. Absolut ruhig, aber auch abgelegen, ca. 7 km nördlich von Sorbas.
Preis: €€€-€€€€€.
Zufahrt: Am Kreisverkehr nach Sorbas rechts Richtung Uleila del Campo abbiegen. Dann nach rund sechs Kilometern rechter Hand.

***Sorbas – Tourist-Info**: Calle Terraplen, www.sorbas.es | **Wochenmarkt**: Do, Plaza Constitución | **Cuevas de Sorbas**, A1102, ab €€, Bürozeiten 10 – 14 Uhr und 16 – 18 Uhr, Reservierungen tel. unter +34 950 364 704 oder online unter www.cuevasdesorbas.com*

Desierto de Tabernas

Rund 280 Quadratkilometer umfasst die Desierto de Tabernas, Europas einzige Wüste, die Sie nun durchfahren. Die Bergkette der Betischen Kordilleren schneidet sie von den feuchteren Winden des Mittelmeeres ab, und so fallen hier im Jahresdurchschnitt nur rund 200 Millimeter an Niederschlag. Augenblicklich fühlen Sie sich in der stark erodierten Landschaft nach Mexiko, Texas oder Arizona versetzt. Wie stark die Ähnlichkeit ist, fiel auch schon Filmschaffenden ab den 1960er Jahren auf, als sie begannen, in der Wüste Kulissen aufzustellen und in „Kleinhollywood“ Westernstreifen im Akkord zu drehen. Selbst das US-Kino kam, um im damaligen Billiglohnland Spanien

Karg und unwirtlich: die Wüste von Tabernas

kostengünstig zu produzieren. „Lawrence von Arabien", „Indiana Jones" und „Zwei glorreiche Halunken" sind nur ein paar heute noch bekannte Streifen, die in Wahrheit bei Tabernas spielen. Gleich 14 mehr oder minder komplette Westerndörfer gab es einst, drei sind heute noch vorhanden.

Bevor Sie diese erkunden, können Sie rechts einen Abstecher zur **Plataforma Solar** machen. Die klimatischen Bedingungen und die zahlreichen Sonnenstunden machen die Region zu einem idealen Ort für einen riesigen Solarpark, der schon in den 1980er Jahren hier entstanden ist. Das Besucherzentrum informiert über die technische Ausstattung und Funktionsweise. Regelmäßig finden auf Voranmeldung hin Führung durch den Solarpark statt, an denen auch Individualbesucher teilnehmen können. Ganz in der Nähe befinden sich gleich mehrere Übernachtungsplätze.

***Plataforma Solar**: [N 37°05'50" W 2°21'55", A349], €€, Mo – Fr 8.30 – 16.30 Uhr, Reservierung über Anmeldeformular obligatorisch, mehr unter www.psa.es*

(266) WOMO-Campingplatz: Tabernas (Camping Oro Verde)

GPS: N 37°04'53" W 2°19'04".
Tel.: +34 600 258 768.
Öffnungszeiten: Ganzjährig.
Ausstattung: WLAN, Pool, Minimarkt, Spülgelegenheit, Waschmaschine / Trockner.
Beschreibung: Einfacher Platz in einer kleinen Wohnsiedlung neben der Hauptstraße, für ca. 40 Fahrzeuge mit Stellflächen auf Erd-/ Rasenboden zwischen Olivenbäumen. Englische Leitung, nicht ganz eben, kaum Schatten, nachts ruhig. Pool nicht immer in Betrieb, Restaurant gut 400 m entfernt. Rund 7 km bis Tabernas.
Preis: €€-€€€€.
Zufahrt: Der N340a von Sorbas in Richtung Tabernas folgen. Nach einer Tankstelle links der Abzweigung nach Turrillas folgen, dann sofort wieder rechts auf einen schmalen Fahrweg abbiegen. Der Platz folgt hier nach gut 400 m linksseitig.
Hinweis: Ganz in der Nähe waren zuletzt zwei neue, private Wohnmobilstellplätze im Entstehen begriffen. Wenn Sie einen davon ausprobieren möchten, finden Sie die **Área Little Texas** bei [N 37°05'44" W 2°17'15"]. Direkt nördlich von Tabernas liegt das **Puerta del Desierto** nach einer holprigen Zufahrt bei [N 37°05'17" W 2°23'26"].

Sie passieren dann das namensgebende Wüstenstädtchen **Tabernas**. Dort finden sich ein paar Restaurants und, hoch über dem Ort, die Ruine des **Castillos**. Allzu viel ist davon zwar nicht übrig, der Blick über die karge Landschaft dürfte, zumindest in Europa, aber ziemlich einzigartig sein. Parken können Sie beispielsweise bei [**267:** N 37°02'56" W 2°23'43", Calle Reyes Católicos].

Gastro-Tipps Tabernas: **Los Albardinales****, N340a, **Las Eras Antonio Gazquez****, Calle Eras, **Las Eras de Manolo****, Paraje Las Eras

Kurz hinter dem Ort zweigt rechts ein Fahrweg zur ersten Westernstadt, **Fort Bravo**, ab. „Vier Fäuste für ein Halleluja" ist nur einer der hier während der Hochzeit entstandenen Streifen. Selbst heute dient Fort Bravo noch als Drehort, „Winnetous Rückkehr" oder „Der Schuh des Manitu" beinhalten hier gefilmte Szenen. Einerseits wirken die Kulissen etwas staubig und heruntergekommen, andererseits sind sie die authentischsten von allen. Für den recht üppigen Eintrittspreis können Sie die während der Saison täglich mehrmals stattfindenden Wild-West-Shows ansehen, sich zu einer Runde auf dem Pferd oder im Pferdewagen mitnehmen lassen, die noch vorhandenen Filmstudios entdecken und haben, sofern er in Betrieb ist, Zugang zum zugehörigen Swimming Pool. Sogar ein paar Wohnmobilstellplätze samt allem Drum und Dran gibt es, diese sind allerdings im Verhältnis zum Gebotenen zu teuer. Ohne spezielle Anforderungen durften Besucher zuletzt auch kostenfrei über Nacht auf dem Parkplatz stehen, [**268:** N 37°02'52" W 2°25'15"].

Falls Sie authentisches Wüstenfeeling und mehr Einsamkeit bevorzugen, können Sie auf halbem Weg nach Fort Bravo östlich auf einen holprigen Fahrweg abzweigen. Prüfen Sie aber, ob die aktuelle Beschaffenheit und Ihr Fahrzeug wirklich zusammenpassen... Sie werden dort verschiedene Parknischen finden, in denen sich rasten ließe. Falls Ihnen die Szenerie irgendwie bekannt vorkommt, liegt das möglicherweise daran, dass Teile des Fantasyepos „Game of Thrones" in diesem Bereich entstanden sind.

***Fort Bravo**: Paraje del Unihay, €€€, 9 – 18 Uhr, mehr unter www.fortbravo.org*

Rund fünf Kilometer weiter liegt links der größte Themenpark, **Oasys MiniHollywood.** Herzstück ist auch hier die Westernstadt, Kulisse von Filmen wie „Eine Handvoll Dollar". Mindestens zweimal am Tag erwacht sie zum Leben, wenn bei Pferde-, Schieß- und Westernshows die Postkutsche einfährt, Halunken am Galgen aufgeknüpft werden oder die Lassos fliegen. Im Saloon finden zwischenzeitlich CanCan-Einlagen statt und authentisch gekleidete Musiker bemühen Piano und Banjo. In einem der Gebäude versteckt sich ein Filmmuseum, in einem anderen eines für alte Kutschen. Mehr als 250 verschiedene Exemp-

lare an Sukkulenten wachsen im Kakteengarten gleich dahinter. In der Aquazone spülen Sie den Staub dann wieder vom Körper, es gibt neben einem großen, palmengesäumten Hauptpool auch einen mit Wasserrutschen und einen Jacuzzi. Auf dem Gelände des angeschlossenen Zoos leben außerdem 200 verschiedene Spezies an Tieren, darunter Hyänen, Nashörner, Giraffen und Krokodile. Mehrmals am Tag finden Vorführungen mit Papageien statt, selbstredend bietet das ganze Gelände auch ausreichend gastronomische Versorgung.

Oasys MiniHollywood

Als Besucher dürfen Sie über Nacht auf einem für Wohnmobile vorgesehenen Platz stehen, **[269:** N 37°01'14" W 2°26'02"].

***Oasys MiniHollywood**: N340a, €€€, Mai / Okt meist 10 – 18 Uhr, Jun / Sep meist 10 – 19.30 Uhr, Jul / Aug 10 – 21 Uhr, sonst meist nur Sa / So 10 – 18 Uhr, mehr unter www.oasysparquetematico.com*

Kurz danach endet die N340a an der quer dazu verlaufenden Autobahn A92. Schlagen Sie diese, rechts ab, in Richtung Guadix ein, um auf dem schnellsten Weg voranzukommen.

Wenn Sie es etwas langsamer angehen lassen und noch mehr von der Tabernaswüste sehen wollen, können Sie alternativ die direkt vor der Auffahrt rechts abgehende und parallel zur Autobahn verlaufende Landstraße nehmen. Sie erschließt auch die letzte Wildwest-Kulisse **Western Leone**. Bekanntester hier gedrehter Film dürfte „Spiel mir das Lied vom Tod" sein. Die Anzahl der Gebäude ist etwas kleiner, Shows auf der Main Street und im Saloon werden aber auch geboten. Dazu gibt es eine Ranch und ein „mexikanisches Dorf". Als Besonderheit können Sie Pferdeausritte in die Wüste unternehmen. Was zuvor galt, gilt natürlich auch hier – Besucher dürfen die Nacht auf dem Parkplatz verbringen, **[270:** N 37°01'54" W 2°26'48"].

***Western Leone**: A92, €€, 10 – 20 Uhr, mehr unter www.western-leone.es*

Tipp: Wenn Sie noch Zeit haben und sich für Frühgeschichte interessieren, machen Sie von der Autobahnauffahrt aus noch einen Abstecher über die Landstraße in Richtung Süden. Durch ein besonders schönes Wüstengebiet, in dem linker Hand viele Filmszenen entstanden sind, fahren Sie bis zur Abzweigung nach **Gadór** und von dort noch ein Stück entlang der AL3411 bis zum Besucherparkplatz des prähistorischen Dorfes **Los Millares**. Ab 2700 v. Chr. lebten mehrere tausend Menschen an diesem Ort und begannen, wahrscheinlich als erste im westlichen Mittelmeerraum, mit der Verarbeitung von Metall. Fundamente der Wohnhäuser konnten konserviert werden, auch Megalithgräber wurden entdeckt. Neben dem Parkplatz gibt es ein Besucherzentrum, ein rund zweistündiger Wanderweg erschließt das gesamte Gelände.

***Yacimiento Arqueológico de Los Millares**: [N 36°57'45" W 2°31'37", ALP602], Eintritt frei, Mi - So 10 – 14 Uhr*

Einen Pausenstopp am Weg nach Guadix lässt sich in Abla einlegen. Der Ort hält neben V/E-Anlagen auch einen recht schönen Stellplatz für Besucher bereit. Falls Sie für Ihr Wohnmobil nur eine Ver- und Entsorgung benötigen, können Sie das ansonsten auch ein Stück weiter an der BP-Autobahntankstelle von **Dólar** bei [N 37°11'43" W 2°59'02"] erledigen.

(271) Offizieller WOMO-Stellplatz: Abla (Área Montagón)

GPS: N 37°09'15" W 2°46'38", Calle Montagon. **Max. WOMOs**: 13.

Ausstattung: Ver-/Entsorgung, Mülltonnen, teils Sat-Empfang.
Beschreibung: Umzäunter und mit einem Schiebetor versehener Stellplatz mit eingezeichneten Parzellen auf Asphalt. Zwischen einem Fußballplatz und einem kleinen Park halbschattig gelegen, eben, nachts ruhig, Campingverhalten untersagt, im Park gibt es Grillgelegenheiten, gleich dahinter befindet sich ein Freibad. 1,2 km zu einem Supermarkt und Restaurant, 1,8 km ins Ortszentrum.
Zufahrt: Von der A92 die Abfahrt 336 nach Abla nehmen. Am Kreisverkehr und gleich danach jeweils rechts halten und am Ende der Straße links fahren. Am kleinen Park nach 1,3 km ist der „Camp de Fútbol" rechts angeschrieben. Daneben liegt der Stellplatz.
Hinweis: An der Hauptstraße in Abla gibt es gleich neben einer Tankstelle eine weitere V/E-Anlage bei [N 37°08'41" W 2°46'25", Carretera Almería]. Daneben sind sogar acht Stellplätze eingezeichnet. Die Lage ist für eine Übernachtung nicht gut geeignet, evtl. aber für eine Stadtbesichtigung nicht schlecht.

Guadix

Linker Hand ziehen unterwegs die Berge der Sierra Nevada an Ihnen vorbei, dann haben Sie, gut 80 Kilometer nach der Autobahnauffahrt in der Tabernas-Wüste, das auf rund 1000

Metern Seehöhe gelegene Guadix erreicht. Während die Zeit der Wohnhöhlen anderswo inzwischen vorüber ist, wird sie in Guadix und Umgebung nach wie vor gelebt. Ähnlich wie in Cueva del Almanzora existieren die ins Gestein geschlagenen Hohlräume bereits seit prähistorischen Zeiten. Gesichert ist, dass noch unter den Mauren alle Einwohner in solchen Behausungen lebten. Heute ist es nur mehr ein Teil der Bevölkerung, immerhin aber mehr als 2.000 Menschen. Die einstmals ärmlichen, dunkelfeuchten Löcher sind recht komfortablen Mehrraumwohnungen gewichen. Nichtsdestotrotz reibt man sich bisweilen verwundert die Augen und fühlt sich ein wenig wie ins Land der Hobbits versetzt, wenn rings um einen herum überall kleine Schornsteine aus den Hügeln zu wachsen scheinen. Sofern Sie sich genauer umsehen wollen, finden Sie einen offiziellen Stellplatz im Nordosten nicht weit von der Autobahnauffahrt und dem Stadtzentrum entfernt.

(272) Offizieller WOMO-Stellplatz: Guadix

GPS: N 37°18'14" W 3°08'01", Calle Adolfo Suarez. **Max WOMOs**: Ca. 15. **Ausstattung**: Ver-/Entsorgung, Mülltonnen, Sat-Empfang. **Beschreibung**: Stellflächen auf und neben dem Festplatz. An Wochenenden ist es wegen der Märkte nur möglich, am Rand des Platzes gleich neben der V/E Station zu stehen. Etwas schmuddelige Umgebung, asphaltiert, nicht ganz eben, meist relativ ruhig, Campingverhalten untersagt, Gastrobar in 150 m Entfernung, 350 m ins Zentrum.
Zufahrt: Von der A92 nach Guadix abfahren und am Ende der Straße rechts in Richtung Zentrum abbiegen. Unmittelbar vor der Brücke links fahren und gleich wieder links zum Platz auf der rechten Seite.
Hinweis: Sollte Ihnen der Platz gar nicht zusagen oder während eines Stadtfestes nicht nutzbar sein, können Sie auf den Pferdehof Centro Ecuestre Cabacci am Westende der Stadt ausweichen. Es gibt dort eine einfache V/E-Anlage, Toiletten und ein paar Stellplätze gegen Gebühr. Der Service steht auch Nicht-Reitern zur Verfügung, [N 37°17'50" W 3°08'51"].

Höhlenwohnungen

Schon seit Jahrtausenden leben Menschen in natürlichen Unterschlupfen, die ihnen in Form von Grotten und Naturhöhlen von Anbeginn der Zeit an vielen Orten der Erde zur Verfügung standen. Mit der fortschreitenden kulturellen Entwicklung wurden auch die Ansprüche an Wohnstätten höher und die Menschen zogen von den Höhlen erst in Hütten und danach in immer stärker ausgefeilte Häuser. Dort, wo die Natur jedoch weichen, gut bearbeitbaren Sandstein, Löss und ähnliche Materialen bot, kam man schnell darauf, dass sich recht komfortable und klimatisch angenehme Wohnhöhlen mit überschaubarem Aufwand in den Felsen graben lassen. Und da dieser Grundsatz noch heute gilt, gab es für Tausende in der Region um Guadix lebende Menschen keinen Grund, ihre inzwischen mit allem Komfort ausgerüsteten Höhlen zu verlassen. Die meisten wurden von den nach der Reconquista aus Granada fliehen-

den Mauren gegraben und erstrecken sich über ein Gebiet von rund 200 Hektar. Wie in ganz normalen Häusern gibt es heute Wasser- und Stromanschluss, Internet und Fernsehempfang. Im Vorteil ist man dagegen, was die Raumtemperatur und mögliche Belästigungen durch Außengeräusche angeht. Es herrschen kontinuierlich angenehme 18 bis 20 Grad Celsius und der Lehm schluckt jedes aufkommende Geräusch zuverlässig. In früheren Zeiten schätzte man außerdem die gute Tarnung. Die Höhlen sah man oft erst, wenn man unmittelbar vor ihnen stand. Nach dem Graben werden die meist zwei bis vier Meter großen Räume mit einer Gewölbedecke überspannt. Sobald sie ausgetrocknet sind, werden sie weiß gekalkt, was sie desinfiziert und für ein angenehmeres Licht- und Raumgefühl sorgt. Neben Wohnhöhlen gibt es auch Werkstätten, Weinkeller, Kirchen und Gasthäuser, die in den Felsen gegraben wurden. Wer weiß, vielleicht kommen Sie bei der ein oder anderen Besichtigung ja auf den Geschmack und überlegen sich, ihr Womo gegen eine Wohnhöhle einzutauschen?

Unterwegs in Guadix

Da die Straßen, vor allem in dem Viertel „Barriada de Cuevas“, recht eng sind, macht es Sinn, das Wohnmobil am Stellplatz zu lassen und die Stadt zu Fuß zu erkunden. Gleich hinter der Flussbrücke, vor der Sie links zum Stellplatz abgebogen sind, können Sie hinter dem Parque de Pedro Antonio de Alarcón und einem großen Verkehrsrondell schon die Plaza Iulia Gemella Acci mit der imposanten **Catedral de la Encarnación** entdecken. Sie wurde ab 1594 an Stelle einer Moschee errichtet und bildet mit ihrer auffälligen rötlichen Fassade den unumstrittenen Blickfang. Im Inneren beeindruckt das wertvolle Chorgestühl. Angeschlossen ist ein Museum und der Turm kann bestiegen werden *(Plaza Catedral, €-€€, Audiguides verfügbar, Apr – Mai 10-30 – 14 Uhr und 16.30 – 18.30 Uhr, Jun – Sep 10-30 – 14 Uhr und 17 – 19.30 Uhr, sonst 10.30 – 14 und 16 – 18 Uhr, www.catedraldeguadix.es).*

Links von der Kirche biegen Sie an der Plaza Catedral links durch den Torbogen zur arkadengesäumten **Plaza de la Constitución**, dem schmucken Hauptplatz der Stadt mit der **Touristeninformation**, ab. Am Ende geht es rechts über einen weiteren Durchgang neben dem Rathaus zur Calle Ancha weiter, der Sie nach rechts bergauf folgen. Um die Stei-

Höhlenviertel von Guadix

gung zu entschärfen, macht die Straße neben der Iglesie de Santiago eine serpentinenartige S-Kurve, die Sie über eine Treppenanlage vor Ihnen umgehen können. Sie stehen nun an der Calle Puerta Alta. Das schöne Bauwerk rechts ist der **Palacio de Peñaflor** aus dem 17. Jahrhundert. Links herum beschreibt die Straße eine Kurve, die dem Verlauf der **Alcazaba**, der Burgruine aus dem 11. Jahrhundert, folgt, die zuletzt leider nicht mehr zu besichtigen war. Sie stoßen schließlich rechts auf das **Cueva Museo de Alfarería la Alcazaba**. Die direkt unterhalb der Festung gelegene Wohnhöhle stammt aus maurischer Zeit und wurde 1998 restauriert. Darin sehen Sie über 1.500 Haushalts- und Ziergegenstände aus der Zeit ab 1600. Die gezeigten Keramiken sind typisch für die Region und wurden, teils eng regional begrenzt, nur um Guadix gefertigt *(Calle San Miguel 57, €, 10.30 – 14 Uhr und 16.30 – 20 Uhr)*.

Gegenüber der Höhle folgen Sie nun der Calllejon de los Pimentilles ins Höhenviertel hinein. Die Straße beschreibt einen Bogen, erreicht dann einen kleinen Kreisverkehr, an dem Sie rechts in die Calle Cañada de los Perales wechseln und dann bei zweiter Gelegenheit links durch die schmale gepflasterte Calle Cerezo abkürzen. Bei der Kirche Nuestra Señora De Gracia können Sie rechter Hand auf dem Vorplatz das **Cueva Museo De Costumbres Populares** besuchen *(Plaza del Padre Poveda, €, 10 – 14 Uhr, Mo – Sa auch 16 – 18 Uhr, Jul Di / Mi nachmittags und Mo geschlossen)*. Daneben besteht außerdem die Möglichkeit, gegen eine Spende die **Cuevas de María** hinter dem Souvenirladen anzusehen oder die ehemalige Wohnhöhle des Padre Poveda in Augenschein zu nehmen. Auf der gegenüberliegenden Seite der Zugangsstraße haben Sie oberhalb des **Mirador Padre Poveda** einen guten Blick auf die umliegenden Wohnhöhlen. Der Besitzer der darunter liegenden, privaten Wohnhöhle freut sich, wenn Sie sich auch sein recht authentisches Zuhause für eine kleine Spende anschauen. Mit dem Mirador im Rücken halten Sie sich nun links, durch die Calle Retama und den dahinter anschließenden Fahrweg weiter aufwärts, biegen rechts in die Calle Cueva el Pichurro ab und nehmen nach der großen Linkskurve die zweite Straße nach links. Ein Weg führt am Ende zum **Mirador Las Cuevas**, der den vielleicht besten Überblick auf das Viertel gewährt.

Den Abstieg können Sie nun etwas abkürzen, indem Sie sich rechts halten, dann auf einem ungeteerten Pfad zwischen weiteren, etwas vernachlässigten Höhlen absteigen und sich schließlich links halten. Die Calle Alfarería leitet Sie über den schon bekannten Kreisverkehr schließlich zurück zum Höhlenmuseum an der Burg. Gehen Sie diesmal links in die Calle

Höhlenwohnung, oben Kathedrale von Guadix

Höhlenwohnung

San Miguel und nach gut 200 Metern rechts hinter einer Bar in die kleine, aufwärts führende Barriada las Angustias. So stoßen Sie schließlich wieder auf die Kathedrale.

***Guadix – Tourist-Info**: Plaza la Constitución 15, www.guadix.es | **Wochenmarkt**: Sa, Calle Adolfo Suárez*

Gastro-Tipps Guadix: **La Bodeguilla***, Calle Doctor Pulido 4, **Taberna El Buho****, Calle Santisteban, **Restaurante Boabdil****, Calle Manuel de Falla 3

Alternativroute über Huércal Overa, Vélez Rubio und Baza

Zur beschrieben Route über die Wüste von Tabernas gibt es ab Vera eine zweite Alternative. Dafür fahren Sie über die A7 zunächst bis nach **Huércal Overa**. Dort haben Sie die Wahl zwischen dem Campingplatz **Mountain View Camp Site** etwas außerhalb *(**273**: [N 37°22'55" W 1°56'01"], www.mountainviewcampsite.com)* und dem offiziellen **Stellplatz** von Huércal Overa auf dem Festgelände, **274**: [N 37°23'53" W 1°56'46"]. Über die A327 fahren Sie bis an den Rand des Naturparks **Sierra María Los Vélez** weiter. Mit seinen mehr als 2.000 Meter hohen Bergzügen gilt

Castillo Vélez Blanco

er als beliebtes Rückzugsgebiet für große Greifvögel wie Adler und Geier.

Einen ersten Halt können Sie im hübschen, barocken Ort **Vélez Rubio** machen. Parken und übernachten lässt es sich offiziell am Rand des Festgeländes samt V/E-Station, **275**: [N 37°39'08" W 2°04'28"].

Vorbei am ruhigen **Campingplatz Pinar del Rey** *(**276**: [N 37°40'49" W 2°05'13"], Paraje Pinar del Rey, www.campingpinardelrey.com)*, steuern Sie dann auf **Vélez Blanco** zu. Das pittoreske, aber enge Bergdorf ist ungeeignet für Wohnmobile, parken lässt sich unterhalb bei [N 37°41'25" W 2°05'56"] an der Calle Ai Qua-Sid. Die außergewöhnlich schöne **Burg** des Markgrafen Los Vélez dominiert den Ort, die Aussicht ist den Aufstieg wert. Die Besichtigung ist weniger interessant, denn die Burg ist weitgehend leer *(Calle Castillo, Zutritt frei, Apr – Sep Mi – So 10 – 14 Uhr und 17 – 20 Uhr, sonst nachmittags 16 – 18 Uhr)*.

Prähistorische Höhlenzeichungen

Im **Centro de Visitantes** des Naturparks samt Museumsbereich erhalten Sie weitere Infos zu Sehenswürdigkeiten und Wandermöglichkeiten *(Calle Marqués de los Vélez 100, Do – So 10 – 14 Uhr)*.

Einen Besuch wert ist allerdings die zum UNESCO-Weltkulturerbe zählende **Cueva de los Letreros** mit ihren über 80 abstrakten Felszeichnungen von Tieren, Sternen und Menschen, die vor mehr als 5.000 Jahren entstanden sind. Sie ist nur im Rahmen einer Führung zu besichtigen, Treffpunkt ist der Eingang des Campingplatzes, von wo aus die Anfahrt in eigenen Fahrzeugen erfolgt. Mit großen Womos kann das schwierig werden. Genauere Infos und verbindliche Zusagen zu den Führungen erhalten Sie bei Bedarf vorab telefonisch *(Treffpunkt bei [N 37°40'51" W 2°05'43", A317], €, meist Mi – Sa 16 und 18 Uhr, So 12 und 14 Uhr, Jul / Aug Mi / Sa 17 und 18.30 Uhr, Fr / Sa 12.30 Uhr, mehr unter Tel. +34 694 467 136)*.

Zurück in Vélez Rubio folgen Sie der A92N oder der parallel verlaufenden Landstraße in Richtung Guadix / Granada.

In **Cúllar** können Sie am Ortsrand gleich neben dem schönen Freibad offiziell übernachten, eine V/E-Station gibt es auch, **277a**: [N 37°34'58" W 2°33'49"]. Wenn Sie es sehr eilig haben, ist alternativ ein Servicepunkt an der Autobahnraststätte Cúllar bei [**277b**: N 37°33'12" W 2°36'31"] nutzbar. Die daneben eingezeichneten Parkplätze sind allerdings nur mäßig empfehlenswert.

Einen letzten Stopp können Sie dann noch in der Stadt **Baza** einlegen. Es sind Reste von arabischen Bädern und einer Alcazaba zu sehen. Das Zentrum liegt um die Calle Cava Alta mit der **Touristeninformation** in Haus Nummer 30.

Eine sehr schöne, campingplatzähnliche Unterkunft finden Sie nicht weit entfernt, aber sehr abgelegen in dem ökologischen Agrar- und Ferienbetrieb „Cuevas Andalucía" östlich von Baza bei **278**: [N 37°30'16" W 2°42'25", www.cuevasandalucia.es, Anruf unter +34 958 06 31 13 vorab erbeten].

TOUR 13
10 km
N
Tour 12
Tour 14
Guadix
La Calahorra
Dólar
Bajarcal
Laroles
Cherín
Mairena
Ugijar
Válor
Yegen
Alcútar
Juviles
Trevélez
Portugos
Pitres
Capileira
Bubión
Pampaneira
Orgiva
Lanjaron
Tablate
Pinos d.V.
Durcal
Nigüelas
Pradollano
Monachil
La Zubia
Cenes d.l.V.
Huétor-V.
Granada
Peligros
Maracena
Albolote
Atarfe
Pinos P.
Santa Fe
Armilla
Ogijares
Las Gabias
Otura
Puerto de la Ragua
2612 m
2741 m
2784 m
2750 m
3182 m
3479 m
Mulhacén
3394 m
Pico de Veleta
2716 m
2534 m
1504 m
Parque Nacional Sierra Nevada
Besucherzentrum und Bot. Garten
P.N. Sierras de Tejeda
279
280
281
282
283
284
285
286
287
288
289
290
291
292
293
294
295
296
297
298
299
300
301
A 92
A 44
N432
N323a
4100
4101
4102
4103
337
347
348a
348
345
4130
4132
346
4025
395
385
338
4050
336
335
4151
4150

Tour 13: Alpujarras, Granada und Sierra Nevada (ca. 290 km)

Alpujarras – Granada – Sierra Nevada

Stellplätze: Puerta de la Ragua, Mairena, Ugijar, Yegen, Juviles, Trevelez, Capileira, Pampaneira, Órgiva, Embalse de Béznar, Granada, Cenes de la Vega, Pradollano

Campingplätze: Laroles, Trevelez, Pitres, Órgiva, Granada (4x), Monachil

Besichtigen: Castillo de la Calahorra, Schinkenort Trevelez, Ermita de la Virgen und Botanischer Garten bei Portugos, Capileira, Pampaneira, Lanjarón mit Castillo ud Museo de la Miel, Granada mit Alhambra, Botanischer Garten Hoya de Pedreza, El Dornajo Besucherzentrum

Wandern: Puerta de la Ragua, Sendero Brenan in Yegen, Sendero Río Bermejo, von Capileira nach La Cebadilla, Wanderung zum Pico de Velata

Auf Tour 13 erwartet Sie mit Granada eine der sehenswertesten Städte Andalusiens. Ein Besuch der Alhambra, die über die Stadt wacht, gehört zum Pflichtprogramm aller Kulturreisenden. Auf dem Weg dorthin haben Sie Gelegenheit, die interessanten verschachtelten Bergdörfer der Alpujarraregion an der Südflanke von Andalusiens größtem Bergmassiv zu erkunden. Wenn Sie Lust auf ausgedehnte Hochgebirgswanderungen haben, lohnt sich außerdem eine Fahrt bis auf rund 2400 Meter Seehöhe. Von dort sind die Gipfel der Sierra Nevada zum Greifen nah.

Durch die Alpujarras

Als mit Granada der letzte Teil von El-Andalus 1492 fiel, flohen viele Mauren in die abgelegenen Gebiete der Alpujarras. Sie gründeten Dörfer und begannen mit der Landwirtschaft, für die das karge, bergige Land meist erst nach arabischem Vorbild terrassiert werden musste. Nach Aufständen und Kämpfen befahl Philipp II. 1609 die Ausweisung aller verbliebenen Muslime und Morisken. Pro Dorf durften jedoch zwei Familien bleiben, nicht aus Milde oder Freundlichkeit, sondern in purer Berechnung – nur sie waren in der Lage, der spanischen Bevölkerung die Kunst ihrer Bewässerungssysteme und der Seidenherstellung zu vermitteln. Noch heute profitiert die Region von den damaligen landschaftlichen Umgestaltungen. Wein, Zitrusfrüchte, aber auch Mandeln, Granatäpfel und Feigen gedeihen. Außerdem gilt in der Höhenluft getrockneter Schinken als begehrte Spezialität. Lange als vergessene und rückständige Region gemieden, zieht es bereits seit einigen Jahrzehnten vermehrt Naturfreunde und Aktivurlauber in die Alpujarras

– zum Wandern, Mountainbiken oder schlichten Genießen des Ausblicks und der kulinarischen Genüsse, die Erzeugnisse der Alpujarras bescheren.

Wohnmobilfreundlich ist das Gebiet nur bedingt, denn Sie müssen viele schmale und sehr kurvige Straßen überwinden, um voranzukommen. Das ist mit einem Sieben-Meter-Mobil zwar durchaus machbar. Ein wenig Rangieren an Engstellen, wenn Busse oder LKWs entgegenkommen, wird aber unter Umständen nicht ausbleiben. Falls Sie dies vermeiden wollen, können Sie ab Guadix auch direkt über die Autobahn nach Granada gelangen.

Ihr erstes Ziel der nun anstehenden Bergetappe ist **La Calahorra.** Das Dorf südlich von Guadix ist für seine einsam auf einem Hügel thronende Renaissanceburg bekannt, das **Castillo de la Calahorra**. Es wurde im 16. Jahrhundert unter Rodrigo de Mendoza, einem illegitimen Sohn des damaligen Kardinals errichtet. Hinter der schroff wirkenden Fassade verbergen sich Arkadengänge und Marmortreppen. Heute ist es im Privatbesitz der Grafen von Francavilla, Besichtigungen sind daher nur einmal die Woche möglich.

***Castillo de la Calahorra**: €, Führungen nur Mi nach tel. Anmeldung unter +34 958 677 098*

Um auf die Südseite der Bergflanke zu gelangen, nimmt die A337 nun die auf genau 2000 Metern gelegene Passhöhe **Puerta de la Ragua**. Auf dem Weg dorthin müssen Sie das schmalste Straßenstück der Rundfahrt bewältigen. Es ist zwar gut ausgebaut, jedoch kann Gegenverkehr an einigen Stellen etwas aufwändigere Ausweichmanöver nach sich ziehen. Am Pass selbst erwarten Sie große Parkflächen, Picknickbänke und Wanderwege.

(279) WOMO-Picknickplatz: Puerta de la Ragua

GPS: N 37°06'49" W 3°01'48", A337 (Alt.: 2000 m). **Max. WOMOs**: 6-8.
Ausstattung: Picknickbänke, Mülleimer, teils Sat-Empfang.

Castillo de la Calahorra

Beschreibung: Große Parkfläche an der Passhöhe auf Schotter, Picknickplätze ringsum im Wald, schräger Untergrund, teils schattig. nachts einsam, Wanderwege ringsum. Keine Ortschaften in der näheren Umgebung.
Zufahrt: Direkt an der A337 linker Hand an der Passhöhe.

Aussichtsreich windet sich die Fahrbahn nun wieder auf 1080 Meter hinab, immer dem Lauf des Palancón-Baches folgend, bis Sie die Ortschaft Laroles mit einem Campingplatz erreichen. Rechts wechseln Sie nun auf die A4130. Schon auf dem Weg dorthin zweigt links eine Nebenstraße ins Bergdorf **Bayarcal** ab. Falls Sie Lust auf ein Abenteuer haben, bietet ein Sportveranstalter auf halbem Weg neben Wanderungen und einem Mountainbikeverleih Seilgleitflüge an einer über 600 Meter langen Zip-Linie durch das Flusstal an *(mehr unter www.bnaturalsport.com)*.

(280) WOMO-Campingplatz: Laroles (Camping Alpujarras)

GPS: N 37°00'43" W 3°00'44", A337 (Alt. 1080 m).
Internet/Tel.: www.campingalpujarras.es, +34 958 760 231.
Öffnungszeiten: Ganzjährig.
Ausstattung: WLAN, Pool, Restaurant, Spülgelegenheit, Waschmaschine / Trockner, Grillgelegenheit, teils Sat-Empfang.
Beschreibung: 50 meist etwas kleinere Parzellen, teils zwischen Holzhütten. Familiäre Atmosphäre. Auf Schotterboden, ruhig, fast eben, meist schattig, sehr schöne Aussicht. Achtung: schmale und etwas steilere Zufahrt, für hohe Fahrzeuge durch niedrig hängende Äste stellenweise schwierig. Restaurant und Tankstelle 350 m entfernt, Supermarkt 600 m.
Preis: €€-€€€.
Zufahrt: Direkt an der A337 kurz vor Laroles linker Hand.

Unmittelbar vor dem Weiler **Mairena** passieren Sie links eine sehr große Schotterparkfläche, die neben einem Friedhof liegt. Dort ist es möglich, frei zu übernachten. Achten Sie aber auf Spalierdrähte, die manchmal über der Zufahrt gespannt sind und die maximale Durchfahrtshöhe stark einschränken, [**281:** N 37°00'22" W 3°02'17"].

Gastro-Tipps Lanjaron: **Montesinos****, Carretera Puerto de la Ragua | **Mairena: Las Chimeneas****, Calle Amargura 6

Wenn Sie eher nach einem offiziellen Stellplatz Ausschau halten, finden Sie so einen im etwas weiter südlich gelegenen **Ugijar**, das mit seinen 2.500 Einwohnern in dieser Gegend beinahe städtisch wirkt. Neben alten Adelspalästen und einem schönen Hauptplatz gibt es eine größere Anzahl an Geschäften im Ort.

(282) Offizieller WOMO-Stellplatz: Ugíjar

GPS: N 36°57'31" W 3°03'19", A4126. **Max. WOMOs**: 4.
Ausstattung: Ver-/ Entsorgung, Strom (zuletzt ohne Funktion), Mülltonne, Sat-Empfang.

Beschreibung: Kleiner, umzäunter und mit einem Schiebetor versehener Schotterplatz am Ortsrand von Ugijar, eben, kein Schatten, nachts ruhig, Campingverhalten untersagt, Supermarkt in 400 m Entfernung, ins Zentrum rund 650 m.
Zufahrt: Links ab über die A4126 bis Ugijar fahren, dort von der Hauptstraße rechts in Richtung Jorairátar / Murtas abzweigen. Der Platz folgt nach rund 600 m rechts.

***Ugijar – Tourist-Info**: Calle Rabitillas 2, www.alpujarramagica.com, **Festkalender**: **Fiesta de la Virgen del Martirio**, Mitte Oktober, Fest zu Ehren einer Madonnenstatue mit Stierkampf und Kirmes*

Entlang der Hauptroute gelangen Sie über **Valor** nach **Yegen**. Es war ab den 1920er Jahren für 14 Jahre Wohnort des englischen Literaten und frühen Aussteigers Gerald Brenan, eines Mitglieds der Bloomsbury Group um Virginia Woolf. Sein Buch „Südlich von Granada" war eine der ersten Publikationen über die Alpujarras. Das Haus, in dem er lebte, ist durch eine Plakette gekennzeichnet. Eine kleine nach ihm benannte Rundwanderung startet dort unterhalb der Hauptstraße und führt über den Hauptplatz und zur Festungsruine Peñón del Fuerte *(Parken nur entlang der Hauptstraße, z.B. bei [N 36°58'55" W 3°07'15"])*.

Das Freibad einige hundert Meter hinter dem Ort scheint schon länger nicht mehr in Betrieb gewesen zu sein. Auf dem Parkplatz ließe sich übernachten, [**283:** N 36°58'38" W 3°08'24"]. Das Gleiche gilt für einen größeren Platz an der Spitze von Juviles. Um dorthin zu gelangen, müssen Sie die A4130 allerdings verlassen und sich für ein kurzes Stück durch die Dorfstraßen arbeiten.

(284) WOMO-Stellplatz: Juviles

GPS: N 36°56'56" W 3°13'18", A337, (Alt. 1255 m). **Max. WOMOs**: 2-3.
Ausstattung: Keine Einrichtungen, Sat-Empfang.
Beschreibung: Recht große, aber unebene Schotterparkfläche am Rand des Dorfes. Kein Schatten, sehr ruhig, sehr schöne Sicht. Im Ort gibt es zwei Bars, eine Apotheke und Schinkenhersteller, etwas schmalere Zufahrt.
Zufahrt: Gleich am Ortsbeginn links in die erste Straße abfahren, dann nach einer Rechtskurve links abzweigen. Der Platz folgt nach rund 120 m am Ende des Fahrweges.

Die A4132 knickt bald danach rechts ab und folgt einem tiefen Einschnitt zwischen den Bergen bis nach **Trevelez**. Die Gemeinde auf knapp 1.500 Metern gilt als höchstgelegener Ort im ganzen Land und ist allseits als Feinschmeckerziel bekannt. Vor allem der in Dutzenden Trockenräumen tausendfach aufgehängte Rohschinken (Jamón Iberico) sorgt für diesen Ruf. Die gleichmäßig kühle Bergluft und die exponierte Lage zwischen Meer und Binnenland verleihen ihm den besonderen Geschmack, der während des Reifeprozesses entsteht. Dafür werden Schweinekeulen von weither angeliefert. Mit lokalem Bestand wäre die Nachfrage niemals zu decken. Als Nichtvegetarier sollten Sie eine Verkostung in der Jamonería Ihrer Wahl vornehmen. Ihre Favoriten können Sie dann natürlich gleich käuflich erwerben – entweder nur ein paar Scheiben, einen Block oder gleich eine ganze Keule, die Platz und Zuladungsfähigkeit des Womo allerdings gehörig einschränken können...

(285) WOMO-Stellplatz: Trevelez

GPS: N 37°00'08" W 3°16'07", Calle Pista Barrio Medio (Alt. 1486 m).
Max. WOMOs: 2-3.

Ausstattung: Keine Einrichtungen, Sat-Empfang.
Beschreibung: Öffentlicher Ortsparkplatz für PKWs und Busse, asphaltiert, fast eben, nachts meist ruhig, kein Schatten. Etwas steilere, aber problemlose Anfahrt, Pizzeria direkt nebenan, viele Schinkenbetriebe und Lebensmittelhändler ringsum.
Zufahrt: Nach Einfahrt in den Ort Trevelez rechts dem Schild „P Bus" folgend auffahren und der Straße bzw. den Schildern bis zum Platz auf der linken Seite folgen.

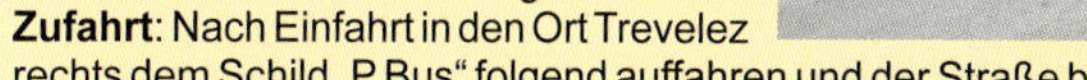

(286) WOMO-Campingplatz: Trevelez (Camping Trevelez)

GPS: N 36°59'30" W 3°16'14", A4132 Alt. 1486 m).
Internet/Tel.: www.campingtrevelez.com, +34 958 858 735.
Öffnungszeiten: Ganzjährig.

Ausstattung: WLAN, Pool, Restaurant, Minimarkt, Spülgelegenheit, Waschmaschine / Trockner, Spiel- und Sporteinrichtungen, Grillgelegenheit.
Beschreibung: Mittelgroßer Platz auf einem Hanggrundstück im Wald, Stellplätze auf Gras, sonst Schotterboden, nicht ganz eben, ruhig, schattig, schöner Blick, je nach Saison keine Hunde erlaubt. Rund 1000 m nach Trevelez mit Läden und Restaurants.
Preis: €€-€€€.
Zufahrt: Der A4132 folgen. Rund 1000 m nach Trevelez rechtsseitig.

***Trevelez – Festkalender**: **Fiesta de Moros y Cristianos: 13. Juni**, die Moriskenaufstände des 16. Jahrhunderts werden nachgespielt*

Gastrotipps Trevelez: Piedra Ventana**, Calle Carretera 4132, **Meson Haraicel****, Calle Real, **Meson La Fragua****, Calle Posadas | **Pitres: El Jardin del Mirador****, Calle Acacias 2

Kurz vor **Portugos** besteht rechts der Straße neben der kleinen Kapelle **Ermita de la Virgen** die Möglichkeit, zu parken und an der Fuente Agría, einer Quelle, die leicht rötliches, stark eisenhaltiges Wasser zutage fördert, einen Stopp einzulegen. Wenig überraschend ist, dass es vor allem bei Eisenmangel und Blutarmut äußerst heilbringend sein soll. Daneben befindet sich ein Picknickplatz, im Sommer öffnet ein kleiner Kiosk *(parken bei [N 36°56'27" W 3°18'23"])*. Am Ortsende führt eine schmale Straße außerdem zu einem hübschen, privat betriebenen und ausgeschilderten **Botanischen Garten**, der besser zu Fuß auf einer kleinen Wanderung besucht werden sollte. Einen Ort weiter, in **Pitres**, folgt der nächste Campingplatz.

***Jardín Botanico Alpujarra**: Cortijo Opazo, €, ca. Apr – Sep, mehr unter www.jardinalpujarra.com*

(287) WOMO-Campingplatz: Pitres (Camping El Balcon de Pitres)

GPS: N 36°55'54" W 3°19'58", A4132 (Alt. 1295 m).
Internet/Tel.: www.balcondepitres.com, +34 958 766 111.
Öffnungszeiten: Ganzjährig.
Ausstattung: WLAN, Pool, Restaurant / Bar, Minimarkt, Spülgelegenheit.
Beschreibung: Teils recht unebene Stellflächen auf Gras, oft schattig unter Bäumen, manche mit schönem Blick, ruhige und grüne Lage. 400 m zum nächsten Restaurant, 650 m in den Ort mit mehr Gastronomie und Apotheke.
Preis: €€€.
Zufahrt: Der A4132 folgen. Kurz nach Pitres auf der rechten Seite.

Sendero Río Bermejo (8,5 km knapp 500 Hm)

Die sonnige und aussichtsreiche Wanderung folgt beidseitig dem Rio Bermejo, der auf 1.750 Metern Seehöhe entspringt und dann auf nur 3,5 Kilometern einen Höhenunterschied von 900 Metern überwindet. Da es direkt im Ort Portugos nahe dem Startpunkt keine Parkmöglichkeiten für Womos gibt, beginnen Sie am Parkplatz der Ermita. Folgen Sie der Hauptstraße für gut 300 Meter bis zum Zebrastreifen und dort rechts in den Ort hinein. Bei erster Gelegenheit biegen Sie rechts ab, dann sofort wieder links und nun stetig ansteigend über den kleinen

Platz an der Kirche immer aufwärts bis zum Ende der Calle Eras, wo sich ein kleiner PKW-Stellplatz befindet. Die Straße wird zum Reitweg und durchquert einen Kastanienhain mit hundertjährigen Exemplaren. Dahinter wandern Sie parallel zum Portugos-Graben voran und biegen nach wenigen Metern rechts auf einen Weg ab, der, nachdem er einen anderen Pfad gequert hat, in einen Eichenwald mit dichtem Unterholz führt. Der Duft von Lavendel, Ginster, Majoran und Thymian liegt in der Luft. Ein Stück weiter aufwärts haben Sie einen guten Blick zurück nach Süden zu den umliegenden Gipfeln und auf das Guadalfeo-Tal. Der Weg ist gut ausgeschildert und verläuft immer parallel zu der Schlucht, durch die der Bermejo rauscht. Sie erreichen schließlich einen felsigen Steilhang. In der Nähe befindet sich ein Rastplatz auf rund 1.700 Metern Höhe, um eine Pause einzulegen. Den Aufstieg haben Sie nun so gut wie geschafft. Von diesem Punkt aus können Sie gut einen Wasserfall sehen, den der Bermejo an dieser Stelle bildet. Dann geht es das letzte Stück hinauf zum Waldweg, der nach links weiter Richtung Capileira verläuft. Folgen Sie ihm über die Brücke, rechts sehen Sie das schmale Tal, durch welches sich der noch junge Fluss hier zwängt.
Sie können nun links zu einem natürlichen Aussichtspunkt ein kurzes Stück hinab gehen. Bei klarem Wetter blicken Sie bis zum Mittelmeer. Dann folgen Sie dem Hauptweg, bis links ein Schild nach Pitres weist. Durch Steineichen wandern Sie ihm folgend abwärts, bis Sie einen Bewässerungskanal erreichen. Unterhalb davon ändert sich die Vegetation mit einem Mal. Hier wachsen nun wieder vornehmlich Kastanien. Sobald Sie ein Bauernhaus passiert haben, verlassen Sie diesen Weg und wechseln an der Gabelung nach links. Nach 200 Metern biegen Sie erneut nach links ab und folgen den Resten einer alten Steinmauer, die sanft abfallend zu einer Flussbrücke und zur Hauptstraße führt. Statt ihr nach links bis ganz zurück zum Parkplatz zu folgen, halten Sie sich nach 50 Metern hinter einer Brücke nochmals nach links. Ausgeschildert gelangen Sie so zu einer Kreuzung, an der Sie sich ein weiteres Mal nach links wenden. Nach 10 Minuten erreichen Sie Portugos und spazieren zurück zu Ihrem Fahrzeug.

Um das schöne **Capileira** zu besuchen, müssen Sie kurz nach dem Mirador de Poqueira rechts auf die A4129 wechseln, die über **Bublón** das inzwischen letzte Dorf im Nebental Valle del Poqueira erschließt. Sie können die charmanten kleinen Gassen erkunden, sich in der **Touristeninformation** mit Hinweisen zu den umfangreichen Wandermöglichkeiten eindecken, in den leicht alternativ geprägten Läden stöbern oder in einem der Cafés entspannen. Im **Museo de Artes y Costumbres** werden typische Trachten und Gebrauchsgegenstände der Alpujarras gezeigt.

Capileira

Der neben dem vermerkten Parkplatz weiter führende Weg bringt Sie auf Wunsch per pedes talaufwärts bis in den gut drei Kilometer entfernten, inzwischen verlassenen und verwunschen wirkenden Weiler La Cebadilla. Wenn Sie gleich danach auf die andere Flussseite wechseln, wird eine Rundwanderung daraus.

(288) WOMO-Picknickplatz: Capileira

GPS: N 36°57'40" W 3°21'23", Camino de la Sierra (Alt. 1436 m).
Max. WOMOs: 3-4.
Ausstattung: Wasser, Picknickbänke gleich unterhalb, Sat-Empfang.
Beschreibung: Geschotterter Parkplatz an einem Fußballfeld oberhalb der Straße gleich hinter dem Ort. Nicht ganz eben, ruhig, kein Schatten, Campingverhalten unerwünscht, als öffentlicher Parkplatz gekennzeichnet. 200 m in den Ort mit vielen Restaurants und ein paar Geschäften.
Zufahrt: Der A4129 durch den Ort Capileira folgen. Ganz am Ende linker Hand beschildert.
Hinweis: Tagsüber ist für kleinere Womos auch das Parken auf den beiden innerorts ausgeschilderten Flächen möglich.

***Capileira – Tourist-Info**: Carretera Barranco Poqueira 1d, www.capileira.es | **Museo de Artes y Costumbres:** A4129, €, Sa 11 – 14 Uhr und 17 – 19 Uhr, So 11 – 14 Uhr | **Festkalender** – **Cruzes de Mayo**: 1. Mai, religiöses Fest mit vielen geschmückten Wegkreuzen, **Fiesta de San Sebastián**: vorletzter So im August, Patronatsfest und Kostümspektakel rund um die Morsikenschlachten zwischen Capileira und Bubión*

Gastrotipps Bubion: Restaurant Teide**, Calle de la Carretera | **Capileira: El Corral del Castano****, Plaza Calvario 16, **La Tapa****, Calle Cubo 6, **Moraima***, Barranco de Poqueira 4

Ähnlich hübsch ist das autofreie Dorf **Pampaneira**, durch das Sie, zurück auf dem Hauptweg, gelangen. In den Gassen liegen versteckte Restaurants, am Weg zum Hauptplatz mit der Iglesia de la Santa Cruz einige Geschäfte und eine Schoko-

Pampaneira

Stellplatz 289a und Pampaneira

ladenmanufaktur. Eine beliebte Wanderstrecke führt zur gegenüberliegenden Bergflanke mit der buddhistischen O Sel Ling Stupa und dem Aussichtspunkt La Atalaya.

Entlang der Durchfahrtsstraße gibt es mehrere Parkplätze. Auf allen stehen Wohnmobile bislang auch nachts ohne Probleme. Es sollten dann aber nicht mehr als zwei bis drei pro Platz sein. Sie können es am Schotterparker bei **[289a:** N 36°56'19" W 3°21'40"], am Busparkplatz bei **[289b:** N 36°56'22" W 3°21'42"] oder neben dem Strommasten bei **[289c:** N 36°56'31" W 3°21'42"] versuchen.

Gastrotipps Pampaneira: El Castaño**, Calle La Peseta 11, **Asador El Lagar****, Calle Silencio, **El Limonero****, Avenida Gonzalez Robles 3

Sehr deutlich wahrnehmbar geht es nun nach **Órgiva** abwärts. Die nur mehr auf 720 Meter Seehöhe gelegene Stadt ist das Versorgungszentrum der westlichen Alpujarra. Besonders an Donnerstagen rührt sich etwas, wenn oberhalb des Ortskerns der wöchentliche Markt abgehalten wird. Der genannte Stellplatz ist mit dem Wohnmobil dann allerdings nicht anfahrbar. Am Ortsende gibt es alternativ einen einfachen Campingplatz.

(290) WOMO-Stellplatz: Órgiva

GPS: N 36°54'13" W 3°25'14", Calle Bancal de la Cruz. **Max. WOMOs**: 4-5.
Ausstattung: Keine Einrichtungen, Sat-Empfang.
Beschreibung: Schotterparkfläche am nordöstlichen Stadtrand, besser als Tagesparkplatz geeignet, aber auch nachts möglich, nicht ganz eben, kein Schatten, nicht ganz ruhig, 350 m ins Zentrum.
Zufahrt: Auf der A348 nach Órgiva einfahren und dem Verlauf der Hauptdurchgangsstraße folgen, bis Sie nach einer starken Linkskurve links in das Zentrum mit der Plaza García Moreno abbiegen können. Am Ende macht die Straße einen Rechtsknick, nach gut 60 m biegen Sie links in die Calle Ramon y Cajal ab. Folgen Sie ihr bis zu einem Spielplatz (Achtung: teils schmale Durchfahrt durch parkende Autos) und biegen Sie dort rechts ab zum Platz nach 150 m links.

(291) WOMO-Campingplatz: Órgiva (Camping Puerta de la Alpujarra)

GPS: N 36°54'15" W 3°26'18", A348.
Internet/Tel.: www.campingpuertadelaalpujarra.es, +34 642 157 539.
Öffnungszeiten: Ganzjährig.
Ausstattung: WLAN, Pool (nicht immer in Betrieb), Restaurant, Spülgelegenheit, Waschmaschine / Trockner, teils Sat-Empfang.
Beschreibung: Terrassiertes Grundstück mit Stellplätzen auf Erd-/ Schotterboden, oft schattig, relativ eben, ruhig. Toilettenentsorgung war zuletzt nur über den Toilettenblock möglich, soll aber geändert werden... Nächstes Restaurant 200 m entfernt, rund 1,3 km bis Órgiva.
Preis: €€€.
Zufahrt: Bei Órgiva rechts auf die A348 Richtung Lanjarón wechseln. Der Platz folgt nach rund 1,3 km links.

Órgiva* – *Tourist-Info: *Plaza de la Alpujarra, www.orgivaturismo.wordpress.com,* ***Wochenmarkt***: *Do, Calle Estación*

Gastrotipps Órgiva: Tetería Baraka**, Calle de la Estación 12, **La Almazara****, Calle Gonzalez Robles 53

Letzte Station Ihrer Alpujarras-Rundfahrt ist **Lanjarón**. Kurz vorher können Sie links auf einem Picknickpatz rasten, [**292**: N 36°54'46" W 3°28'35"]. Im Ort finden Sie immer wieder Parknischen neben der Durchgangsstraße. In ganz Spanien kennt man den Namen Lanjarón durch das hier gewonnene Mineralwasser, das Ihnen beim Einkaufen sicher auch schon untergekommen ist. Die vier Quellen haben Lanjarón den Ruf als Kurbad beschert. Die noch immer aktiven Einrichtungen liegen im Westen des Ortes und werden vor allem über die dortigen Hotels erschlossen. Das lebhafte Zentrum befindet sich parallel zur A348 gleich oberhalb an der im Sommer künstlich beschatteten Calle Real. Südlich können Sie einen Spaziergang zu den Überresten des **Castillo de Lanjarón** unternehmen, die, von der Hauptstraße aus angeschrieben auf einem Felssporn thronen. Am Ortsende besteht Gelegenheit, sich im modern gehaltenen **Museo de la Miel** über die lokale Honigproduktion zu informieren und von den verschiedenen Erzeugnissen zu kosten. Leider sind die meisten Informationen nur auf Spanisch erhältlich.

Lanjarón* – *Tourist Info: *Avenida de Madrid 3, www.turismovalledelecrin.com |* ***Wochenmarkt***: *Fr, Calle Señor de la Expiración |* ***Museo de la Miel***: *Lugar Paraje los Peñoncillos 14, €, Apr – Sep Di – So 10 – 14 Uhr, Di – Fr auch 16 – 18 Uhr, Sa / So auch 16 – 20 Uhr, sonst Di – So 10 – 14 Uhr, Sa / So 16 – 18 Uhr, www.mieldegranada.com |* ***Festkalender* – *Fiesta de San Juan***: *um den 24. Juni, karnevalistisches Fest mit großer Wasserschlacht in der Vornacht des 24. um 0 Uhr*

Gastrotipps Lanjaron: Arca de Noe**, Avenida de Andalucía 38, **Alcadima****, Calle Francisco Tarraga 3, **Asador Parque****, Avenida Alpujarra 44

Kurz danach stoßen Sie auf die A44, die Sie nach Granada bringt. Einen schönen Stellplatz finden Sie unweit entfernt am nahen Béznar-Stausee.

(293) WOMO-Stellplatz: Embalse de Béznar

GPS: N 36°54'55" W 3°32'15".
Max. WOMOs: 9 bis 10.
Ausstattung: Keine Einrichtungen, teils Sat-Empfang.
Beschreibung: Sehr schön am Stausee und neben dem Damm gelegener Parkplatz mit mehreren geschotterten Parkbuchten zwischen kleineren Bäumen. Teils schattig, fast eben, ruhig, klappstuhlgeeignet, rund 2 km in den nächsten Ort El Pinar.

Zufahrt: Von der A348 kommend über die Autobahnbrücke fahren. Dann am Kreisverkehr die Ausfahrt „embalse de Béznar" nehmen. Der Platz folgt nach gut einem Kilometer rechts.

Granada

Ein altes Sprichwort lautet: „Wer Granada nicht gesehen hat, der hat gar nichts gesehen!" Zugegeben, das mag ein wenig pathetisch klingen, doch ohne Zweifel gehört die 230.000-Einwohner-Stadt zu den interessantesten, die Europa zu bieten hat und stellt mit der Alhambra eine der absoluten Top-Sehenswürdigkeiten weltweit.

Bis heute ist das maurische Erbe präsenter als anderswo in Andalusien und bietet dem Besucher eine ansprechende Mischung aus Orient und Okzident. Lebhaft und modern gibt sich die Innenstadt dank der Universität mit ihren 80.000 Studierenden, traditionell und geschichtsträchtig mit dem Viertel Abaicín und den historischen Bauwerken im Zentrum.

Bereits vor weit über 2.000 Jahren siedelten Iberer am heutigen Albaicínhügel. Sie nannten ihre Siedlung Iliveri, woraus die Römer bei ihrer Ankunft Iliberis machten. Der heutige Name geht auf die Mauren zurück. Im 11. Jahrhundert riefen sie ein eigenes Taifa, ein Kleinkönigreich mit dem Namen Garnata aus. Doch erst unter den Nasriden begann ab Mitte des 13. Jahrhunderts Granadas wirtschaftlicher und kultureller Aufstieg als christliches Lehensgebiet unter maurischer Herrschaft, die über 250 Jahre währen sollte. Erst, als Ende des 15. Jahrhunderts der Machtanspruch Aragonies und Kastiliens zu groß wurde, musste der letzte Herrscher von Granada, Boabdil, kapitulieren und Granada ging 1492 an Spanien zurück. Isabella und Ferdinand bezogen die Alhambra. Später wählte auch Karl V. den Ort als Königssitz und ließ seinen Palast gleich neben den prunkvollen Gemächern der nasridischen Vorgänger errichten. Vorübergehend zur Kaserne degradiert, wurde die Anlage im

18. Jahrhundert nicht mehr benötigt und dem Verfall preisgegeben. Hätte man sich nicht noch eines Besseren besonnen, wäre heute wohl nicht mehr viel übrig davon, und Granada, das nicht zuletzt durch die Alhambra glänzt, wäre nicht das, was es heute ist. Inzwischen längst umfassend restauriert, ist die Palastanlage heute UNESCO-Weltkulturerbe und Granada die würdige Stadt, die den Weg bereitet hat.

Auf der Strecke in die Stadt haben Sie Gelegenheit zur Ver- und Entsorgung an der Repsol Tankstelle bei Villamena an der Autobahn [N 36°59'12" W 3°36'22"]. Da Sie für Granada unbedingt zwei Tage einplanen sollten, benötigen Sie einen Stellplatz. Am besten geeignet ist dafür einer der genannten Campingplätze. Sehr zentral, aber auch sehr teuer ist die für Womos freigegebene Parkanlage hinter der Alhambra. Wenig ansehnlich, dafür sicher verwahrt, steht Ihr Womo auf einem Stellplatz etwas außerhalb neben einer Tankstelle. Falls Sie nur Zeit für eine Stippvisite haben und kurzzeitig parken wollen, können Sie es in folgenden, nicht zu weit vom Zentrum entfernten und verkehrstechnisch per Bus ganz gut angeschlossenen Orten versuchen. In allen Fällen handelt es sich nur um einfache Längsstreifen an Straßen. Großparkplätze werden Sie in Granada vergeblich suchen.

Westlich des Zentrums:
- *N 37°09'48" W 3°36'32", Calle Dr. Alejandro Otero,*
- *N 37°09'35" W 3°36'34", Calle La Malaha*

Östlich des Zentrums:
- *N 37°09'46" W 3°34'04", Carretera de la Sierra*

Nördlich des Zentrums:
- *N 37°11'21" W 3°35'42", Callejón Tallacarne*
- *N 37°11'29" W 3°35'53", Calle Prof. V. Callao*
- *N 37°12'00" W 3°37'13", Calle Isla de la Gomera*

Granadas Alhambra vor der Sierra Nevada

(294) WOMO-Campingplatz: Granada 1 (Otura) (Camping Suspiro del Moro)

GPS: N 37°04'09" W 3°39'06", Carretera Bailén-Motril (N323a).
Internet/Tel.: www.campingsuspirodelmoro.com, +34 958 555 411.
Öffnungszeiten: Ganzjährig.
Ausstattung: WLAN (gegen Gebühr), großer Pool (im Sommer), Café / Bar, Minimarkt, Spülgelegenheit, Waschmaschine / Trockner, Spielplatz.
Beschreibung: 64 teils parzellierte Stellplätze auf Schotter, schattig, eben, nicht ganz ruhig durch die nahe Autobahn. Gepflegtes Gelände mit sehr großem Pool, nächstes Restaurant 1000 m entfernt, rund 2 km bis Otura. Stündliche Busverbindung ins Zentrum von Granada, Reservierung in der Hauptsaison empfohlen.
Preis: €€€-€€€€.
Zufahrt: Von der A44 die Ausfahrt 144 Padul / Otívar nehmen, dann der N323a in Richtung Otura folgen. Der Platz schließt sich hier linker Hand nach rund 2,2 km an.

(295) WOMO-Campingplatz: Granada 2 (La Zubia) (Camping Reina Isabel)

GPS: N 37°07'29" W 3°35'09", Calle Laurel de la Reina.
Internet/Tel.: www.campingreinaisabel.es, +34 958 590 041.
Öffnungszeiten: Ganzjährig.
Ausstattung: WLAN, Pool,. Restaurant, Minimarkt, Spülgelegenheit, Waschmaschine / Trockner, eigener Strand.
Beschreibung: Rund 50 parzellierte Stellplätze auf Schotter, schattig und meist relativ ruhig, eben. Großes Einkaufszentrum 300 m entfernt, 500 m bis ins Zentrum von La Zubia, nach Granada rund 5,5 km. Der Bus nach Granada fährt gleich schräg gegenüber vom Platz ab. Reservierung in der Saison empfehlenswert.
Preis: €€-€€€.
Zufahrt: Von der A44 aus Richtung Lanjarón kommend kurz vor Granada rechts abbiegen, beschildert mit „Alhambra / Sierra Nevada". Kurz danach rechts die Ausfahrt „Lab Zubia" wählen und auf den Ort zufahren. Rund 350 m nach dem zweiten Kreisverkehr rechts.

(296) WOMO-Campingplatz: Granada 3 (Camping Sierra Nevada)

GPS: N 37°11'54" W 3°36'42", Avenida de Juan Pablo II..
Internet/Tel.: www.campinghotelsierranevada.com, +34 958 150 062.
Öffnungszeiten: Ganzjährig.
Ausstattung: WLAN, Spülgelegenheit, Waschmaschine / Trockner, Spielplatz, teils Sat-Empfang.
Beschreibung: Kleinerer Platz mit 34 parzellierten, meist schattigen Stellplätzen auf Schotter oder Rasen, direkt in Granada. Reservierung empfehlenswert, vor allem in der Saison. Großer Supermarkt benachbart, Einkaufscenter gegenüber, 1,8 km in die Altstadt, direkte Busverbindung vorhanden.

Preis: €€€€.
Zufahrt: Von der A44 aus Richtung Lanjarón kommend immer geradeaus fahren, bis Sie am Ende von Granada die Ausfahrt 123 „Granada / Maracena" nehmen.

Dann rechts halten. Der Platz folgt nach rund 1,1 km auf der rechten Seite.
Hinweis: ACHTUNG – Kurz vor Redaktionsschluss war dieser Platz, zumindest vorübergehend, geschlossen! Informieren Sie sich daher frühzeitig.

(297) WOMO-Campingplatz: Granada 4 (Peligros) (Camping Granada)

GPS: N 37°14'29" W 3°37'52", Avenida de la Fuente.
Internet/Tel.: www.campinggranada.es, +34 958 340 548.
Öffnungszeiten: Ganzjährig.
Ausstattung: WLAN, Pool (gegen Gebühr), Restaurant / Bar, Minimarkt, Spülgelegenheit, Waschmaschine / Trockner, Spielplatz, teils Sat-Empfang.
Beschreibung: Etwas enger, aber angenehmer Platz mit rund 60 mittelgroßen Parzellen auf Schotter-/ Erdboden, für sehr große Wohnmobile nur bedingt geeignet. Fast eben, oft schattig, teils schöner Blick bis nach Granada. Nicht ganz ruhig durch die nahe Schnellstraße, rund 1200 m bis ins Zentrum von Peligros, Busanbindung nach Granada in fußläufiger Entfernung.
Preis: €€€.
Zufahrt: Granada auf der A44 umfahren, dann die Ausfahrt 121 „Peligros" nehmen. Am ersten Kreisverkehr geradeaus fahren, am zweiten links Richtung Espiral abbiegen. Die Zufahrt zum Platz folgt dann nach rund 450 m rechts.

(298) Offizieller WOMO-Stellplatz: Granada (Parking La Alhambra)

GPS: N 37°10'19" W 3°34'47", Calle Tramo de Unión. **Max. WOMOs**: Ca. 20.
Ausstattung: Mülleimer, sonst keine Einrichtungen, Sat-Empfang.
Beschreibung: Geschotterte, gebührenpflichtige Parkfläche am Rand der Stadt nach der Alhambra, speziell für Wohnmobile und Busse. Eben, kein Schatten nachts ziemlich ruhig, aber im Verhältnis sehr teuer. Bushaltestelle direkt am Platz, 450 m zur Alhambra, 1,2 km in die Altstadt. Als Tagesparkplatz dank Stundentarifen nicht schlecht.
Preis: €€€€-€€€€€ je nach Saison.
Zufahrt: Von der A44 aus Richtung Lanjarón kommend kurz vor Granada rechts abbiegen, beschildert mit „Alhambra / Sierra Nevada". Dann immer der Wegweisung zur Alhambra folgen. Am Kreisverkehr mit der Parkplatz-Infotafel direkt geradeaus auf die Einfahrt zusteuern.

(299) WOMO-Stellplatz: Granada-Cenes de la Vega (Parking Asador Cenes)

GPS: N 37°09'25" W 3°32'45", Camino del Río Genil. **Max. WOMOs**: 8-10.
Ausstattung: Wasser, Mülltonnen, teils Sat-Empfang, an der direkt benachbarten Galp-Tankstelle Ver-/ Entsorgung für Tankkunden oder gegen Gebühr.
Beschreibung: Einfache, gemischte Schotterparkfläche auf der auch LKWs, PKWS und Busse stehen, nicht unbedingt einladend, nachts abgeschlossen, fast eben, teils Schatten, oft nicht ganz ruhig durch bellende Hunde, Tankstelle und Restaurant benachbart, Supermarkt und Bushaltestelle mit Anschluss an Granadas Zentrum rund 450 m entfernt (am Ende des Camino del Río Genil).
Preis: €.
Zufahrt: Von der A44 aus Richtung Lanjarón kommend kurz vor Granada rechts abbiegen, beschildert mit „Alhambra / Sierra Nevada". Dann der Sierra-Nevada-Beschilderung immer weiter folgen. Nach einem Tunnel halten Sie sich rechts, dann nach rund zwei Kilometern auf der linken Seite.

Unterwegs in Granada

Da Granada einfach zu viel bietet, um es in nur einem Tag unterzubringen, sind die Sehenswürdigkeiten an dieser Stelle von vornherein in zwei Touren aufgeteilt. Um zu den jeweiligen Anfangs- und Endpunkten zu gelangen, können Sie auf das recht gut ausgebaute öffentliche Busnetz zurückgreifen. Statt dem fast schon obligatorischen Sightseeingbus verkehrt rings um die Innenstadt die **Granada City Train**. Die Bimmelbahn ist einfach schmaler und kommt besser durch die schmalen Gassen. Fast alle wichtigen Sehenswürdigkeiten werden bedient, somit keine schlechte Möglichkeit, Zeit und Wege zu sparen. Die Strecke wird im üblichen Hop-On-/ Hop-off-Betrieb befahren, ein deutschsprachiger Audioguide ist verfügbar *(Zustiegspunkte siehe Website, ab €, Mär – Okt 9.30 – 21.30 Uhr, sonst bis 19.30 Uhr, ca. alle 20 Minuten, zusätzlich 19.30 – 22.30 Uhr alle 30 Minuten auf einer verkürzten Runde, www.granada.city-tour.com)*.

ACHTUNG: Zumindest in den Hauptreisemonaten zwischen April und Oktober sollten Sie sich unbedingt sehr frühzeitig um **Karten für die Alhambra** bemühen, und selbst in der Nebensaison werden Sie ohne im Voraus gekaufte Tickets an manchen Tagen keinen Einlass mehr erhalten. Die Karten sind bisweilen schon wochenlang im Voraus ausverkauft, vor allem die zeitgesteuerten Tickets für die Nasridischen Paläste, die nur exakt zur vermerkten Zeit betreten werden dürfen. Andernfalls verfallen die Tickets. Ohne sie ist ein Besuch der Alhambra nur die halbe Miete.
Kaufen Sie die Tickets daher am besten noch von Zuhause aus unter https://tickets.alhambra-patronato.es!
Außer dem „General Ticket“ mit Zutritt zu allen Bereichen können Sie Eintrittskarten für Nachtbesuche erwerben, die eine interessante Alternative darstellen. Allgemein empfiehlt es sich, nach Möglichkeit gleich am Morgen oder erst gegen Abend zu kommen, wenn die Massen an Tagesbesuchern nicht vor Ort sind.

TIPP: Sollten für den Tag Ihres Besuchs keine Karten mehr online vorhanden sein, können Sie es mit einem Trick versuchen: Kaufen Sie sich eine **Granada Card**. Diese Rabattkarten für Touristen gibt es in

Blick auf Granada

Oben und unten: Nasridenpalast in der Alhambra

verschiedenen Ausführungen. In der teureren Kategorien ist darin auch die komplette Alhambra enthalten, meist noch Tage, nachdem die regulären Tickets vergriffen sind. Zusätzlich haben Sie damit freie Fahrt in den Stadtbussen (nach Abholung der Fahrkarten mittels eines Codes über die öffentlichen Automaten oder die Touristeninformation) und freien Eintritt zu einer großen Zahl an Sehenswürdigkeiten wie zur Kathedrale oder zur königlichen Kapelle (Umfang je nach Kartentyp unterschiedlich). Kaufen und direkt ausdrucken können Sie die Granada Card bis zu drei Monate im Voraus unter www.granadatur.com/granada-card.
Weitere Möglichkeiten, an Alhambratickets zu kommen, bieten die Campingplätze, die manchmal auf eigene Kontingente zurückgreifen können (eher nicht in der Hauptsaison) oder die Buchung einer Führung. Letztere sind allerdings meist ziemlich überteuert. Ein am Eingang für ein paar Euro erhältlicher deutschsprachiger Audioguide ist eine gute Alternative. Sollten diese einmal vergriffen sein, können Sie auch auf entsprechende Apps zurückgreifen, die es als Download für das Mobiltelefon in den Appstores gibt.

EXTRATIPP: Wenn Sie an einem Sonntag unterwegs sind, haben Sie zu vielen Monumenten der Stadt freien Eintritt. Die Alhambra ist davon allerdings ausgenommen…

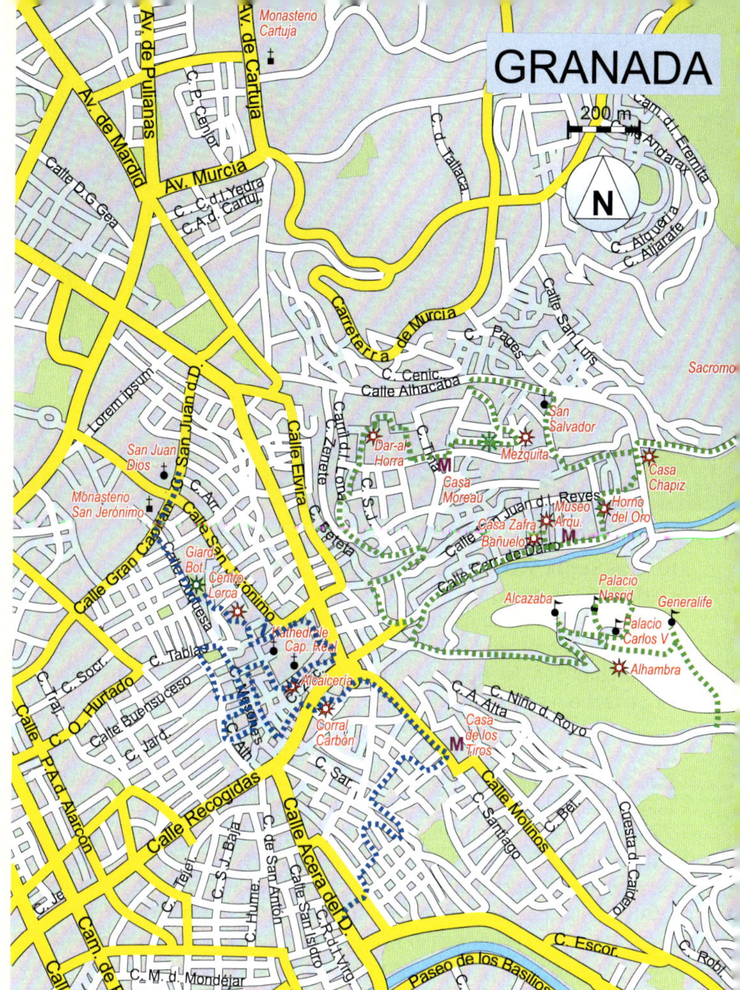

Route 1 (grün): Die Alhambra und der Albaicín

Auf dieser Tour lernen Sie das Palastgelände und das alte maurische Viertel der Stadt kennen. Statt mit der Alhambra zu starten, können Sie diese natürlich alternativ auch ans Ende des Spaziergangs stellen. Um zum Eingangspavillon der **Alhambra** zu gelangen, betreten Sie das Gelände am Pavillon neben dem Paseo de la Sabica. Tickets sollten Sie sich nach Möglichkeit bereits im Vorfeld besorgt haben (*Paseo de la Sabica , Bus C30 oder C32, Tourist-Train Halt 1a / Alhambra Generalife, €€€, Apr – Mitte Okt 8.30 – 20 Uhr, sonst 8.30 – 18 Uhr, Abend- und Exklusivbesuche Apr – Mitte Okt 20 – 23.30 Uhr, sonst 18 – 21.30 Uhr, https://tickets.alhambra-patronato.es)*.

Da Sie für die Erkundung des Alhambrageländes unbedingt auf einen Audioguide zurückgreifen sollten, sind die einzelnen Stationen an dieser Stelle nicht ausführlich beschrieben. Sie sollten aber idealerweise so ankommen, dass Sie noch zwei bis drei Stunden Zeit haben, bis Sie in den Nasridenpalast dürfen. Dann können Sie zunächst den Außenpalast **Generalife** erkunden, danach die eigentliche Alhambra betreten und sich die anderen Abschnitte noch vorab ansehen.

Der Reihe nach kommen Sie innerhalb der Alhambramauern an den **Arabischen Bädern**, dem **Musikermuseum Angel Barrios** und der

Darrobrücke, unten El Bañuelo

Kirche Santa María vorbei. Rechts stoßen Sie dann auf den **Palacio Carlos V.** mit der Galerie der Schönen Künste. Rechts dahinter befinden sich die Treppen hinab zum **Nasridischen Palast**, dem Höhepunkt jedes Alhambrabesuchs. Falls noch Zeit ist, können Sie schon vorher den letzten Teil der Anlage, die befestigte **Alcazaba** ganz im Osten, in Augenschein nehmen oder diese auf das Ende ihres Besuchs legen.

Sie verlassen die Alhambra schließlich durch die im Süden gelegene Puerta de la Justicia gegenüber vom Eingang zum Nasridenpalast und folgen, sich immer nach Osten haltend, dem Weg hinab in Richtung Zentrum. Das Ende der Pappelallee wird von der **Puerta de la Granada** markiert. Das Tor wurde 1536 im Auftrag Karls V. durch Pedro Machuca aus rein repräsentativen Zwecken an Stelle eines früheren Wehrtors errichtet. Links oben erkennen Sie kurz zuvor die roten **Torres Bermejas**, einst Teil einer militärischen Festungsanlage zum äußeren Schutz der Alhambra. Über die stimmungsvolle Cuesta de Gomérez steigen Sie zur **Plaza Nueva** ab, einem der Dreh- und Angelpunkte Granadas, für Touristen wie Einheimische gleichermaßen. Früher wurden hier Stierkämpfe, Märkte, aber auch Hinrichtungen abgehalten, heute sind es meist Straßenmusiker, die verschiedene Darbietungen zum Besten geben. Eines der auffälligsten Gebäude ist die **Real Chancillería**. Der Bau stammt aus der ersten Hälfte des 16. Jahrhunderts, wurde im italienischen Stil ausgeführt und verfügt über einen sehenswerten Arkadenhof mit repräsentativer Treppenanlage. Heute ist er Sitz der Obersten Gerichtshofs von Andalusien. Dahinter liegt der **Albaicín**, ein altes, bis heute stark arabisch geprägtes, wirklich malerisches Viertel. Bis Anfang der 1990er Jahre schien es langsam zu verfallen. Nachdem es von der UNESCO zum Welterbe erklärt worden war, setzten jedoch umfangreiche Renovierungsar-

beiten ein, um die noch vorhandenen alten Palazzi zu erhalten.
Wenden Sie sich nun nach rechts, die schmale Carrera del Darro entlang, die den gleichnamigen Kanal begleitet. Sie ist eine der beliebtesten verkehrsberuhigten Wege der Stadt, hübsch sind die zwei alten Natursteinbrücken über den Fluss.
Gleich danach können Sie links das **El Bañuelo** besuchen, ein Hammam aus dem 11. Jahrhundert. Die gut erhaltenen, wenn auch leeren Räume, versprühen noch immer einen besonderen Charme. Sie sind mit Säulen und Kapitellen geschmückt und besitzen teils sternförmige Deckenöffnungen zur Belüftung *(Carrera del Darro 31, €, teils bei Granada-Card enthalten, Mai – Sep 9.30 – 14.30 Uhr und 17 – 20.30 Uhr, sonst 10 – 17 Uhr)*.

Casa del Chapiz

Nur wenige Schritte entfernt führt links die Calle Concepción de Zafra zum **Casa de Zafra**. Das für den Stadtteil typische Haus wurde umfassend renoviert, es beherbergt ein Kulturzentrum und zeigt wechselnde kleinere Ausstellungen *(Calle Potería Concepción 8, €, teils bei Granada-Card enthalten, Mai – Sep 9.30 – 14.30 Uhr und 17 – 20.30 Uhr, sonst 10 – 17 Uhr)*.
Zurück auf dem Hauptweg können Sie links einen Blick in den **Konvent von Santa Catalina** werfen. Der schlichten äußeren Fassade einer typischen Klosterkirche steht eine reiche, barocke Innenausstattung entgegen. Das anschließende Gebäude gilt als eines der schönsten Granadas. **Casa de Castril** beherbergt heute das **Archäologische Museum** mit einem Bestand an Schmuck und Alltagsgegenständen aus iberischer, phönizischer und römischer Zeit *(Calle del Darro 41, €, EU-Bürger frei, teils bei Granada-Card enthalten, Jul / Aug Di – So 9 – 15 Uhr, sonst Di – Sa 9 – 21 Uhr, So 9 – 15 Uhr)*.
Die Gasse öffnet sich nun zu einem weiteren stimmungsvollen Platz hin, dem **Paseo de los Tristes**. Am Flussufer finden Sie Ruhebänke, eine große Zahl von Cafés bewirtet Gäste, und dazwischen finden an vielen Tagen kleine, meist kunsthandwerklich orientierte Märkte statt.
Wenn Sie sich umgesehen haben, schlagen Sie links die schmale Calle Horno del Oro in Höhe des Springbrunnens ein. Rechts können Sie ein weiteres, für den Albaicín typisches Haus besichtigen, das **Casa Morisca Horno del Oro**. Es ist besonders gut erhalten und wurde am Ende des 15. Jahrhunderts um einen intimen Innenhof mit Säulengang und Brunnen errichtet *(Calle Horno del Oro 14, €, teils bei Granada-Card enthalten, Mai – Sep 9.30 – 14.30 Uhr und 17 – 20.30 Uhr, sonst 10 – 17 Uhr)*.
An der nächsten Querstraße halten Sie sich nun rechts und nehmen gleich darauf links die Treppe zur Plaza Victoria, die einen ersten schönen Blick auf die Alhambra ermöglicht. Behalten Sie die Richtung bei und knicken Sie am Ende der weiterführenden Gasse rechts in die Calle Grajales / Callejón Victoria ab, die an der größeren Cuesta del Chapiz endet. Dort befindet sich gleich links der Zugang zum **Carmen de la Victoria**. Das Gebäude selbst dient als Gästehaus der Universität, die Besonderheit betrifft jedoch die Gartenanlage. Einst war das ganze Gebiet voller solcher Lustgärten, die unter der andalusischen Sonne eine Vergrößerung der Wohnräume darstellten. Nur wenige sind erhalten geblieben *(Cuesta del Chapoz 9, Eintritt frei, meist 10 – 14 Uhr und 18 – 20 Uhr, www.*

carmendelavictoria.urg.es).
Schräg gegenüber am Beginn des Camino del Sacromonte befindet sich schon der nächste nennenswerte Palacio, das **Casa del Chapiz**. Es ist ein schönes Beispiel für ein moriskisches Wohnhaus des 16. Jahrhunderts. Dahinter liegt der rekonstruierte Lustgarten *(Cuesta del Chapiz 22, €, teils bei Granada-Card enthalten, 10 – 17 Uhr)*.
Wenn Sie dem Camino del Sacromonte weiter folgen, erreichen Sie das **Sacromonte-Viertel**. Es gilt als ältester Teil der Stadt und war seit dem 15. Jahrhundert Heimat der Ausgestoßenen. Vor allem Muslime und Gitanos siedelten hier, oftmals in Wohnhöhlen, die in den Berg gegraben wurden. Heute kommen viele Besucher am Abend dorthin, um in einer der verschiedenen als Flamencolokale geführten Höhlen eine Show zu erleben. Statt zu Fuß zu gehen, können Sie für den Auf- und Abstieg auch auf den im Pendelbetrieb fungierenden Minibus zurückgreifen (Bus C34). Nach rund 350 Metern, links bergauf beschildert, folgt das **Museo Cuevas del Sacromonte**. Das Freilichtmuseum erstreckt sich über mehrere restaurierte Wohnhöhlen und gewährt Einblicke in das Leben in Sacromonte zu früheren Zeiten (*Calle Verea de Enmedio, €, teils in Granada-Card enthalten, Mitte Mär – Mitte Ok 10 – 20 Uhr, sonst 10 – 18 Uhr, www.sacromontegranada.com)*.
Zurück auf dem Hauptweg beschäftigt sich auch das kleine **Museo Etnológico Mujer Gitana** mit der Kultur der Roma. Es ist ebenfalls in einer ehemaligen Wohnhöhle eingerichtet worden *(Camino del Sacromonte 107, Mo – Fr 10 – 13 Uhr und bei Sonderveranstaltungen am Abend)*.
Am obersten Ende des Sacromonteviertels stoßen Sie schließlich noch auf die große **Abadia del Sacromonte** am Gipfel des Monte Valparaíso. Ihr Ruhm fußt auf dem Fund der Gebeine dreier Heiliger, Cecilo, Hiscio und Tesifonte, an dieser Stelle *(Camino del Sacromonte, €, 10.20 – 18 Uhr, Führungen auf Englisch um 12 und 14 Uhr, Mo – Fr auch um 17 Uhr, zeitgesteuerte Tickets sind vorab online erhältlich unter www.sacromonteabbey.com)*.
Zurück am Casa del Chapiz nehmen Sie die gegenüber aufwärts führende Stiege zur Cuesta de San Agustín und folgen dieser, am Ende rechts abknickend, zur etwas höher verlaufenden Carril de San Agustín.

Im Albaicín

Orientieren Sie sich hier nach links und nach dem Rechtsknick immer geradeaus, bis Sie die **Parroquia del Salvador** erreicht haben. Die im Mudéjar-Stil erbaute Kirche ging aus einer Moschee hervor und beinhaltet noch viele der ursprünglichen Elemente, wie Spitzhufeisenbögen und Kassettendecken *(Placeta de Abad 2, Zutritt frei)*.

Gehen Sie um die Kirche herum. Am hinteren Ende öffnet sich die Placeta del Salavador zur beliebten Plaza Aliatar, an der im Sommer Cafés ihre Tische und Stühle aufstellen.

Zum Fortsetzen der Tour gehen Sie dann aber schon kurz vorher links durch die Calla Panaderos und beschildert weiter zur **Plaza Larga**, dem Zentrum des Albaicín. An vielen Tagen des Jahres tobt hier das Leben und der Geräuschpegel ist zwischen Kneipentischen und Obstständen entsprechend hoch. Am Ende des Platzes biegen Sie vor der Bäckerei nach links ab und nehmen dann, gleich wieder nach rechts, die Gasse durch das **Arco de las Pesas**. Direkt hinter dem Tor folgen Sie links der Callejón San Cecilio zur Plaza Cementerio de San Nicolás und schlagen dort noch vor der Kirche links die Espaldas de San Nicolas zur **Mezquita Mayor** ein, der neuen Moschee von Granada (Plaza de San Nicolás). Sie wurde 2003 mit Geldern aus der arabischen Welt finanziert und war seit der Reconquista der erste Moscheeneubau in Granada.

Das Gebäude selbst darf nur von Muslimen betreten werden, der kleine Garten davor steht jedoch allen offen.

Gleich neben der Moschee liegt die Plaza mit dem **Mirador San Nicolas**. Es ist einer der beliebtesten Orte Granadas, von dem aus Sie einen der besten Blicke auf die Alhambra und die oft schneebedeckten Gipfel der Sierra Nevada im Hintergrund haben. Vor allem bei Sonnenuntergang kann es richtig voll werden…

Wenn Sie sich sattgesehen haben, nehmen Sie die Treppe rechts von der Brüstung abwärts und halten sich an der Rampe dahinter rechts und weiter rechts in den Camino Nuevo de San Nicolás. Dort passieren Sie das **Casa Museo Max Moreau**. Es gedenkt des belgischen Malers, der für rund 30 Jahre in Granada lebte *(Camino Nuevo de San Nicolás 12, Eintritt frei, Di – Sa 10 – 13.30 Uhr und 16 – 18 Uhr, Jul / Aug nachmittags 17 – 19 Uhr)*.

Nach weiteren rund 80 Metern steigen Sie rechts zur großen, aber etwas kalt wirkenden Placeta Cristo Azucenas auf und verlassen den Platz am hinteren Ende nach links. Der gewundene Weg bringt Sie zum **Palacio Dar-al-Horra**. Er entstand im 15. Jahrhundert auf älteren, mauri-

Calle Caldeuería Nueva

schen Fundamenten und gilt als letzter verbliebener echter Palastbau von einst Dutzenden im Albaicín *(Callejón de las Monjas, €, im großen Alhambraticket und teils in Granada-Card enthalten, Mitte Mär – Mitte Okt 10 – 20 Uhr, sonst 10 – 18 Uhr).*
Folgen Sie dem sich weiter windenden Hohlweg bis zum Ende an der Placeta de San Miguel Bajo. Der Platz ist für sein markantes Kruzifix Cristo de la Azucenas bekannt. Nach rechts haben Sie vom Aussichtspunkt Mirador de la Lona einen weiten Blick über die Stadt, dann halten Sie sich links durch die Calle Cruz de Quirós und nun immer geradeaus, teils über etwas verschachtelte Treppenanlagen abwärts, bis Sie schließlich die kleine Plaza San Gregorio erreichen. Zum Abschluss Ihrer Tour durch den Albaicín schlendern Sie nun nach rechts durch die stark orientalisch geprägte, basarartige **Calle Caldería Nueva** voller Teestuben, Teppich-, Tuch- und Souvenirhändler, bis Sie am Ende links durch die Calle Elvira zur Plaza Nueva zurückkehren, an der Sie Ihre Tour durch das Viertel begonnen hatten (Haltestellen von Bus C31, C32, C34 und Tourist-Train).

Plaza Romanillas

Route 2 (blau): Granadas Altstadt
Auch, wenn Granadas Altstadt weniger charmant wirken mag als das Albaicín-Viertel, bietet Sie eine große Fülle an Sehenswürdigkeiten, die Sie auf dieser zweiten Tour kennenlernen.
Beginnen Sie im Norden an der 1531 durch Karl V. gestifteten Universität in der Calle San Juan de Diós vor der gleichnamigen **Basilica** (Bus 25 / N5).
Sie stammt aus dem 18. Jahrhundert und besitzt eine schöne Barockfassade. Im Inneren gefällt der Hochaltar. In einem Schrein befinden sich die Reliquien des namensgebenden San Juan de Dios. Das benachbarte Gebäude dient schon seit bald 600 Jahren als Krankenhaus *(Calle San Juan de Díos 17, €, Audioguide verfüg-*

bar, Mo – Sa 10 – 13 Uhr und 16 – 19 Uhr, So 16 – 19 Uhr, www.sjdgranada.es).

Gehen Sie auf der breiten Hauptstraße weiter nach Süden. Rechts kommen Sie, nur eine Querstraße weiter, zum **Real Monasterio de San Jerónimo** in der Form eines lateinischen Kreuzes. Das Kloster besitzt zwei Kreuzgänge, einer ist im gotischen Stil, der andere im Renaissancestil ausgeführt. Es ist außerdem die Grablege des El Gran Capitán, dem Heerführer Gonzalo de Córdoba während der Reconquista *(Calle Rector López Argueta 9, €, 10 – 13.30 Uhr und 15 – 18.30 Uhr, im Sommer nachmittags 16 – 19.30 Uhr).*

Gegenüber vom Kloster wählen Sie die schmale Calle Duquesa und folgen ihr bis zur kleinen Grünanlage linker Hand, dem **Botanischen Garten** der Universität. Am Ende links können Sie ihr einen kurzen Besuch abstatten, dann setzen Sie Ihren Weg rechts durch die Calle Trinidad bis hin zur großen begrünten Plaza de la Trinidad fort. Ab hier beginnt das heutige Geschäftszentrum Granadas. Statt direkt geradeaus weiter in die Fußgängerzone zu gehen, nehmen Sie vom Platz die erste Gelegenheit links, Calle Capuchinas, bis zur Plaza Romanillas. Linksseitig befindet sich dort das **Centro Federico García Lorca**. Das modern gehaltene Ausstellungs- und Kulturzentrum befasst sich mit dem Erbe eines der bekanntesten spanischen Dichter. Neben der Galerie gibt es auch ein angeschlossenes Theater *(Plaza Romanilla, Eintritt frei, Mitte Mär – Mitte Sep Di – Sa 11 – 14 Uhr und 18 – 21 Uhr, So 11 – 14 Uhr, sonst nachmittags eine Stunde früher, www.centrofedericogarcialorca.es).*

Oben und unten: Kathedrale

Verlassen Sie den Platz am hinteren rechten Ende durch die Calle Cárcel Baja. Links befindet sich eine Dependance der **Touristeninformation**, rechts der mächtige Bau von Granadas **Kathedrale**. Umrunden Sie diese zunächst. Am hinteren Ende müssen Sie für einen Moment auf die breite Calle Gran Vía de Colón ausweichen, bevor Sie rechts durch ein schmiedeeisernes Tor in die Calle Oficios treten. Links passieren Sie dort zuerst den **Palacio de la Madraza**, das alte Rathaus. Er umfasst verschiedene Teilbereiche, die un-

Corral de Carbón

ter anderem für Ausstellungen genutzt werden und ist heute im Besitz der Universität. Vom Ursprungsbau aus maurischer Zeit ist ein Gebetsraum mit Mihrâb erhalten geblieben, der über den Hof erreichbar ist *(Calle Oficios 14, mehr unter www.lamadraza.ugr.es)*.

Am kleinen Platz gleich gegenüber liegt die **Capilla Real**. Sie ist von großer Bedeutung für die Geschichte Spaniens – in ihr ruhen die Gebeine des bedeutendsten Königspaares, Isabella I. von Kastilien und Ferdinand II. von Aragon, unter denen die Reconquista und die Zusammenführung Gesamtspaniens gelangen. Per deutschsprachigem Audioguide werden Ihnen die Geschichte und die wertvolle Ausstattung der Kapelle genau erklärt *(Calle Oficios, €, in der Granada Card enthalten, Mo – Sa 10.15 – 18.30 Uhr, So 11 – 18 Uhr, www.capillarealgranada.com)*.

Da sich der Ausgang auf der Rückseite befindet, müssen Sie wieder um die halbe Kirche herum gehen. Da Sie nun aber den Weg bereits kennen, fällt dies nicht schwer.

Links folgt der Eingang zur **Alcaicería**, einem basarartigen Einkaufsbereich, durch den Sie nun etwas stöbern können. Tatsächlich lag schon unter den Mauren an dieser Stelle der alte Bazar. Verlassen Sie ihn dann an gleicher Stelle, um zum Hauptportal der **Kathedrale** zu gelangen. Sie gilt als erste Renaissancekirche Spaniens, wurde ab 1505 an Stelle der ehemaligen Hauptmoschee errichtet und sollte ein Wahrzeichen des Sieges der Christen sein. An ihr wirkten Künstler wie Alonso Cano und Diego de Siloé. Sie beeindruckt von außen schon allein ob ihrer schieren Größe, im Inneren birgt vor allem die Sakristei wertvolle Gemälde verschiedener Meister *(Calle Gran Vía de Colón 5, €, Audiguides verfügbar, in der Granada Card enthalten, Mo – Sa 10.15 – 18.30 Uhr, So 15 – 17.45 Uhr, www.catedralgranada.com)*.

Am Ende des Kirchenvorplatzes wechseln Sie nach Ihrer Besichtigung links zur **Plaza Bib Rambla**. Lassen Sie sich von hier aus nun ein wenig durch die bunten Einkaufsstraßen, die südlich und westlich angrenzen, treiben. Wenn Sie genug haben, machen Sie sich zur stark befahrenen Calle Reyes Católicos auf, die das Gebiet auf südöstlicher Seite begrenzt. Dort wechseln Sie die Straßenseite und schlüpfen durch die kleine Calle Puente del Carbon zum **Corral de Carbón**, Granadas einstiger Karawanserei aus dem 13. Jahrhundert. Sie war einst Herberge und Großmarkt zugleich. Bis auf den Innenhof gibt es allerdings

Alcaicería

nicht mehr allzu viel zu sehen. Der Name „Carbon“ bezieht sich auf die spätere Nutzung als Kohlelager *(Calle Mariana Pineda 21, 9 – 20 Uhr)*. Linksseitig um das Gebäude herum und dann weiter nach links stoßen Sie auf die Plaza Isabel la Católica mit Springbrunnen und großem Denkmal. Es zeigt Kolumbus bei der Übergabe der Dokumente zur Entdeckung Amerikas an die Königin. Die daneben abgehende Calle Padre Suárez leitet Sie weiter bis zum **Museo Casa de los Tiros**. Das im 16. Jahrhundert entstandene Haus ist mit Zinnen und Kanonen bestückt, daher auch der Name „Haus der Schüsse“. Einst war es Bestandteil der Stadtmauer, heute ist im Inneren eine ethnologische Sammlung beheimatet *(Calle Pavaneras 19, €, EU-Bürger frei, Jun – Mitte Sep Di – Sa 9 – 15.30 Uhr, So 10 – 17 Uhr, sonst Mo – Sa 10 – 20.30 Uhr, So 10 – 17 Uhr)*.
Zum Abschluss halten Sie sich nun rechts in das Viertel Los Alfareros mit einer großen Anzahl an Tapas-Bars und Restaurants. Es erwacht erst gegen Abend richtig zum Leben. Am Ende stoßen Sie dort auf die Plaza del Campillo und die sich nach Süden ziehende begrünte Carrera de la Virgen, die an der markanten Fuente de las Granadas endet. Verschiedene Busse verkehren hier *(Linie 8, 9, 11, 13, 21, 33, 111, S2)*.

Zu Fuß eher schlecht erreichbar, aber dennoch einen Besuch wert ist das **Monasterio de La Cartuja**. So streng das Kartäuserkloster von außen wirkt, so prunkvoll ist es im Inneren. Es gilt als spätbarockes Gesamtkunstwerk *(Paseo de Cartuja, €, bei Granada Card teils enthalten, Mai – Mitte Sep So – Fr 10 – 20 Uhr, Sa 10 – 13 Uhr und 15 – 20 Uhr, sonst So – Fr 10 – 18 Uhr, Sa 10 – 13 Uhr und 15 – 18 Uhr, cartujadegranada.com)*.
Zwei sehr moderne und sehenswerte Museen sind der Wissenschaftspark **Parque de las Ciencas** und das **Museo Caja Granada**. Themen wie der menschliche Körper, Biodiversität in Flora und Fauna sowie ein Planetarium beziehungsweise die interaktive Aufarbeitung Andalusiens mit all seinen Aspekten werden hier behandelt *(Avenida de la Cienca, €-€€. Zutrittszeiten siehe Websites, www.parqueciencias.com bzw. wwwlcajagranadafundacion.es)*.

Granada – Tourist-Info: *Calle Cárcel Baja 3, Plaza del Carmen, Calle Santa Ana, www.turgranada.es |* ***Festkalender*** *–* ***Día de la Toma****: 2. Jan, religiös motiviertes Fest zur Erinnerung an die Reconquista mit Prozessionen,* ***Fiesta San Cecilio****: 1. So im Feb, Patronatsfest mit Musik und Prozessionen,* ***Semana Santa****: Karwoche, Prozessionen und Musikgruppen in der Altstadt,* ***Cruces de Mayo****: 3. Mai, Geschmückte Kreuze im Zentrum und Festivitäten,* ***San Miguel****: letztes WE im Sep, Albaicínfest mit Prozessionen und Flamenco*

Gastrotipps Granada: La Cuchara de Carmela**, Paseo Basilios 1a, **La Esquinita de Javi****, Plaza Mariana Pineda 1, **Taberna de Jam****, Plaza de los Campos, **Bar Los Diamantes***, Calle Navas 28, **Tocateja***, Calle Trinidad 8, **Viva Maria***, Calle San Jeronimo 10, **La Vinoteca****, Calle Almireceros 5, **Heladería Los Italianos** (Eis), Gran Via Colon 4, **Faralá*****, Cuesta de Gomerez 11, **Tetería La Oriental** (Café), Cuesta Maranas 3, **Restaurante Arrayanes****, Cuesta Maranas 4, **El Trillo****, Callejon Aljibe de Trillo 3, **Estrellas de San Nicolas*****, Callejon Atarazana 1, **Helados San Nicolas** (Eis), Camino Nuevo de San Nicolas 28, **Jardines de Zoraya****, Calle Panaderos 32

Flamenco

So sicher wie die Entstehung des Flamencos mit Andalusien verbunden ist, so strittig ist die Herkunft des Namens. Wirklich belegt ist nur, dass er auf die Gitanos, die andalusischen Roma, zurückgeht, die den heute in über 60 Formen unterscheidbaren, aus Gesang, Tanz und Instrumentalspiel bestehenden Flamenco entwickelt haben. Dabei wurden verschiedene, frühere Stile aufgenommen und zu einem neuen Ganzen verwoben. Schon Aufzeichnungen aus römischer Zeit künden von Tänzerinnen aus Cádiz, die bei Festen auftraten und einen zuckenden Ausdruckstanz vollführten, der von Klappern, vermutlich Vorgängern der Kastagnetten, begleitet wurde. Auch der starke muslimische Einfluss auf Andalusien spiegelt sich im Flamenco durch typisch arabisch geprägte Tonarten und Klangfolgen wider. Hinzu kamen die tonás, einfache Tonagen die den kastilischen Juden des Mittelalters zugesprochen werden. Als die Gitanos im 15. Jahrhundert nach Andalusien einwanderten, griffen sie alles auf, brachten eigene, aus dem indischen Raum stammende Rhythmen und Ideen mit und verbanden dies mit der zu jener Zeit populären lyrischen Form der Romanze, die sie schon bald, begleitet von Fidel und Mandoline, in neuer Form zum Ausdruck brachten. Später wurde die Gitarre zum vorherrschenden Instrument. Der Flamenco war geboren.

Während des Spanischen Unabhängigkeitskriegs im 19. Jahrhundert und im Anschluss suchte das Land nach Identität und Individualismus, die man nicht zuletzt bei den zuvor oft ausgegrenzten Gitanos fand. Ihre Interpreten wurden zu gern gesehenen Gästen, gleichwohl bei bürgerlichen Festen und zu Hof. Die kulturelle Verbundenheit mit dem Flamenco wuchs dadurch stark an. Einen weiteren Aufschwung nahm diese Entwicklung in neuerer Zeit. Als 1975 nach Francos Tod die Militärdiktatur endete und sich das in vielerlei Hinsicht isolierte Land nach Europa hin öffnete, führte der plötzlich möglich gewordene freie westliche Lebensstil zu einer neuen Identitätskrise, die viele junge Menschen, vor allem Gitanos, aus der Bahn warf. Die Zahl der Drogenkonsumenten und -toten stieg extrem an. Zu dieser Zeit berühmte Interpreten wie El Camerón griffen die Thematik im Flamenco auf und trafen damit den Nerv der Zeit. Inzwischen ist der Flamenco wieder so populär, dass er seit 2014 sogar offizielles Schulfach ist und sich im Lehrplan aller andalusischen Schulen findet.

Flamencoaufführungen schwanken heute dagegen oft zwischen echter Tradition und Virtuosität auf der einen und Kitsch und Kommerz auf der anderen Seite. Da die oftmals alternierend vorgetragene Rhythmik der

Palos genannten Stücke für ungewohnte Ohren etwas sperrig daherkommt und der klassische, nicht selten nur von einer Gitarre begleitete Cante (Gesang) sehr rau klingen kann, neigen auf Touristen eingestellte Flamencolokale, genannt Peñas, häufig dazu, den traditionellen Flamenco etwas zu „entschärfen".
Plötzlich kommen verschiedenste Instrumente zum Einsatz und das typische, rhythmische Klatschen der Hände wird durch andere Schlaginstrumente unterstützt. Auch der üblicherweise von strengen Regeln gekennzeichnete, stampfende, fast ausschließlich allein ausgeführte Ausdruckstanz kommt dann mit einem Mal erstaunlich lieblich und sogar paarweise vorgetragen daher. Schlimm ist das nicht. Und wer vermag schon zu sagen, welche Stilrichtung „echt" und welche „nicht echt" ist? Sofern Sie nichts dagegen haben, am Ende Flamenco-Fusion gezeigt zu bekommen, muss Sie das alles sowieso nicht kümmern. Andernfalls vergewissern Sie sich einfach im Vorfeld bei Einheimischen, welche Peña sie Ihnen empfehlen würden. Neben den Flamencolokalen in Granada ist unser persönlicher Tipp der **Tablao Flamenco Puro Arte** in Jerez de la Frontera *(siehe Tour 5, Calle Madre de Dios 10, €€€€, Reservierung online oder telefonisch nötig, meist 13.45 Uhr und 20.30 Uhr, www.puroarteflamencojerez.com).*

Sierra Nevada

Von Granada aus können Sie nun noch einen Abstecher ins Hochgebirge unternehmen. Mit dem 3.482 Meter messenden Mulhacén als höchstem Gipfel sind die Gebirgszüge der Sierra Nevada gleichzeitig die höchsten Berge der gesamten Iberischen Halbinsel. Übersetzt bedeutet der Name „verschneites Gebirge", und das ist Programm – bislang bleiben zumindest die Kuppen in vielen Jahren schon von Oktober an und teils bis in den Juli hinein weiß. 1999 wurde fast der gesamte Höhenzug mit einer Länge von rund 110 Kilometern zum Nationalpark erklärt. Veilchen, Krokusse und Enzian verwandeln manche Hänge im Frühsommer in Blütenmeere, die von fast 2.000 verschiedenen Schmetterlingsarten angeflogen werden. Der Iberische Steinbock gilt als bedeutendster Vertreter der Säugetiere. Mit geschätzt mehr als 5.000 Tieren lebt der größte Bestand in der Sierra Nevada.

Während in den kurzen Sommerphasen Wanderer und Mountainbiker auf ihre Kosten kommen, ist das Gebiet vor allem für Wintersportfreunde ein Eldorado.

Fast 70 Kilometer an Pisten in Höhen von bis zu 3.000 Metern sorgen mehr als fünf Monate im Jahr für ein weitgehend ungetrübtes Skivergnügen im südlichsten europäischen Wintersportgebiet – und das keine 35 Kilometer von den Stränden der Costa Tropical entfernt.

Trotz der gut ausgebauten Auffahrtsstraße sind Sie eine Zeit lang unterwegs, bis Sie am oberen Ende der Höhenstraße angekommen sind. Am Weg dorthin gibt es mehrere Campingplätze, nicht schlecht ist der nach **Monachil**.

(300) WOMO-Campingplatz: Monachil (Camping Ruta del Purche)

GPS: N 37°08'18" W 3°29'31", Carretera de el Purche.
Internet/Tel.: www.rutadelpurche.com, +34 958 340 408.
Öffnungszeiten: Ganzjährig.
Ausstattung: Pool, Restaurant, Spielplatz.
Beschreibung: Schattiger und ruhiger Campingplatz in ländlicher Lage, teils am Hang, rund 30 Fahrminuten von Granada entfernt, ebene Parzellen auf Schotter und Rasen. Monachil ist ca. 7 km entfernt.
Preis: €€€-€€€€.
Zufahrt: Von der A44 aus Richtung Lanjarón kommend kurz vor Granada rechts abbiegen, beschildert mit „Alhambra / Sierra Nevada". Kurz danach rechts die Ausfahrt „Lab Zubia" und im Kreisverkehr die zweite Abzweigung nach Monachil wählen. Den Ort durchfahren und weiter auf der Hauptstraße bleiben. Nach rund 7 km rechts.
Hinweis: Zwei weitere Plätze liegen unweit entfernt: „Camping Fuente del Lobo" fast direkt an der A395 bei [N 37°09'17" W 3°29'35", www.fuentedellobo.es], „Camping Las Lomas" am Stausee Embalse de Canales bei [N 37°09'39" W 3°27'14", www.campinglaslomas.com].

Zunächst erreichen Sie das **El-Dornajo-Besucherzentrum**. Es versorgt Sie unter anderem mit weiterführendem Informations- und Kartenmaterial zu den wichtigsten Routen.

Botanischer Garten Hoya de Pedreza

Rund vier Kilometer entfernt können Sie im **Botanischen Garten Hoya de Pedreza** die Fauna der Sierra Nevada auf kleinem Raum komprimiert erleben. Auch besonders seltene und gefährdete Arten kommen vor.

Die vor allem während der Wintersaison stark frequentierte Höhensiedlung **Pradollano** wirkt im Sommer reichlich trist. PKWs parken in großen Tiefgaragen, mit dem Wohnmobil können Sie beispielsweise die Freifläche Los Peñones etwas oberhalb ansteuern. Letzter erreichbarer Punkt ist der Parkplatz Hoya de la Mora auf 2.475 Metern, von dem aus einige Wanderungen starten. Ob sich die 35 Kilometer ab Granada lohnen, müssen letztendlich Sie entscheiden. Dafür sprechen das Panorama und die Wandermöglichkeiten, zum Beispiel auf den 3.394 Meter hohen Pico de Veleta. Beides macht natürlich nur bei guter Witterung Sinn.

Centro Visitantes El Dornajo: *[N 37°07'58" W 3°26'07", A4025], mi – Fr 9 – 15 Uhr, Sa / So 10 – 17 Uhr |* ***Jardín Botanico Hoya de Pedraza:*** *[N 37°06'43" W 3°26'03", A395], Eintritt frei, Apr – Nov 9 – 14.30 Uhr*

(301) WOMO-Wanderparkplatz: Pradollano

GPS: N 37°05'54" W 3°23'36", Calle de los Peñones, (Alt. 2370 m).
Max. WOMOs: 30+.
Ausstattung: Keine Einrichtungen, Sat-Empfang, tagsüber WC und Kiosk.
Beschreibung: Gemischter, asphaltierter Parkplatz „Los Peñones", der zur Übernachtung freigegeben wurde, Campingverhalten untersagt. Eben, kein Schatten, nachts ruhig. Auf rund 2.400 m Höhe. Ganzjährig nutzbar. Oberhalb der Pradollano-Siedlung.
Preis: €€.
Zufahrt: Auf der A395 bis kurz vor Pradollano immer aufwärts fahren. Dann kurz zuvor links halten (Schild „Urbanización C.A.R.D.") Dieser Straße nun über mehrere Kurven immer geradeaus bis zur Platzeinfahrt linker Hand folgen.
Hinweis: Zuletzt war der Platz zwischen Mitte Mai und Mitte September immer wieder durch eine Schranke versperrt. Eine Alternative wäre der noch 100 m höher gelegene Platz „Hoya de la Mora" bei [N 37°05'38" W 3°23'09"]. Vorsicht, es kann dort extrem windig werden!

Gastrotipps Pradollano: El Club de la Montaña**, Avenida Virgen de las Nieves 10, **La Antorcha****, Calle Virgen de las Nieves 8, **Vivac*****, Plaza de Pradollano 4, **Ci Vediamo****, Plaza Andalucía

Auf den Pico de Veleta (15 km, 880 Hm)

Die Wanderung auf Andalusiens zweithöchsten Gipfel beginnt am Hoya-de-la-Mora-Parkplatz, von dem aus auch Shuttlebusse in die Gipfelregion starten. Sie sollte nur in der schneefreien Zeit unternommen werden. Der ausgeschilderte Fußweg hält in direkter Linie auf den schon ab hier gut sichtbaren, kahlen Gipfel zu. Zunächst passieren Sie eine Schranke, dann verlassen Sie wenig später die Straße in einer Kurve und steigen zu der Statue Virgen de las Nieves auf. In einer weiteren Kurve gelangen Sie zurück zur Fahrbahn und halten sich, nun dieser folgend, bergauf. Immer wieder quert der Wanderweg im Fortlauf die Straße, bis Sie ein paar Ruinen aus dem Spanischen Bürgerkrieg erreichen. Dahinter bleiben Sie, diesmal länger, auf der ehemaligen Straße und schlagen erst nach rund einer halben Stunde links einen Serpentinenweg zum Gipfel ein. Nach einem schweißtreibenden Anstieg erreichen Sie den höchsten Punkt. Selbst in den komplett schneefreien Wochen, von Ende Juli bis Ende September, weht meist ein kräftiger und kalter Wind, sodass Sie ihren Aufenthalt an höchster Stelle eher kurz halten werden und wahrscheinlich besser etwas weiter unten an der Flanke rasten. Den Panoramablick hinüber zum noch etwas höheren Mulhacén im Osten und zu der Vega de Granada im Westen müssen Sie aber in jedem Fall für einen Moment genießen. An klaren Tagen erkennen Sie auch die Costa Tropical im Süden ganz deutlich. Dann geht es auf bereits bekanntem Weg zurück.

Am Weg zum Pico de Veleta

TOUR 14
10 km
N
Bailén
Tour 1
Linares
Guadalquivir
Torreparedones
Baena
Doña Mencía
Zuheros
Luque
Cabra
P.N. de las Sierras Subbéticas
Besucher-zentrum
Carcabuey
Rute
1476 m
Priego d.C.
Iznájar
Loja
Huétor-Tajar
Genil
Illora
Pinos Puente
Alcalá la Real
1190 m
Frailes
Alcaudete
Martos
Torredelcampo
1614 m
Jaén
La Guardia Jaén
Mancha Real
Jimena
2032 m
P.N. Sierra Mágina
Albanchez de Mágina
Jódar
Baeza
Úbeda
Torreperogil
Villacarrillo
Cazorla
Burunchel
Naturparkcenter und Bot. Garten
Arroyo-Frio
1736 m
1577 m
1830 m
1825 m
P.N. Sierras de Cazorla
P.N. Sierra de Castril
El Tranco
Hornos
Cosmolarium
Segura d.l.S.
Siles
1153 m
Huéscar

Tour 14: Andalusiens Olivengarten rund um Jaén (ca. 530 km)

Alcalá la Real – Priego de Córdoba –Cabra – Montilla Zuheros – Baena – Alcaudete – Jaén – Baeza Úbeda – Sierra de Cazorla

Stellplätze: Frailes, Priego de Córdoba, Los Villares, Cabra, Montilla, Doña Mencía, Zuheros, Cueva de los Murciélagos, Baena, Alcaudete, Jaén, La Guardia, Baeza, Úbeda, Cazorla, Hornos de Segura

Campingplätze: Albanchez de Mágina, Vadillo Castril, Coto Ríos, Tranco, Siles

Besichtigen: Burg von Alcalá la Real, Priego de Córdoba, Bodegas in Montilla, Zuheros mit Burg, Museum und der Cueva de los Murciélagos, Baena mit Olivenölmuseum, Ausgrabungen von Torreparedones, Burg von Alcaudete, Jaén, Baeza, Úbeda, Cazorla, Centro Torre del Vinagre mit Botanischem Garten, Wildpark Cinegético Collado del Almendral, Hornos de Segura mit Cosmolarium, Segura de la Sierra mit Burg

Wandern: Sierra Subbéticas, Sendero de Santa Rita, Zuheros, Sierra de Cazorla, Sendero Río Borosa

Sanfte Hügel voller Olivenbäume, soweit das Auge reicht, überziehen weite Teile der wenig besuchten Provinz Jaén. Dazwischen liegen kleinere Provinzstädte und Dörfer, die sich wie Inseln aus den Agrarflächen erheben. In Priego de la Córdoba, Cabra oder Alcaudete geht das Leben noch einen gemächlicheren Gang als in den Touristenhochburgen weiter südlich und westlich. In der Sierra Subbética können Sie Höhlen erkunden, später die beiden direkt benachbarten und für Spanien ungewöhnlichen Renaissanceorte Baeza und Úbeda besuchen und Ihre Reise durch Andalusien in den üppig grünen Weiten des Cazorla Naturparks ausklingen lassen.

Alcalá la Real

Sobald Sie Granada hinter sich gelassen haben, versiegen die Touristenströme abrupt in der recht dünn besiedelten Landschaft. Ein erster lohnender Halt bietet sich in **Alcalá la Real** an. Es besitzt eine schon von Weitem gut sichtbare, stattliche Festungsanlage auf dem 1.033 Meter hohen Felssporn am Rande des Ortes. Die große **Fortaleza de la Mota** wurde ab dem 13. Jahrhundert unter den Mauren errichtet und hielt bis ins Jahr 1341 allen Eroberungsversuchen tapfer stand. Beeindruckt von ihrer strategisch außergewöhnlich günstigen Lage, ihrem Umfang und ihrer Substanz erhielt sie von Alfons XI. den

Titel „Wächter des Kastilischen Reiches“ und diente noch viele weitere Jahrzehnte als Bollwerk, nun allerdings in die entgegengesetzte Richtung weisend, als Grenze zwischen Kastilien und Granada. Ausgrabungen ringsum konnten belegen, dass Alcalá schon zur Römerzeit besiedelt gewesen sein muss, ringsum und in der Festung sind Spuren der alten, maurischen Siedlung erhalten geblieben. Im weiter nach Osten gewanderten, neuen Zentrum befinden sich viele sehenswerte Palais, wodurch größere Teile des Ortsensembles unter Denkmalschutz gestellt wurden. Herz von Alcalá ist die Calle Álamos mit einer großen Parkanlage. Unter anderem können Sie im Ort den schönen **Renaissancepalast Abacial** besichtigen. Parken lässt sich unterhalb der Burg bei [N 37°27'42" W 3°55'47", ab Calle San Francisco], von dort ist auch der Weg ins eng bebaute Zentrum nicht allzu weit. Einen Übernachtungsplatz gibt es ein paar Dörfer entfernt im kleinen **Frailes**.

(302) Offizieller WOMO-Stellplatz: Frailes

GPS: N 37°29'19" W 3°49'51", Calle Mecedero. **Max. WOMOs**: 5-6
Ausstattung: Ver-/ Entsorgung, Mülltonnen, teils Sat-Empfang.
Beschreibung: Mittelgroßer, betonierter Parkplatz ohne eingezeichnete Stellflächen. Nur wenig Schatten durch Bäume ringsum, eben, recht ruhig, Campingverhalten untersagt, während Dorffesten nicht nutzbar, ca. 400 m bis zur Dorfmitte mit Gastronomie und Einkaufsgelegenheiten.
Zufahrt: Kurz vor Alcalá la Real rechts Richtung Benalúa de las Villas abzweigen, dann an der nächsten Ausfahrt Richtung Frailes fahren und der Beschilderung bis in den Ort folgen. Am Ende von Frailes auf der rechten Seite.

***Alcalá la Real – Tourist-Info**: Calle Carrera de la Mercedes, www.turismo.alcalareal.es | **Wochenmarkt**: Di, Avenida de Andalucía | **Fortaleza de la Mota und Palacio Abacial**: Castillo bzw. Carrera de la Mercedes, € inkl. Palacio Abacial, Apr – Okt 10.30 – 19.30 Uhr, sonst 10 – 18 Uhr*

Gastrotipps Alcalá la Real: LuXury Bar**, Calle de Juan de Aranda 5, **Rincon de Pepe****, Calle Fernando El Catolico 17

Priego de Córdoba

Keine 30 Kilometer weiter westlich gelangen Sie nach Priego. Die heute knapp 30.000 Einwohner zählende Stadt hatte ihre bislang bedeutendste Zeit im 18. Jahrhundert, als die Textil- und Seidenindustrie für Wohlstand sorgte und viele der prächtigen, oftmals barock geprägten Stadthäuser entstanden.

Alcalá la Real

Längst haben Oliven die Seide als wichtigstes Wirtschaftsgut abgelöst und es ist eine große Ruhe eingekehrt. Zu sehen gibt es trotzdem so Einiges.

(303) Offizieller WOMO-Stellplatz: Priego de Córdoba

GPS: N 37°26'38" W 4°12'43", Calle Carrusel, Zufahrt bei [N 37°26'30" W 4°12'44"]. **Max. WOMOs**: 12-14.
Ausstattung: Ver-/ Entsorgung, Mülleimer, Sat-Empfang.
Beschreibung: Große betonierte Fläche hinter einer Parkanlage, die während des Stadtfestes und für den Markt genutzt wird. Eben, kein Schatten, sehr ruhig, Campingverhalten unerwünscht. 350 m zu Gaststätten, 450 m zum Supermarkt, rund 1,5 km ins Zentrum.

Zufahrt: Der A339 rund um Priego de Córdoba folgen. Dann erst von der Nordwestseite kurz vor einer Fußgängerüberführung links in die Stadt einfahren. Gut 150 m nach dem Kreisverkehr links auf das Fería- und Parkgelände fahren. Rechts die Rampe abwärts fahren, dann rechts zum Stellplatz.

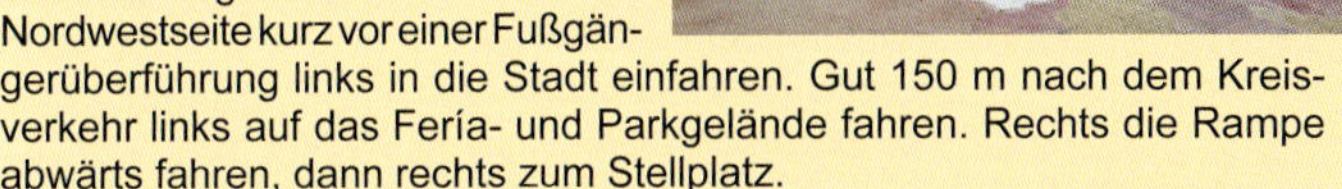

Hinweis: Von Freitagabends bis Samstagmittags ist der Platz wegen Marktbetrieb nicht nutzbar, auch in der ersten Septemberwoche während des Stadtfestes bleibt er gesperrt.

Unterwegs in Priego de Córdoba

Vom Stellplatz am Westende der Stadt bis ins historische Zentrum ist es ein Stück. Doch da es keine besser Alternative gibt, bleibt Ihnen im Zweifelsfall nur, die gut 750 Meter vom Ausgang des Parque Zamora mit dem Festgelände links ab über die Hauptstraße zu marschieren, bis Sie eine Gabelung mit Palme erreichen, an der Sie rechts in die kleinere Calle San Marcos wechseln. Es ist die Haupteinkaufsstraße Priegos. Linker Hand ist nach einem guten Stück das **Centro Cultural Adolfo Lozardo Sidro** markiert. Es ist der Sitz des historischen Museums und nach einem lokalen Maler benannt. Zu sehen gibt es hauptsächlich archäologische Funde der näheren Umgebung, Prunkstück ist eine steinzeitliche Plakette mit dem Kopf eines Steinbocks, ein einzigartiger Fund. Nebenan werden die Werke und Wohnräume des 1935 verstorbenen Künstlers gezeigt *(Calle Carrer de la Monjas 15, Eintritt frei, Di – Fr 10 – 13 Uhr und 18 – 20.30 Uhr, Sa 10 – 13.30 Uhr und 17 – 19.30 Uhr, So 10 – 13.30 Uhr)*.

Gleich danach stehen Sie an der schönen Plaza de la Constitución mit dem Rathaus und der **Touristen-**

information. Auf der gegenüberliegenden Straßenseite mit der kleinen Plaza Andalucía schlüpfen Sie links im Eck durch die kleine Calle Solana und halten am Ende links, direkt auf die **Carnicerias Reales** zu. Einst fungierte das Gebäude als königlicher Fleischmarkt. Vom stimmungsvollen alten Hof führt eine grobe Steintreppe hinab in die einstige Schlachterei. Dort ist inzwischen eine Ausstellung rund um Oliven und die aus ihnen gewonnenen Produkte zu sehen. Leider sind viele Erklärungen nur auf Spanisch verfügbar *(Calle Santiago 12, €, Jun – Mitte Sep Di – So 11.30 – 13.30 Uhr und 19 – 22 Uhr, sonst Di – So 11.30 – 13.30 Uhr, Di – Sa auch 16.30 – 18.30 Uhr)*.

Gehen Sie die Straße, aus der Sie gekommen sind, nun zurück und dann links über den Platz mit dem Christusdenkmal. Linker Hand steht das schnörkellose **Castillo de Priego** aus dem 13. Jahrhundert. Wegen umfangreicher Sanierungsarbeiten ist es bis auf Weiteres nicht zu besichtigen. Die Kirche an Ende des Platzes, **Parroquia de Nuestra Señora de la Asunción**, stammt aus dem 16. Jahrhundert, wurde aber später im barocken Stil umgestaltet. Künstlerisch besonders wertvoll sind die Bibelszenen im angeschlossenen Sagrario, die in zwölfjähriger Arbeit von Francisco Javier Pedrejas geschaffen wurden *(Calle Santa Ana, €, Di – Sa 11 – 13.30 Uhr, So 10.30 – 12 Uhr, im Winterhalbjahr teils abweichende Zeiten)*.

Hinter der Kirche beginnt das **Barrio de la Villa**. Der maurische Ursprung ist in den schmalen Gassen nicht zu übersehen. Die weiß getünchten Hausfassaden sind vielerorts liebevoll mit überbordendem Blumenschmuck verziert und die labyrinthartigen Gassen und Wege laden zu einer Erkundung ein. Nehmen Sie nach der Kirche die Calle Jazmines nach rechts, gehen Sie an der nächsten quer laufenden Gasse nach links und bei der ersten Gelegenheit erneut nach rechts durch die Calle Real. Am Ende nochmals links ab gelangen Sie zum **Balcón del Adarve**, einer Klippe, an der die Altstadt mit einem Mal endet. Mit einem langen Geländer versehen, bietet die daneben verlaufende Calle Adarve einen schönen Blick auf das Land. Der nach rechts verlaufende Paseo de Co-

Balcón del Adarve,
oben Carnicería Reales

Fuente del Rey

lombia ist üppig bepflanzt und mit einem Springbrunnen geschmückt.
Für den Rückweg nehmen Sie die dahinter weiterführende Straße, biegen dann links in die Calle Carrera de Álvarez ab und kurz darauf rechts in die Calle Pedro Ramírez. Die Richtung beibehaltend, endet der inzwischen schmale Fußweg an der Calle la Ribera schräg gegenüber vom Rathausplatz. Statt direkt zurück zu gehen, können Sie links entlang der Calle del Río nun noch einen Abstecher zur **Fuente del Rey** machen. Diese größte Brunnenanlage der Stadt ist in einen kleinen Park eingebettet. Aus 139 Marmorköpfen fließt Wasser in die Hauptbecken. Die Hauptfigurengruppe zeigt Poseidon und seine Ehefrau. Früher soll an dieser Stelle Alfonso XI. sein Lager während der Belagerung des Castillos aufgeschlagen haben.
An der Spitze des Parks orientieren Sie sich schließlich rechts, rückwärts gewandt in die kleine Calle Estación und folgen ihr, bis Sie am Ende über die San-Marco-Einkaufsstraße links zurück zu Ihrem Stellplatz gelangen.

***Priego de Córdoba – Tourist-Info**: Plaza de la Constitución 3, www.turismodepriego.com | **Wochenmarkt**: Sa, Recinto Ferial | **Festkalender – Domongos de Mayo**: An Maisonntagen, Musik, Paraden und Feierwerk zur Erinnerung an die Pest, die Priego verschonte, **Fería Real**: Anfang Sep, Stadtfest mit Stierkampf, Markt und Tanz*

Gastrotipps Priego de Córdoba: Asador La Muralla**, Calle Abad Palomino 16, **Zyrah****, Calle Río 8, **Hostería de Rafi***, Calle de Isabel la Catolica 4, **La Pianola Casa Pepe****, Calle Obispo Caballero 6

Auf der Weiterfahrt kommen Sie am authentischen Dorf **Carcabuey** vorbei, das unter eine Burgruine geduckt an einem Hügel liegt. Falls Sie Lust haben einen Abstecher zu machen und durch den Ort zu schlendern, parken Sie unbedingt unterhalb der Festung, nach der Zufahrt spitz links ab in der Calle Carnicería, und fahren Sie keinesfalls weiter hinein – es besteht die akute Gefahr, im wahrsten Sinne des Wortes stecken zu bleiben! Schon kurz zuvor können Sie links zu einem recht hübschen Stellplatz abfahren.

(304) Offizieller WOMO-Stellplatz: Los Villares (Cortijo Los Villares)

GPS: N 37°24'28" W 4°17'39", A3226.
Internet/Tel.: www.casasdelasubbetica.com, +34 957 704 054.
Max. WOMOs: 12.
Ausstattung: Ver-/ Entsorgung, Strom (gegen Gebühr), Mülleimer, Pool, Gastrobar, teils Sat-Empfang.
Beschreibung: Privater Stellplatz an einer kleinen Ferienanlage mit teils beschatteten Parzellen auf einem abgelegenen Erd-/ Wiesengrundstück,

ruhig, fast eben, Campingverhalten gestattet, mitten in der Natur, rund 6,5 km in den nächsten Ort (Carcabuey), 12 km bis Priego.
Preis: €€.
Zufahrt: Priego de la Corodba auf der A339 verlassen, dann links in Richtung Los Villares abbiegen und bis zum Platz nach rund 8,5 km rechts fahren.

Cabra

Sie durchfahren nun den Naturpark der Sierra Subbéticas, der sich rund um den 792 Meter hohen Pass Puerto del Mojón erstreckt. Links können Sie sich im **Centro de Visitantes Santa Rita** über die Natur des Parks informieren, es gibt Picknickbänke und zwei gut ausgeschilderte, nicht zu lange Wanderwege, [N 37°27'45" W 4°21'09", A339].

Bald darauf erreichen Sie die Kleinstadt **Cabra**. Im Laufe der Geschichte tat sie sich zweimal hervor – zuerst im 3. Jahrhundert, als sie unter den Westgoten Bischofssitz und Hauptstadt der südlichen Provinz Córdoba wurde. Im 11. Jahrhundert fand dann eine legendäre Schlacht zwischen El Cid aus Sevilla und dem Grafen García Ordóñez aus Granada statt, die Ersterer für sich entschied. Seitdem ist es ruhig geworden um Cabra, und viel Sehenswertes gibt es auch nicht. Doch zwei gute Wohnmobilstellplätze rücken den Ort für Sie vielleicht in den Interessenfokus. Ein Spaziergang im Zentrum ist in dem Fall durchaus kurzweilig.

(305) Offizieller WOMO-Stellplatz: Cabra

GPS: N 37°27'58" W 4°25'26", Calle Juanita la Larga. **Max. WOMOs**: 3.
Ausstattung: Ver-/ Entsorgung, Mülleimer.

Beschreibung: Gemischte, asphaltierte Stellfläche neben einer Parkanlage und dem Freibad, teils schattig, eben, nachts ruhig, tags ziemlich belebt. Campingverhalten untersagt, Womo-Stellplätze sind eingezeichnet. Restaurant benachbart, gut 2 km ins Zentrum.
Zufahrt: Von der A339 rechts in Richtung „Cabra (este)" abzweigen. Nach rund 1,2 km und einer langgezogenen Linkskurve rechts in die Calle Geólogo W. Kilian abbiegen und im Kreisverkehr erneut rechts auf den Parkplatz mit den Stellflächen fahren.
Hinweis: In Cabra stehen Sie zusätzlich, ganz offiziell, an einem großen, gemischten Parkplatz direkt nördlich des Zentrums. Er ist weniger schön gelegen und nachts unruhiger. Dafür zentraler und verfügt ebenfalls über eine V/E-Anlage bei [N 37°28'35" W 4°26'32", Calle de la Libertad].

***Cabra – Tourist-Info**: Calle Mayor 1, www.turismodecabra.es, **Wochenmarkt**: Mo, Parque de la Tejera*

Gastrotipps Cabra: Rincón Gallego**, Avenida del Río 34, **Meson San Martin****, Plaza España 6, **Meson la Casilla de Cabra****, Calle Martin Belda 14

Über die A318 setzen Sie die Tour auf kürzestem Weg fort. Falls Sie sich aber für Südweine wie den bereits auf Tour 5 vorgestellten Sherry interessieren, sollten Sie einen Abstecher nach Montilla ins Auge fassen. Einen Zwischenstopp ist in dem Fall das am Weg liegende **Aguilar de la Frontera** wert, das mit sehenswerten Herrenhäusern und einer ungewöhnlichen, achteckigen Plaza lockt.

Montilla

Weit weniger bekannt als der Sherry, aber qualitativ in keiner Weise schlechter, ist der Montillawein außerhalb Spaniens ein echter Geheimtipp. Statt der Palomino-Traube kommt bei seiner Herstellung die Ximénez-Traube zum Einsatz, deren Name vermutlich auf ihren ersten Importeur zurückgeht – einen Deutschen mit dem wohlbekannten Familiennamen Siemens… Hauptgrund eines Stopps in der Stadt ist für die meisten Gäste der Besuch einer Weinkellerei. Die größte und bekannteste heißt **Bodega Alvear** und liegt im Westen. Sie wurde 1729 gegründet und ist stolz auf ihre seit acht Generationen bestehende Tradition als Familienunternehmen. Auch einige Preise für die hergestellten Produkte konnten in den letzten Jahren errungen werden. Führungen werden auch in englischer und deutscher Sprache angeboten und dauern rund 90 Minuten – eine Verkostung ist selbstverständlich inklusive. Wenn Sie nicht vom angegebenen Stellplatz aus den rund 1,5 Kilometer weiten Weg dorthin zur Fuß antreten wollen, müssen Sie in einer der umliegenden Straßen parken, ein extra Parkplatz existiert nicht.

Eine Nummer kleiner geht es in den gleich benachbart gelegenen **Bodegas Cruz Conde** zu. Sie existiert seit 1902 und führt ähnlich lange Touren durch, allerdings nur auf Spanisch oder Englisch. Von den insgesamt zwölf größeren Kellereien des Ortes führen noch zwei weitere fremdsprachige Touren durch: die **Bodegas La Aurora** in englischer Sprache, genau wie die **Bodegas Robles**. Sie hält man für deutsche Gäste aber zusätzlich erklärende Texte bereit. Beide liegen weiter außerhalb, ein paar Kilometer westlich beziehungsweise südlich der Stadt.

(306) Offizieller WOMO-Stellplatz: Montilla

GPS: N 37°35'18" W 4°38'02", Paseo de Cervantes. **Max. WOMOs**: 7.
Ausstattung: Ver-/ Entsorgung, Mülleimer.
Beschreibung: Gemischte, asphaltierte Stellfläche nahe dem Stadtzentrum, eben, schattig, nicht ganz ruhig, Parkanlage gegenüber, ganz nette Aussicht, Campingverhalten verboten. Cafè / Bar rund 100 m entfernt, Supermarkt 300 m entfernt, bis ins Zentrum rund 500 m.**Zufahrt**: Von der A307 nach Montilla / Nueva Carteya abbiegen, dann links nach Montilla halten. Am Ende der Straße, wenn diese sich mit der von rechts kommen-

den Avenida Granada vereint, noch für rund 150 m weiterfahren, dort links abbiegen und zum Parkplatz auf der linken Seite fahren.

***Montilla – Tourist-Info**: Calle Iglesia, www.montillaturismo.es | **Wochenmarkt**: Avenida de las Camachas | **Bodegas Alvear**: [N 37°34'57" W 4°38'34", Avenida Boucau 6], €€, Führungen täglich nach Vereinbarung, Anmeldung über ein Onlineformular unter www.alvear.es | **Bodegas Cruz Conde**: [N 37°34'49" W 4°38'25", Calle Ronda del Canillo 4], €€, Mo – Sa 12 Uhr, Anmeldung empfohlen über ein Onlineformular unter www.bodegascruzconde.es | **Bodegas La Aurora**: [N 37°35'03" W 4°39'24", Avenida de Europa 7], €€, Führungen nach Vereinbarung, Anmeldung per Email, mehr unter www.bodegaslaaurora.com | **Bodegas Robles**: [N 37°33'31" W 4°39'08", N331], €€, Führungen nach Vereinbarung und nur nach Anmeldung über die Website unter www.bodegasrobles.es | **Festkalender – Fiesta Vendimia**: Anfang Sep, buntes Fest zur Weinlese | **Doña Mencía – Wochenmarkt**: Avenida del Laderón*

Gastrotipps Montilla: Bar Carrasquilla**, Calle Fería 1, **Taberna Bolero****, Calle San Francisco Solano, **El Nuevo Barril de Oro***, Avenida de Andalucía 26

Wanderweg bei Zuheros

Zuheros

Zurück auf dem Hauptweg tangieren Sie auf der A318 das Städtchen **Doña Mencía**. Es ist am ehesten Radfahrern ein Begriff, denn der gut ausgebaute Via Verde „Olivenöl"-Radweg führt hier vorbei und weiter bis nach Jaén. Insgesamt hat er eine Länge von 55 Kilometern. Direkt angrenzend wurde ein guter Stellplatz errichtet, vielleicht auch für Sie ein geeigneter Stopp, um einmal aufs Fahrrad zu wechseln und die Gegend anders kennenzulernen. Falls Sie kein eigenes dabeihaben, können Sie vor Ort eines ausleihen.

(307) Offizieller WOMO-Stellplatz: Doña Mencía

GPS: N 37°32'48" W 4°21'07", Autovía del Olivar. **Max. WOMOs**: Ca. 30.
Ausstattung: Ver-/ Entsorgung, Duschen (gegen Gebühr), Toiletten, Mülleimer, teils Sat-Empfang.
Beschreibung: Teils schattige, fast ebene, parzellierte Parkplätze auf ei-

nem geschotterten Grundstück, klappstuhlgeeignet, neben einem Restaurant und Fahrradverleih. Direkt am Via-Verde-Radweg, rund 1000 m ins Ortszentrum, nicht ganz ruhig, da direkt neben der Hauptstraße.
Zufahrt: Der A318 nach Osten folgen, bei Doña Mencía am Kreisverkehr rechts zum Mesón La Cantina abbiegen und in den Stellplatz einfahren.

Gleich danach ist rechts der Bergort **Zuheros** angeschrieben. Hoch oben am Fels ist die 700-Seelen-Gemeinde ein gern gewähltes Startziel für Wandertouren durch die dahinter liegende Subbéticas-Naturparkregion. Außerdem gibt es ein kleines **Castillo** und ein benachbartes **Archäologiemuseum**. Auf der westlichen Zufahrtsseite parken Womos auf den beiden Stellplätzen teils über Nacht. Allzu viel Platz ist aber nicht. Am oberen der beiden stehen Sie außerdem ziemlich schief, [**308:** N 37°32'27" W 4°19'02", Calle Barrera]. Wandertafeln zeigen möglich Wege auf, Sie können des Weiteren zu zwei nahen Miradores aufbrechen, um die Aussicht zu genießen.

Wenn Sie der Bergstraße, die um den Ort herum verläuft, weiter folgen, schwingt sich diese zum dahinter gelegenen Hochplateau auf, an dem Sie schließlich den Parkplatz am **Ecomuseo Cueva de los Murciélagos** erreichen. Es gehört zur „Fledermaushöhle" und öffnet meistens nur in der Zeit vor den mehrmals täglich angebotenen Besichtigungstouren in die nahe Höhle. Neben den namensgebenden Flugsäugern sehen Sie im Inneren Tropfsteine und über 6.000 Jahre alte Felsmalereien. Die Touren finden meist nur auf

Cueva de los Murciélagos

Spanisch statt, sie erhalten dann englischsprachige Texte. Das kleine Museum klärt allgemein über die Karst- und Höhlenphänomene der Region und die Fledermaushöhle im Besonderen auf. Auch dort sind englischsprachige Texte auf Anfrage erhältlich. Zusätzlich umfasst das Angebot Wegbeschreibungen zu den umliegenden Wanderungen und lokale Produkte.

(309) WOMO-Picknickplatz: Cueva de los Murciélagos

GPS: N 37°32'23" W 4°18'22", CV247. **Max. WOMOs**: 3-4.
Ausstattung: Picknickbänke, Mülltonnen, Sat-Empfang.

Beschreibung: Parkplatz vor dem Info-Center der Höhlen und neben einem Picknickplatz, nicht ganz eben, kein Schatten, nachts einsam, tolle Lage, viele Wandermöglichkeiten ringsum, rund 3,5 km bis Zuheros.
Zufahrt: Richtung Zuheros abbiegen und dann unterhalb um den Ort der Beschilderung bis zur „Cueva" knapp 4 km entfernt folgen.

***Zuheros – Tourist-Info**: Plaza de la Paz 1, www.zuheros.es | **Castillo und Museum**: Plaza de la Paz, €, Apr – Sep 11 – 14 Uhr und 17 – 18.30 Uhr, sonst nachmittags eine Stunde früher | Cueva de los Murciélagos: CV247, €€, Apr – Sep Di – Fr 12.30 und 17.30 Uhr, Sa / So 11/12.30/14/17/18.30 Uhr, sonst Di – Fr 12.30 / 16.30 Uhr, Sa / So 11/12.30/14/16/7.30 Uhr, wochentags Reservierung nötig unter +34 957 694 545 oder turismo@zuheros.es)*

Baena

Die Stadt ist ein Zentrum der andalusischen Olivenölproduktion. Allein auf den Agrarflächen zwischen Baena und Jaén wird mehr vom „flüssigen Gold des Mittelmeeres" produziert als in der gesamten EU zusammen. Trotz alter Burg und des typisch maurisch geprägten Gassengewirrs fehlt es der Altstadt im Süden etwas an Flair. Die Haupteinkaufsstraßen befinden sich heute nahe dem großen Parque Ramón Santaella um die Avenida Cervantes. Parken ist mangels größerer Stellflächen meist nur in Nebenstraßen möglich. Ganz interessant ist das **Museo del Olivar y del Aceite**, in dem es, Sie ahnen es sicher, um die Olivenölproduktion geht. Viele Erklärungen sind allerdings nur auf Spanisch verfügbar. Es befindet sich in einer ehemaligen Ölmühle, eine Verkostungsgelegenheit ist angeschlossen.

Nur der Vollständigkeit halber soll an dieser Stelle der städtische Wohnmobil-Stellplatz von Baena erwähnt werden. Er liegt am nördlichen Ortsrand in einem Gewerbegebiet und wäre dank seiner V/E-Anlage, Picknickbänken und Grünstreifen gar nicht so übel, wäre er in einem besseren Zustand. Leider wurde er wohl dem Verfall preisgegeben und vermüllt zusehends. Falls sich zwischenzeitlich etwas zum Besseren gewendet haben sollte oder Sie sich das Elend selbst ansehen wollen, finden Sie ihn in der Paraje el Juncal bei [**310:** N 37°37'30" W 4°19'18"].

Stellplatz 310

Sehenswert ist ansonsten der gut 20 Kilometer weiter nördlich gelegene **Archäologische Park von Torreparedones**. Dort wurden die Überreste einer iberoromanischen Stadt freigelegt. Einige der alten Mauern, wie die des Tempels, sind noch in recht solidem Zustand und vermitteln ein ganz gutes Bild. Zu den ältesten Teilen zählt die Stadtmauer aus vorrömischer Zeit.

***Baena – Tourist Info**: Calle Virrey del Pino, www.baena.es | **Wochenmarkt**: Do, Calle Arquitecto Mateo Gaya | **Museo del Olivar**: Calle Cañada 7, parken weiter westlich, z.B. bei [N 37°37'01" W 4°19'56", Avenida Castro del Río], €, Mitte Jun – Sep Di – So 11 – 14 Uhr, Di – Sa auch 18 – 20 Uhr, sonst Di – So 11 – 14 Uhr und Di – Sa 16 – 18 Uhr, www.museoaceite.com | **Torreparedones:** [N 37°45'17" W 4°22'23", Schotterpiste ab A3125], €, Mitte Jun – Sep Di – So 9 – 14 Uhr, sonst 10 – 15 Uhr, www.torreparedonesweb.wixsite.com | **Festkalender – Semana Santa**: Mi – Karfreitag, Trommlerprozessionen*

Gastrotipps Baena: Picoteo*, Avenida Padre Villoslada 29, **Taberna Gourmet el Violin****, Avenida Padre Villoslada 7

Das Land der Oliven

Andalusien ist auch das Land der Oliven und des Olivenöls. Die größten Anbauflächen befinden sich in der Provinz Jaén.
Monokulturell angebaut und in endlosen, symmetrisch gezogenen Linien reiht sich dort Olivenbaum an Olivenbaum. Die Arbeit der Olivenfarmer ist dabei keineswegs leicht oder gar ein Selbstläufer. Pflege, Ernte und Produktion der Olivenprodukte sind aufwändig – doch am Ende auch sehr profitabel. Ein einziger Baum hat eine Lebensdauer von weit über 100 Jahren, wirft im Jahr rund 40 Kilogramm Oliven ab und sichert dadurch einer ganzen Provinz den wirtschaftlichen Rückhalt. Luftaufnahmen haben gezeigt, dass in Andalusien rund 175 Millionen Olivenbäume wachsen!

Mit dem Anbau auf spanischem Boden begonnen haben vor über 2.500 Jahren die Phönizier, unter den Römern wurden die Kultivierung und die Produktion dann stark professionalisiert. Dem Olivenbaum haftete in dieser Zeit beinahe etwas Mystisches an. Die Haine galten als geheiligte Bereiche und Olivenzweigen wurde nachgesagt, dass sie Schutz vor Gefahren boten. Das Gleiche galt für aus dem Holz geschnitzte Götterbilder. Das Olivenöl war schon damals als wichtiges Grundnahrungsmittel anerkannt, es wurde außerdem in Öllampen verwendet und kam, in Verbindung mit weiteren Stoffen, in der Medizin und bei der Körperpflege zum Einsatz.

Heute werden die Früchte bei der Verarbeitung nach Qualitätsstufen unterteilt. Die höchste bildet das native, kaltgepresste „Aceite de Oliva Virgen Extra". Es besitzt einen Säuregehalt von maximal 0,8% und ist ohne sensorische Fehler und Zusätze. Das Aroma reicht, je nach Sorte, von leicht bitteren über nussige bis zu pikanten Noten.
Eine Stufe darunter liegt das ebenfalls native, kaltgepresste „Aceite de Oliva Virgen". Der Säuregehalt reicht hier bis zu 2% und es darf leichte sensorische Fehler aufweisen.
In beiden Fällen werden die zwischen Spätherbst und März mit Hilfe von Stäben und Schüttelmaschinen geernteten Oliven in die Ölfabriken verbracht, gesäubert und zu einer Paste zerquetscht. Die Temperatur darf für das Prädikat „kaltgepresst" dabei nie über 30 Grad Celsius steigen, um alle enthaltenen Vitamine und den vollen Geschmack zu erhalten. Durch Schleudern oder Pressen entsteht dann das Öl. Zum Abschluss wird dieses nur noch gefiltert.
Natürlich werden Oliven in Fabriken auch zu einfacheren, raffinierten Ölen verarbeitet und selbst der beim Pressprozess übrig gebliebene Trester wird noch genutzt und durch Lösungsmittel vom restlichen Öl getrennt.
Unter Zugabe verschieden großer Anteile an nativem Öl wird diese mindere Qualität dann meist in der Industrie verwendet, zum Beispiel zur Herstellung von Kosmetika, Schmierstoffen oder Polituren.
Im Rahmen von Olivenölproben werden die Produkte in der Provinz Jaén, ähnlich wie Weinproben, gustatorisch und olfaktorisch, also mit Mund und Nase getestet und bewertet.
Neutralisiert wird zwischendurch in der Regel mit einem Apfel statt Wasser. Der Einkauf lohnt sich – denn selbst sehr hochwertige Öle kosten nur einen Bruchteil vom Preis daheim.

Alcaudete

In seiner Geschichte wechselte Alcaudete mehrmals die Seiten und war während den Schlachten im Grenzbereich zwischen spanischem und maurischem Reich ein Spielball. Im Gegensatz zu vielen anderen andalusischen Städten wurde es aber schon relativ früh wieder Teil Kastiliens, 1245, als Ferdinand III. die Stadt ein für alle Mal erobern konnte. Das heutige Städtchen ist zwar nicht außergewöhnlich, in seinem Gesamtbild aber ganz gefällig. Höhepunkt ist einmal mehr die noch recht gut erhaltene Festung, das **Castillo de Alcaudete**. Sie können es besichtigen, dafür sind Audioguides erhältlich, sie waren zuletzt auf Englisch, aber nicht auf Deutsch verfügbar. Außer-

Burg und Hauptkirche von Alcaudete

dem gibt es Führungen. Ein kleiner Park- und eventuell auch Übernachtungsplatz befindet sich gleich unterhalb.

Einen Olivenöllagerverkauf mit einem weiteren angeschlossenen Museumsbereich, **„Tienda-Museo del Aceite de Oliva“**, finden Sie gleich südlich des Ortes.

(311) Offizieller WOMO-Stellplatz: Alcaudete

GPS: N 37°35'23" W 4°05'21", Calle Paco el Arriero. **Max. WOMOs**: 2-3.
Ausstattung: Ver-/ Entsorgung, Sat-Empfang.
Beschreibung: Kleine, zum Parken freigegebene Ausbuchtung der Straße neben der V/E-Anlage unterhalb der Burg. Sehr schräg, kein Schatten, nachts ruhig, Campingverhalten untersagt, weite Sicht. Rund 350 m ins Zentrum.

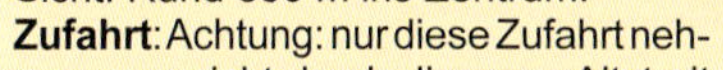

Zufahrt: Achtung: nur diese Zufahrt nehmen, um nicht durch die enge Altstadt zu müssen! Von der N432 an der Ausfahrt auf die N432a Richtung Alcaudete wechseln. Im Kreisverkehr am Ortsbeginn die zweite Ausfahrt nehmen und bei erster Gelegenheit rechts in den Ort fahren. Dem Straßenverlauf dann, nach rechts haltend, der Beschilderung zum „centro ciudad“ folgen. Am Ende der recht steil aufwärts führenden Straße befindet sich der Platz direkt vor Ihnen.

***Alcaudete – Tourist-Info**: Callejón Santa María, www.alcaudete.es | **Wochenmarkt**: Sa, Calle Barranco Almona | **Castillo:** €, Di Zutritt frei, Jun … Sep Di – Fr 10 – 13 Uhr und 18 – 20 Uhr, Führungen 11 und 18.30 Uhr, Sa / So 10 – 13.30 Uhr. Führungen 11 Uhr, sonst Di – Fr 9 – 14 Uhr und 15.30 – 18.30 Uhr, Führungen 11 und 16 Uhr, Sa / So 10 – 14 Uhr. Führungen 11 Uhr | **Tienda-Museo Aceite de Oliva**: [N 37°34'22" W 4°04'10", Carretera de Córdoba], Jun – Mitte Sep Mo – Fr 8 – 15 Uhr, Sa 9 – 14 Uhr, sonst Mo – Fr 9 – 19 Uhr, Sa 9 – 14 Uhr, www.carrasqueno.es*

Gastrotipps Alcaudete: Casa Rafa**, Calle Juan de Alcaudete 37, **Restaurante Almocaden****, Carretera Fuensanta 38

Jaén

Nächstes mögliches Ziel ist Jaén. Mit immerhin rund 115.000 Einwohnern gehört es zu den größten Orten Andalusiens. Trotz der außergewöhnlichen und wirklich sehenswerten Kathedrale kann es aber optisch und kulturell nicht ganz an andere Schwergewichte des Landes heranreichen. Dabei blickt die Provinzhauptstadt auf eine ebenso lange Geschichte zurück, die be-

Stellplatz 312

reits unter den Iberern und Karthagern begann. Damals wurde rund um die Siedlung Silber geschürft. Später benannten die Araber die Stadt mit Yayyan, Vorgänger des heutigen Jaén.

Noch bevor Sie ins Zentrum gelangen, können Sie von der Umgehungsstraße aus die Auffahrt zum außerhalb gelegenen **Castillo de Santa Catalina** nehmen. Es sitzt auf einem langgezogenen Felsrücken und bietet einen tollen Ausblick auf Stadt und Umgebung. Im größten Teil der einst maurischen Festung ist heute ein Parador-Hotel untergebracht, der östliche Teil kann jedoch besichtigt werden. Die Ausstellung samt 3D-Film (nur auf Spanisch) erläutert die Geschichte der Burg. Auf einem Gratweg können Sie dann bis zur äußersten Spitze des Felsens gehen. Neben einer dort aufgestellten Christusstatue haben Sie die beste Sicht. Da der Parkplatz nur durch einen schmalen Torbogen erreichbar ist, sollten Sie mir einem größeren Wohnmobil besser schon am Busparkplatz kurz zuvor stoppen.

***Castillo de Santa Catalina**: Carretera al Parador, parken bei [N 37°46'05" W 3°47'59", €, Mi frei, Jul – Sep Mo – Sa 10 – 14 Uhr und 17 – 21 Uhr, So 10 – 15 Uhr, sonst Mo – Sa 10 – 18 Uhr, So 10 – 15 Uhr, www.turjaen.org*

Wenn Sie nun noch Lust auf einen Stadtrundgang haben, parken Sie gut und sicher auf dem Festgelände, direkt neben dem Polizeihauptquartier. Auch das Übernachten wird geduldet, [**312:** N 37°46'11" W 3°46'36"].

Unterwegs in Jaén

Gleich vorweg: Ein wenig Wanderlust sollten Sie für diesen Rundgang mitbringen, denn die Sehenswürdigkeiten liegen etwas versprengt in der Stadt und die Wege sind dementsprechend länger. Ihr erstes, noch recht schnell erreichbares Ziel sollte die Kathedrale sein. Um zu ihr zu gelangen, nehmen Sie am großen Kreisverkehr oberhalb Ihres Parkplatzes die Avendia Granada rechts neben dem Supermarkt stadteinwärts und folgen ihr, bis sie am Ende auf die Calle Virgen de la Capilla trifft. Dort halten Sie sich links, spazieren zur Plaza de la Constitución mit dem Finanzamt und nehmen nun die kleinere Calla Cronista Cazabán gleich links davon, bis sie an der Plaza del Pósito vor dem Provinzialpalast endet. Links und dann sofort wieder rechts schlendern Sie auf der Calle Campanas nun weiter zur Plaza Santa María mit der riesigen **Catedral de Jaén** schon unübersehbar neben Ihnen. Nicht zu Unrecht wird sie als schönste Renaissancekirche Andalusiens gehandelt. Bis zu ihrer Fertigstellung verstrichen ab Baubeginn 1540 unglaubliche 262 Jahre. Die Hauptfassade wird von Figuren der Roldánbrüder geschmückt, die beiden mächtigen Türme überragen alle anderen Gebäude Jaéns. Per Audioguide (zuletzt auf Englisch, aber nicht auf Deutsch verfügbar) werden

Kathedrale von Jaén, unten Baños Arabes

Sie nach dem Eintritt durch die einzelnen Bereiche geleitet. Als größte Kostbarkeit gilt das mittig eingebaute Chorgestühl, von besonderem religiösen Wert ist das Schweißtuch der Heiligen Viktoria, mit dem sie Jesus während des Gangs nach Golgatha das Gesicht abgetupft haben soll. Allerdings ist es weltweit nicht das einzige Exemplar… Es befindet sich in einem Schrein der mittleren Kapelle auf der Ostseite, gezeigt wird es meist nur freitagvormittags. In der unterirdischen Sakristei werden Sie zusätzlich durch eine Kunstausstellung geleitet *(Plaza Santa María, €, Mo – Fr 10 – 14 Uhr und 16 – 19 Uhr, Sa 10 – 14 Uhr und 16 – 17.30 Uhr, So 10 – 11.30 Uhr und 16 – 17.30 Uhr, www.catedraldejaen.org)*.

Mit der Kirchenpforte im Rücken wenden Sie sich nun nach rechts und folgen der Calle Maestra nach Norden. Dabei passieren Sie gleich zu Beginn die **Touristeninformation**. Rund 600 Meter sind es, bis Sie rechts die Plaza Santa Luisa de Marillac mit dem Palacio Villardompardo erreichen. Darin befinden sich die **Baños Arabes**, die größten noch erhaltenen arabischen Bäder des Landes aus dem 11. Jahrhundert. Da sie mit dem Palast, in dem sich zusätzlich die ethnologisch geprägte Ausstellung **Artes y Costumbres** befindet, im 16. Jahrhundert vollständig überbaut wurden, kamen sie erst 1913 wieder ans Licht. Sie sind erstaunlich gut erhalten und umfassen rund 600 Quadratmeter *(Eintritt frei, Di – Sa 9 – 22 Uhr, So 9 – 15 Uhrwww.banosarabesjaen.es)*.

Nehmen Sie nun die Calle la Cuna gleich nach dem Palast rechts, halten Sie sich, nachdem diese abgeknickt, erneut rechts und dann zum dritten Mal spitz rechts in die Calle Hospital de San Miguel. Diese macht nach 50 Metern einen Knick nach links. Folgen Sie ihm, dann am Ende erneut nach links und sofort wieder nach rechts in die Calle Fernando IV. Wenn Sie richtig sind, stehen Sie nun an der quer verlaufenden, größeren Calle Millán de Priego mit einem baumbestandenen Platz vor Ihnen. Halten Sie sich einfach weiter geradeaus, bis Sie links ein Krankenhaus passieren, dort biegen Sie kurz darauf rechts in die Calle del Obispo Estúñgua ein. Der moderne Betonbau linker Hand beherbergt das **Museo Art Íbero**. Es ist die umfangreichste Sammlung iberischer Kunst- und Kulturgegenstände aus der vorrömischen Epoche. Viele der gezeigten Exponate sind über 2.500 Jahre alt. Als Glanzstück gilt der Stier von Pocurna, eine erstaunlich fein gearbeitete Skulptur aus dem 5. Jahrhundert v. Chr. *(Paseo de la Estación 41, €, EU-Bürger frei, Jul / Aug Di – So 9 – 15 Uhr, sonst Di – Sa 9 – 21 Uhr, So 9 – 15 Uhr, www.museosdeandalucia.es)*.

Wenn Sie nun dem breiten Paseo de la Estación nach rechts in südliche Richtung folgen, stehen Sie keine 200 Meter entfernt schon vor dem nächsten Kulturhort, **Museo de Jaén**. Es schließt thematisch an die iberische Zeit an und stellt Stücke aus römischer, Karthager- und maurischer Zeit zur Schau *(Paseo de la Estación 29, alles andere wie Museo Art Íbero)*. Halten Sie sich nun weiter geradeaus. Über die Plaza de las Batallas mit Parkanlage linksseitig spazieren Sie in Jaéns Geschäftsstraßen, die Sie nun zum Abschluss noch erkunden können. Dafür biegen Sie nach 300 Metern rechts in die Calle de la Madre Soledad ab, folgen ihr bis zur Plaza los Jardinillos und nehmen links die Fußgängerzone **Calle San Clemente**. Sie endet an der Plaza de la Constitución, die Sie vom Beginn des Rundgangs kennen. Auf der zweiten Straße links und dann rechts durch die Avenida Granada kommen Sie zurück zum Parkplatz.

Nur für kleinere Womos empfiehlt sich die Auffahrt zu einem offiziell beschilderten Parkplatz mitten in der Vorortsiedlung **La Guardia**, kurz nach Jaén. Die Straße ist sehr steil und die Einfahrt schmal. Falls Sie es sich selbst ansehen wollen, finden sie ihn bei [**313:** N 37°46'39" W 3°43'44"] rechter Hand. Etwas abseits der Routenführung, dafür ruhig, mitten in der Natur gelegen, finden Sie außerdem nahe dem Dorf Albanchez einen Campingplatz.

***Jaén – Tourist-Info**: Calle Maestra 8, www.aytojaen.es | **Wochenmarkt**: Recinto Ferial - Ronda Sur | **Festkalender – Semana Santa**: Karfreitag, feierliche Prozessionszüge durch die Stadt, **Fiesta de Nuestra Señora**: Mitte Jun, religiös motiviertes Fest der Stadtpatronin, **Fería de San Lucas**: Mitte Okt, Stadtfest mit Musik, Tanz und Stierkampf*

Gastrotipps Jaén: Discovery**, Calle Obispo Stuniga 3, **Casa Antonio*****, Calle Fermin Palma 3, **Restaurante Bahía****, Plaza San Roque 1, **La Mafia Se Sienta a la Mesa****, Calle Bernabe Soriano 31, **Bar Bomborombillos****, Calle Pintor Carmelo Palomino 12

(314) WOMO-Campingplatz: Albanchez de Mágina (Camping El Cantonet)

GPS: N 37°48'54" W 3°27'43", J3105.
Internet/Tel.: www.campingelcantonet.es, +34 953 107 635.
Öffnungszeiten: Ganzjährig.
Ausstattung: Restaurant / Bar, Pool Spülgelegenheit, Waschmaschine, Spielplatz, teils Sat-Empfang.

Beschreibung: Kleiner, zwischen Olivenhainen und Bergen eingebetteter, naturnaher, familiärer Campingplatz mit parzellierten Stellflächen auf Schotter. Eben, teils schattig, sehr ruhig. Rund 2,2 km ins nächste Dorf.
Preis: €€.
Zufahrt: Von der A316 auf die A3136R8 nach Mancha Real abzweigen und dort im Kreisverkehr links auf die A320 nach Jimena wechseln. Kurz nach dem Ort rechts die Abzweigung nach Albanchez de Mágina wählen und bis zum Platz auf der rechten Seite nach gut 3 km fahren.

Baeza

Keine neun Kilometer trennen die beiden weit im Nordosten Andalusiens gelegenen Provinzstädte Baeza und Úbeda. Sie sind für ihre außergewöhnlich schönen und geschlossenen Renaissancekerne bekannt, die ihnen seit 2003 den Status des UNESCO-Weltkulturerbes eingebracht haben. Ihr Aufstieg begann ausnahmsweise nicht in der maurischen Zeit, sondern erst nach der Rückeroberung 1227 durch Ferdinand III. Damit waren sie die ersten Vorposten auf andalusischem Land, von denen aus die Reconquista ihren Verlauf nahm. In der Folgezeit ließen sich wohlhabende Kaufleute und Adelsfamilien nieder. Sie alle witterten einträgliche Geschäfte mit den nahen muslimischen Nachbarn. Im 16. und 17. Jahrhundert schließlich überboten sich Baumeister und Bürger gegenseitig mit immer neuen, herausragenden Bauwerken. Das Ergebnis dürfen Sie nun zunächst im rund 16.000 Einwohner zählenden und damit kleineren Baeza bewundern. Ein Stellplatz liegt gut erreichbar nahe der Einfallstraße.

(315) Offizieller WOMO-Stellplatz: Baeza

GPS: N 37°59'46" W 3°27'35", Calle Manuel Acero. **Max. WOMOs**: Ca. 15.
Ausstattung: Ver-/ Entsorgung, Mülleimer, Sat-Empfang.
Beschreibung: Ebene Schotter-Sandfläche hinter dem Busbahnhof am östlichen Ende der Stadt, kein Schatten, nachts relativ ruhig, Campingverhalten verboten. Die Einfahrt ist teils von PKWs etwas zugeparkt, bei Regen kann es matschig werden, Supermarkt direkt nebenan, Restaurant gegenüber, gut 1000 m ins Zentrum.

Zufahrt: Der A316 folgen, bis Sie am Kreisverkehr links nach „Baeza Este“ abfahren können. Der Straße in den Ort folgen, nach der „Estación de Autobuses“ links zum Platz auf der linken Seite fahren.

Unterwegs in Baeza

Da auch in Baeza der Stellplatz etwas außerhalb der Altstadt liegt, müssen Sie zunächst dorthin gelangen. Statt die verkehrsreiche Hauptstraße zu wählen, starten Sie am Ausgang der für Wohnmobile reservierten Zone nach links und nehmen dann die dritte Straße nach rechts, Calle Sierra de Segura. Am Ende des großen Vorplatzes der Stierkampfarena orientieren Sie sich nur leicht nach rechts, halten sich dann aber, die Richtung beibehaltend, geradeaus durch die Calle San Ildefonso. Am Ende ange-

kommen, sind es nur mehr 40 Meter nach rechts, bis Sie links ab am „Turm von Beaza“ die Altstadt durch ein Tor betreten.

Halten Sie sich nun weiter geradeaus und orientieren Sie sich im Zweifelsfalls immer nach rechts. An der zweiten Einmündung linkerseits, der Plaza Palacio, kommen Sie so an den Ruinen einer romanischen Kirche, **Iglesia de San Bautista**, vorbei. Schließlich öffnet sich die Gasse zur weit größeren **Plaza Santa María** mit einem Brunnen samt Triumphbogen. Links steht die gleichnamigen Kirche **Catedral de la Nuestra Señora Santa María**. Sie wurde 1593 über einer ehemaligen Moschee fertig gestellt. Kanzel, Chorgitter und die Capilla Mayor im Inneren sind besonders schön gestaltet. Neben dem Chor lässt sich durch Geldeinwurf ein Gemälde verschieben, hinter dem die Monstranz zum Vorschein kommt. Vom Turm aus haben Sie einen guten Blick über die ganze Stadt *(Plaza Santa María, €, Audioguides auf Deutsch verfügbar, Mo – Fr 10.30 – 14 Uhr und 16 – 18 Uhr, Sa 10.30 – 18 Uhr, So 10.30 – 17 Uhr)*. Gegenüber der Kirche steht das ehemalige Konzilgebäude. Die roten Aufschriften sollen älteren, angeblich von den Seminaristen mit Stierblut verfassten Aufschriften nachempfunden sein.

Halten Sie sich nun in die Cuesta San Felipe, rechts vom beschrifteten Haus und vorbei am Palacio de los Ponce de León rechter Hand zur Plaza de Santa Cruz mit einem ganzen Ensemble interessanter Gebäude. Rechts steht die kleine **Iglesia Santa Cruz**. Sie wurde bereits 1227 noch im romanischen Stil gleich nach der Rückeroberung Baezas als eine der ersten Kirchen errichtet *(Plaza Santa Cruz 3, Eintritt frei, 11.30 – 13.30 Uhr und 16 – 18 Uhr)*. Ihr gegenüber steht der **Palacio Jabalquinto** aus dem 16. Jahrhundert. Er ist das auffälligste Bauwerk in der ganzen Stadt und zeigt an seiner Fassade eine wilde Mischung verschiedener Stile mit gotischen, maurischen und Renaissance-Elementen. Im Inneren verfügt der Palast über einen Arkadenhof mit wuchtiger Treppenanlage *(Calle Conde Romanones 1, Eintritt frei, Mo – Fr 9 – 14 Uhr)*.

Links neben dem Palast folgen Sie der Calle San Juan de Avila. Rechts passieren Sie die **Antigua Universidad**. Die ehemalige Fakultät ist bereits seit 1875 ein Gymnasium. Wenn sie geöffnet hat, können Sie im Innenhof ein Denkmal des Lyrikers Antonio Machado sehen, der hier bis 1919 für acht Jahre als Französischlehrer arbeitete. Auch sein ehema-

Plaza del Pópulo, oben Kathedrale Santa María

liger Klassenraum ist zu besichtigen (Eintritt frei, meist Do – Di 10 – 14 Uhr und 16 – 19 Uhr).

Nach einem leichten Bogen nehmen Sie rechts die Stufen hinab zur **Plaza del Pópulo**, dem Zentrum des alten Baeza. Sie wird mittig von einem Löwenbrunnen geziert. Die Figuren kommen aus der einstigen Römerstadt Cástulo. Das Gebäude mit dem großen Wappen Karls V. ist die Antigua Carnicería, der ehemalige Fleischmarkt. Dort, wo heute ein **Touristeninformationsbüro** eingerichtet ist, wurden früher Schriftstücke verfasst und es wurde Recht gesprochen. Noch weiter rechts steht das Triumphtor Arco de Villalar von 1521.

Wenn Sie nun auf der Rückseite des Platzes nach rechts gehen, stoßen Sie nach wenigen Metern auf das nur unweit entfernte neue Zentrum Baezas, die gewaltige **Plaza de la Constitución** mit Cafés und Restaurants. Rechts sticht La Alhóndiga, die ehemalige Markthalle, aus dem Arkadenensemble hervor, links die Casas Consistoriales, das frühere Ratsgebäude, am hintersten Ende, der Plaza de España, hat ein maurisches Bauwerk überdauert. Es ist bis heute als Uhrturm im Einsatz.

Verlassen Sie die Plaza mittig, linker Hand durch die Calle Gaspar Becerra und nehmen Sie dann rechts die platzähnliche Paraje C. Benavides. Im heutigen Rathaus auf der linken Seite befanden sich früher das Gericht und das Gefängnis der Stadt.

Am Ende können Sie links einen Blick zur **Plaza San Francisco** werfen. Die nur noch in Teilen vorhandene ehemalige Abtei wurde von Andrés de Vandelvira erbaut, der sich auch um viele andere Palios in Baeza und Úbeda verdient gemacht hat. Nach rechts nehmen Sie die zweite Straße links ab, **Calle San Pablo**, und folgen der Fußgängerzone vorbei an vielen schönen, alten Gebäuden, bis sie links in die Callle Julio Burell mündet. Sie führt von hier aus direkt zu Ihrem Stellplatz zurück.

Plaza de la Constitución, oben Pal. Jabalquinto

***Baeza – Tourist-Info**: Calle Compañía 5, Plaza del Pópulo, www.ubedaybaezaturismo.com | **Wochenmarkt**: Di, Calle Diego de Hoces | **Festkalender – Semana Santa**: Karwoche, Feierliche Prozessionen, **Fería de Agosto**: Mitte Aug, buntes Patronatsfest, **Romería del Cristo de la Yedra**: 7. Okt, Wallfahrt mit Madonna und Pferdewagen durch die Stadt*

Gastrotipps Baena: Casa Andres*, Paseo Murallas 8, **Canela en Rama Taberna****, Calle Comendadores 6, **Palacio de Gallego****, Calle Santa Catalina 5, **Tasco Burladero****, Calle Barbacanas, **Cafe Méndez** (Café), Calle de San Pablo 2

Úbeda

Noch eine Spur imposanter als Bazea zuvor präsentiert sich das 33.000 Einwohner zählende und damit doppelt so große Úbeda. Vom Stellplatz sind es auch hier ein paar hundert Meter ins historische Zentrum, in dem über 70 Paläste erhalten geblieben sind.

(316) Offizieller WOMO-Stellplatz: Úbeda

GPS: N 38°00'23" W 3°22'45", Traversía Comendador Messias.

Max. WOMOs: Ca. 10.
Ausstattung: Ver-/ Entsorgung, Mülleimer, Sat-Empfang.
Beschreibung: Asphaltierter Parkplatz am Ortsrand neben Wohnhäusern der Guardia Civil und dem Freibad. Kein Schatten, ruhig, eben, rund 350 m zu einem Restaurant, 800 m ins Zentrum.
Zufahrt: Der A316 bis nach Úbeda folgen, auch, wenn es im Kreisverkehr rechts ab weitergeht. Immer geradeaus bis in den Ort fahren, dort rechts beschildert zur „Área Autocaravanes" abbiegen. Nach knapp 500 m rechts zur zum Platz fahren. Er folgt nach weiteren 200 m rechtsseitig.

Unterwegs in Úbeda

Spazieren Sie vom Stellplatz aus links durch die Zufahrtsstraße zurück, am Ende links die Rampe hinab und dann rechts und gleich wieder links in die Calle Antigua. Am Ende machen Sie einen kleinen rechts-links-Schlenker und setzen Ihren Weg über die Calle San Francisco am gleichnamigen Konvent vorbei fort. Am Ende der anschließenden Plaza San Francisco führt eine kopfsteingepflasterte Straße in die Altstadt hinein. Sie stoßen direkt auf das **Casa de las Torres** mit einer reich verzierten Fassade, den ersten Stadtpalast.

Rechts davon schreiten Sie voran und passieren so die kleine Puerta de Granada linker Hand in der alten Stadtmauer. Wenn Sie möchten, können Sie dort kurz hinaus treten und einen Blick auf das tiefer liegende Land werfen, das von hier aus gut zu sehen ist.

Ansonsten gehen Sie geradeaus, sich leicht links haltend durch die Calle Afán de Rivera weiter und gelangen so zur **Plaza de Vázquez Molina** mit dem herausragendsten Ensemble ganz Úbedas. Der Platz ist nach dem so skrupellosen wie reichen Sekretär Philips II. benannt, der in seiner Amtszeit so viel Geld anhäufte, dass sein Vermögen das des Königs übertraf. Rechts von Ihnen steht die **Basílica de Santa María de los Reales Alcázares**. Wie üblich wurde Sie an Stelle der vorherigen Moschee errichtet, nur der alte Kreuzgang ist erhalten geblieben. Zwei mächtige Löwenstatuen bewachen den Zugang auf der kleinen Grünfläche davor *(Plaza Vázquezde Molina, €, inkl. Audiguide, Mo Abend Eintritt frei, Apr Mo 17 – 19.30 Uhr, Di – Sa 10 – 14 Uhr und 17 – 19.30 Uhr, So 11 – 14 Uhr, Mai – Aug Mo 10 – 14 Uhr und 17 – 22 Uhr, Di – So 11 – 14 Uhr und 17 – 20 Uhr, sonst Mo 16 – 18.30 Uhr, Di – Sa 11 – 14 Uhr und 16 – 18.30 Uhr, So 11 – 14 Uhr ,www.santamariadeubeda.es)*.

Daneben schließt sich der **Palacio del Marqués de Mancera** aus dem 16. Jahrhundert an. Auf der gegenüberliegenden Seite steht der **Palacio Las Cadenas**. Er gilt als einer der schönsten Úbedas und wurde von dem Architekten Vandelvira für Juan Molina errichtet – leisten konnte er es sich ja spielend. Heute ist er Sitz des Rathauses, im Erdgeschoss finden manchmal Ausstellungen statt. Wenn Sie am Brunnen vorbei dem Platz weiter nach Osten folgen, kommen Sie links am Parador-Hotel vorbei und stoßen auf die **Sacra Capilla del Salvador**, Úbedas wichtigste Kirche. Sie ist das Meisterwerk des Architekten Diego de Siloé und stammt aus dem beginnenden 16. Jahrhundert. Im Inneren ist vor allem die Sakristei prachtvoll ausgestattet worden. Verantwortlich dafür war, einmal mehr, Vandelvira *(Plaza Vázquez de Molina, €, inkl. Audioguide, Mo – Sa 9.30 – 14 Uhr und 17 – 19 Uhr, So 11-30 – 14 Uhr und 17 – 20 Uhr)*.

Schön anzusehen ist auch das **Hospital de Los Honrados** direkt dahinter. Gegenüber befindet sich eine **Touristeninformationsstelle**.

Gehen Sie nun zurück bis zum Rathaus und dort rechts zur auf der gegenüberliegenden Seite des Gebäudes anschließenden **Plaza del Ayuntamiento**. Auf der linken Seite befinden sich die Werkstätten des lokalen Keramikkünstlers Tito. Nehmen Sie dort die weiterführende Calle Juan Montilla und gleich wieder rechts die Calle Maria de Molina, um so die **Plaza Primero de Mayo**, Úbedas bürgerlichen Hauptplatz, zu erreichen. Er diente früher zu Marktzwecken als Stierkampf- und Hinrichtungsort. Das Denkmal in der Mitte zeigt den Mystiker Juan de la Cruz. Er war im 16. Jahrhundert eine Berühmtheit und wurde von Kirchenseite je nach gerade verbreiteter Lehre mal gepriesen, mal gefoltert. Im Hintergrund erhebt sich die älteste Kirche, **Iglesia de San Pablo**. Sie entstand gleich nach der Reconquista *(Plaza Vázquez de Molina, Eintritt frei, Di – Sa 11 – 13 Uhr Di – Fr auch 18 – 19.30 Uhr, So 12 – 13.30 Uhr)*. Links neben der Kirche gehen Sie nun noch ein Stück weiter bis zum **Museo Arqueológico** im **Casa Mudéjar**. Das älteste Haus Úbedas wurde unmittelbar nach der Rückeroberung gebaut. Das Museum zeigt Fundstücke aus römischer Zeit *(Calle Cervantes 6, €, EU-Bürger Ein-*

Basilica de Santa María, oben Capilla del Salvador

Sinagoga del Agua

tritt frei, Jul – Mitte Sep Di – So 9 – 15 Uhr, sonst Di – Sa 9 – 21 Uhr, So 9 – 15 Uhr, www.museosdeandalucia.es).
Nun spazieren Sie ein paar Meter zurück und biegen rechts in die Calle Roque Rojas ab. Dort kommen Sie zur **Sinagoga del Agua**. Die zwischenzeitlich vergessene Synagoge stammt aus dem Mittelalter und besteht aus Wohn- und Versammlungsräumen, Brunnen und einer Mikwe, dem jüdischen Ritualbad. In dieser Form ist der Bau einzigartig in Spanien *(Calle Roque Rojas 2, €, deutschsprachiges Handout verfügbar, nur mit Führung, Apr – Okt 9x täglich zwischen 10.30 und 20 Uhr, Mitte Dez bis Mitte Feb nur Mo – Fr 13 und 18 Uhr, www.sinagogadelagua.com).*
Biegen Sie links ab und bei nächster Gelegenheit rechts in die **Calle Real**, Úbedas Hauptstraße. Folgen Sie ihr bis zur Plaza Andalucía. Auf der dem großen Platz gegenüberliegenden Seite können Sie etwas durch den modernen Teil der Stadt samt kleiner Fußgängerzone bummeln.
Gehen Sie vom Platz aus südlich durch die breite Calle Castro weiter und biegen Sie am Palacio de la Rambla mit dem gleichnamigen Hotel linker Hand zurück in die Altstadt ab. Links werfen Sie einen Blick auf die schöne Plaza San Pedro, bevor Sie rechts der Calle Narváez folgen. Dort ist auf der rechten Seite in einem Wohnhaus das private **Casa Museo Arte Andalusí** untergebracht. Es zeigt verschiedenste Schaustücke ab dem 11. Jahrhundert *(Calle Narváez 11, €, täglich 11.30 – 14 Uhr, Mo – Sa meist auch 17 – 20 Uhr).*
Am Ende der Straße biegen Sie nach rechts ab und wenden sich am Ende der Calle Luna y Sol nach links. Sie stehen dann wieder an der Casa de las Torres, von der aus Sie nach rechts auf bekanntem Weg zurück zum Stellplatz gelangen.

***Úbeda – Tourist-Info**: Plaza Andalucía 11, Calle Baja del Marquéz 4, www.turismodeubeda.com | **Wochenmarkt**: Fr, Parque Norte – Avenida de Linares | **Festkalender – Semana Santa**: Karwoche, Feierliche Prozessionen, **Fería de San Miguel**: Ende Sep, großes Stadtfest mit Flamenco, Stierkampf, Umzügen und Feuerwerk*

Gastrotipps Úbeda: Asador Al Andalus**, Calle Canos 28, **Misa de 12****, Plaza 1 de Mayo, **La Tintorera****, Calle Real 27, **Antique****, Calle Real 25, **Cantina Estación****, Cuesta Rodadera 1

Sierra de Cazorla

Während sich die wilde Schönheit seiner Landschaften in Spanien bereits herumgesprochen hat und zahlreiche Besucher den Naturpark im äußersten Nordosten besuchen, ist er im Ausland weitgehend unbekannt und noch ein echter Geheimtipp. Mit über 214.000 Hektar stellt er die größte Schutzzone Andalusiens und wurde schon 1983 zum Biosphärenreservat der UNESCO erhoben. Saison ist von April bis in den November hinein. Im Winter fällt in den bis auf 2.100 Meter ansteigenden Höhenlagen oft Schnee, in den Tälern gibt es dann viel Regen. Vor allem im Frühjahr zeigt sich ein beachtlicher Pflanzenreichtum, darunter das endemisch vorkommende Cazorla-Veilchen. Am Himmel kreisen Geier, Adler und Milane. Hirsche, Wildschweine, aber auch Steinböcke und Mufflons stellen die häufigsten großen Säuger. Sofern Sie im Naturpark übernachten möchten, müssen Sie zwingend auf einen Campingplatz zurückgreifen, das freie Stehen wurde vor einiger Zeit ausnahmslos verboten.

Tor zum Naturpark ist der mit 8.000 Einwohnern überschaubare, aber inzwischen sehr gut auf den Tourismus eingestellte, namensgebende Bergort Cazorla im Südwesten. Ein offizieller Stellplatz liegt am Ende des Ortes gleich neben der Hauptstraße.

(317) Offizieller WOMO-Stellplatz: Cazorla

GPS: N 37°55'15" W 2°59'57", Avenida del Parque Natural (A319).
Max. WOMOs: 6 bis 8.
Ausstattung: Ver-/ Entsorgung, Mülltonne, Sat-Empfang.
Beschreibung: Großer Schotterparkplatz mit einigen Bäumen hinter der Ortschaft unterhalb der Straße, teils schattig, eben, ruhig, weite Sicht. Campingverhalten unerwünscht, rund 1,2 km ins Zentrum.
Zufahrt: Der A319 durch Cazorla folgen. Rund 400 m nach dem Ort linker Hand.

Bei einer Besichtigungsrunde werden Sie zunächst an der zentralen Plaza de la Constitución landen, von der aus alle markanten Punkte erreichbar sind. In südliche Richtung gelangen Sie zum **Balcón Pintor Zabaleta**, der einen schönen Ausblick auf die Umgebung und das **Castillo de La Yedra** gewährt. Er stammt aus maurischer Zeit und wurde später unter den Christen vergrößert. Sie können heute eine ethnografische Sammlung in seinen Mauern besuchen.

Am Weg dorthin kommen Sie außerdem am **Museo Gypaetus** vorbei. Es thematisiert die Fauna der Region. Das **Centro Temático Frondosa Naturaleza** kurz danach klärt dagegen eher über die Geologie und die Flora im Naturpark auf. Die **Touristeninformation** befindet genau dazwischen. Sehr interessant ist auch ein Gang durch die **Bovedas**, ein unterirdisches Gewölbe, das den Fluss Cerezuelo überdacht.

Wenn Sie vom Stellplatz aus dagegen in den ebenfalls nur wenige hundert Meter entfernten Weiler La Iruela wandern, können Sie dort die zweite Burg, das **Castillo de la Iruela**, besichtigen. Die nur noch in Teilen erhaltene Ruine sitzt markant auf einer Felsnadel und wurde ab 1248 durch den Orden der Templer erbaut.

***Cazorla – Tourist-Info**: Plaza Santa María, www.cazorla.es | **Wochenmarkt**: Mo und Sa, Calle de la Piscina | **Castillo de la Yedra**: Camino Ángel, €, EU-Bürger frei, Mitte Jun – Mitte Sep Di – So 9 – 15 Uhr, sonst Di – Sa 9 – 20.30 Uhr, So 9 – 15 Uhr | **Museo Gypaetus:** Calle José Salcedo Cano 22, Eintritt frei, Jun – Sep 12 – 14 Uhr und 19 – 21 Uhr, sonst 10.30 – 13.30 uhr und 16 – 19 Uhr, Apr / Mai nachmittags 17.30 – 20.30 Uhr | **Centro Frondosa Naturaleza**: Camino Ángel 7, €, Mitte Mai – Mitte Sep 10.30 – 13.30 Uhr und 18 – 21 Uhr, sonst 10.30 – 13.30 Uhr und 16 – 19 Uhr | **Bovedas**: ab Plaza Santa María, €, nur mit Führung, Anmeldung über die Toursiteninformation, meist zwischen Mi – So 10 – 13 Uhr und 16 – 20 Uhr | **Castillo de la Iruela**: Cuesta Santo Domingo, €, 10 – 14 Uhr und 16 – 20 Uhr | **Festkalender – Cristo del Consuleo**: religiös motiviertes Stadtfest, auch Kirmes, Umzüge und Feuerwerk,*

Gastrotipps Cazorla: La Finca Mercedes**, La Iruela, **Raices****, Poeta Antonio Machado 1, **Meson Don Chema****, Calle José María Marín, **Leandro****, Calle Hoz 3

Über das Dorf **Burunchel** führt die kurvige, aber gut ausgebaute A319 langsam nordwärts. Vom **Mirador** an der Passhöhe **Puerta de las Palomas** haben Sie einen fantastischen Blick auf weite Teile der Landschaft vor Ihnen, [N 37°56'28" W 2°56'21"]. Ein Stück weiter zweigt nach rechts die kleinere JF7091 ab. Sie führt zur Quelle des später so mächtigen Guadalquivirs, der hier als kleines Bächlein entspringt. In der Nähe befindet sich ein Campingplatz. Auf dem Weg dorthin informiert ein **Interpretationszentrum** über die Arbeit der Holzfäller und den hiesigen Wald.

***ciCUM**: [N 37°55'15" W 2°55'48"], €, Jul – Mitte Sep 10.30 – 13.30 uhr und 17.30 – 20.30 Uhr, sonst nur Sa / So 10.30 – 13.30 Uhr und 16 – 19 Uhr, www.cicumcazorla.es*

(318) WOMO-Campingplatz: Vadillo Castril (Complejo Turistico Puente de las Herrias)

GPS: N 37°54'21" W 2°56'08", JF7092.
Internet/Tel.: www.puentedelasherrias.com, +34 953 727 090.
Öffnungszeiten: April bis Mitte Oktober.
Ausstattung: WLAN, Pool, Spülgelegenheit, Waschmaschine / Trockner.
Beschreibung: Großer Naturcampingplatz mit schattigen Stellplätzen im Wald, nicht ganz eben, ruhig, direkt am Guadalquivir. Wandermöglichkeiten ringsum. Zufahrtsstraße auf Schotter.
Preis: €€€.
Zufahrt: Ab Cazorla der A319 in den Naturpark folgen. Dann beschildert rechts nach Vadillo-Castril abzweigen. Hinter dem Ort rechts halten, beschildert mit „Area Recreativa Puente de las Herrerias" und die letzten drei Kilometer bis zum Platz rechter Hand zurücklegen.

Das Dorf **Arroyo Frío** ist der Versorgungspunkt des Cazorla Naturparks. Es gibt einige Restaurants, Unterkünfte und Geschäfte. Rund zehn Kilometer entfernt folgt dann mit dem **Centro Torre del Vinagre** das Naturpark-Besucherzentrum mit eigenem Ausstellungsbereich. Sie können Wanderkarten kaufen und Infobroschüren mitnehmen. Gegenüber liegt ein **Botanischer Garten**, der die Pflanzenwelt des Parks vorstellt. Ganz in der Nähe wählen Sie zwischen drei ähnlich ausgestatteten Campingplätzen falls Sie über Nacht bleiben möchten.

Sendero Río Borosa (15 km, 280 Hm)

Für diese schöne und sehr beliebte Klamm- und Flusswanderung parken Sie am Besucherzentum des Rio Borosa bei [N 38°00'53" W 2°51'54"]. Es informiert über das Ökosystem des Flusses und zeigt heimische Fische in Aquarien. In der angeschlossenen Fischfarm werden Forellen und Krebse gezüchtet. Folgen Sie der Anfahrtsstraße noch für ein Stück und überqueren Sie dann die Flussbrücke am türkisfarben schimmernden Becken Charco de la Cuna, in dem Sie Forellen und Barben ausmachen können. Auf dem weiteren Weg lohnt es sich, die Augen gut offen zu halten, denn in der Umgebung trifft man auf Eisvögel, die endemisch vorkommende Alverde-Eidechse und fleischfressende Pflanzen. An mehreren Brunnen vorbei überqueren Sie nach einiger Zeit den Fluss

Panoramablick auf die Sierra Cazorla

und kommen ein Stück weiter an eine Kreuzung. Sie halten sich rechts und erreichen bald einen Abschnitt mit besonders üppiger Vegetation. Es wachsen Erdbeerbäume, Buchs und der Mittelmeerschneeball. Der Weg wird nun zur Klamm mit hohen Felswänden und Holzstegen, die hindurch führen. Am Ende dieses besonders schönen Abschnitts passieren Sie einen mit Farnpflanzen überzogenen Brunnen. Dann queren Sie erneut eine Brücke und stoßen auf ein Wasserkraftwerk. Es stammt aus den 1930er Jahren und wurde errichtet, um die abgelegenen Dörfer der Umgebung mit Strom zu versorgen. Das Ende des Weges wird bald darauf durch einen Hang markiert, an dem Tuffsteinformationen zu sehen sind. Zurück geht es auf gleicher Strecke.

(319) WOMO-Campingplatz: Coto Ríos (Camping Fuente de La Pascuala)

GPS: N 38°03'32" W 2°50'02", A319.
Internet/Tel.: www.campinglapascuala.com, +34 953 713 028.
Öffnungszeiten: Ganzjährig.
Ausstattung: WLAN, Pool, Restaurant / Cafeteria, Minimarkt, Spülgelegenheit, Waschmaschine / Trockner, Grillgelegenheit, direkter Flusszugang.
Beschreibung: Schöner Naturcampingplatz mitten im Naturpark. Meist schattige, relativ ebene Stellflächen auf Rasen oder Erd-/ Schotterboden, ruhig, viele Wandermöglichkeiten ringsum.
Preis: €€-€€€.
Zufahrt: Der A319 nach Norden folgen. Rund zwei Kilometer nach der rechts angeschriebenen kleinen Siedlung „Coto Ríos" befindet sich die Abfahrt zu diesem Platz rechter Hand.
Hinweis: Unmittelbar vor dem genannten Campingplatz befinden sich zwei weitere, die sich in Preis und Ausstattung nur unwesentlich unterscheiden und auch qualitativ kaum nachstehen. Zuerst kommt „Camping La Chopera" bei [N 38°02'54" W 2°51'04", www.campingchopera.es], danach „Camping Llanos de Arance",]N 38°03'10" W 2°50'24", www.llanosdearance.com].

Rechts der Straße folgt eine Abfahrt zum **Wildpark Cinegético Collado del Almendral**. Auf einem großen Gelände, das als Halbinsel in den nördlich angrenzenden Stausee Embalse de El Tranco ragt, leben die verschiedenen Wildtiere des Parks auf engerem Raum. So haben Besucher eher die Möglichkeit, Steinböcke oder Mufflons zu sehen als in freier Wildbahn. Eine elektrische Besucherbahn fährt auf festen Routen durch das Gelände, anschließend kann man einen Rundgang zu Aussichtspunkten unternehmen.

Stausee del Tranco

Keine 1.000 Meter nach der Abfahrt zum Park haben Sie am **Mirador Fuente** auch von der Straße aus die Möglichkeit, mit etwas Glück die Tiere des Parks zu sehen. Nach Nordosten haben Sie außerdem einen tollen Blick auf den Stausee und die dahinter liegende Berglandschaft, [N 38°05'51" W 2°48'44"]. Stark gewunden begleitet die Straße nun das Seeufer. Bei **Tranco** überqueren Sie eine Staumauer und gelangen danach zum letzten Campingplatz des Parks.

(320) WOMO-Campingplatz: Tranco (Camping Montillana)

GPS: N 38°11'11" W 2°46'19".
Internet/Tel.: www.clubrural.com, +34 680 152 110.
Öffnungszeiten: Ganzjährig.
Ausstattung: Pool, Restaurant / Cafeteria, Spülgelegenheit, Waschmaschine, Spielplatz.
Beschreibung: Naturcampingplatz im nördlichen Teil des Cazorla-Naturparks nahe dem Stausee, meist schattige Stellplätze auf Erd-/ Rasenboden, nicht ganz eben, ruhig. Etwas in die Jahre gekommen, aber recht sauber, nächste Restaurants außerhalb rund 2,5 km entfernt. Achtung mit hohen Fahrzeugen: teils tiefhängende Äste!
Preis: €€-€€€.
Zufahrt: Der A310 nach Norden folgen. Rund 2,5 km nach dem Weiler El Tranco linker Hand.

***Centro Visitantes Torre del Vinagre**: [N 38°00'49" W 2°52'22", A319], Eintritt frei, 10 – 14 Uhr, Mai – Sep 17 – 20 Uhr, sonst 16 – 19 Uhr, www.turismoencazorla.com | **Parque Cinegético Collado del Almendral**: [N 38°05'26" W 2°48'51", A319], €€, Di – So 10 – 17 Uhr, Bahnfahrten ins Gelände um 10/11/12/13/15/16 Uhr, www.parquecinegeticocolladodelalmendral.com*

Nahe dem Weiler Cañada Morales endet der Stausee und die A319 mündet in die quer verlaufende A317. Nach rechts können Sie einen kurzen Abstecher in den hübschen Bergort **Hornos de Segura** unternehmen. Sie parken dort, gegebenenfalls auch über Nacht, am Ortsbeginn nach einer etwas schmalen Auffahrt bei **[321:** N 38°13'02" W 2°43'04", Calle San Isidro]. Neben ein paar Gastrobars gibt es eine Burg und zwei schöne Aussichtspunkte. Im Inneren der Festung befindet sich das **Cosmolarium**. Es zeigt eine Ausstellung über das Universum, Galaxien, die Milchstraße und das Sonnensystem sowie über die Geschichte der Astronomie. Mit Teleskopen kann der Himmel beobachtet werden und es gibt ein kleines Planetarium.

Ein zweiter Abstecher ein Stück weiter nördlich führt rechts ab zum Dorf **Segura de la Sierra**. Es ist etwas größer, wird ebenso von einer stattlichen Burganlage gekrönt und verfügt über ein paar mehr Lokalitäten. Das **Castillo** und ein aus maurischer Zeit verbliebenes Bad, das **Baño Moro**, sind kostenlos zugänglich. Achtung: Wegen eines niedrigen und schmalen Torbogens sollten Sie mit Fahrzeugen über 2,30 Metern Breite und 3,10 Metern Höhe besser schon am Ortsanfang in Höhe der Touristeninformation parken und nicht weiter hinauf fahren, [N 38°17'44" W 2°39'03', Calle de San Vicente]!

Kurz vor der Grenze zu Kastilien-La Mancha wechseln Sie schließlich auf die A310, die Sie zur größeren N322 und weiter ins Landesinnere bringt. Eine letzte Rastgelegenheit gibt es im nahen **Siles**, bevor Sie die Heimreise antreten oder Ihre Reise anderswo fortsetzen.

(322) WOMO-Campingplatz: Siles (Camping Río Los Molinos)

GPS: N 38°22'31" W 2°34'49", JF7012.
Internet/Tel.: www.riomolinos.com, +34 953 491 003.
Öffnungszeiten: April - Oktober.
Ausstattung: WLAN, Pool (nur Hauptsaison), Restaurant / Cafeteria, Minimarkt, Spülgelegenheit, Waschmaschine / Trockner, Spielplatz, Grillgelegenheit.
Beschreibung: Mittelgroßer Platz mit 88 schattigen Parzellen auf Gras- / Erdboden, relativ eben, ruhig gelegen. Teils etwas tiefer hängende Äste, alles schon älter, aber weitgehend in Schuss. Ca. 1.8 km nach Siles.
Preis: €€€.
Zufahrt: Der A310 bis Siles folgen, gleich am Ortsbeginn rechts beschildert auf den „Camino de las Acebeas" abzweigen und dort zum Platz nach rund 850 m rechterseits fahren.

***Hornos de Segura – Cosmolarium**: Calle Castillo, €, 10.30 – 18.30 Uhr, www.cosmolarium.info | **Festkalender**: **Fiestas de San Roque**, Mitte Aug, Stiertreiben durch den Ort | **Segura de la Sierra – Tourist-Info**: Calle Cervantes, www.seguradelasierra.es | **Castillo Segura de la Sierra** und **Baño Moro**: Calle Castillo bzw. , Eintritt frei, Jul | Aug 10.30 – 14 Uhr und 17 – 20.30 Uhr, sonst 10.30 – 14 Uhr und Fr – So meist 16 – 19.30 Uhr | **Siles – Wochenmarkt**: Do, Calle del Paseo*

Gastrotipps Sierra de Cazorla – Burunchel: El Curro**, Carretera de la Sierra 32 | **Arroyo Frío: Asador La Bolera****, Calle La Bolera 13, **Asador Casa Javi y Carmen****, Calle Aguadebas 22 | **Tranco: El Tranco****, Poblado del Tranco | **Hornos: Las Celadillas****, A317

Segura de la Sierra

Allgemeine Landeskunde: Andalusien

Geografie:
Name: Andalusien (span.: Andalucía)
Hauptstadt: Regionalhauptstadt Sevilla (Gesamt-Spanien: Madrid)
Fläche: 87.268 Quadratkilometer, ca. 17% der Fläche von Spanien
Flagge: Grün-Weiß-Grün (Spanien Rot-Gelb-Rot)
Andalusien ist die zweitgrößte autonome Region Spaniens und gleichzeitig der südlichste Teil des Landes an der Straße von Gibraltar, nur rund 14 Kilometer von Marokko entfernt. Flächenmäßig reiht es sich im europäischen Vergleich zwischen Österreich und Serbien ein. Westlich grenzt es bei den Flüssen Guadiana und Chanza an Portugal, nördlich stößt es entlang der Sierra Morena an die spanischen Nachbarregionen Extremadura und Kastilien-La Mancha, östlich an die Region Valencia. Der Süden und der Südwesten werden von der 836 Kilometer langen Küstenlinie zum Atlantik und zum Mittelmeer hin begrenzt. Andalusien wird von West nach Ost in die Costa de la Luz, Costa del Sol, Costa Tropicana und Costa de Almería unterteilt.
Es besteht aus acht Provinzen. Dies sind, der Größe nach und mit ihren jeweiligen Hauptstädten benannt, Sevilla, Córdoba, Jaén, Granada, Huelva, Almería, Cádiz und Málaga.
Die Landschaft ist vielerorts durch landwirtschaftlich genutzte Flächen geprägt, auf denen oft Oliven, Früchte und, vor allem in der Provinz Almería, Obst und Gemüse unter riesigen Gewächshausplanen angebaut werden. Vom äußersten Westen zieht sich ein breiter Flachlandgürtel entlang des wichtigsten Flusses, des Guadalquivirs, durch das Land. Südlich davon fällt die zwei Drittel der Fläche einnehmende Bergkette Sierras Béticas zu den Küstenregionen hin ab. Zu ihr gehört auch die Sierra Nevada, das höchste Gebirge der gesamten iberischen Halbinsel. Nahe der Stadt Almería befindet sich Europas einzige Wüste.
Andalusien besitzt 18 besonders geschützte Naturparks, die wichtige Rückzugsorte für seltene Pflanzen und Tiere bieten. Noch stärker überwacht werden die beiden Nationalparks „Parque Nacional de Doñana“ (Tour 4) und „Parque Nacional Sierra Nevada“ (Tour 12).

Bevölkerung:
Einwohnerzahl: ca. 8,4 Millionen, damit ist Andalusien weniger als halb so stark besiedelt wie Deutschland.
Die größte Bevölkerungsdichte weist erwartungsgemäß die Metropolregion der Hauptstadt Sevilla auf.
Neben den Spaniern, die rund 90% der Bevölkerung ausmachen, wird der größte Einwandereranteil von Menschen aus Marokko und Rumänien gestellt. Einen ebenso großen Anteil nehmen britische Bürger ein, die sich teil- oder ganzjährig unter Andalusiens Sonne niedergelassen haben. Zur spanischen Bevölkerung zählen auch die rund 300.000 Gitanos. Sie gehören den Sinti- und Roma-Volksgruppen an und sind vor rund 600 Jahren nach Spanien eingewandert.
Über 80 % der Bevölkerung sind Katholiken, gefolgt von Muslimen (5%) und Protestanten (3%).

Politik:
Andalusien hat seit 1981 den Status einer autonomen Region inne und dadurch die Möglichkeit, sich selbst zu verwalten und eine eigene Landesregierung zu stellen. Aktuell (Stand 2019) sind fünf Parteien im Parlament vertreten. Größte Fraktion ist die linke PSOE, den Regionalpräsidenten stellt

allerdings erstmals die konservative Partido Popular mit Unterstützung der nationalliberalen Ciudadanos und der rechtspopulistischen Partei VOX.

Städte:
Die zwölf größten Städte Andalusiens mit mehr als 100.000 Einwohnern sind Sevilla (ca. 690.000 Einwohner), Málaga (570.000), Córdoba (325.000), Granada (230.000), Jerez de la Frontera (215.000), Almería (195.000), Huelva (145.000), Marbella (140.000), Dos Hermanas (135.000), Algeciras (120.000), Cádiz (115.000) und Jaén (115.000).

Wirtschaft:
Einst galt Andalusien als das Armenhaus Spaniens. So dramatisch ist die Lage heute zwar nicht mehr, doch noch immer hinkt das BIP weit hinter dem anderer spanischer Regionen hinterher. Größter Wirtschaftssektor ist der Dienstleistungsbereich mit rund 65% der Beschäftigten, er unterteilt sich recht gleichmäßig in Tourismus und sonstige Dienstleistungen. Danach folgen, mit jeweils knapp 10%, Industrie und Landwirtschaft.

Kultur:
Kulturell blickt Andalusien auf eine lange und interessante Geschichte zurück. Besonders hervorzuheben ist die Architektur. Angefangen mit meist römischen Spuren aus der Antike sind bis heute viele maurisch und im Mudéjar-Baustil geprägte Gebäude zu bewundern. Auch viele nach der Reconquista errichtete Sakral- und Profanbauten haben die Jahrhunderte überdauert und bieten heute einen reichhaltigen Blick auf Gotik, Renaissance und Barock. Die berühmtesten bildenden Künstler der Region sind Diego Velázquez (1599-1660) und Pablo Picasso (1881-1973). Große Namen der Literaturszene sind Federico García Lorca (1898-1936) sowie die Nobelpreisträger Juan Ramón Jiménez (1881-1958) und Vicente Aleixandre (1898-1984). In der Musik macht sich der Komponist Manuel de Falla (1876-1946) auch international einen Namen. Als größte musikalisch-darstellende Errungenschaft Andalusiens gilt allerdings der Flamenco. Er wurde seit dem 15. Jahrhundert entwickelt und ist seitdem eng mit der Gitano-Kultur verbunden. Auch über die Grenzen hinaus machten sich vor allem der diesem Stil verbundene Sänger José Monge Cruz (1950-1992) und der Gitarrist Paco de Lucía (1947-2014) einen Namen.

Ärztliche Versorgung und Medikamente

Sollten Sie wirklich einmal auf medizinische Hilfe angewiesen sein, so sind Sie in Andalusien in guten Händen. Der Ausbildungsstand der Ärzte entspricht dem westeuropäischen Standard. Mit Deutsch werden Sie allerdings nur in einigen Tourismusregionen weiterkommen. Dort und in den Großstädten klappt die Verständigung in der Regel alternativ auch auf Englisch. Für kleinere Verletzungen etc. stehen vielerorts Ambulanzen zur Verfügung. Größere Krankenhäuser befinden sich in Ballungsräumen.

Da Spanien Mitglied der EU ist, gilt die europäische Versicherungskarte Ihrer Krankenkasse oder eine entsprechende Ersatzbescheinigung, die Ihre Kasse Ihnen ausstellt.
In jedem Fall kann es aufgrund von Abrechnungs- und Leistungsunterschieden vorkommen, dass Sie zumindest einen Teil der Kosten vorstrecken oder sie in Gänze selbst tragen müssen. Dies gilt auch für alle Behandlungen und Extras (wie ein Zimmerupgrade im Krankenhaus oder einen Heimtransport), die nicht durch das spanische System abgedeckt werden. Um am Ende nicht mit hohen, kaum kalkulierbaren Kosten konfrontiert zu werden, ist ein zusätzlicher Auslandskrankenschutz sinnvoll. Viele Versicherer bieten so etwas für verhältnismäßig wenig Geld an, teils lässt sich Dergleichen auch über Ihre Kreditkartenfirma oder einen Schutzbrief Ihres Automobilklubs beziehungsweise Ihren Autoversicherer abdecken (siehe Pannenhilfe).

Auch die flächendeckende Versorgung mit Apotheken ist unproblematisch. Sie sind an einem grünen Kreuz erkennbar. Einige Medikamente haben allerdings abweichende Namen, und auch in der Apotheke gilt, dass Sie nicht immer auf fremdsprachliche Kenntnisse bauen können. Im Zweifelsfall schadet es also nicht, wichtige Medikamente, auf die Sie angewiesen sind, vorrätig mitzuführen. In den Großstädten gibt es 24-Stunden-Apotheken. Darüber hinaus wird die nächste Notapotheke außerhalb der Öffnungszeiten meist per Aushang angeschrieben.

Ausrüstung

Was Sie so einpacken, hängt natürlich stark von Ihren Interessen und der Jahreszeit ab. Vor allem in den Sommermonaten empfiehlt sich beinahe überall im Land und so gut wie immer leichte Kleidung, für Restaurant- und Stadtbesuche sollte sie nicht zu leger sein. Die Mitnahme von Badekleidung ist in dieser Zeit ein Muss.

Im Winterhalbjahr und bis in den April hinein sollten auch dringend Regenschutz und etwas wärmere Kleidung im Gepäck sein, da es an meist milden, sonnigen Küsten dann auch kühl und regnerisch werden kann. In den Gebirgen fällt auch immer wieder mal Schnee, und die Temperaturen sinken weiter ab.

Sonnenschutz und Kopfbedeckung sollten Sie zu jeder Jahreszeit mitführen, genau wie Wanderschuhe und -ausrüstung, wenn Sie selbst in den vielen tollen Wanderregionen aktiv werden wollen.

Baden

Andalusien verzeichnet mehr als 200 ausgewiesene Strände für wirklich jeden Geschmack. 79 von ihnen wurden zuletzt mit der Blauen Flagge für hervorragende Wasserqualität ausgezeichnet, die meisten davon in der Region Cádiz. Auch an den meisten anderen Stränden müssen Sie sich nicht um die Wasserqualität sorgen. Lediglich in den Mündungsregionen der Flüsse und an den größeren Häfen sollten Sie etwas vorsichtiger sein. An der zum Atlantik gerichteten Costa de la Luz dominieren weite, oft von Pinienwäldern und Dünen gesäumte Sandstrände, die das ganze Jahr über weniger bevölkert sind als andere Bereiche des Landes. Dort ist es allerdings ganzjährig windiger, und das Wasser ist kühler als am Mittelmeer. Besonders beliebt sind sie bei Individualisten und Wassersportlern. Weniger ruhig geht es an weiten Teilen der Costa del Sol und Costa Tropicana zu. Teils kleine Buchten, teils längere Strandabschnitte sind oft mit Chiringuitos (Strandbuden) versehen oder liegen gleich vor den oft stark touristisch geprägten Badeorten. Von mondän über partylastig bis zu entspannt und familiär ist alles dabei. Viel ruhiger wird es dann wieder an der Costa de Almería, wo Sie, zumindest außerhalb der Hauptreisemonate Juli/August, viel Ruhe an Buchten finden, die in meist steppen- und wüstenartiger Umgebung liegen.

Überall in Andalusien gibt es offizielle und inoffizielle FKK-Strände in recht großer Anzahl, sodass auch Anhänger/-innen des hüllenlosen Badens fast allerorts auf ihre Kosten kommen. „Oben ohne" ist ebenfalls relativ verbreitet.

Beachten Sie unbedingt die Warnflaggen an den überwachten Stränden:

Rot:	Gefahr, Badeverbot.
Rot-Gelb:	durch Rettungsschwimmer überwachter Strand
Gelb:	Schwimmen auf eigene Gefahr möglich, aber eventuell Risiko vorhanden
Grün:	Schwimmen gefahrlos möglich
Schwarz-Weiß:	Dieser Bereich ist für Surfer reserviert, dort ist das Baden nicht erlaubt.

Einkaufen

Das Warenangebot in Spanien steht dem heimischen in nichts nach. In den Dörfern und Strandorten gibt es oft nur kleine, eher teure Märkte. Ansonsten finden Sie große Supermärkte an den Ausfallstraßen der Städte und aus der Heimat bekannte Discounter in allen Ballungsräumen. Regelmäßig treffen werden Sie auf Filialen von Aldi, Auchan, Carrefour, Dia, Lidl, Mercadona und Spar.
In größeren Städten gibt es oftmals Markthallen, in denen Sie eine Vielzahl an lokalen Lebensmitteln zu sehr günstigen Preisen erstehen können. Andernorts übernehmen mobile Wochenmärkte die Versorgung..
Beliebte Mitbringsel sind, je nach Region, Keramik- und Tonprodukte, Web- und Flechtwerk sowie Holzeinlagearbeiten und Lederwaren.
Auch spanische Kleider im Carmenstil stehen hoch im Kurs.
Kulinarische Highlights sind Oliven und Olivenöl, spanischer Schinken und Käse sowie die typischen Weinsorten Sherry/Manzanilla, Montilla und Málaga.

Ein- und Ausreise

Um mit dem Wohnmobil nach Andalusien zu gelangen, müssen Sie von allen deutschsprachigen Regionen aus eine recht lange Anfahrt in Kauf nehmen, die Sie durch Frankreich und, je nach Abfahrtsort, durch die Schweiz oder Italien, die Niederlande und Belgien führt. Aus dem süddeutschen, österreichischen und Schweizer Raum lohnt sich eventuell auch eine Fährüberfahrt ab Genua bis Barcelona, die viele hundert Kilometer an Fahrstrecke sparen kann.
Da alle genannten Länder Teil des Schengenabkommens sind, werden Sie unterwegs normalerweise nicht mit Passkontrollen konfrontiert. Mitführen müssen Sie Ihre Ausweisdokumente natürlich trotzdem.
Für EU-Bürger und Schweizer reicht ein gültiger Personalausweis beziehungsweise Reisepass. Auch Kinder benötigen eigene Dokumente. Schon seit 2012 ist ein Eintrag in den Ausweis der Eltern nicht mehr möglich.
Für Ihr Fahrzeug müssen Sie neben dem Kfz-Schein einen gültigen Führerschein vorweisen können, eine grüne Versicherungskarte ist keine Pflicht, aber anzuraten.

Wer als EU-Bürger länger als drei Monate im Land bleiben möchte, muss sich offiziell im Ausländerzentralregister eintragen lassen. Das geht in den „Oficinas de Extranjeros“ in den jeweiligen Provinzhauptstädten (mehr unter www.polivia.es). Schweizer müssen nach drei Monaten ein Visum beantragen.

Spezielle Zollbestimmungen bestehen aktuell innerhalb der EU nur für Kunstgegenstände und Antiquitäten sowie größere Mengen an Tabakwaren (Zigaretten, zum Beispiel mehr als 800 Stück) und Alkohol (Spirituosen zum Beispiel 10 Liter). Für die Weiterreise in die Schweiz gelten andere internationale Freigrenzen.
Es sind keine speziellen Impfvorschriften zu beachten.

Elektrizität

Beinahe überall in Andalusien haben sich inzwischen 220-V-Steckdosen durchgesetzt. Nur in ländlichen Regionen begegnen Ihnen möglicherweise noch vereinzelt 125-Volt-Steckdosen, für die Sie einen Adapter benötigen. Auf Camping- und Stellplätzen werden Sie damit aber nicht konfrontiert. Hier kommen, neben Haushaltssteckdosen, nur noch die auch bei uns üblichen CEE-Stromanschlüsse hinzu.

Essen und Trinken

Je nach Gegend unterscheiden sich die typischen Spezialitäten teils erheblich voneinander. In ganz Andalusien gleich sind dagegen die von den heimischen Gepflogenheiten abweichenden Essenszeiten und -gewichtungen. So wird dem Frühstück nicht sehr viel Aufmerksamkeit zuteil. Ein Kaffee mit (Cortado oder Café con leche) oder ohne Milch (Espresso oder Café Americano), dazu höchstens ein Stück Croissant, Fettgebäck (Churros) oder Toast, mehr ist unüblich. Dafür wird im Laufe des Vormittags eine erste Pause eingelegt und ein belegtes Brötchen (Bocadillo) oder eine andere Kleinigkeit verzehrt. Das Mittagessen folgt somit erst gegen 14 Uhr. Es gibt meist kleinere Mittagsgerichte oder eine Auswahl an Happen (Tapas) in einer Bar, dazu gern schon ein Schlückchen Wein, Sherry oder Bier. Die ausgiebigste Mahlzeit wird am Abend genossen, wenn die Hitze des Tages langsam nachlässt. Dies geschieht aber nicht vor 20.30 Uhr. Wer auswärts isst, besucht nun ein Speiselokal oder macht sich zur tapeo auf, bei der in wechselnden Bars Tapas und dazu jeweils ein Gläschen Alkoholisches (Copa) konsumiert werden.

Vegetarier haben es beim Essengehen nicht immer ganz leicht. Auch ein Gemüsegericht enthält „für den Geschmack" eventuell ein klein wenig Speck, daher fragen Sie vorab zur Sicherheit immer nach.

In Spanien finden Sie neben Restaurants, in denen es teils üblich ist, zu warten, bis ein Platz zugewiesen wird, verschiedene einfachere Gasthäuser wie Cafeterías und Bars, in denen fast immer auch Speisen angeboten werden, am Meer außerdem die zahlreichen Chiringuitos (Strandlokale).

Was Sie auf Ihrer Reise einmal versuchen sollten:

• Unbedingt versuchen sollten Sie natürlich die vielfältigen Tapas, die überall in anderer Zusammensetzung auf den Tisch kommen. Oft lohnt sich der Griff zum Unbekannten, wenn Sie mutig genug sind, uns eher unbekannte Leckerbissen zu probieren, die es nicht überall gibt, zum Beispiel Rabo de torro (Stierschwanz), Ortiguillas (gebackene Seeanemonen) oder Garbanzos con espinacas (Kichererbsen mit Spinat). Nicht minder leckere spanische Oliven, Käse und Jamón (rohen Schinken) erhalten Sie dagegen so gut wie überall. Vor allem in Almería und teils auch in Granada werden Tapas bis heute noch recht häufig kostenfrei zu einem Glas Wein, Bier oder Sherry gereicht.

• Typisch andalusisch ist außerdem die Gazpacho, eine kalte Gemüsesuppe, die an heißen Tagen angenehm erfrischend ist.

• Vor allem an der Küste stehen Fisch und Meeresfrüchte hoch im Kurs. Eine beliebte Zubereitungsart ist das Frittieren (Pescaíto frito). Auch Stockfisch (Bacalao) wird gern zubereitet.

• Nicht direkt aus Andalusien, sondern der angrenzenden Region Valencia stammt die berühmte Reispfanne Paella, die aber auch in Andalusien vielerorts zubereitet wird. Versuchen Sie doch einmal eine bei uns weniger bekannte Variante, zum Beispiel den Arroz Negro, der mit Sepiatinte schwarz eingefärbt und mit einer Knoblauchaioli serviert wird.

• Leckere Fleischprodukte, wie Jamón oder Chorizo vom schwarzen, iberischen Schwein, schmecken ebenfalls vorzüglich. Als besondere Delikatesse gelten sie, wenn die Tiere zuvor nur mit Eicheln gefüttert wurden (zum Beispiel Jamón bellota).

• Versuchen Sie auch verschiedene Süßwaren. Törtchen, Gebäck und Cremes gibt es in vielen Varianten. Der bis heute erhaltene, arabische Einfluss schlägt sich in Zutaten und Gewürzen wie Honig, Nüssen Kardamom und Anis nieder.

Feiertage

In Spanien gibt es 14 offizielle Feiertage. Diese werden jährlich neu festgelegt, fallen normalerweise aber auf folgende Tage. Fettgedruckte Tage sind dabei in jedem Fall arbeitsfreie, andere können von Region zu Region variieren oder auch durch weitere, lokale Feiertage ergänzt werden. Fällt ein Feiertag auf ein Wochenende, wird dieser oft an einem nachfolgenden Wochentag, meist dem Montag, nachgeholt.

- **Año Nuevo (Neujahr, 01.Januar)**
- **Reyes Mayos (Heilige Drei Könige, 6. Januar)**
- **Día de Andalucía (Andalusientag, 28. Februar)**
- San José (Josefstag, 19. März)
- **Viernes Santo (Karfreitag, beweglicher Feiertag nach Vollmond um den 21. März)**
- **Día de Trabajo (Tag der Arbeit, 1. Mai)**
- Corpus Christi (Fronleichnam, beweglicher Feiertag, 60 Tage nach Ostern)
- San Juan (Johannistag, 24. Juni)
- San Pedro y Pablo (Peter- und Paulstag, 29. Juni)
- Santiago (Jakobustag, 25. Juli)
- **La Asunción (Mariä Himmelfahrt, 15. August)**
- **Fiesta Nacional de España (Spanischer Nationalfeiertag, 12. Oktober)**
- Todos los Santos (Allerheiligen, 1. November)
- **Día de la Constitución (Spanischer Nationalfeiertag, 6. Dezember)**
- **La Immaculada Concepción (Mariä Empfängnis, 8. Dezember)**
- **Navidad (Weihnachten, 25. Dezember)**

Außerdem sind häufig der Gründonnerstag (Jueves Santo), der Ostermontag und der Pfingstmontag freie Tage, ebenso der Namenstag des Ortspatrons. Arbeitsfrei ist außerdem vielerorts die gesamte Karwoche (Semana Santa).

Feste und Veranstaltungen

Traditionelle Feste nehmen bis heute einen festen Platz im Leben der Einheimischen ein und werden opulent und voller Leidenschaft gefeiert. Wenn Sie zur richtigen Zeit am richtigen Ort sind, sollten Sie sich dieses Spektakel nicht entgehen lassen. Zu den eindrucksvollsten Erlebnissen gehören sicher die Büßerumzüge während der Karwoche „Semana Santa“. Beim Karneval und während anderer Ferías geht es dagegen ausgelassen und fröhlich zu und Sie werden meist eine große Anzahl an klassischen spanischen Flamencokleidern und Trachten erleben. Wichtige Feste haben wir bei den jeweiligen Orten in den Tourenbeschreibungen angegeben.

Flora und Fauna

So vielfältig wie die Landschaft ist auch die Pflanzen- und Tierwelt Andalusiens. Neben Strand- und Kulturreisenden kommen nicht wenige Urlauber genau deshalb in das Land. Im mediterranen Klima der Küsten überwiegen immergrüne Pflanzen, in den wüstenähnlichen Zonen im Osten dominieren Sukkulentenarten, die längere Trockenperioden gut überdauern können. In den teils breiten Piniengürteln wachsen verschiedene Wildorchideen. Auch Liliengewächse und aromatisch duftende Sträucher wie Rosmarin und Lavendel gedeihen vielerorts. In den regenreicheren, höher gelegenen Bergregionen gedeihen große Bestände an Stein- und Korkeichen. Als botanische Raritäten gelten die vor allem in der Sierra de Grazalema wachsenden Igeltannen, dazu Pfingstrosen und Orchideen im Unterholz. In noch höheren Lagen kommen Kiefern und Ginster häufig vor, auch Tulpengewächse und Krokusse fühlen sich dort wohl.

An Säugetieren kann man in Andalusien mit Glück auf Steinböcke, Wildkatzen, Otter, Hirsche und Wildschweine vorfinden, in den nördlichen Wäldern gibt es vereinzelt Wölfe. Im Nationalpark Doñana leben außerdem Mungos, Ginsterkatzen und Pardelluchse. Auch die Zahl unterschiedlicher und seltener Vögel ist dort besonders groß. Neben Reihern, Flamingos und iberischen Kaiseradlern leben des Weiteren Steinadler, Gänsegeier dauerhaft und viele Zugvögel zeitweise in Andalusien.

Vertreter der Gattung Reptilien sind europäische Sumpfschildkröten, verschiedene Nattern- und Otternarten.

Gas

Wenn Sie zwei gefüllte 11-kg-Gasflaschen im Wagen dabeihaben, werden Sie auf einer zwei bis sechswöchigen Reise kaum in die Verlegenheit kommen, unterwegs Gas zu benötigen. Falls Sie ganz sichergehen oder länger bleiben wollen, kaufen Sie schon in Deutschland ein Adapterset für spanische Flaschen, da sie es vor Ort kaum bekommen werden.
In Spanien werden andere Gasflaschen verwendet. Es gibt zwei Typen, die von den beiden großen Tankstellenketten Repsoil und Cepsa als 6kg- und 11kg-Varianten angeboten werden. Die zweiten sind im aktuellen, neueren Typ übrigens die leichteste Variante, aber etwas seltener im Umlauf. Um eine solche Flasche zu erstehen, müssen Sie einen Vertrag abschließen, der immerhin die Rückgabe der Pfandflasche am Urlaubsende ermöglicht. Die Kosten belaufen sich auf knapp 40 Euro. Mancherorts wird für diese Prozedur eine Art Gasprüfung verlangt, das Gasprüfbuch nachgefragt oder gar eine spanische Steuernummer verlangt. In diesem Fall versuchen Sie es einfach an einer anderen Verkaufsstelle, man ist längst nicht überall so streng. Zur Not haben Sie auch gute Chancen, eine gebrauchte Flasche zum Tausch günstig auf einem örtlichen Flohmarkt zu erstehen, dann natürlich ohne Rückgabemöglichkeit. Beim anstehenden Tausch werden Sie fast nirgends mehr nach irgendwelchen Papieren gefragt.
Verlangen Sie nach Möglichkeit immer nach einer Propanflasche anstelle einer Butanflasche, da dieses Gas rußfreier verbrennt. Zur Not geht aber beides. Einmal für eine Art entschieden, kann man beim Tausch allerdings nicht mehr wechseln.
Leider ist es damit noch nicht getan. Um die Flasche anschließen zu können, benötigen Sie nun noch einen spanischen Gasflaschenkopf, den Sie in jeder Eisenwarenhandlung (Ferretería), teils auch an Tankstellen oder in Baumärkten erhalten. Diesen müssen Sie nun über die spanische Flasche stülpen und den mitgebrachten Adapter für Spanien zwischenschließen. Diese Prozedur funktioniert analog bei allen genannten Gasflaschentypen.

Sofern Sie an der Costa del Sol unterwegs sind, haben Sie noch eine Alternative: **Die Firma Gasbottle International bietet an, Ihre deutsche Flasche ganz offiziell wieder zu befüllen**. Dazu vereinbaren Sie, möglichst vormittags, einen Termin an einem der beiden Pick up Points, zuletzt in Estepona (Parkplatz Av. Luis Braillle, N 36°24'52" W 5°09'37") oder Marbella (Playa de Río Real Carretera, N 36°30'14" W 4°50'37"). Die Firma bietet darüber hinaus Hilfestellung beim Umrüsten und bei Problemen mit spanischen Gasflaschen an (mehr unter www.gasbottlerefill.com).

Geld und Preisniveau

Spanien gehört zur Eurozone. Daher müssen Sie sich, zumindest als Deutscher oder Österreicher, nicht umstellen. Eine Ausnahme bildet Gibraltar, das mit dem Gibraltarpfund eine eigene, an das englische Pfund gekoppelte Währung besitzt. Die erhaltenen Münzen lassen sich nirgends anders zurücktauschen. Sie können, mit kleinem Aufschlag, aber auch dort überall mit dem Euro zahlen.

Statt viel Bargeld von zu Hause mitzunehmen, sorgen Sie besser an den Geldautomaten, die in fast jeder Bank verfügbar sind, für Nachschub (Cajeros automáticos). Die Menüführung ist fast immer auf Englisch, oft auch auf Deutsch einstellbar. Das Abheben funktioniert, zumindest meistens, mit allen gängigen Kredit-, oft auch den Maestro- und V-Pay-Karten. Wie viele Gebühren Sie dafür entrichten müssen, hängt am Ende vom Vertrag mit Ihrem heimischen Geldinstitut ab. In besseren Restaurants, an Tankstellen und in Supermärkten sowie vielen Geschäften der Großstädte und Touristenhochburgen können Sie auch direkt mit Karte bezahlen und benötigen kein Bargeld.

Das allgemeine Preisniveau unterscheidet sich nicht exorbitant, liegt aber etwas unter dem mitteleuropäischen Durchschnitt. So müssen Sie aktuell pro Liter Diesel mit etwa 1,20 € rechnen (Deutschland rund 1,30 €, Stand: 11/2019). Ein einfacher Restaurantbesuch ist ab ca. 10 € realisierbar, mit Tapas oder Raciones (ganze Portion, als media racion auch halbe Portion möglich) in einer Bar kommen Sie auch schon etwas günstiger weg. Für ein Bier oder einen Kaffee werden Ihnen zwischen 1,50 und 3 € berechnet, auch ein Viertel offener Wein ist für diesen Preis oft schon zu haben. Der Eintritt in staatlich geführte Sehenswürdigkeiten ist für EU-Bürger oft frei, sonst liegen die Gebühren im Schnitt zwischen 2 und 5 €. Besondere touristische Anziehungspunkte wie die Alhambra oder die Mezquita können aber auch ein Vielfaches davon kosten (siehe jeweilige Tour). Das Gleiche gilt für private Einrichtungen wie Zoos, Vergnügungsparks etc..
Campingplätze kosten, je nach Ausstattung, Saison und Lage, ganz unterschiedlich viel – ab ca. 15 €/Nacht.

Sollte Ihnen Ihre Kredit-/Bankkarte abhandenkommen oder gar gestohlen werden, sollten Sie diese schnellstmöglich sperren lassen.
Dafür steht in Deutschland eine zentrale Sperrrufnummer bereit, an der aber leider nicht alle Geldinstitute partizipieren. Für Österreich und die Schweiz gibt es verschiedene Nummern.
Informieren Sie sich daher unbedingt vor Reiseantritt bei Ihrem Kreditinstitut und notieren Sie sich die Rufnummern am besten mehrfach.

Zentrale Sperrrufnummer für Deutschland (viele Bankkarten und Kreditkarten):
+49 116 116 oder +49 30 4050 4050 (mehr unter www.sperr-notruf.de)
Zentrale Sperrrufnummer für Mastercard allgemein:
+49 69 79 33 19 10 oder +1 636 72 27 111
Zentrale Sperrrufnummer für Visa allgemein:
+49 69 79 33 19 10 oder +1 410 581 99 94
Zentrale Sperrrufnummer für American Express:
+49 69 97 97 20 00 (D und A), +41 44 65 96 333 (CH)
Zentrale Sperrrufnummer für Diner Club:
+49 69 900 15 01 35 (D), +43 1 50 13 51 35 (A), +41 58 880 88 00 (CH)

Geschichte

Die lange Geschichte menschlicher Kultur in Andalusien ist ab ca. 25.000 v. Chr. nachweisbar. Aus dieser Zeit stammen erste Höhlenmalereien, wie sie in der Cueva de la Pileta (Tour 7) oder der Cueva de Nerja (Tour 9) bis heute zu sehen sind. Ab 3000 v. Chr. entstanden erste größere Siedlungen und Grabanlagen, die der Megalithkultur bei Antequera zuzuordnen sind (Tour 7).
Um 1100 v. Chr. gründen die Phönizier eine Stadt als Außenposten der damals vorstellbaren Welt, die bis heute besteht. Es ist Gadir, das heutige Cádiz (Tour 5), die damit älteste Stadt Europas. Mit dem heutigen Málaga (Tour 8) und Almuñecar (Tour 9) folgen weitere Siedlungen am Mittelmeer.
Ab 800 v. Chr. machte das Reich des Tartessos von sich reden. Es lag wohl nahe der Guadalquivir-Mündung, an der sich heute Sanlúcar de Barrameda (Tour 5) befindet, und wurde durch den Handel mit Eisenerz reich, ein von Phöniziern und Griechen begehrter Rohstoff.
Ab 700 v. Chr. gründeten griechische Siedler einige Häfen an der Mittelmeerküste, unter anderem das heutige Torre del Mar (Tour 8), doch schon 100 Jahre später wurden sie von der Karthagern vertrieben, die sich nach dem Rückzug aus Sizilien infolge des Ersten Punischen Krieges 237 v. Chr. verstärkt auf der iberischen Halbinsel niederließen.
Auf längere Sicht hatten sie dem stark expandierenden Römischen Reich nichts entgegenzusetzen und mussten sich in mehreren Schlachten geschlagen geben. Die neuen Herrscher über Andalusien siedelten an verschiedenen Orten, zu ihrer Hauptstadt in Spanien wurde Itálica (Tour 2).

Als die iberische Halbinsel 27 v. Chr. unter Kaiser Augustus neu gegliedert wurde, entstand die Provinz Baetica, die bis heute in etwa Andalusiens Grenzen widerspiegelt.
Die Städte Córdoba und Sevilla wuchsen heran.
Schon im Jahr 100 setzte eine erste große Christianisierungswelle in Andalusien ein, die auch von den Vandalen nicht unterbrochen wurde. Jene zogen während der Völkerwanderung im 5. Jahrhundert quer durch Andalusien und weiter nach Marokko. Ihnen verdankt das Land seinen Namen. Er geht auf die Bezeichnung „landahlauts" für landlos zurück. Ihnen folgten Westgoten und zwischenzeitlich Byzantiner nach, die aber schnell zurückgedrängt wurden.
Als dagegen im Jahr 711 Tarik ibn-Sijad mit seiner 7000 Mann starken Armee nahe dem heutigen Tarifa (Tour 6) landete, konnte ihn niemand aufhalten und das durch interne Kämpfe geschwächte Heer der Westgoten unter Roderich ging in einer mehrtägigen Schlacht bei Jerez de la Frontera (Tour 5) unter.
Die Araber eroberten daraufhin in nur 3 Jahren fast die gesamte iberische Halbinsel und gründeten ihr Kalifat „Al-Andalus". Vor allem Mauren, heute Berber genannt, wanderten in großer Zahl ein.
Der aus Bagdad geflüchtete Adelige Abd ar-Rahman I. gründete 756 das Emirat von Córdoba und sorgte durch ausgeklügelte Bewässerungssysteme und neue Kulturpflanzungen für die Gewinnung von Reis, Seide und Zucker, die einen neuen Wohlstand und eine kulturelle Blüte bedingten. Ansässige Juden und vor allem Christen traten zum Islam über. Er begann 785, drei Jahre vor seinem Tod, mit dem Bau der Moschee von Córdoba, der heutigen Mezquita (Tour 2).
Unter seinem Nachfolger, Abd ar-Rahman II., der sich gar zum Kalifen ausrief, wurde die Palaststadt Medina Azahara (Tour 2) errichtet und die Ausdehnung des arabischen Reichs in Iberien erreichte einen Höhepunkt. Es reichte von Santiago de Compostela im Nordwesten bis Barcelona im Südosten.
Nach seinem Tod 1002 begann es allerdings schon wieder zu zerfallen und wurde 1031, nach dem Sturz Hishams III., in über 20 Emirate aufgeteilt, die sich gegenseitig bekriegten.
Diese Schwäche nutzten die Christen, um einige Landesteile zurückzuerobern. Erst, als sie vor Sevilla standen, kamen ihnen die nordafrikanischen Almoraviden zu Hilfe und vereinten Südspanien mit ihrem Reich in Nordafrika. Ab 1147 eroberte der rivalisierende Berberstamm der Almohaden das Almoravidenreich und damit auch Andalusien. Während nun unter anderem der Alcázar in Sevilla (Tour 3) errichtet wurde, mussten sich die Mauren nun ständiger Angriffe seitens der Christen erwehren. Nachdem Kalif en-Nasir 1212 eine deutliche Niederlage gegen verbündete Truppen aus Kastilien, Navarra und Aragón erlitten hatte, besiegelte dies den Untergang des islamischen Reiches im heutigen Spanien. Während der Reconquista fielen zunächst Córdoba (1236), Sevilla (1248) und Cádiz (1263).
Das erst 1238 von dem Nasridenherrscher Mohammed Ibn al-Ahmar gegründete Kalifat Granada konnte sich dagegen für weitere 254 Jahre behaupten. Es umfasste zunächst die gesamte andalusische Südküste von Tarifa bis Almería (Tour 10). Als Zeichen seiner Macht errichtete al-Ahmar in Granada die Alhambra (Tour 12). Um sich der von allen Seiten vordringenden christlichen Truppen zu erwehren, wurden ständig Koalitionen und Friedensverträge geschlossen, die aber äußerst brüchig waren. Dadurch schrumpfte das nasridische Reich Stück für Stück. Als 1469 Isabella von Kastilien Ferdinand von Aragón heiratete, besiegelte dies das Ende. Um ein großspanisches Reich zu gründen, mussten die Muslime ganz verdrängt werden. 1481 begann ein nun offen ausgetragener Krieg, bei dem 1487 Málaga (Tour 8) fiel und die Hauptstadt Granada vom Meer abgeschnitten wurde. Nach mehrmonatiger Belagerung zog sich der letzte muslimische Herrscher auf spanischem Boden, Boabdil, nach Afrika zurück. Damit endeten auch knapp 800 Jahre islamisch geprägten Lebens in Andalusien.

Am. 2. Januar 1492 zogen die Spanier in Granada ein und begannen umgehend mit einer Säuberungswelle, bei der Hunderttausende Mauren und auch Juden bekämpft und vertrieben wurde, was zu schweren Brüchen in der Entwicklung des Landes führte.

Noch im selben Jahr begann Christoph Kolumbus mit seinen Reisen ins vermeintliche Indien und der folgenden Kolonialisierung des amerikanischen Kontinents, für die andalusische Häfen von Beginn an eine Schlüsselrolle spielten. Handel und Reichtümer aus der neuen Welt sorgten für Wohlstand, der vor allem in der immer wichtiger werdenden Metropole Sevilla sichtbar wurde. Durch Heirat ging Spanien ins Habsburger Reich über und König Karl I., zugleich deutscher Kaiser (Karl V.), baute seinen eigenen Palast auf den Befestigungsanlagen der Alhambra und machte die Mesquita von Córdoba zu einer Kathedrale.

Als Karl II. 1700 starb, brach der Spanische Erbfolgekrieg aus. Im Frieden von Utrecht, 1713, wurde das Land neu aufgeteilt. Gibraltar (Tour 6) ging an Großbritannien, das restliche Andalusien an die französischen Bourbonen. Unter ihrer Herrschaft wuchs die Kluft zwischen Arm und Reich immer weiter, und das Land blutete aus.

1805 griff Großbritannien unter Admiral Nelson am Cabo de Trafalgar erfolgreich die spanisch-französische Flotte an, die komplett vernichtet wurde. In Spanien bereitete dieses Ereignis den Boden für einen Aufstand gegen die französische Vorherrschaft, der auch von Napoleons immer wieder anrückenden Truppen nicht dauerhaft abgewehrt werden konnte. Als zwischen 1833 und 1876 ständige Kämpfe um die Thronfolge das Land lähmten, sorgte das für eine weitere, dramatische Verschlechterung der wirtschaftlichen Lage vieler Bauern und Arbeiter.

Sozialistische und anarchische Gedanken fanden in der verarmten Bevölkerung immer mehr Anhänger. Dem gegenüber standen die sich zur Wehr setzende Monarchie und nationale Bestrebungen. Letztere führten 1873 zu einer ersten Republik, die sich jedoch nur ein Jahr halten konnte. Viele sahen daheim keine Zukunft mehr und es setzte eine großen Auswanderungswelle nach Nordamerika ein. Von 1923 bis 1930 kam es mit Billigung des Königs zu einer Militärdiktatur unter General Rivera, danach zur Gründung der Zweiten Republik.

Als 1936 aufständische Truppen unter General Franco aus dem marokkanischen Exil nach Andalusien übersetzten, war dies der Auftakt zu einem drei Jahre dauernden, blutigen Bürgerkrieg, den Franco für sich entschied und der eine erneute Diktatur nach sich zog.

Der General schloss Bündnisse mit dem Westen, die Devisen brachten und die Costa del Sol rund um Marbella (Tour 8) zur ersten echten Ferienregion Europas machten.

1975 starb Franco und es entstand erneut eine demokratische Republik mit einem vor allem repräsentativ agierenden Königshaus unter Felipe. Andalusien entschied sich schon 1981 bei einem Referendum für den Status einer autonomen Region mit umfangreichen Rechten zur Selbstverwaltung. Als 1992 die Weltausstellung nach Sevilla kam, wurde dies zum Anlass für eine umfangreiche und längst fällige Verbesserung der Infrastruktur genommen. Obwohl Andalusien seitdem einen Aufschwung erlebt hat, wichtige Urlaubsregion und europäischer Hauptlieferant für Obst und Gemüse geworden ist, hinkt es wirtschaftlich noch immer hinterher und vermeldet eine der höchsten europäischen Arbeitslosenquoten. Auch Wasserknappheit, die Flüchtlingsproblematik am Mittelmeer und politische Instabilität sorgen in letzter Zeit für Krisenherde. Der Tourismus boomt dagegen weiterhin.

Haustiere

Die Mitnahme von Haustieren ist möglich, sofern ein amtlicher EU-Heimtierausweis mitgeführt wird. Eine gültige Tollwutschutzimpfung ist vorgeschrieben, und das betreffende Tier muss gechipt sein. In einer nicht unerheblichen Zahl von Restaurants sind Hunde verboten, die Mitnahme in öffentlichen Verkehrsmitteln und Taxis bereitet ebenfalls ab und an Probleme. An bewirtschafteten Stränden sind Hunde nur in ausgewiesenen Bereichen erlaubt – sofern solche vorhanden sind, an freien Stränden dagegen gibt es in der Regel keine Vorschriften. Viele Campingplätze erlauben zwar die Mitnahme, schreiben aber Leinen und teils sogar Maulkörbe vor.

Kinder

Kinder fühlen sich in Andalusien äußerst wohl. Vor allem an den Stränden der Costa del Sol gibt es neben feinem Sand und sanft abfallenden Küsten allerorts Spielzonen. Hinzu kommt eine ganze Reihe an Tier-, Wasser- und Freizeitparks. Etwas wilder und ursprünglicher geht es an der Costa de la Luz mit ihren weiten Gezeitenstränden zu, die bei älteren Kindern und Jugendlichen gut ankommen, nicht zuletzt wegen der zahlreichen Wassersportmöglichkeiten und des „coolen Flairs", zum Beispiel in Tarifa (Tour 6). Auch die Costa Tropicana und die Costa de Almería sind mehr auf Individualreisende eingestellt, wobei hier wieder Sand- und Kieselbuchten vorherrschen, oft gibt es gute Möglichkeiten zum Schnorcheln.
Zumindest ältere Kinder werden auch den Burgen, Schlössern, Höhlen und schroffen Berglandschaften sowie den quirligen Städten und opulenten Festen etwas abgewinnen können, die das Binnenland Andalusiens prägen.

Konsularische Hilfe und Notrufnummern

Wir drücken Ihnen die Daumen, dass Sie keine der hier aufgeführten Nummern benötigen, denn in jedem Fall wäre das wohl mit einem mehr oder minder unerfreulichen Anlass verbunden. Nichtsdestotrotz ist im Notfall jede dieser Nummern Gold wert.
Egal, ob Sie Ihren Reisepass oder andere wichtige Dokumente verloren haben, bestohlen wurden oder, aus welchen Gründen auch immer, festsitzen, hier wird Ihnen geholfen:

Deutsche Konsulate
Deutsches Konsulat Málaga:
Consulado de la República Federal de Alemania
Arnulf Braun
Edificio Eurocom. Bloque Sur, c / Mauricio Moro Pareto, 2 – 5°,
29006 Málaga
Postanschrift: Apartado 940, 29080 Málaga
Telefon: +34 952 36 35 91, Fax +34 952 32 00 33
(Mo – Fr 8 – 13 Uhr und Mo – Do 14.30 – 16 Uhr)
Notfallnummer: +34 91 557 90 00
Internet: www.malaga.diplo.de
Termine Mo – Fr nach Vereinbarung

Deutsches Honorarkonsulat Aguadulce:
Zuständig für die Provinz Almería
Consúl Honorario de la República Federal de Alemania
Alexander Prinzen
Centro Comercial Neptuno, Av. Carlos III., N°401,
local 18 bajo, 04720 Aguadulce
Postanschrift: Centro Comercial Neptuno, Av. Carlos III., N°401,
04720 Aguadulce
Telefon: +34 950 34 05 55, Fax +34 950 34 18 13
(Mo – Fr 9 – 13 Uhr)
Email: aguadulce@hk-diplo.de
Termine Mo – Fr 9 – 13 Uhr

Deutsches Honorarkonsulat Jerez de la Frontera:
Zuständig für die Provinz Cádiz
Consúl Honorario de la República Federal de Alemania

Marc Erik Schmelcher
Av. De Méjico n°10, Portal 1, 2°D, 11405 Jerez de la Frontera
Telefon: +34 956 18 74 63, Fax +34 956 18 21 44
(Mo – Fr 9 – 14 Uhr)
Email: jerez-de-la-frontera@hk-diplo.de
Termine Mo – Fr 10 – 12.30 Uhr

Österreichische Konsulate
Österreichisches Honorarkonsulat Málaga:
Zuständig für die Provinzen Málaga, Granada, Jáen, Almería
Ignacio Romero Boldt
Almeda de Colon, 26, Piso 2., Esc.izq., 29001 Málaga
Telefon: +34 646 06 09 72, Fax +34 952 22 90 89
Email: consulaustriamalaga@gmail.com
Geöffnet Di und Do 11 – 13 Uhr

Österreichisches Honorarkonsulat Sevilla:
Zuständig für die Provinzen Sevilla, Córdoba, Cádiz, Huelva
Rufino Garcia-Otero Reina
Av. De Cádiz 27-29, 41004 Sevilla
Telefon: +34 95 55 17 717, Fax +34 95 45 31 906
Email: consulado.austria.sevilla@gmail.com
Geöffnet Mo und Mi 9.30 – 10.30 Uhr

Schweizer Konsulat
Regionales Konsularcenter Madrid:
Zuständig für Andalusien
Centro Consular Regional de Madrid
c / o Embajada de Suiza
C / Núñez de Balboa 35A, 7°, Edificio Goya, 28001 Madrid
Telefon: +34 91 43 63 960, Fax: +34 91 43 63 980
Internet: www.eda.admin.ch/madrid
E-Mail: madrid.cc@eda.admin.ch

Konsularservice Málaga:
Telefon: +34 64 50 10 303
E-Mail: malaga@honrep.ch

Eine weitere wichtige Notrufnummer in Andalusien ist:
Polizei/Rettungsdienst/Feuerwehr: 112
Guardia Civil: 062

Kartenmaterial, Navigation und Literatur

Damit Sie sich abseits der Hauptstraßen gleichermaßen gut zurechtfinden und auch dann gewappnet sind, wenn das Navigationsgerät mal ausfällt oder anderweitig versagt, empfehlen wir die Mitnahme einer guten Straßenkarte:

- **Marco Polo, Andalusien, 1:300 000**
- **Marco Polo, Andalusien (Costa del Sol, Sevilla, Córdoba, Granada), 1: 200 000 (Achtung, hier ist nur der Bereich ab ca. Jerez de la Frontera am Westen und Granada im Osten enthalten, die Randbezirke fehlen).**

Alle Übernachtungsplätze und Parkplätze, vor allem in Innenstädten beziehungsweise, wenn sie nicht offensichtlich durch die Tourenbeschreibungen zu finden sind, haben wir Ihnen mit exakten GPS-Daten angegeben, dazu auch eine ganze Reihe an Campingplätzen. Jedes moderne, einigermaßen brauchbare Navigationsgerät bietet die Möglichkeit, eigene Koordinaten einzugeben.

Dazu wählen Sie in Ihrem Navigationssystem unter „Optionen“ die von uns vorgegebene Darstellungsvariante mit Grad, Minuten und Sekunden aus und geben die jeweiligen Koordinaten händisch ein.

Statt sie abzutippen, können Sie diese im Shop des Womo-Verlags unter www.womo.de in elektronischer Form als Download bestellen. Sie lassen sich so komfortabel in Ihr Navigationsgerät einspielen und sind dann stets schon im Kartenmaterial sichtbar beziehungsweise direkt ansteuerbar.

Natürlich sollte Ihr Navigationsgerät über entsprechendes Kartenmaterial von Spanien verfügen, damit alles klappt. Leider ist das nicht immer Standard. In den bekanntesten Systemen, wie zum Beispiel Garmin, TomTom etc., sind solche Karten jedoch meist vorinstalliert. In jedem Fall sollten Sie Ihre Karten vor Reiseantritt upgraden, um auf dem neuesten Stand zu sein. Zusätzlich zu den Koordinaten haben wir, sofern ersichtlich oder benennbar, Straßennamen angegeben. Sie können ebenfalls in jedes Navi eingegeben werden.
Wir haben uns bemüht, Ihnen knapp gehalten auch viele interessante Informationen zu den Sehenswürdigkeiten entlang der Routen näherzubringen, die in den meisten Fällen schon ausreichen. Für noch tiefergehende Informationen empfehlen wir Ihnen, je nach Interessenlage, spezielle, weiterführende Kunstreise- und Wanderführer, ganz nach individuellen Wünschen, die der Fachhandel bereithält. Vor allem für Wandertouren empfehlen wir spezielles Kartenmaterial, das, je nach Region, im Buchhandel oder online bestellbar ist. Sie können solche Karten auch direkt vor Ort im spanischen Handel erwerben. Karten und Informationen zu Wanderungen in den Naturparks halten die jeweiligen Informationscenter bereit, eine Übersicht finden Sie unter www.juntadeandalucia.es, allerdings nur auf Spanisch.

Öffnungszeiten

Vor allem in den Sommermonaten von Juli bis September kann es in Andalusien tagsüber drückend heiß werden. Die nach wie vor übliche Siesta bestimmt auch die Öffnungszeiten der meisten Geschäfte. Öffentliche Einrichtungen und Sehenswürdigkeiten sind davon ebenfalls betroffen. Dies bedeutet, dass zwischen 14 und 17 Uhr vieles geschlossen hat. In den restlichen Monaten kann die Pause etwas kürzer ausfallen.
Da viele Spanier die Regelung in Zeiten der Globalisierung und von Klimaanlagen als altmodisch ansehen, gibt es aber immer mehr Firmen und Behörden, die tagsüber durchgehend geöffnet sind und am Abend früher schließen.
Vor allem Supermärkte und Einkaufszentren sowie besondere touristische Anziehungspunkte, gerade in den großen Städten, sind inzwischen meist ohne Pause geöffnet.

Pannenhilfe/Unfall

Wenn Sie eine Panne haben und Hilfe benötigen, erhalten Sie diese über die britischen Partnervereine Ihres heimischen Automobilklubs. Hier die Notrufnummern der größten Klubs:

Deutschland
ADAC: +49 89 22 22 22 (Schaden) / +49 89 76 76 76 (Erkrankung/Unfall)
ACE: +49 711 53 03 43 536
AvD: +49 69 66 06 600

Österreich
ÖAMTC: +43 1 25 12 000
ARBÖ: +43 50 12 31 00

Schweiz
TCS: +41 58 827 27 27
ACS: +41 44 283 33 77

Falls Sie einen Unfall haben, empfiehlt sich ein europäischer Unfallbericht, den Sie gemeinsam mit dem Unfallgegner vor Ort ausfüllen. Vorlagen erhalten Sie über Ihren Automobilklub oder können diese im Internet kostenfrei downloaden und ausdrucken.
Auf alle Fälle müssen Sie auch die Polizei verständigen (unter 112, in schlimmeren Fällen siehe auch Adressen der Konsulate), schon, um etwaigen späteren Problemen durch einen sichtbaren Schaden vorzubeugen.

Reisezeit und Wetter

Dank des milden Klimas an den Küsten ist in Andalusien das ganze Jahr über Reisezeit. Je nachdem, ob Sie einen Bade-, Kultur- oder Wanderurlaub bevorzugen, gilt es aber einige Besonderheiten zu beachten.
Die trockenste und heißeste Jahreszeit fällt zwischen Ende Juni bis Mitte September. Es fällt kaum Regen und es wird richtig warm, teils aber auch unangenehm heiß. Am angenehmsten ist es dann an der Atlantikküste mit ihren stetigen Winden. Allgemein ist es aber eine gute Zeit für einen Badeurlaub. Städtetouren und Wanderungen dagegen können zu einem extrem schweißtreibenden Unterfangen werden. Hinzu kommt, dass die Monate Juli und August massenhaft Pauschalurlauber nach Andalusien schwemmen.
Bis weit in den November hinein ist das Meer noch warm genug, um zu baden. Die Tage sind weniger heiß und bieten gute Bedingungen für einen Urlaub, in dem alles möglich ist, dazu nehmen die Touristenströme ab. Das gleiche gilt für die Zeit ab etwa Mitte April bis Juni, das Meer ist dann allerdings noch etwas kälter. In der restlichen Zeit ist mit deutlich mehr Niederschlägen zu rechnen, wobei die Sierra de Grazalema als regenreichste Region Spaniens ganz vorne liegt, während die Gegend um Almería, Spaniens trockenste Region, auch zu dieser Zeit nur ab und zu richtig was abbekommt. Im Frühjahr verlockt ansonsten die Blumenblüte zu ausgedehnten Wanderungen, und die Semana Santa zieht rund um Ostern viele Besucher an.
Von Dezember bis März kann es zwar in den Bergen und im Hinterland empfindlich kalt werden und es fällt auch Schnee, doch an den Küsten bleibt es mild. Daher ist Andalusien dann ein beliebtes Ziel für erholungssuchende Langzeiturlauber, die dem frostigen europäischen Winter entfliehen wollen.

Sehenswürdigkeiten

Neben Strand, Natur und Tapas bietet Andalusien eine Vielzahl kultureller Sehenswürdigkeiten, von römischen Ausgrabungen über arabische Bäder bis hin zu modernen Kunstmuseen internationalen Rangs. Vor allem in den Touristenregionen locken darüber hinaus auch Tier- und Freizeitparks zahlreiche Besucher an. Während staatliche Einrichtungen für EU-Bürger oft kostenlos sind und auch sonst nur einen eher niedrigen Eurobetrag verlangen, können Besuche privater Touristenziele ganz schön kostenintensiv werden. Wir haben die Preise neben dem jeweiligen Ziel immer angegeben. „€“ steht dabei für Eintritte bis 6 €, „€€“ für Eintritte bis 12 € und „€€€“ für Eintritte bis 24 €. Alles, was darüber hinaus geht, ist mit „€€€€“ gekennzeichnet.

Eine gute Möglichkeit, sich einen ersten Überblick über eine Region oder Stadt zu verschaffen und auch gleich ein paar Informationen zur Geschichte zu erhalten, sind die Fahrten mit Sightseeingbussen und -bahnen. Da sie meist alle wichtigen Sehenswürdigkeiten erschließen, sparen Sie sich so mitunter andere öffentliche Verkehrsmittel oder erhalten bei Kombibuchung vergünstigten Eintritt zu einigen Sehenswürdigkeiten. Solche Angebote gibt es zur Zeit in Córdoba (Tour 1), Sevilla (Tour 2), Jerez de la Frontera (Tour 5), Cadíz (Tour 5), Gibraltar (Tour 6), Antequera (Tour 7), Benalmadena (Tour 8), Málaga (Tour 8), Nerja (Tour 9), Almería (Tour 10) und Granada (Tour 12).

Eine andere Möglichkeit, bei Stadtbesuchen zu sparen, bieten Touristenpässe. Sie werden meist online oder in den Touristeninformationen verkauft und für einen Tag oder mehrere Tage angeboten. Erst einmal im Besitz, ermöglichen sie kostenlosen Eintritt zu vielen Sehenswürdigkeiten vor Ort. Entsprechende Angebote finden Sie zur Zeit in Sevilla (Tour 2), Ronda (Tour 7), Málaga (Tour 8), Almería (Tour 10), Granada (Tour 12), Baeza/Úbeda (Tour 13).

Sicherheit

Andalusien ist ein relativ sicheres Reiseland und Sie müssen wenig Angst haben, auf der Straße überfallen oder beklaut zu werden. Wie in allen europäischen Metropolen sollten Sie aber in großen Menschenmengen und an Sehenswürdigkeiten, die viele Touristen anziehen, besonders gut auf Ihr Hab und Gut achten, Taschendiebe gibt es überall. Tragen Sie ansonsten möglichst keine Wertsachen, wie teure Uhren und Ketten, offen zur Schau und achten Sie darauf, dass beim Abheben am Geldautomat niemand in unmittelbarer Nähe neben Ihnen steht. Auch ist es nicht ratsam, außerhalb der touristisch frequentierten Gegenden nachts durch städtische Außenbezirke zu spazieren.
Die größte Gefahr stellen jedoch Autoaufbrüche dar, die leider gar nicht so selten und überall vorkommen. Vor allem an Parkplätzen abgelegener Strände zeugen Glassplitter allerorts davon. Zusatzschlösser, am besten gut von außen sichtbar, Parkkrallen wie der im Womo-Verlag erhältliche Knackerschreck und Alarmanlagen mit der entsprechenden Kenntlichmachung können für Abschreckung sorgen.
Doch auch eine ausgeklappte Trittstufe mit zwei alten Pantoffeln davor, ein geöffnetes Dachfenster und ein gut hörbar dudelndes Radio sollen schon gute Dienste geleistet haben…
Nach einem Diebstahl müssen Sie unbedingt Anzeige bei der Polizei erstatten und einen Durchschlag verlangen, damit Sie Ihren Verlust bei der Versicherung geltend machen können.

In Spanien gibt es verschiedene Polizeieinheiten. Die Policía National (Tel. 091) agiert in den Städten und ist für schwerere Delikte, wie Drogen, Bandenkriminalität und Terrorismus, zuständig. Die Policía Local (auch Policía Municipal, Tel. 092) untersteht den Gemeindeverwaltungen und achtet beispielsweise auf die Einhaltung der Verkehrs- und Parkregeln. Die Guardia Civil (062) ist für alle anderen Delikte zuständig. Sie sorgt auch für die Sicherung des außerstädtischen Straßennetzes. Ein Diebstahl kann bei jeder der drei Einheiten angezeigt werden.

Straßenverkehr

Das spanische Straßennetz ist sehr gut ausgebaut und die oftmals privat bewirtschafteten, tadellosen Autobahnen, „autopistas" genannt, ermöglichen während der Anreise ein zügiges und komfortables Vorankommen. Das hat natürlich seinen Preis. So werden Sie zwischendurch an Zahlpunkten immer mal wieder zu Kasse gebeten. In Andalusien selbst sind die meisten Autobahnabschnitte kostenlos befahrbar, dafür aber auch in einem weniger guten Zustand.
Andere Hauptstraßen unterteilen sich in „autovías" (Schnellstraßen) und „carreteras nacionales" (National- beziehungsweise, bei uns, Bundesstraßen). Auch die meisten Nebenstraßen sind problemlos passierbar. In den Bergregionen und innerhalb der Dörfer werden diese Wege aber oftmals steil und schmal und sind gar nicht auf die Benutzung mit Wohnmobilen ausgelegt. Achten Sie daher immer auf Hinweisschilder mit Höhen-, Breiten- und Gewichtsangaben. Selbst, wenn diese fehlen, sollten Sie Ihrem Gefühl vertrauen und lieber einen weiteren Fußweg in Kauf nehmen, als sich mutig in schmale Gassen zu zwängen. Die Folge könnte eine wirklich unangenehme Rangieraktion sein, die Sie sich nicht antun sollten. Sofern Sie auf

den von uns angegebenen Routen fahren, bleiben Sie dagegen von solch bösen Überraschungen weitestgehend verschont. Wir haben sie alle mit einem 2,35m breiten, 3,20m hohen und 7m langen Wohnmobil getestet.

An die spanischen Verkehrsregeln, die im Großen und Ganzen den von daheim bekannten entsprechen, sollten Sie sich tunlichst halten, da die Strafen empfindlich hoch ausfallen können.

Auf was Sie achten sollten:

• Geschwindigkeitsbeschränkungen, wenn nicht anders angegeben: 120km/h auf Autobahnen (90km/h mit Womos über 3,5 t), 90 km/h auf Landstraßen (80km/h mit Womos über 3,5 t), 50 km/h in Ortschaften. Womos mit Anhänger werden grundsätzlich wie Womos über 3,5t behandelt.

• Kinder bis 1,35m müssen im Kindersitz transportiert werden und dürfen nicht auf den Vordersitzen Platz nehmen. Ansonsten gilt die allgemeine Anschnallpflicht.

• Es ist Pflicht, neben zwei Warndreiecken (vorne und hinten im Abstand von rund 100m vom Pannenort), reflektierenden Warnwesten für alle Passagiere und einem Verbandskasten auch ein Ersatzlampen-Set mitzuführen.

• Bei Transport von über die Stoßstange herausragender Ladung (zum Beispiel Fahrräder) müssen Sie ein reflektierendes Warnschild anbringen. Für Spanien gibt es eine vorgeschriebene eigene Version im Fachhandel.

• Brillen- und Kontaktlinsenträger sind, streng genommen, verpflichtet, eine Ersatzbrille/Ersatzlinsen mitzuführen.

• Vor allem auf Landstraßen darf man oft nicht direkt nach links abbiegen. Man muss nach rechts abfahren und dann die Straße im 90-Grad-Winkel passieren. Ein Schild mit einem entsprechenden Richtungspfeil weist in solchen Fällen darauf hin.

• An Parkplätzen gibt es häufig Parkeinweiser. Mal sind diese offiziell und geben Tickets aus, mal „arbeiten" sie privat und verlangen 1 bis 2 € für ihren „Service". Natürlich sind Sie dann nicht verpflichtet, etwas zu geben. Allerdings erhöht es die Wahrscheinlichkeit enorm, Ihr Fahrzeug am Ende wieder unbeschadet aufzufinden...

• An den Straßen bedeuten blaue Parkmarkierungen, dass diese Plätze kostenpflichtig sind, gelbe Markierungen signalisieren ein Verbot.

• Die Alkoholgrenze liegt bei 0,5 Promille.

• Das Telefonieren ohne Freisprecheinrichtung ist verboten.

Achtung:

• Für die Anreise müssen Sie beachten, dass in Frankreich das Mitführen eines Alkoholtestgerätes im Auto vorgeschrieben ist. Außerdem entstehen immer mehr Umweltzonen. Dies gilt auch für Barcelona und Madrid, falls Sie dort Halt machen wollen. Mehr dazu finden Sie am Beginn des Buches unter „Anfahrt".

Tanken

Das Netz an Tankstellen ist recht dicht und Sie werden kaum Probleme haben, an Sprit zu kommen. Lediglich in abgelegenen Bergregionen sollten Sie, gerade an Wochenenden und Feiertagen, Ihren Tank nicht bis zum Anschlag leer fahren. Diesel wird teils auch als „gasóleo" bezeichnet (nicht verwechseln mit dem als „gasolina" bezeichneten Benzin!). Die Preise lagen zuletzt etwas unter dem deutschen/Schweizer Durchschnitt, etwa auf österreichischem Niveau.

Telefonie / Mobilfunk, Internet und Post

Vom Ausland aus erreichen Sie spanische Nummern mit der Vorwahl „0034" beziehungsweise „+34". Von Spanien aus telefonieren Sie mit der Vorwahl „0049" beziehungsweise „+49" nach Deutschland, 0043" beziehungsweise „+43" nach Österreich und 0041" beziehungsweise „+41" in die Schweiz.

Sollten Sie kein Mobilfunkgerät im Ausland nutzen, finden Sie in den Städten gelegentlich noch Telefonzellen, an denen Münzen oder Telefonkarten (in Tabakläden und an Kiosks erhältlich) benötigt werden.
Da die Roaminggebühren in der EU mittlerweile weggefallen sind, zahlen Sie für die Handy- und Internetnutzung, immer im Rahmen Ihres Vertrages, nicht mehr als zu Hause. Für Schweizer gelten andere Tarife. Besonders günstig fahren Sie, vor allem, falls Sie größere Datenmengen auf Ihren mobilen Geräten senden und empfangen, mit einer spanischen SIM Card, für die es günstige Pauschalangebote gibt. Die drei großen Anbieter sind Orange, Movistar und Vodafone.
Recht häufig werden Sie auf Campingplätzen, in einigen Gaststätten und Läden, aber teils auch in den Innenstädten freie WLAN-Zonen entdecken. Die Einwahl erfolgt meist recht problemlos, das Surfen ist dann kostenlos. Bedenken Sie aber, dass diese Netze nicht sonderlich sicher sind.
Briefmarken für Ansichtskarten und andere klassische Postgüter erhalten Sie in Postfilialen (correos), Tabakläden und an vielen Kiosks. Beachten Sie, dass es neben der landesweiten Post auch regionale Anbieter gibt. Dann können Sie ihre Postkarten nur in die jeweils passenden Briefkästen einwerfen.

Taxi / ÖPNV und Co.

Die Preise für Taxis sind uneinheitlich und liegen pro Kilometer bei rund einem Euro bis zwei Euros, bei Überlandfahrten ist der Tarif günstiger als in der Stadt. Wenn keines in der Nähe ist und Sie sich nicht zutrauen, eines telefonisch zu bestellen, können Taxi-Apps am Handy helfen, die teils auch vorab schon den Fahrpreis berechnen. Es gibt in Spanien „MyTaxi“, „Hailo“, „PideTaxi“ und „TaxiClick“, die leider nicht flächendeckend operieren…
Eine Alternative in vielen Ballungsräumen ist Uber. Erst einmal angemeldet, ist der Service noch transparenter und meist etwas günstiger.
In den Provinzhauptstädten und einigen anderen Metropolregionen gibt es einen Verkehrsverbund. Es werden in der Regel sowohl Einzeltickets als auch Mehrfahrtkarten angeboten.
In vielen Städten kommen Sie auch mit Leihfahrrädern oder neuerdings E-Scootern voran. An entsprechenden Vermietstationen ist die notwendige Handyapp angeschrieben und normalerweise mehrsprachig verfügbar.

Trinkgeld

Trinkgelder sind in den Rechnungen von Restaurants in der Regel enthalten. Man lässt nur ein paar Münzen des Wechselgeldes liegen, rund 5%, wenn Sie sehr zufrieden waren, auch bis zu 10%.
In Bars, in denen an der Theke geordert wird, ist Trinkgeld dagegen unüblich. Taxifahrer erwarten zwar kein Trinkgeld, freuen sich aber auch, wenn Sie beim Rausgeben Münzen behalten dürfen.

Übernachten

In Andalusien gibt es ein breites Netz an offiziellen Übernachtungsorten für Wohnmobile. Inoffizielle, freie Plätze werden dagegen stetig weniger. Grundsätzlich ist das Campen außerhalb dafür vorgesehener Zonen sowie in den Natur- und Nationalparks verboten. Etwas anders verhält es sich mit dem reinen Parken, das oftmals geduldet wird, solange keinerlei Campingverhalten an den Tag gelegt wird. Bei strenger Auslegung dürfte dann theoretisch nicht mal ein Fenster des Wohnbereichs geöffnet, und ebenso dürften keine Satellitenschüssel ausgefahren werden…
Das letzte Wort in der Diskussion um die Frage, ob an einem Ort geparkt werden darf und wie lange, hat aber immer die Gemeinde beziehungsweise die Polizei.
Je nach Saison und dem Touristenaufkommen einer Region wird Ihnen in der Realität eine vorbeifahrende Streife mal nur freundlich zunicken, an anderer Stelle aber einen Parkplatz auch mitten in der Nacht von

Wohnmobilen räumen. Dort, wo wir freie Stellplätze angegeben haben, ist letztere Gefahr, zumindest außerhalb der Monate Juli/August, allerdings sehr gering.

Die vorhandenen Campingplätze reichen von kleinen, einfachen und naturnahen Anlagen bis zu echten Ferienresorts, was sich auch im Preis bemerkbar macht. In den Wintermonaten werden bei größeren, auch dann geöffneten Anlagen oft spezielle Tarife für Langzeiturlauber angeboten.
In Andalusien finden Sie zudem eine ganz Reihe offizieller Stellplätze für Wohnmobile, die mal von öffentlicher Hand, mal privat bewirtschaftet werden. Die Bandbreite reicht dabei von einem einfachen, kostenlosen Parkplatz ohne jegliche Einrichtungen bis hin zu campingplatzähnlichen Geländen, die entsprechend höhere Preise verlangen.
Mehr dazu finden Sie am Beginn des Buches in der Gebrauchsanleitung.
Auf Campingplätzen und privaten Stellplätzen sind die Ver- und Entsorgung so gut wie immer möglich. Im letzteren Fall kann eine Gebühr fällig werden. Freie, öffentliche Entsorgungsstationen gibt es, wenn auch nicht allerorts flächendeckend..

Zeit

Wenngleich die geographische Lage Andalusiens etwas anderes vermuten lassen könnte – in ganz Spanien herrscht die Mitteleuropäische Zeit (MEZ). Bis auf Weiteres wird, wie daheim, im Sommer die Uhr um eine Stunde vorgestellt.

Bildnachweis:

Alle Fotos in diesem Buch stammen von den Autoren, ausgenommen: © Toñio Molino, Puro Arte S. 6, 132 und 340, **Wikimedia Commons – *Gemeinfrei:*** Alejandro Rodriguez Villalobos S.260 oben, Javier Martín S. 342, Jebulon S. 343; ***CC BY-SA 2.0:*** Daniel Jolivet S. 25, Rafolas S. 27, Luis Rogelio S. 303, Felipe Ortega S. 312, Ángel M. Felicisimo S. 313 und S. 359 unten, Alejandro Flores S. 259 oben; ***CC BY-SA 2.0fr:*** Olivier Amnage S. 19; ***CC BY-SA 2.5:*** Programa de Conservatión www.lynxexsita.es S. 114 2.Bild von oben links; ***CC BY-SA 3.0:*** Rauenstein S. 18, qwesy qwesy S. 28, Juan Muñoz Herzog S. 54, Indalomania S. 294; ***CC BY-SA 4.0:*** Akdar-Ruafo S. 20, Frobles S. 75, Giel358 S. 92 unten, José Luis Filpo Cabana S. 116, El Pantera S. 202, Miguel Àngel Romadeo Contreras S. 316

Typisch Spanien: Schwarze Schweine

M

N

O

P

R

S

T

U

V

Y

Z

Unser WOMO-Online-Service

Passend zu unseren Reiseführern bieten wir in unserem Shop unter **www.womo.de** an:

- Die **GPS-Koordinaten** zu allen Stell- und Campingplätzen unserer WOMO-Reiseführer.
- Die besten **Autokarten**, die garantiert die komplette Reiseroute abdecken.
- Von jedem Reiseland mindestens einen Rother-**Wanderführer** über die schönsten Wanderregionen.

WOMO-Verlag
An der Liethe 4
36452 Kaltennordheim
OT Mittelsdorf
verlag@womo.de
www.womo.de
036946/20691

Der WOMO-Knackerschreck

- ist die universelle und sofort sichtbare Einbruchssperre.
- Wird einfach in die beiden Türarmlehnen eingehängt, zusammengeschoben und abgeschlossen.
- Passend für Ducato, Peugeot, Renault Master, MB Sprinter bis 2018 und VW (alle Typen).
- Krallen aus 10 mm massivem, einbrennlackiertem Stahl, d. h. nahezu unverwüstlich.

Nur **59,90 €** – und nur bei **www.womo.de**

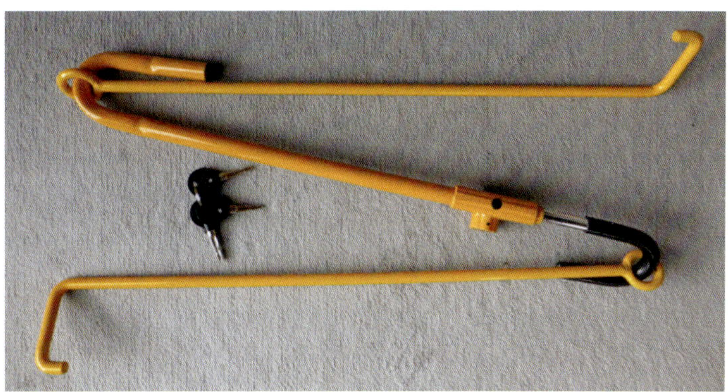

Alle WOMO-Reiseführer auf einen Blick

Wohnmobilhandbuch	Reinhard Schulz
Wohnmobilkochbuch	Waltraud Roth-Schulz
Albanien	Ulrike und Frank Staub
Allgäu	Heiner Newe und Heiderose Thomsen-Newe
Andalusien	Christian und Christina Winkler
Auvergne	Esther Vergenz
Baden-Württemberg	Heiner Newe und Heiderose Thomsen-Newe
Baltikum	Stefanie Holtkamp und Andrea Bergmann
Bayern Nordosten	Heiner Newe und Heiderose Thomsen-Newe
Bayern Nordwesten	Heiner Newe und Heiderose Thomsen-Newe
Bayern Südosten	Christian und Christina Winkler
Belgien/Luxemburg	Ulrike und Frank Staub
Bretagne	Anette Scharla-Dey und Franz Peter Tschauner
Burgund	Ralf Gréus
Dänemark	Anke Globi
Elsass	Ralf Gréus
England Norden	Christian und Christina Winkler
England Süden	Christian und Christina Winkler
Finnland	Uwe und Annegret Rohland
Französische Alpen	Heiner Newe und Heiderose Thomsen-Newe
Französische Atlantikküste Nord	Esther Vergenz
Französischer Jura	Heiner Newe und Heiderose Thomsen-Newe
Griechenland	Reinhard Schulz und Waltraud Roth-Schulz
Harz	Heiner Newe und Heiderose Thomsen-Newe
Heitere Wohnmobil Geschichten	Peter Simm und Silvia Sussmann
Hessen Teil 1	Anette Scharla-Dey und Franz Peter Tschauner
Hessen Teil 2	Anette Scharla-Dey und Franz Peter Tschauner
Hunsrück/Mosel/Eifel	Anette Scharla-Dey und Franz Peter Tschauner
Irland	Uwe und Annegret Rohland
Island	Alexander und Jutta Ramin
Korsika	Reinhard Schulz und Waltraud Roth-Schulz
Kroatien/Montenegro	Peter Simm und Silvia Sussmann
Languedoc/Roussillon	Ralf Gréus
Lothringen	Friedrich Riehl und Toshiko Riehl-Takada
Ligurien	Ralf Gréus
Lüneburger Heide	Heiner Newe und Heiderose Thomsen-Newe
Marokko	Ulrike und Frank Staub
Mecklenburg-Vorpommern Teil 1	Stefanie Holtkamp und Andrea Bergmann
Mecklenburg-Vorpommern Teil 2	Stefanie Holtkamp und Andrea Bergmann
Mittelitalien	F. Riehl und T. Riehl-Takada, Klaus Huber
Münsterland	Regina Stockmann
Namibia	Frank Linke und Ute Nast-Linke
Neuseeland Nordinsel	Dieter Giesen und Andrea Lossen
Neuseeland Südinsel	Dieter Giesen und Andrea Lossen
Niederlande	Friedrich Riehl

Weitere Informationen in unserem Buchshop unter www.womo.de

Nord-Frankreich	Esther Vergenz
Nord-Spanien	Reinhard Schulz und Waltraud Roth-Schulz
Normandie	Anette Scharla-Dey und Franz Peter Tschauner
Norwegen Norden	Reinhard Schulz und Waltraud Roth-Schulz
Norwegen Süden	Reinhard Schulz und Waltraud Roth-Schulz
Ostfriesland	Heiner Newe und Heiderose Thomsen-Newe
Ost-Spanien	Reinhard Schulz und Waltraud Roth-Schulz
Österreich Osten	Christian und Christina Winkler
Österreich Westen	Christian und Christina Winkler
Peloponnes	Reinhard Schulz und Waltraud Roth-Schulz
Pfalz	Ralf Gréus
Piemont/Aostatal	Ralf Gréus
Polen Norden	Nicola Kluftinger
Polen Süden	Helmut und Angelika Breidenbach
Portugal Norden	Stephanie Seufert
Portugal Süden	Stephanie Seufert
Provence Osten/ Côte d'Azur	Ralf Gréus
Provence Westen/ Côte d'Azur	Ralf Gréus
Pyrenäen	Andrea Bergmann und Stefanie Holtkamp
Rumänien	Christian und Christina Winkler,
Sachsen	Anette Scharla-Dey und Franz Peter Tschauner
Sardinien	Reinhard Schulz und Waltraud Roth-Schulz
Schleswig-Holstein	Heiner Newe und Heiderose Thomsen-Newe
Schottland	Uwe und Annegret Rohland
Schwarzwald/Bodensee	Ralf Gréus
Schweden Norden	Uwe und Annegret Rohland
Schweden Süden	Reinhard Schulz und Waltraud Roth-Schulz
Schweiz Osten	Andrea Bergmann und Stefanie Holtkamp
Schweiz Westen	Andrea Bergmann und Stefanie Holtkamp
Sizilien	Christian und Christina Winkler
Slowakei	Ulrike und Frank Staub
Slowenien	Peter Simm und Silvia Sussmann
Südafrika	Frank Linke und Ute Nast-Linke
Süditalien Osten	Reinhard Schulz und Waltraud Roth-Schulz
Süditalien Westen	Reinhard Schulz und Waltraud Roth-Schulz
Südtirol	Reinhard Schulz und Waltraud Roth-Schulz
Südwest-Frankreich	Stefanie Holtkamp und Andrea Bergmann
Thüringen	Katja Eisenschmidt
Toskana/Elba	Ralf Gréus
Trentino/Gardasee	Peter Simm und Silvia Sussmann
Tschechien	Steffen und Eva Peuker
Umbrien/Marken	Ralf Gréus
Ungarn	Peter Simm und Silvia Sussmann
Venetien/Friaul	Christian und Christina Winkler
Wales	Christian und Christina Winkler

Info-Blatt aus dem WOMO-Buch: Andalusien '20

Lokalität Seite Datum
(Stellplatz, Campingplatz, Wandertour, Gaststätte, usw.)
unverändert gesperrt/geschlossen folgende Änderungen:

Lokalität Seite Datum
(Stellplatz, Campingplatz, Wandertour, Gaststätte, usw.)
unverändert gesperrt/geschlossen folgende Änderungen:

Lokalität Seite Datum
(Stellplatz, Campingplatz, Wandertour, Gaststätte, usw.)
unverändert gesperrt/geschlossen folgende Änderungen:

Lokalität Seite Datum
(Stellplatz, Campingplatz, Wandertour, Gaststätte, usw.)
unverändert gesperrt/geschlossen folgende Änderungen:

Lokalität Seite Datum
(Stellplatz, Campingplatz, Wandertour, Gaststätte, usw.)
unverändert gesperrt/geschlossen folgende Änderungen:

Lokalität Seite Datum
(Stellplatz, Campingplatz, Wandertour, Gaststätte, usw.)
unverändert gesperrt/geschlossen folgende Änderungen:

Meine E-Mail:

Rückmeldung bitte per Post oder an die Autoren-E-Mail:
Autoren-E-Mail: **winkler@womo.de**